U0053923

行政學

——海洋法系、大陸法系與中華法系國家行政之通觀

Administration Studies:

A broad examination of the public administration systems of countries using common law, civil law, and Chinese law respectively

朱愛群◎著

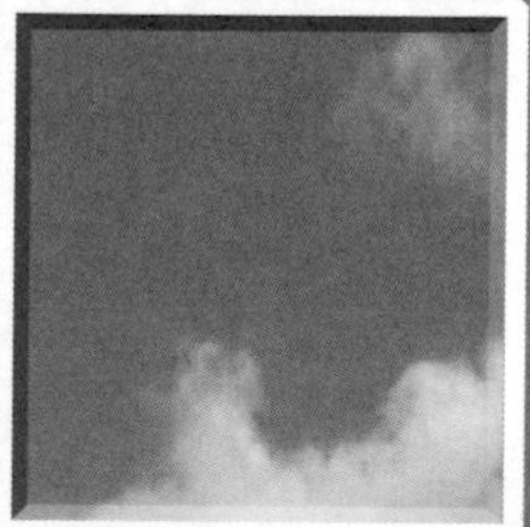

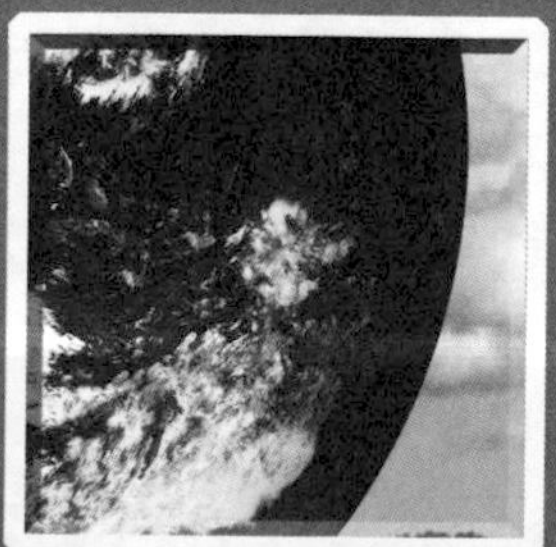

自 序

民國62年余就讀中央警官學校行政系，校址在臺北小南門的廣州街，司法院及中樞機關皆在附近，學校也很容易延聘許多博學鴻儒之士前來教授，除了許多大法官外，還有幸受教於張金鑑、張劍寒、湯絢章等行政學耆學。民國68年負笈德國海德堡大學，70年續研修於史拜爾行政大學（二德合併後更名為史拜爾德國行政大學），研讀行政學、公法及社會學。75年回國任教。

回國以後才發現國內行政學的環境，基本上是以美國行政學為主，而德國這一方面就統歸之於行政法。事實上，德國行政學的表現也是以行政法為訴求，法國也是同樣的狀況。個人一方面震懾於美國行政學的求新求變，另外一方面又被德國行政法的傳統所束縛，故而困思多年不得正解。

行年望六，積累三十九年的認識後，個人才逐漸擴清各項疑惑，透過全面而深入的閱讀和思索，瞭解世界上的國家行政類型中，最重要的有三大原型，其中英、美海洋法系的是「管理型行政」、「公共利益的行政」，而德、法大陸法系的是「傳統型行政」、「法治型行政」。在海洋法系的國家行政和大陸法系的國家行政之間的碰撞、齟齬、尖銳對話，是行政學發展最重要的原動力，也是行政學思想史最重要的篇章，如果能夠將這一個道理瞭解的話，[1]行政學的理解才算完整，學術研究才得以融會貫通；反之，如果單單執持於美國行政學的思想來看世界，甚或定義其他思想，則只能得一家之言、一己之見，當然就不能理解為什麼歐盟和英國之間齟齬不斷的原因。中華法系的我國行政（請見涂懷瑩《法學序論》）傳統，是僅有的「行政」與「政治」、「治權」與「政權」分庭抗禮的重大歷史公案，內外朝、宰相制度就是政道與治道的歷史辯證（請參閱牟宗三），再加上監察制度、考選制度等等，構成了我國行政的特質。三個行政原型的輝映下，公共行政的本質就更清晰的浮現出來，行政學研究的圖像也更趨於真實及完整。

註　釋

[1]例如英、美對官僚體系強力的抨擊，而官僚體系卻成就了德、法公共行政的聲譽。「不同的視角看世界，就得到不同的世界圖像」。

目　錄

自　序　i

導　論　1

第1章　公共行政的歷史與發展　5

第一節　英國公共行政的歷史與發展　6

第二節　美國公共行政的歷史與發展　11

第三節　法國公共行政的歷史與發展　15

第四節　德國公共行政的歷史與發展　20

第五節　我國公共行政的歷史與發展　23

第2章　公共行政的本質與分析　33

第一節　大陸法系國家行政的特質　34

第二節　海洋法系國家行政的特質　36

第三節　中華法系國家行政的特質　37

第四節　通　觀　42

第五節　行政的本質　43

第3章　公共行政的定義與原型　53

第一節　行政學的演進　54

第二節　公共行政意義的界定　69

第三節　公共行政的三個原型　71

第4章　公共行政的功能與任務　95

第一節　公共與非公共任務　96

第二節　任務的發展與變遷　102

第三節　當前公共任務的發展趨勢　108

第5章　公共行政任務的新趨勢與任務評鑑　113

第一節　國家與市場間的第三部門（NPO）　114

第二節　公私協力　118

第三節　公共任務的認知　122

第四節　任務評鑑　126

第6章　行政組織　139

第一節　行政組織的原理　140

第二節　行政組織的內部建構　155

第三節　中央政府的組織　181

第四節　地方政府的組織　190

第7章　人事行政　205

第一節　英美德法人事機關（構）體制　206

第二節　我國人事機關體制　210

第三節　英美德法文官考選制度　216

第四節　我國公務人員的考選　228

第五節　公務人員任用制度　244

第六節　公務人員考績制度　249

第8章　財務行政的規範與實踐　271

第一節　前　言　272

第二節　財務行政的規範　273

第三節　財務行政的實踐　280

第四節　結論與建議　283

第9章　行政決策　287

第一節　行政決策的概念與基礎　288

第二節　行政決策的類型、功能與侷限性　297

第三節　法治主義下的決策形式與方法　300

第四節　行政決策的情境與對應　308

第五節　行政決策的執行　349

第10章　行政的價值、文化與倫理　359

第一節　公共行政的價值思考　360

第二節　行政文化與價值的運作　361

第三節　公共行政的職業倫理　368

第四節　行政倫理的彰顯　375

第11章　行政倫理的實踐　383

第一節　倫理作為溝通媒介　384

第二節　行政倫理的要求　387

第三節　我國行政倫理實踐的檢視　401

第12章　行政革新　425

第一節　概　念　426

第二節　行政改革從結構到範圍　431

第三節　政府再造　443

第四節　政府再造步驟——德國案例　455

第五節　政府再造運動的省思　463

第13章　全球治理的概念—論善治　483

第一節　從全球化到全球治理　482

第二節　聯合國的治理觀　489

第三節　世界銀行論善治　496

第四節　OECD的SIGMA治理途徑　503

第14章　全球治理在發展中國家的推行　515

第一節　北非伊斯蘭國家（Maghreb）的法治行政與民主　516

第二節　發展中國家的地方治理與行政文化　519

第三節　綜　論　528

參考文獻　543

導　論

本書的體例係以德國和法國的「法治型行政」，以及我國傳統行政的精神，作為主體架構，所以和目前國內通行多年的美國行政學體例，略有不同。[1] 本書以歷史經緯作為開端，一則是瞭解公共行政是如何形成的，再則是將重要的國家行政原型作一個本體的敘述，使讀者瞭解原來德國官僚行政就是普魯士軍國主義的沿襲；德國與法國就是傳統警察國與行政國的延伸；英國沒有行政歷史的包袱，所以今天的政府再造幅度可以這麼大；而我國的行政本質的確非常獨特，曾經長期存在行政VS.政治的設計。以上等等的歷史敘述，延伸為今日公共行政的態樣，然後敘述行政的任務、組織、人事等，進而討論行政革新的議題，最後以展望的觀點來談論「全球治理」——論善治，作為一個敘事性的、娓娓訴說公共行政的篇章，以提供讀者一個親切的、有生命力的文本，並作為認識行政這一個學術系統的途徑。

以下為各主要章節之安排：

1.公共行政是什麼？這是第一個問題以及最後一個問題。這裡，讓歷史主義來敘述公共行政的族譜。歷史事件與大敘事，將烘托出公共行政已然結晶化的歷史意義，本質就清晰而明白。

2.公共行政必須定義，此為基本綱領。行政學的研究則是敘述國家行政的一貫脈絡，並且說明國家行政之所以然的道理。雖然同為海洋法系的國家，但英國和美國的行政學卻是大不同的；而德、法行政學的發展，從警察國到行政法、行政國，是國家行政的正宗；至於我國的行政模型，雖兼容並蓄兩者之特點於一身，卻沒有不適，因為它就是一個獨立原型。

3.在上述的歷史脈絡與本質下，來談公共行政的任務、組織與人事，則皆有所本。

4.行政決策部分的前半部，敘述了「法治型行政」的決策邏輯，然後再加上通用的行政決策論述。

5.財務行政則請留德的黃鉦提教授執筆，在此致謝。

6.行政文化與行政倫理必須回歸到行政價值的層面來探討，價值的釐清與定位，是行政倫理從「應然」到「實然」最重要的力量之所在。

7.行政革新談公共行政的「變」。

8.全球治理這一章，則是從全球化的危機與風險作為起點，來解釋國際間對

全球化問題的對治，以及發展行政的著力。治理——這一個概念突破了國家行政的框架應運而生，全球治理的普化與深化，以及善治概念的興起，象徵了公共行政開向未來更美好新境界的一道光芒。

註　釋

[1]本書出版前曾請數位先生看過，想瞭解其看法。其中一位先生建議加入行政學的範圍與方法，以及行政學的研究方法，並且簡明的定義行政學的意義等。對於此一看法，個人的回應是：所謂的「範圍與方法」意涵廣泛可以各自表述，並未回歸到國家行政的本體與實然，至於國內談行政方法論者，內容尚未能與行政學作充分的結合，仍有待深入。其見解在德國、法國、與英國行政研究中亦未見之。而德國哲學、法國後現代、英國社會學研究，則直接融入行政學的內容中，故而可曰，體例建構，仁智互見爾。行政學的系統建構，一則不能過簡，以條列式的方法帶過；另一則又須系統的、深刻的、突破性的發展，同時具備可讀的故事性，這是本書用心用力之所在，而未殆之處，則是個人更當奮勉之處也。

第 1 章 公共行政的歷史與發展

第一節　英國公共行政的歷史與發展

第二節　美國公共行政的歷史與發展

第三節　法國公共行政的歷史與發展

第四節　德國公共行政的歷史與發展

第五節　我國公共行政的歷史與發展

開啟公共行政的研究與認識，第一個問題就是：「公共行政是什麼？」

為何要從這個問題開始？因為將公共行政作為一個認識的對象時，這一個實存的結構體與邏輯架構體系，當下的一切作用和未來的發展趨勢，不可能是任意的、無限制的，而只可能侷限於某些可能性而已，因為它受到歷史結構性的制約，也就是說「未來是開放的，但不是任意的，因為有歷史文化的制約」，[1]即如馬克思（K. Marx）所言：「人們創造他們自己的歷史，但他們不是任意地在其所選擇的條件下進行創造，而是在直接給予和繼承的過去條件進行的」。[2]正因為歷史結構性和偶然性交互作用的結果，每一個國家行政的態樣、組織、運作情形都不一樣，就會使得公共行政這一個實體與邏輯架構體變的難以理解與掌握，所以研究公共行政的第一個問題必須要問「公共行政是什麼？」。

在這一個問題之下的基本線索，必須依循歷史起源、創建過程、演變發展，來掌握一個國家行政的歷史結構、文化與現象，然後在這個脈絡上來進行各種行政論述，才能有所本並知其所以然。以下茲就最重要的幾個國家行政的歷史與發展鋪陳於後。

第一節　英國公共行政的歷史與發展

壹、英國早期的行政發展史

西元五世紀中葉至1066年的諾曼征服期間，盎格魯薩克遜人建立了一個王權統治體系和地方政府組織網，這是一個**中央集權與地方分權折衷並立**的設計。1066年征服者威廉橫跨英倫海峽入主英國時，將薩克遜諸伯爵之地產依封建制度辦法分封予部屬，使佃耕之人對國王更為順服。

十一至十二世紀英國的政治行政體系，由威廉經史帝芬（Stephen, 1135-1189）、亨利二世（Henry II, 1154-1189）至安基溫（Angerin），漫長的一個世紀統治，封建君主肆其才幹所獲得之集權成果，使地方對中央負有賦稅之義務，加上對司法裁判權之讓與，讓中央透過財政以及司法二權來貫徹其權威。除此之外，仍然為封建貴族的統治勢力範圍，此為集權與反集權勢力競爭的第一階段。這一個階段以**西元1215年為一個分水嶺**，英國在1215年以前，國家權力集中於國王一身，表現為完全的集權（centralization）形式。至1215年，貴族不堪英王統治，強迫英王約翰（John）簽署大憲章（Magna Carta），[3]分權（decentralization）贏得勝利。

但是王室的君權與地方權力互爭雄長的歷史不曾停止，觀諸英國後來的整個行政發展史，封建君主企圖加強控制以擴張王權，故而力行中央集權。然則努力雖多，因為山川河流地形多阻的因素，以及封建諸侯勢力的頑強，使中央集權始終難以完全如願。英國之所以如此發展，心理背景因素即為：英國人民始終都抱持著一種看法，認為地方的權力，如同個人的權力一樣，是原始的，是不可讓渡與剝奪的。在過去，這種觀念曾經被地方仕紳及封建領主用來對抗王室。

貳、早期統治體系結構——行政與立法的平衡發展

因為外交和內政上的困難，國王約翰於1213年召集大會議，有騎士、地主及有分子參加，對王室課稅稅額賦予同意權。1254年亨利三世仍然召開，並於會中與男爵爭吵，繼而發生戰爭，南爵獲得勝利，並由其領袖蒙特福（Simon de Montfort）為攝政。中古時期英國君主封建統治階段，因為地方貴族、仕紳富豪、騎士、教會的勢力龐大，真正專制的中央集權就不容易萌芽茁壯。相對的，地方勢力處處與君權相互制衡成鼎立之局。地方勢力既不受制於專制君主，民權意識亦乘機而進，藉經濟、政治、社會的影響力，迫使君權割讓政權與治權，並於拉鋸戰爭中醞釀了國會立法的特殊形式。

在英國統治體系發展的歷史中，中央集權無法得遂，政權被王室與地方（包括：地方貴族、仕紳富豪、騎士、教會等）二個拉鋸的勢力所分享，治權的行政如財稅、內政、外交等，就無法施行於全國。而實際上，使英國走上議會民主與法治道路的重要轉折是：十七世紀的40年代，查理一世要求保持國王厲行統治的「神權」，結果導致一場內戰，1648年12月，下院審訊了他，並於1649年將他處死，宣布取消君主，成立共和國。1660年，下院使查理二世復位，條件是要他與下院合作。詹姆士一世要超越許多習慣法和權力，使自己凌駕於法律之上，在由誰來組織政府的問題上雙方都不讓步，結果導致另一場內戰。詹姆士二世又重申他的「神權」統治，結果於1688年被趕跑，1689年下院通過了「權利法案」，確立了它的最高權力。在通過這一立法後，下院才讓威廉三世和瑪莉二世登上王位。該法取消了許多皇室特權，使下院控制了立法、財政、軍隊和領導權。在這場政治革命中，國王特權遭到了致命的削弱，並從新的秩序中產生了新法律，把下院鬥爭的勝利成果用法律固定下來。從此，英國國王在權力的角逐中一蹶不振，後來，甚至王位的繼承、退位以及婚姻，都納入了下院的立法。

政治權力鬥爭並沒有因為王權的削弱而停止，非常重要的是，公民權不斷擴大，使選舉不再控制在國王與上院貴族的手中，這是選民能參政、議政的先決

條件。1832年的改革法是擴大英國公民權的突破，首先把投票權擴大到中、下層階級，並取消了貴族提名下院成員的權利。1872年的秘密投票法直接打擊了貴族在選舉中的腐敗和壟斷行為。1884年的改革法把公民權再次擴大到鄉村的工人。1918年婦女有了公民權，至1928年就享有與男人同樣條件的選舉權。1918年一人一票制，取消了一些特殊的席位。

參、歷史辯證

以上的歷史發展經過可以分成兩部分來看待，**前一部分對國王君權的鬥爭**，國王敗戰政治權利被削減，並予以法制化使其無法到退回過去的歷史；**後一部分是人民權利對國王及上院的鬥爭**，透過階級利益鬥爭後，使人民取得參政權，獲得權利再分配的勝利。

肆、近代的英國行政史

英國的行政發展史有一個重要的里程碑，就是文官制度的建立。

一、文官制度的肇興

政務官和事務官的分化，是英國文官系統形成的第一步。為了防止國王通過其所任命的官員來干預議會的活動，議會從十七世紀末就開始通過一系列的法律、法令，限制國王的官員任命權，如1694年規定稅務局官員不得參加議會、1699年推廣到其它部會、1701年在「王位繼承法」中重申「凡受國王的任命及得國王年金者，皆不能當選為下院議員」等。從此以後，英國公務員就區分為「政務」和「事務」二類，此一區別乃淵源自英國。[4]

英國文官系統形成的第二步，是從改革東印度公司的職員任用制度開始。東印度公司The East India Company在1813年於哈利布里（Haleybury）的地方設立一個訓練學校，經過考試合格者予以錄用外，使得東印度公司徵得了全國最優秀的人才，英國能夠強力擴張其殖民帝國，就是得力於嚴格選拔最優秀的人才來效力之故。

當時「英國東印度公司」為了推展帝國殖民的企圖，招募了大批人才。1853年，英國議會任命瑪考萊組織一個委員會，調查東印度公司的職員任用制度。經過調查之後，瑪考萊寫成報告書。報告書中基本架構就是通才教育和擇優取仕兩大項。這一個階段的文官制度（亦即所謂的Civil Service）取法自中國，當中包括考試制度，[5]時年為1855。

二、官僚化的腳步

繼傳統清平吏仕紳統治模式而起者，仍是具有強烈自主氣息的地方自治。昔日所採取的辦法，於二十世紀中仍被沿襲引用，例如由市議會選舉出來的市長，就是政府行政部門的首長，他既無人事任免權，也無法案的否決權，這就是英國「仕紳統治」精神與高度地方自治的要求，兩者結合所產生的結果。但是也清楚可見的是，傳統地方封建統治的模式，已經一去不復返了，官僚化的腳步也加快了，中央政府對地方的管理範疇也已大幅擴張，諸如財政的監督權、1834年救貧法修正案（The poor law Amendment Act, 1834）之頒布、1945年以來頒布的國有化法案國家福利法案等等，在在均加強了中央對地方事務的涉入。

伍、晚近英國文官制度的發展

英國文官制度的發展有二個重要的轉折點：(1)1854年的諾斯科——特理威廉報告（the Northcote-Trevelyan Report），它正式規定了一套文官制度的組織原則，並為政府所採納；(2)1968年的富爾頓委員會調查報告（the Fulton Report），它對前一個報告提出許多疑問和否定，尤其對高級文官的「通才」理論強烈質疑，並提出一些重要的改革建議，主張加強對通才的專業訓練，提高專業文官的地位，讓他們有更多的機會進入決策層以發揮其作用。[6]

一、諾斯科——特理威廉報告

英國當代文官制度的雛型是在1854年諾斯科——特理威廉（Sir C. Trevelyan）報告的基礎上建立起來的，在此之前政府各部門自行徵募文官，沒有統一的徵募制度與政策，也沒有立法。所以徵募過程普遍存在著貪污、行賄、營私舞弊、裙帶關係等腐敗現象。為了改善此一現象，財政大臣雷司頓委託諾斯科——特理威廉和史丹福・諾斯科爵士（Sir C. Northcote），對文官制度進行全面而詳細的調查，1852年發表了「關於永業文官組織的報告」，提出文官制度建立的幾個原則，以招募合格優秀之文官，約為：

1.招募應經過競爭性的考試；
2.競爭高級職的文官應該具有最高的教育程度；
3.專業工作與經常性業務之間應該明確區分，前者應招募知識程度高、能力強者擔任之，後者適用於教育程度中下之人；
4.徵募的年齡，高級職在19至25歲之間，低級職在17至21歲之間，以便他們接受職業訓練，但不接受已有其他行業工作經驗者；

5.升遷應看績效而非資歷。

6.統一薪資等級。

諾斯科——特理威廉報告所建議的原則，是英國文官制度突破傳統通才制度與專業概念的開始。

二、政府組織的發展

在十九世紀英國文官體系的規模發展比較緩慢，到二次大戰前後速度加快，政府職能擴充，對文官的需求乃大幅增加，從1797年的16,267人增加到1979年的732,300人。三分之一的文官在倫敦工作，其餘在地區與地方；高級文官大部分在中央各部會。

三、富爾頓委員會報告

至60年代後，英國的經濟困境頻生，高級文官的管理才能相對不足，經濟惡化下，民眾對文官的批評益形強烈。威爾遜工黨政府乃於1966年任命一個富爾頓委員會（the Fulton Committee）對文官制度進行診斷，包括文官制度的結構、徵募、管理與訓練等，以平眾議。

委員會關心的重點在高級文官非專業化的問題，他們當中大都沒有社會科學、自然科學及管理方面的專業技術，只有人文科學的學術訓練，如歷史、拉丁文、古典文學、希臘文等，這種背景和工作上的需要有很大的落差。在「通才原則的崇拜」背景下，委員會提出當前文官制度的缺失：

1.「通才優勢」：高級文官多為通才，他們在文官體系中佔據主導地位。通才意味著他們是「有才華的門外漢」，對任何問題都有一定的看法，卻又往往不切實際。

2.低估專業技術。

3.欠缺管理知能。

4.文官體系自我封閉與社會疏離。

5.文官體系升遷系統紊亂，影響士氣。

第二節　美國公共行政的歷史與發展

壹、殖民地時期

1620年，一百餘名英國清教徒乘五月花號來到新大陸。這幅畫由威廉·哈爾索爾於1882年創作。

美洲原住民在這塊土地上居住了15,000餘年（參見疏林時代）。歐洲從十五世紀末開始殖民美洲。1607年，第一個英格蘭人殖民區成功地在維吉尼亞建立。接下來二十年裡，一些荷蘭殖民區也陸續建立，包括位於新阿姆斯特丹（今紐約市）和新澤西的殖民區。在十七世紀和十八世紀裡，英國逐漸占領荷蘭人和其他歐洲殖民者的地區，並在美國東岸廣泛開墾殖民，建立更多的殖民地區。除今天的加拿大外，英國在北美洲共建立了十三個殖民地。

貳、獨立與擴展

在1760年代和1770年代，十三個美洲殖民地與英國之間的緊張關係最終引發了戰爭。西元1776年7月4日，各殖民地推派代表在費城共同發表獨立宣言（Declaration of Independence），正式宣布脫離母國，建立美利堅合眾國。[7]在獨立戰爭（1775-1783）期中，喬治、華盛頓領導十三個殖民地組成的大陸軍團對抗英軍，經歷艱苦的獨立戰爭後，大陸軍團終於擊敗英軍，英國於1783年簽下了《巴黎條約》，正式承認美國的獨立。

從1803年至1848年，成立的美國的面積幾乎擴大了三倍，殖民者們胸懷新的共和國「註定擴展至整個大陸」的理想，朝廣闊無際的原野拓展。1848年美國贏得了美墨戰爭，更增強了殖民者們擴展國土的理想。

參、內戰

隨著國家不斷擴展和發展，一個新的問題也逐漸浮現，北方掌控的聯邦政府與南方的州政府在蓄奴問題和州權上有所分歧，北方州反對奴隸制度的擴展，而南方州反對北方州干涉其生活方式，因為他們的棉花經濟產業是全盤依賴於奴隸制度的。在亞伯拉罕林肯（Abraham Lincoln）於1860年當選總統後，衝突徹底爆發。南卡羅萊那州成為第一個宣布脫離聯邦的州，六個南部州也相繼分離，於

1861年成立美利堅聯盟國來對抗聯邦政府。美國內戰以聯邦在1865年取得勝利告終，同時終結了奴隸制度，以及州是否有權脫離聯邦的爭議。這場內戰成為美國歷史的主要分水嶺，聯邦政府的權力從此大為增加。

肆、文官史

一、開創時期

在1789年之前美國還沒有官僚公務人員。剛開始華盛頓與其繼任者亞當斯（John Adams）認為：貴族、富有和有教養的階級出身者，應該有資格掌管重要的行政職位。這兩位總統也是比較喜歡用自己的羽翼——也就是聯邦主義者——來擔任聯邦官員。此一作法，到了接任的傑佛遜（Thomas Jefferson）總統時亦延續其風，就任之初調動了一百多個官員，改派以對他忠貞的民主共和黨（the Democratic-Republican party）部屬，並且在他任期內全面而大量的任用共和黨員。這一個時期就是美國行政發展史上所謂的「紳士年代」（the era of gentlemen），從1789年華盛頓總統的第一個行政機構起算，到1829年傑克森（Andrew Jackson）總統就職為止。

華盛頓面對一個公共行政建構的雛形，深知建立良好政府的重要，應該樹立一些先例作為基礎，在他的見解中認為任官最重要的標準在於「適才」（fitness of character）。所謂的「紳士」係指那些在社區裡擁有高地位與誠實特質的人，他們多半是上流社會的一員。他們受命後，有些顯然缺乏任何工作上所需的技術資格，但是他們卻可以新政府帶來更高的聲望與評價。他們也有能力學習工作上所需的知識，那時候的公共行政的機關比較單純，工作也較簡單，多半只要具備中等學識的人就可以勝任之。[8]

總的說來，從亞當斯到傑佛遜都維持華盛頓所建立的「上流社會地位等於適才」傳統，在這一個時期中，聯邦官員的終生任用制基本上是安全的，而且一直做到年老為止，甚至成為某種傾向——文官一職變成「贈與」給那些現任者的後裔。政府的表現在這段期間，管理完善、誠實、有效率而且成效也高，歷史上也公認這個時期的這個國家，達到了歷史上最高道德標準的時候。

二、分贓制

1828年出身寒微的傑克遜當選總統（1829-1837），對傑佛遜開啟的「分贓制」（spoils system），不僅予以肯定，而且強烈的服膺其名言——「任命官職

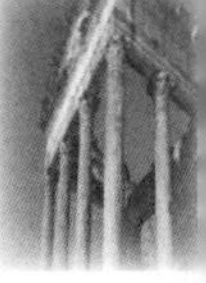

悉歸競選獲勝者」。傑克遜革除了約二百位由總統任命的官員，以及將近二千名聯邦其它官僚人員，代之以與他同黨的民主黨員。那一些被革職的人員，並不是因為他們的實際能力有問題，而是因為傑克遜的觀點認為：「一般人也能任公職，而且執政黨必須控制官僚」。也就是說，公共行政的人事任命從原來的社會上流士紳轉為由社會取才，而且是從較低的社會階層，這一個戲劇化的轉折並沒有什麼深奧的道理，就只是因為傑克遜的選區包括了從西部、拓荒區到中部的較低階層社會，他自己本來是一個奴隸制的農莊主，是1815年密西西比反抗軍的英雄，也是討伐印地安人的英雄，受到西部獨立自耕農民的絕對支持，被認為是西部人民的代表。[9]他代表的這些廣大選區中的人民，多半未經正式教育，大多數不認識字，因此傑克遜也被認為是無法流利閱讀的人，所以傑克遜認為跟他一樣的人應該有機會加入政府成為公務員，他認為：「在自由政府中，對道德的要求應該比才智高」。他從選民中來撿選並任命為行政官員，傑克遜回報對他忠誠的支持者，並作為鞏固與強化其政治力量。**這一種由上層社會轉為中下層社會的公共人事任用的戲劇性變化**，從民主政治的角度來看，其優點是，可以矯正聯邦政府公務員所抱持的上流社會的偏見。[10]正因為這樣的背景，傑克遜也是第一位大規模重新組織聯邦官僚的總統。[11]

由傑佛遜開啟而傑克遜發揚光大的制度，就是有名的「政黨分贓制」。傑克遜以發展合理政治為由，讓「政黨分贓制」予以制度化，開啟了一個迴異於前的公共人事行政的時期，在傑克遜的見解中，前一個時期有一些缺點，例如：

1.終身任用制度使得官員容易忘記了對人民的責任與人民的利益。
2.聯邦政府公僕具有上流社會的偏見，在民主國家中是難以忍受的。
3.政府官員的終身任命制會造成退休時的嚴重問題，老官員已經無法執行任務，會造成政府無法良好運作。

在政黨分贓制度下，傑克遜試圖建立政府官員任期最長四年的制度，並且允許新選出的總統與支持者從事「勝利者分贓」，勝選的政黨就是可以保有聯邦政府的工作。

三、功績制

政黨分贓制度盛行於傑克遜總統及其繼任者安德魯（Andrew Johnson）總統（1865-1869）期間，這一種分贓政治的政客基本上傾向回應較低階級與少數族群的利益——窮人與移民可說是強力政治機器中最有力的依靠，但是它帶來的負面影響也不容小覷，諸如：

1.行政倫理、效率和績效的嚴重墮落。分贓制度時期醜聞充斥不必要的行政工作過多，因要回饋政黨追隨者。現職者因為任期有限，經常利用職務之便挪用公款、賄賂，並假職務之名進行勒索。

2.公共行政與政黨政治混雜。有些工作指派就是政黨工作。有些人則從未在辦公室出現過，因為他們被指定到政黨總部工作。政黨還徵收「政治稅」，約月薪的1%-6%，此舉無異間接搶劫國庫，使財政的國庫與黨庫不分。

3.高度的政治競爭。「勝利者分贓」造成政治與政黨的激烈競爭，選舉成為就職與失業的競爭，使選舉成為一種徹底的全民運動。

4.政府官員的社會階層降低。「紳士年代」的公共行政人事代表一種精英文官制，「政黨分贓制」反映了社會的多元化，聯邦文官具有更廣泛的社會階層代表性，但也意味著更多較低階層的民眾加入文官體系，使聯邦文官的社會階層為之大幅降低。

傑克遜的分贓制度，最終導致了聯邦官僚的傲慢與腐敗，貪污、 賄賂、勒索、冗員屢見不鮮，當政府功能大幅成長，職能更加複雜時，政府中的官吏不僅被要求誠實，同時也要被訓練的更有能力和智識，分贓制度很快的就變成了一種落伍過時的制度。改革者因此起而呼籲，創立以專門知識與技術為基礎的專任文官制度，而非以政治黨派意識來任免文官。1883年，亦即嘉菲爾（James Garfield）總統被一名沮喪未獲公職者季圖（Charles Guiteau）暗殺[12]兩年後，新任總統亞瑟（Chester A. Arthur）奮力領導文官改革，政府的官員是根據公開競爭考試，公職的任期也獲得保障，並且使公共服務可以去政治化。

西元1860、1870年代聯邦政府已經開始致力於發展功績制度，這種制度已經寫入法律，即「潘朵頓法」（The Pendleton Act, 1883）亦稱」文官法」，其中規定，雇用人員聯邦工作須經過競爭考試，這是以功績能力為基礎。結合兩黨的「文官委員會」（Aobipartisan service Commission）也因此成立，以處理考試事宜，與訂定一般的雇用政策。從1880年代到二十世紀初，有好幾個州與城市跟著採用這種方式作為公共人事行政的基礎，最後，約有百分之九十的聯邦工作人員，是根據功績制（the merit system）來任用。

伍、改革與演進

從1883年到1978年間，是聯邦人事行政持續改革與建立體制的時期。1920

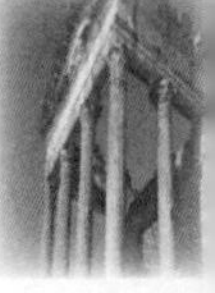

年代聯邦人事官員較少受到政爭的干擾，而致力於達成更有效率的公共服務。1930年代之前，文官委員會是主要的考試單位，到了30年代後期，因為嚴格要求依法行政，文官委員會反而成為人事行政的障礙。羅斯福（F. D. Roosevelt）因此在1938年頒布一項行政命令，分散人事管理的權力，要求每個機關建立起人事監督與管理機制。1940年代聯邦政府大幅擴充，更造成了人事行政分權的必要性。1947年杜魯門（Harry S. Truman）總統發布行政命令，下放更多權責到個別部門與機構的人事單位，這種作法被納入1949年的「職位分類法」中。最後，所有的機關都必須職位分類、升遷及其它人事功能負責。

卡特（Jimmy Carter）總統執政時，1978年的文官改革以「人事管理處」（the Office of Personnel Management，簡稱 OPM）與「功績制維護局」（the Merit Systems Protection Board，簡稱MSPB），取代文官委員會。「人事管理處」的職責，包括執行文官法規、檢定申請人、訂定薪資、職等與任用人員等。

陸、小結

美國的立國經驗是很獨特的。它和其它的國家不一樣，不是由上而下建立的，而是由下往上來完成的，國家體系的形成是先有州，然後才有國家，所以國家作重大決策時，不得不把地方利益作為優先考慮的因素。其次，州的地位演變，一直是這個國家形成過程中的關鍵。州先由殖民地上升為獨立的邦，然後又降格為從屬於聯邦的成員，不管其地位如何演變，州都保持相當的獨立性，因此「州權」的處理成為美國立國過程中的一大難題。[13]

美國國家體制的特色是，憲法賦予總統很大的權力，也就是加強了中央政府的權力，但是又給各州保留了很大的自主權。所以美國不能算是一個中央集權的國家，行政的治權有相當大的部分掌握在地方各州的手中。

第三節　法國公共行政的歷史與發展

壹、簡史

法國最早的根源大約在十世紀，查理曼帝國分裂；根據西元843年的《凡爾登條約》，東部的地方形成現在的德意志，中部是在後來逐漸消亡的勃艮第，而西部則逐漸成為現在的法蘭西。經歷過與英國交戰足足116年的百年戰爭後，在十五世紀末，法國逐漸地形成了一個中央集權制和君主專制政體的國家，直到

1789年7月14日，法國民眾和軍隊攻陷巴士底監獄，使這一天成為法國國慶日。

1789年爆發的法國大革命才推翻了封建制度及君主制，並開始逐步建立起共和制、推向民主制；法蘭西國家的格言「自由、平等、博愛」（法語：Liberté, Éalité, Fraternité），這三個名詞就是從法國大革命中衍伸而來。而且在1792年建立法蘭西第一共和國，直到1804年拿破崙成為法國皇帝，建立法蘭西第一帝國（或稱拿破崙帝國），結束了短暫的共和國歲月。

其後，法國於1848年因在國民議會的另一次革命和推翻帝制的背景底下，成立了法蘭西第二共和國，並由拿破崙三世擔任總統，直至1852年的法蘭西第二帝國創立，「帝制恢復」。

1870年普法戰爭結束後，法國再次恢復共和制（創立第三共和）。然後，法國民眾在普魯士軍隊撤走後，又再次恢復了第三共和。經歷了一戰和二戰，第三共和終於到1940年被納粹德國（德意志第三帝國）所滅。在二戰中，戴高樂將軍在英國建立流亡政府，稱為「自由法國」，與「納粹德國」的附庸「維琪政府」相抗衡。抗戰期間，改名為「戰鬥法國」。

戰後，法蘭西第四共和國由戴高樂將軍開始。1958年阿爾及利亞戰爭爆發，戴高樂將軍宣布結束「舊憲法」（法蘭西第四共和國憲法），推行「新憲法」（法國憲法），第四共和結束，法蘭西第五共和國成立，即現在的法國。

在法蘭西第五共和國建立時，汲取了前幾次議會民主制失敗的教訓，因此開始創立並執行半總統半議會民主制（雙首長制），維持到現在的法國政體，並未改變。

貳、中央集權的統治體系

位於歐洲大陸的法國，在行政發展的進程中和英國作比較，最大的不同點在於，法國統治體系的建構是一以貫之的朝向中央集權的道路前進。

法國中央集權的統治體系建構，見諸路易十四（Louis XIV）統治期間（1643-1715），實施君主專制，整軍經武，建立一支強大的陸軍和海軍，使法國成為歐洲第一強國，國家大權在路易十四之手，故其自稱「朕即國家」。其專制王權的伸張可謂達於頂峰，而給予此波本王朝（Bourbonen）最大助力者，就是歸功行政體系的功能充分發揮。在集權發展過程中，王室與地方勢力兩者間的

競合，將衝突狀況推升至白熱化。**因為王室運用國家行政機器的力量，壓倒地方勢力，完成其中央集權的目標，使各省的地方自主權歸於消滅，地方的自主行政與地方議會均納入「中央集權化」的原則下運作**。為確保中央集權的統治，**中央還派遣督察或專使**（Intendanten oder Kommissarius）**到各省，負責督導、視察其司法與財政諸業務，以確實掌握中央對地方的監督**。

就統治體系的發展來看，法國中央集權之得以遂行，當歸功於社會體系的全力配合，兩者目標一致、戮力以赴，使統治者的意志貫徹於地方，樹立了法國政治行政體系的最大特徵——中央集權，這剛好和英國的行政發展史恰恰相反。正因為歷史發展的不同，**法國的中央與地方關係是一種分治**（Dezentralisierung）**模式，英國則是另一種分權**（Dekonzentration）**模式**。

參、統治體系的發展

法國統治體系的建構過程，用一波三折來形容亦不為過，主要原因是政權／君權迭遭更易所造成。統治體系從十八世紀到二十世紀的二百年間不斷改變。1789年法國爆發大革命開啟其端，廢除封建制度，發表人權宣言，制定憲法，採行「三權分立制」，分權得以抬頭。[14]然而，從1792年的立法會議中君主派得勢，然後1792年復取消君主制度，接著拿破崙重建帝制（1802-1814），再來是1814年路易十八的復辟，假共和實君制的路易拿破崙第二共和（1848）、拿破崙第三的第二帝制（1852）、第三共和（1875）、維琪政權的第四共和（1940）、戴高樂的第五共和（1958），其政權更易之頻繁，導致行政體系反覆的調整，讓人眼花撩亂，在整個歐洲的憲政史上，不僅是紀錄，也是法國統治歷史的特色。尤其從第三共和以來，國會的強大，對應政府與內閣的不穩定，內閣過度頻繁的更換，使多變性格的法國人也對政治產生了厭煩與冷淡的態度。[15]

肆、拿破崙行政

路易十四對法國公共行政的影響是非常鉅大的，法國統治體系也隨之逐步建構起來。但是從行政學的角度來評斷，對法國公共行政影響最大的還不是路易十四，而是拿破崙。

拿破崙帝國時期建構的公共行政體系，就是今天世人通稱的「傳統公共行政」或「法治主義的官僚體系」（legalistische Bürokratie），是歐陸民族國家公共行政的代表，歐陸行政學者在公共行政的分類中稱其為「拿破崙行政」

（Napoleonische Verwaltung）。[16]

「拿破崙行政」是法國於拿破崙統治時期的公共行政，它對整個歐洲的影響力，是各家歷史學者都具體肯定的事實，影響的國家包括比利時、荷蘭、[17]義大利、[18]希臘、波蘭和德國，[19]影響力之大，不僅對法國本身，也對歐洲行政的結構造成深遠的改變，沿襲至今綿延不間斷。

「拿破崙行政」的特點可以歸納為數點：

1.強大有力的、代表公共性的國家統治，表現在領土上，以及行政部門中。
2.垂直的主宰與掌控、階層化的指揮命令結構、所有的領域和一切的功能都是接受中樞的指令。
3.結構的一致性，包括公共財的分配以及公共服務的提供。
4.去政治化的決策流程，公共行政在流程中具有關鍵性的角色地位，可以有強大的力量來對應立法機制。
5.承認行政事務的作業有其專業的知識與技能。
6.政治控制、預算控制、司法控制均有其重要性，必須設計在國家行政的機器中。
7.公共行政必須建構其高度的社會聲望與尊嚴，並且保障其優位權。[20]

拿破崙行政在組織垂直分化上，建立了部會（Department）、省區（Arrondissment）、地方鄉鎮（Kommune）的行政層級，在層級分化的運動中扮演最關鍵角色的人，就是省長（Präfekt）這一個職位，他在省區與地方上是中央權威的代表，反過來說，他在中央是地方與各省區利益的代表。

「拿破崙行政」旋風在歐洲大陸造成了跨國界的影響力，影響範圍遍布極廣，就這一點來說，歐陸國家還沒有哪一個國家行政模式可以與之相比擬的。影響的案例就以德國來說，南部巴伐利亞邦在十九世紀推動的地方行政改革，就受到法國「中央集權官僚模式」（ zentralistische bürokratische Model）的影響，普魯士地方自治法致力於建構城市、鄉鎮的自治，以及市民的自我責任。這一種地方自治行政的作法一直延續到今天。[21]另外一個對德國影響的案例是：高階的公務員必須是接受學術訓練並具備足夠能力的人。早年在法國的行政高等學院（Ecoles supérieures）後來發展為國家行政學院（Ecole National dÁdministration, ENA）。[22]法國的這一種作法也傳到德國，十九世紀普魯士進行教育改革的時候，也在大學中設置了這樣的功能，來滿足國家的人力需求。除了這二個案例之外，還有法律保護、行政裁判、地方自治行政、政治——行政體系的建構等等，德國都受到拿破崙行政的影響。

伍、行政體系的傳統與特質

法國在歷史大環境中的演變與發展中，統治體系下的行政體系醞釀出一些不變的特質與傳統，這些特質與傳統為：

一、中央集權的行政

在法國有一個嚴格的、單一制的政府，它有一套從遠古制度流傳下來的組織體系，在這一個組織體系下沒有自治團體或半自治團體，可以從中來妨礙中央政府直接的、正面的來管制全國人民。當然，在法國境內還是有不同型態的地方區劃，作為地方政府的地方行政之用。但是各省、各郡、及各縣都是由巴黎的中央政府所設置，或者經過巴黎的中央政府所允許才可以存在。地方政府的事務經由首都所規定的內容及數量，比起英國各縣與各市的事務不僅多的多，而且也詳密的多。另外，法國的行政體系擁有許多不屬於任何地方、不屬於任何區域，但是完全屬於國家文官的官吏。中央集權的行政體系的傳統與特色，法國確實是當之無愧。

二、etatisme

從波旁皇帝時代流傳下來的第二個傳統，就是法國人自稱的etatisme，這一個名詞幾乎不可能翻譯，它意謂著對國家的尊敬，並表現在對中央政府幾近崇拜的心理，從國家的角度來說，國家需要有廣大的權力來管制個人、集體和企業，比較接近的翻譯，**第二個傳統勉可稱之為「國家控制」**。

三、龐大的文官隊伍

因為法國有前面二項傳統，所以和海洋法系的英國及美國不一樣，那就是第三個傳統——龐大的文官隊伍。在法國，國家的任務不但要供應民生物資使不虞匱乏，也要處理各種民眾日常的事務，例如警察維持治安、建設公路系統等，還要負責提升藝術水平和發展科學，所以必須建築歌劇院和戲院，並給予津貼補助，或是維持博物館、科學館等機構，善盡民族文化保管人與指導者的角色。公共行政的任務在法國包涵極廣，內容龐雜而多元。在這樣的一個國家行政傳統下，**法國文官之衆多、複雜、所費不貲**[23]**，自不在話下。所以第三個傳統，就是——龐大的文官隊伍**。即使發展到近代，法國在西方國家中公職人員還是最多的，依據1987年的統計約有600萬人，占全國就業人口2,100萬人的三分之一。[24]

第四節 德國公共行政的歷史與發展

壹、簡史

阿道夫．希特勒和貝尼托．墨索里尼在被軸心國占領的南斯拉夫

一、德意志帝國（1871-1918）

隨著法國在普法戰爭中失利，1871年1月18日，威廉一世在凡爾賽宮加冕為德意志皇帝，德意志帝國宣布成立。

二、魏瑪共和國（1919-1933）

1918年11月德國革命成功後，魏瑪共和國成立。

三、第三帝國（1933-1945）

1933年2月27日，國會縱火案發生，隨後頒發的緊急法令將民眾的一些基本權利取消。1933年的「授權法案」賦予了希特勒政府完全立法權。在一系列行動和法案之後，德國成為一黨專政的中央集權國家，國家經濟納入戰爭軌道。

四、分裂和重新統一（1945-1990）

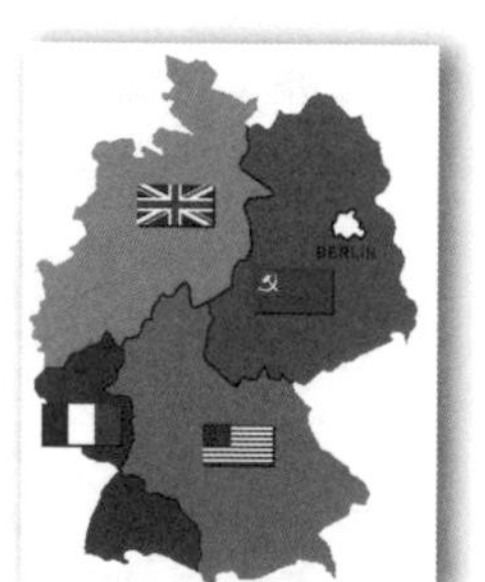

1945年德國被分區占領情況

戰後德國領土和柏林全市被盟軍劃分為四個軍事占領區。1949年5月23日美國、英國及法國占領區（包含西柏林）合併，成立以波昂為首都的德意志聯邦共和國（俗稱西德BRD）；其中西柏林亦以特殊的城市地位，加盟位於波昂的聯邦政府。同年10月7日，蘇聯占領區（包含東柏林）則單獨成立德意志民主共和國（俗稱東德DDR），設立首都即為東柏林。

由於日益增多的東德人取道匈牙利逃往西德以及東歐劇變的發生，東德於1989年11月突然撤除了柏林圍牆。這一舉動加速了東德的變革，最終促成了1990年10月3日的兩德統一。根據兩德協議，合併後的東、西柏林再次成為新國家的首都。

貳、國家的發展

真正締造德國現代統治規模者，是當時北方的一個封建侯國，位於布蘭登

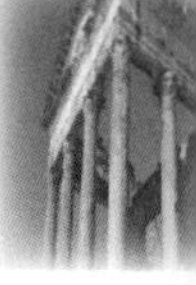

堡（Brandenburg）的鄉村公社（Mark）或選舉區。布蘭登堡的霍亨佐倫王室於十七世紀間擴張其版圖，東至普魯士，西迄克立佛（Cleves），統治疆域之大除了奧地利之外，睥睨於各諸侯國。1701年進而放棄布蘭登堡選帝侯之銜，改名號為普魯士國王，此即為今日德國的前身。

1740年至1786年間，腓特烈大帝（Friedrich der Groß）統治期間，除了兼併鄰近疆土外，還掠奪了一部分奧地利的領土，成為中歐的主要強國之一。但是就中歐的德意志轄地來看，到十八世紀末年仍然由諸封建領主實質統治，治下均為農奴，全德共計分裂為1,800個政治單位，以普魯士為最大。[25]

參、從普魯士到德國

1806年拿破崙征服普魯士，到1815年的滑鐵盧之役後，普魯士才在維也納會議後，與其他各國組成一個邦聯，置於奧地利的統治下，而普魯士與奧地利即為邦聯的兩大龍頭，其它小國均以其為馬首是瞻。普、奧二國夙相妒忌，奧國強悍的首相又刻意壓制普國，使兩國間的戰爭乃成不可避免的結果。至普魯士首相俾斯麥輔政，力行鐵血政策，於1862年掌權後，引誘奧國與丹麥發生戰爭（1864），國力受到影響，於二年後，普魯士即與奧國決戰並迅速予以擊潰。戰後，併諸小國於其領土內，於1867年成立北德意志邦聯。至1870年普法戰爭發生，普魯士及各邦同仇敵愾、將士用命，卒獲大勝。1871年1月18日普魯士威廉一世於凡爾賽宮鏡廳即位為德國皇帝，普魯士至德國的政體演進至此趨於確定。

肆、統治體系

近代普魯士的興起，可以視為專制君權與行政體系發達的結果。與諸鄰邦相同，普魯士行政體系也力行中央集權運動（Zentralisierung），以輔君權，以對抗地方各階級的分離勢力和自立的地方政府（ständisch-partikularistische Landesregierungen）。到最後的發展結果亦不出所料，中央得於各省設立各種督導官員，統領監視地方政權的運作。另一方面，行政體系大力徵募民間無權無勢之才俊參與其工作，行政體系之管轄範疇乃大為擴張，地方封建殘餘勢力之消滅則是意料中事。是以，至十八世紀初葉，普魯士的財政與警察權都落入行政體系的掌握中，不復由王室主宰。

伍、行政體系的獨特發展

普魯士近代行政體系的發展和歐洲鄰邦略相仿，但是相異之處亦所在多有。如腓特烈大帝治內，普魯士行政體系進入一個相當特殊的階段，也就是沒落貴族與龐大的國家機器相抗衡，沒落的貴族與地方勢力在經濟力上屈居劣勢，[26]所以窮促的貴族及其子弟到終了，仍然無法拒絕高官厚爵的誘惑，而陸續的接受各種官職，被融入龐大的行政體系中。從表面上看，好像是行政體系整合了殘餘的貴族勢力，但實質上，卻又是貴族勢力進入行政體制，攫取高官要職，形成一個集團，使得原本平民化氣息甚重的行政體系，因而染上了濃厚的貴族化氣息，所以就被譏嘲為「**官僚體系的貴族化**」（Aristokratisierung / Adelung der Bürokratie）。

當專制君權和行政體系官僚化二者相結合後，建構了所謂的「行政的/官僚的專制政體」（bürokratischer Despotismus），腓特烈大帝也接受宰相的建議，為了表示他的民主與開明，自稱為「國家第一公僕」（erster Diener des Staates, 1752），「公僕」名稱之濫觴由此開始。菲特烈大帝這位第一公僕建立了一個新的帝國，**帝國建構要素有三，即軍國主義、君權神聖與官僚統治**。[27]**而軍國主義的影響加上官僚化的發展，則是非常明顯的德國公共行政之特色**。因為從十六世紀開始，普魯士各邦均設有「軍事委員」，代表政府監督各地的財稅人員。到十七世紀中葉，**軍事國家化，軍事委員遂轉為稅吏，於財政及稅務的改革過程中，軍事化色彩就融入於德國行政機關的運作中，加上政府官吏諸多都是由職業軍人轉任而來，於是軍人的生活與氣氛便帶入行政制度中，嚴格的紀律、分明的階級、絕對的服從、規律的生活等，使德國行政發展為典型的官僚體系**，德國社會學者韋伯所描述的官僚統治原型，受其文化背景的影響清晰可見。

至於軍國主義、君權神聖與官僚統治三者的結合，在普魯士及後來的帝國時代，曾經締造了諸多歷史上的成就，建立了一個獨裁但是頗有效率的政府，施政的範疇從推廣教育、獎勵實業，以迄刷新內政、充實軍備等，甚而推行了世界最早的勞工保險，成效卓著舉世矚目。德國這一段行政發展的蓬勃期，普魯士的政治、行政體系創造了一個「民享但非民治」、「有效率然而無代議制」的獨特局面，此即著稱之「開明專制」（aufklärende Despotie）。在開明專制下，官僚行政普魯士及德意志帝國奠定了強固的發展基礎。

陸、文官

西方國家最早實行考試錄用官員制度的當屬德國。早在十八世紀初的威廉一世時期，德意志諸邦中的普魯士已經開始實行考試錄用官員的制度。1713年由威廉一世親自制定了任用法官必須經過競爭考試的原則，建立了最初的公務員考試制度。1737年，此一制度擴充至其它公務員的徵選，規定凡與司法行政有關的各種公務員，都必須經過考試後任用。[28]1743年，腓特烈大帝頒布命令，規定所有到政府工作的大學生，都必須經過國家考試及格後才能授以職位。1748年又頒布命令進一步擴大了考試的內容。1770年針對高級官員的考試，政府頒布命令，從考試的方法和內容上進行補充及改善。至十九世紀末二十世紀初，德國公務員的考試制度基本上已經完備，考試方法與考試內容也多所改進，來適應社會發展及政府職能的變化。

職業文官的出現德意志王侯任命大臣提供良好條件，**王侯們從職業文官中選任大臣，這是一種封建性質的恩寵作法**。一些具有改革思想的貴族，提倡統一的行政制度，實行專家政治。十九世紀，普魯士統一德意志後，政黨政治開始發展。於第一次世界大戰後1919年制定「威瑪憲法」，將專制政體改為共和政體，君主的統治改為政黨內閣的治理。威瑪憲法中規定，政府官員如果屬於任何一個政黨，必須政治中立，如無過失，不得因政治原因解除職務。**威瑪憲法的實行，從法律上將政務官和事務官區分開來，德國的文官系統的建立至此底定**。

第五節　我國公共行政的歷史與發展

壹、夏、商、周（上古史，共2061年）

文官者，國家治理作用的執行者。官字最早見於甲骨文，據貝冢氏云，官乃保管祭肉之意，在殷商時期文官的主要工作，責司祭祀與保管祭祀之器物。殷商官制又分為兩個系統，「史系」與「師系」。史系之官，為傳達王令之官。師系之官，出兵征伐。[29] 此兩者即所謂「國之大事，在祀與戎」，均為國家治理作用之展現。師系之官掌征伐，是為武官。史系之官主祭祀，是為文官濫觴之始。

一、夏朝（西元前1766年以前）

夏朝的政治中確立了「親親」原則，建立了百官，分掌庶政、賦稅、訴訟、車馬、膳饈、天象、曆法、檔案等各項事務。

中央機關有：

1.行政事務官：如主管力役之徵的「司徒」；工官為「司空」；刑官為「司寇」；農官為「小籍臣」與「小眾人臣」；外交官為「賓」。
2.宗教事務官：如「卜」、「巫」、「史」、「乍冊」等，統稱史官，掌祭祀、貞卜與記事。在商朝「國之大事，惟祀與戎」，史官地位特別顯要。
3.王室內廷官：如「宰」與「小臣」，多為王之左右親信。<史記、殷本記>記載「武丁即位，思復興殷，而未得其佐，三年不言，政事決於冢宰，以觀國風」，由此可知，作為內廷的冢宰還兼管政事，使百官聽命。

二、商朝（西元前1766年至前1122年）

商朝的中央機關雖已有「殷正百辟」、「百僚庶尹」眾多職官，然結構鬆散，職權劃分尚未明確。

在商朝統治區內，建置「百姓」和「里君」兩個地方管理機關。「百姓」負責管理各氏族事務，「里君」負責管理基層行政。

三、周朝（西元前1122年至前256年）

周公制禮、作樂、訂定周禮，奠立國家封建體系的穩固基礎。

禮之於西周，其用涵蓋道德、社會教化、社會規範、政治體制、與行政規範等廣大的範疇，對於國家統治作用的運作有重大之意義，其重要性歸納之約為：

1.確立周天子的地位：「周禮」首言：「惟王建國，辨正方位，體國經野，設官分職，以為民服」。[30] 表明周天子是周族的族長，也是諸侯國政治上的共主。
2.設官分職、明職明責：周禮按六官——天、地、春、夏、秋、冬劃職分責，統轄百僚。並以六典——治典、教典、禮典、政典、刑典、事典，來經國治官，理政治民。
3.「禮、樂、政、刑」密切結合的治理體系：「禮」是以「尊尊」、「親親」為核心的一套倫理秩序，「是以君臣朝廷尊卑貴賤之序，下及黎庶車與衣服宮室飲食嫁娶喪祭之分」，[31]均有不得僭越的禮法規定。「事無禮則不成，國無禮則不寧」，[32]禮是社會倫理與秩序規範之準繩，也是國家治理成敗之要則。

(1)樂包括了文化、教養與美育的內涵，並且和政治密切接合，故而「審樂以知政」，樂是國家興衰治亂的表徵，所以有「治世之音」、「亂世之音」、「亡國之音」。[33]

(2)政者政制，設官分職，建置機關，建立政府治理的制度與原則，是國家統治的主軸要務。

(3)刑者法治也，其任務在「詰邦國，刑百官，糾萬民」，周初有九刑，穆王時有呂刑。

(4)禮、樂、政、刑四者合一，建構周朝的國家統治體系，成為一個嚴密的整體，「禮以導其志，樂以和其聲，政以一其行，刑以防其奸。禮、樂、政、刑其極一也，所以同民心而出治道也」。[34]

4.地方行政區域的確定：周朝分封建制的諸侯國稱為「外服」，具地方屬性。根據周禮的規定，諸侯對天子有貢納、朝聘、述職、隨王征伐、祭祀和弔喪慶賀等義務，周天子對諸侯負有保護和排解糾紛之責。

貳、春秋戰國（西元前770年至前221年)

此一時期行政體系的特色約為：

1.官員任免制：戰國時期打破了封建制度「親貴合一」的命官原則。選任官員的途徑有：(1)根據軍功賜爵任官；(2)薦舉任官；(3)藉游說得官；(4)從養士及侍從中選官。也因為這些途徑的多元性與開放性，就產生了一批布衣卿相在政治上頗有一番作為。

2.以璽、印、符、節作為官員憑證。[35]

3.建立官吏考課的上計制度。

4.以俸祿酬勞官員。

參、秦漢時期（秦朝西元前221至前206年，漢朝西元前206至西元220年）

秦朝國家統治體系的建構，約有下列數端：

1.設丞相置九卿：朝廷設左右丞相總領百官，主持朝議，綜理考課，薦舉與委任官員，執掌封駁與諫諍。自秦朝確立相制後，歷1,500餘年之發展，至洪武十三年才廢除，是我國統治體系中非常特出的設計。

2.全面推行郡縣制度，集權中央，開郡縣一統之治。[36]

3.官僚制度的法制化：秦簡「置吏律」規定官吏須由國家派任。「倉律」規定官吏俸祿以石為單位。「為吏之道」規定官吏的職責與倫理規範。

4.重行政效率。

漢朝統治體系的特色為：

1.設置刺史：從文、景帝起，開始派御史、丞相巡察全國，加強對地方的控制。到漢武帝更劃分全國為十三個監察區，派出刺史依據武帝手定之「六條」，[37] 對郡國進行監督。

2.分內朝與外朝：因皇權與相權之制衡關係，皇帝乃任命近臣侍從官，參與國政，自是分為內廷與外朝。內朝中掌章奏的尚書可以不經丞相直達皇帝，外朝丞相為首的官僚體系逐漸成為行政執行機關。

3.發展朝議制度：漢承秦制，凡軍國大政，公卿、列侯、二千石以及大夫、博士等人均參加集議。

4.發展官吏之選任與考課制度：漢朝選拔官吏有郎選、察、征辟、貢舉、特召、射策與對策。其中以察和征辟為主。[38]

5.東漢和帝，詔定邊郡按戶口數目分配孝廉名額，開啟察之例。征辟是由中央公卿和地方郡縣征辟僚佐員吏的法定制度。

(1)漢代考課，朝廷與地方郡國逐級進行。丞相負責考核地方郡國首相，治績優異者奏聞天子，建議升遷。郡國首相考課屬縣，優異者升遷。

(2)漢朝有官必有課，有課必伴以賞罰。賞有增秩、遷官、賜爵。罰有降薪、貶職、免官。

(3)官吏「休致」此時也已制度化，致仕，朝廷給予原俸祿三分之一，以示尊賢。[39]

肆、魏晉南北朝（西元202年至581年）

魏文帝用尚書陳群之議行九品中正之制，於州郡各置大小中正之官，以本地人任諸府公卿及臺省郎吏有德望才能者充之，使之鑑別品評人物，分為九等。初由郡縣小中正將當地人才以九等別其高下，呈報於州之大中正。大中正核而呈報於司徒，司徒核而交尚書以錄用之。[40]

九品中正法原以之救鄉里選之流弊，結果卻反成為門閥權勢者操縱壟斷之途，上品無寒門、下品無士族，「世家」、「門第」成為進仕之捷徑，所有選舉

多為貴冑，仕途則為門第世家所把持。

伍、唐朝（西元618年至907年）

「唐六典」是我國古代最具代表性的行政制度規範與法典，最初是唐玄宗手寫六條，曰理典、教典、禮典、政典、刑典、事典，內容規定唐朝各部門的機構設置、官員編制、職掌權限、各部門間的關係、官吏選拔、任用、考核、獎懲、俸祿和退休制度等。

唐朝行政體系的建構比較重要的項目為：

1.三省六部的定制化：尚書省長官為尚書令與尚書僕射，參與軍國大政、管理國家行政事務。中書省審理尚書省的章奏公文，起草詔令及下行公文，送交門下省審核副署施行。門下省設侍中，參與軍國大事，審查詔令，簽署章奏，審閱上行文書。如侍中對中書省草擬的下行照令文書，認為不便實行，可以封駁奏還。[41]

尚書省下設吏、戶、禮、兵、刑、工六部。每部下轄四司。此外還有九寺、五監的中央機關與監察機構。

2.詳定行政管理制度：除「唐六典」外，代表性的法典「永徽律疏、職制律」。有關行政管理制度的還有「官位令」、「職員令」、「賦役令」、「選敘令」、「考課令」、「祿令」、「儀制令」、「公式令」等，制度建立可謂詳備焉。

陸、明朝（西元1368至1644年）

明朝行政制度與法典為「明會典」，彙總有關典制而成，如「諸司職掌」、「大明集禮」、「洪武禮制」、「禮儀定式」、「稽古定制」、「憲綱」以及大明律、令、誥、諸司之典冊集錄而成，以六部官制為綱，分述各行政機構的職掌與事例。

文官機構的設立，文職衙門包括宗人府、吏、戶、禮、兵、刑、工六部。督察院、通政使司、六科、大里寺、太常寺、詹事府、光祿寺、太僕寺、鴻臚寺、國子監、翰林院、尚寶司、欽天監、太醫院、上林苑監、僧祿司等。武職衙門有五軍都督府和各衛。

明朝國家統治體系的興革變化，茲其縈縈大者陳述如下：

1.廢丞相、建內閣、宦官擅權。

2.督察院：設左右都御史、左右副都御史、左右僉都御史集十三道監察御史共110人。操彈劾及建言之權。關於官吏之考察黜徙則會吏部，關於重大刑獄則會刑部、大理院，其它各官署皆分屬各道御史稽查。

3.六科給事中，特設而無專署。設左右都給事中、左右給事中、給事中，掌稽查各官署之事，前代拾遺、補闕等官亦容納其中。但與御史同有言責，即不免有左右袒。習慣上以御史為臺，以給事中為垣，臺垣水火，亦明代政局之奇特現象。

4.通政史司的設立：為了限制宰相之權設立通政史司，使君主專制統治達於鼎盛。通政使司「以通上下之情，以達天下之政」，通政使司長官執掌「出納帝命，通達下情，關防諸司出入公文」。[42]

5.地方制度之變革：明朝地方行政體制實行省、府、縣三級制。洪武九年廢中書省，設立承宣布政史司、提刑按察使司、都指揮史司，共省級組織，分別掌理行政、司法和軍事，稱三司。

柒、清朝（西元1644年至1911年）

清朝國家治理與政府樞要機構之要者，勾勒如下：

1.軍機處執掌樞要：清朝的內閣也只是執掌票擬，不參與重大政務的決策，真正執掌樞要的是雍正朝設立的軍機處。

2.對少數民族的治理：中央置理藩院，管理西藏、蒙古、新疆、清海等少數民族地區事務。統治的政策採取「用其教不易其俗，齊其政不易其宜」的作法。

3.建構完備的行政制度：行政制度的建構隨著「清會典」、「嘉慶會典」、「嘉慶會典事例」、「光緒會典」、「光緒會典事例」等的訂定完成其法典化，內容較明會典更為豐富。除會典外，行政法規的主要形式是則例，由各部院定期纂修，如「吏部欽定則例」、「欽定八旗則例」等。

4.特有的任官制度：官吏任用制度清襲明制，此外另有一些特別作法如官缺制度和捐官制度。

5.官缺制度為清朝所特有，係為保證滿州貴族控制要害部門而實行分配官制的制度，分滿官缺、蒙古官缺、漢軍官缺、和官缺四種。這是滿州貴族壟斷權力以及防範漢人的特殊作法。

6.捐官制度史已有之，清朝於康熙十三年，因為平定三藩之亂導致國家財政困窘，實行捐官做法。三年內捐納知縣五百餘人，收入銀二百餘萬兩。此後，雍正朝，道府以下各官均可捐納，乾隆時，文官可捐至道府、郎中，貢生、監生也可捐得。嘉慶後捐納氾濫，仕途混亂，不可收拾，以致任官考課流於形式，吏治壞而世變益亟，世變亟而度支益蹙，度支蹙而捐途益多，[43]國事終而糜爛不堪。

7.胥吏擅權：朝廷選拔任用者為「官」，官府自行徵募選用辦事的人員是為「吏」，官吏雖合稱，實際則有分際，而後者即各府衙門中通稱之「胥吏」也。胥吏擅權自古皆然，惟至有清一朝更烈，統治者雖洞悉其害，卻無法禁革，因為八股晉身之「官員」，對於兵刑錢谷、世俗民情等並不熟悉，甚至茫然無知，不得不依靠精通官場陋規和刑名法例的胥吏，以致其趁機擅權、上下其手，並與上官狼狽為奸，營私舞弊、盤根錯節，且世代相承，政府敗壞是以必然爾。

註　釋

[1]請參閱黃鉦堤（2003），《當代德國政策條控理論—行動理論與系統理論的爭論》，頁15。臺北：翰蘆。

[2]請參閱高宣揚（2002），《魯曼社會系統理論與現代性》，頁276。臺北：五南。

[3]請參閱傅安平（1985），《公共行政之研究》，頁55。臺北：中國文化大學。

[4]請參閱羅孟浩（1975），《英國政府及政治》，頁273。臺北：正中。

[5]科舉制度是中國文官制度的一大特色，此一作法引起西方人的特殊注意。葡萄牙傳教士克魯茲（Gaspard da Cruz）在1569年的《中國遊記》一書中，對科舉選拔官吏的作法大為讚揚，另一位葡萄牙修士得萬多薩（Conzalez de Mendoza）1583年出版《偉大的中國》一書，書中第14章介紹中國科舉制的考試方法和內容。用英文出版關於中國官吏制度和政治制度的書籍，在1570年到1870年間，多達70多種。其中的《文官考試制度》、《中國扎記》、《中國的歷史與現狀》都盛讚中國文官制度，尤其是考試制度，並力主英國政府仿行。同時期的英國駐華使節，也像本國政府會報過同樣的內容。

在1855年至1870年英國文官系統形成時期，當時著名的英國刊物《紳士雜誌》、《倫敦雜誌》、《霧雜誌》等，先後撰文介紹中國錄用官員的程序和方法，主張英國實行中國式的文官考試。請參閱楊百揆（1987），《西方文官系統》，頁39-41。臺北：谷風。

國父孫中山先生在《三民主義》中也曾指出：「現在各國的考試制度，差不多都是學英國的。窮流溯源，英國的考試制度原來還是從我們中國學過去的」。

[6]請參閱胡康大（1997），《英國政府與政治》，頁188。臺北：揚智。

[7]請參閱林昭燦（2006），《美國政府與政治新論》。臺中：捷太。

[8]請參閱呂育誠、陳恒鈞、許立一譯（2002），David H. Rosenbloom & Robert S. Kravchuk著，《行政學：管理、政治、法律的觀點》（*Public Administration*），頁165。臺北：學富。

[9]請參閱聯合編譯小組（1978）〈美國的成長〉，《世界文明史13》，頁94。臺北：地球。

[10]請參閱呂育誠、陳恒鈞、許立一譯（2002），David H. Rosenbloom & Robert S. Kravchuk著，《行政學：管理、政治、法律的觀點》（*Public Administration*），頁167。臺北：學富。

[11]請參閱張明貴譯（1995），Elowitz, Larry著，《美國政府與政治》（*Introduction to Government*），頁123。臺北：桂冠。

[12]對於這一起暗殺事件，大眾輿論很快就將罪過歸咎於分贓制度，而非瘋狂殺手。

[13]請參閱何順果（2007），《美國歷史十五講》，頁58以下。北京：北京大學。

[14]請參閱傅安平（1985），《公共行政之研究》，頁55。臺北：中國文化大學。

[15]請參閱楊幼炯（1963），《各國政府與政治（下冊）》，頁437以下。臺北：中華。

[16]請參閱Wilwerth, Claude, "Les influences du modéle napoleonien sur lórganisation administrative de la Belgique" in: Bernd Wunder(Hrsg.), Les influnces du "modéle" napoleonien dádministration sur lórganisation asministrative des autres pays, Bruxelles, 1995, S.115ff.

[17]請參閱Raadschelders, Jos C. N. / Van der Meer, Frits M., "Between restoration and conxolidation: The Napoleonic model of administration in the Netherlands 1795-1990", in Bernd Wunder(Hrsg.), Les influnces du "modéle" napoleonien d' administration sur lórganisation asministrative des autres pays, *Bruxelles*, 1995, S.199ff.

[18]請參閱Aimo, Piero, "Línfluence du modéle napoleonien sur ládministration italienne", in Bernd Wunder, aaO., S.181ff.。

[19]請參閱Wunder, Bernd, "Línfluence du modéle napoléonien sur ládministration allemande", Bruxelles, 1995, S.95ff. Fehrenbach, Elisabeth, "Der Einfluß des napoleonischen Frankreich auf das Rechtsund Verwaltungssystem Deutschlands", in: Armgard von Reden-Dohna(Hrsg.), "Deutschland und Italien in Zeitalter Napoleons", Wiesbaden, 1979, S.23ff. Raphael, Lutz, "Recht und Ordnung : Herrschaft durch Verwaltung im 19 Jahrhundert", Frankfurt a.M. , 2000, S.42ff.

[20]請參閱Wright, Vincent, "Preface", in: Wunder, Bernd, aaO.,S.3.

[21]請參閱Wolter, Udo, "Freiherr vom Stein und Graf Montgelas; Zwei Modélle der gemeindlichen Verwaltungsreform am Beginn des 19. Jahrhunderts", in: Bayerische Verwaltungsblätter, 1993, S.641 ff.

[22]請參閱Ziller, Jacques, "Der öffentliche Dienst in Frankreich", in: Zeitschrift fr Beamtenrecht, 1997, S.333ff. Duffau, Jean Marie, "Die École Nationale dÁdministration", in: Zeitschrift für Beamtenrecht, 1994, S.149ff.

[23]請參閱羅志淵（1967），《現代各國政府》，頁375-376。臺北：正中。

[24]請參越楊百揆（1987），《西方文官系統》，頁104。臺北：谷風。

[25]以上歷史請參閱羅志淵（1967），《現代各國政府》（第三篇），頁435以下。臺北:正中。

[26]雖然名為貴族與地方封建領主，擁有若干的農奴，但是全德國竟然有1,800多個這樣的政治勢力，在經濟規模、軍事力量、政治影響力來說，就無法與國家勢力相抗衡。就這一點來說，比起其它歐洲國家封建貴族的領土廣大、實力雄厚來說，德國封建貴族不敵興起中的國家勢力，是社會面與經濟面的實質因素所造成，才促成了特殊的行政發展面貌。

[27]請參閱王繩祖（1980），《歐洲近代史》（二版），頁179。臺北：商務。

[28]正因為強調考試錄用的規定，所以也有學者認為德國是西方文官制度的始作俑者。

[29]請參閱楊樹藩（1982），《中國文官制度史（上）》，頁1。臺北：黎明。

[30]《周禮・天官冢宰》。

[31]《禮記・樂記》。

[32]《荀子·修身》。

[33]《禮記·樂記》。

[34]《禮記·樂記》。

[35]見張晉藩（1988），《中國古代行政管理體制研究》，頁9。北京：光明日報。

[36]秦自商鞅變法，重軍功，用客卿，無階級之限制，鮮貴族之要脅，人才較六國為盛，終致統一六國，開啟布衣卿相之局，引進社會賢達人士進入官僚體系（見羅香林，《中國通史》，頁111），因而建立若干文官制度之先例，此乃社會時勢之流變。不可因此依時勢之變遷，遂爾劃分秦以前為「士官」，是血緣親貴，即無所謂之「文官制度」，而秦以後引用布衣，非「士官」，即為文官制度開啟之先河。楊樹藩，《中國文官制度史》，頁2，以此論斷我國歷史上的文官制度自秦始，斯為大謬。

[37]見《漢書、百官公卿表》注引〈漢官典職儀〉。

[38]射策與對策是選材任官的考試方法。「射策者，謂為難問疑義書之於策，量其大小，署為甲乙之科，列而置之，不使彰顯，有欲射者，隨其所取得而釋之，以知優劣」。「對策者，顯問以政事經義，令各對之，而視其文辭以定高下也」。二者方法不同，深度和內容也有區別，所以對策合格多任言諫謀議之官，射策合格多任郎官。見《漢書》，卷78，〈肖望之傳注〉。

[39]「天下吏比二千石以上年老致仕者，三分故祿，以一與之，終其身」。見《漢書·平帝本記》。

[40]見張金鑑（1981），《中國吏治制度史概要》，頁65-66。臺北：三民。

[41]見《唐六典》。

[42]《明史·職官志二》。

[43]見《清朝續文獻通考》，卷93。

第2章 公共行政的本質與分析

第一節　大陸法系國家行政的特質

第二節　海洋法系國家行政的特質

第三節　中華法系國家行政的特質

第四節　通　觀

第五節　行政的本質

在前述的歷史事實敘述後，依照黑格爾歷史哲學的觀點，要「把歷史解讀成一種更深層的精神目的之具體表現」，[1]接著可以進一步的從歷史結構的線索中，再一度的解析公共行政的「歷史架構」與「歷史辯證」來尋找歷史發展規則，同時，將歷史規則彰顯於歷史生活關聯的客觀意義上。將行政的歷史發展過程本質是為一種辯證，以辯證為主體，一種變化過程的主體，進行正論、反論、合論的過程，逐步朝向「具體概念」的「有機統一體」。質言之，行政歷史演變的過程就是「辯證的過程」；「辯證的整體過程」則構成「整體性的歷史」。

以下是在經過歷史辯證過程後得到的一些論點，玆敘述如後。

第一節　大陸法系國家行政的特質

統治體系由政權和治權組合而成，政權所決定的政治型態定義治權的結構、意識型態與運作。至於政治型態是極權化／集中化還是分權化，決之於政權的角逐是否定於一尊。如果定於一尊，並且是集權化與集中化時，國家行政的機器就會發展的非常強大，統治者的意志就會被國家行政機器貫徹到國家的每一個角落，所以統治型態有不同的種類，如獨裁、專制、寡占、開明專制等各種型態，中央集權加上強大的國家機器，人民就會受到國家力量的制約；反之，如果是政治分權化的型態，行政治理的作為也會有所不同，例如在十四、五世紀時期，德國還是由封建領主割據統治，那時候警察是政權的同義詞，警察執行一切封建領主的命令。到了普魯士強大起來統一德國之後，十六、十七世紀的普魯士已經變成了警察國家，所有國家的高權皆屬於警察的職權，警察不只維持政權而已，還會干預人民，其干預措施更擴及福利方面，如營業、度量衡、宗教、契約、不動產、建築監督、衛生保育、學校、消防等等，無所不包，這時期警察行政就等於國家行政。所以政權集中化造成中央集權，中央集權更有利於國家行政機器的發展與強化，普魯士君權至上的政權體系，行政體系也相應配合發展官僚統治，並成就一個「警察行政」的「警察國家」，警察行政就是國家行政。這一段歷史告訴我們，當政權體系發展成高度的中央集權的型態時，國家行政體系也會相對應的發展成極端強大的治理機器，以符合統治者的治理需求。

當普魯士全力建構中央集權的統治體系，成立中央總署（Generaldirektorium，其內包括戰爭署與內務行政部），統籌管轄財政、稅收、監察、軍事等，完成高度政權與治權集中化的國家體系。同樣是大陸法系的法國也在發展集權化的統治體系，只是時序上要拉前更多。在十二、三世紀，神聖羅

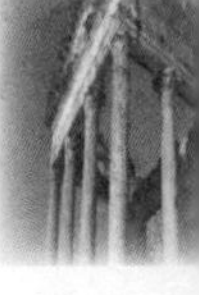

馬帝國瓦解後的西歐，陷入全面的黑暗時期，而其中最先重建新秩序的是法國專制王朝，在政治的集中化與政權的寡占下（Monopolisierung der Macht），專制王朝逐漸定型成為專制的王國。因為王國必須維持其政權，所以統治者乃有建立財政、稅收、貨幣經濟和組織軍隊等項國家行政的迫切需要。本來徵稅的權力歸屬於地主階級，或是自由市本身自行徵收。**政權集中後，第一件要進行的要務，即為財務行政和軍事行政的收編、統一、劃歸中央，聯帶的，徵稅系統之建立提供了國家行政體系賴以維持的經濟來源，官員的俸祿才得以獲得比較穩定的保障。**

現代德國的國家結構和普魯士時期已經有了很大的變化，第一個主要原因是二戰後被占領，四國列強的政治、行政體系深入的影響了舊時代的傳統，其中就有英、美二國的占領區；其次不能忽略的是，德國鄉鎮地方自治（Kompetenzverlagerung kommunaler Selbstverwaltung / Gemeinde Verwaltung）的政治、行政傳統也是非常悠久的，另外再加上各邦的區域分權（Regionalisierung）運動也是蓬勃發展，所以在德意志聯邦共和國建立後，各邦的權力也是明定於基本法中，其類型與美國相似。

法國統治體系的中央集權化，在路易十四時期發展到頂峰之後，就沒有從歷史的潮流中撤退，始終維持著中央集權／政權集中化的傳統，並且塑造了estime（**國家統治和龐大文官隊伍兩大傳統**）。**比起德國統治史現代的轉折，法國是個一以貫之的中央集權的國家。**（見圖2-1）

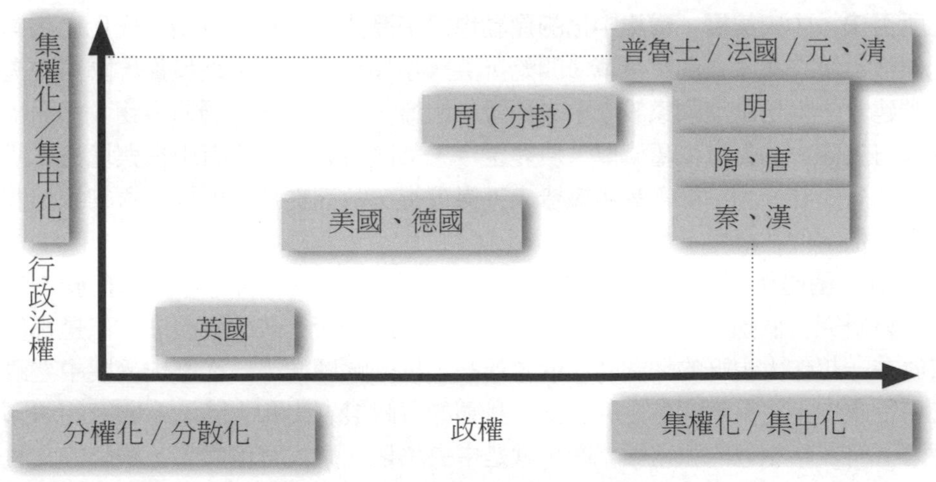

圖2-1　統治體系的歷史座標定位

第二節　海洋法系國家行政的特質

至於海洋法系的國家如美國，已如前述，美國國家體制的特色是憲法賦予總統很大的權力，也就是加強了中央政府的權力，但是又給各州保留了很大的自主權。所以美國不能算是一個中央集權的國家，行政的治權有相當大的部分掌握在地方各州的手中。所以，美國在統治體系的座標上約如圖2-1所示。

海洋法系的英國，因為有地方自治的長久歷史，所以有其特色。所謂的地方自治政府，是由英王任命的清平吏、地方議員、執行吏、民間團練軍官等榮譽職組成。而擔當該類職務接受詔命者多為各地之諸侯或貴族，對於該類榮譽職銜亦無正式支領薪俸之定制，若有亦僅箋箋之數象徵而已。地方自治行政的構成人員既無實質的任命，亦無專業行政知識，專業訓練同樣的付諸闕如，中央對之也未行使監督或指導之權，在這種方式的運作下，中央集權或政權集中化當然是不存在的，加上其它的背景條件，如：

1.議會制度的啟蒙甚早，於十三世紀即已萌芽。
2.議會否決並抵制英皇建立國家中央行政的努力。
3.英倫為島國地形。
4.海島地形沒有建立常設陸軍的必要。
5.沒有建軍必要就沒有強行徵稅的理由。

因為徵兵、賦稅二大需求不存在，國家行政興起的理由就被貴族及地方勢力所否決，中央集權、權集中化的運動也無由產生，英國的政治分權化之趨勢乃延伸數世紀之久，直到工業革命開始，英國才順應環境需要逐步實現國家中央行政的建立，模仿歐陸國家設立中央部級的組織，統籌掌理全國的事務。然而地方追求自主獨立的氣息依舊濃厚，演變至今，英國行政仍然只有中央與地方二級，中間的省、邦、州、郡等等組織皆未獲得重視，故而從缺。所以英國的統治體系歷史座標定位在最左下角。

這一個座標圖僅只是一個大概的分劃，但是更深一層的意義卻在於：如果單單只研究一個國家，不過是看到那個國家的政治與行政的發展史，但是幾個國家放在一起作大視野的通觀時，就會浮凸出另一幅圖像來。從歷史發展中看政治史和行政史，可以清清楚楚的看到，我國的行政發展史和大陸法系國家的法國及德國，有非常相似的脈絡與氛圍，就是中央集權、龐大官僚體系、嚴整的文官制度、制度化的文官徵選與訓練體系、開明專制等等條件，所以我國行政體系的本

質和大陸法系國家是相近的。

第三節　中華法系國家行政的特質

於前述之歷史大敘事中，可以見到諸多有關「統」與「治」的歷史重要事件，得到一個結論就是：歷史悠久致不可考或不易考、史實龐雜多樣若天上繁星，因此瞭解一個國家行政的特質，就得採用歷史大敘事的方法。在通觀中外的統治史的主題上，抓住大敘事的要義後，可以得知其基本的類型與取向。講到中國的傳統政治／統治體系者，一般通論皆以「君主專制政體」視之，殆及行政體系則稱為「官僚體系」。外國學者論之更無例外。然而，探就其內裡時，真實面貌則是另一番景象。以下玆就我國行政體系的特質作一個分析如後。

壹、內外朝與宰相制度

中國從秦以後的傳統政治，在統治體系中顯然常保留一個君職與臣職的劃分，亦即君權與臣權的劃分，是王室與政府的劃分。外朝指政府，是行政體系；內朝指王室，是政權體系。全國財政收入，屬於大司農者歸政府，屬於少府者歸王室，此一劃分，歷代大體保持。宰相是行政體系的領袖。

就以西漢言，皇帝的秘書處「尚書」只有四員。但是宰相秘書處卻有十三曹，亦即後世的尚書六部二十四司的由來。到了唐代，宰相職權劃分的更明白。全國最高政令由皇帝頒發，謂之「敕」。法理上，有些敕書全由宰相擬定。最高議事機關稱「政事堂」，一切政府法令需用皇帝詔書名義頒布者，事先由政事堂開會議決，送進皇宮劃一敕字，然後由政事堂蓋印中書門下之章發下。沒有政事堂蓋印，即算不得詔書，在法律上沒有合法地位。

宋代相權較前降抑。國家政事由宰相先開具意見，當面呈請皇帝意旨，再退下正式起草，皇帝因此在頒布詔敕上，事前就獲得了更大的發言權。但這並不是說宋代皇帝便可獨裁專制。當時真宗皇帝要立一個后妃，被宰相李（水亢）把詔書燒了。又如仁宗皇帝不根據宰相劄子，被宰相杜衍退還了。[2]直到蔡京當宰相，他開始「奉行御筆」，就是說宰相只皇帝附署，不再自己出主意，所以史書稱為典型的權臣與奸相。[3]

宰相也不是可以一切事都全權作主。在唐代，遇軍國大事，照例先由中書省屬官中書舍人各擬意見，稱「五花判事」。再由中書令即宰相審核裁定，送經皇帝劃敕後，再送門下省，由其屬官給事中一番覆審，若門下省不同意，還得退

回重擬。因此，必得中書、門下二省共同認可，那道詔書才算合法。

明洪武十三年廢丞相，改用內閣大學士。內閣原只是皇帝的私人辦公廳，不是政府的政事堂，內閣大學士也只是皇帝的內廷秘書，不是外朝正式宰相之職。

中國歷史上真正專制政治，除了元朝外就是清朝了。清朝皇帝辦公廳移到南書房的軍機處，內閣大學士被閒置了。皇帝重要命令由軍機處直接發出，可以直接發給中央及地方各機關各行政首長，這在明代是不可以的。清朝皇帝命令直接發送前方統帥，不經兵部。關於財務，直接發送地方行政首長，不經戶部。皇帝命令可以秘密送出，稱「廷寄上諭」。

在中國這樣一個大一統、君權崇高的國家裡，會產生宰相制度，固然有國家治理的需要有以致之，而歷史的特殊背景也有相當的影響。丞相作為國家最高行政首長，是秦朝確立相制後的事。相權提升，和秦朝不拘一格的網羅人才，布衣可為卿相，終而完成併六國之大業，相權地位乃更受重視。

宰相制度的演進，從周朝的太宰、宰輔，到秦左右丞相，到獨相制，漢的三公、尚書台，魏晉南北朝隋唐的三省制，最後到宋的一省制與明清的內閣制。整個發展與演進的歷史，就是行政體系與君權的消長變化關係。君權最高張的時候，外朝的政府代表——宰相就被廢除了，統治體系的「統」與「治」完全整合到君權之下，所以稱之為君主專制。元朝與清朝是標準的君主專制，明朝相權已遭削減，惟制度猶存，對君權仍有某些制約作用在。[4]**愈往回溯，宰相制度愈稱嚴密，行政體系的外朝與政權體系的內朝合而為統治體系，國家政事悉依行政體系的法度運行，皇帝只有附署權與發布權**，這種「統」與「治」的結合型態是很特別的模式。

宰相制度在一個類似大陸法系背景的中國發生，是一個非常特殊的型態，樹立了一個統與治對應關係的獨特案例，也是和全世界國家於封建或專制時期的政權獨大的情形不一樣。

貳、監察制度

監察制度不僅是我國特有的政治制度設計，也是文官制度的特有設計，在世界各國中自成一格，制度嚴整，運作落實，是我國政治——行政體系的一大特色。茲舉其要點敘述之。

一、重點期——漢朝

1.中央派人到地方來調查的叫「刺史」，全國分為十三個調查區，每一區派一個刺史，每一個刺史調查的區域不會超過九個郡。

2.刺史屬御史丞、部刺史。皇宮裡還有十五位侍御史，專門彈劾中央及皇宮裡的一切事。部刺史和侍御史的意見都報告到副宰相御史大夫，副宰相再報告到宰相。副宰相輔佐宰相者，即為監察的責任。[5]

二、第二階段——唐朝

唐代設御史臺，所謂三省六部一臺，御史臺成為一獨立機構，不屬於三省；換言之，監察權是脫離相權而獨立了，這是漢唐的相異點。御史臺分為左右御史，左御史監察朝廷中央政府，右御史監察州縣地方政府。在這一個階段，監察權只限於監察政府，而沒有監察皇帝和宮廷的權。

但是政府官職中還是有監察皇帝的叫作「諫官」，遠自漢代就有，如諫議大夫之屬，在漢屬光祿勛，在皇帝身邊，專來諫諍和諷議皇帝的言行。這是一種君權與相權間的調節。

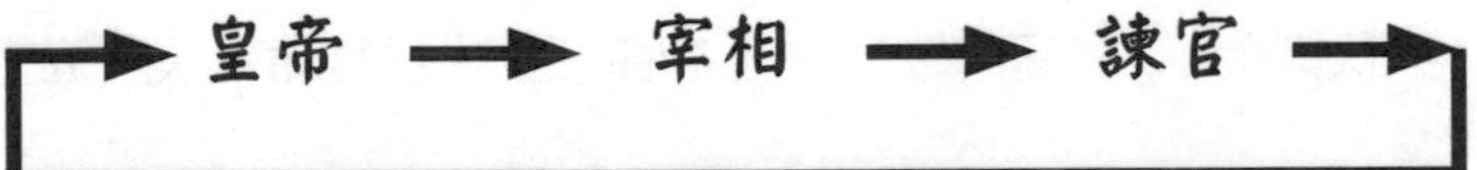

在唐代，監察史是中央官，派到各地巡察，實際上常川停駐地方，成為地方更高一級的長官，使地方行政本來只有二級的變成三級。

三、第三階段——宋朝

唐朝諫官本隸屬於門下省，至宋朝則諫垣獨立，並無長官。依照宋制，諫官不准由宰相任用，於是臺官和諫官通通都由皇帝親擢了。因為不是由宰相所薦舉，於是諫官遂轉變成不糾繩天子，反來糾繩宰相，於是諫垣遂與政府形成對立形式。後來諫官鋒芒太兇了，鬧的太意氣了，社會與政府都討厭諫垣，連皇帝加宰相都沒辦法，所以范仲淹失敗於前，王安石失敗於後，和這一個諫垣不合作有一些關聯性。

四、小結

監察制度之所以防百官之失職，正政府之無失也，此為行政監督之面向爾。實則，我國監察制度之發展源遠流長、制度儼然，其制本義，固不僅糾繩核彈行政體系之弊病，亦有政權分配之爭競[6]與直擊帝王之意也。

參、考試制度

文官的考選制度，我國獨為完備，歷史淵源久遠，各種制度的流變與演化，內容豐富，為世界文官史中特有之案例。[7]

肆、行政法制

在中華法系中，歷代行政法制均詳列中央到地方各職官的職、權與責，載入法典。以法典勵官、明職明責，使職權統一，奠定文官體制的穩固基礎。約為：

1.秦有「軍爵律」、「置吏律」、「效」、「行書」、「衛雜」、「內史雜」、「除弟子律」、「司空」、「傳食律」、「游士律」、「屬邦」等行政法典。
2.漢有「秩祿令」、「品令」、「上計律」、「左官律」、「尚方律」等行政律令。
3.曹魏有「州郡令」、「尚書官令」、「軍中令」、「設官令」、「選舉令」等行政律令。
4.晉有「晉令」。
5.「唐六典」規定了政府各部門的機構設置、官員編制、執掌權限、各部門的關係、各級官吏的選拔、任用、考核、獎懲、俸祿與退休制度等。
6.明會典根據「諸司執掌」、「大明集禮」、「洪武禮制」、「儀禮定式」、「稽古定制」、「憲綱」，以及大明律、令、誥、諸司之典冊等集錄而成。其體例以六部官制為綱，分述各行政機關的職掌與事例。
7.清會典：詳細記述了清代自開國至光緒，各級行政機關的執掌、事例、活動原則與相關制度，典例互補，使國家行政機關和官吏的作為有典有則，知所遵從。所以是清朝行政法治的總匯。[8]另有嘉慶會典八十卷、光緒會典等。

伍、行政管理

我國傳統的行政管理歷史堪稱悠久，制度化、法律化也甚早，其中有諸多制度與作法至今仍值得玩味，茲將其中一些大項歸約陳述之如後：

一、朝議、廷推

在中國的許多朝代中，國政要務必須經過朝議、廷推、廷議、廷鞫的。秦代已形成制度，議帝號、議郡縣等，漢朝更明確的加以制度化。宰相有權主持集議，但須奉旨行事，不得擅自召集。明朝為了使朝議的議題集中和更有效率，經常按議題進行集議，如議位號、議祭祀、議官制、議財政、議軍事、議司法。清朝皇帝專制集權，朝議之制延襲不變。廷推者，以明為例，當時小官歸吏部尚書任用，大官則由七卿、九卿，或再加上外面的巡輔總督開會來公開推舉。

二、用人理事

朝代的興衰隆替取決於國家治理之良窳，而善治者須藉力於良材，得其人理其事，為行政治理之發端。商周宗法制度下，按「親貴合一」原則，只有貴族家族才可以擔任官職。春秋戰國群雄並起，有能者得其位，布衣卿相群起，以其「帝王之術」、「以布衣而躋卿相」。至西漢，宰相56人中，出身布衣者有33人。魏晉南北朝行九品中正，只看門第不論才德。唐朝以關隴士家大族為主，但也任命了才學之士，由貧士而致相。清朝除正科取士外，更設博學鴻辭科、經濟特科、孝廉方正科等。雍正亦有言曰：「治天下為以用人為本，其餘皆枝葉事爾」，用人不當，「即使堯舜之仁，皆苛政」。[9]

得其人、治其事，則為善政。反之，稗官劣政猶國之蠹蟲，蛀樑蝕基，巨廈亦為之傾倒。由史證可知，良吏善治確為國家興衰成敗之基礎爾。

三、以德禮輔行政

周公制禮作樂，周禮更集大成使「禮、樂、政、刑」結為一體，作為國家治理的倫理基礎。漢朝獨尊儒術，論語「為政以德」的思想是仁王的標竿。至唐朝「永徽律疏」有言，「德禮為政教之本，刑罰為政教之用」。

道德禮教是中國傳統行政倫理思想的中心，不僅是治理的準繩，也是百官的官箴，和歐美西方國家以宗教（清教倫理、基督教）戒律作為行政倫理之本，結論相似，方法則異。

四、行政效率

對應官僚及其機構就不能不講效率。以唐朝為例，所有公事皆有時程規定，並有勾檢制度，檢查各級官吏處理行政或財政事務的時間效率。在宋朝有通政司、進奏院，負責查辦公文運轉，以「督其淹緩」。明代「大明會典」規定：「各衙門具發落日期，赴科註銷，過期稽緩者，參奏……」。關於行政效率的規定十分詳密。

陸、考績制度

考績制度各國皆有，我國的發展極早，制度與規定均甚為嚴密，並且歷代不斷興革，典章制度粲然大觀，為中華法系行政的一大特色。[10]

第四節　通　觀

我國／中華法系的行政發展史，和英美海洋法系國家有很大的不同，當我國歷朝歷代全力發展行政體系、文官制度時，英國有1215年的大憲章、1688年的光榮革命、1689年的「權利法案」、1701年的王位繼承法等，進行的是逐階逐級的政治鬥爭。大憲章是十三世紀時，是大小封建主及市民逼迫暴虐的約翰國王所簽訂的，就是要制約王權。1688、1689、1701年都是對「剝奪剝奪者」的程序，是一種除暴力的一種模式。接下來就是一系列公民權利擴大與鞏固的過程，並且建立了統治者與被統治者之間的協商與妥協模式，[11]這是很值得注意的地方。而美國同一段時間的發展，有1776年的獨立宣言、1783年戰爭結束、1787年美國聯邦憲法、1848年婦女權利感受宣言與決議案、1863年「解放奴隸宣言」等，有其獨特的歷史情境，但是和英國是一樣的，主要力量都放在政治權利的爭取上，爭取殖民地的獨立、南北戰爭的解放黑奴、爭取各州的權利等。

所以相互對照下有基本取向上的不同，而且非常的強烈。大陸法系的國家在國家行政機器的發展上用力較深，文官體系、制度也比較嚴謹，注重公共利益先於個人利益，強調平等，法國與德國屬之。**海洋法系的國家則致力於政權的爭取與分配、公民權的爭取、民主的爭取等，在政治權利分配上著力最深，講究自由、民主、人權，英國與美國屬之**。我國在文官體制的發展上有高度的成就，本質上和大陸法系國家較為接近，**行政發展的成就高於政治發展，是中華法系行政的特質**。海洋法系國家的成就剛好與大陸法系國家相反，為什麼會這樣呢？如果

凌空來看這些國家發展的大敘事就會發現，大陸法系的國家和中國都有大一統的思想，中國是如此，法國也是如此，普魯士從Friedrich I 到Friedrich Wilhelm I 也一樣強調普魯士的精神和文化作為各邦的標準。其次更重要的一點是，**大陸法系的國家和中國都有強大的、嚴整的、高度發展的官僚體系／行政體系，中國的行政體系的發達舉世無與倫比；法國的中央集權與國家行政機器幾乎就是國家的象徵**；普魯士的軍事官僚體系可以用「鐵血部隊」來形容，發動兩次大戰的條件，就是建立在對此一有若坦克的軍事官僚行政的信心上。結論就出來了，大陸法系的國家和中華法系比較容易產生大一統的思想，因應政權而興的行政體系也會以大一統的模式來發展，並且掃除地方勢力、貴族、領主等勢力，呼應大一統的中央集權。所以中央集權的政權和行政體系的治權相比相生，就產生了大陸法系和中華法系這一類的政治——行政體系模式。

中華法系國家行政的特色，集合了內外朝、宰相制度、對皇帝言諫與對政府彈劾的監察制度、考選制度、完備嚴整的行政法制、詳細規範的行政管理制度，以及考績制度等。海洋法系與大陸法系國家行政在某些項目上也有建樹，比較下，我國的行政體系在制度的建立與治理的作法上，有周密的設計與實踐的基礎，也確實具備獨術一格的特質，是世界上國家治理的一個「原型」。

第五節　行政的本質

壹、哲學對應義

討論公共行這一個議題的核心，一定先觸及「國家」這個主題。[12]公共行政的產生一定是先有一個統治者，然後才有統治體系，統治體系從簡單的形式發展到複雜精密的結構以後，就可以清楚的區分出「統」與「治」、「政權」與「治權」，「政治」與「行政」的差別來。所以，**行政一定是因為統治者的需要而產生，而且統治者也一定需要行政，否則無法遂行統治，兩者的關係「孟不離焦、焦不離孟」，故而須「合而稱之」為「政治——行政體系」**（politische-administrative System），**才可以清楚而正確的瞭解行政的本質，以及行政與政治的本質分野**。

對於上述這一種對應與結合關係，自稱「歷史主義之子」的行政社會學者韋伯，有非常精準的描述，直指行政的本質，為**每一個「統治／支配」表現出來或是發揮作用就是「行政」**（Jede Herrschaft äußert sich und funktioniert sich als Verwaltung），[13]**每一個行政都需要某一種的統治體系，因為行政的領導需要將某一些的命令權放在某一個人的手中**（Jede Verwaltung bedarg irgendwie der Herrschaft, denn immer müssen zu ihrer Führung irgendwleche Befehlsgewalten in irgend jemandes Hand gelegt sein）。依照韋伯的解釋，統治權發揮其領導作用時，終究須將某種程度的命令權交在行政機關的手中。因而必然的結果是每一個統治權的行使，都必然促成一個具有行政能力的社會結構興起，這一個所謂「有行政能力的社會結構」，就是行政體系。

統治／或支配是什麼意思呢？韋伯解釋之為：「統治／支配」（Herrschaft）的定義，係指有一種機會，對特定的一群人下達某種命令時，會得到他們的服從」。統治權可以視為在人群中或團體中一種治理與被治，管轄與隸屬的關係，並且具有強制力的特別權力運作。這種特別權力實施會製造某些情境，來命令、安排、禁止他人的行為，對事務行使決定權，並要求或強制他人的服務與服從。[14]

統治／支配的基礎，是建立在這一群人相信統治的正當性（Legitimität）。正當性的統治有三種純粹類型，符合正當性主要是具備有：

1.合理化的性格：基於對合法性所訂定的規則與指令的信賴，及其所實施的統治。
2.傳統的性格：對於傳統的神聖性，以及其具有的權威正當性，可以獲得大眾普遍的信仰。
3.魅力的性格：一個人具有超乎尋常的天賦，並以之獲得神聖性、或英雄的力量、或成為眾人模範的條件，並藉著它來創造出一種特定的秩序。[15]

統治／支配型態的不同，政治——行政體系的形式就不同。從古至今的統治體系（政權與治權）型態／類型繁多，從酋長制、長老制、家父長統治型態、蘇丹統治形式、宗法世襲制度、家產官僚制（Patrimonialbürokratie）、封建制度、共產制度、民主制度等，多樣且多元。在同一種政治制度下，政權與治權的設計與安排，也有可能非常不同，例如同樣的民主制度下，美國的聯邦制度和英國的內閣制度就非常不一樣，和德國的聯邦制度也大相逕庭。不同的原因，可能是出於政治制度的不一樣，或者是因為行政制度的不一樣。

從上述的衍譯中可以得知，行政的本質必須依託在統治體系下才能更清楚的解釋，而且更明白的彰顯。行政的作用可以滿足統治權的二項基本要求，一為「組織的需要」；二為「統治者與被統治者對組織功率的要求」。所以統治者一定需要行政體系的支持，而行政體系也必須在統治體系場域內施展其特有功能，

兩者間的對應關係是「功能體系」對應「主體」。用亞里斯多德的二個哲學名詞來解釋是相當切合的，即「形式」（form）與「材料」（material、matter）。行政的本質就是發揮功能，來充當內涵的「材料」，專以實現及達成「形式」所賦予的任務為鵠的。易言之，統治體系是一個本體，一個「形式」，對材質產生型固、鑄模、染色等影響作用。如果打一個比方來說，統治體系就好像一個杯子一樣，有一個外在的形狀，這就是「形式」；行政體系就好像杯子裡裝的水一樣，就是內在的「材料」。杯子這個「形式」一定要能夠盛裝某些東西，才能夠滿足杯子的意義；相對的，水這個「材料」一定要放在杯子裡，才能夠完成一個人喝水的目的。杯子是盛水用的，水是要放在杯子中才能被喝，兩者關係是相比而生的。行政體系與統治體系結合在一起，其本質意義就是「材料」與「形式」的對應。行政的本質就是對應意義下的「材料」。「形式」對應「材質」這樣的哲學對應義，在我國的政治思想史中亦可見之，於《荀子．君道篇．第十二》有云：「君者儀也，儀正而景正。君者槃也，槃圓而水圓；君者盂也，盂方而水方」。[16]這個關係的比喻清楚的說明了，即使古代的思想家也已經看清楚了這樣的關係，因為這個關係就是行政與政治對應的本質。

以上這一個對應性的本質分析如果清楚了，古今中外的統治體系的內在結構也就清楚，結構的運作及其定位也一併釐清。例如，為什麼分贓制度／分肥制度最後一定行不通；又如，為什麼要區分為政務官和事務官兩種公務人員；以及政治倫理和行政倫理的不同要求與界定。種種非常多必須回答的衍生性現象與問題，都必須建立在——行政本質的理解基石之上。

但是，必須提醒的是，行政本質的浮現源自於行政發展史的歷史事實，歷史事實的法則精義必須透過理事辯證而彰顯，所以本質的探討必須和前述第一節大敘事的歷史辯證相互參照來看，可以前後融會而通貫焉。

貳、統治義

系統與功能

中國的古話常說：「上馬打天下，下馬治天下」，這句話的意思簡單的理解是，對統治者而言有打天下和治天下兩件事，上馬打下來的是政權，下馬還得把這個國家治理好，這就是治權，所以是兩件事[17]。史學方家錢穆先生的說法則有不同，他說：「科舉制度顯然在開放政權……漢代的選舉，是由封建貴族中開放政權的一條路。唐代的公開競選，是由門第特殊階級中開放政權的一條路」。

錢先生的說法認為，開放仕途讓所有的人（不論門第、貴族子弟或貧窮子弟）都能應考進入政府，就是開放政權，讓所有的人都有機會參與政府工作，[18]獲得政權。錢先生的意思治天下就是政權，[19]和前者說法不同。兩種說法以何者為是？

實則，每當歷史上改朝換代的時候，打天下和治天下的區別就很明顯的看出來，是兩套東西，政權和治權看來不太一樣，不一樣在哪裡呢？也就是錢先生常說的「皇權」和「相權」，**「皇權」就是政權，「相權」則為治權，兩個權力無論如何在本質上是不一樣的**。為什麼要挑這一個問題來做文章呢？因為，如果認為參與政府工作就是擁有政權，「皇權」與「相權」的本質都是一樣的權，只有權力的大小，沒有權力本質的不同，接下來一系列歷史事實的詮釋就會得出不同的結論來。哪些歷史事實呢？諸如：

1.內朝與外朝的區分。
2.唐朝中書舍人擬稿，是謂「五花判事」，然後再由中書令寫成正式詔書，呈送皇帝處劃一敕字，所以唐代政府定旨出命之權，實操於中書省。皇帝只同意劃敕而已。
3.劃敕後行達門下省，門下省侍中之下設有第三級官「給事中」，若反對此項詔書，即將原詔書批註送還，稱為「塗歸」。所以門下省所掌是一種副署權，經副署後命令始生效力。

基於以上的歷史事實，錢穆先生對於一般的見解認為中國傳統政治就是黑暗、專制的說法不能苟同，[20]「縱要說它是專制，也不能不認為還是一種比較合理的開明的專制。它也自有制度，自有法律，並不全由皇帝一人的意志來決定一切的」。[21]

錢先生的「開明專制」之說，有相當見地，也有一定的道理。從統治社會學及政治—行政體系的觀點來看，可以再加補述與闡明者為：相權也好，考試權開放也好，詔書主擬或給事中之塗歸等等，通通都是治權的作用。中國傳統政治中的治理功能，不論是法規、制度、運作、習慣等，都已經達到極高合理化的水平，所以從官制、爵祿、考選、考績、監察等等，均粲然大備，但是所有這些皆為國家治理的部分，屬「治權」，就是「下馬治天下」的部分。「皇權」是統治者在馬上打下來的，宰相不過是統治者請你來幫忙他治理這個國家的，不是要把他的權力分給你的，**權力在這裡分成兩種，一種就是統治者打下的天下，叫做政權，它的本質意義就是「系統」；另一種權力就是治理國家的治權，它的本質意義就是「功能」**。功能再大、再強都不會變成系統。如果臣民推翻了統治者改朝換代，那它自己就變成了系統。正因為權力的本質必須區分為兩種，政權與治

權、皇權與相權、系統與功能的對應，所以宰相的權力再大，還是會被侵奪，從一相到三省，終而被廢除，甚而淪為南書房軍機處輪值的秘書，地位的流變與被宰制，就是**因為「系統」畢竟是決定「功能」的**，這一點是錢先生未及釐清之處。但是牟宗三先生在其《政道與治道》中卻對這一點說的非常正確而清楚，其曰：「中國以前取得政權的方式是靠打天下而來的，政權的泉源是非理性的，是皇帝打來的，旁人不能過問，所能過問的只是第二義以下的。除了政權來源這一方面不能觸及以外，中國以往在其他方面是非常自由、平等。我們可以說中國以前只有『治權的民主』，而沒有『政權的民主』。從考進士、科甲取士等處，即可見治權是很民主的。但是，真正的民主政治是在『政權的民主』。唯有政權民主，治權民主才能真正保障的住。」[22]牟先生因為深入探討我國統治義理中的內聖外王之道、政道與治道之別，所以看到了政權與治權的不同，也就可以較清楚的區分了政治與行政的本質不同處。

這一點予以闡明之後，就可以看得更清楚，英國的諸侯打敗國王，美國的殖民地對母國進行的獨立戰爭，都是「系統」的權力之爭，其本質和「君權」與「相權」之爭是不同的，君權剝奪相權是要搶治理的權力，把所有的權力都放在手中；相權對君權的制約是要維持治理的理性使行政趨於合理化，並不是要搞革命，要搶皇帝的政權。所以中國若要稱為「開明專制」的話，開明指的應該是治權的高度理性，而專制則屬政權的部分。中國傳統政治實質說來，就比較像普魯士的「開明專制」。

參、治理義

一、目的與方法

統治者得到國家的政權以後，接著就必須面臨如何治理這個國家的課題，所以就有「治理的需要」，治權這時就緊密配合此需要發揮治理的「功能」。前一節談到政權與治權就像「系統」對應「功能」，其用意就是要提醒一點——討論行政的課題，一定要言必稱「政治——行政體系」，因為政權這一個「系統」一定有其目標、目的，交給治權這一個「功能」去達成，「功能」就以其能力、能量來作工，以完成其使命，所以功能的展現就是方法、手段與作為。但是政權很少在交付任務之後就放手不管的，干預、指導、指揮、技癢自己出手者各種狀況都有。所以，政權和治權有非常緊密的關係，彼此互動、相互影響，治理是完成政治的意志與目標，所以一定會受到政治的影響。如果政治是目的，行政則為

其方法。諸多重要歷史事實都是在上述的本質性原理上發展的，如：

1.法國為確保中央集權的統治，中央還派遣督察或專使（Intendanten oder Kommissarius）到各省，負責督導、視察其司法與財政諸業務，以確實掌握中央對地方的監督。

2.宰相制度是我國文官制度中的核心結構，它就是治權的象徵，宰相是全國最高行政首長。宰相制度的產生，源自於統治者治理國家的需要，宰相制度的興盛，是因為布衣卿相大力輔佐，秦滅六國，一統天下，布衣卿相出過很大的力量，才因而得到重用。後經漢唐的制度化與結構化的過程，但是演變結果仍不得不趨於勢微沒落，明清以後滅絕，皇權直接行使治理，乃成極權專制。行政治權在中國歷史上可以和政權相比相生、相對輝映，這一種歷史經驗，在各國傳統的行政發展史中是唯一的。從今天三權分立的學說來反觀，宰相制度的治理體系是行政發展史中的重要歷史經驗。

3.政權與治權、君權與相權的對立與較勁，史不絕書。相權從興起到消滅，過程中就跌宕起伏、波雲譎詭。一個能幹有雄心的皇帝，矜才氣使，常常要侵奪宰相的職權。漢武帝雄才大略，宰相便退處無權，外朝九卿直接向內廷聽受指令。

4.內朝與外朝：政府與皇室劃分，故有內外之分。漢武帝自己雄才大略攬權，他臨死要替小皇帝著想，派霍光做大司馬大將軍輔政，當皇室的代表人。霍氏敗，結果還是大司馬大將軍外戚輔政，仍然是內廷權重，外朝權輕，於是有王莽代漢而興。王莽就是由大司馬大將軍而掌握大權的。

5.東漢光武帝，懲於前失，因怕大權旁落，自親庶務，於是尚書地位日見加重。外朝宰相卻被分為三個部門，本來三公是宰相、太尉、御史大夫，卻將宰相改為大司徒、代表皇室的大司馬、御史大夫改為大司空。

從上述的歷史看來，行政發展史其實是政治——行政體系的發展史，行政體系的發展受到政權的影響實則既深且鉅。

依照目的與方法的理解，行政似乎無法逃脫政治的宰制。其實，這一個說法卻也未必周延，因為政權有更替，朝代有轉換，行政體系／官僚體系卻綿延長久，行政制度、行政文化、行政運作，甚至行政官員不會隨著政權而下台消失，頂多只是「周因於殷禮，所損益可知也」，修改會有，全部丟掉卻不可能，每一個政權都需要行政體系來完成治理的任務，所以官僚的面孔變化不大，換位子罷了。所以，俗諺曰：「**鐵打的衙門，流水的官**」，用在這裡也很貼切，就是「**鐵打的行政體系，流水的政權統治者**」，因此從更長的歷史序列來看，似乎主宰政

治一行政體系背後的那隻手，可能是官僚體系。

二、理性與非理性／正功能與負功能

其次，行政發揮治理的功能，結果是有效呢？還是無效？對還是錯？善或是惡？這是觀察治理的第二個要點，也就是瞭解行政體系發揮的是「正功能」還是「負功能」；以及行政的合理化與非合理化／行政的理性與不理性。這一些本質性的原理交錯的出現，在整個的行政發展史當中，使得行政發展的軌跡常常都不是直線的、線性的，而是非線性的，這種歷史比比皆是，茲就其大者言之：

(一)政治——行政體系部分

1.政權與治權、君權與相權的對立與較勁。

2.內朝與外朝的爭競與鬥爭。

(二)宰相部分

從獨相制到三公制到尚書省（秦漢）→三省制度的確立和發展（魏晉南北朝隋唐）→由一省制到內閣（宋明清）。

(三)官吏部分

1.官與吏的區別。

2.官治VS.胥吏擅權。

3.官吏VS.外戚、宦官

4.官吏選任的正途與雜途（如：薦舉、制舉、科舉VS.蔭任、貲納）。

5.官吏選任的一般與專科：官吏VS.方伎（天文、醫筮、數算）。

6.馬考萊報告書（通才主義）→ 特理威廉報告書（專才主義）。

7.布衣卿相VS.門第、紳治、閥越、士族。

8.公務員自民間徵募與官僚體系貴族化（普魯士）。

9.紳治 → 贍徇／恩寵 → 分贓／分肥 → 功績制。

(四)監察部分

1.監察御史為副丞相（漢朝）到監察獨立於相權（宋朝）。

2.門下省給事中「塗歸」詔書（唐朝），至宋朝門下尚書兩省長官不再預聞政府之最高命令。

3.自漢代，諫議大夫在皇帝身邊，專來諫諍和諷議皇帝的言行，唐朝諫官本隸屬於門下省，至宋朝則諫垣獨立，變成監督政府。

4.監察使變成地方最高行政長官（唐朝）。

5.節度使（指揮軍事、管理財政）變成藩鎮。

從上述所列舉的項目看來，行政發展史的長河有一個脈絡可循，背後也有一定的事實理性。理性與不理性／非理性、善治與失治、善政與稗政都納入於此一歷史長河，相對力量的拉扯就像物理學上的正質子與負質子，結合、較勁、勝出的結果不一而足，所以每一條河流都是蜿蜒的，而中國的河流都東流入海，歐西的河流卻西入大洋，其中有義理焉。

註　釋

[1]請參閱羅慎平譯（1999），Andrew Vincent著，《當代意識型態》，頁115-116。臺北：五南。

[2]類似的史實記載比比皆是，由此可以確認這是一種制度性與行政慣例的作法。

[3]請參閱錢穆（1989），《國史新論》，頁38。臺北：東大。

[4]明朝相權已減弱，君權仍然不得為所欲為。史實可參閱黃仁宇著（2002），《萬曆十五年》（增訂二版）。臺北：食貨。其中對於有明一朝統治歷史有深入而且詳盡的探索，從中可以細細體會一個朝代統治制度與作為。

[5]請參閱錢穆（1952），《中國歷代政治得失》，頁9。香港：港九各大書局。

[6]依後漢書百官制所記，為「執憲中司，朝會獨坐，內掌蘭台，外督諸州刺史，糾察百僚」，專席獨坐祇尚書令、司隸校尉、與御史中丞，謂「三獨坐」。「坐而論道」重其位也。

[7]關於考試制度的詳細敘述，請參閱朱愛群（2012），《公共行政的歷史、本質與原型》。臺北：五南。以及本書人事行政章，均有說明。

[8]乾隆大清會典御制序文中說：「凡職方官制，郡縣營戌，屯堡覲餐，貢賦錢幣諸大政，於六曹庶司之掌，無所不錄」。「清會典」作為「經久常行」之大法，凡事設大體者皆不更動，只適應「時事之推移」增補則例。

[9]見《雍正朱批諭旨》（第二分冊）。

[10]請參閱「人事行政考績」一章。

[11]關於協商與妥協模式，請參閱胡康大（1997），《英國政府與政治》，頁42。臺北：揚智。

[12]同樣的說法亦可見於Thomas Ellwein, “In ihrem Kern bezieht die These Verwaltung auf den Staat”, in: Geschichte der öffentlichen Verwaltung, Nomos Verlagegesellschaft, Baden-Baden, 1981, S.40.

[13]見Max Weber, “Wirtschaft und Gesellschaft”, 2. Halbband, J. C. B. Mohr, Tübingen, S.545.

[14]請參閱Fijalkowski, Jürgen, ‘Herrschaft’, in “Evangelisches Staatslexikon”, S.755.

[15]見Max Weber, “Wirtschaft und Gesellschaft”, 1. Halbband, J. C. B. Mohr, Tbingen, S.124.

[16]見〈荀子·君道篇第十二〉，《百子全書》（第一冊），頁419。臺北：古今。

[17]明太祖開國時，以延攬賢才為急務，初下金陵即辟儒士葉儀、范祖幹，下婺州亦詔用學人許元、胡翰等，日講經史治道，克處州徵耆儒宋濂、劉基、章掖、葉琛，至建康創禮賢館以處之。開國百事待、擾攘未定，為何延攬人才、禮賢、講經史治道為先乎？蓋明主莫不知有國者須能治國，否則無以保其江山爾。簡言之即為「下馬治天下」，其理實乃必然與必要也。

[18]見錢穆（1952），《中國歷代政治得失》，頁40-41。香港：港九各大書局。

[19]國家的所有權力、所有的治理均稱之為「政權」，此一說法不僅錢穆先生如此，其餘

史學方家亦均如此，幾無例外。也有將國家權力分為五種，包括行政權、財政權、司法權、軍事權和監察權，應該統一集中，視為政權。見李鐵（1987），《古代中央與地方的關係》，頁180。北京：光明日報。從這一點看來，治史方家未能兼具政治學與行政學之跨域視野，判讀史實則直接而未盡深入。

[20]請參閱錢穆（1989），〈第四章中國傳統政治〉，《國史新論》。臺北：東大。

[21]見錢穆（1952），《中國歷代政治得失》，頁31。香港：港九各大書局。

[22]見牟宗三（1987），《政道與治道》，頁24。臺北：台灣學生。牟氏更申論曰：「以往沒有政權的民主，故而治權的民主亦無保障，只有靠著『聖君賢相』的出現。然而這種有賴於好皇帝、好宰相出現的情形是不可靠的」。牟先生之論理旨趣與本書統治義一致，可知，理之所見相同，深入明見而已。

第3章 公共行政的定義與原型

第一節　行政學的演進
第二節　公共行政意義的界定
第三節　公共行政的三個原型

第一節　行政學的演進

什麼是行政學？定義與學說繁多而歧義。就其歷史發展脈絡與政治、經濟、社會文化等上述陳義而言，比較平實的說法可以B. Gourney**的定義闡述之：「行政學可以被定義為社會科學的一個分支，它旨在描述和解釋置於政治權利之下的、組成國家機器和公共團體的那些機構和活動。**」此一定義指出：

1.行政學是一門科學。
2.行政學是一門社會科學。
3.行政學的功能在於描述和解釋。
4.行政學研究「置於政治權利之下的」國家機器和公共團體的結構和運作。

在Gourney的基本定義下，可以接著觀察一些國家行政學的發展，來瞭解行政學是怎樣的一門學問。

壹、英國行政學的發展

一、起源

行政學在英國的發展及其地位，可以說它從來都不是一個獨立的、被學術界所承認的學科。但是，英國卻有許多公共行政實務研究的成果，使英國成為具有悠久歷史傳統及偉大行政知識的國家，與具備公共行政學科並努力發展的美國並駕齊驅、相互輝映。英國有悠久的行政傳統，在幾個世紀之前，由邊沁（Jeremy Bentham）揭開英國在公共行政研究的序幕，他針對行政任務的實踐與機制，進行實證的及經驗的分析。其後繼述其志者米勒（John Stuart Mill），則針對公共行政的工作模式及其方法加以深入的解析，強調公部門效能的改善。這一種實務導向的研究方法被早期的社會主義者所採用，**所以英國國家行政體制有強烈實用主義的精神**。

總結而言，1939年之前的兩百年，公共行政的概念範疇就是「公共作為的領域」（Gebiete der öffentlichen Tätigkeit），也是英國公共行政學科的創始起源。所以英國的行政學在這一層意義上可以說，**行政學就是國家機構、制度的實證分析**。

在這一個階段中，行政學和其他社會科學一樣的，在大學中沒有受到重視，而傳統的法學研究對於行政問題也沒有太大的興趣，以致於行政學和永業

公務員都沒有受到太多的注意。在這樣的情況下，學術研究與結果相對的就比較少，所以這個時期中相關的著作亦乏善可陳。

二、行政學的內容

在1939到1945年的二次大戰期間，英國有關公共行政研究的文獻，約十到十五年才開始大量出現。從1945年以來，行政的研究基本上分為三大類，分述之如下：

1.第一類是描述行政的結構，特別是政府體系的行政。研究的結果對於英國行政學的發展有極大之貢獻。

2.第二類是專門的研究，探討行政的問題與行政領域。主要是針對公共行政的問題進行研究，諸如行政運作的問題及特殊的狀況等，研究的內容相當分歧，也缺乏共通的方法論與論點。

3.第三類是一些敘述個人經驗或回憶錄之類的著作。這一類的著作常常將政治性的考量與行政問題混為一談，政治學的性質要大於行政學的性質。

從一路發展的經過來看，**英國行政學的強處即在於它理性、經驗主義的務實性格，研究的重心都是直接針對行政組織及其具體之功能**，所以行政制度的建立就成為最優先的議題，並且逐步的建構行政學成為一門獨立的學科。

從英國行政學的研究來做一個總體的觀察，可以看到**英國行政學有一個重要的特徵，就是強烈的趨向於「微觀的研究」**（Mikroanalyse），**喜歡針對行政個別事件進行研究，對於理論基礎或方法論上的問題則未多予注意。**[1]

英國在近代社會學的發展，不僅在理論基礎上有長足之發展，方法論上也非常的嚴謹，並且直接衝擊到行政學的發展，使行政學產生了「危機」。社會學堅實的理論與方法論，把行政學的實務導向與經驗取向的趨勢硬生生的比下去，甚至於許多行政學研究的議題也被社會學的研究所侵奪。在這樣的狀況下，公共任務的規模又不斷快速的膨脹，行政學對這些需求的回應則顯的疲弱無力，而且有被輕忽的現象。其他的學科卻常常被拿來作解決行政問題的工具，其中最主要的學科就是經濟學和管理學這兩門。

三、特殊歷史背景——法學的角色

從行政學開始發展的一百年間來看，英國行政學並沒有一個古老的、獨立自主的學術傳統與背景，也就是說，和歐洲大陸的德國和法國相比，英國並沒有產生和德、法一樣的傳統警察學，在十九世紀的後半葉也沒有興起蓬勃的行政法學，所以就沒有大家對於行政學的興趣與注意，並且將多數的行政問題用社會的、政治的觀點和目的來處理，所以才會有米勒（Mill）和費邊（Fabians）主義者的論述產生，而公共行政只不過被視為一種工具而已，不像歐洲大陸德、法諸國，將公共行政視為一個受法律約束的、積極主動的國家的化身，它的作為可以實現社會的利益，並且維持社會利益的平衡。這一段歷史背景，就是英國公共行政之所以偏向於現實取向及實務態度的主要原因。

分析英國公共行政的歷史及其結構，不能不瞭解**英國法學對行政的貢獻是微小的，相形之下，在歐洲其他的國家，法學在公共行政的領域中發展的極為強盛**，法學領域的發展對於公共行政的建構、行政學術的分析等，做出了極大的貢獻。如果忽略了法學思想的優點及持續性的影響力、忽視了行政裁判的貢獻以及行政法學的發展，就幾乎不可能瞭解德國或法國的公共行政。因此，法學者的思考指標對於歐陸國家的公共行政具有決定性的影響力，法律的思考不僅決定公共行政的結構與行政行為，更是決定國家與人民關係的主要依據。

從法律與公共行政發展的歷史來看，英國是一個獨行者，幾個世紀以來都是奉行普通法／案例法的國家，從十七世紀以來，國家的權力就一直受到極大的約束，所以國家法、行政法、公法在這一段期間中，也就沒有對國家的問題給予應有的關注，也沒有若何特殊之貢獻。

貳、美國行政學的發展

美國行政學的研究有不同的點，有的學者將行政學的演進分成幾個時期：[2]

1.政治與行政分立時期（1900-1926）。
2.追尋行政原則時期（1927-1937）。
3.行政學為政治學時期（1950-1970）。
4.行政學為管理學時期（1956-1970）。
5.行政學為行政學時期（1970- ）。

依照以上的四個時期的分類，國內的學者將其歸納之分成三個時期：[3]

1.政治與行政分立時期（1887-1947）。
2.政治與行政復合時期（1947-1970）。
3.公共行政尋求獨立時期（1970- ）。

分類雖有不同，內容則大同小異，其中最重要的脈絡說明了，美國行政學的發展脫胎於政治學，經過分合的過程，然後逐步成為獨立的學科。其間一些重要的史實分別敘述如下：

一、政治與行政的分立

威爾遜（Woodrow Wilson, 1856-1924）於1887年在《政治學季刊》（*Political Science Quarterly*）發表了一篇〈行政的研究〉的文章，主張行政不應受政治干擾，政治應與行政分立。之後行政學才從政治學的領域獨立成為一門學科，威爾遜也因此被稱為「行政學之父」。[4]另外，有關政治、行政二分理論的學者為古德諾（Frank J. Goodnow），對美國早期行政學的發展貢獻良多，所以有美國「公共行政之父」的稱譽。

二、科學管理學說

代表人物為泰勒（Frederick Winslow Taylor, 1856-1915）。他在1895年發表〈論件計酬制〉、1903年發表〈工廠管理〉等文章，最重要的著作《科學管理原理》發表於1911年。他所提出的科學管理方法逐漸形成一種運動，促成了公共行政學的研究興趣。

三、修正理論

1930年代行為科學興起，對於傳統科學時期的學說有所批評，認為不夠科學。這時梅堯和羅斯伯格（Elton Mayo & Fritz J. Roethlisberger）針對西方電氣公司的霍桑工廠進行實驗，研究工廠照明對產量的影響，發現人格尊重、社會規範、小團體約束等對於員工的生產力有較大的影響，這就是人群關係學派的學說，對傳統科學管理學說進行修正的動作。

四、行政管理學說

古立克和尤偉克（Luther H. Gulick, 1892-1990 & Lyndall F. Urwick, 1891-1983）於1937年出版《行政科學論文集》，提出POSDCORB的公共行政管理理論的七個要項，歸納了當時公共行政學的內容和精神。

五、新公共行政

1968年瓦爾多與年輕的行政學者於紐約雪城召開明諾布魯克會議，針對美國公共行政的定位、未來發展提出若干建議。二十年後的1988年，同一性質的會議又再度召開，回顧與檢討公共行政的發展，是為第二次的明諾布魯克會議。總結兩次新公共行政會議的結果，第一次會議關懷的主題為：公共行政應該與社會問題有關、必須以社會問題為導向、反邏輯實證主義、調和公共行政與民主政治、受益者導向與社會公正等。第二次會議的結論又增加一些新的論點，如領導、法律觀點等。

新公共行政的學說內容，主要凸顯的重點有問題導向、社會公正與民主行政等。如果將這一些論點配合著美國實利主義的正義論哲學背景來看，二者是若合符的，[5]一則有實利主義的思想，再則有社會正義的要求，這是美國公共行政學的一個重要特色及里程碑。

六、黑堡宣言

美國在1970到1980年代共和與民主兩黨政權交替之際，政治體系充斥者一股反行政、反政府、反權威與批判官僚的風氣，總統帶頭對文官進行嚴厲的指責，甚至指稱行政是導致政策失靈的原因，人事任用則以政治考量及意識型態作為標準，流風所及，有志行政學者深以為憂。萬斯萊（Gary L. Warmsley）等五名學者於1983年共同發表〈公共行政與治理過程：轉變政治對話〉一文，主張：(1)行政人員是公共利益的受託者；(2)行政組織具有專業功能，可以提供特定的社會功能；(3)公共行政是政府治理的參與者；(4)在政府治理過程中，公共行政涵蓋了不同的利益，並實現公共的利益。[6]

黑堡宣言的內容承襲了新公共行政的精神，在當時政治掛帥及意識型態當家的政治氛圍下，黑堡宣言的意圖在於鞏固行政人員的治理正當性，是執行與維護公共利益的受託者，是實踐社會公道正義的擎旗者，故而有論者謂黑堡宣言是「基於制度的新公共行政觀點」。

七、新公共管理

功利個人主義（Utilitarian Individualism）是美國正義論的哲學基礎，[7]其內容強調效用的動機、成本效益權衡及權責的利弊計算，所以稱管理主義是美國公、私部門的文化，[8]殆無疑義。泰勒的科學管理研究開啟了美國行政學管理主義的先聲，使管理的精神深入公共行政的典範思維中，讓公共行政和企業管理有了共通的典範，造成兩者含混不清、區隔不明的現象，這和大陸法系國家是明顯不同的。

70年代的經濟危機，使人民開始質疑政府的治理能力，論者皆主張應該提升政府的績效，行政人員也必須成為有能力的公共管理人（Public Managers）。至1980、90年代，英國率先吹起政府再造運動的風潮，旋即擴及至所有的海洋法系的國家，美國政府更是大力附和、風行景從，從雷根總統到柯林頓總統推動政府再造運動，卓有成效。運動風潮之下，各種學說、主張百家爭鳴，諸如以管理代替行政、市場或契約取代科層組織、政府職能規模應該限縮、小而美的政府等等，如果可以用一個統攝性的概念來描述這些思想與主張的話，就是「新公共管理」。在美國行政學的發展史上，新公共管理思潮的興起可以稱作「新管理主義」或「第二波的管理主義」，相對於泰勒的「第一波管理主義」或「傳統管理主義」的歸類。

參、法國行政學的發展

作為歐洲大陸的一個重要國家，法國行政學的發展不僅是歐洲大陸的一個典範，也是大陸法系下公共行政的一個代表。

法國從一個專制主義的國家到法治的國家，從自由化的國家到干預主義的國家，公共行政角色變換的背後，就是行政學理論與典範的變遷過程。

法國行政學的發展分為若干之進程，一則是時間序列（Chronisch）的分析，一則是政、經、社、文場域變化的軌跡，其進程分階約如後：[9]

一、舊制度下的警察學時期

所謂法國舊制度時期，指的是1789年以前的王朝，這時候的警察學就是古典行政學的發端。

警察學（Science de la police）中的police意為「警察、治安、公安、保安」，依據謝法利埃（Jacques Chevallier）的解釋，[10]它的意義「具有囊括全部內政管理的意思」。然則，**十七、八世紀的法國與德國都處於警察國時期**，所有國家高權皆屬警察的職權，**警察不只為維持封建主的政權而實施干涉人民的措施，其措施更擴及福利方面，包括社會及經濟各領域，所以警察行政即等於國家行政。**[11]在這一個時期，大量的「治安法典」和行政辭典對於行政機關如何加強管理多有申論之。

二、博蘭時期

夏爾—讓．博蘭是公認的法國行政學的創始者，在他的《公共行政原理》

（1804-1818）著作中主張，必須對公共行政進行系統的和積極的研究，有了行政學，行政管理才不會導致官僚主義和專斷。博蘭還歸納出68條行政管理應該遵循的一般原則，希望這些格言式的原理可以提高行政運作的效率。

三、行政學與行政法混同時期

這一個時期大約從七月王朝（1838-1848）至第三共和國（1879）的前期，研究行政的學者有熱朗多（Gerando）、瑪家赫爾（Macarel）、科梅蘭（Cormenin）、維維安（Vivien）等，背景是法學家、法學教授、行政官員等。例如瑪家赫爾是最高行政法院的法官，在巴黎大學講授「行政與行政法課程」，認為行政學是針對國家的規章制度及其社會原則進行研究，行政法則是反映公共利益的法律，行政學是思辯的、行政法則是實定的。

維維安擔任過律師與法官，在他1845年出版的《行政研究》中申論到：「行政法的規章制度取代了專斷，……但是更必要的，是應該讓這種精神深入到行政的建設、行政的精神、行政的程序中……」，並認為，行政學應該將制度、運作及行政法包括在內。行政學應該以整個社會作為出發點、要能保證社會的福利和繁榮、探討成文法以外的社會現象等作為對象。

四、行政學與行政法學的政治鬥爭

在第三共和國時期（1872），**法學院對行政學依舊保持著強烈的敵意，法學教授認為行政學只是一門藝術，而非一門可以講授的科學**，當然更不應該講授那些使政權機關更加有效、更加可怕的知識與學科。

五、近代行政學的時期

一次大戰期間是法國行政學的一個轉捩點，組織學成為一個研究重點。到二次大戰期間一種新的行政學說出現，代表人物為夏東（H. Chardon）和法約（H. Fayol），他們提出調整組織以提升其效率的說法。法約的背景是工程師與企業家，後來卻成為研究行政職能的理論家。他對公共行政管理具有極大的興趣，**認為行政學是一門管理與組織的科學**，企業管理的原理同樣的可以適用於公共事務的部門。後來法約的行政思想傳到美國的公共行政學界和企業界，才受到肯定被尊為一代管理思想大師。

六、現代行政學

從60年代以後，法國行政學的發展逐漸跳脫法學框架的束縛，進入一個新的階段。這一個階段，國家干預主義興起、國家行政學院設立、[12]加上公務員官僚化的程度加深，以及高度的行政合理化等等，催生了新的行政學說與行政理論，行政研究的發展更是蓬勃以興，百家爭鳴，分為各種流派。

七、小結

在國家統治的場域變化中，法國和德國二個大陸法系國家有諸多相同之處，特別是在封建時代和近代史的發展上。在**歐洲大陸行政學的發展歷史共同軌跡是，在專制主義的國家統治時期，普魯士盛行者為宮廷科學，法國則為警察國家的警察學／亦稱治安科學；法治國家時期行政法學壟斷了行政學的研究領域；於自由主義昌行時期，行政合理性與行政效能的議題，重回國家統治與理論研究的舞台中心；最後國家干預理論盛行，行政權大幅擴張**，行政改革、行政理論及各種行政的研究途徑競相而起。

整個的行政發展歷史清晰的說明了，法國公共行政學和美國公共行政學發展軌跡的不同。法國行政學的形成發展係深受歐洲大陸行政學的影響，然後法國行政學又影響到美國行政學的成長。在學者對文獻進行歷史考察和比較研究後，結果顯示：**1937年以前在美國行政學中出現的每一個重要概念和術語，都可以追溯到1812年以前出版的法國文獻，例如法國行政學文獻中早已經對政治、行政二分有所討論，有著名的68項原則、POSDCORB要素和激勵員工的技術等，所以法國行政學的理論早於美國行政學，並且對二戰前的美國行政學有重要的啓發作用**。[13]

肆、德國行政學的發展

德國是大陸法系的代表國家，德國的公共行政也同樣具備大陸法系的色彩，至於行政學的發展，德國又是何種風貌呢？和美國行政學是不一樣呢？還是相同？以下就德國行政學發展分述之如後。[14]

一、第一帝國時期（西元1806年前）

德國在十七、八世紀神聖羅馬帝國的末期為君主專制統治，[15]專制權威至高無上，法庭是君主的法庭，官吏是君主的官吏，軍人則為國王的軍隊。[16]絕對君主專制權威的表現形式即為「警察」。警察的任務不僅止於公共秩序的維

持與公共安全的維護，凡是國家所有行政作為均包含於其中，這就是警察國家（Polizeistaat）名稱的由來。[17]

在警察國家專制統治時期，警察學就是行政學。[18]警察學內容的點有三方面：(1)警察學，主題關注在內政方面的秩序維護，以及外交、軍事安全等；(2)王室財政學，主題關於國君的收入及財源的改善等；(3)重商經濟學（Merkantilismus），主題是對經濟運作進行干預，來增加國家財富，強化國家的力量。[19]

德國行政學的歷史基本上就是國家學（Staatswissenschaft）的發展史，國家學裡面又包括國家論（Staatslehre）與國家法學（Staatsrechtslehre）兩種。

二、第一帝國到第二帝國之間（1806-1871）

警察國家的理念盛極而衰，警察國家的理念為之動搖，警察學作為行政學的典範時期也必須進行典範轉移，轉移的力量有二：

1.國家改革：普魯士於1807年至1813年進行國家改革，又稱Stein-Hardenbergschen Reform。研究主題有兩個方面，其一為行政改革及其對象，包括國家一級機關、內閣、國會、中層與低層官署、縣改革、市改革、相鎮改革等，特別是鄉鎮改革中納入地方自治的精神；其二為專業領域的改革，包括農業、軍事、司法、文化及教育、財政、營業規定、關稅等之改革。[20]

2.法蘭克福國民會議（1848）：其目的在求國家的統一和帝國憲法之制定。會議結果是公布德意志帝國憲法，國王腓特烈為帝國元首。然而元首須受帝國會議之節制，普王乃拒絕簽署，會議終告失敗。

法蘭克福國民會議之後，行政法的學說逐漸興盛，行政法律的訂定亦逐步推行，整體的發展趨勢朝向著法治國家推進，相對的，專制君主的統治乃逐漸喪失其法理上的正當性。行政法已經和警察學、憲法，及其他學科開始有了清楚的區隔，當行政法的概念化與條理化更加完整的時候，法治國家的建構就愈加堅實。行政法學在這一個時期中奠定了堅實的基礎，而且將德國形塑成一個行政法為基礎的法治國家，讓行政法學的思想成為這個國家統治機器的精神與靈魂，其他任何學科的理性都無法侵奪其崇隆之地位，行政法學遂成德國公共行政獨具之特色。

Lorenz von Stein認為，行政學不應以傳統的警察學為主軸，而應與社會運動相結合。在他的見解中，行政學是行動的憲法，在君主立憲之後，就是公共行政

解決社會問題時代的來臨。

Von Stein（1865-1868）著有《行政學》一書，強調公共行政的社會任務，以及強調行政應以目的（zweck）而非以法律形式（rechtsform）來作為劃分的標準。

三、第二帝國時期（1871-1914）

1870年普法戰爭後，同年4月帝國議會通過帝國憲法，法治國家理念所催生的君主立憲至此乃告確立，法律從此以後可以對行政權力產生拘束之力量，所以第二帝國的行政改革的基礎，主要的就是建立在依法行政和依法審判的原則上。此一情勢下造成兩種結果：(1)行政法學的昌盛；(2)傳統警察學的沒落。

韋伯參考了普魯士軍國主義的統治結構，加上他歷史主義的出發點，把社會科學視為史學，結合了方法論——合理性、合法性、正當性和理想型，[21]完成了他理想型的官僚體系學說。

四、威瑪共和（1914-1933）

在這一個時期中，行政法更趨完善，而行政學的發展卻嚴重凋零，大學中關於行政學的講授幾乎消失。

五、第三帝國（1933-1945）

從這一時期的德國公共行政學仍然極端偏重行政法學，並且在發展上都受到高度的抑制。

六、西德（1945-1989）

二戰之後，行政法對於行政學的系統產生了一系列的深層影響。約為：

1.第一種影響就是對公共行政學基本結構的形塑與框定，例如Hans Peter的《行政教科書》（1949）的內容，就是用行政法的組織與原則來界定行政學的範圍。

2.行政法界定行政的任務、運作、權限與內容。

3.行政法詮釋行政作為。

4.行政法決定行政行為。

七、統一後的德國

從第二帝國以迄今，憲法、行政法、行政程序法、行政訴訟法的精神、思維、模式，已經成為公共行政體系的精神與結構，這一個系統結構都是用法律思想決定公共行政的組織與運作，所有行政行為都必須在法律的框架下運作，新公共管理的思想現今已經挑戰了德國百年來「公共行政法律化」的固有典範，讓大陸法系公共行政與海洋法系公共行政直接進行對話，未來發展則有待觀察。

伍、我國行政學的發展

綜合以上英、美、德、法各國的行政學考證，以及十七世紀到二十世紀各家學者對行政學的理解，加上行政學研究範圍與內容之界定，可以得知行政學就是——研究國家治理機器及其制度與運作的學問。我國行政學之源流考可以分為三部分敘述之，其一為肇始期；其二為歷朝行政／吏制的沿革；其三為現代行政學之發展等三部分說明之。

一、行政學肇始期

「公共行政」者即國家治理機關之設立與治理作用之行使也。我國公共行政／國家治理的肇始可以上推至遠古，見之籍冊，其言可徵諸：「夫天育蒸民，無主則亂，立君治亂，事資賢輔……降自燧皇方有臣矣，是以易通卦驗云，天地成位，君臣道生，君有五期，輔有三名，註云三名公卿大夫……《論語》撰考云，黃帝受地形象天文以制官，伏羲以前雖有三名，未必具立官位，至黃帝名位乃具」。

「昔者黃帝氏以雲紀，故為雲師……炎帝氏以火紀，故為火師……炎帝神農氏姜姓之祖也，亦有火瑞，以火紀事名百官也……共工氏以水紀，故為水師……大氏以龍紀，故為龍師」……「自上以來所云官者皆是官長，故皆云師以目之。……顓頊以來不能紀遠，乃紀於近，使以少以前，天下之號象其德，百官之號象其徵。顓頊以來，天下之號因其地，百官號因其事，事即司徒、司馬之類是也。」（《周禮鄭注》）[22]

上古行政治理規範、制度，徵之典籍者，舉例言之如下：

1.有虞氏：虞舜咨於四岳命十二牧九官。（《蔡傳》：舜既告廟即位，乃謀治於四岳之官，開四方之門，以求天下之賢俊，廣四方之視聽，以決天下之壅蔽。牧養民之官，十二牧，十二州之牧也。）三載考績三考黜陟幽明

庶績咸熙。（《蔡傳》：考核實也。三考九載則人之賢否是之得失可見，於是陟其明黜其幽，賞罰明信，人人力於事功，此所以庶績咸熙也。）

2.夏后氏：夏后氏令官師相規工執藝事以諫。（《按書經》：聖有謨訓明徵定保先王克謹天戒，臣人克有常憲，百官修輔厥后……。）

3.商：商湯制官刑儆於有位。（《孔傳》：湯制治官刑法以儆戒官。）

4.周：成王訓迪百官做周官，四征弗庭綏厥兆民，六服群辟罔不承德歸于宗周董正治官（治理職司之百官）。王曰若昔大猷制治於未亂保邦於未危。冢宰掌邦治統百官均四海。（《孔傳》：天官卿稱太宰主國政。）司徒掌邦教敷五典擾兆民。（《孔傳》：地官卿司徒主國教化布五常之教以安和天下眾民使大小皆協睦。）[23]

綜上具體史實可知，國家治理作用與行政制度之形成在我國可謂源遠流長，歷朝歷代君天下者，或創業立法，或因時制宜，皆有冊籍以垂久遠，其見於書，若唐虞之世則有典謨，夏有典則，商有謨言，周之禮制，號稱大備。[24]下及漢、唐、宋，皆有會要，唐之六典，尤詳且悉。不論是會典或會要，所載者均為累朝典制，以其散見疊出，未會於一，乃發中祕所藏諸司執掌等諸書，參以有司之籍冊，凡是觀禮度者，皆分館編輯之，百司庶府，以序而列，官各領其屬，而事皆歸於職，集成會典，是皆為國家治理與行政制度之宏獻巨猷，關乎治道理則，亦關乎典章制度，故為我國行政學之始，亦為我行政學學理之奠基也。

二、歷代論吏治、治理、制度之經籍

有周一朝列官分職治事，天官冢宰其下治官屬計六十有二，地官司徒其下治官之屬計七十有八，春官宗伯其下治官之屬計八十有三，夏官司法其下治官之屬計五十有三，秋官司空其下治官之屬計六十有五，冬官司空其下治官之屬計三十有一，國家治理權責分配之規已粲然大備矣。其後，官制、官規、吏治、史書等探討治國要道者，稱其浩繁斯不為過。[25]

三、政治管理、行政管理與技巧

在以上歷朝行政制度／吏治制度的大系之外，還有非常多的典籍討論治國之道、政治管理、行政管理與技巧、人力資源管理等等議題，這一些典籍在在均為行政研究範圍中的重要貢獻，茲僅舉其要者臚列之如：(1)《握奇經一卷》（風后）；(2)《六韜三卷》（周．太公望）；(3)《鬼谷子一卷》（周人）；(4)《素書一卷》（黃石公）；(5)《心書一卷》（漢．諸葛亮）；(6)《武經七書》

（論治理、行政管理與技術）；(7)《冰鑑》（清．曾國藩）；(8)《夢溪筆談．官政一、二、人事》（宋．沈括，論茶法歲計、鹽稅、水利、官治昇遷、吏人俸祿、降調等各項官治、官規）。

四、我國近年行政學之發展

民國以來行政學在國內的發展，可以用兩件事來作為說明的起點。其一為：民國46年6月17日，蔣中正總統在陽明山莊演講「說明『行政管理』的重要性」時，提到：「二次世界大戰結束後不久，即在1947年，美國為求其政府進一步的有效改革，乃成立一專門委員會，名為『政府行政部門改革委員會』，並由其曾任總統的胡佛（Herbert C. Hoover）主持其事。至此美國行政改革的精神，更為舉世見重，並企圖有所效法」，演講中明白表露出「效法」之意。47年2月10日的總統府國父紀念月會中，又力倡：「鑑於美國兩次胡佛委員會的貢獻，為加強我國行政改革之工作，應即成立一類似胡佛委員會之機關，進行研討，擬定方案，以供政府採擇施行」，[26]王雲五委員會於焉誕生，全稱為「總統府臨時行政改革委員會」。基本上，我國公共行政的發展效法、模仿美國的公共行政，此為重要開端。

第二件事，關於行政學的發展，因為國內有教科書及大學用書可以作為觀察指標，「行政學」的教科書以張潤書所著之《行政學》奠定基礎，其後有吳定、林鍾沂、暨空大所出之行政學教科書，均同一系絡，受到美國公共行政學之理論與思想的影響，並模塑我國近世行政學之學風與思潮。另外，伴隨著「行政學」的還有「行政管理學」，如湯絢章的《現代行政管理學》，結構與系統和行政學相近似。及至近年來「公共管理」、「新公共管理」的興起，內容上和早先國內的「行政管理學」其實有非常多的相同，只是背景上多了英美政府再造的思潮。所以總的觀察起來，我國行政學的發展主流，其軌跡基本上是追隨著英、美行政思潮的腳步，依循英、美海洋法系國家行政學的思考理路，此一現象頗為明顯。此外，管歐著有《行政學概要》及《行政學精義》二書，是行政法學者從其觀點出發而為立論。

關於文官吏治史的研究部分，有楊樹藩的《中國文官制度史》，以及張金鑑的《中國吏治制度史概要》，邱創煥的《中國文官制度論叢》等，對於我國的行政歷史、制度、學理有系統性的研究。

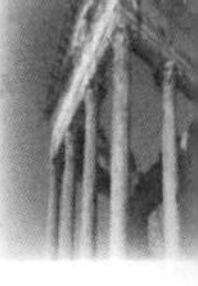

五、我國行政學的內容

「民國以來」的行政學即今人於教科書中所熟知之定義。而，固有傳統的行政與行政學，比照英、美、德、法等國的界說與定義而言，我國**行政學的內容包含了吏治史、國家治理、吏治與官治制度、治國之道、政治管理、行政管理與技巧、人力資源管理**等等不一而足，故而可謂，我國行政歷史、行政文化、歷史資產是舉世最豐富的國家。

我國固有公共行政的史籍浩瀚，界說與定義歸納不易，若試以其總體現象概括而論，約可謂：**「公共行政」者即國家治理機關之設立與治理作用之行使也。或者從上述行政本質的分析結論，以及「統治義」和「治理義」來說，「公共行政」就是「國家治理」**。「治理」在「辭彙」中的意思為「管理、辦理、研究」，這正是國家行使治權的作為，所以稱「公共行政」為「國家治理」在中文的意義上是符合歷史精神與實際情況，甚至於和最新的「全球治理」、「善治」等概念意義相符。[27]歸結言之，在行政制度建立之前必有長期的治理行為與事實，才能夠積聚經驗、智慧與理論而完成其機構化與制度化，而**行政學從廣義而論，就是研究公共行政的一門知識與學問，探索行政的道理、制度、作為等等面向，作為國家應循、應為之南針者，稱之**。

陸、行政學意義的界定

就行政發展史的精神來看，公共行政係國家治理作用的體與用，行政學則為國家治理作用的理路探究。各國對行政學意義的理解歸納之約為：

一、英國

公共行政的概念範疇就是「公共作為的領域」（Gebiete der öffentlichen Tätigkeit），也是英國公共行政學科的創始起源。所以英國的行政學在這一層意義上可以說，**行政學就是國家機構、制度的實證分析，也是公共行政機關的一個分支體系，行政學歸屬於實體結構與實務運作之下**。

二、美國

美國行政學發展的里程碑，約為：

1.威爾遜（W. Wilson）主張行政不應受政治干擾，政治應與行政分立。
2.泰勒（F. W. Taylor）科學管理運動，促成了公共行政學的研究與發展 。

3.梅堯和羅斯伯格（E. Mayo & F. J. Roethlisberger）人群關係學派的學說，闡發人格尊重、社會規範、小團體約束等因子對績效的重要性，對科學管理學說加以補充和修正。

4.古立克和尤偉克（L. H. Gulick & L. F. Urwick）的POSDCORB提出公共行政管理理論的七個要項，強化了公共行政學的內容和精神。

5.新公共行政的主要論點，在強調問題導向、社會公正與民主行政。

6.黑堡宣言利益的受託者，是實踐社會公道正義的擎旗者。所以黑堡宣言是「基於制度的新公共行政觀點」。

新公共管理思潮，可以稱為「新管理主義」或「第二波的管理主義」。

三、法國

法國行政學的主要內容為：治安科學、行政法學與行政訴訟法、行政合理性與行政效能、「國家控制」、「國家干預」的行政理論。

四、德國

德國行政學的內容包括：(1)警察學就是行政學；(2)行政改革的精簡化運動與行政的合理化；(3)法制國理論下，行政是憲法的實踐與社會問題的解決；(4)行政法學昌盛後，出現韋伯的官僚理想型學說；(5)行政法為核心時期：行政法型塑行政學、行政法界定行政行為與行政運作。

在綜觀整個歷史發展後，行政學的界定大致約可採用：

1.法國B. Gourney的定義：「行政學可以被定義為社會科學的一個分支，它旨在描述和解釋置於政治權利之下的、組成國家機器和公共團體的那些機構和活動」。

2.吳定：「行政學就是研究行政相關理論與實務的學科」。[28]

以上為海洋法系的英、美及大陸法系的德、法行政學的內容與界定。掌握研究內容後，就要進一步的探討下一個最根本的題目——「行政的意義」是什麼？

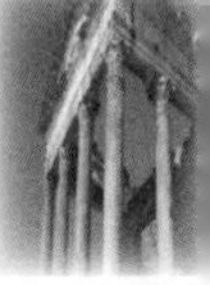

第二節　公共行政意義的界定

行政學的研究對象是公共行政，公共行政的範圍與內容也是行政學的範圍與內容，二者是一致的。當行政學的研究已經瞭解後，接著可以談更基本的問題——公共行政的意義。

在「前現代」的過去，公共行政的意義被理解為：

1.英國對傳統公共行政的界定（1700-1900）：行政就是「公共作為的領域」。
2.德國在專制王朝時代的行政，依據歷史的記載，可以理解為：「在每一個時代的國家歷史中，都有自己的行政類型，透過他們自行訂定的目標以及專有的工具與方法，來為其所用，並表明其特徵」。[29]
3.Lorenz von Stein認為公共行政就是要解決社會問題。

在現代對行政意義的理解，舉一些要例有：

1.寇申（J. J. Corson）與哈里斯（J. P. Harris）：「公共行政是政府的部分行動，是政府落實其目的與意圖的各種手段」。
2.費夫（J. Pfiffner）納與普里斯（R. Presthus）：「公共行政的焦點在作為實現價值之手」。
3.戴維斯（J. W. Davis）：「公共行政的最佳界定就是將其視為政府的行政部門」。

臺海二岸對行政意義的理解，舉例之有：

1.公共行政是指政府的管理活動，是以國家行政機關為主的公共管理組織，運用社會資源有效地滿足社會公共需要、提供公共服務、實現公共利益、處理公共事務而進行的制定和實施公共政策、組織、協調和控制的管理活動。[30]
2.管歐：狹義的行政，乃指行政機關本於行政職權所為之作用。
廣義之行政，乃指國家各種機關之一切作用而言，舉凡各機關本於國家統治權作用所推動或執行之事務，均得謂為行政。
3.吳定：「行政就是政府各部門各機關政務的推動」。[31]

從傳統到現代對行政意義的界說中，可以看到許多不同的理解、途徑、認

知與學說，每一種理解的答案都協助我們對公共行政有了進一步的認識。但是，當我們認識了各種各樣的學說與理論之後，再一度的提出同樣的問題「公共行政是什麼？」或「公共行政的概念是什麼？」各種學說與理論中所內含的觀念與思想，就會成為多元價值爭戰的混亂局面，因為**公共行政：是公共作為、是政府的部分行動、是實現價值之手、是政府的行政部門、是國家各機關的一切作用、是政府各部門各機關政務的推動、是行政機關本於行政職權所為之作用**⋯⋯。以上各種的理解原本是要釐清公共行政的意義，但是公共行政的概念還沒有更清晰之前，卻又加入了更多待釐清的議題，例如：「公共作為」是什麼？「政府」的「部分行動」中，「政府」係何所指？「部分行動」又是包括哪些？「實現價值之手」所稱之「價值」為何？⋯⋯，每一個學說都引發了更大的問題。但是更困惑的解釋是：公共行政是「行政部門」、公共行政是「國家各機關」、公共行政是「政府各部門各機關」、公共行政是「行政機關」等等，這一種解釋就是說：公共行政就是行政機關。

在總合了上述的見解後可以瞭解，如果要就法律面、或社會面、或管理面等等來作定義，答案就會各不相同。為了整體性的掌握公共行政的意義，這裡傾向於採取本體論的方式作一個界定，公共行政的意義為：

1. **「公共行政」者即國家治理機關之設立與治理作用之行使也。或者從上述行政本質的分析結論，以及「統治義」和「治理義」來說，「公共行政」就是「國家治理」。**
2. **公共行政係國家治理作用的體與用，行政學則為國家治理作用的理路探究。**

「治理」這一個名詞目前在全世界應用的非常廣泛，如全球治理、地方治理、善治等，意義和現代公共行政有許多相應之處（詳細解釋請參閱第十章全球治理——論善治）。如果「治理」的概念上加了「國家」兩個字，界定就會聚焦到公共行政的意義上來。至於我國使用「治理」一詞則是淵源久遠，可以回溯至：周禮按六官——天、地、春、夏、秋、冬劃職分責，統轄百僚。並以六典——治典、教典、禮典、政典、刑典、事典，來經國治官，理政治民，這就是我國「治理」一詞的由來。其餘見諸史料有關「治理」一詞之用者多矣，如《元代宰相張養浩・風憲忠告・薦舉》即言：「夫士有公天下之心，然後能舉天下之賢。蓋天下之事，非一人所能固知，亦非一人所能獨成，必兼收博采，治理可望焉」。所以公共行政的界定，用我國傳統精神與現代最新的治理概念觀之，即為「國家治理」。

第三節　公共行政的三個原型

各國的行政發展史各自型塑其行政學的內容與範圍，歸納整理上述層層闡述的歷史事實，將其列如**表3-1**對照約如下：

表3-1　管理型行政與法治型行政的國家分類

	英國	美國	法國	德國	我國
創始期	實務導向的行政研究，邊沁、米勒、費邊主義者		警察學／治安科學	警察學／治安科學	唐虞之世有典謨，夏有典則，商有謨言，周之禮制
政治的觀點	行政研究主要皆出於政治家與學者	政治與行政二分或合一	國家干預理論、國家控制說	法治國理論、國家論	宰相制度立，行政與政治分庭抗禮，宰相制度廢，政治獨裁
管理的觀點	只有少數組織理論應用於行政實務，科學管理並未受到重視	泰勒主義、新泰勒主義、行政管理理論	費堯的行政管理理論、博蘭68條行政管理理論、行政合理性、行政效能	行政合理化與行政精簡	行政即行政管理
法律的觀點	法學對公共行政的貢獻微小。行政法對行政沒有貢獻	重視個人憲政權力、社會衡平	行政法學、行政訴訟法	國家法學（行政學是行動的憲法）、行政法學	春秋戰國百家爭鳴，九流十家中「法家」卓立其中[32]。至「唐六典」「唐會要」法治已粲然大備
社會的觀點	費邊社會主義、社會學的研究方法研究行政	人群關係理論是一種社會學的研究		行政是社會問題的解決、支配社會學、統治社會學、官僚理論	
基本型態	管理型行政（Managial Administration）	管理型行政（Managial Administration）	法治型行政（Legalistic Administration）	法治型行政（Legalistic Administration）	結構為法治型行政 運作為管理型行政

本表：係由上述序列分析加以綜合整理衍譯而得之。

每一個國家的行政學都是民族文化發展的結晶，也都各有其關懷的重點。在個別的特色之外，每一種行政學都或多或少的會討論到一些共同的面向，諸如政治面、法律面、管理面、社會面等。將各個面向予以並列對照時，就可以發現英、美海洋法系的國家和德、法大陸法系的國家，在基本的型態上就有鮮明的不同，引用諸家學者的見解，如Klaus König、Christoph Reichard、Thomas Edling、Klaus Lüder / Lothar Streitferdt、Hermann Hill[33]等的觀點，英美海洋法系的國家行政就是一種「管理型的行政」（managerialistische Verwaltung），[34]大陸法系的德、法、奧諸國就是「傳統的行政」、「官僚的行政」、「法治型的行政」（legalistische Verwaltung）。這樣的分類基本上是許多構成要素比較之後的結果，這一些構成要素的進一步說明，對於行政學的瞭解將往前更邁進一大步。

亦有學者從政治——行政體系的角度來觀察，做出來的比較結果卻極為相似，如Christopher Politt & Geert Bouckaert在"*Public Management Reform*"一書中所提出的比較結果（如**表**3-2）。

在Politt & Bouckaert 的分類中，海洋法系的英國和美國，其政治文化界定為「公眾利益」，其對象是為顧客，理念是以客為尊，本質上是管理主義。所以英、美與德、法的對照，應以「管理型行政」VS.「傳統型／法治型行政」為更貼切。下一節將針對此一分類續為說明。

壹、法治型行政VS.管理型行政

在現代高度分殊的社會中，公共行政體系已經發展出完整的系統合理性。

表3-2　Politt & Bouckaert：政治——行政制度類型[35]

	國家結構	政務官／事務官的關係	行政文化
法國	中央政府 以前是非常集中化的 現為合作的	結合 政治性很強	主要是法制國家形式
德國	聯邦制	分離 政治性很強	法治國家
英國	中央政府 中央集權的 合作的	分離 不帶政治性	公眾利益
美國	聯邦制	分離 政治性很強	公眾利益

韋伯（Man Weber）在他的官僚理想型中對於此一系統有詳細的分析，舉凡官署的管轄範圍、機關的層級、官署的管理、機關運作受規範的約束、專業公務員體系等內容都有清楚的描述。韋伯的官僚學說主要的不是在為行政體系進行說明與界定，而是要透過其「理想型模式」的建構，來涵蓋經驗的以及方法論的行政元素。**方法論指的是「理想型」的邏輯架構，而所謂「經驗的於元素」**，係指「理想型」建構的內容來自於「經驗上的材料」，這一些「經驗材料」是韋伯從普魯士的公共行政擷取採擇而來，是歷史的經驗材料，而歐洲大陸的法國與奧地利，其公共行政歷史經驗基本上也相同，所以「理想型的官僚模型」既是方法論上的，也是歷史經驗值的學術結晶。這一個結晶卻又是放在大陸法系背景上的一個哲學架構。

如果更深一層分析此一哲學架構，就要回溯到民族國家的行政傳統去瞭解。行政問題在各國或許相同，行政模式也可能經由對第三世界國家的援助而傳播，或者經過歐盟的整合而產生了所謂歐洲的官僚體系（Europa der Bürokraten），但是從民族國家的行政來看，仍然可以區分為法國行政、波蘭行政、日本行政、美國行政等。民族國家行政的不同意味著，每一個國家的行政都與各自的政治組織相連結，也與人類學的因素、文化的因素相連結。這一些關聯性因素不僅影響到公共行政的建構，更是行政傳統的核心要素。

以德國公務員為例，依照固有傳統對永業公務員有若干的規定與原則，其中包括公法性質的服務關係與忠誠義務、主要職務、終身任用、升遷原則、績效原則、中立的規約、禁止罷工、忠於憲法、負有機關保密義務、享有法律保障的撫恤權利等等。對應於以上的基本原則，聯邦制定相關的法令規範，作為各邦、地方與行政法人等行政機關的法規，以及所有公共行政人員的法令依據。這就是德國公共行政人員的特色。

從民族國家角度來看公共行政的建構，可以看到各種特色，但是仍有過度抽象之嫌。如果從文化的同質性來觀察，就可以看到**民族國家行政可以分成二大家族，就是「市民文化的行政」和「傳統的公共行政」**二種。前者係指盎格魯薩克遜的英、美行政文化，後者即指歐洲大陸國家的行政文化，基本上類似英、美海洋法系和歐洲大陸法系的區〔如果要算東歐後社會主義共產國家的幹部行政（Kaderverwaltung），那就可以分成三個類型〕。但是必須注意的是，所謂「市民文化的公共行政」其實和「傳統的公共行政」都是各自依照其固有文化發展而來，也都各自遵循其固有官僚傳統之路線。不同的只在於，人們稱呼美國的公共行政比較常用「官僚的管理主義」，和歐陸的傳統官僚行政略有不同。

歐洲大陸法系的國家如法國與德國，可以稱為傳統公共行政的代表，他們的官僚體系在歷經政治動盪與變革之後，仍然維持著傳統的官僚行政體系。統治體系雖然經歷多次的政權更替，從專制王朝、共和、極權、到民主，變化不可謂不大，但是官僚體系卻依舊維持如故。另外，東歐共產國家在馬列統治和幹部行政的崩潰後，東德開始引用西德的傳統行政體系，形式與結構的引用在此並非重點，重要的是必須回溯到更深沉的意義探討，如公共任務的定義、公共財的界定、聯邦主義與地方自治組織、行政法與公共財政、公務員服務法、人力資源發展等，每一個項目都需要回顧德國歷史的發展，以及行政的傳統，因為每一項行政結構與運作機制的形成，必然牽涉到大陸法系的行政文化與法律文化。東德的公共行政起源於民主政治的溫和革命，所以東德的行政必須符合人民的期待，在國家統一的轉型過程中發展出自己的模式，而不是在經濟的動力下，讓市場的力量主宰國家的未來。

如果要討論傳統公共行政的歷史，官僚體系一定比民主政治的歷史要悠久，所以公共官僚體系的發展在**英美「市民文化的行政體系」**中，也必然受到政治與政權的影響，而且有很長的一段歷史。統治政權設立了公共行政，界定其範圍，確立了公共行政在市民文化中與民主參與秩序中的地位與交互關係。這時公共官僚也建構完成其體系並獲得一定的能量，終而，行政官僚和「政治代表」、「利益團體」鼎足而三，成為美國權力結構的「鐵三角」（Iron Triangle）。在英國的狀況是，高級文官必須服從政治意志，其他文官皆為事務官，兩種生涯體制不同。當然，一般文官也試圖用行政官僚的價值觀來影響政務官，但是從英國的歷史經驗來看效果不大。在英國政黨政治下，即使政權輪替之際，政治力量還是保有對公共行政的控制權。**政治對公共官僚不變的和永遠的主宰控制，實際上合乎市民社會文化的社會價值觀**。相形之下，**大陸法系的傳統公共行政在歷史上的情境則有所不同，因為大陸法系下的社會價值觀對於公共行政有特定的期待，而這些期待是政治所不能給予的部分**，例如在政治混亂動盪不安之際，公共行政可以持續不中斷的提供人民基本需求與照顧。[36]

在英、美海洋法系的國家裡，政權的價值觀也成為公共官僚體系的價值觀，政權體系也成為公共行政認同的模式，所以公務員又被稱呼為「皇室的僕人」（Diener der Krone）。此一稱呼不論是從感情上或是從形式上都相當符合歷史的情境與脈絡。對於大陸法系的歐陸國家而言，它們的公共行政在功能上也必須找到某種價值觀，以作為其認同的基礎。從專制王朝、共和、極權獨裁到民主的各種政體，都有「管制」理念，並進而將此一理念付諸實施，作為政治體系描述其統治權之所需，這種「管制」理念正好和國家的功能意義相同，在二者的一致性上，公務員在當時被稱為「國家的僕人」（Diener des Staates）。所以大陸

法系下的行政文化和海洋法系的英美文化在歷史發展背景上略有不同，例如在美國公共行政的概念中才有「小而美的政府」、「去除政府管制」、「去除政府干預」等statelessness的討論。[37]

國家需要「管制」，這是所有行政官僚共同的看法。即使在海洋法系如英美等國家的「市民文化的行政官僚」，同樣的希望從統治政權處獲得認同，肯定行政有管制的權利。就管制面而言，歷史經驗顯示英國是一個階級社會，階級社會連帶促成行政體系變成一種行政階級。英國文化傳到美國之後又變成了「普世性的、專業的、技術的」形象。但是，不論在哪一個國家裡，都有「國家管制」的理念與應用的需求。但是國家管制是一把雙面刃，在它的功能之外卻又隱藏著某種風險，一不小心正功能就會變成負功能。因為，可能濫用國家管制權利的人就是這一群號稱「僕人」的人，而歷史經驗也在在的證明了公共行政「惡質官僚化」（bösartige Bürokratisierung）的現象，造成了行政的負功能，讓政府失靈當機。例如德國威瑪共和國的行政官僚就不能捍衛民主制度，所以威瑪帝國不能稱為民主政體，行政官僚在那個關鍵時刻沒有發揮正向的功能，反而去發展了自身的惡質官僚化。所以，號稱「僕人」的人常常做了僕人不應該做的事。

從歷史發展看來，國家管制的理念需要更進一步的補充。有的國家發展成法治國家，並且在國家法制性當中找到了補充國家管制理念的方法，**大陸法系的國家**就是這一種取向。從「前民主政治時期」的經驗中**找到了一些法治國的指標，逐步發展出法治國的理念、作法與原則**（Rechtsstaatlichkeit），**並建立其法治國家**（Rechtsstaat）**的基礎。在此，法治國家主義和民主主義基本上是緊密結合的兩個概念**。「法治國家性」的意義不僅僅在於使公共行政體系遵循既有的法律規範與法秩序，更重要的內涵則是憲法保障的原則適用於公共行政、行政對人權的尊重、行政受法律與命令的約束、行政必須注意目的與方法之間的比例關係、法律保護原則也適用於對抗公共行政所為之行政裁決等等。大陸法系國家的公共行政就在「法治國」基礎上日漸發展出自己的特色，從這一點開始和海洋法系的「市民文化的公共行政」就此分道揚鑣，之後，大陸法系的國家所建立的行政特色為：高度發展的行政法體系、特有的法治主義、與行政裁判的獨立體系等。[38]

區別大陸法系的傳統行政和海洋法系的市民文化行政，對行政學的研究有很重要的意義與價值。大陸法系的德國社會學家韋伯提出了官僚理論，接下來就有一系列針對官僚體系（Bürokratie）、惡質官僚主義（Bürokratismus）、去官僚化（Entbürokratisierung）的種種討論。官僚理論離開歐洲大陸來到英美盎格魯薩克遜的國家後，英、美等國的行政學說與行政改革則通篇一律的要打擊官僚、

逃避官僚、卻又不得不用官僚的概念，海洋與大陸二者間對此就有許多的對比產生。另外，許多對行政學的討論、基本導向等不同，開啟了行政學研究的創造性契機。例如永業文官概念的探討，在大陸法系傳統歐陸行政體系中，公務員有明確的職位說明書，經過法治國家對於該職務有專業的、技術的要件規定，所以能夠保障公務員的水準與行政品質。如果，將海洋法系國家的行政和大陸法系國家的行政做一個對比的描述，且限制在行政事務的社會控制層面來看，就可以將二者區分為「合法性的民主政治」（legalistische Demokratie）和「管理性的民主政治」（managerialitische Demokratie）[39]，這一種對比性的區隔恰好可以說明新近公共行政與公共政策發展的趨勢，也可以作為當前對「新」公共行政的探索途徑。

在大陸法系傳統行政的國家中，對行政事務操控的概念與機制分成二個步驟，第一步是建構各級政府與各級行政機關，然後第二步是透過法律規範來加以操控。這一種對公共行政事務操控的方式，在歐盟成立之後，不但沒有為之減弱，而且還更增強。如果對於此一狀況做更深一層的觀察後，可以清楚的瞭解到：**為什麼歐盟在歐洲大陸的會員國和英國長期彼此齟齬甚或分道揚鑣**。其原因，當然不單是因為雙方每天對「歐洲整合政策」有所爭論，更主要的原因還是在於雙方法律與行政文化的歧異所導致。反應到政策面，當然就造成了無數的爭端。歸結言之，**歐盟是奠基於成文法與合法性二大傳統礎石之上，和英國的不成文法傳統大有不同**。相形之下，管理主義今日在美國又再度興盛——新公共管理，行政革新推出了「政府再造」（Reinventing Government）的運動，主要精神還是賡續之前泰勒的管理主義，所以「政府再造運動」實際上就是一種管理模式。英國這時候所推動的行政革新稱為「新公共管理運動」，在他們的行政語言中加入更多的管理術語及管理評鑑指標，使英國的行政成為「管理性的官僚類型」。在英、美海洋法系的「管理性官僚」和歐洲大陸法系的「法治性官僚」的不同類型下，「政府再造」和「新公共管理」對「官僚傳統」的深刻批判，對於本質互異的雙方而言，應該如何變革？變革應該走到什麼方向？事實上已經觸及了社會文化變革的問題，當然也觸及了歷史根源與歷史發展的問題，如果大陸法系國家的傳統行政體系應該走向新公共管理的道路，這時候德、法等國應該思考的問題是，大家已經準備好了要離開官僚制度現有的績效品質、結構與秩序嗎？

貳、「新公共管理」挑戰德國的「法治型行政」

從民族國家的行政文化來區分，有「市民文化的行政」和「傳統的行政

文化」兩種類型，從行政文化內容來看就是「管理型的行政」和「法治型的行政」。這兩種類型的理論內容彼此間有互動也有交流，例如韋柏的官僚理論，對於現代國家的文官制度都有普遍的影響力，[40]相反的，泰勒的科學管理與新進的新公共管理運動，對於歐洲大陸的傳統型、法治型的國家也有一定程度的衝擊，前者理性官僚學說對文官制度的影響，大抵已為人所熟知，然後者「公共管理」思潮對「法治型國家」的影響與衝擊的程度，在泰勒科學管理學說風行之時還不構成一個議題，到了「後泰勒主義」的「新公共管理」思潮風起雲湧之後，對「傳統型行政」的大陸法系國家就產生了一些影響，影響的程度如何？有論者認為影響很大，[41]亦有論者認為新公共管理思潮帶來的政府改造運動，德、法大陸法系國家並不熱衷，也沒有受到多大的影響。實際的情況如何？真相有待釐清。而更值得注意的重點是：兩個本質不同的行政類型彼此衝撞之後，相容性與排斥性的問題不僅是結構與運作的不同，**兩種文化的衝突才是更深層的問題所在，也是歐盟成立以來和英國衝突不斷、齟齬頻仍的原因所在**。針對這一個大問題，茲從「公共管理」的角度出發，來探討它對大陸法系「傳統行政」的代表國家——德國的挑戰，闡明「公共管理」對「法治型行政」的挑戰與衝擊。

一、「管理」與行政學

「管理」這一個專有名詞是一個被泛科際使用的名詞，如果作為行政學研究的一個範疇來探討，就會因為「管理」廣泛的應用在公共行政的許多領域中，就會使得「管理」與「行政」二個名詞很難清楚的切割，更何況「管理」也在「政治／政策分析」、「經濟學」、「企管學」中被廣泛的應用，所以「管理」已經進入「行政學」中。

二、「管理主義」進入公部門

到了70年代，「管理學」在英國與美國的公共行政學領域中，更進一步的發展為「公共管理」，80年代又發展為「新公共管理」（New Public Management），最近又和政治學的觀點相結合，發展出「公共治理」（Public Governance），這一些陸續出現的專有名詞，內容上不能相互的畫上等號，但是「管理學」、「新公共管理」或「公共治理」等名詞都可以納入「管理主義」（Managialismus）的概念中。

美國行政學從「泰勒的管理學說」進一步的到了「行政管理學說」的時期，一系列的理論與學說的倡導下，使管理主義得以實際介入公共行政的領域，成為公共行政的傳統理論，也是「公共管理」的古典理論。[42]管理主義正式的進入公部門的領域。1937年羅斯福總統成立總統的行政管理委員會，調整行政機構，改革行政工作，並設立總統行政辦公室和預算局，直接隸屬於總統，[43]行政管理自此與行政實務緊密的結合，管理學變成「行政管理」，管理主義不僅形式上也是實質上的進入公共行政的領域，成為行政學的重要潮流。

三、從「管理」到「新公共管理」

「新公共管理」促成的政府再造風潮，將企業性精神引進公部門後，公共管理和私部門的企業管理兩者間的區別就被撤除了，其間的分際也趨於模糊。雖然如此，**「新公共管理」本身還是可以分為歐洲大陸和盎格魯薩克遜兩條發展路線；歐洲大陸基本上又可以分成四大類：斯堪地那維亞半島的國家、中歐國家、南歐國家和新轉型的東歐國家；盎格魯薩克遜國家又可以分成英國和美國的路線，以及太平洋的澳洲與紐西蘭路線。一個「新公共管理」，發展到後來卻變成許多不同的路線。**德國，是一個典型的「傳統型行政」以及「法治型行政」的國家，當「新公共管理」浪潮席捲而至時，德國的因應與變化又為何呢？

四、「新公共管理」在德國的發展軌跡

管理本來就是國家行政的運作方法之一。德國對於管理進行學理上探討，可以回溯到行政學源頭的「財政學」（Kameralwissenschaft），在十八世紀的時候就開始對行政作為中的規劃、控制與協調等等議題有學術性的討論。[44]十九世紀時，管理學的探討也出現在法學觀點的行政學著作中。[45]從1960年代起有比較多從管理觀點談公共行政的辯論，有的從政治學出發，[46]也有從企管學的角度來討論，甚至還提出了「公共行政的企管學」這樣的名稱，[47]並且提出目標導向的操控與計畫預算等改革措施，公共管理在德國算是邁出了第一步，並且在行政實務上有了部分的成果。一直到90年代由「地方行政協會」（KGSt）提出了「新操控模式」（Der Neuer Steuerungsmodell），新公共管理的討論才正式成為學術性議題，[48]在接受的時間上來說，比起其他國家算是延遲了許多。

公共管理在德國不論在學術研究方面，或是轉化為制度性的作法上，數量上都不多。在大學或專科裡從事相關問題研究的教授，總數不會超過三十個，專業上與地區上也相當零散。這一種現象背後的原因，一則是因為公共管理在企業管理學中被分析與研究，一則是被政治學與法學觀點的行政學所吸收，而不同學科之間卻又很少進行合作與整合，因此沒有形成較具規模的潮流。

五、新公共管理的優點

新公共管理可以形成世界性的風潮，是因為它具備許多的優點與長處，諸如：

1. 它具備許多工具與技術可以支援不同的管理功能，如規劃工具、決策技巧、操控方法等。
2. 公部門與公共機構的再造理念與方法，如授權、解除管制、專業與資源的整合、組織扁平化等。
3. 公共資源更有效益、更經濟的使用，其中包括財政、預算、審計、人力資源與資訊的管理、e政府等。
4. 公共服務的生產與分配可以用更經濟、更有效的方法。

公共管理的長處就在於提供公部門操控的方法，可以提供行政機關實用的分析與建構的流程，並且學習與擷取私部門的優點。檢視德國過去二十年行政改革的結果，新公共管理確實給行政機關帶來一些改善與進步，如：(1)行政流程的透明化；(2)行政產出的效果提升；(3)績效品質的改善；(4)成本的下降，或至少維持穩定；(5)行政主管的領導比以前改善。

從行政改革的成效來看，傳統德國官僚——法規導向的行政文化，確實受到公共管理改革的影響，變的更有彈性，並且走向「服務導向」、「結果導向」的文化模式。[49]

六、存疑

當新公共管理發揮優點與長處之際，不能忘記這一整套管理思維，是從一個「管理者」、一個「經理人」的價值觀與行為模式出發的。他服膺於「經濟理性」、「個人自利」的價值觀，一個「經理人」行為表現與經濟理性的前提，只能夠「部分的」滿足「公共經理人」（Public Manager）的要求，至少政治層面上作為一個「政治行動者」（Politischer Akteure），一個「經理人」的條件是不符合的。[50]其次，在政治——行政體系中的管理，對組織的操控可能性要遠遠低於對民間企業組織的操控，因為前者的規模、複雜性、困難度都超過後者太多。雖然管理學的知識可以較容易的、較廣泛的應用在不同的文化領域中，但是管理文化和法治型文化彼此有所齟齬，會產生應用的問題和抵制的狀況。**一般說來，管理的概念比較適合應用在地方行政的階層，或是比較專業的政府機關，因為地方機關或獨立的法人機關的產出直接與人民有關，而且和人民的接觸較多、也較**

直接，所以效率、效果和適當性的要求也比較大，所以企業性的生產流程對於地方行政機關比較適用，但是對於聯邦的部會和各邦的機關，因為大多從事政策制定、管制的角色以及政策執行效果之監督等工作，政策面、政治面的討論較多，執行面的工作相對較少，對於效率、效果、利益的要求與規定與地方層級的行政機關就很不一樣，也就因此可以避開管理原則的應用與要求。易言之，公共管理在邦及聯邦的層次便無所用其長焉。這就是新公共管理在應用層面上的限制與侷限性。

因為美國的行政學常常和企業管理概念密切結合，所以就有許多的論者就對此一再的提出警語，說明國家與公共行政是不同於企業管理的主體，而且指出：**公共管理和私部門管理在所有「不重要的部分」是相同的**（Public and Private Management are fundamentally alike in all unimportant respects）。[51]**相同的地方**是：公共行政和企業管理同樣具備管理的組織以及管理的功能，例如兩者都設定組織的目標、目標的優先順序、執行的計畫、組織運作、流程的規定，也一樣的有溝通、協調、人力招募、人力資源發展、人事行政、控制等，都必須受到財務狀況、績效、生產力等等指標的約束。

而**不同的地方**在哪裡呢？這個就要分成許多不同的面向來說明：

1.不同的環境背景造成不同的權力結構：例如市場與私有財產權VS.民主制度與法律規範；顧客VS.選民、公民、政治官員、民意代表等；企業的利益VS.群眾的利益、國民經濟的利益、國家經濟的利益、社會的利益等；企業的行銷和大眾傳媒等，在這些領域中的影響力、運作的模式，兩者皆有所不同。

2.法律的層面：公部門關涉的層面不僅僅是公法與私法不同而已，國家與行政還廣泛的與立法、司法、憲法、行政裁判等等有密切的關聯性。所以在法律的影響面，公共行政必須要比公共管理評估、計算更多的變項。

3.強制性：企業管理的目標是產品優良和顧客滿意兩項，一個是產品，一個是服務。公共行政的目標則有三項：產品優良、為民服務和管制，管制的內容又包括政治面的決策、政策執行、行政執行、行政管制、法律強制等等，這一些面向的考量都不是企業管理的內容與任務，當然也不會是其強項所在。

4.公共目標：國家與行政的目標和私部門的企業相比，一定是更為複雜、棘手、不確定、模糊、多方利益衝突、角力，處理的難度高的多。

5.公共期待：社會公眾期待公共行政可以實現公平、正義、可靠性、責任、

監察等等理想與原則，對企業管理的期待就不可能一樣。

6.社會基本價值的維持：如社會大眾人人都可以得到平等的待遇、公平的處遇、相同的生活條件與機會等。這一些要求只能針對國家與公共行政來提出。

7.經濟活動與經濟生活的底線與管制：公共管理鼓勵經濟活動與經濟效益，效益愈大、經濟價值愈高，就是企業管理愈成功。所以它自己就不可能為私部門的經濟活動設定底限，如最低工資、最低生活指標等。當然也不會設定經濟自我管制，如同業競爭、卡特爾條例、禁止壟斷、貨幣管制、匯率調控、經濟管制等等。

8.公共服務、公共管制、政府獨占式的作為：如治安、交通、緊急救助、社會救助、就業、污染防治與管制、公共圖書館、水電設施等，民眾還是偏愛由國家與行政來作為。

七、系統性的風險省思

新公共管理試圖藉著經濟的、管理的途徑來「重新發現國家」，來界定一個新的、不同的國家。透過行政學與行政實務，加上私部門管理的創意模式，進行「政府再造」運動，但是始終無法擺脫左右矛盾的困境。在經濟性與管理合理化的優點之外，卻過度擴張了這一種研究途徑與理性，把行政組織內部合理化、效率效果的經濟性無限上綱，過度膨脹的結果是：太多的市場、太多的競爭、太多的顧客導向以及太多的企業性精神。越線太多、太遠之後不得不承認——「政府畢竟是不一樣的」（Government is different），所以要「重新發現民主的、公共行政」（Refounding democratic public administration），[52]而且重新鼓吹公部門的職業倫理，讓這一個長期被忽視的議題——行政倫理，它的重要性與價值重新被認識。公法的基礎也開始被重視，並且注入新的活力。最後，主張公部門的「生產者與消費者必須使用企業模式」的論者，也逐漸清楚的瞭解到，民眾自然生存的基礎，如電力公司、自來水廠等，未來可能不能用今天「金錢的價值」這一個單一指標來衡量，而且不能只思考經濟指標，而期望確保人民的基本需求可以安穩無憂。

企業管理學移植到德國公共行政的體系中，基本上是有一定的侷限性。因為，民間企業和公共行政在許多的面向上是不同的，已經知道的事實有：(1)公部門的目標結構有更高的複合性與複雜度；(2)面對同樣需要度量的問題時，公部門比較不能用非常精準的績效指標去衡量，例如治安績效的衡量、或者抓重大

要犯的社會成本評估等；(3)目標設定的過程中，公部門本身可以做決定的自主性較低；(4)政治領導有不同的正當性與合理性指標及考量，政治考量重點是權力，經濟考量重點是經濟性與利益，向度不同；(5)公部門受到法律規範的強力約束；(6)公部門的績效和產出，對民眾負有更高度的義務；(7)公部門與社會大環境有更高度的連結性與互動性；(8)公部門的組織結構、決策結構與人事結構比較僵硬等等。[53]

在上述列舉的不同點之外，可以更進一步的探索，在新公共管理逐漸推動之後，有一些問題可以更深層的加以檢視，例如：

1.新公共管理中的理念主張——「哪些產品可以提供給哪些市場？」同樣的問題對公部門則是——「哪些行政產出可以提供給哪些需求者？」[54]這一個問題如果成立，則公部門的公共性勢必無法完整實現。

2.對於不能達成政治效果或政策目標的公部門機關，傳統的方法都是透過政治的操控手段來處理，或精減、或廢除。但是新公共管理考慮的不是政治目的而是經濟利益，只要合乎經濟性的行為就予以獎勵，不經濟的行為就予以懲罰。所以政治操控和公共管理操控的想法與做法不一樣。後者思維的典型表現就是「競爭模式」，因此新公共管理引進德國傳統行政模式裡，也會如法泡製一個同樣的模型在公部門裡用一個「競爭模式的替代品」來推動其理想，就是將公部門視為／變成一個「準市場」（Quasimarkt），運作的準繩就是「虛擬的競爭」（vitueller Wettbewerb）。[55]

3.如果將公部門變成準市場並推動虛擬競爭，公部門的一切都回歸到管理的概念下來理解。這一個概念下的組織就是企業，環境就是經濟活動和企業組織的互動，概念系統就是市場，次體系包括市場運作、競爭機制、顧客導向、以及市場相關的變項等。以上這一些要素運用到公部門身上，就有「精實國家」、「精簡行銷」（Lean-Marketing）等口號，呼應企業的「精簡管理」（Lean-Management）。**一切作為的目的，都為了獲取「市場的成果」**（Markterfolg）**、「市場利益」，但不是「市場的操控」。因為「市場」不可能「被操控」**。市場的機制可以決定供給者與需求者每一個人的個別需求或喜好，公共管理／或新公共管理的模式中也就不會／也不可能出現所謂的獨占者／壟斷者，**市場機制裡的每一個都是參與者，每一個參與者都必須加入巨大的遷流變化的機制中，沒有／也不會有一個定於一尊、穩定不變的獨占者或壟斷者，這就是市場／經濟和國家的本質區**

隔處。所以，一個自由市場的機制不可能被一個獨占者／壟斷者所操控，相對的，國家就是一個壟斷者／獨占者，它可以進行政治操控。換言之，市場機制內只有參與者／參與設計者／參與建構者，那麼，在準市場與虛擬競爭機制中，誰是參與設計者／參與建構者／參與者呢 ？各種角色之間還可能有分際嗎？

4.市場機制中的成員都是「參與」建構者或「參與」設計者時，新公共管理就無法清楚的區隔各種組織間的界線，如公共組織與私人組織、公共企業與政治行政體系；各種群體與系統間的界線也趨於模糊，如公民與自然人、社會與經濟、個人與公眾等等，其間的區隔、環境、操控的問題，就會渾沌不明。企業性精神、企業性官僚、企業性政府大行之後，德國有一些城市的公部門也開始推動企業性政府，就是所謂的「城市企業」（Konzern Stadt），城市行政變成城市管理，邦、縣市的治理都變成管理，就如世界銀行所使用的一句話——「去管理一個國家的事務」（to manage a nation's affairs），[56]過去公共管理的內容就被吸收進「公部門管理」（Public Sector Management）的清單裡。[57]因為公部門的性質，公共管理的意義與內涵乃因而擴充，變成公部門的績效提升與公部門的「操控」。國家與經濟的社會分工也被整合在一起，成為國家與行政的「內部合理化」、「經濟化」與「效率化」，實施的辦法包括了公共任務的精簡、國營事業的民營化、部分公共業務的委託、外包、公部門與私部門的夥伴關係與模式等，一方面進行的是機關內部及業務的合理化／精簡，另一方面進行的是財政、預算與人力資源管理的改善工作。[58]

5.管理的思想應用在公部門有一定的風險，因為公共行政的問題與經濟、社會的問題不一樣。新公共管理的主張強調「成果導向」。對一個民間企業來說，生產的第一個步驟就是界定產品、定義產品和決定產品的目錄／內容，第二個步驟是訂定產品的價格，最後就是將產品製造出來銷售出去，這時候「成果」就已經出來了。產品製造銷售以後，接著就有市場機制的運作，這就是市場與企業的運作，一個市場運作的機制就完成了，對企業來說，注重成果的產出就是「成果導向」的完成。政治——行政體系的運作就不是這樣。當行政機關完成一個行政行為時，行政作用與結果才剛剛開始，對公共利益的影響有多大，還有待評估。例如行政機關做成一個都市計畫或是發給一個建築執照，這一個行政作為的影響與效果是從行政作為完成／推出時才起算，[59]行政作為通常都不會是一個「結果」，更多的是一系列「影響」與「作用」的開始，而且會一系列的繼續擴散其「影響」與「作用」。所以，**當行政機關也如同企業一樣強調「成果導向」時，基本上一點都不符合行政運作的性質，也遠遠低估了行政作用無遠弗屆的「影響」「作用」的擴散、相因、相成。**

6.新公共管理被引進公部門的背景，是為瞭解決政府的財政危機，所以才有所謂「公部門的公共管理」（Public Sector Management），其高舉的大纛包括了企業性精神、市場原則、競爭原則、與顧客導向等，所有的方法就是要把企業的優點複製到國家與行政，來建立一個有效率和有效能的國家行政，由內部的合理化、經濟化效果，擴散其效應及於外部，來解決財政危機。但是**公部門的財政問題不僅僅限於「效能」、「效率」、「效標」的面向，更大、更多、更重要的面向，是公部門必須「分配公共財」、必須維護「正義」的問題，這是和企業管理非常大的不同處，也是困難的多的地方。**

八、結論

海洋法系和大陸法系是世界法系中的兩個重要類型，也是法學中被討論、研究極多的課題。但是海洋法系的國家行政和大陸法系的國家行政的本質差異，所以導致英國和歐陸國家在歐洲共同體時期與歐盟中，齟齬不斷，背後的原因就在於這是兩個巨大的行政類型，也是兩個行政原型（Prototyp），基本上是不同的。海洋型的行政與大陸型的行政各自發展出不同的系統、內容與定義，用行政學的專業術語來說就是「管理型行政」和「法治型行政」。二個行政原型之間有非常悠久的對話歷史，首先傳統法治型行政的官僚學說影響到英國和美國，而且對英、美現代公共行政的建構與運作，有鉅大的貢獻。但是官僚學說在盎格魯薩克遜的文化區裡，也受到非常多的批判，列舉的項目非常多，幾乎官僚理想型的每一項都成為批判的題目，如僵化、非人性化、法規多如牛毛、黑箱作業、形式主義、結構主義下的人性異化等等，尤其從泰勒科學管理、霍桑的人權關係學說，以及權變學說來看官僚理論，傳統法治型行政的理論與思維有極大的瑕疵，這是英美海洋法系的管理型行政看大陸法系傳統法治型行政的結論。

反過來，英美海洋法系的管理型行政影響傳統大陸法系的行政，這是一個新近才發生的現象與議題，過去在泰勒管理主義與人群關係學派盛行之際，對歐陸大陸法系國家的行政沒有太大的影響，因為每一個國家都會從社會的、經濟的、管理的角度來發展行政學的內容，強烈的對比還沒有發生。自從石油危機、金融危機陸續的發生之後，左派的社會主義福利政策與右派的自由經濟主義激烈

的辯論方興未艾，各國財政危機顯現並快速惡化，改善財政狀況、提高行政生產力的呼籲應聲而起，管理主義、經濟化等方法受到世人的注意，發源於英美的新公共管理思潮乃迅速崛起，推動政府再造運動的浪潮亦因而成為一個全球化的時尚，歐陸大陸法系的國家如法國與德國當然也不能免於這樣的浪潮衝擊，比起世界上其他國家來說，法、德對於新公共管理的政府再造運動，算是「比較無動於衷的」，也是「比較不會隨之起舞」的國家。但是，說不受影響，則一定不是事實，因為德國也推動了「新操控模式」，法國也推出「行政現代化政策」，都對新公共管理思潮做出了回應。也就是說，管理主義的典範對法治主義的典範產生了影響，更嚴肅的觀察，就是英美「管理型行政」和德法「傳統法治型行政」進行了史無前例的對話，兩大行政原型的對話，「亂石崩雲、激起千堆雪」的雄偉場景，應是宏觀行政發展史的千古公案。

在本章節選擇德國作為「傳統法治型行政」的代表，對德國法治型行政做了各種層次的解析，在系列分析、審視、探索過程中，對於管理、公共管理、新公共管理的遞嬗過程有一個系統的鋪陳，管理主義／新公共管理引進公部門的背景、緣起也有詳細的交代。管理主義與經濟化的概念與作法，有若干的優點，但是缺點也非常多。至於新公共管理施行的時間不久，真正的影響與結果目前還未彰顯，各個議題的探索還不多，但是從法律面、管理面、社會面的角度來看新公共管理的引進，基本上的結論都有相當的保留，或是態度存疑。如果從傳統行政及法治主義來做系統性的分析，管理型行政的作法對法治型的行政造成的破壞作用，是德國學者深深引以為憂者。法治型行政的邏輯架構是建立在「國家控制」、「政治——行政操控」、「法治優位」的原則上，管理只是行政機關內部的合理化作為而已，範圍就定義為「行政管理而已」，不能取代國家高權、政治領導、國家獨占與壟斷、國家正義的維護、公共財的分配等等面向，所以政治——行政體系和經濟、社會等元素，是鼎足相對的異質體系，新公共管理的概念與做法在英、美的國家行政土壤上，可以運用的很順暢，但是對強調「法律優位」、「法治主義」、「政治操控」的德國傳統行政而言，就有高度系統性的風險，這就是「傳統型行政」對引進新公共管理的批判，也是「法治型行政」對「管理型行政」的回應。

英、美海洋法系的管理型行政有其哲學的本源，從普通法的文化（Civil Culture）、實用主義（Pragmatismus）、功利主義（Utilitarismus）等出發，到泰勒的科學管理，最後發展為新公共管理，核心價值表現在效率、效果和經濟性的面向。用公共管理的／新公共管理的模式來看法治型的行政，就是「柔性的民法、實用、彈性、功利」和「剛性的法邏輯架構、法治主義、平等、國家公

義」，看不對眼——就是美國、英國行政學始終批判韋伯官僚主義的原因，但是官僚理想型在德國與法國卻應用的極有成效，德國與法國的行政效能也是有目共睹、不容否認的事實。

德國地方行政協會（KGSt）所倡導的「新操控模式」（Neuer Steuerungsmodell），將新公共管理的措施引進德國的傳統行政，讓「管理型行政」與「法治型行政」正式的面對面檢驗，結果是**新公共管理適合在鄉鎮的地方行政機關，或是一些必須直接面對民眾的業務機關，至於聯邦和各邦的部會行政基本上就不適用，所以新公共管理的模式在德國傳統行政的應用，大致上是界定在「行政管理」的層次**。英、美所鼓吹的「公部門管理」應用在所有國家與行政的領域，在德國就出現了許多缺點、疑慮，甚至於可能產生系統性的風險等，都已經為識者所戒惕。其原因無它，即在於「法治主義」、「國家控制」、「政治領導」、「政治操控」等等原則，是鞏固「法治型行政」的樑柱結構，行政作為、公共政策、行政決策等等所有事務，都必須通過這些主要元素的檢驗，檢驗完畢，管理的優點與精神也消失殆盡。因此，管理模式或經濟化措施不是不能推行，只是必須放在法治主義、社會正義、政治操控、國家控制、平等原則之下來運作，作為「法治國家主義」的工具。

新公共管理介入德國傳統行政的影響與結果，必須接受深刻的探討及檢驗。探索的工作始於「公部門與私部門的分界線」，綜合整理英、美海洋管理型行政和大陸德、法法治型行政的不同，可以列出一張分隔與區別的目錄清單，而傳統型德國行政所注重的面向——國家秩序與政策的指標，臚列如下：

1.基本權利與人權：
 (1)憲法規定的權利、國家現實法律所規定的權利。
 (2)國際的標準（EMRK / MRK UN）。
 (3)自然法。
2.政治——民主優位法則：
 (1)國會保留（國會至上權 Suprimatie）。
 (2)本質理論。
 (3)總理與內閣之責任。
 (4)部會之責任。
 (5)自治行政之保障。
 (6)確定的管轄規定。
 (7)控制、審查義務。

3.法治國家原則：

(1)法律平等。

(2)法律的安全。

(3)法律的透明。

(4)法律的可預計性。

(5)法律保護。

(6)法律的管制。

(7)權利的獨占。

(8)警察權的保留。

4.社會主義國家原則：

(1)基本需求。

(2)社會最低標準。

(3)社會保障體系。

(4)自然人的生存基礎。

(5)文化的最低標準。

5.經濟性：

(1)國家與經濟的分工。

(2)市場／競爭／財產所有權。

(3)沒有私人的獨占與壟斷。

(4)有效率和有效能的國家。

以上指標的目錄包括了基本權利和基本人權的價值、政治——民主優位的原則，和法治國家原則與社會主義國家原則，當然也包括了經濟性原則在內，經濟性原則在國家的層面來說不僅是法律的，而且也是倫理的戒律，國家扮演了財政資源領域中一雙可以信賴的手，因為它關係到「納稅人的錢」。另外，經濟性原則在此不僅要關心個人的利益，相對於整個社會也負有一定的義務。總而言之，國家的治理、秩序和政策在這些意義的理解下，就不能僅限於「市場經濟利益」來理解，而是必須加上其他的衡量指標來做衡平的思考。

因此，當國家與行政面臨財政危機時，引進新公共管理的市場主義「經濟化」，必須謹慎的檢驗此一「經濟化」的使用。在新公共管理的思想與應用當中，這一個「經濟化」運動的措施如民營化、委託、外包等等，已經造成國家、經濟與社會三個領域的工作內容重分配。「經濟化」加上「行政機關內部合理化」，以及企業性精神的鼓吹，促成「企業性政府」、「精簡的政府」、政府變

成「準市場」、行政機關內部推動「虛擬競爭」。「經濟化」運動對外推廣是一個面貌，對行政機關內部的作法又是另一種面貌，但是，國家治理、秩序與政策的指標與內容卻是始終如一，不能逃避。在這一層意義的考量下，新公共管理所促生的「德國行政現代化運動」，在：

1.制定國家與行政預算的時候，不允許減弱代表人民意志的「政治優位原則」，民意與民主政治優位的原則不容侵犯。
2.組織再造工程基本上必須顧慮到立法者的權限與許可。
3.公部門的委託、外包管理，不可以就此架空、取消政府機關與各部部會必須要負的責任。
4.民營化不得侵犯基本人權和法律保留的原則。
5.顧客導向、以客為尊的原則並不意味著：從此以後國家公民的個人權利就可以完全不受限制。
6.公共組織不可以濫用其公共營造物及其受到保護的競爭優勢，來壓迫市場上的競爭對手。
7.公部門和私部門的合作夥伴關係，不可以拿來作為免除國家責任的藉口。

以上的每一點，都是德國傳統型行政對新公共管理所畫下的紅線，當新公共管理運動／或行政現代化運動踩到紅線時，就會遭到法治主義、憲政主義、社會主義國家原則、政治——民主原則、平等——正義原則的經濟性原則等的挑戰，在這裡可以看到管理型行政和法治型行政間的「不可共量性」。但是在小範圍、地方行政、機關運作的管理上，新公共管理還是可以對傳統行政的國家治理、秩序政策作出一番更有智慧的貢獻。

參、第三個原型——中華法系的行政

大陸法系的國家在國家行政機器的發展上用力較深，文官體系、制度也比較嚴謹，注重公共利益先於個人利益，強調平等，法國與德國屬之。我國和**大陸法系的國家都有強大的、嚴整的、高度發展的官僚體系／行政體系，中國的行政體系的發達舉世無與倫比；法國的中央集權與國家行政機器幾乎就是國家的象徵，基本上統與治的型態相同**。

我國在文官體制的發展上有高度的成就，本質上和大陸法系國家較為接近。從政治——行政體系的觀點來看，**行政發展的成就高於政治發展，是中華法系行政的特質**。歷史上的傳統中華法系行政，具有一些獨特的制度、規範與作

法，如內外朝、宰相制度、對皇帝言諫與對政府彈劾的監察制度、考選制度、完備嚴整的行政法制、詳細規範的行政管理制度及考績制度等，這個綜合體的歷史傳統是我國行政的特色，流傳至今，中華法系行政的特色幾乎一以貫之，除了加入民主政治與制度外，國家治理的內涵本質上沒有改變。觀照海洋法系與大陸法系的行政模型，以及這兩個原型之間的激烈對話，中華法系行政既有法治型行政的結構，又同時可以接納英美海洋法系的公共管理思潮，兼而有之、並無糾葛，這也是中華法系行政的特異處，故稱之為第三個「原型」。

註　釋

[1]請參閱Nevil Johnson, "Groß britannien", Duncker & Humblot, Berlin, 1968, S.55.

[2]Robert T. Golembiewski認為行政學可分為四個時期，Nicolas Henry則分為五個時期。

[3]見吳定等（1998），《行政學》（修訂四版），頁28以下。臺北：空大。

[4]見前書，頁5。此一稱呼應改為「美國行政學之父」較正確。每一個國家的行政學均有其發源，哪一個國家行政研究最早，答案當然不是美國。韋柏的官僚學說更早，拿破崙行政、路易十四的行政建樹不可小覷，我國的《周禮》就更早了。

[5]請參閱John Rawls, "Eine Theorie der Gerechtigkeit", erste Auflage 1975, Suhrkamp Verlag, Frankfurt，Kapitel 1, S.40ff.

[6]請參閱Kronenberg, Philip S., "Public Administration and the Defense Department: Examination of a Prototype", in Gary L. Warmsley, et. Al., eds., Refounding Public Administration, Newburry Park, California: Sage, 1990, pp.276-284.

[7]請參閱John Rawls，同前書第一章，第五節。

[8]請參閱詹中原（1999），《新公共管理》，頁72。臺北：五南。

[9]以下關於法國行政學的資料參考、整理、修改自朱國斌（1999），〈法國行政學研究導論〉一文，《空大行政學報》，第九期，頁173-207。台北：空大。

[10]請參閱Jacques Chevallier & Daniele Lochak, op. cit., p.17.

[11]請參閱陳明傳等著（2006），《警察行政》，頁32。臺北：空大。

[12]依據1945年10月9日的法令。

[13]請參閱Daniel W. Martin, 'Déja Vu: French Autecedents of American Public Administration', in Public Administration Review, Vol,47, 1987, No.4, pp. 297-303。

[14]關於德國行政學的分期部分，請參閱黃鉦堤（1997），〈共行政科學的學科結構—歷史結構取向的研究〉，《空大行政學報》。臺北：空大。

[15]西元十世紀中，奧圖一世（Otto der Groe）征服各小邦，使各自為政的日耳曼諸侯有了名義上的君主，是為「神聖羅馬帝國」（Das Heilige Rmische Reisch），史稱「第一帝國」，是為現今德奧的前身。見許仟，1993，20。

[16]見陳新民（1994），《行政法學總論》（修訂四版），頁9。自行出版。

[17]見Gtz, Volkmar, "Allgemeines Polizeiund Ordnungsrecht", 12.Aufl., Gttingen, 1995, S.16.

[18]見Stolleis, Michael, "Verwaltungslehre und Verwaltungswissenschaft 1803-1866", in: Jererich, Kurt G. A.(Hrsg.): "Deutsche Verwaltungsgeschich": Band 2: Vom Reichsdeputationshauptschluß bis zur Auflösung des Deutschen Bundes, Stuttgart, 1983, S.57-58.

[19]見Rürup, Bert / Körner, Heiko, "Finanzwissenschaft", Düsseldorf, 1981, S.9.

[20]見Hubatsch, Walther, "Die Stein-Hardenbergschen Reform", Darmstadt, 1977, VII-VIII。

[21]請參閱李永熾譯（1986），金子榮一著，《韋伯的比較社會學》頁24，100-101。臺

北：水牛。

[22]《周禮·鄭注，四部備要，經部》，中華書局據永懷堂本校刊，見《周禮·序》，唐朝散大夫行太學博士弘文館學士賈公彥撰。中華書局，民55。

[23]以上虞舜、夏后、商、周知官場典，所記事，見《古今圖書集成》，〈明倫彙編官常典〉，第一卷，官場總部彙考一，鼎文書局，第257冊，頁1-3。

[24]語見《大明會典》，第一冊，明·萬曆十五年司禮監刊本，國風出版社，頁4。

[25]詳細內容與資料，請參閱朱愛群（2012），《公共行政的歷史與本質》。臺北：五南。

[26]見王雲五（1967），《岫廬八十自述》，頁708。臺北：商務。

[27]「治理」一詞現在是非常熱門的一個概念，從全球化危機叢生、聯合國發展援助的推展，到全球治理的推行，「治理」的意思正是用於廣義公部門、市場、社群部門的「管理、辦理、研究」。所以「治理」概念用來解釋公共行政的意義，不僅符合我國的國情，也與最新的「治理」應用相符合。詳細之說明，請見第十一章〈全球治理—論善治〉。

[28]見吳定等（2006），《行政學》，頁5。臺北：空大。

[29]原文為「bringt jede Epoche der Staatsgeschichte...einen eigenen Typus der Verwaltung hervor, der durch die ihm eigentümlichen Zielsetzungen und die spezifuschen Mittel, deren er sich bedient, gekennzeichnet ist」。請參閱Thomas Ellwein, Konstanz, "Geschichte der öffentlichen Verwaltung", S.41, in: König u.a., "Öffentliche Verwaltung in der Bundesrepublick Deutschland", Nomos Verlagegesellschaft, Baden-Baden 1981.

[30]見李軍鵬（2003），《公共行政學》，頁1。北京：首都經濟貿易大學。氏之定義，顯見係以今人觀點就現今潮流、學說所作之歸納，反應當代行政思想。然，無思想依憑。

[31]見吳定等（2006），《行政學》，頁5。臺北：空大。

[32]法家之商鞅有言曰：「有道之國，治不聽君，民不從官，蓋其立法之旨，實君民同納於軌物，上下胥以法律為衡，非獨官吏弗能行其私，人主亦弗得肆其志」。商君崇尚法治於二千年前，與今德國所稱之「法治國家主義」（echtsstaatlichkeit）者意同。見秦商鞅，《商子輯要》，中國子學名著集成編印基金會印行，頁338。

[33]請參閱Klaus König, "Verwaltungskulturen und Verwaltungswissenschaften"、Christoph Reichard, "Verwaltung aus der Sicht der Managementlehre"、Thomas Edling, "Management und Managerialismus im öffentlichen Unternehmen"、Klaus Lüder / Lothar Streitferdt, "Modelldenken im ffentlichen Management"、Hermann Hill, "Managerialistische Verwaltung aus Sicht der Rechtswissenschaftein Kommentar"。見"Theoretische Aspekte einer managerialistischen Verwaltungskultur", Speyerer Forschungs-berichte 254, 2007.

[34]關於「管理型的行政」一辭，一般學者均用managerialistische Verwaltung, K. König則用manageriale Verwaltung，見"Modernisierung von Staat und Verwaltung", Nomos

Verlagsgesellschaft, Baden-Baden, 1997.

[35]請參閱夏鎮平譯（2003），Christopher Politt & Geert Bouckaert著，《公共管理改革》，（*Public Management Reform*），頁35。上海：上海藝文。

[36]請參閱Thieme, Werner, "Wiederaufbau oder Modernisierung der deutschen Verwaltung", in: Die Verwaltung, 1993, S. 353ff.; Thomas Ellwein, "Geschichte der öffentlichen Verwaltung", in: Klaus König / Hans Joachim von Oertzen / Frido Wagner(Hrsg.), "Öffentliche Verwaltung in der Bundesrepublik Deutschland", Baden-Baden 1981, S37ff.

[37]請參閱Richard J. Stillmann, "Preface to Public Administration: A Search for Themes and Direction", New York 1991, S. 19ff.

[38]請參閱Sommermann, Karl-Peter, "Die deutsche Verwaltungsgerichtsbarkeit", Speyerer For-schungs-berichte 106, Speyer 1991.

[39]請參閱König, Klaus, "Unternehmerisches oder executives Management-die Perspektive der klassischen öffentlichen Verwaltung", in: Verwaltungsarchiv Heft 1/1996, S. 19ff.

[40]請參閱林鍾沂（2003），《行政學》，頁449。臺北：三民。

[41]各國政府也都有再造措施，如德國的「新操控模式」、「行政彈性工時」，法國的「行政現代化政策」等。見江岷欽、劉坤億（1998），《紐西蘭政府再造之經驗分析：從人力資源觀點論人事制度改革》，「跨世紀政府再造」研討會，頁2。

[42]請參閱吳定（1992），《公共行政論叢》，頁8-19。臺北：天一。

[43]請參閱Richard J. Stillman II, "The American Bureaucracy", 1987, S276ff.

[44]請參閱B. Becker, "Verwaltungslehre", Percha, 1989, S.138.

[45]請參閱W. Thieme, "Verwaltungslehre", 4. Auflage., Kln, 1984.

[46]請參閱R. Mayntz / F. Scharpf, "Planungsorganisation: Die Diskussion um die Reform von Regierung und Verwaltung des Bundes", Mnchen, 1973.

[47]請參閱Chmielewicz, K. "Überlegungen zu einer Betriebswirtschaftslehre der öffentlichen Verwaltung, in: Zeitschrift fr Betriebswirtschaft", 1971, 583-610. Eichhorn, P. / Friedrich, P., "Verwaltungskonomie I", Baden-Baden, 1976. Rainermann, H., "Programmbudgets in Regierung und Verwaltung-Möglichkeiten und Grenzen von Planungs-und Entscheidungssystemen", Baden-Baden, 1975. Reichard, C., "Betriebswirtschaftslehre der öffentlichen Verwaltung ", Berlin, 1977.

[48]請參閱Budäus, 1994, Reichard 1994, Naschold 1995, Wollmann 1996, König / Beck 1997, Bogumil 2001.

[49]請參見Christoph Reichard, "Verwaltung aus der Sicht der Managementlehre", Speyerer Forschungsberichte 254, Speyer, 2007, S.33.

[50]請參閱Eckard SchrÖter, "Demokratietheoretische Kritik des öffentlichen Managerialismus", Speyerer Forschungsberichte 254, Speyer, 2007, S.151-187.

[51]請參閱Allison, Graham T., "Public and Private Management: Are they fundamentally alike in all unimportant respects", in: Jay M. Shafritz / Albert C. Hyde (Hreg.), Classics of

Public Administration, Second Edition, Chicago, 1987, S.510ff.

[52]請參閱Gary L. Warmsley / James F.Wolf(Hrsg.), “Refounding Democratic Public Administration. Modern Paradoxes, Post-modern Challenges”, Thousand Oaks u.a., 1996.

[53]請參閱Christ Reichard, “Betriebswirtschaftslehre der öffentlichen Verwaltung”, 2. Aufl., Berlin / New York,1987, S.148ff.

[54]請參閱Dietrich Budus, “Public Management”, in: Gabkers Wirtschaftslexikon. 14., vollstndig berarbeitete und erweiterte Aufl.(L-SO), Wiesbaden, 1997, S.3146ff.

[55]請參閱Manfred Rber, “Über einige Missverständnisse in der verwaltungswissenschaftlichen Modernisierungsdebatte: Ein Zwischenruf”, in: Christoph Reichard / Helmut Wollmann(Hrsg.), Kommunalverwaltung im Modernisierungsschub? Basel u.a. 1996, S.103ff.

[56]請參閱Weltbank, Sub-Saharan Africa. “From crisis to sustainable grows”. A long-termed perspection study, Washington, D. C. 1989, S.60.

[57]請參閱David McKevitt / Allan Lawton(Hrsg.), “Public Sector Management-Theory, Critique and Pratice”, London u.a. 1994; Norman Flynn, “Public Sector Management”, Second Edition, New York, u.a., 1993.

[58]請參閱Weltbank, “Governance an Development”, Washington, D. C., 1992.

[59]請參閱Klaus König, “Räumliche Plaunungen in der Ökonomisierung und Managerialisierung der öffentlichen Verwaltung”, unveröffentlichtew Manuskript.

第4章 公共行政的功能與任務

第一節　公共與非公共任務
第二節　任務的發展與變遷
第三節　當前公共任務的發展趨勢

第一節　公共與非公共任務

壹、概念界定

「國家的任務」、「公共任務」和「公共行政的任務」這三個名詞非常的相近，但不是同義辭。所謂「國家的任務」，係由國家或其機關所完成的任務，而且不是由私人或私部門所執行者稱之。但是也有很多人將「國家的任務」用「公共任務」來代替之，關於這一點學者的見解各有不同。對於大陸法系的德國與法國而言，狹義的「國家任務」（Staatsaufgabe）定義不包含地方自治行政的部分，如果將地方自治包括進來就稱為「公共任務」（öffentlichen Aufgabe），[1] 這是法學者的見解。另外，自由主義者——多元主義的觀點則認為，國家不是唯一的主管當局，凡涉及公共利益的任務是由國家立法機關制定法律或立法監督，而由大的組織或機構來執行者，都屬於公共任務，因此協會、教會、媒體等都有可能執行公共任務。這一種見解大陸法系的法學者認為很容易造成誤導，使得國家任務和公共任務兩個概念的區隔不清楚。就在眾說紛云的情況下，公共行政學卻又強力的、大量的使用「公共利益」這一個名詞，將「公共利益」理解為廣義的「國家任務」。[2]

英美海洋法系國家對「國家任務」的界定約為：「保衛國家政治體系，以維繫法律秩序和一般福祉」[3]。這一個界定的內容是模糊不清的，但是仍然可以知道國家機關存在並提供特定的服務，以增進國家的福祉。基於這個定義，政府才有義務對國家、社會提供許多的服務，而服務的提供則出自於政治的決定。大陸法系國家的政治決定基本上仍是由法治主義所主宰，海洋法系國家的政治決定就不是受法治主義的單一宰制，他們問問題的方式比較多元而且實際，例如我們應該透過怎樣的管道來獲得這些服務？服務管道可以有哪些型態？答案非常靈活，在許多的情形下，國家／政府可能經由動員民間參與或直接委託民間的方式來達成任務，如徵召民兵、私人興學等，政府不一定是直接的生產者或服務者，而是扮演激勵、引導、協助的角色，政府誘導民間提供社會服務的作法非常多元，政府的各項行動也常常是間接的，透過其它部門如「第二部門」、「第三部門」、「政府的第三部門」等的努力與合作來達成預定目標，所以包括在「國家任務」內的組織就很多元，例如地方自治的地方政府、企業、非營利組織等，民眾可以彈性選擇直接或間接的方式來接受國家提供的服務。依照英美海洋法系國家的觀念，「國家任務」和「公共任務」可謂為同義辭。但是「公共任務」和

「非公共任務」仍然不同，「公共性」是國家、公部門、政府、公共行政所堅守的最後底線，英、美與德、法皆然。

「公共行政的任務」（可簡稱為行政任務）並不涉入上述的名詞爭論，因為公共行政是國家執行任務的機器／工具，所以「國家任務」（就廣義而言）和「行政任務」基本上是一致的。

在以上的分析基礎上可以認識幾點：

1.「公共任務」是行政學界普遍使用的一個名詞。
2.公共任務的概念係指一種特定內容的任務，藉以實現公共利（社會利益）者之謂。[4]
3.「公共任務」基本上是執行部分的「國家任務」。
4.所謂「國家任務」，就是公共任務的承擔者為國家；或者說，這一種任務是由國家來執行。
5.公共行政是國家機構的一部分，所以「行政任務」也是「國家任務」，兩者基本上是一致的。
6.「公共任務」執行的工作也是「行政任務」的一部分。「公共任務」所描述的內容就是行政作用的目的。

以上幾點還可以得到一些共識，但是，如何決定「公共任務的對象與範圍」，方法論上的探討途徑多元，分析的、規範的、歷史的……等等觀點，需要進一步的解釋。

貳、決定「公共任務」的方法

「公共任務」是從何而來？是先天與俱者？或經由政治決定來加以訂定？這一個問題是國家學和其它科學所長期努力研究的課題，在西方特別是十八世紀中葉以後，相關討論甚多，但是很不容易處理，因為這一個名詞的內容和許多其他的概念有競合的關係，例如「國家預算功能的規劃」、「公共的功能」、「公共資產」、「公共優先性」、「國家目標」等，都有交互重疊的部分，所以需要做進一步的解釋。

一、自然法的觀點

在**自然法的觀點中，國家任務被描述為「先天與之俱來」的事務。而自由主義者的觀點則認為，國家的作用必須事先訂定其界限，並且將國家任務中「與**

生俱來」的核心部分加以確定。但是關於「公共」或「非公共」的部分就需要針對個別案例作政治的決定，這不能透過憲法來加以定義，或是用社會學的調查方法來解決。[5]另外，還有**「輔助原則」的觀點，認為國家應蓋讓社會的力量或私人的力量優先發揮，國家可以從旁扮演輔助的角色**。這一種觀點要看每一個國家個別的決定。

二、管理化與經濟化觀點

在新公共管理主張的**管理化與經濟化觀點，用「生產計畫」取代了「公共任務的計畫」**。例如生產範圍是針對兒童的照顧和青少年的協助，這時候就會有生產的團體，針對兒童和青少年的工作、家庭協助等展開工作，產品包括遊樂場、幼稚園、青少年活動的設施，或是對兒童或青少年的保護措施等均屬之。這一個觀點必須處理經濟性的問題，但是也要面對法律面的問題和政治面的議題。法律面的問題上，企業管理的私法、市場經濟的經濟法、社會法和公共行政的公法有本質上的不同。至於政治層面的問題，經濟、管理的理性和政治理性本質也不一樣。所以，管理化與經濟化的觀點來理解公共任務，還是有必須保留的地方。

從這一個觀點的討論後，使得「行政作用」、「公共作為」特有的本質更為人所注意，於是興起了一個相對的觀點——政治秩序的觀點。

三、政治、秩序的觀點

從狹義的觀點來看行政任務，可以從現代國家權力分立的理論來立說。行政、立法、司法三權分立是權力的分配，也是國家任務的分工，現代國家會逐層建立行政的各級執行機關，依照中央、省縣、鄉鎮，或聯邦、州／各邦、郡／縣，以及地方自治機關來設計。在機關組織之外，傳統上公共任務的執行也會運用企業、市場及社會的力量，所以公共任務分配的種類、方式與執行的問題，就是現代國家必須處理的問題。而公共行政是現代國家行政任務的執行機器／與工具，所以執行公共任務是責無旁貸之事。

四、經驗——描述法

透過經驗——描述法來分析公共任務，就是借重歷史的、量化的調查方法來研究此一課題。西方國家從十九世紀中葉起，就用這一種方法來分析國家的任務。現代國家如果不能執行這些公共任務的話，國家就不能順利的運作，這一些任務包括了對外要保衛國家、對內要保障社會安全、鞏固財政的稅收等等，甚至於擴及到福利國家的任務。[6]這一種研究的方法和上一種「規範—理性研究法」不同之處在於，這一種方法是透過實際上傳統的經驗，歸納分析出國家目的學（Staatszweckslehre）中的公共任務項目，得出國家任務的內容，這一種研究法一直沿用到二十世紀。用這一種分析法可以得到許多不同的答案，[7]並且區別其間的不同，例如專制國家的國家目的、福利國家的國家目的、安全國家的國家目的、法治國家的國家目的或中立國家的國家目的等等，這一些國家目的都不會缺少「對外要保衛國家」、「對內要保護社會安全」這兩項，但是不一定會包含的項目如健康、醫療、文化等。

在這一種研究法中可以看到，國家行政實際執行的任務與被認為「應該執行的任務」之間，存有緊張的關係，這一種「**應該**」**被執行的國家任務會受到相當的重視，而且被辯證的加以討論，最後可能實現成為正式的國家任務**，這一個過程可以從立法的歷史中考察其詳細的脈絡。此一過程一定是國家在某一種歷史的情境下，或某一個時代氛圍中，要達成某種功能，就會有這個情形。所以這種「迫切被需要的功能」，常常也是「歷史使命」的同義詞。例如在馬列主義教條下的社會主義國家，國家行政是實現馬列主義的主要工具，所以國家的主要任務就是實現幾個大項：經濟面、組織面、文化教育面、工作規範面、消費面、社會財產的保障、法律秩序對社會的保障、公民的社會權利等等。只有統治階級的國家意志與權利，但是沒有反對社會主義國家的權利。這樣的一種國家任務的訂定就是當年馬列主義努力的「歷史使命」。馬列主義共產國家的失敗，就是因為面對了國家行政的嚴峻挑戰，而且無法有效且成功的回應其挑戰，所以「歷史使命」中就必須面對國家行政其任務之挑戰。這也是國家任務之所以會隨著歷史遞嬗更易的原因。

五、經濟理論的研究法

從經濟理論的立場出發，當國家被視為一個企業時，公共任務將如何決定呢？這一個問題必須從系統理性和行動理性兩個方面來觀察。關於市場失靈的理論，基本上是奠基於系統理論，因為有社會分化現象，就有各種社會的子系統。每一個子系統依照個別的系統理性，在各自的領域中產生作用。所以就有經濟的系統產生市場經濟的行為，政治——行政體系就針對其特有的資財進行分配的工作，市場分配的是私有財，政治——行政體系分配的是公共財。社會任務分配的前提是：當市場對於不足的資源可以作更佳的分配工作，亦即市場是一個更好的操控機器，這時，國家的作為可以僅僅扮演維持秩序的角色；但是當市場無法適當的扮演這個角色，不能有效的解決市場的問題時，公共任務的就要思考一些原則，例如不適用者的排除原則、消費的非競爭性、不可分割性、私人製造成本偏離社會成本的問題、資訊匱乏、不確定性、不安定性等等。這時候公共任務就會出現一些項目，提供公共利益，如排水、空氣污染、自來水管的鋪設、國防、基礎科學的研究等等，就是公共任務的內容。

六、政治——經濟研究法

從政治——經濟研究法的角度來探討公共任務，就會回到重商主義經濟學的途徑上，公共任務包括道路建設、運河開鑿、設立工廠、設立學校等等國內的建設，並且包括一些傳統的任務如國防、司法上的法律保護等。當福利經濟學遇到市場失靈的時候，公共選擇的理論取而代之，將國家行政的作用和私人經濟行為等同視之，都是追求個人的理性利益，行政官僚視為個人，公共行政和企業一樣追求個體的利益。這時候公共行政會將其預算極大化，行政職位也予以極大化，公務員的聲望、權利的行使及其收入也要追求極大化，行政機關也將充分利用其資訊的優勢來制定公共政策，使政治——行政體系生產的財貨可以比私人企業提供的財貨更有競爭力，這樣就可以在社會總生產中讓國家占有較大的比例。

七、條件說

國家目標的決定方式中最終極的一種說法，就是要能夠符合「框定的條件」，更清楚的說，就是在不充分的資源條件下，仍然可以實現的項目，國家目標必須是在「可能性」與「可行性」的範圍之內，是任務決定的前提要件。

以「可行性」和「不可行性」作為決定的標準，也會造成一些問題。因為依照「可行性保留原則」作決定者，必須先告訴立法者為什麼「可行」，或為什麼「不可行」，立法者是憲法上規定的最終法律的決定者，法律決定將來會有適用性的問題。其次，「可行性保留原則」的決定者也必須告知司法裁判者，尊重他們在最終憲法法院的審判權。「可行性」的是否具備，在面對立法者與司法裁判者的認知、決定的門檻，將提高「可行性」可否成立的不確定性。

雖然有不確定性的可能，但是公共行政仍然會積極介入「可行性」的決定，然後評估預算如何提出、法律案的執行與裁量等。公共行政基本上在考量其任務時，主要是在提供人民能享有其基本權利、維持社會價值與社會秩序、提供國家保障的義務、完成法律與立法者所交托的任務，這一些目的都將包括於國家行政的任務項目中，並且合乎憲法對於國家任務之定義。因此，國家任務之決定

基本上必須符合「指導性原則」，作為任務決定前的「前題決定」，可以在「公共價值」多元而複雜的選擇前，使「可行性」這一個課題簡單化，也可以作為行政規劃及公共政策制定的指引南針，使公共任務更具備實現的可能性，並且使行政作用的裁量具備更高的適當性。

參、歸納與定義

什麼是公共任務？這一個問題不容易回答，所以也不容易下一個清晰的定義。在上述的方法探討後可以知道，**公共任務可以透過經驗的分析與觀察、規範條件的描述或針對現存的系統進行分析，這一些都是研究方法。但是對於「公共任務」或「非公共任務」的區別，就一定須要「政治決定」，既非憲法解釋，也不是社會事實調查可以作最後的決斷**。

要系統化的掌握「所有公共任務的內容」，或者提出一份公共任務的目錄清單，這是一件截至目前為止無法達成的工作，在未來可能也不容易，其原因有數端，其中最主要者為「任務的定義」不明確。任務可以分成小項目的任務如保育類動植物的保護，或大項目的任務如自然保育、國土保育，或任務群組如環境保護等等，任務區分可以從小到大，沒有截然的標準。又如環境保護的任務項目下，可以包括城市規劃、風景區的保護、國土保護、企業生產的污染監督、空氣污染、水污染、交通排放廢氣的政策等等，均可劃歸其中。其中的子項目可能也同時屬於其他的任務範疇，任務內容的界定、任務的重疊、交叉等等問題，可以非常的錯綜複雜。以致於「公共任務」的系統化或歸納整理就非常棘手。

有鑒於界定的困難，就有論者提出另一種實際又有效的見解，認為中央政府主宰的公共任務均屬傳統的任務，諸如內政、國防、財政、經濟、法務等項目。新進的、現代所發展出來的任務則歸屬於地方政府，如交通、道路、營建、文化等，屬於各州／各邦／各省政府的公共任務。這一種見解可以說明某些國家公共任務的狀況。此外，還有法學者也提出一種系統分類的說法，將公共任務分為管制行政（亦稱干預行政）和服務行政兩種，用以說明公共任務的項目。這一種說法事實上還是有許多灰色地帶無法釐清。

總的來說，為什麼要**探討「公共任務如何決定？」的問題，實際上就是在討論背後更重要的議題——國家與社會的任務分工**。任務分工的決定，不僅決之於歷史發展的脈絡，比較每一個國家都不會相同，當然，還決之於社會發展和社會對國家作用的看法，最後決定公共任務的項目及其內容者，一定是和社會的主流觀點密切相關，國家作為的前提一定是建立在社會主流價值觀基礎上。[8]

基於上述各種面向的討論，以及便於後續章節的申論，歸納各家見解後可以對公共任務作一個比較簡約的定義，約如公共任務是一種規範性的（透過法律、行政命令的規定）、透過政治意志表達的（經過國會、議會、立法機關的通過），而且確定的行政標的。[9]

公共任務的產生必須經過一個流程，並且經過下列幾個典型的過程：

1.有公共需求的產生，這些需求的滿足有待於公共行政的作用來達成；

2.這些需求成為公共任務前，必須透過法律、行政命令、行政規程的規定，或其他相關政治權利機構所做的政治意志表示。

3.必須提供必須的財政預算。

第二節　任務的發展與變遷

壹、穩定的和變遷的國家任務

在上一節的分析中得知，公共任務的核心構成要件不容易清楚界定，但是經過解釋分析後得到許多的認識，知道國家的存立與運作一定有最低的標準，如果這些標準不能達到時，國家的功能就不能良好的發揮，或者更嚴格的說，國家的存續就有可能中斷。這一個最低標準包括幾個公共任務的項目，如對外的國防、對內的社會秩序與安全、法律秩序的保障、國家稅收的財政等均屬之。這一些項目在眾多的公共任務項目中屬於穩定不會改變的部分，和前面所提到的傳統國家的任務是吻合的，也是國家任務最早發生的項目。所以這一些**合乎「傳統性」的公共任務，可以歸類稱之為「穩定的」國家任務**（konstante Aufgaben），**也是必要、以及不可或缺的公共任務。**

相對於「穩定的」公共任務就是「變遷的」公共任務（variable Aufgaben），前者的項目比較少，後者「變遷的」公共任務項目數多的多，多的原因不一而足，從國家的發展、社會的多元與分殊化、政治、經濟、社會、文化等環境因素的影響、社會變遷、社會價值觀的演變、區域化，到全球化的趨勢等等，公共任務的項目不斷出現、突顯、擴充，最後到立法、制度化，成為正式的公共任務，這一些「新增的」、「地方分權的」、「民眾需求導向的」項目，可以歸納稱之為「變遷的」公共任務。

「穩定的」公共任務項目的界定與描述，基本上必須保持一定的抽象程度，不能夠太具體或太詳細，否則就會落入前述公共任務定義的困境中，愈想要

界定清楚就愈無法界定。例如國內社會安全與秩序的內政，它的項目從戶政、民政、治安、消防、社會福利、交通秩序等等，從大項目一直分到非常細小的項目，可以不斷的擴充下去，這就是公共任務從古到今的一個發展過程。所以在認識公共任務的項目之外，還必須瞭解公共任務發展的途徑。

貳、公共任務的發展

一、現代國家的興起

公共任務的發展與現代國家的產生有密切關係。西方現代化國家的產生約在中世紀到現代之間。**現代化國家產生的腳步，基本上是配合私有任務「國家化」（Verstaatlichung）的速度**。在十七世紀的時候，歐洲各國與各地區的戰爭，必須藉助於私人的軍事工業與士兵，軍隊的產生還是後來一步一步建立起來的。學術與學校教育長期以來都是掌握在教會與學者的手中，一直要到十八世紀專制主義國家出現之後，才開始建立大學。郵政事業原本也是由私人的驛馬車來遞送，等到這一項私人業務轉為國家化之後才有國家的郵政任務。同樣的過程也發生在鐵路事業項目，原本都是由私人經營的事業。至於國家收稅的制度本來也是委託私人或委外辦理（Privatisiert Outsourced），由國家委託私人收稅，訂定一個應徵收的數額後，交由私人進行催收，超過訂定數額的部分歸私人所有，所以代收的私人團體會將稅收額度極大化。

總的來說，公共任務的發展和現代國家的興起是同步的。特別是在專制主義時期的現代國家，國家任務的發展最是快速。國家不僅接掌了軍隊，也承擔起生產與照顧民眾的任務，如農、林、漁、牧等各項事務，而且必須規範社會政策的相關業務，如老人安養、健康保險等。

私有事務與民間機構的作用在現代化國家興起之後，大量的國家化。**到了十九世紀自由主義學說暢行之後，又有若干的事務回歸到民間私營的手中**，如廢棄物處理、污水處理、自來水事業、天然氣、屠宰業、菸酒販售等，許多都回歸到民間。有一些界定不清楚的事務，也會制定較詳盡的法規，將不清楚的任務分別歸納到商業、經濟、勞工、健保等範疇下。

二、公共任務的發展是經濟與社會史的一部分

國家的公共任務及其發展不是一個獨立的面向，而是在經濟發展與社會政策的溫床上得到滋養，在經濟與社會的大環境下同步成長，所以公共任務的發展

史也是經濟使與社會發展史的一部分，在經濟與社會的背景下，公共行政的作為有伴隨、有協助、有阻撓、有控制等等，和社會一般的發展是相伴相應的，公共任務發展的進程在不同的經濟與社會背景下，一則以對應，一則又受到操控。

當國家推展其既定的社會政策任務時，就會和經濟產生關係。國家公共任務與公共政策付諸實施的時候，或是履行個別的行政任務時，就一定需要錢，所以不論是直接的或間接的，國家履行／或滿足社會大眾的需求，照顧公共利益時，就一定和經濟扯上關係，所以社會與經濟關係的指標就是貨幣。所以有論者指出現代國家也是「再分配的國家或干預國家」（Umverteilungs-oder Interventionsstaat），所以國家必須取得某些工具去進行「干預」，因而就會建立功能高度分化的與特殊化的系統，來完成再分配與干預的工作。所以，每一個國民都是在高度分殊化的行政作為與情境下，一則是國家干預的犧牲者，另一則也是國家作用的利益享受者。[10]

公共行政不只需要花錢，公共行政的建構也需要錢。不過公共行政完成它的工作卻不一定要用到自己的資源，也可以透過「第三者」來達成行政的目的，因此就有了「國家補助」的作法，補助「第三者」來執行。這一方面的任務與項目不僅繁多且龐雜，所以「國家補助」的系統也相對的龐大，涵蓋範圍廣泛。國家補助的目標如果是當時重要的議題或問題，就可能直接挹注較多的金額。例如對於所謂的「十大建設」或「五年經濟建設」等等重大基礎建設等，就可能得到龐大金額的補助。在不同的時代，社會關注的重大議題會有不同，如60年代呼應市場合理化潮流，重視企業的建構、勞力市場、能源的供應、科技的研發、學術的研究等議題。而始終被關注而且愈來愈重要的課題，就是環境保護。從這一些國家公共任務的議題與推動來看，**行政任務和國家經濟是互為條件的**，每一個經濟發展的階段同時也會形塑公共行政的任務，經濟發展需要公共行政的配合與支持，經濟的發達或經濟的奇蹟才有可能達成。所以社會發展史與經濟發展史的每一個階段，基本上都是搭配著公共任務發展的一個階段，三者的關係緊密的結合。

三、現代國家公共任務的階段發展

西方國家公共任務快速發展的時期，約在十八世紀到二十世紀兩百年間，從「守夜人國家」、管制國家或專制主義的國家，演進到十九世紀自由主義的制憲國家，然後進入二十世紀民主的、福利國家，國家的任務從單純的保衛、安全，轉變到種類龐雜的社會福利以及人民的各種需求滿足。[11]所以公共任務快速的擴充，而且高度的分殊化，國家達成任務的總成本也大幅提高了。如果比較

表4-1　現代國家任務的發展階段

管轄種類／發展階段	管制	協助、獎勵	服務、生產
專制主義時期的國家	透過政策的規定，對公共以及私人的生活加以廣泛的管制。	重商主義的經濟政策。	保衛國家、保障社會安全、設立工廠、企業、林業、運輸等。
自由主義時期的立憲國家	對私領域解除管制、商業自由。 對私有的生產加以管制，工作保障、健康保障。	獎勵商業、工業、關稅政策。	承擔、接收重大科技的基礎建設任務。
民主時期的福利國家	市場管制、區域規劃、城鄉建設、環境保護、消費者保護、科技管制。	獎勵生產、獎勵地區、地方、經濟、科技與研究。	公共民生經濟、社會安全保障、社會服務、教育政策、文化政策。

二百年前的中央與地方的任務，就會發現那時候的公共任務是多麼的儉約。在上述不斷發展的過程中，可以清楚的確認這一隻「公共之手」在數量上的強力成長。如果用一個比較表將此一演進歸納之，就可以看到國家任務的發展是在建立在社會發展的背景上（如**表**4-1）。

以德國公共行政為例，在帝國時期國家行政才開始大幅建設，特別是在1913年到1960年間特別密集的發展，在此同時公務員與約聘雇人員的數目從千分之10.6成長到21.6（每一千個國民中公務員的人數），如果計算廣義的公務人員比例，則是從千分之13.8成長到28.2，到了1969年更成長到了千分之33.3的高點。一直到了晚近的幾十年行政改革風潮興起，精簡、瘦身的措施才讓公務員數量的成長降低。

參、現代國家的公共任務

進入二十世紀的現代國家，每一個國家的功能與制度均各個不同，不同的結果是因為政治決策與流程各有不同，所以每一個國家作為也不一樣。在不同中有論者以歸類的方式來說明，丹麥社會學者Gøsta Esping-Andersen將現代福利國家分為三類：自由主義的福利國家（如：美國）、保守主義的福利國家（如：德國）、和社會主義民主的國家（如：瑞典）。它區別的標準是依照國家對勞動市場的管制和公、私領域互動的保障形式的作為程度來衡量，裡面的指標包括保險、稅收的財政措施，或政府的服務對象、政府服務的標準等（如**表**4-2）。

這一個依照國家作為當分類指標的見解，可以區分不同類型的國家對其公

表4-2　Espin-Andersen對福利國家的三個分類

項目＼類型	自由主義的福利國家	保守主義的福利國家	社會主義民主的國家
財政補助	自由保險	義務保險	操控
有資格接受政府服務的人	有需要者	被保險者	全部
服務標準	最小化	依代價支出	高
再分配	少	中等	高
特色	市場形式 可以選擇的	差異化的	普遍的
國家	美國	德國	瑞典

共任務所採取的作法不一樣，在不同程度的國家作為下，國家支出占社會總生產毛額的比例也不一樣（如**表**4-3）。

上述資料顯示，國家支出占社會生產毛額的百分比，到1985年的總體趨勢是上升的，之後就逐漸下降。1995又略有上升。國家支出比例的線條有升有降，每一個國家並不一致。以上表格是歐洲國家的比例，如果再加上自由主義的福利國家如美國或日本，這二個國家在1995到2007年間的支出水平，持續的都維持在35%到39%之間，對照出歐、美之間的明顯差距。

國家作為與公共任務存在著國家間的差異性，所以有許多理論的研究針對何者應為國家任務與公共任務、何者為非的議題提出看法，如前節之所述，其中要者如**經濟理論的研究法，針對國家任務的要件加以描述，認為國家作用的介入時機，只有在市場失靈的時候才可以啓動。**[12] 這一個理論證實了國家作用的重要性，可以救濟市場力有未逮之處，但是仍然沒有證明哪些任務是國家的以及公共的任務，也沒有回答國家應該承擔哪些公共任務的問題。**政治學的研究角度就比較務實，認為實際上沒有明確的國家任務／公共任務清單或目錄，是國家一定非履行不可的，只提到一個觀點——國家的公共任務的範圍與界限在政治上都是可能改變的，換言之，公共任務的定義、範圍與界限是難以確定的，可以確定的是「必須經過政治決定」，或者反過來說，可以確定的是「政治上的可變性」**。

界定既然不易，換一個角度討論任務的類型，透過概念的分析可以較抽象的、含括式的來系統化國家的公共任務（如**圖**4-1）。

表4-3　國家之初占社會總生產毛額的比例（%）

年份＼國家	德國	法國	瑞典	英國	歐盟
1970	38.3	-	44.2	38.3	-
1985	47.0	-	63.3	46.1	-
1990	43.6	49.4	61.3	41.9	50.4
1991	46.1	50.6	62.7	43.6	49.3
1992	47.3	52.0	71.1	45.6	50.5
1993	48.3	54.9	72.4	45.7	52.2
1994	47.9	54.2	70.3	45.0	51.0
1995	48.3	54.4	67.1	44.5	50.6
1996	49.3	54.5	64.9	42.7	50.7
1997	48.3	54.1	62.6	41.2	49.4
1998	48.1	52.7	60.4	4.0	48.5
1999	48.2	52.6	60.0	39.4	48.1
2000	45.1	51.6	57.1	37.1	46.2
2001	47.5	51.6	56.7	40.4	47.3
2002	48.0	52.6	58.1	41.4	47.6
2003	48.4	53.3	58.3	42.8	48.1
2004	47.3	53.3	56.9	43.2	47.6
2005	47.0	53.7	56.6	44.6	47.5
2006	45.4	53.3	55.6	44.7	47.1
2007	44.3	53.0	53.8	44.6	46.4

資料來源：OECD（2008）。

用比較寬廣的方式區分，國家的公共任務可以分成四種類型：

1.國家的核心任務：這一種任務是建立在清楚明確的社會認同基礎上，認為必須由國家保證、保證其履行，並且由國家來執行者稱之。

2.國家保證、擔保的任務：這一種任務由國家保證、擔保其持續不斷的提供，其執行面必須依照個案來分別審查，觀察其是否有成效、成本是否經濟、國家委託的數量、是否在民主原則的控制下等，來決定其是由國家機構、或民間、或委託第三部門的組織等，來執行其任務。如，汽車檢驗、幼兒園、學校、安養院或大學等。

3.國家的附屬任務、補充任務：這一種任務建立在清楚的社會共識基礎上，認為屬於非公共性之任務，如果國家承擔、處理可以比民間更有效率、更經濟的話，也可以由國家來實施，如街道清掃、環境整潔等。

4.私人、民間的核心任務：這一種任務是建立在社會認同的基礎上，認為應

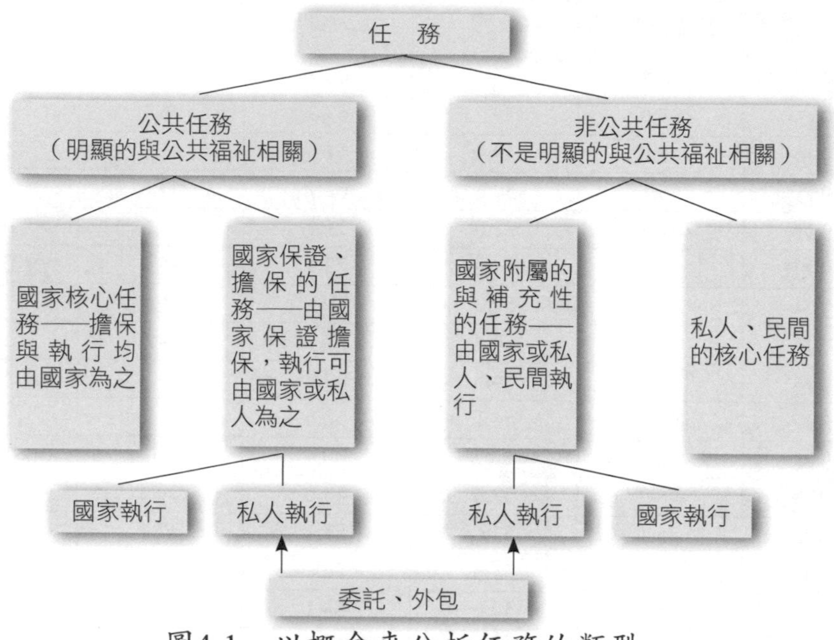

圖4-1　以概念來分析任務的類型

由民間私人的機構來執行者，例如私人企業、第三部門的組織等。

在前節中已經對所謂的「公共任務」和「非公共任務」的區別，有非常多的探討，知道要相當周延的區分與界定是很困難的一件事，但是為了說明與實務運作的便利，就不得不提出一個比較籠統的類型區別，這一個區別不能全面、系統的涵蓋所有的學說，也不能作為國家任務橫向分類與縱向分級的上位原則。反過來，學術研究可以對此一分類提供許多建議，提供評價指標，或經驗性的、實務面的資訊，來讓此一分類表可以參考，該如何做、是否可以做等等問題，使國家任務的是否應為，可以得到一個實際的答案。然則，最終決定者仍為民主原則下的政治決定。

第三節　當前公共任務的發展趨勢

壹、一般趨勢

二十世紀最後的二十五年間，各國普遍吹起一股社會潮流，就是人民要求更多的政治參與，較大的民眾自主空間，以及社會自主團體的成立，相對的就是

要求國家的精簡。其背景因素就是國家財庫的空虛，因此希望國家可以進行瘦身的運動，同時開始討論公共的核心任務之所在，仔細的檢視公共任務的必要性。

在這樣的潮流下，做的較少、管的較少的國家，就是較好的國家，「小而美」的國家概念乃成為時髦之顯學。國家的公共作為在不增加預算的前提下，應該更加擴充與多元，而且經費愈精省愈好。在國家任務減少的呼聲下有「再造運動」、「行政現代化運動」的出現，各種措施如「良好的治理」、「新公共管理」、「精簡政府」陸續的推出。

在「政府再造」或「公共任務現代化」的運動中，對公共任務而言，最重要的是「解除管制」與「行政最佳化」兩項，在「自由化」、「民營化」、「再造」的浪潮中，就有一股力量出現，要求國家任務讓渡給市場。

貳、解除管制與最佳化

「解除管制」（Deregulierung）**這一個專有名詞的背後有兩個促發的背景，一個是「市場機制／及其功能」的再發現，另一個則是對國家影響力不斷擴充的厭惡**。從政治——行政的研究法來看，這一個專有名詞背後有兩種研究方法。

一、量化的解除管制

對解除管制的量化研究法，一方面注重自由主義的背景，另一方面其目標在於減少規範的數量與密度，整體的說，就是國家的精簡。這一派的觀點認為，個人的自由不只可以透過國家，也可以由社會組織、社會團體來加以限制。國家具備的總體力量擁有非常重要的角色與地位，特別是針對市場經濟的運作，可以發展出一套競爭的法規，或是有效防止市場壟斷的「卡特爾法規」等等，這一些法規在面對市場宰制力量的濫用時，可以發揮調整、控制的功能，這是國家不可以放棄的公共任務。因為市場與個人自由不加以限制的話，就有可能產生自我摧毀的現象。

在強調個人自由的背後有另一層意義，就是人類社會的文化資產必須得到有效的確保，不受國家力量或國家干預的破壞，這是主張解除管制的另一理由。

二、質化的解除管制

與前者量化研究法相反的是質化研究法。解除管制的質化研究法其目標在於，改善國家體系與法律體系內，從規劃到正確執行的每一個面向，使其獲得質化的改善。

如果理性的分析質化解除管制的方法及其措施，將可以發現要達到所謂的系統最佳化（Optimierung），最後的結果卻是增加了更多的管制規範，或者是增加更多的公共行政的任務，變成了和量化研究法相牴觸的結果。在一些行政改革的建議中，就可以見到這樣的句子——「舉凡不再需要、不合時宜、雙軌並行者皆應廢除」，[13]這一個建議清楚的排除了「系統最佳化」的作法。

在兩種針鋒相對的解除管制研究法的討論後，還是產生了某種程度的貢獻，就是公共任務的結構在某些部分有若干的消退，但是也附帶著對個人保護作用的減少，在「解除管制的成本」這一個標題下，法律保護的流程將被精簡、個人保護的部分也會縮水。

參、再造與民營化

一、再造

在「公共任務精簡」的標題下，背後有兩個概念作為其支撐，一個是「再造」，另一個則是「民營化」。關於第一個「再造」的概念基本上並不是鼓吹公共任務的精簡，而是主張公共任務應該透過「合理化來加以採擇」。公共任務不再是由行政機關行政法人的行政機器來執行，而是創造出一個行政執行的單位，然後由行政機關來控制，並授予法律的權責。[14]再造的背後動機就是要塑造一個企業性精神，使決策流程彈性化、政治影響力壓縮、長期的規劃、企業導向的人事政策等等，來提高和企業合作的可能性，使外部的財源可以對國家行政產生助益。

二、民營化

在討論公共任務的範圍時，民營化是最核心的議題。從政治的責任、強化社會的自主性與自由的基本原則這三個要求來看，國家的影響力應該予以壓縮，並且將這些空間讓渡給市場經濟，讓共同經濟、競爭、市場成為主導的中心，最後並且將國家財政不良的問題予以克服、排除，在這樣的觀念與要求下，民營化的觀念乃應運而生。

80年代民營化的運動在英國、德國大量的推動，奧地利也在1987年採行了民營化措施，這一股風潮迅速擴散到全球的許多國家，並且成為各國經濟政策中的一個重要議題。

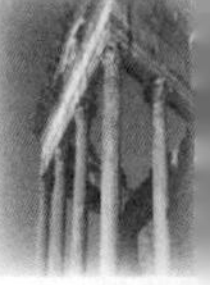

三、分配

民營化的措施會碰到二個不同的大問題，第一個大問題是關於公共行政與公營事業績效縮減的議題；第二個大問題是公共財轉移給私人個體或企業的議題，也就涉及到績效民營化和財產民營化的二個大問題。第一個大問題——「績效民營化」是一個上位的概念，涉及到「組織民營化」的問題，就是行政組織模仿企業組織，以及行政績效必須和民間企業看齊。這一種民營化是「形式的／表面的」和「假」的民營化；另外一種就是「任務民營化」的問題，將原來行政任務改為民間經營，它是實質的民營化和「真」的民營化。

第二個大問題——「財產民營化」是將公共財轉讓給私人的一種作法，包括全部或一部分之讓與。如果只是部分的民營化，就會產生一種公私混合型的企業模式，在商業行為的運作中當然會產生許多衝突的狀況，過去公共任務所設定的目標和任務執行的方式，和私營企業的作業有諸多不同，因此齟齬的產生勢必無法避免。衝突與齟齬的情形雖可以預見，但是**大多數的國家仍然傾向選擇「部分民營化」的方式**，作為財政經濟上解決預算赤字的方法。其方法如下：

1. 「**組織民營化**」的方法保留了行政機關對公共任務的責任，只是法律形式轉成了私法上的組織法人，即股份有限公司或公司它擁有自己的財產，如國營的中華郵政轉為中華郵政公司。但是公部門的財產轉移給私人個體或機構，法律上是不許可的[15]，所以，所謂的組織民營化實 際上是一種政府再造的形式。
2. 「**任務民營化**」是績效民營化的第二種形式，將公共行政的任務讓渡給私法的法人，這是它的法律性質。

在討論了以上的**民營化措施之後，對於公共任務的關照，國家的責任**又為何呢？基本上可以有二種可能性：

1. 執行的責任：對於國家的核心任務，基本上國家行政必須負擔執行的責任，如安全、秩序、生活需求、商業規範等。
2. 保證的責任：國家行政必須確保委外給民間的事務，其品質維持一定的水準，數量與種類都能夠依照契約規定確保無虞。

註　釋

[1]請參閱Peters, Hans, “öffentlichen und Staatliche Aufgaben”, Festschrift für Nipperdey, 1965, Bd.II, S.877ff.

[2]請參閱Pttner, Günter, “Verwaltungslehre”, 4. Auflage, C. H. Beck, München, 2007, S.29.

[3]請參閱呂育誠、陳恒鈞、許立一譯（2002），Rosenbloom, David H.著，《行政學：管理、政治、法律的觀點》（*Public Administration*），頁40。臺北：學富。

[4]此定義請參閱Wimmer, Norbert, “Dynamische Verwaltungslehre”, 2. Aufl., Springer-Verlag, Wien, 2010, S.96.

[5]請參閱Jellinek, Georg, “Staatslehre”, 3.Auflage, S.250ff.關於Staatszwecke和Staatsaufgabe。Littmann, Konrad, “Zunehmende Staatstätigkeit und wirtschaftliche Entwicklung”, Köln, Opladen, 1957, S.34f.

[6]請參閱Rose, Richard, “On the Priorities of Government: A Developmental Analysis of Public Policies”, in: European Journal of Political Research, 1975, S.247ff.

[7]請參閱Jellinek, Georg, “Allgemeine Staatslehre”, 3. Aufl., Siebenter Neudruck, Darmstadt, 1960, S.230ff.

[8]請參閱Bogumil, Jörg, u.a., “Verwaltung und Verwaltungswissenschaft in Deutschland-Ein Führungs in die Verwaltungswissenschaft”, VS Verlag für Sozialwissenschaft, Wiesbaden, 2009, S.66.

[9]請參閱Becker, E., “Verwaltungsaufgaben”, in: Morstein-Marx(Hrsg.), Berlin, 1965, S.187-214. Bull, P. E. “Wandel und Wachsen der Verwaltungsaufgaben”, in: Handbuch der Verwaltung von Becker U. und W. Thieme, Heft 2.1, Köln / B / München, 1974ff. KGST, “Verwaltungsorganisation der Gemeinden”, Köln, 1979. Mäding, E., “Aufgaben der öffentlichen Verwaltung”, in: Die Öffentliche Verwaltung, 1973, S.257-282.

[10]請參閱Pttner, Gnter, “Verwaltungslehre”, Verlag C. H. Beck, München, 2007, S.34.

[11]請參閱E. Forsthoff, “Die Verwaltung als Leistungsträger”, Stuttgart und Berlin, 1938, S.368ff.

[12]請參閱Benz, Arthur, “Der moderne Staat-Grundlagen der politologischen Analyse”, München / Wien, 2.Auflage, 2008, S.186ff.。

[13]請參閱Bericht der Aufgabenreformkommission, A II., 6; abrufbar unter http://www.konvent.gv.at/K/DE/Grund-K-00045/imfname-047585.pdf

[14]請參閱Verwaltungsreform G 2001, BGBII 2002 / 65.

[15]請參閱Obermann / Scharmer / Soukup, ÖHW 1993, 183; Mayer, DÖV 2001, 111.

第5章 公共行政任務的新趨勢與任務評鑑

第一節　國家與市場間的三部門（NPO）
第二節　公私協力
第三節　公共任務的認知
第四節　任務評鑑

第一節　國家與市場間的第三部門（NPO）

壹、背景

非營利組織不以營利為目的，而且具備私法法人的性格，所以和國家的第一部門以及市場的第二部門有所區隔，因此非營利組織屬於第三部門。

貳、概念

非營利組織的概念界定在不同的學科中，有不同的見解，如：

1.在稅法的觀點下，非營利組織的界定決定於其收入來源為何。非營利組織一直以來皆強調，其為公共福祉導向的機構，並且為公共利益而努力。「公共利益」的定義和「非營利」的定義並不一致，但是從稅的角度來說，公共利益這一個指標在內容上以及形式上是密切結合的。

2.從國民經濟學的角度來看，非營利組織是一種私法性質的組織，並且不以營利為目的者稱之。其收入的半數不是來自於銷售、買賣，而是來自於會員的贊助或是自願者的捐贈，即可稱之。

3.從企業管理學的角度來說，一般私有組織是營利導向的。而非營利組織設定目標則是以需求經濟為其導向，滿足社會大眾之需求。

4.從社會學的角度來看，非營利組織著重於一般公共福祉，和營利組織著重於其個別利益為中心目標者不同。

參、基礎

非營利組織的法律結構在剛開始的時候，有一些負面的效果出現，諸如混合式財務的問題、政府補助的安全性問題、控制不足的問題等等。故而有一些學者（如：Lester M. Salamon & Helmut K. Anheier）從社會學與經濟學的角度，對非營利組織提出一些定義，而且也得到多數人的接納。其界定是，非營利組織必須合乎一些前題，如：

1.要有正式組織的最低標準：這一個要件並不是要強調非營利組織一定要有某種法律形式，而是強調組織內部必須具備某種程度的團體結構，使其可以被稱之為一個「組織」。這一個組織和隨意的、無目標的組織不同，也

和民間社團限於某個時間、某個地點的組織不同。所以非營利組織是有目標的、固定的、長期的一個組織，一個典型的例子就是「綠色和平組織」。非營利組織必須有形式上的結構，並且合乎一定的指標，有「正式的」決策結構與機制。

2.私有性：非營利組織是私有的、非國家的一種組織。這一個標準使得非營利組織和其他各式各樣的公共機構區隔開來。它的功能就是讓人民在國家之外有另一種不同的選擇，作為一個財政自主的個體，不像行政機關或公共組織必須從公共財政獲得資源，有強烈的財政依賴性。這一點是非營利組織和行政機關不同的地方。

3.不以營利為目標：非營利組織透過「限制盈餘分配的原則」來加以定性。盈餘可以再利用、再投資，但是不可以分配給個人或會員。非營利組織的財產可以做盈餘的運用，或是再投資於營運的目標／使命，在英美的專有名詞中稱為“Non Distribution Constraint”。

4.自主行政：非營利組織要對社會產生影響力，就要有一個能夠自主運動的行政組織和決策自主權。非營利組織可能從公共之手獲得為數可觀的收入挹注，或者有某種勢力想要對組織進行實質的控制或影響，所以非營利組織要有自主的組織，以及決策的自主權。

5.自願性：非營利組織是由一些自由意願的個人所組成的團體，是 一個自願性組織（Voluntary Organisation）。自願性指涉的第一件事就是會員和捐贈，這是出於自動自發，不是強迫的性質。第二件事就是義務性的／自動自發的參與工作，參與不只是執行上的協助者角色，也包括領導者的功能與角色，當然也不排除可以獲得合乎績效的相對酬勞，或者聘用相關的工作人員等。雖然非營利組織有聘用人員與酬勞的支出，但是和一般企業組織是不同的，因為非營利組織被認定是義工的、榮譽職的運作形式，所以會員的自願性就是此一標準的檢驗指標。只要不符合這一個指標，就是具有強制性的團體，不屬於非營利組織的標準。[1]

以上界定非營利組織的一些特徵，並不是絕對嚴格的區分，但是這些區分指標至少清楚表現了非營利組織實質上的特色，不僅在專有名詞上，以及實用上可以區別非營利組織和一般組織的不同，也區隔了非營利組織和第一部門及第二部門的不同，並且確立非營利組織屬於第三部門範疇。因此，舉凡是意識型態的協會、基金會、公益團體、類似的社會結社、同志組織、環保團體、公會等等，只要他們不以營利為目的、有自主的行政、具自願性等，均屬之。總結可言，非

營利組織作為公民社會的組成要素，所展現的是民間、非官方、獨立、自主、自願、公義等特性，它一方面可以獨自承擔某些社會管理職能，也可以監督政府的作為，並制衡市場的放任。[2]

肆、NPO承擔公共任務

因為非營利組織符合現代福利國家與服務行政的要求，所以公部門不斷擴大利用非營利組織這一個工具。國家與非營利組織訂定服務契約，規定彼此之間相互的義務，特別是國家提供財務補助的部分。這種作法的優點在於——可以提升非營利組織的角色貢獻，從既有的「單純協助者」進一步成為國家公共任務的承擔者，透過「契約委外」（Contracting Out）的形式，提升了非營利組織的貢獻度與價值。

因為非營利組織的貢獻度與價值的提升，所以自然而然的就對於它的可信度沒有深入的追究。通常公共財務對於民間私人組織的補助或支持一定要求達到某種程度的效益，否則就不能符合節約與經濟性的原則。當非營利組織的重要性提升，而可信度與效益卻沒有相對的追蹤與要求，加上非營利組織的自主性較高，使得控制的困難度也相對提高。非營利組織的財源可能有非常多的管道，所以一定要避免補助的重疊性，不僅對扮演給予者的國家要注意，對於相對扮演接受的非營利組織也應該知所節制。

公部門與非營利組織相互間的關係，是由公部門事先預定某個目標，再委託給非營利組織來完成這一個任務，當然公部門也必須給非營利組織執行上某種程度的自由。

非營利組織接受公部門的信託，來執行公共任務，公部門關注的核心一定是非營利組織的效率和效果，其次就是分配、可靠性和品質的問題。公部門之所以會將任務委託給非營利組織就是看中非營利組織可以動員、活化自願的義工或協助者，一來可以將支出最小化，達到經濟的目標，其次可以達到最大程度的彈性化目標，並且可以和利害關係人建立更佳的聯絡管道，以及將現有分散的公共任務予以集中，提高其效益。[3]

伍、NPO的財務

企業的核心目標就是賺錢、獲取利潤，這一點也是企業最重要的價值體系，所以企業的經營獲得財務上的盈餘時，就會用來確保其生存。這一個核心目標卻不是第三部門的目標。第三部門的思想、行動、作為，都是以慈善的作為當

出發點，慈善的基礎奠基於道德觀之上，其動機也不以市場經營、獲取利潤，作為保障生存的手段。因為和企業以利潤為目標有所不同，又必須符合志願與慈善的要求，所以非營利組織的財務狀況是一種非常微妙的作法，一方面要將組織的獲利與效益極大化，另外一方面又極力避免將個人變成組織財務系統的一部分，組織的盈餘與收益不可以變成股利分配給組織成員。這一種二邊不靠的財務運作模式，就好像走在山脊的稜線上，稍有不慎就會摔到谷底，必須非常小心才可以維持非營利組織的精神。

企業和非營利組織都有其特定的財務目標，只是企業會優先注意其利潤，包括利潤的達成、成本效益、維持開銷等。以上各項中對非營利組織注重的是維持開銷這一項，其中包括薪資、工資的給付、社會支出、各項財務支出（如：辦公室租金、廣告費用、材料採購、車資等），以上的開支都必須能夠維持，並且在一定的額度下來完成組織的專案與目標。為了完成目標，非營利組織常常就必須有各種金錢的來源，如公共財的補助、完成公共任務所得到的酬勞，以及私人民間的捐贈等途徑。

陸、全球的模式

在非營利組織長期發展的過程中，因為每一個國家或地區的社會政策發展模式，以及理念的基本看法各有不同，所以就有各種不同型態的模式出現。依照Ewald Nowotny的分類，非營利組織在全球的類型可以分成三種模式，約為：

一、美國的模式

美國模式的非營利部門和公共部門處於一種直接競爭的狀態，它的結構只有零散的規則與規定。第三部門基本上處理與負責的區塊，屬於社會工作、社會福利的部分，因為國家在這一個領域中的態度非常退縮。其形成背景是——國家相信自由、不加拘束的市場有自我規範的能力，國家應該將操控與干預的作為限縮到最小。在這樣的信念基礎上，非營利組織乃扮演了非常重要的角色，不僅可以提供個人的福利外，也可以對整體社會的治理結構提供助力。

二、亞洲的模式

關於社會工作或社會福利這個領域，亞洲的模式既不屬於國家也不屬於非營利組織所專有。以日本為例，非營利組織的成立許可幾乎就是一個特許案件，必須由行政官署考量後給予許可。社會功能主要是由家庭結構和親屬結構所承擔。每一個孩子所在之處，也是一個家庭之所在，換言之，對於年老需要照顧的人，也是更有保障。這一種直接由家屬照顧的方式，對於NPO的成本來說會比較高，而且社會的顯著性比較低。

三、歐洲的模式

在歐陸國家中，市場經濟表現在社會與生態的領域中比較溫和。國家只承擔部分的責任，特別是在社會領域部分，而且和NPO結合在一起。

第二節　公私協力

從四分之一個世紀以來，世界許多的國家都有財政困窘的問題與危機，解決問題的方法又多數從可以控制的公部門來下手，所以公部門是首先承受壓力的地方，所以要推動行政改革／或政府再造。改革或再造的策略可以分成兩類，一類就是過去所稱的行政改革，另外一類就是晚近所稱之再造，後者的改變幅度比前者要大，思考的邏輯也傾向於激進，第一類的改革措施多半還侷限於行政機關的合理化作為，第二類就跨越出公部門的本位思考，有「第三條路」、「小而美的政府」、「企業性政府」等等顛覆性的思考，用第二部門、第三部門的路徑來考慮如何重新「再造」，重新思考公共任務的接受、執行、歸屬與定位的問題。在這樣的場景下，公部門做了一個很強烈的轉變，他的作法就是──「民營化」。民營化概念與模式不斷的分殊化，每一個次模式都是個別對應公部門產出流程中的不同領域，以及公部門的設施與設備。民營化過程中產生的各種問題，會形成公部門及相關單位對民營化的抵制，於是大家開始尋找解決辦法，於是就有「公、私協力夥伴關係模式」的產生。[4]

壹、本質與功能

公共行政作為公共任務的執行者，在社會、經濟環境的變遷下，逐漸的與私人機構／組織建立了更多的夥伴關係，也將其拉入公共任務執行者的夥伴圈內。在非營利組織與政府機關建立密切關係後，公私協力的夥伴關係模式也相形的日漸獲得重視。

公私協力的夥伴關係／又稱公私合夥（Public Private Partnership，簡稱PPP），從表面上看來，就是公部門、私部門和第三部門間的協力關係模式，共同為公共服務和公共任務來效力。然而對這樣的一種關係，要做一個共通的普遍

被接受的定義／界定，事實上不太容易。因為，從「夥伴關係」這一個名詞來看，基本上參與各方具有同等資格，在參與夥伴關係時承擔相同風險與機會。其次，這是一種長期的關係，短期的關係則不在考慮之列。

在公、私這二個對偶關係的連結下，夥伴關係的當事人包括公法機關、公法法人、公共營造物、公營事業，以及私人企業及組織等。這樣的一種組織模式的優點，可以讓公共之手可以有管道獲得私人的資本，特別是財政特別困窘的地方行政機關，這是唯一的方法可以實現重大公共任務的專案，也是唯一的機會，因為困窮的地方法人不可能負擔這些專案。第二個優點，就是公共之手可以從夥伴關係中獲得民間的know-how，因為民間投資者通常都具備強大的管理能力，而且業務委外的作法，常常可以節省許多的人力成本。委外之後又可以減少政治力的干預。

從民間夥伴的立場來看，夥伴關係可以讓民間資本可以做更有效的利用，公共行政也可以將財務做更佳的運用，並且在公、私協力下加速行政的流程。民間可以影響公共事務的規劃、可以獲得減稅的優惠、或者獲得政府的補助金，這些都是公、私協力夥伴關係的優點。[5]

PPP模式的應用，從各種使用的現況來看，最適合應用在下列的各種基礎設施，如：運輸事業、道路、鐵路、機場、港口、橋樑、隧道、自來水供應、旅遊觀光、健保、教育訓練機構、學校、大學、博物館、出版事業、監獄、文化事業、體育機構、集會場所／中心等。

所以總結來說，PPP就是公部門與私人企業之間的一種合作模式，這一種模式分布的光譜區域約如圖5-1。

貳、類型

PPP模式因為組成結構的不同而有各種類型，個別依照「夥伴」的特徵來決定模式，在這一層意義上，PPP就有各種不同的組合可能性，約如下：

一、依照合作的程度

1.委託服務（service contract）：僅將公共服務的部分委託給私人機關來執行。這一種委託關係可能經過「訂定契約」的方式，或者是「政府特許／許可」（如：建築許可或服務許可）組賃給私人機構這二種方式。費用徵收的方式依照使用者付費的原則來收取。基礎設施的所有權仍歸屬於公部門。

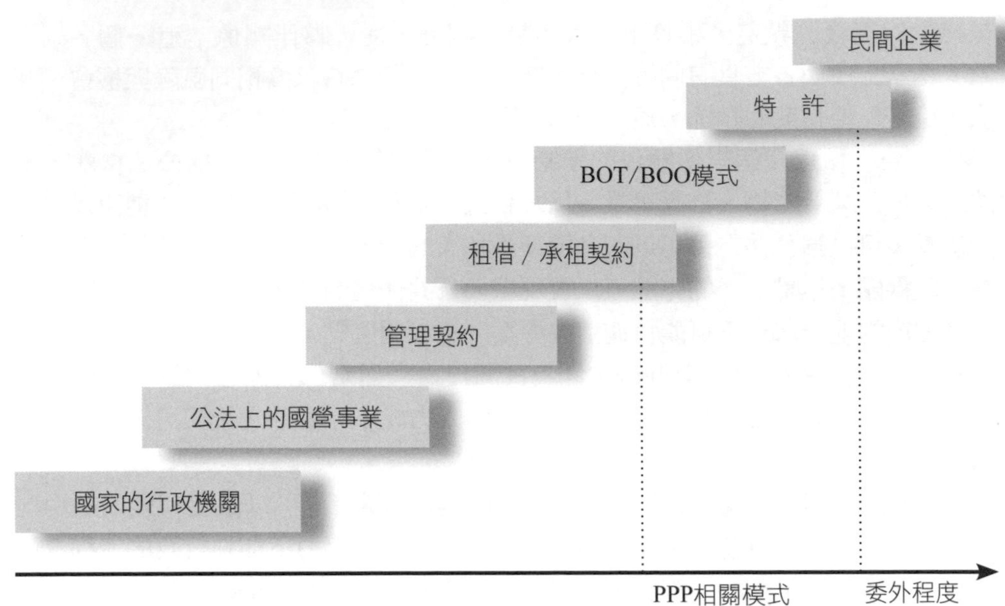

圖5-1　公部門與私人企業間的合作模式光譜區域

2.整合型的PPP：這一種合作模式由私人機構擔負起所有專案的責任，它的形式有可以區分為下列幾種：

(1)BOT（Build-Operate-Transfer）：將特定標的物的興建、營運的權利與義務交予民間機構或廠商，當契約終止時就須交還給公部門。基本上這一個設施的興建仍然由公共財務來支持，並且在契約期間中設施的所有權仍然保留在公部門的手中。

(2)DBFO（Design-Build-Finance-Operate）：在這一個模式中，私人機構或廠商有興建與營運的義務，另外還有義務自行籌措資金。所以在契約存續期間中，設施的所有權歸屬於私人手中。

(3)BOO（Build-Own-Operate）：在政府特許之下，私人機構或廠商可以興建、擁有、營運該設施，因為必須負擔所有的財務與資金的責任，所以私人可以永遠的擁有該設施。

3.結構性的PPP（Joint Venture，加入冒險）：在PPP模式的框架下建立一個企業，然後由公、私雙方共同擁有其所有權，而且共同進行營運，所以有一個結構性的夥伴關係。這一種加入冒險的模式，可以讓公部門這一方的夥伴可以有較大的影響力，以及對產品與服務產出的控制權，比起完全民

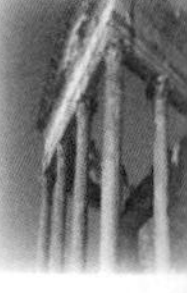

營化的模式，公部門的影響與控制就會大得多。另一方面私人這邊的夥伴獨立性也可以不受到威脅，這是雙方都可以擁有影響力的一個作法。

二、歸還的方式

1.財務由公共預算或公共補助來支持。
2.使用者付費原則。

三、基礎設施的所有權

1.所有權保留於公部門手中。
2.所有權讓渡給私人夥伴。
3.私人夥伴負有義務，在訂定的契約期間終止後將設施轉讓給公部門的夥伴。

在上述的主要分類之外，還可以有不同的分類方式：

1.出售；
2.租借模式Leasing Modell；
3.OMCO：perations and Maintenance Contract；
4.LBO：Lease Build Operate；
5.Wraparound Addition；
6.BTO：Build Transfer Operate；
7.BOO。[6]

參、PPP的實務應用

PPP模式在實務上的應用能否成功有效，決定於經濟面與法律面的框架要件，這是第一點。其次，決定於是否主動、積極的管理，這一方面就必須由公部門的主管單位和私部門的合夥人共同來努力。公、私部門的努力基本上又分為專案管理／計畫管理和契約管理兩種。

專案管理／計畫管理（Projektmanagement）的週期與責任，從計畫的發展到契約的結束為止。過程中的每一個階段環環相扣，特別是計畫的理念和計畫的概念必須緊密接合，專案計畫的提出必須考量到：經濟性的計算、可行性評估研究、風險分析等面向。然後是公告，尋找合作夥伴，競標，提供補助款等。一個PPP計畫的契約基礎必須包含幾個要點，就是：(1)契約的目的、對象與期間；(2)權利、義務的定義與分配，尤其是公部門這邊的夥伴應有的貢獻，主要是提供財源、財務的部分；(3)私人夥伴的效能產出、相關設施所有權的規定，以及其他財產的價值規定；(4)付款的方式；(5)品質的標準；(6)私人使用者的付費方式；(7)公部門合夥人的監督權與管制權；(8)公部門合夥人對員工的調動方式；(9)單方面的解雇權；(10)提出剩餘財產；(11)契約權利轉讓給第三者；(12)契約破裂的結果等。

不同於上述的專案計畫管理，「契約管理」（Kontraktmanagement）認的情境下得到執行與保障。正因為如此，所以要藉著績效管理來發揮監督的功能，並且透過其它特殊的管理方式，來處理各種存在的風險、處理必要的變革、生產力的下降以及所有設施與結構上的問題。

第三節　公共任務的認知

公共任務的本質、範圍、對象、內容應為何？這一些問題的解答涉及到公共任務的認知、察覺，和公共任務的決定。從本質面來看，公共任務的決定與採擇，就是公共行政行使國家介入與干預的手段。至於公共任務的範圍、對象與內容，依照不同的認知方式而有不同的結果。茲就此二大項目分別闡述之如後：

壹、國家干預的分類

在現代高度分殊化的社會行動體系下，國家與公共行政對於社會與經濟的活動干預，不僅涉及其內容，而且涉及其形式。就以民眾的休閒活動為例，與公共行政有關的事項包括公共休閒設施的建設、公共的休閒活動、重要體育賽事出動警察維護秩序、寒暑假的活動安排等，都是現代福利國家公共事務相關的領域及範疇，也是國家與行政應該「接受」其公共任務的時機與對象。國家作用的工具與形式將界定公共行政的性格。而形式化的作用工具會反過來對國家產生限制的作用，並提供個人自決的空間，以及經濟與社會自我管制的效用，所以形式化（Formalität）會影響法治國家的行政及其文化，國家作用的形式化直接影響到公共任務的決定。

公共任務的認知與「法源」有密切的相關性，而且與法律位階（憲法、法律、行政法規）有緊密連結，例如依照憲法的規定，法律可以規定行政任務的範圍

與內容；或者自治機關訂定自治行政的任務範圍者均是。但是**現代的公共行政對於公共任務沒有定義權，定義權屬於國會、或如我國的立法院、或如美國的兩院**。

公共任務的承擔如果與法律層面有關係時，可以依照法律的功能來將公共任務加以分類。例如涉及兩性平等、工作平等的公共事務時，就屬於基本人權、基本原則、價值決定的法律；干預、強制性的任務就有警察法規；福利性的行政任務就有許多社會法與福利法；計畫性的行政任務就有都市計畫法等法規。公共任務的性格將在法律功能的分類下為之凸顯，換言之，透過法律這種功能的「形式化」，可以表彰公共任務的各種類型。

公共任務的承擔如果與經濟學的領域相關時，就必須用跨科際的宏觀角度來表達行政的經濟作用，例如環境法規、商業法規、交通法規、環保政策、產業政策、交通政策等，都是經濟作為的系絡。在這一些行政作用裡又可以區分之，如財經政策這一類的工具，就是國家干預；貨幣政策或信貸政策這一類的工具，就是決定貼現率的原則；匯率政策這一類的工具，可以用來貨幣升值或貶值。許許多多的經濟政策的工具，可以透過行政的作為來加以應用。在經濟方面的國家干預形式有很多不同的變化，和國家管制的方向相結合，諸如水電費率的價格調整、電台營運執照的發給、中央標準局的品質設定、物資的分配、農產品的補助、公平會對市場競爭的監督等，公共行政會有各種不同的干預形式。

公共任務的承擔如果與社會學的領域相關時，就必須透過政策研究的方法來進行分類。例如關於分配／再分配政策，就要去瞭解哪一些社會團體將會得利，哪一些團體將會遭受不利；關於管制政策，就必須提出行為的規範，來貫徹違規者的行政裁罰。

貳、任務承擔的依據

公共任務的範圍、內容與項目是非常廣泛的，所以在成立一項公共任務時，就必須有所依據。因為內容與項目的複雜，所以成立的依據就有各種不同的說法，而各種面向的依據組合起來，就是行政任務的複合體。這些依據總的歸納來看約有下列各項：

一、行政決策

公共任務的成立就是決定國家操控的對象，操控對象的選擇依據就是行政決策。行政決策在這裡就是對公共任務進行一種規劃與決定，決定的方式則又建立在兩種理性思考模式的基礎上，第一種是條件式的規劃模式，第二種是目的性的規劃模式計畫。從操控的技術面來看，條件式的規劃模式在處理一個問題時，會從問題的構成要件與法律的可能後果來加以瞭解，透過「若…則…」的連結關係／條件句來分析問題。所以這一種決策模式是用一個合理性的框架，將所有合乎規範的事實情況納入條件式的關聯性來考慮。當然，這一種決策模式的前題是所有的狀況都已經清楚，才可以做這一種條件式的考量。在面臨不確定的法律概念或者行使行政裁量時，任務規劃就必須保留決策的彈性空間，這樣才能維持「若…則…」的條件式。

目的性規劃模式的行政決策，就是透過某些既定的工具來達成預期的目標，是一種「工具——目標」的思考模式。這一種模式的應用實際上困難度較高，如果要順利達成目標，任務的範圍與各種附帶條件必須在狹義的情況下界定之。

二、國家干預的工具化

行政任務成立的第二個依據是——國家干預的工具化。這一項依據涉及到操控的強度問題，必須考慮操控會造成怎樣的影響？要使用哪一種操控工具？要評估會有怎樣的操控成果？等等，因此，國家干預的工具化考量的問題不僅限於規劃層面，同時也要考慮行政執行層面的問題。行政執行／行政作用的工具，包括有行政判例、行政契約等。行政任務的決定必須考慮這一種規劃的操控問題，操控又必須依照工具種類與方式的不同而做不同的決定。

行政任務的種類與執行方式各個不同，規劃的形式也會有所不同。例如促進研究發展獎勵措施的規劃，就得考慮想要達到的研究水平為何，來控制研究的成果與水平；[7]或者，可以決定研究的方向，例如放棄核能的研究，轉而為風力能源的研究即是。又如福利行政的規劃，可以考慮的形式也很多，例如可以透過貨幣經濟的途徑，提供社會救助、房屋補助、就學貸款、教育補助，或者透過社會福利政策的途徑，提供就業輔導、老年照顧、幼兒照顧等措施。

三、正式化

行政任務成立的第三個依據是——正式化，特別是在法治型的國家行政文化，正式化的表徵就是法律，因為它可以提供國家干預所必要的正式化品質，使「正式化」可以堅實的存立。在每一項行政任務的決定前都必須提出「正式化」的要求，行政作用才能產生效果，例如行政判例就是一種「正式化」的作法，是一種對民眾產生法律保護的途徑。

四、操控的功能

行政任務成立的第四個依據是——操控的功能。行政操控功能的內容與項目各個不同，且均有其特殊性，為了要完成操控的功能，就使得行政任務的成立有了依據。例如，行政規劃功能可能專門針對中程的財務規劃、或者功能的結構必須配合行政組織的目標等，國家為了遂行操控的功能，行政任務就有了行使的依據。在民主國家或福利國家中，行政操控的功能項目中有許多是相同的，例如維護治安的功能、規範的功能、保障的功能、保障公共安全的功能、保護自然環境等。

當前高度自由化的國際社會中，有許多的國家強調市場機制，在這一類的國家行政文化中，國家干預的項目有許多轉移給第二部門或第三部門，取而代之的是市場規範、企業的透明化、不當競爭行為的禁止等，用另外一種不同於國家干預的操控機制來管制經濟的秩序。

五、媒體

公共任務成立的第五個依據是——媒體／或廣義的媒介。政治——行政體系行使干預行為時，必須不時的與媒體對話及互動，在國家與公共行政的決策過程中，媒體經常扮演著重要的影響角色，對於各種社會體系／團體，也常常需要媒體來作為溝通的橋樑，所以它們也是公共任務成立的影響因素。

但是必須瞭解的是，國家干預機制和公共任務的成立有時候是相牴觸／或背道而馳的，因為在國家行使干預作用時，不同的社群選擇不同的媒體載具，表達不同的意見，就有可能與國家的干預作用意見相左。所以國家選擇的媒體管道，如果可以整合多重領域、多元層次的話，就可以較順利的貫徹其干預作用。

在傳統法治行政的國家偏好透過法律，來作為溝通的媒介，用法律的形式來進行一種合法的、權威的溝通。法律在這裡就是一種媒介。貨幣也是一種媒介，可以用來操控，特別是在財政危機時，利息負擔沉重、國家債務高漲時，貨幣就是一個操控的媒介。貨幣是一個柔性的、有彈性的操控媒介，適合應用在貨幣經濟，也可以影響經濟發展。

綜言之，影響公共任務承擔／接受的媒體與媒介很多，包括法律、權力、貨幣等，更擴充言之，還包括資訊、道德、意識型態等等，這一些都是國家干預作用可以使用的操控媒介。

六、利害關係人

第六個公共任務成立的依據是——利害關係人，係指國家操控作用要有相對關係人，這樣公共任務就能成立，然後，國家操控作用透過公共行政來行使。例如社會救助的許可、建築許可、商業經營許可、行車速度限制等等，這一些行政作用就會有其利害關係人，公共行政對其行使監督之行為，遇有違反行政之行為時則給予懲罰。

在國家與利害關係的個人之間，可能還有各種不同的社會團體或經濟團體，這一些社會或經濟組織如紅十字會、工商協進會、公會等等，它們對於公共任務的承擔可以扮演一個居間角色，協助個人對任務成立的合理化，更深一層的瞭解公共行政的立場、作法與理由，降低個人與公共行政的直接對立性，這一類的中間組織可以作為可運用的相對力量。[8]

參、小結

在前述之壹與貳的部分，闡述了國家干預的分類和公共任務成立的依據，可以提供公共任務的基本知識，也可以作為方向的指引，來瞭解國家作用有哪些工具與形式，以及公共任務透過規劃可以產生哪些操控的作用。選擇了哪些工具或形式不僅會影響公共事務的核心根本，也會影響到任務的結構與利益結構，所以工具選擇必須慎重為之。至於公共任務的成立就涉及到事務的範圍、內容與項目，應該分辨清楚，例如：警察任務和青少年的輔導工作是不一樣的；研究補助和社會救助也是不相同的。各種性質、內容不同的項目必須透過公共任務的認知來瞭解，然後要有通盤性的認識，這樣才能對於政治——行政體系的決策流程，以及國家干預作用的行使，會有較深入的認識。

第四節　任務評鑑

在歐陸德語系的國家中，對於公共任務有一項特別重視與突出的作法，就是任務評鑑（Aufgabenkritik），這一個專有名詞的本意是對「任務」（Aufgabe）加以「批判」（Kritik），其作用及功能如果用我國行政的概念來瞭解，接近「組織評鑑」、「大學評鑑」的作法與用意，所以稱之為「任務評鑑」。這一種概念與作法，是公共任務的認知、規劃、執行、回饋、檢討改進的系統組合中，必不可或缺的後段環節，是公共任務合理化機制的關鍵，所以在公

共任務章節中有闡述之必要。

壹、概念、目標及對象

一、概念

從廣義來說，公共任務的評鑑就是對公共任務的產生與延續進行批判性的檢討、評斷。簡潔的說，公共任務評鑑可以視為一個評價的與控制的流程。此一概念的產生源自於德國「地方自治行政簡化協會」（Kommunale Gemeinschaftsstelle für Verwaltungsverwinfachung，簡稱KGST）的倡導。[9]協會的宗旨就是要致力於行政機關的簡化與合理化，行政任務的合理化是其中的重要環節。有鑒於公共任務的持續擴張，如何維持公共任務的品質及穩定性，就是一個重要的課題。另外，財政經濟面的有限資源也是無法迴避的基本情境，所以任務評鑑對行政組織及任務是一件不可或缺的工作。

二、目標

任務評鑑的目標，在有限資源的前題之下，依照預定政策目標的先後順序來達成國家與行政的任務。然而總體社會、經濟與科技的變遷，一方面產生新的公共事務，另一方面對國家與公共行政有所要求，在國家生產總毛額基本上無法繼續提高的狀況下，公共任務就不可能無限制的擴張。在變遷與新增公共事務的壓力下，加上政府財政困窘的限制，就必須另外尋求解決方法，從公共任務現有的項目中找出可能更動的彈性部分，來回應環境變遷的需求，這時候「任務評鑑」就可以針對此一需求發揮功效，進行下列的工作：

1.任務評鑑工作不僅針對新的任務進行批判性的評價，對於現有的任務也同樣的包括在評鑑範圍中。
2.針對不同的政策目標、政策的優先性、特別優先性等，都將納入評鑑的過程中。

公共行政的生產力與績效能力如果能夠得到一定程度的保障，就可以維持行政的品質。但是有一些影響因素會干擾生產力與績效能力，所以要有任務評鑑的功能來保障任務執行的品質。影響因素主要的約有三項：(1)資源的不足；(2)任務的貫徹不足；(3)任務的總量超過負荷能力。[10]

任務評鑑能夠推動的前提是，必須要接受／承認當下的現況，以及針對不同類型的公共任務做個別的定性，一則是接受事實，另一則是對不同的任務需求做不同的考量，這樣任務評鑑才會更落實的執行。另外，任務評鑑也要關照到不同行政層級應有不同的考量，因為不同層級所要達成的目標層次是不一樣的。如果任務設有既定目標時，任務評鑑也可以引用標竿管理的方法，來瞭解目標的達成度。

在面對特殊的公共任務時，任務的規劃與執行皆與通案性的作法不同，一般常用的任務評鑑的方法就不一定能夠適用，但是特殊的、獨特的任務，並沒有定於一尊的評鑑作法，而是要一點一點的對現有的結果詳細的檢驗，來作為評鑑的結論。所以任務評鑑不僅是一件就事論事、深究事理的分析與評價工作，也是逐步減少行政任務的合理化機制，而且是管理者非常有用的決策助力。[11]

三、對象

任務評鑑不僅是針對國家作為的目標進行批判性的評價，也針對公共任務中的「所有構成要素」[12]進行評價，如範圍、品質、公共績效、行政行為的工具、行政流程等等。[13]

公共任務在啟動階段有任務的規劃，任務評鑑則是任務規劃的前置作業，其**作用在持續保障公共行政的生產力與績效能力**。任務評鑑工作是以過去的任務規劃為對象，來瞭解、釐清——「截至目前為止的任務執行有沒有必要繼續再做下去？」。[14]布呂納（Christian Brünner）將**任務評鑑更區分為二類：執行的評鑑**（Vollzugskritik）**和目標的評鑑**（Zweckskritik），前者就流程的部分來討論公共任務「如何」來執行，後者就內容部分來討論公共任務「是否」該執行。任務執行的評鑑針對目前執行中的行政任務進行檢驗與查察，瞭解其執行是否已經做到最佳的地步，其焦點置於「執行面的最適化」。目標的評鑑的作用在於，釐清與確認現在的任務是否有繼續執行的必要，或者截至目前為止的任務範圍是否必要？內容項目是否必不可少？從執行的評鑑與目標的評鑑二項結合來看，任務評鑑是針對現有任務封閉化的、保守的傾向，進行一種相對反思的作用與批判，使行政作用事中回饋的機制可以真正的落實，公共任務的認知能夠合乎各種檢驗的指標。

其次，任務評鑑不僅針對一個指定的行政單位來進行，例如某一個市政府，也可以針對公共任務是否交在一個**正確的、對的執行者**手上。所謂正確的、對的執行者的評鑑是從立法的角度出發，考察公共任務是否依法由中央／聯邦政府來執行，或者是歸於地方自治受到保障的事項，應該由地方自治機關來實施。同時還要考察其成本與效果（即目標實現）之間是否達到最佳的比例，來瞭解公

共任務的執行是否真正落實。在討論任務執行者的問題時，必須考慮到同一項公共任務由幾個不同行政機關執行的問題，也就是**公共任務的平行重疊、垂直重疊以及二者混合重疊現象**，這是任務評鑑要考察的另一個問題。關於對象方面的最後一個問題是，任務評鑑可以延伸到「行政功能的改革」（Funktionalreform）層次，或者反過來說也可以成立——「行政功能的改革」可以延伸到任務評鑑的領域，因為行政功能改革對於行政內容的質疑，就是一種任務評鑑。

貳、本質與侷限性

一、任務評鑑是一種流程

從上述的闡釋中可以得知，任務分析是一個系統化的、在某一段時間中拿出來實施的流程，用來對現有任務狀況加以限制，並且使任務擴張的困難度增加。政府財政危機狀況每隔一段時間就會發生，接著政府就會採取一些節約的措施來因應，各單位與各項預算都得配合節約措施，最後，就會拿一項法寶——任務評鑑。在這樣的背景下進行評鑑工作，各項公共任務均一視同仁，有必要時皆得接受評鑑，而且不會因為不同的政治理念或價值觀去另外量身打造一套方法，所以，任務評鑑是一套制度化的、正式化的流程，所有的公共任務都必須依照合理化的指標定期接受檢驗，這樣就可以避免盲目樽節財政的措施，並且對於必須樽節的部分確實的來達成。例如，公共任務的價值已經降低者，或是任務根本就應該廢除者，任務評鑑在這裡可以視為領導者的任務與工具，和政務層次的理念密切配合，來達成政策的目標。

二、任務評鑑的侷限性

從目標與內容來看，任務評鑑是一件非常有價值的事，但是，對它的效能也不能過度高估或寄予過高的期待，因為公共任務的體系及其發展之現況，就是社會結構的特徵和社會發展現況的忠實反應，也就是說，公共任務就是一面鏡子，反映的就是社會現況。在高度複合的現代社會中，一定存在著「進步」與「秩序規範」二種力量的對話，分別代表社會結構的維持力量與變革力量。這二種力量沉澱、落實到立法與公共行政的層面上之後，就會變成一種「系統的、有組織的解決社會問題的方法與形式」（organisierte Formen des sozialen Problemlösungsverhalten），因此要對公共任務提出質疑的這個動作，基本上就是一種高度的政治對話。在這樣的背景下，任務評鑑通常都是遇到危機的狀況時才發動，不能不加思索的隨意實施，此即為任務評鑑的侷限性所在。

公共任務的背後都有其目的，**任務評鑑必須將其目的定義清楚，並且發展出對應的評鑑指標，可以作為行政作用目標達成度與目標適當性的評鑑標準**。定義清楚及發展適當的評鑑指標，這個工作實際上是相當困難的。依據組織評鑑的資深實務工作者勞克斯（Laux）經驗：「對高度發展的組織系統而言，任務評鑑是一件意義深遠的工作，但是要改善這種組織的作用方式，它的智慧成本則是非常的昂貴。然而，**任務評鑑可以改善的彈性空間，一般而言約占整個組織體系效能與成本的百分之十**。」[15]從實務經驗來看，任務評鑑是一件有意義而且有價值的工作，可以調整整個組織體系效能與成本的百分之十，確實是一件值得去做的事，但是困難度與智慧成本也是相對的高，這也是任務評鑑工作必須跨越的門檻，也是侷限性之所在。

在困難度與侷限的情況下，**任務評鑑要能夠提出正確的質疑，並且將這些質疑點切入任務的產生、任務的決定、任務的繼續執行等等層面，要將各個層面的問題與缺點清除乾淨**，這是一個挑戰性很高的過程。因此，如果要將任務評鑑視為是一個成果保障的方法，還不如將其視為是一個行政作用的工具，或是用來決定公共績效標準的一種方法，或者是處理行政機關自主決策空間及彈性的途徑，這樣就不必去處理極高度政治對話的政策制定問題，任務評鑑的實踐可能性就可以大幅的提高。

參、任務評鑑的標準

任務評鑑可以分成實質內容層面和工具性的流程面兩種。就內容層面而言，任務評鑑提出的問題必須依據某些標準，在這些標準下，由受評鑑機關來回答各項提出的問題。標準約為：

1.國家與公共行政對於一項已經確定的公共事務，是否確實應該接受？或者應該繼續接受？
2.這一些公共事務應該追求哪些目標？
3.這一些公共事務應該由國家組織中的哪些人來關照、處理？
4.完成這一些目標會使用到哪些工具？
5.這一些公共事務應該做到什麼程度？其強度、幅度與頻率應為何？

任務評鑑標準又可以分為法律的標準、經濟的標準、社會學的標準、政治的標準等。而所謂的標準，其意義係指謂：有一個限定的範圍、有定位點、有指

定的價值、有導向的系統和理想的價值等。

一個「標準系統」的設立，就是為了追求理想的價值，希望公共行政的任務和行政機關都可以達到這樣的標準，其必要性、實施的順位等都能夠符合評鑑的要求。這樣的一套「標準系統」就是公共任務規劃與發展規劃的基礎。

「標準系統」如果就前述——限定的範圍而來檢驗，就已經可以處理許多的問題，諸如：各個單項的任務是否應該接受或處理？該任務的種類與數量為何？是否為多餘？是否不合目標？是否不可靠？等等。在回答了這一些問題之後，就可以知道這一些任務是否應該廢除、或精簡、或者加以限制等。

一、法律的標準

公共任務的創設或擴張，其法律上的限制各有不同，決定於公共任務的決定是透過何種途徑，如國會／立法機關；政府／行政機關所制定的行政命令或行政規程；地方自方自治機關在自主範圍內的任務範圍；國家機關在其管轄範疇內的任務。

國會／立法機關可以在憲法規定之下決定公共任務，憲法規定中也包含有廣泛的公共任務、國家目標與國家功能，以確保個人的生存基礎、規範社會的安寧秩序，並且將這些規範系統化的建構起來，作為國家與公共行政運作的基礎。

國會／立法機關在憲法層次上必須遵守的範圍與限制，有下列數端：

1.基本人權，如集會、結社的自由、職業的自由、新聞自由等；
2.任意的禁止；
3.公共利益的要求（國家必須保障的公共福祉）；
4.中央與地方分權的劃分；
5.地方自治的保障。

政府／行政機關在憲法規定之下，決定其公共任務時必須注意下列各端：

1.一般法律與法律原則；
2.法律管轄規定；
3.行政命令及其授權之界限；
4.行政規程必須注意行政執行時的判斷與裁量範圍，另一則必須注意對隸屬機關指揮、命令的權限範圍。

地方自治法人團體的自治範疇為：

1.憲法規定的自治事項、中央與地方分權規定的地方自治事項；
2.自治行政部分，特別是給付行政部分，如公共設施、生活基礎設施等。

以上所規定的事項，就是任務評鑑的法律標準與依據。

在法律標準之下，任務評鑑可以廢除、限制或剝奪公共任務的情況，可說是微乎其微的。在行政判決或憲法解釋的個案中，如果有違反行政法或憲法的情況，就可能被任務評鑑所糾正。

二、經濟的標準

任務評鑑依照經濟的標準，就是用盡可能最低的成本來滿足最大的需求，來達到徹底解決問題的目標。國家的作為與公共的任務，都是在憲法設定的目標範圍內，經過政治所決定的項目，合乎經濟的標準，就是投入最少的資源來完成目標，而其中最受關注的部分就是人事與財務這兩項。任務評鑑的經濟標準並不是直接針對公共任務的本身，而是針對其「目的——工具的關係」來評鑑，也就是說，任務評鑑關切的是任務的構成要素，以及任務進行的範圍、強度等因素。例如，任務評鑑的結果可能指出，某項任務根本就不用投入這麼多的資源，投的部分有不合比例的現象。任務評鑑針對的是達成目標所需使用的／正在使用的工具，或資源是否恰當，評鑑結果就會影響到政治目標的評估，影響到政治決策是否要追求這一項目標，或者是否繼續執行此一目標。

在經濟學的觀點上，公共行政產出的形式分為產品與服務兩種，都是為了公共利益而努力。公共利益是目標，產出的形式從經濟的角度來說就不一定需要公共行政來執行，所以經濟觀點可能認為：哪一些產品、哪一些服務、有哪些生產要件可以不必公共行政來經手或執行？是否可以經過市場機制來生產與提供？這一些問題都是經濟的標準。

從市場供需的機制來說，公共行政所做的事，都是市場經濟不想做的事。公共作為如果認為有經濟上的必要性時，就是政治決策認為有必要，而市場的生產機制失靈無法提供時。市場失靈的原因也很多種，例如外部成本或內在效益等。約略歸納之如下：

1.有一些財貨／產品與服務，如社會服務、污水處理設施等，如果沒有國家干預直接交由市場處理，問題就會很多。
2.經由市場處理的財貨／產品與服務，必須設定某些條件、或置於政府管制之下、或者必須符合特定的國家目標等。例如必須符合法治國家原則、教育的機會平等、國民健康與醫療的照顧必須平等。如果市場不能滿足這些

條件，就必須由政府來做。

3.經由政治決定，財貨不需要由市場來生產者。

反過來說，有時候經濟觀點認為不應由市場經濟來執行，必須由政府來執行者，約有：

1.只有微少的資源投入生產，卻必須達成特定的公共目標時；
2.在投入生產工具時的成本，必須由國家補助者；
3.某些效益必須透過公共作為來支持者。

在經濟的觀點下，由**市場經濟來生產財貨的原則優先於公部門的執行，這是任務評鑑的第一條經濟標準**。當然必須確認的問題是，有哪些特定的財貨是由公部門來生產？那些財貨生產非由國家來執行不可？那一些生產條件、範圍是市場經濟所不能生產、不能提供的？這一些問題清楚之後，經濟條件的評鑑指標就非常清楚了。

任務評鑑的第二條經濟標準是——公共任務的執行應該採取哪一種作法比較合適？或者必須採取哪一種作法才能夠完成財貨生產的目標？產品的生產或服務的提供，其方式往往不只一種可能性，政府可以透過法律加以規範、或處罰、或獎勵措施來激勵之（如：國家補助、優惠利率、稅率減免），來達到財貨生產的目標。也就是說，政府可以採取的方法可能有多重的選擇。採取不同的做法可能必須投入的資源總量就會不同，或者，同一個做法，可能產生不同的結果與規模。當然，更不能忽略的是，每一種做法的背後可能產生的副作用都不一樣，帶來的附加成本也不相同，這是任務評鑑所要考量的第二條經濟標準。

任務評鑑的**第三個經濟標準是檢驗，檢驗用哪些方法可以在最少的資源投入下，達到最高的效度和最少的副作用**。最少的資源投入是一件必要的要求，以符合國家設定的標準，例如國家石油的存量準備，必須達到／完成國家所要求的目標。達到國家設定的目標是要依據國家所制定的標準，不是一般行政機關就可以隨意制定的。就以國家石油存量標準的事例來說，制定標準、監督、未達成任務的懲處等，都需要非常高的行政成本。所以這一類的事務都由公共行政來接手，從經濟觀點來看是有意義的。

三、社會學的標準

從社會學的角度來觀察公共行政的任務評鑑，有實務上的必要性。任務評鑑如果採取社會學的標準，可以使用「內容、實質的研究法」，將公共任務

視為滿足公共需求的工具，並將此作為公共任務批判性評價的標準。針對公共任務範圍內的需求是否被滿足，來規律性的加以評量，這就是「社會指標」（sozialindikator）。或是針對公共任務的決定、任務是否要繼續執行、或加以限制、設定、擴張、更新等等，都是評量指標。或者對於問題的演變、需求的擴張等進行預測，都是社會指標。這一些經過持續性的社會觀察和可行性研究的結果，作為決定公共任務的標準，實際上有不少的問題需要釐清。

最核心的問題是，被選出來的社會指標，可能就是一種政治意味的評價。公共任務的設定已經內含有政治目標，這些政治目標又一定會「具體化」轉為社會指標，決定評價的序列。但是就立法機關的角度來說，它當然不希望公共任務的政治目標和社會指標結合在一起，如果兩者結合，任務評鑑的社會指標就會直接評鑑立法機關的政治決定。

第二個問題是，滿足感的測量或是社會需求滿足的程度，應該有客觀的標準，例如公共安全的部分，每10,000個國民應該有多少名警察，警民比例的合理性；或者必須具備主觀的標準，例如民眾對於行政績效、公共服務的滿足感或同意度，例如民眾對於治安的滿意度即是。公共任務目標的達成與否都要接受政治的評價，政治評價則是依照選民的主觀意見或民調的標準來決定，也就是依照未來選民對於特定社會問題解決的滿意度來做取捨，所以要定出客觀標準和主觀標準不是一件容易的事。

第三個問題是，社會指標的基礎建立在社會的持續觀察，這是需要合乎一定的學術性的水準。但是這一個流程中可以被操縱、扭曲、作假的地方很多，操弄的方法統稱之為「社會技巧」（Soziotechnik），它可以影響政治的決策，或者增加決策的困難度，使得政治決策遭致外界的批評，影響到真正的學術性的認知。

另外一點值得注意的地方是，持續的社會觀察最後得到的結果，常常會傾向於提出新的社會需求，或是建議擴張舊有的社會需求，比較不會建議縮減或廢除現有的公共需求。因為公部門的福利作為是人們所期望的，政府又扮演著公共需求管制者的角色，所以**社會心理對需求的期望往往大於政府已經提供的給付行政，也就是期望的需求大於實質的供給**。在這一種情況下，**政府的績效或給付行政，它真正的成本不會／或幾乎不會被注意，甚至被遺忘。在享受利益者的評價認知中，這一種代價是滿足需求所必要付出的，也就是說，需求有其正當性，代價也就有其正當性，問題就躲藏在其中。**

「社會指標」和「社會持續性觀察」這兩種途徑都會有一種傾向，讓**公共任務擴張的機率，遠大於共公共任務的限縮**。因為有這樣的傾向，就必須確實調

查現有公共行政的績效及其客觀的指標，來確認公共需求是否有消退或減少的情形，掌握需求的實際狀況後，再來決定共任務的存續問題，才能避免社會研究方法可能存在的不良影響。「社會指標」和「社會持續性觀察」不是對於行政體系進行一種裁決或判定的動作，而是針對選定的公共任務範疇進行評鑑，「社會指標」與「社會持續觀察」都是決策的輔助指標，提供決策對公共任務應該限制或停止的決策參考。

任務評鑑的社會學標準也參考組織社會學的理論，例如公共任務應該由何人來執行才可以更接近問題、行政機關的規模大小、行政執行機關的課責範圍與數量、集中或分權、分工的範圍、專業化的程度等等，組織社會學討論的一些原則可以作為評鑑的社會學標準。

四、政治的標準

任務評鑑的政治標準和前述的幾種標準都不一樣，因為政治標準不能預設，也不能從學術研究導引出來，而是由公共任務的政策決定者所設定的，它可能是政黨的政策，也有可能是政府宣示的政策。

任務評鑑的政治標準，在當初決定公共任務時就已經直接設定於其中，也就是說，公共任務的本身就含有政治目標，執行公共任務就是完成政治目標。但問題也存在於其中，當公共任務為了達成某種政治目標而成立時，獲得了政治決策的同意與支持，但是要對任務加以限制、刪減或廢除時，卻很難獲得決策者多數決之同意，這就是麻煩之所在，因為在民主政治體系中，要讓所有的民眾都瞭解財政上的危機狀況，而且有廣大的社會共識，不是一件簡單的事。

如果針對政黨的政策或政府宣示的政策來進行分析，就會注意到一種傾向，它們普遍的喜好「績效改善」、「效能提升」、「公共任務的擴張」這類論題，對「任務限縮」、削減、廢除的議題比較不感興趣。**「政策做多」、「議題做大」是所有政治決策者所偏愛的作法，這樣可以讓選民看到他們所做的事，削減公共任務甚或予以廢除，勢必無法討好選民**，如此一來，任務評鑑的政治標準就有了內在的缺陷在。

只有在例外的情況下，政治標準才會談到任務限縮的議題，就是政黨政策或施政計畫討論到了財政危機或緊急狀況時，提出財政節約政策或財政結構改革等作法時，公共任務的限縮或削減才會成為政治議場中的題目。一般而言，就算是要限縮公共任務，也是欠缺實實在在政治評價的過程，開源節流的政策只是透過籠統的標準，或統刪，或小刪一部分，刪在影響最小的部分，或是政治反彈最輕微的地方。有時候涉及到不同政治團體不同的意識型態，討論公共任務是否由

民間或國家來負責，就有民營化或補助原則的結論產生，結果，還是沒有觸及到任務削減或廢除的議題。

不管事實的狀況為何，公共任務的評鑑還是有政治標準，政治標準就是政治決策。政治決策通常並不是非常透明的，而且多半是政治協商的結果。所以從任務評鑑的觀點來說，發展評鑑的政治標準不宜過度抽象或籠統，應該在政治協商過程中保障公共資源與公共利益，並且確保其落實執行。對於現有的公共任務也要能夠提出可以削減或廢除的質疑空間，使政治決策可以翻轉或改變其既有之決定。這樣政治標準才有真正的效用。

伍、小結

任務評鑑不能理解為是一種獨立的、結論式的流程，而是針對公共任務的每一個構成要素、每一個運作環節進行實質的質疑、審問。這種質疑、審問的意識必須內建於任務決定、任務執行的過程中，並且強制性的出現在決策流程中，任務評鑑才有真實的效用。

任務評鑑的內容就是各種的標準，針對各種任務的必要性、任務進行的有效方式、使用的工具與方式是否必要等進行評量。法律標準最具體，經濟標準建立在合理性的基礎上，可以被廣泛的接受，社會學的標準因為社會科學研究方法仍有瑕疵的可能，可靠度因而減損。至於政治標準最難掌握，卻最有決定的權威，所以應該朝標準的框架來努力，保障公共資源、保障公共福祉，並且對於公共任務有關的政治決策流程，要有更強大的聲音加以監督，政治標準的建立才能更穩固。

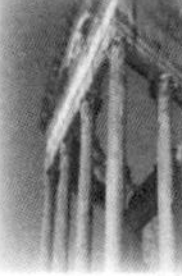

註　釋

[1]以上見解請參閱Lester M. Salamon & Helmut Anheier, "Dritter Sektor und Zivilgesellschaft-Globale Entwicklungen", in Strachwitz(Hrsg.), "Dritter Sektor-Dritte Kraft. Versuch einer Standortbestimmung(1998)" 13. H3-4, 47.

[2]請參閱江明修主編（2002），《非營利管理》，頁21。台北：智勝。

[3]請參閱Nowotny, E., "Dritter Sektor, öffentlich Hand und Gemeinwirtschaft", Arbeitshefte Wirtschaftsuniversität Wien Reihe Volkswirtschaft, Working Paper 41, 1996, p.10f.

[4]請參閱Kruse, Olaf, "Public Private Partnership in der kommunalen Gebudewirtschaft", 2001. S.5.

[5]請參閱Budäus / Eichhorn(Hrsg.), "Public Private Partnership-Neue Formen öffentlicher Aufgabenerfüllung", 1997.

[6]請參閱Savas, E.S., "Privatization and Public-Private Partnership", New York: Chalham House, P.246, 2000.

[7]請參閱Becher, Gerhard, "Industriele Forschungs-und Technologiepolitik in der Bundesrepublik: Instrumente, Wirkungen und Meßmethoden am Beispiel von Fördermaßnahmen zugungten von kleineren und mittleren Unternehmen", in: Klaus König / Nicolei Dose(Hrsg.), Instrumente und Formen staatlichen Handelns, Köln u. a. 1993, S.462.

[8]請參閱Linblom, Charles E., "The Policy-Making Process", 2. Aufl., Englewood Cliffs 1980, S. 81, 100.

[9]請參閱KGst; vgl. KGSt-Berichte Nr. 21 / 1974, Nr. 25 / 1976, vgl. Hierzu auch Dieckmann, Aufgabenkritik, 2. Abschn. Pkt. 2, 5. Abschn.: ferner Reform kommunaler Aufgaben, Anhang, S. 298ff; vgl. Auch Mäding, in: Die Verwaltung, 1973, S.257ff. m.w. N.

[10]請參閱Brünner, B., "Aufgaben der Verwaltung", in Wenger / Brünner / Oberndorfer(Hrsg.), Grundriß der Verwaltungslehre, 1983, S. 127.

[11]請參閱Pttner, "Verwaltungslehre", S.36f.

[12]請參閱Mäding，同前S.257ff.

[13]請參閱Gaentsch, Gnter, "Aufgaben der öffentlichen Verwaltung-Bestandaufnahme und Kritik", Speyerer Forschungsberichte, 113, 3., Auflag, April 1995, S.321.

[14]請參閱Thieme, Werner, "Verwaltungslehre", 1977, Rz197

[15]請參閱Laux, Eberhard, "Kommunale Aufgabenverbesserung, in: Entwicklung der Aufgaben und Ausgaben von Bund, Ländern und Gemeinden", Schriftenreihe der Hochschule für Verwaltungswissen-schaften Speyer, Bd.47, Berlin, 1971, S.116.

第6章 行政組織

第一節　行政組織的原理

第二節　行政組織的內部建構

第三節　中央政府的組織

第四節　地方政府的組織

第一節　行政組織的原理

壹、組織的原理

一、結構原理

人類之所以會產生組織的行為，基本上是因為二個彼此反方向的需求，一個是「工作的分配」將工作分為更細的項目，稱為分工，另一個則是將細分的項目統整起來成為一個整體，稱作協調。這二個同時作用而方向相反的力量／或需求，結合起來就是「結構」的由來。組織是一種結構。組織這一種結構所具備的所有規則，都是為了處理「分工」和「協調」這兩個作用所產生的一切問題。「分工」現象的發展就是人類社會的發展，從漁獵、農耕到工業、後工業，人類群性的需求產生群策、群力的巨大力量，使人類社會不斷的朝前演進。但是分工的效應，也為人類社會帶來許多的問題，所以有了反向的作用——「協調」，可以解決「分工」所帶來的問題。但是「協調」是要付代價的，而且是可觀的代價。因此簡單的說，「分工」與「協調」是人類社會的兩大需求，而也因此有了「組織的結構」。「組織的結構」是推動人類文明朝前演進的「看不見的巨輪」，但是它也絕不是不用付代價的免費午餐。

二、分工與需求

為何需要分工？分工的動機從何而來？這一個問題的解答可以從工作的本質及其效應來觀察。分工，可以使個人因為專業的、特殊的領域的投注，而提升其能力及專業水平，能的數量提高，品質也可以提升，這時候附加效果就會產生，就是獲利增加，並且獲得外圍的社會肯定。因為分工，使得工作的結果得到更高的附加價值，因而得到工作動機的滿足，達到了個人需求的滿足。所以分工的效果可以滿足動機的層面，包括實質的、社會的與精神上的滿足，採取分工的作法不僅有生產面質與量的效果，另外也是心理需求滿足的一種方法。分工與需求滿足有密切連結的關係。

三、亞當・史密斯的分工理念

亞當・史密斯在《國富論》的原因這一章，就談到「分工」的問題，在這一章的開頭他就寫到：「分工對於工作所提供的生產力及工作改善，遠遠多於其

它的生產要素。而且它對技術、專業知識和經驗等，都有幫助。」[1]他也舉了工人製造別針的例子，每一個工人都負責其中的一部分，最後經過五個步驟之後才完成別針。

史密斯也看到了人有交換的傾向與偏好，這一種偏好可以用來解釋為什麼會有分工的理由。史密斯看到的不僅是經濟面的問題，另外他也看到了人類行為更深層的動機面。回到組織建構的議題上，史密斯的見解認為：組織是個人為了追求特定的企圖與維持生活之所需，而組成的共同機構，透過這一個機構來改善其經濟與社會的地位。

貳、組織概念

從組織原理的分析可以知道，人們因為要處理一個任務而聚合在一起，就成立了一個組織。每一個人依照他的能力負責一部分的工作，並且透過別人的努力與成果的幫忙，結合起來完成一個共同的任務。所以組織的成立終究包含了「分工」和「工作統合」[2]兩部分。而且為了順利達成工作的目標，每一個組織成員都會給予必要的工具，如金錢、設備、廠房等。在這樣的條件下，組織的概念中包含有幾個特點：

1.在分工的情況下協力作用：包括人與投入的工具。
2.共通的溝通規則：結構的組織概念。
3.為了達成既定的目標或計畫：功能的組織概念。
4.決策的制定：決策理論的組織概念。

在這幾個簡單的基礎上，組織開始了往後無比複雜的發展歷程。

在組織概念的基礎上，更進一步的來談行政組織。組織概念的理解與認知途徑，因為學科理性的差異而有多元及分歧的論述。與行政學有關的組織概念則有三種，即制度的組織概念、結構的組織概念和功能的組織概念。茲分別闡述之如後：

一、制度的概念

制度的組織概念認為，組織是一種社會結構，例如××市政府。這一種概念的特別意義在於，它不僅賦予一個組織特定的名稱，另外，它也代表著經濟合作與經濟發展。

行政組織是社會結構中的一種類型，它有自己的成員，和外在環境有所區隔，有分殊化的內在結構，以完成公共任務為其目標者稱之。[3]

二、結構的概念

結構的組織概念係指涉行政作用的整體因果關聯性，決定這一個社會結構內的分工，規定各單位的管轄權，並使其常態化而言。也就是說，行政組織是一種方法、一種工具，並透過行政人員、行政的工作方法等，來規範、完成特定的行政目的者稱之。

在一般的組織學中，通常將組織分成組織結構（Aufbauorganisation）和組織運作（Ablaufporganisation）兩部分。結構的組織概念對照這種二分的理論，關於組織結構部分就討論此一社會結構的構造，至於組織運作部分就討論其運作流程。構造討論的題目諸如組織層級、部會署局處等；運作部分討論的議題有任務分配、管轄機關、行政程序法、聽證、行政調查等。[4]

三、功能的概念

功能的組織概念關涉的議題，就是組織如何建構、如何去組織等題目，透過特定任務的執行，來達成組織的目標。也就是說，功能說強調行政作用的組成，並且產生一般性的規範效果者稱之。例如：是否有需要成立廉政公署？其功能與業務是否與法務部政風司重疊？功能的組織學說可以回溯到傳統的管理學說，費堯的學說傳到德語區，由古騰堡續予闡揚建立古騰堡系統說。此一學說認為，企業的生產流程就是生產要素的組合流程，生產要素包括生產者的勞動力、生產工具、生產原料和作業處理四者。其中作業處理一項是整合其它生產要素，賦予方向，讓組織產生效能，扮演企業生產流程中火車頭的角色。而作業處理這一個生產要素由二個層面組成，一個是直覺的、理性的、可以領會不易言傳的層面，另一個是分析的、可以貫徹的、理性的層面。古騰堡針對後者認為有兩個主要的功能，為：

1.規劃：預先設計組織的作為。
2.執行：將規劃應用在實際狀況中。

組織的功能在這兩個大項目中發揮效用，來完成組織的目標。

功能的組織概念和結構的組織概念常常密切的結合在一起。例如行政革新、組織再造、組織變革等，造成對組織結構的變遷，同時也造成組織功能的改變，所以結構與功能的概念常常有密切的關聯性。

參、組織的對象與目標

一、行政組織的對象

行政組織的對象約如下：

1.公共任務。
2.完成任務的行政人員。
3.提供給行政人員的工作方法、工具與資源。

二、行政組織的目標

行政組織的目標，就是透過行政組織的對象來完成行政目標者稱之。下列的系列問題，就是行政組織目標必須回答的課題：

1.公共行政有哪些任務與目標？（確定所需完成的任務，是組織考量的一切基礎；必須確定行政的目標）
2.應該有哪些組織單位（如：機關、官署、科室、組）才能夠達成任務（如：任務分配、行政工作的組合與建制）？
3.怎樣才能將所有的任務完善的分配給員工？讓每一位員工都瞭解自己的任務。該由個人獨立完成？或者必須會同他人來一起完成？
4.工作的方式有沒有考量員工的期待（包括：工作流程或工作位置的安排；工作是有意義的；如何與同儕合作；升遷的機會等）？
5.組織將對員工產生怎樣的影響？或者，員工將對組織產生怎樣的影響？員工彼此間的行為互動為何？（包括：組織對員工行為的操控及影響；員工行為對組織可能產生的影響為何？領導行為、員工彼此互動、職涯的發展等）。
6.怎樣才能既經濟、又有效的達成任務？（包括：工作流程的改善、合作的改善、工作條件的改善、工作方法與工具的投入等）

以上的這些項目是組織必須思考的主要內容，也是組織及其運作的主要目標。

肆、組織的基本原則

國家負有公共任務執行之責、國家機器有效運作必須加以合理化建構，以及國家統治及政治理想的推行，以上各點，端有賴國家行政機器的執行，行政機器的建構就是行政組織的建構。行政組織是國家治理的主要工具，綱要所繫，必須有最堅實與最有效的設計，作為行政運作大根大本之基礎。根本者，即應符合行政組織建構的基本原則，約如下：

1.建構在通貫的、可以綜覽的統一性原則上：統一的原則包括可操控性、可控制性、行政的透明度等，不能夠讓行政組織成為漫無結構、亂無章法的結構體，更不能任其發展為一個龐大的巨人。各個單位的建制都在可以瞭解、能夠掌握的大小規模下，能夠獨立完成其規定任務者，為其原則。

2.儘可能符合最理想的大小規模：每一個行政單位的大小規模必須符合——可以綜覽、可操控性與可控制性以外，還能夠滿足降低成本、專業化、可以使組織運作流程更順暢等等優點。最佳的（optimal）大小規模在不同的專業領域又不同的要求，不同的公共任務對行政組織的規模也有不同的需要，必須依照專業與任務的需要來加以設置。

3.次級單位有意義的聯結：行政組織下有許多次級單位，次級單位之間的協調，次級單位形成的群組間的聯結，以及形成一個一個領域，領域間的相互關連性等等，必須建立在有意義的聯結性之上。如果次級單位彼此之間是齟齬的、敵對的、無法協調的，就行政運作、預算編列、政治決策等等面向來看，將會是有問題的組織設計。

行政組織設計的原則，就是為了使行政機關彼此之間能夠協調與合作，能夠讓行政機關聯結、組合成一個行政體系。所以行政機關彼此之間相互依存、相互依賴。而行政機關的影響力也決定於其溝通與協調的能力，而各有所不同。所以，一個有良好結構的行政組織，必定是以任務為導向，並且可以儘可能完善達成公共任務的組織。

要確保行政組織內部機關的聯結，通常可以透過財政預算、監督權、溝通與協調的機制等來運作，這一些方法可以使內部機關的聯結性提高，來提升行政組織的系統主體性。但是另一方面，太多的預算監督、溝通協調機制的要求，也會造成對次級機關自主性的鉗制與壓抑。因此，行政組織的設計，一方面必須考量形式的、結構的組織框架，以符合組織設計的原則。但是，另一方面也必考慮組織的實質內涵與運作，不能讓形式削弱、犧牲了實質。所以行政組織的統一

性、協調性這一方面的形式條件必須考慮，另一方面的實質內容及其效能也必須衡平的予以考量。

關於行政機關的「最佳」規模，比較實際的考量就是作「經濟性的比較」，從不同大小的行政機關運作結果作比較，來得出怎樣的規模是「基本的」、「必不可少」的規模，同時也是單位經濟效益最高的規模，也就是說大小規模決之於效益規模之謂。所謂的「基本的」、「必不可少的」組織規模，在某些組織或某些任務直接規定其「最小的規模」，如果沒有達到該「最小規模者」，就會影響到行政效能與行政經濟性的發揮，所以「最小／最低規模」就是達到經濟性的最低要求之謂。如果超過最起碼的「最小／最低規模」時，就必須基於專業、專科、特殊化的要求，而這一種規模較大的組織能夠成立，它的前提則是能夠達到讓成本降低、利潤提高的結果，而成本降低和利潤提高的幅度，也是組織規模擴大的上限之所在。

組織建構的原則有諸多項目，其中最重要的還是「行政的經濟性考量」，經濟性的原則規定了符合「經濟規模」的「最小／最少」的數量與量體，另外一方面也考慮了數量與量體擴大，相對成本降低與利潤提高的經濟原則。前者規定了行政組織「最小與至少」的規模，後者是規定了行政組織「最大規模」的上限。

伍、分形與同形

一、分形（Differenzierung）

現代的組織是一種高度分化的社會現象。就結構而言，組織是一個社會結構體，它和社會外環境有區隔的界限，同時二者間又有常態性的溝通關係。行政體系也是這一種理解下的組織。行政體系有一個系統的界限，區分什麼是行政體系，什麼不是行政體系，區隔行政體系和社會外環境。而且，行政體系也有一種向內的系統分化現象，建立一種階層化的關係，上下隸屬的建制就成為其組織的特色，就如四級機關上面有三級機關和二級機關，四級機關的內部又分為科、課等部門，這是一種向內的階層分化現象。

階層分化又分成橫向分化與縱向分化二個方向，在二個方向的分化作用下，行政體系就呈現了金字塔型的組織態樣。

從結構的組織概念來說，組織視為一個社會結構體，就會和其它的社會次體系產生互動的關係。同樣的，公共行政視為一個社會結構體，它就會和許多其他的社會次體系產生互動。公共行政體系這時候就會成為具備二種意義的組織，一方面對應社會外環境而言，公共行政是一種宏觀的組織，另一方面對內部的分化作用而言，公共行政就是一種微觀的組織，如科、室等。公共行政視為宏觀的組織在國際比較的情況下就很容易理解，一個行政體系與外部／外環境／外國的國家行政相對照，有明顯的區隔是理所當然的，宏觀的結構觀對外部或外環境來說，是一種社會結構的分化現象。而結構意義下的微觀組織，可以用科、室、幕僚組織等部門來觀察，一種向內分化作用下的組織意義，就是微觀意義的行政組織，所以，行政組織視為微觀組織就是一種向內的社會分化現象。

以上行政組織的分化現象，可稱之為行政組織的分形。

二、同形（Isomophie）

在前述行政組織的原理中已經提到，組織建構的第一個原則，就是要求各個行政單位的一致性和統一性。面對行政任務的龐大、多元與複雜，行政組織相對應的社會分化作用也必然出現多元與複雜的結果，但是國家行政必須保持可操控、可控制、可以一目了然的狀態，這樣才能夠符合作為國家統治機器的要求。可以被操控、接受控制、能夠一目了然的最佳型態，就是所有組織的結構都能夠符合一致性和統一性的要求，這樣才最好運作。所以在組織進行社會分化運動的同時，一種「求同」的需求也同時產生，而且實質產生作用，具體的表現在行政組織的結構中。

行政組織分化作用的結果，就是組織結構的「分形」；行政組織「求同作用」與「同化作用」的結果，就是組織結構的「同形」。「同形」意指行政組織結構的形式與實質，具有相同的、類似的形式與內容，猶如物理結構的相同晶體，亦如化學分子有相同結構者，稱之。

行政組織「同形」的範圍包括行政組織文化、行政結構、行政制度與行政技術等等項目。行政組織文化的定義，有謂組織文化是經由社會化過程所獲得的「共同」體驗；[5]或謂組織文化係組織成員所「共有」的一套重要的價值觀、信念與體認；[6]亦有謂組織文化是一種社會的（或規範的）接著劑，將組織凝聚成一個整體，其所涵攝的價值觀與社會理念為組織成員所「共有」，其具體表徵為儀式、故事、傳說、迷思，以及特有的語彙。[7]從各家的論述中可知，組織文化是一種所有成員「共有的」、「共同的」認知與價值觀，他是一種實質的晶體結構在撐持一個組織，並且具體的、透過形式表現在組織成員的行為、組織的符號、儀式、圖騰等許許多多的地方。每一種行政組織都會塑造它自己特有的行政文化，軍事的組織文化、法官的組織文化、警察的組織文化、學校的組織文化、

財稅的組織文化，均各有其獨特的外形與內涵，不變的是，每一個組織都有自己的組織文化，它是一種向內的組織社會化運動，使組織成員接受「共同的」、「共有的」認知、信念與價值觀的「同化作用」，所以組織文化就是使組織結構成為「同形」、「同結晶體」[8]的強力推手。

組織結構原理的第一個要求是組織的「一致性」與「統一性」。「一致性」與「統一性」也是行政結構與行政功能發展的重要指標，任何一種國家行政的發展模式，都是朝向著使行政組織及其功能有高度的「均質化」（Nivellierung），訂定每一個機關的管轄權、官署的層級、公文作業規定、機關的領導與管理、永業的公務員、行政規範的約束等等。這一些結構與功能的設計，可能是行政組織經過了一段漫長的歷史發展出來的，或者是經過行政改革措施之後的結果，不論是歷史的產物還是新進的變革措施，最後呈現出來的結果就是「行政結構的一致性」和「行政功能的一致性」。每一個國家的行政結構與功能，一定有其特有的「一致性」，每一種行政領域（Sektor）的結構與功能，如海關、軍事、警政等，也一定具備其特有的「系統一致性」。

行政機關的結構與功能的一致性，如果以德國為例，從各部的教育訓練，到各城市的自治行政等，都有相同的結構及功能的運作。至於結構上的一致性，從德意志帝國在1871年成立，一直到德意志聯邦共和國於1949年的重建，以迄1990年兩德的合併，在歷史的發展過程中，聯邦行政、各邦行政到地方自治行政，結構的一致性始終維持不變。

如果就一致性的程度而論，法國公共行政一致性的程度又更高了。從拿破崙進行了改革之後，中央集權式由上而下的垂直結構、階層化的指揮結構、地方組織結構必須依照中央部會的模式來建構、地方行政區對應於中央設置下及隸屬的次級行政機關（Arrondissement）、地方最高行政長官省長的設置、行政職務的人才徵選制度等等。拿破崙式的行政有從上而下的統一性與一致性，這一個作法成為當時的其他鄰國爭相模仿的對象，也是歐陸國家行政組織的模範。對法國及其他模仿的國家而言，在行政機關內部組織的「同形化」程度是非常高的，「差異性」的程度與幅度就很小了。這就是行政組織的「同形」現象。

談到行政制度與運作的「同形」，就必須從憲法及法律的層面來看行政組織。從憲法對行政管轄權以及中央與地方管轄權的分配，以及各種法令對行政管轄規定，各種組織法的管轄權規定，由上而下逐層建構了一個行政治理的網絡系統。這一個有**具體法律規定的管轄體系，對公共財、公共服務進行管理、約束與分配的作用，它不只是一種工作與權力的分配體系，它還有一種特殊的作用與意義，就是管轄權的分配**。管轄權是一種義務，也是一種資格，來處理特定的公共任務，以及對相關的人民、協會、組織、企業、機構等，行使約束的作用。管轄權對行政機關內部有管制作用，對外部環境與民間組織也有其影響力，例如對於公共事務的規範、將對民眾負有法律保護的效果、或是為民眾提供服務、或者在授權範圍下採取限制的行為等等。[9]公共行政在一定的範疇內，可以行使對事的、對物的、對層級的，以及對功能面上的各種管轄權。反過來說，行政機關如果少了管轄權，行政作用的行使基本上就有缺陷與瑕疵。管轄權的爭議必須依循衝突的規範來解決之。

當管轄權、管轄範圍訂定後，行政制度的內涵就確立了很重要的基礎。行政制度、行政運作結合行政文化、行政結構、行政功能幾個大型結構元素後，行政組織建構的「同形」、「同結晶體」的作用也同時完成。

陸、靜態與動態觀

每一個組織的基本型態和基本要素可以從兩個觀察角度來理解，一個是「靜態——結構觀」，另一個是「動態——作用觀」，兩者的對照性說明如下。

一、靜態——結構觀（凍結的組織）

依照P. Meyer的說法，組織的靜態觀是一種方法，將公共行政的組織生命當作是一種冷凍的狀態，基本上呈現為一種靜態的系統，所謂的靜態是指結構的專業化與管轄權的確定而言。[10]

行政學的靜態觀和流程運作的動態觀是一種對比。假設，把一個旁觀者安排在火車站，讓他把各列車的到達時間與離開時間登記下來，作成一個火車時刻表，這就是組織的靜態——結構觀。而火車頭的推動、技術與運作流程等，則是流程運作的動態觀。火車時刻表是一種靜態結構，但是裡面卻詳細記載了這一種交通工具的可靠性、頻率、準點性，以及使用者的便利性，各種重要的資料，可以提供有效法律控制的材料。

行政組織的靜態結構觀是法治國家概念成立的前題，沒有這樣的一種整體結構，法治國家就無所依附，法治運作是沒有基礎的，所以，行政組織的靜態結構是一種依法設計的、行政運作的客體，並且使得行政行為具備可預測性，行政學與行政法學的任務，就是要保障這一種可預測性。這一種觀點基本上必須忽略、壓抑許多行政的實質面、壓抑行為的動機、心理的活動等等活動，因此，所謂靜態的結構觀呈現的是一種規範性的理想狀態，是一種被純化的、被凍結的系統狀態。

二、動態——功能觀（活的組織）

與靜態——結構觀成對比的就是動態——功能觀，它的關照重點在研究「在某一個結構範圍內所發展出來的所有動作」，將組織視為一個活的有機體，其中包括了所有成員的行為互動，以及組織與外部民眾的關係。透過動態作用行政體系就是一個活的組織，可以發揮功能，並致力於組織目標的完成。

三、融合

靜態——結構觀與動態——功能觀是組織的兩個事實面，成對比而互補，透過組織的靜態單位和成員的動態功能發揮，就可以致力於組織目標的達成，兩者結合而且不能分離。組織分工與合作的作用就是功能的與動態的現象，這種現象同時也會走向制度化的結果，導致新的組織結構的誕生，動態與靜態的關係是相比相生的。

柒、組織建構的準繩

組織的結構應該如何形成？應該長成什麼形狀？必須完成何種目的？價值如何界定？許許多多的問題均有待釐清，然而龐雜現象的解答比原來的問題更複雜，所以，對行政組織建構的理解應該有一些線索來進行研究，此即為組織結構的準繩之謂。

下列對組織結構準繩的分析，是依照上述行政組織的基本原理來陳述，約如後：

一、制度的組織準繩

制度的組織觀點認為，行政是一種社會結構，它有自己的成員，和外在環境有所區隔，有分殊化的內在結構，以完成公共任務為其目標者稱之。在這一種組織觀點下，「制度觀」關切的重點為——目的與目標。「制度觀」衡量組織的準繩則為：組織的目的是什麼？在客觀狀況下，組織可以完成哪些目標？對於這一些議題的答案，人們期待行政組織的大約就是合理性、正當性與績效標準等。這一些都是制度觀對組織目的關切的議題。

更深一層探討組織目的，就會觸及到一些議題，如行政組織的「工具——目標關係」及其設計、行政組織的有限理性、群體對組織目標的認同度等等，並且尋求適當的準繩以配合組織目標的達成。

組織目標的問題還有很多，諸如：各項子目標的設計欠周詳、不夠嚴謹；

目標彼此間的衝突；子目標和總目標之間產生矛盾等；行政層級組織內，橫向與垂直的目標是互補？還是競爭？每一種問題的答案，可能有一種甚或數種的行政規範，來作為組織運作的準繩。

二、結構的組織準繩

從結構觀論行政組織，是研究行政組織內部的分工、各單位的管轄權等，認為行政組織是一種方法、一種工具，並透過行政人員、行政的工作方法等，來規範、完成特定的行政目的者稱之。「結構觀」注重的是組織結構與目標達成二者間的問題，也就是研究公共任務與規劃結構的關係。公共任務的接受與執行，要經過決策與規劃，行政決策與行政規劃的背後，一定要具備堅實的基礎，這個基礎就是——價值（如：憲法的價值），價值基礎和組織結構是密切結合的關係，就是「結構觀」衡量組織的準繩。

憲法的價值表現在行政組織中的，例如民主、法治即是。一個可靠的、人民可以信賴的、可以期待的行政機關，背後應該有理性的民主政治作為支撐。民主可以用各種不同的形式融入行政組織中，例如行政機關考量到人民對行政的認同感或歸屬感、對於重要的公共任務民眾可以參與決策、讓行政機關的組織簡單明瞭、行政單一窗口、機關的設置使人民更便利等，都是民主價值融入行政組織中的做法。

法治原則對行政組織更是重要，最常見的事例即為：組織事務的法律保留與法律優位，設定法律的前提要件，將行政執行和法律密切的結合起來，這就是法治原則應用在行政組織的案例。此外，對於機關之間管轄權的分配也必須有明確的法律規定，使民眾受到法律安定性的保障，以及行政機關對資訊的處理也必須系統的管理，使民眾個人資料受到保護，不至於被濫用。這些都是法治原則的應用。

三、功能的組織準繩

功能的組織概念探討的，就是組織如何建構、如何去組織等題目，透過特定任務的執行，來達成組織的目標。亦即，功能說強調行政作用的組成，並且產生一般性的規範效果者稱之。

各種組織建構的原則就是各種價值取向，各種組織結構的定義就是許多價值經驗的聯結，價值的聯結就會和功能的組織概念相呼應。何謂組織結構的價值聯結？許多成雙成對的組織原則就可以說明之，諸如集中制與散在制、中央集權與地方分權、集權與授權、首長制與委員制等，這一些組織原則都是從歷史經驗中所淬鍊出來的價值鏈，這一些價值鏈和組織結構、組織原則是逐步發展出來的共生體。此一結合體的內涵與意義，則是清楚的指向功能的組織概念這個方向。

功能的組織概念注重的議題有：

1.分工：依照行政工作的數量、種類與複雜度作必要的分配。
2.專業化：依照專業作橫向與垂直的分工。橫向分工的專業化，如預算、法務、資訊等都是專業單位。垂直的分工，如管理層與作業層的區分。
3.任務同質性的原則：相同的任務應該歸併到同一個單位裡，使作業方便，達到一定的管理經濟規模。
4.協調、合作與整合原則：公共財與公共服務的分配，是為了完成公共任務的實現。行政協調就是掌握工作流程及行政決策的方法，使作業的環節、任務的關聯性作最佳的整合。合作的原則是組織成立的基本前提，始於規劃、經過執行、終於完成，都需要群體的合力貢獻。相近似的，將每一個單位、每一個人的績效結合成整體績效，這就是整合的原則。

捌、組織分化的基本型

組織建構會分化成不同的次體系，次體系的型態基本上可以分成部門化、領土化、功能化與顧客化幾種類型，茲分別敘述之如下。

一、依目標／部門的組織分化

依據目標別來作為組織分化的依據，就是分別按照目標、生產團體、作業範圍、事務內容、任務等，將同質性或相似的任務劃歸同一個單位組織中，例如交通部、經濟部、國防部等即是。因為目標通常都有清楚的區隔，所以用目標作為分化的標準，通常都成為部門分化的標準，所以依目標的組織分化又被稱為依照部門的分化。也正因為如此，依目標分化的組織就被稱為「部門化的組織」（divisional Organisation），也有稱之為「部門組織」（Sparten Organisation）、「職權範圍組織」（Ressort Organisation）或「專業行政組織」（Fachverwaltung）等。這一種組織分類形式在行政組織分化類型中占最多數。在部會層級的組織圖中，可以看到經濟部、交通部、衛生署、財政部等等不同領域的分類。到縣市政府的層級可以看到社會處、工程處、交通處等等，以不同的任務、專業作為組織分化的標準。

哪些作業團體可以劃歸於同一部門呢？這時就必須對公共任務進行分析，確認公共任務的範圍，然後才回答此一分劃的基本問題。[11]分劃／分化可能導致山頭主義的結果，所以部門化之後的組織必須有整合的考量，使各個分部既有專業分化，又有互倚互賴的系統整合需要，這樣才是周全的部門化的組織設計。

部門化使每一個次體系的專業功能有所區隔，業務內容也明白區分，對於民眾而言也容易瞭解其洽公之機關，給人民方便。所以分部門化的組織類型會有透明化的效果，並產生親民與便民的效果。

二、依功能的組織分化

依照部門進行組織分化後，各個單位中可能有某些特定的功能與作用是同樣不可或缺的，如財務、總務、法務、資訊管理等，這一些功能是各單位都同樣需要，而且不可或缺時，就會回到泰勒主義所主張的專業性與功能性的需要，將這些相同的、類似的功能集結成為一個單位，這就是依照功能進行組織分化作用。

依照功能進行組織分化作用，如果在部會層級來說，這一種功能性的組織就會同樣出現在次一層級的組織中，或是組織之間，例如在各部會中會設立資訊中心、會計處、人事處等單位。下至地方自治機關，也是同樣的有人事室、法務室、總務課、會計室等單位。

功能性的組織設置，會因為組織的任務與性質不同而有所歧異，例如市政府有新聞處，有的則稱為公關室或傳播處。警察分局下設有保防組，有的分局則是保民組（保安民防組）。任務的內容可能有些不同，功能行使也可能不一樣，表面上是相同或類似的功能，實際的做法還是會有一些差異。

類似或相同的作業系統放在一起，就成為功能性的組織，這樣當然是符合組織「一致性」、「統整性」、「符合經濟規模」等組織原則，但是也開啟了「集中制」或「分散制」何者為優的爭論。資源集中使用或分權使用，集中可以更經濟或是更官僚？分散是否較不經濟或是較便民？許多的爭論在組織設計、在行政改革、在政府再造的重思維中，都成為功能性、價值衝突、典範轉移的論述角力點，優點和缺點，管轄權與專業化，每一個論辯都是組織建構過程中必須經歷的陣痛點。

三、依顧客、公物的組織分化

依照某一種職業、某一種身分並顧及其特殊利益，而為之成立的獨立／及

自治行政組織，就是依目標對象、顧客而進行的組織分化，如退除役官兵輔導委員會／退伍軍人事務部（美國）、行政院原住民委員會、行政院青年輔導委員會、移民署等，分別處理退伍軍人的事務、原住民的事務，以及青年就業輔導的事務、外國人的事務等，行政的對象限定於某種身分，行政的任務在維護、保障、謀求其利益，就是一種以顧客為分類的組織基本型態。與身分相似的還有以職業別作為分類標準者，如工商登記課的對象就是工商業團體、公司、行號與商家；農委會的農業改良場，行政的對象是農民；農委會茶葉改良場服務的對象就是茶農，以上就是以職業為對象而設立的行政組織。另外，還有以**動植物、公物**作為分類方式而設立的行政組織，例如行政院農委會動植物防疫檢疫局、桃園縣龍潭鄉大池管理中心、行政院農委會林務局林區管理處、桃園縣海岸林工作站。

以上所述以顧客、身分、職業、動植物、公物作為分類標準，所成立的組織，就是依顧客、公物的組織分化。「顧客」這一個企業管理所使用的名詞，在「政府再造」運動之後大量引用於公共行政的領域中。但是公共行政引用的「顧客」這一個名詞時，其定義、對象、任務內容、執行方式、法律性質等等，產生了許多的疑問與爭議。就「依顧客而為組織分化」的這一個論點來說，企業的「顧客」在行政組織中則有更恰當的名詞，如代理人、受委託人或代表（如：婦女代表／或委員會、殘障代表／委員會、難民保護委員會）等行政組織。

總而言之，依顧客／公物的組織分化，這一種組織可以讓特定的顧客、特定身分的對象、特定的職業、特定的公物管理者，可以有一個共同聚焦點，有一個行政機關或組織來處理他們的事務，維護他們的利益，透過行政管理、資訊交流、縮短行政流程、謀求其福祉等等，[12]就是以顧客為分類的組織原意，組織的價值觀就是建立在其對象的利益上。從正面來看，這一種組織可以保護其對象的利益；但是從反面來看，這一種組織存在的理由就是保護對象利益，在維護組織生存的理由下，會產生組織心理對其任務對象的過度認同，只要是對向有利益的、有幫助的所有事務與資源，就一定會爭取與維護，造成資源的過度掠奪，進而使行政資源分配失去實質的正義。

四、依領土的組織分化

在前述幾項組織分化的類型之外，還有一種不是以事務為對象，而是行政事務的地區管轄權作為劃分標準者，稱為「領域的／地區的（Ortliche）／或領土的（Territorial）組織分化類型」，也就是機關的設置有一定的空間範圍歸屬於其轄下者之謂，例如省、州、各邦、地方等等。領土性／領域性（Territorialität）作為行政組織建構與劃分的原則，基本上仍源自於國家有一定

的領土與主權這一個觀念，領土性和有領土的國家（Territorialstaat）兩個概念，是一系列的思考模式，這一種思考模式適用於國家的層次，但是不適用於市場經濟的領域，因為「市場」的觀念中是要去除所有的疆界，「市場」無國界的限制，所以有商人無祖國的說法，特別是對跨國企業而言，國界會帶來行政管制、商業限制，也是某種形式的貿易障礙或壁壘，所以市場要去國界。

以領土／區域作為組織分劃與設置的標準，其管轄範圍、內容、強度與形式可能各有所不同。例如美國的州、法國的省、德國的邦、我國的省，層級相似，但是領土面積、管轄權的強弱、行政隸屬的設計等等，則有非常多的不同之處。不同的最主要原因，就是中央集權與聯邦主義的差異。在中央集權的國家，中央政府之下有許多下級隸屬機關，下級隸屬機關各自有其管轄的範圍，例如法國的地方省長（Präfektur）在省的範圍內，就有其統一管轄的權威。[13]在聯邦制的德國，一個邦的總理在邦的範圍內，就擁有行政管轄權，但是邦政府下設的部會對於其主管事項，也和邦總理一樣在邦的範圍內擁有相同的管轄權力，因為德國基本法規定，邦的部會對於邦以及地方事務有管轄自主權（Aotonomie）。所以，依照領土原則設立的組織，其範圍、管轄權、管轄權力的強度、管轄權行使的形式等等，會有實質上的差異。

依照領土而為組織劃分者，並不是萬世一系永遠不會變更的，在許多的國家政府改革運動中，領土的組織單位常常是改革的對象。例如1960年代到1970年代的德國地區改革（Gebietsreform），事實上就是國家行政的領土總改革，在邦、省區、省轄市、縣轄市以及鄉鎮各個層級，都做了很大的領土調整，透過行政區域的擴大，來減少行政機關的數目。在我國也是一樣，90年代的廢省以及2010年五都的設立，對政府組織及其運作有極其深遠的影響。在相關領土的行政組織改革中，有兩個對立的模式可以提供選擇，一邊是中央統治——部門化的組織結構，另一邊是分權的——領土的／區域的行政組織，兩種不同方向的選擇既是一種政治的，也是一種歷史的偏好抉擇。前者的走向，會促成公共財貨與公共服務分配的一致性；後者的走向，則會促進便民、親民、滿足民眾需求為先的目標。不同抉擇，結局呈現的就不一樣。

領土分化作為組織建構原則，在當前會面臨兩個熱門的題目——全球化（Globalisierung）與區域化（Regionalisierung）。「全球化」會抹除行政的疆界，以歐洲「申庚法案」（Schengener Abkommen）為例，跨國的行政合作、公務員的流動、行政的運作等等，已經讓各國原來的行政界限泯除大半。「區域化」是在一個地區範圍中，為了鞏固社會、經濟、政治的利益，將這些活動加以圈定並鞏固之現象者稱之。區域化的範圍與活動，通常和既有的行政組織、行政

界限不相吻合。不吻合的問題是，區域化的區域治理是否已經發展出完善的行政操控與規範的模式？而且和既有領土劃分的行政組織定義有所不同？區域治理的空間範圍是不是能夠保持像圍牆一樣的效果，使區域治理和行政領域有相同的水平？臺灣的「五都」就是區域化的案例，「五都」立法成立後，則是將「區域化」轉為「領土化的行政組織」。

第二節　行政組織的內部建構

人類有組織的行為，基本上是為了滿足二個彼此關聯的需求，一個是工作的分配，將工作分成許多不同的部分，而另一個需求就是協調，將各個不同的部分結合成一個整體。在「分工」與「協調」這兩個需求的作用之下就有了所謂的「組織結構」。「組織結構」處理的問題就是整體性的規範，規範的對象就是從「分工」與「協調」中所產生的各種組織目標與任務，規範的作用就是完成這些目標與任務。這一個邏輯系統就是組織建構的基礎所在。

壹、階層化

每一個國家的行政組織可能各有特色，但也可能受到其他國家的影響，例如1990年代起，德國與法國大陸法系的國家受到海洋法系國家新管理主義的影響，新公共管理、政府再造的浪潮一時蔚然成風，德國適時的興起「新操控模式」的運動，法國也推行「行政現代化政策」，影響所及，大陸法系傳統行政的國家行政組織也受到影響，而有所改變。但是不能輕忽的是，現代國家的行政組織結構，其實都具備了高度的歷史延續性，許多結構的原則在革新的議題中不斷的被提起，如階層組織的扁平化，這個題目其實也是傳統行政革新運動的熱門議題。所以，不論國家的個別特色，或是改革運動之流變，研究行政組織的議題，首要之務還是應該先認識行政組織內部的基本建構原則。

行政組織內部建構最主要的原則就是——階層化，將行政組織建構為金字塔形的結構。「階層化」的意思在此不是針對人的社會關係及社會地位予以排列之謂，而是工作條件下的一種社會分化作用，使組織與個人都能得到適當的安排，有利於組織運作的一種設計。這是一種組織法意義上的區別，也是組織地位上的意義區別。所以行政階層化的稱謂不能隨意和人的功能與價值直接畫上等號，而是組織內部溝通關係的一種形式，沒有這種關係，一個社會系統就不能長期的存在。同理，行政體系的各個構成單位必須透過一定比例的、穩定的安排，才能夠聚合成為一個整體。階層化的結構不僅僅是上層與下層結構的安排，同時也是相鄰、橫向結構關係的設計，並且將工作關係、管轄關係、權力分配的行政作用等，依照事理與運作的需要，安排在組織結構的各個單位上，這樣的組織模式就是國家行政體系，或者套用韋柏的名詞，它就是一個「國家官僚體系」。

一、階層化的定義

「階層化」是公共行政組織最重要的建構原則，對於此一原則的內涵界定，洛謝（Wolfgang Loschelder）予以綜合後描述其概念約為：

> 「階層化的概念就是一種垂直化的結構原則，依照任務與職權行使的需要，進行工作分配、正式化、制度化的配置，將每一個行政作為的單位從上到下作了明確的規定與安排。每一個階層的行政作為都是經過上級許可並取得其正當性，也接受上級的節制。上級對下級有指揮、監督的節制權力，每一個層級通常都是接受直屬上級的指揮。行政控制與資訊流通管道，都是以直線式的上下流通為原則」。[14]

二、階層化的功用

就定義而言，階層化是公共行政的一個建構原則。就功能與作用而言，階層化就是一種廣義的「節制原則」。公共行政必須接受操控與節制，首先就必須置於法律約束之下，[15]因為行政體系是採取階層化的原則來建構，上下一體都必須具有階層服從的觀念，而行政體系必須受到國會立法的監督，行政要受到法律的約束，所以階層化的原則就成為國會操控／節制公共行政的間接工具，階層化原則使公共行政組織養成一種依從法治的性格，就可以滿足國會對行政合法性的要求。因此，階層化可以發揮「節制原則」的功能，滿足國會立法部門對行政組織加以操控的需求。

階層化是行政組織的一種制度設計，透過階層化的「節制」功能，就可以使立法部門要求行政部門必須符合法治規範，**這一種經由「制度」**（Institution）**到「規範」**（Norm）**的漫長過程，**[16]**就是採取階層化原則背後隱伏的理由**。

三、階層化的應用與侷限

階層化組織只是社會結構中的一部分，階層化組織的功能還不能與整個社

會體系的功能畫上等號，也不能代表社會主義國家的行政。「階層化」就僅只是行政機關內部結構的一種原則，並且有其特定的結構運作和決策方式。另外「階層化」原則也不一定和「目標——手段關係」相結合，上級機關不等於「目標／目的」，下級機關也未必等同於「手段／工具」。至於行政組織採取階層化的原則來建構，其實也是一種相當彈性的指揮、命令的模式，來推動分工下行政行為的操控與協調，以達成其需要為已足，所以有很大的彈性。現代國家行政有一個重要的現象就是「專業化」，「專業化」是促進公共行政的技術、理論水平的重要推手，但是這個原則不喜歡受到階層化思想的約束，在西方國家，尤其是海洋法系國家特別不喜歡階層化原則的束縛，也不喜歡官僚化的結構，其中有一部分的原因就是和「專業化」原因相牴觸的關係，但是也正因為不喜歡階層化原則，所以這些國家就必須花費許多的心力在「管制」、「協調」與「整合」的工作上。

行政組織的內部結構在許多國家都是階層化——金字塔的構形，我國和大陸法系國家均以此為主。其它的組織型態，如獨立的單位、獨立的機關、特殊單位或類似的科室部門等，通常都較少設立之。行政內部組織原則很少違反階層化——金字塔構形的原則。也因為有這樣的原則，使得行政組織的再造工作就變的較為困難，再造的結果不能符合局、處、科、室的既有配置，就會產生位階、法律定位、預算分配的種種疑慮。換言之，階層化——金字塔構形原則下變化的空間較少，要進行組織再造或廢除某單位，都有些困難。

四、「非階層化」

在階層化之外還有一些非階層化的組織形式，而且是非常傳統的。這一些非階層化的組織形式可以對行政組織產生穩定與鞏固的作用，可以提供諮商、管制、法律控制、民眾參與、代表利益團體，以及決策時所需的專業知識等等，對行政組織有很大的幫助。這一些非階層化的組織中，非常多的類型就是委員制的組織，還有許多常見的法律保護的組織，而且各有不同的名稱，如委員會、主席團、工作小組、會議（如：國安會）等，它們可以安插在階層化的行政金字塔組織中的某一個層級，甚至可以安插在內閣中，如資政、顧問等。這一些非階層化的組織可以發揮其輔助決策的功能，以及提供諮商顧問的功能，它們的成員可以包括政治家、官員、義務職的人員等等，組成方式多元而彈性。

在自治行政的組織中，非階層化的組織就更多了。在社會、經濟、文化等各個層面中，都可以看到各種委員會的存在，分別代表著不同的利益團體。例如：選舉委員會、各種考試委員會等，可以滿足多元的社會需求。

貳、集與分

集與分是指一組相反的組織設計原則，其中包括「集中與分散」（Zentralisation u. Dezentralisation）和「集權與分權」（Konzentration u. Dekonzentration）二種組織設計。這二種組織設計原則的意義不太相同，必須加以說明並區分之。

一、集中與分散

「分散制」（Dezentralisation）的組織設計原則，就是將行政組織與工作，分散到許多自主行政機關的手中，例如將中央的行政組織與工作分散到地方政府、縣政府或鄉鎮公所，或是教育部的職權分散到大學的行政機關，將職責、管轄權分給隸屬機關者，就是「散在制」。「集中制」（Zentralisation）則是相反的，將職權集中在唯一的中央機關，或是集中在中層或下層機關，接受上層機關單一的監督者稱之。

「分散制」的優點是，可以更接近地方、更親近民眾、較短的行政流程，以及有更可靠的、經過選擇的行政自治團體可以依賴，基層的自治團體可以獲得更多民間的資訊，能夠讓民眾參與更多的公共事務等等。「集中制」的優點則是，可以更快速的掌握與貫徹行政命令，有統一的行政作為可以提高行政的效率，以及法律保障的公平性等。

二、集權與分權

「集權制」就是將所有的管轄權集中到一個機關的手中，例如聯邦的層級的權利全部集中到總理府，各邦的權利全部集中在邦總理的手中。「分權制」就是行政權分散在不同機關的手中。「集權」與「分權」可以同時以橫向的和縱向的方式進行之。例如：垂直縱向的集權，就是將所有的權利都集中在最高層機關的手中，中層機關和下層機關都沒有權力；橫向平行的集權，就是將所有的權利都集中在某一個行政區的某一個機關之謂。而橫向的分權就是將權力授予各平行機關。[17]

「集權制」的優點是：(1)可以用較大的經濟規模來獲取更多的行政經濟性，例如總務的採購；(2)統一行政作業的步調，減少內部分歧，消除內部山頭的形成，提高行政效率與組織認同感；(3)減少衝突，使內部次級團體製造問題的可能性降到最低；(4)抗壓性較高，組織愈大，對壓力團體的抗壓性就愈高；(5)民眾容易認識，機關組織愈大，管轄權責愈集中，民眾就愈容易知道負責的

機關是誰。「分權制」的優點則與此相異，約有下列各點：(1)較合乎民主原則；(2)分權可以防止官僚權力集中產生的所有弊病；(3)分權後員工的成就感與工作滿足感較高；(4)因地制宜等。[18]

參、平行分化與垂直分化

在一般的企業或製造業的組織分化作用中，依據的原則包括有：(1)依照個人的能力與知識來決定組織的類型；(2)依照工作的同質性來決定組織的分化，相同的工作就歸入同一單位中；(3)依照功能來決定組織的分化，例如生產、銷售、採購、研發等單位的設置；(4)依照時間作為組織分化的標準，例如三班制中的早班、中班、晚班等；(5)依照成果或出的績效來決定組織單位的分化，如生產單位或客服單位；(6)依照顧客或委託人來做組織分化的標準，如個人服務處或團體服務處、一般服務處或貴賓服務處；(7)依照地區作為組織分化的標準，如北區、南區服務處等。[19]

以上企業或製造業的組織分化標準適合其組織的目標，公共行政的目的與價值觀與其有所不同，所以組織分化的方式也就有不同的考量。不同之處就在組織的本質、組織的運作、目的、法律關係等等的差異性，最後表現出來的組織類型或名稱就有所不同。然而所有組織分化的原理皆源自於兩個需求，就是分工與協調整合，「分」的道理也一定是建立在「物以類聚、人以群分」的基礎上，所謂的「類、群」，也一定是「同一類」或「同質性」的群。所以組織分化的潛規則，就是必須合乎「同質」、「同類」的要求。

行政組織在執行公共任務的時候，必須將任務分配各個隸屬單位中，透過分工、協調、與整合來完成任務，這樣一則可以方便政治層面的管理，另一方面可以讓行政管理的規模維持在一個滿意的範圍內。任務分配給隸屬機關是依循著兩個軌道來進行，一個軌道是組織依照任務進行橫向的分化，另一個軌道是組織依照任務進行垂直的分化，這二種分化模式茲分別敘述如下：

一、橫向分化

一個組織會產生橫向分化的需要，基本上是因為組織內員工的工作不同而來。內閣以下的第一層橫向分化就是各部會，各部會以下的橫向分化又是依照主要公共任務群組（Aufgabenhauptgruppe）、公共任務群（Aufgabengruppe）、單項公共任務（Aufgabe）、子項公共任務（Teilaufgabe）等序列[20]繼續分化。

組織橫向分化的第二個理由，是因為組織類型的不同，不同的組織就有不同分部的需求，[21]需求則是依照功能、地區、專業、效率、彈性的要求而訂定，將這些要求加以歸納之，就是行政組織橫向分化的類型。在上一節中已經有詳細的分類，即為：(1)依部門的組織橫向分化；(2)依功能的組織橫向分化；(3)依顧客、公物的組織橫向分化；(4)依領土的組織橫向分化等四種。這四種橫向分化的方式在許多的組織中，常常可以見到混合使用的情形，如桃園區國稅局既是一種功能的、也是地區領域的，以及依照部門的橫向分化方式。但是就一般的觀點而言，依照功能的橫向組織分化是最普遍的方式。而依照區域、領土的橫向組織分化是相對較少的。值得注意的是，依照顧客、公物的橫向組織分化方式逐漸受到重視，如原住民委員會、客家委員會、退伍軍人事務部（美國）等，說明了這種趨勢。

橫向組織分化的第三個理由是，必須符合外部環境的條件，例如兩岸的海基會與海協會，就是因應外在環境與局勢的需要而設置。

二、垂直分化

縱向的組織結構是組織垂直分化作用的結果。垂直分化又是橫向分工的直接結果與附帶現象。[22]垂直的組織分化就是規定一種上、下之間的隸屬關係，這種隸屬關係中包括了數種關係，如領導、管理、人的指揮、監督、管制等等。

垂直分化就是將組織設計為階層化的線型組織，階層上下的單位之間有直接隸屬的關係。這一種階層化的線型組織有固定而明確的結構，可以進行溝通、指揮與控制的行為。責任分配清楚，管轄範圍劃分明確，是建構政府組織的一個好方法。

垂直分化是行政組織縱向／上下的分工與協調的設計，因為是由上而下的階層化設計，所以在一個組織中的最高層級與最低層級間，就會有許多的中間層級的設計，而且也一定是依照適當的比例關係分層設置，並符合若干相關的組織建構原理。以部／會的組織來看，舉例言之：內政部下設左列各司、室——民政司、戶政司、社會司、地政司、總務司及秘書室；[23]法務部下設各司、處、室——法律事務司、檢察司、保護司、政風司、總務司、資訊處、秘書室；[24]教育部設左列各司、處、室——高等教育司、技術及職業教育司、中等教育司、國民教育司、社會教育司、體育司、邊疆教育司、總務司、國際文化教育事業處、學生軍訓處、秘書室；[25]國防部本部設下列單位，分別掌理前條所列事項——戰略規劃司、人力司、資源司、法制司、軍法司、後備事務司、部長辦公室、史政編譯室、督察室、整合評估室。[26]就這些部的組織來觀察，部下設的次級單位，內政部下設司、室，法務部下設司、處、室，教育部下設司、處、室，國防部下

設司、室。各部的次級單位（又稱三級單位）以司為主，室指的是秘書室，處則有法務部的資訊處，大致看來相同，其實大不同還在其內容與實質。如果從組織的目標、功能、對象來觀察各部的垂直分化，就可以注意到，內政部真正合乎的組織分化是民政、戶政、社會、地政等四司；法務部真正合乎組織目的的分化是法律事務、檢察、保護等三司；教育部真正合乎組織目的的組織分化有第一到第七司，以及第八司，共八個司；國防部的司就比較難看懂，有法制司和軍法司，還有一個頗特別的部長辦公室，大致上跟組織目的相關的分化有一至七司，以及第十司，有八個司。從組織分化的原則來看各部的垂直分化，可以看出一個部的組織的合目的性與經濟性。但是這還不，如果更深一步去觀察其組織法的內容，發現還有許多組織不是放在這一個大架構中，而且還逐條臚列之，最引人注目的就是內政部，依照內政部組織法，內政部下還設有警政署（第5條）、消防署（第5之1條）、營建署（第6條）、建築研究所（第6之1條）、警察大學（第8條）、兒童局（第8之1條）、役政署（第8之2條）、空中勤務總隊（第8之3條）、入出國及移民署（第8之4條）等9個三級機關。所以內政部的垂直分化下來的次級組織，毫無疑問是非常多的，而且是否合乎組織分化的原理，值得探討，其明確性、經濟性、正當性也有討論的空間。但是從現實的角度來說，組織垂直分化之所以會成為現在的態樣，必須有一定的需求作為背景，而且該項公共任務的複雜性已經提升到了一定的規模，所以就有了增設的需求。至於，各部會相同之處者，即為下設之各委員會，也是研究部的組織垂直分化可以探討的議題。

以部的組織作為垂直分化的案例來討論，可以看到諸多組織分化的現象。組織垂直分化以後的樣貌可能各有不同，但是各階層的機關首長，如司長、處長、主任、署長等，都必須對個人管轄的機關善盡管理之責，依照法定的行政程序，完成其組織的任務，並且在資訊、政策建議上給予部長各種支持。組織的運作流程基本上，都必須依照垂直分化的結構來運行，由上而下或是由下而上，但是實際的運作上，還是會有許多情況會跳脫原來的運作程序，不照層層節制的原則來處理。例如：法務部公布關於檢察司司長陳文琪購買一品苑折扣比扁優惠，及護航元大等事件之調查報告中指出，院檢察署處理，其陳核流程為「檢察司承辦人→科長→專門委員→檢察司副司長」，未經陳司長核閱。在行政運作的實務中，迴避垂直／階層組織的特殊情形是並不少見。

行政組織的垂直分化作用，在我國的中央政府就是分為：一級機關為院，二級機關為部會，三級機關為司、處、室、署等，及四級機關。在地方政府方面，縣市政府下設處、科、課、組等。又以法國行政的垂直分化為例，法國有26

個大區（行政區的一種，本土有22個）（法語：Régions administrative），這些行政區再進一步分割成100個省（本土有96個）（法語：Départements；中譯為：區分、省、縣）。這些區分都按字母順序編號，這些號碼也使用於郵遞區號或車輛牌照。省由專區（法語：arrondissement）組成，每個專區被分為幾個鄉（法語：canton），每個鄉包括幾個市鎮（法語：commune）；而市鎮是法國最小的行政區劃單位。

從上述案例可知，每一個國家的行政組織結構的建立，主要都是建立在垂直分化的基礎上，成為一個階層化的構形。這一些垂直分化出來的組織，將於後續的中央部會組織和地方政府組織中續申論之。

肆、控幅

當行政改革或政府再造的浪潮一波一波席捲而來時，組織精簡、員額精簡或行政精簡的課題就變的很重要。相應於這些改革趨勢，我國的行政法制有諸多的回應，例如地方制度法、地方制度法施行細則、中央政府總員額法等等，關注與處理的重點常常都落在組織的結構、組織的精簡和員額的精簡等項目上。例如「中央政府機關員額管理辦法」即規定：中央政府各機關員額管理之規劃、調整、監督及員額評鑑等事項（第2條）、預算員額，應本撙節原則（第6條）、增進員額管理彈性，審酌機關業務特性，實施機關員額總量管理（第8條）、機關之員額評鑑（第15條）等，對於員額的管制給予高度的關切。地方行政機關組織準則第8條規定，地方行政機關具有下列各款情形之一者，應予調整或裁撤，如階段性任務完成或政策已改變者、業務或功能明顯萎縮或重疊者、管轄區域調整或裁併者、委外辦理較符經濟效益者、績效評估不佳、業務移撥等。從相關的法規可以發現組織的建構、調整或改變，一直都是行政革新與政府再造的重要議題。然而，不論是員額的管理或是組織結構的調整，在組織建構的基礎上，首先要遭遇的第一個功課，就是「控幅」。

行政組織的結構與組織的運行，基本上無法脫離組織階層數和控制幅度的影響，組織階層數也是領導階層的層級數目，而控制幅度就是一個主管可以管理的部屬數目，簡稱為控幅（span of control），而這兩種數目又可以放在控幅的概念下作一番討論。

「控幅」就是一個主管可以管轄的部屬數目多少之謂。在「控幅」這一個名詞之外，還有稱之為「管轄幅度」（Subordinations-spanne）、「領導幅度」（Leitungs-spanne）、「管理幅度」（span of management）等不同名詞。名稱可

能會略有不同，但是含意卻非常明確，就是一個主管轄下：(1)直接隸屬；(2)直接管轄、指揮、協調、監督的部屬，就是控幅的定義所在。

控幅的研究在探討主管之下所隸屬的員工數目，這一個題目卻又直接關係到組織的層級數目，也就是領導階層數目應該有幾層，階層數目接下來就決定了組織的構形（Konfiguration），這是外顯的部分。另外，決定直接隸屬主管的部屬員工數目，就牽涉到領導與管理的問題、團體互動的問題、組織運作的狀況等等，這一個部分就關係到內部運作的問題。因此，控幅的問題就是一個組織原則的問題，是否有一個理想的控幅絕對值？如何解答這一個組織原則的問題？從理論的探討到實務的經驗值，得到的答案相當不一致，例如：

1.法國學者格萊庫那：（V. A. Graicuna）於1933年認為被監督的人數或單位雖做算術級數的增加，而被監督的人際關係則呈幾何級數的增加。例如部屬為1人時，監督係數只是1個；若為2人時則監督係數便增為6個；3人時則增為18個。[27]其計算公式如下：

$$F = N (N \times N / 2 + N - 1)$$

F 代表監督關係數，
N 代表監督的人數。

2.莫爾蘭（W. H. Moreland）說：一個首長絕對難以有效的指揮監督7個以上的工作單位。

3.格萊庫那（V. A. Gralcunus）認為：一個上級長官只能有效的指揮監督5個，最多不能超過6個的所屬機構。[28]

4.布蘭福（T. B. Blandfort）說：在一個良好的行政組織當中，其構成部分只可有8至9個單位。

5.布克（A. Buck）說：一個值得稱述的機關，其構成單位的最高限度為12至15個。

6.雲五科學大辭典行政學主張控幅應為3到4人，最多不超過10人。[29]

7.Schneider綜合整理出各家說法，控幅從6到40人皆有。[30]

以上說法不一，然皆有所本。瞭解這些立論，控幅這一個組織原則所涉及的層面也將隨之更清晰。觀察過去的研究，控幅的影響層面或是影響控幅的因素，歸納之約可從三個面向來加以分析之，約如後：

一、控幅與組織構形

在組織的既定員額下，比較窄的控幅會構成高聳的組織圖，比較寬的控幅就會造成扁平的組織圖。而控幅的類型大致上可分為這兩種，茲將其組織結構及優缺點陳述如下：

A、狹窄幅度的組織

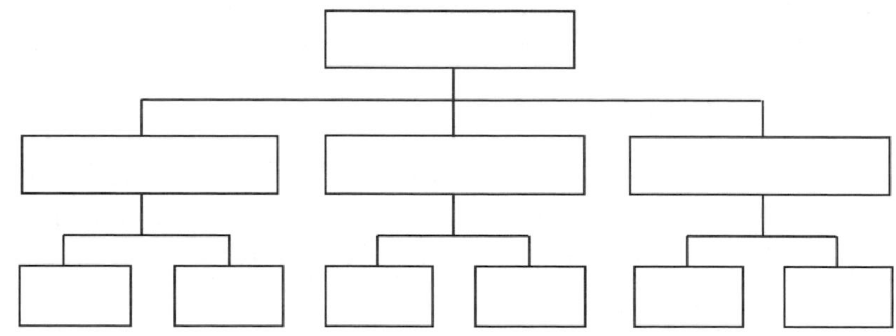

◆優點：

1.緊密的監督。
2.嚴密的控制。
3.下屬和上司間的快速溝通。

◆缺點：

1.太多管理階層
2.層級過多引起的高成本。
3.最基層和最高層距離過長。
4.上司傾向干涉部屬的工作。

B、寬闊幅度的組織

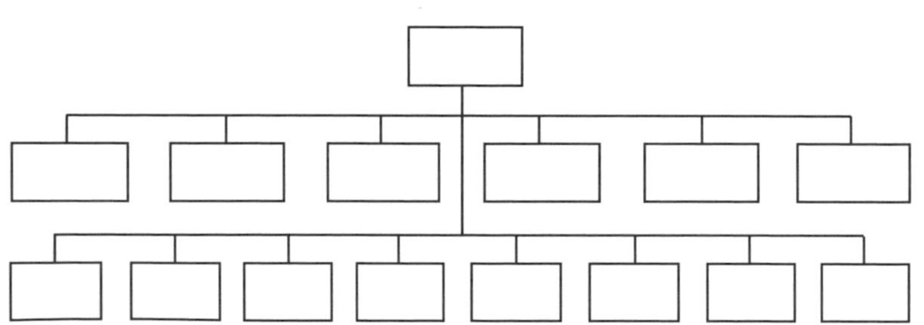

◆優點：

1.上司被迫要授權。
2.可訂出清楚的政策。
3.下層必須經過小心挑選。
4.行政流程縮短。
5.資訊流縮短，溝通加速，減少資訊流失。[31]

◆缺點：

1.有失去控制的危險。
2.需要有良好能力的管理者。
3.上司職責過重的傾向變成決策的瓶頸。

組織的構形會受到控幅的影響，主張控幅應該較寬者認為，寬的控幅有較多部屬，可以提供更密集的溝通與更多的創意，可以滿足個人成長的需求。[32]但是，寬的控幅必須有更多的自我控制作為配套，窄的控幅下部屬就會受到較多的外力監督。

早期的研究者Graicunas從傳統理論出發，研究一個工作團隊中的人際接觸，得出結論是，一個主管如果管轄五個以上的部屬負擔就非常沉重了。這一種論點引來不少的質疑，伍瓦德（Joan Woodward）就認為，根本就不存在所謂理想的控幅數字。在他的研究結果中指出，在大量生產的情況下，主管與部屬的比例是1：23，如果是生產線，比例則為1：49，在小量組的生產線，比例為1：13。各種研究結果得出來的控幅答案都不相同，所以組織的結構型態也隨之改變。

二、控幅與領導

傳統的理論和新近的學說，並無法確定到底控制的幅度應該以多少最理想，因此決定控幅大小的最佳原則，就要研究各種情況下限制管理幅度的原因，而不是設定一個固定的數字。有諸多論者認為，領導的因素和控幅有關。國家工業會議（National Industial Conference Board）曾就控幅與領導有關的因素臚列之如下：

1.領袖和其所轄部屬的才能。
2.在單位與單位或統轄的人員之間，其彼此影響的程度如何。

3.在某種限度內，領袖必須要完成一些非管理性的責任，而且需要花費一些時間，去和其他單位或個人相往來。
4.所負責督導指揮的行動，其相同或相異的情況如何。
5.在其領導的部門內、偶然發生意外的問題有多少？
6.在其組織內，標準化程序的範疇如何？
7.有關行動實際分散的情況如何。

從上述分析可知，領導的因素對控幅有影響。領導者本身的能力與知識可以決定控幅的多寡，領導行為與領導風格也會直接影響。合作型或參與型的領導風格，控幅會變大，因為參與者提供助力，加上向下授權，所以在決策與領導的工作負擔就會減輕。偏向專制型的領導風格，控制密度加大，權責獨攬，控幅則相對縮小。

三、控幅與協調、監督、控制

洛克希德火箭和太空公司，以演繹的方法認為下列六項因素對控幅影響最大：

1.功能的相同性：用各種不同因素所完成的功能，就其重要的程度上觀之，或相似或有別。
2.地位的鄰近性：向主管報告的地位性因素和人事，其所處位置的影響，不可忽視。
3.功能的複雜性：係指組織的因素和人員所應完成責任的特性而言。對必須圓滿完成任務的技術，不得不善加考慮。
4.監督和控制：乃指部屬對其上司直接報告、請示和負責而言。包括主管的注意程度。
5.協調：作為一個領導者，必須耗費其時間和精力，期能保持與原有的組織行為，妥適地密切相關，使其本身的行為與其部屬的行為，連鎖而成一體。
6.計劃：對組織未來的目標和達成目標的各項計畫，需要通曉其重要性，預測其複雜性，而付出必要的時間，做最妥當的安排。

喬綏（F. Jesse）、烏得爾（J. Udell）、飛里（A. C. Filley）對67個威斯康辛和伊利諾地區製造公司的市場和銷售行政管，所做的有關指揮幅度研究，發現其與下列變數有密切的關係：

1.部屬地區性的連續行為。
2.監督功能的類似性。
3.對部屬協調的需要。
4.對部屬嚴密監督的需要。
5.工作關係的正式化。
6.監督領導所耗費的時間。
7.領導人員的個人才華。
8.部屬們的個人能力。

除了上述的要素分析外，管理面的影響要素中還有「標準化」及「人際互動」這兩項。工作「標準化」的程度愈高，可減少指揮、監督與協調工作的管理時間，控幅就加大。「人際互動」、「工作的相互依存度」提高，例如遭遇複雜的任務時，互動與相互依存度加大，控管成本提高，控幅就縮小。所以，管理能力是影響控幅的直接因素。

四、歸結

綜合上述的論點可以得到影響控幅的一些主要原因，約為：

1.管理者的才能：能力高的主管，可以管轄較多的部屬。
2.被監督人員的素質／部屬的能力：被監督的人員／部屬其素質若較高且一致，並且受過良好的訓練，則主管自可控制較多的部屬。[33]
3.工作性質：所管轄部屬之工作，若簡單一致且變動性不大，主管自易控制較多的部屬。
4.標準化的程度：標準化程度愈高，控幅愈寬。[34]
5.組織的狀況：主管所處之組織狀況，若有清晰明確之目標及計畫，則主管較易控制較多的部屬。
6.制度化：組織結構與組織運作的制度化／結構化程度愈高，控幅就愈大。
7.資訊化：資訊化的程度愈高，控幅愈大。
8.環境的改變：主管所處之環境若穩定不變，則便於控制較多的部屬。

控制幅度的大小，必須視實際情勢因事制宜，下列原則應予遵守：

1.採高度授權的的機關，控制幅度可大。
2.工作係機械性，重複性的機關，則控制幅度可大。

3.工作性質單純的機關，控制幅度可大。

4.工作內容無甚變動或變化的機關，控制幅度可大。

5.監督者的能力強，身體壯，時間多則控制幅度可大。

6.部屬能力高強，控制幅度可大。

7.監督者和被監督者地區相近或在同一地方者，控制幅度可大。

8.幕僚人員能力強，工作好，控制幅度可大。

9.電子資料處理可做廣泛應用的機關，控制幅度可大。

在以上的討論中可以清楚的確認，控幅的大小受到不同因素的影響會有所改變，並且對組織造成影響。反之，組織內的各項要素也會對控幅產生影響。當各種影響要素與情況討論完畢時，控幅的結果將因而變大或縮小。但是面對行政革新、政府再造、組織發展的課題時，普世性的觀點與主張均趨向於一致，即組織精簡／組織瘦身、員額總量管制、組織扁平化。[35]

在這樣的世界潮流趨勢之下，組織的設計與組織的管理都必須朝向著扁平化的目標來努力，具體的說，就是朝向著控幅加大、加寬的方向來努力。[36]反之，如果控幅縮小、層級增加，就意味著能力低落、領導差、管理不良、資訊化不足、制度化／結構化低、冗員充斥、無效率、不符合經濟性等，很快的會成為員額精簡、組織再造的對象，這是一個全球化競爭脈絡下不可逆的觀點。所以，總結的說，控幅是一個組織原則，建制「較寬的控幅」是時代性的要求。以上討論所有關於影響控幅的理論、因素與作法，事實上就是要作為追求「寬的控幅」的途徑，也是達成員額總量管制與組織再造目標的方法。

伍、運作組織

一、緣起背景

在行政學的結構中有一個重要的構成元素，就是組織。英、美海洋法系的國家討論組織這一個題目時，將組織分成「組織結構」和「組織運作」兩大部分。德法歐陸國家討論組織則分為「結構組織」和「運作組織」兩個部分。從形式和內容來看，「組織結構」和「結構組織」是大致相仿的，「組織運作」和「運作組織」好像談的也差不多，前二者討論的是結構面，後二者談的是運作面，體例無多軒輊。

既然相似，為何德、法等大陸法系的國家不直接稱呼「組織的運作」／「組織運作」，而要將運作稱之為「運作組織」（Ablauforganisation）呢？表面

上只是一些文字修辭的技巧，但是回到前述第三章、第三節〈公共行政的三個原型〉、臺「法治型行政與管理型行政」，「市民文化的行政」/「管理型的行政」和「傳統的行政文化」/「法治型的行政」兩種類型的區別，從國家行政的結構、觀念到作法都是不一樣的。英、美強調經濟性的管理主義，德、法注重的是法制化，要達到法制化的目標就必須符合「規範化」、「標準化」，並且以之作為組織結構的準則。在這些準則之下一切建構行為都必須結構化，結構化的結果就是組織。建構一個組織必須符合法治的要求，所以組織結構必須結構化/法制化，所以稱為「結構組織」，組織的運作和組織的行為也一樣的必須接受規範的約束，並且符合標準化的要求，透過文字、書面、法案的明確訂定，所以組織的運作也必須結構化（Strukturierung），因此稱為「運作組織」。從行政發展史與行政的本體結構來觀察，就可以瞭解為什麼要稱之為「結構組織」與「運作組織」的原因，背後的思考就是將「結構面」與「運作面」加上法制主義的「規範化」、「標準化」、「結構化」，使結構組織化、運作組織化。

「結構組織」的法制化比較簡單，行政組織的建構基本上都有組織法規作依據。但是「運作組織」的法制化就要遭遇極大的挑戰，因為行政行為、行政運作的各種細節實在無法列舉、規定，所以「運作組織」就有必要加以說明之。

二、定義與區分

「結構組織」和「運作組織」是一組對偶的觀念，兩者協力合作完成組織的任務及目標。「結構組織」（Aufbauorganisation）就是依據組織法、行政規程、行政法規、及其他相關法規所建構的組織結構圖像，這一個組織圖規定了組織型態、階層、管轄、權責、內部垂直與橫向分化、業務分配等內容。「運作組織」則是針對公共任務執行的流程如行政程序法者即是。從兩個概念的對比與分工可以得出**「運作組織」的定義，即為——所有行政工作執行與運作規定的集合體，**[37]**以及行政行為必須標準化、受到法規的約束，並且完成結構化者稱之。**[38]從這一個定義看來，「結構組織」和「運作組織」這一組對偶概念，同樣都是必須完成組織結構化的目標，而且是以法制化的形式表示之，前者以主結構和工作分配為對象，後者就以運作、流程、行為等為法制化對象，兩相比較，後者明顯的要龐大而且困難的多。

結構與運作是一個組織的兩個構成元素，前者關係到機制與機構，後者關係到業務運作流程，兩者密切關聯。「結構組織」的設計、法律規定將直接影響「運作組織」的運作，例如組織法規中訂有業務內容、運作、目標、績效、考評等等，就可以減少「運作組織」的工作。反之，「運作組織」的流程、領導、溝通與協調等等，任何一個環節出問題，一定會嚴重影響到「結構組織」，因此，兩者皆各有其獨特的重要性。但是兩者間的分際有時候並不是非常的清楚，也不能單純的用實體法與程序法的概念來區分。只要是組織結構中有法律所未規定者，或者只是粗略規定者，就是運作組織的範圍。其他還有預算編列、規劃、職位規劃、人力資源管理、下屬單位的設置、任務分派、勤務執行、業務分配等，許許多多的運作面與流程面都是運作組織的範圍。[39]至於便民、為民服務、以客為尊等等新進重要的話題，更是結構組織很難予以法制化處理，必須由運作組織逐步逐項的來加以合理法、結構化，最後才是法制化。

三、內容

運作組織就是所有行政運作規範的結構化集合體，這些規範包括有：

1.一般工作的管理規範、業務規範與業務流程、以及特別的工作指令等。
2.溝通的規範與資訊管理的規定。
3.規劃與決策的流程。
4.工作流程的操控。[40]

因為公共任務的種類與型態非常的多元，所以工作流程的分化情形也隨之偏高，不同任務的機關有不同的工作方式，甚至每一個機關都有自己獨特的作業辦法，所以運作組織不能像結構組織一樣作許多一般性的、通案的、綱要式、總綱式的規定，而僅針對一般性的機關管理或基本的作業規定加以規範。例如：

1.案件受理的作業規定（如：受理人、事務分類、業務管轄、登錄等）。
2.事件的處理（如：表現的形式為言詞或書面、內容的詢問、內容的記載與簽名、謄寫與發送等）。
3.一些特殊工作事項的處理（如：會議、媒體公關、對外業務溝通、工作討論、查詢等）。
4.工作規定與機關內部規定（如：工作時間規定、保密規定、指揮命令權的規定等）。

從這一些規定的內容看來，運作組織強調的是政府機關必須依據法律，遵守行政程序，注意法律規定的義務，來執行業務，也就是說，行政機關必須在法治的基礎上，透過管理流程與作業流程的建構，來達到效能、安全、經濟與快速的要求。[41]所以，行政機關的運作和企業管理的運作前提基礎是不一樣的，前者的考量比較多，難度自然也較大。

四、規範的主要項目

運作組織的目標就是要將前述的內容逐步的、詳細的加以訂定，這是一項龐大的工程，需要日積月累的功夫才能夠達到合用的地步。行政運作的主要規範項目，約有數項如下：

(一)業務規範與作業規定

行政運作規範的最大宗的項目要屬「業務規範與作業規定」。針對一些特定的、典型的情境，設定一個範圍，並加以規範之，例如：案件受理之後的分配、誰決定這樣的分配？誰可以簽名？必須會哪些單位？應該用哪一種方式簽意見？表格的簽名、與利益團體對話、公務出差等等。另外，機關的管理規定等亦皆屬之。[42]

制定業務規範與作業規定的用意：第一個著眼點是在效率。這些規範與規定要求行政機關必須有效能的出，不致於因為流程的設計不當，造成工作績效的阻塞或生產力的下滑；**第二個著眼點是工作流程的確保**。保證工作不會半途掛在那裡沒人處理、任何的文件檔案任何時後都可以迅速提供、文件的傳閱或處理流程都在良好的管控之下、任何一件公文的經辦都不能不表示意見就傳到下一個經辦、防止第三者的竊取、任何混淆及相關的錯誤皆不容許發生、任何一個員工缺席的時候都有代理的人員，各種相關的規定，都是在確保行政運作的安全、保證行政運作的品質、排除各種可能的障礙與干擾，包括領導者應該得到的資訊與行使的管理也都可以平順的運作；**第三個著眼點就是經濟性與速度的考量**。用最經濟的資源與工時的投入，達到最大的結果，並且維持績效水平者，即為經濟性的要求。速度的考量是在時效性、合理性、行政效率、便民的思考上作努力，速度的提升直接關係到行政效率的評價，所以相關規定就非常的重要。

以上三點考量是行政業務規範與作業規定規範化的用意所在，使行政工作受到規範的約束，並且符合文書作業的形式，這樣就可以防止任意非為與不專業的作為，以符合法治國家與民主領導對行政控制的要求，同時作為專業性、可預測性、就事論事公事公辦（sine ira et studio）的保障。但是世所習見對行政官僚的批判，事實上主要就是針對業務規範與作業規定所發。行政官僚的運作，是在保證行政流程的正確執行，確保費用在每一個關口都符合經濟性的考量，並且最快的完成事務。**在業務規範與作業規定中經常強調的合理性與加速，往往變成一種運作上的形式主義**（Formalismus），[43]使得以上的目標常常都被民眾質疑。所以就產生了「經濟性與加速和行政流程與行政品質的確保」兩者間的目標衝突。

業務規範與作業規定的訂定，最後就表現在公文上。我國的公文分為「令」、「呈」、「咨」、「函」、「公告」、「其它公文」。其中「函」包括：(1)上級機關對所屬下級機關有所指示、交辦、批復時；(2)下級機關對上級機關也所請示或報告時；(3)同級機關或不相隸屬機關間行文時；(4)民眾與機關間的申請與答覆時。詳細的規定可參閱民國82年修訂後之「公文程式條例」。

(二)公文流程

行政業務的處理主要就是靠公文的製作與傳遞，所以行政運作對公文流程的規範就成為不可疏忽的一環，藉著這樣的規範，就可以讓公文的運行可以納入規範與管理，公文的處理時程就可以在可預計性下被掌控，並且可以隨時回溯、審查其過程，誰怎麼處理、簽了什麼意見，通通可以一清二楚。所以公文流程的規範，實際上就是機關內部責任歸屬的一個縮影。

公文流程的規範，包括收件、公文等級分類（從普通件、速件、最速件等）、登錄、送給經辦人員、逐級簽辦呈轉到單位主管、最後到首長簽核。

我國的行政機關對公文的處理流程，約為：來文→收文→分文→擬辦→陳核→批示→擬稿→會稿→核稿→閱稿→判行→繕打→校對→用印→發文→退稿→歸檔。

(三)文書與檔案的規定

所有公文處理流程都要變成公文書，最後都要建成檔案，予以資料化並供備查，這是一個公文書客觀化的製程。

檔案的製作必須符合系統的要求，依照特定的順序來歸類，如依照筆劃、數字、字母、或事件等等來排列，可以方便隨時取。檔案本身也必須經過完備的處理流程，並且可以提供完整的資料性，應該具備的證書、文件、資料、證據、證物等，都收集完整才是一個良好的檔案製作。檔案製作完畢後要加以登錄，完成目錄可供查考後才算完成。

檔案管理在我國的行政機關作法規定約為：點收→整理→登記→分類→編案→編目→裝訂→入檔→保管→檢調→清理→銷毀→移轉→機密等級調整→註銷→安全維護等。

(四)表格

俗諺有云：「行政的範圍包括從搖籃到墳墓」，也就是各種事務無所不包。各種事務的表現形式就是——表格與單據。一張設計良好並且符合目的之表

格，可以大大減輕行政工作的負擔，所有例行工作的程序、相關的規定、相關說明、應行注意事項、合理的作業流程、想要獲取的基本資料與資訊等等，非常多行政工作不能遺漏或疏忽的項目，通通可以透過一張表單納入於其中，經辦公務員因此不會漏掉了其中的一些環節，民眾也可以照表循序辦理，行政流程就在一個表格的列舉下，清清楚楚的呈現在公務員與民眾眼前，雙方皆得其便。當然，好的表單可以歸納一般的狀況，同時也考慮到特殊例外的情形，民眾則更蒙其利。

一份容易理解的、便於操作的表單的產生，當然是需要考究的，其中需要專業的知識、對業務的深入理解、對人性的理解等條件，才能夠設計出一份user-friendly的表格。表格的使用領域非常多，主要的可見於：

1.民眾的申請表格。
2.調查與問卷的表格。
3.資訊告知的表格／通告表格。
4.規範流程的表格。
5.決策與答覆之表格。
6.證明的表格等。

這些表格可以節省公務員與民眾非常多的時間與精力，可以少費許多詢問與解釋的唇舌，其他如法律關係、權利義務、一般狀況、特殊問題等等，均可臚列於其中。而民眾填寫表格以後，通通依照既定的合理化流程辦理，這樣就可以獲得一視同仁的待遇，這也是民主行政的一種表現。

但是內容空洞、陳腔濫調、無謂的問題、形式主義、混淆等等狀況，都可以是表單的缺點，不但不能幫助行政人員，還可能造成負面的影響，這是不可不注意的。

表格在我國的行政運作組織中，稱作表格化的公文，分為數種：

1.簡便行文表：答覆簡單案情，寄送普通文件、書刊、或為一般聯繫事項行文使用。
2.開會通知單。
3.公務電話紀錄。
4.其它可以用表格處理的公文等。[44]

(五)行政語言

行政語言如果遭致民眾的批評，指的可能是官腔官調，也有可能是專業術語不易理解。官腔官調就是打官腔，用令人不舒服、不愉快的態度與口氣對應民眾，其結果就會反應在民眾滿意度上。至於專業術語不易理解的部分，有可能是行政專業用語上不容易理解，而很大一部分則是涉及到法律用語的不易理解。行政專業或法律用語不是所有民眾都能夠瞭解，這裡當然牽涉到民眾的教育水平，以及每個人的專業領域有所不同的關係。所以行政語言應力求簡單、容易理解，專業術語也應改成容易理解的詞句，到可理解、可靠、內容確實的傳達訊息、法律意義正確等目標，這是行政語言規範所需考量的部分。

(六)與民眾應對

公務員與民眾的應對，直接影響到民眾對於國家與行政機關的觀感，也是民眾對行政機關效率評價的重要依據。相對於企業的「顧客導向」、「以客為尊」，行政機關必須愈來愈強調「便民」、「親民」、「為民服務」的作法。從機關的設施、接待、態度、言詞、電話禮貌、資訊提供、及各種協助等等，為民服務對現代的行政機關已經成為是否進步的評價指標。

陸、幕僚組織與直線組織

一、爲什麼需要幕僚組織？

為了達成國家治理的使命和公共任務的目標，就有了行政組織的建構，建構法則是在橫向與縱向的組織分化下進行之，然後在階層化的原理下建構了金字塔型的行政組織，這一個工程可以對應治理與公共任務的需求，但是還不能應付實際行政運作的要求。

國家發展的過程，凡百庶務、軍政、賦稅、刑罰、農林經濟等迅速擴充，是以《周禮》有言曰：「惟王建國，辨方正位，體國經野，設官分職，以為民報」。設官分職就是依照國家治理與公共任務來進行組織分化的常軌，《尚書．舜典》中說：「舜曾總百官，度百事」，即所謂「納於百揆」，舜就是閣揆、宰相，是行政組織中的文官長，負責「百揆時敘」，國家凡百事務皆得以正常運作，這就是一個直線組織（Linienorganisation）的完成。到了明洪武十三年以丞相胡惟庸反，廢除宰相制度，皇帝就可以總攬全國事務，「日總萬機」，不再受到宰相牽制。但是很快的明太祖就知道，這樣子

沒辦法治理國家，因為「安能事事盡善？」，遂於洪武十五年「仿宋制，置蓋華殿、武英殿、文淵閣、東閣諸大學士」，隨侍左右，草擬詔諭。[45]這一些內閣大學士既無宰相之名，也無宰相之實，與六部沒有直接管轄統屬關係，是所謂的「上委之聖裁，下委之六部」，不是一個正統的直線組織，現今專有名詞稱為——「幕僚組織」（Stabsstellen / Stabsorganisation）。

明朝的案例自古以來多見之。清雍正初年，因對西北用兵，特設軍機房於隆宗門內，辦理機務。其後移軍機房於乾清門外，更名為軍機處。軍機處的職掌最初只限於軍事範圍，而後逐漸發展為承旨辦事，參與機密，商決大政的決策性機關。[46]這是一個沒有宰相／文官長就不得不設幕僚機關的標準案例，而且它的執掌、權限、權威、影響等，都點出了幕僚機關對直線組織的種種既複雜又微妙的關係。而可以確定的是，幕僚機關的出現，必然是國家治理有了這樣的需要才產生的。

二、界定

直線組織就是組織分化與階層化的結果，幕僚組織不是。但是古今中外都可以看到許多幕僚組織的設置，而且和直線組織一樣是固定的建構。在西方幕僚的思想可以回溯到古希臘與羅馬的政治、軍事組織。[47]從十六世紀開始在教宗階層的天主教會裡，就有類似幕僚諮商功能的組織。到了十七世紀的歐洲軍隊中也有了許多不同種類的幕僚組織。**艾莫森**（Emerson, H., 1913）[48]**與費堯**（Fayol, H., 1916）[49]**將幕僚的思想引進企業組織，並擴散到各種社會系統中，使幕僚單位成為組織建構的一種常態設置**。所以，組織結構又稱為「幕僚——直線——組織」（Stab-Linien-Organisation）。

要瞭解「幕僚——直線——組織」就要先界定直線組織。**所謂直線組織就是指某一個單位和它的下級單位之間，只有一條唯一的隸屬與管理線來加以連結，因此又叫單線組織**（Ein-Linien-System）。這一種組織就像階梯一樣，一層一層的建構起來，人員也是依照上下隸屬關係做垂直的安排。每一個員工只接受他的直屬上司的指揮與命令，而每一個主管也必須嚴格遵守其分際，僅對直接部署下達指揮命令，不得跳過中間主管對下二層的部屬下達指揮命令。單線的垂直組織也是一條作業途徑，是資訊管道與決策途徑，所有的溝通行為都是沿著這個途徑來傳遞。這一條作業途徑不是僅僅傳遞訊息，還會進行資訊處理，將資訊過濾、或加工、或濃縮、或分類、分級等。單線組織的形式是組織分化最正統的形式。

幕僚組織的性質基本上是對照直線組織來界定的。層級節制、分工設職是合理的建構原則，但是組織會擴大，任務會增多，到了組織不能順利發揮原有功能的時候，就有輔助單位的產生，來幫助原來的層級與單位完成任務，就像宋太祖時的秉筆大學士、清朝的軍機處、古羅馬的軍隊、中古歐洲的教會、工業革命興起的企業組織等，都是基於同樣的需要而產生了幕僚機關，因此可知，幕僚機關一定是產生在大型的組織，或是任務繁重、責任過大的官員身上，首長通常是最符合這種要件的人。所以幕僚機關的性質大約可界定為：

1.是輔助機關而非指揮機關，其作用在協助機關首長，服務各業務單位，協助業務完成而非指揮他人。
2.是提供參謀、規劃、研究與建議的機關而非權力機關，無組織法上所賦予的權力。
3.是服務機關而非實作機關，幕僚機關的工作並非直接對外行使職權，只是為實作機關提供準備的工作。

依照上述性質的界定，**幕僚機關出現的形式會出現幾種**：

1.中心的形式：如電算中心、營繕小組、秘書處等；
2.規劃／參謀／研究單位；
3.法務／法規單位等。

幕僚機關負責的任務約為：

1.幕僚機關提供機關首長直線組織工作及其業務以外的「資訊」、「建議」、「諮商」、「參謀」的功能；
2.進行廣義的規劃、研究工作；
3.解決組織的問題、協調的問題；
4.直線組織中的橫向工作，是行政單位的行政工作，如繕打、資料輸入、資訊管理、總務、採購等。
5.特殊的、跨部門的服務性工作等。

從幕僚機關的形式及其負責的工作項目看來，行政機關不一定需要設置這樣的機構，甚至於可以直接設置為一個直線組織的單位。但是還是設置了幕僚組織，給予了特殊的地位，當然就有特殊的考量在內。

三、優點與缺點

是否設置幕僚機關的考量，基本上就是考慮其優缺點。成立幕僚機關的優點如下：

1.在直線組織之外另設幕僚機關，可以當作一種輔助工具，來區分機關的政務性與事務性工作，讓行政機關的政務性首長（如：部長、市長等），可以得到不同於事務官的諮商、建議與協助性幕僚。這一類的幕僚在德國的做法，就是設置個人機要、或新聞發言人等職務。法國則是設置內閣部長辦公室（Cabinets Ministeriels），[50]美國則是白宮總統辦公室（Präsidentenbüros），是一個非常大的幕僚組織。下設各單位，其性質就是幕僚機關，包括白宮辦公廳、副總統辦公室、行政管理和預算局、總統經濟顧問委員會、國家安全委員會、美國貿易代表辦公室、政策制定辦公室、科學和技術政策辦公室、改善環境品質委員會、國家麻醉品控制政策辦公室、白宮行政辦公室等。[51]
2.幕僚機關可以擴大／增強行政首長的領導與管理的能量與幅度。更多直接的資訊、顧問、諮商、規劃的具體實現等，可以透過幕僚組織直達首長，不必受到業務機關的侷限。因為有直接的資訊、建議、參謀的幕僚組織，首長就可以擁有更寬廣的決策基礎，更大的決策空間。
3.幕僚機關可以輔助首長的部分有：宣達工作，傳達首長的命令與指示；情報工作，提供各種消息，使首長可以瞭解機關內外的狀況；過濾工作，將可以由別人做的次要工作安排他人處理，使首長工作時間與負擔減輕；籌議工作，對負責或棘手的問題先行研議，提出處理方案供首長參考；管制工作，待首長監督機關內部工作之進行，如進度跟催、業務檢查等；對內協調與對外的聯繫工作。[52]
4.可以有更好的團隊作業效果，並且引進專家的知識成為組織的知識。對於基本原則的問題或者業務的理解，幕僚機關可以接手處理。
5.對於橫向的業務，如法律事務或行政機關的行政工作，如人事業務、採購單位等，採用幕僚的組織可以處理跨單位的、專業的工作，另外一方面又可以和業務單位保持一點距離，透過集中的、專業的協助過程，可以使行政整體績效更符合經濟性的要求。[53]

在優點之外幕僚組織也可能存在著若干缺點，約為：

1.幕僚組織和直線業務單位之間，可能產生權力對抗和衝突的問題，直線組織的成員會常常感覺到，他們的工作權限被侵奪或被壓縮，無法順心的施展其長才。反過來說，幕僚人員也渴望有發揮其影響力的機會，並且試圖擴張職權的範圍。

2.幕僚與首長較親近，也有較多的直接溝通，所以幕僚人員有一種隱而不顯但是效力強大的權利，不僅可以強力的影響直線組織，而且也及於首長。也因為這樣的情形，使得直線的主管會感覺沮喪，而減損了工作動機與努力。更棘手的部分是——幕僚組織與直線組織間責任的混淆不清，幕僚輔助性的工作中包括規劃、研議、參謀、諮商顧問等，會侵犯到原有業務機關的作業，一旦發生問題，雙方相互指責、歸咎對方的狀況就無法避免。

3.增加了額外的溝通與協調的成本。

4.降低了直線組織的責任感和工作的誘因。

四、齟齬和建議

直線組織／業務機關／實作機關是行政組織的正統建構，幕僚組織則是因為需要而設置的輔助性組織，所以是一種駢生組織。對於大的行政組織或行政首長而言，幕僚組織是一種難以抵抗的誘惑。幕僚組織的優缺點詳列於上，兩造的陳述有基本立場的差異，在設立幕僚組織或運用這一個組織的時候，不能只看到其間的差異性，更要瞭解這兩種組織在實際的運作上，會造成一些緊張、衝突、齟齬、矛盾和兩難的問題，如：

1.權力的爭奪與對抗。

2.幕僚組織可以帶來經濟性的效益，但是也造成組織磨擦的損失。

3.幕僚組織沒有對業務單位的指揮權與命令權，缺少官署正式的權力。[54]但是權力的種類還包括了功能的權力、專業的權力、和個人的影響力（如：個性、性格的優點、經驗、可信賴度、執行力關懷能力等），這一些非正式的權力愈大，就會和正式權力形成蹺蹺板的互動消長。

4.幕僚組織的專業性可以帶來便利與效益，但是可能有過度補償之虞。

5.二種組織及其人員間的合作情形普遍欠佳。

基於上述的分析與考量，針對這些問題，茲提出一些建議如下：

1.要釐清創設幕僚組織的必要性，對於龐大的、跨部門的更新與創意活動，或是專案計畫必須有專家幕僚參與的情形。

2.幕僚單位在組織規範中應該找到一個定位，並且在解決問題、決策流程中得到一個合理的安排。

3.幕僚單位的權責應該清楚界定與限制，各種權限如資訊權、參與決策權、

討論權等，要定義清楚。

4.對於能力較強的幕僚人員，其生涯發展和可能造成威脅的情形，應密切予以注意。

5.團隊合作有其必要性，責任共同承擔。

6.衝突與緊張的狀況不要低估或高估，可以由一個更高階的主管負責協調之。

7.進用幕僚人員應該注意其基本特質，如具備專業知識與工作方法的專業、有能力進行複雜的問題分析工作、有創意的思考、特質和傾向，可以進行學術性的問題處理、處理衝突的能力、人際敏感度等。

8.觀察幕僚和首長間的互動模式和首長被影響的程度，然後適度的調整幕僚參與決策流程的程度。[55]

柒、特殊的行政組織

一、作用

在上述組織建構的原理原則外，直線組織還要加上幕僚組織才能夠增強行政的效能，但是國家行政的多元、錯綜複雜、經緯萬端，不是用一些組織原理就可克服的，面對任務的複雜，行政專業的要求，這時候行政組織就展現它高度的「**調適能力**」（Modulationsfähigkeit），在實務上創造出許多特殊的組織形式，可以讓政府組織在平順、流暢的狀態下運作，既不會牴觸一般的組織原理如階層化等，也不會疏漏了各種不同專業的行政任務，這一種組織可以統稱為特殊的行政組織。

在行政的實際工作上，行政任務只有一部分是透過正統的組織原理和正式的組織來完成，還有許多林林總總的公共任務，還透過特殊的組織來完成，這些組織**包括管制機關、監督機關、基金會、公共營造物、國營事業、公營事業、委員會、各種法人團體、獨立機關、自治團體等等**，不勝枚舉，這一些特殊組織的種類、數量繁多，產生的行政生產力不可低估。因為，截至上述所討論的**各種組織原理、原則，都各有其優點與缺點，特殊的行政組織可以平衡這些優缺點**，這是它的第一個重要性。其次，前述的組織原理原則都有具體的、單一的目標設定與責任，而且組織結構清楚明白，但是在實際運作過程中就會遭遇到許多不同的困難與障礙，例如任務複雜度太高、需要高度專業的知識與研究、控幅過大、協調不良、行政目標的對立與衝突等等，這一些問題的叢結會導致行政組織的透明度、可瞭解度降低，並且以行政效能作為代價，接下來公共的信賴度也隨之流失。所以，**特殊行政組織的第二個重要性就是「補強／增強作用」**，[56]**舉凡正統／正式部會組織有所不足／或不方便做的，特殊組織可以扮演更恰當的角色，政府組織能力所不及的，也可由這些組織來完成**。隨手舉幾個美國聯邦政府的獨立行政機構就可以說明，例如中央情報局（CIA）、期貨交易管理委員會（CFTC, Commodity Futures Trading Commission）、美國聯邦儲備理事會（Fed Board）、聯邦貿易管理委員會（FTC, Federal Trade Commission）、美國太空總署（NASA）等，[57]這一些特殊組織所負責的工作，都不是一般行政組織能夠隨意承接的。補充／補強／平衡的作用是特殊組織可以發揮的功能。

二、種類

特殊形式的行政組織種類繁多，[58]名稱也多，常見的類型如下：

1.非正式的影子組織：如環評委員會。
2.非正式的管道。
3.委員會：委員會有兩種，第一種是以委員制形式建構的直線組織，這是正式的組織，如蒙藏委員會、僑務委員會；第二種是附屬於正式組織下的任務編組的委員會，委員由機關聘任之，執行特定功能者，特殊組織中的委員會係指第二種，如法務部下設有法規委員會、訴願審議委員會等。
4.基金會。
5.管制機關：如公平交易委員會。
6.監督機關。
7.政策統合機關：如大陸委員會。
8.調節性人力資源組織：如約聘雇人員、替代役等。
9.獨立機關：依專業性與政治中立的需要設立之，如公平交易委員會、中央選舉委員會等。
10.自治法人：地方自治組織。
11.公務員工會。
12.公共營造物。
13.國營、公營事業機構
14.行政法人
15.海外屬地：如法屬蓋亞那，或大英國協下的屬員。
16.國際組織：例如美國參與的國際組織有：太平洋共同防衛組織，亞洲太

平洋經濟合作會議，亞洲開發銀行，Australia Group，國際清算銀行，海關合作理事會，歐洲理事會（觀察員），歐洲粒子物理研究所（觀察員），歐洲經濟委員會，拉丁美洲經濟委員會，亞太經社會，糧農組織，G-7，八國集團，G-10，G-12，G-20，國際紅十字及紅新月運動等。

第三節　中央政府的組織

壹、最高行政機關

一、英國

英國是一個單一制、君主立憲的民主國家，它的政府體系（即所謂西敏寺）直接影響了許多其他國家的政治體制，包括加拿大、印度、澳大利亞和牙買加等英聯邦成員國。

英國的國家元首和理論上最高權力的擁有者是英國君主，目前為伊莉莎白二世。實際上，女王只擁有象徵性的地位，其權力的形式受到慣例與民意的約束。但是君主基本上還是可以行使三個重要的權利：被諮詢的權利、提供意見的權利和警告的權利。一個君主在位的時間愈長，經驗與學識愈豐富，他的意見就愈會受到內閣和首相本人的重視，而這種君主與內閣之間的交流，是在每週例行的秘密會議中進行的。事實上在英國，擁有最高政治權力的人是內閣首相（現任首相甘民樂於2010年5月11日起執政），他必須得到下議院的支持。「君臨國會」（Crown in Parliament）代表了英國的國家主權。

英國政府正式名稱為「女王陛下政府」或「國王陛下政府」（取決於在位君主），負責英國的行政功能。首相為政府首腦，由英國君主任命，但是依慣例此人必須是下議院中最有可能獲得下議院支持的議員。首相獲任命後再挑選其他部長和行政首長，組成政府。大約20名最資深的政府部長和首相本人組成內閣。

政府對議會負責，回答議會質詢。政府提出的任何議案如果未獲議會通過，就將可能面臨議會的不信任動議，而這項不信任投票一旦通過，則將迫使首相或宣布辭職，或解散議會重新舉行大選。運作時，各政黨指任1名「黨鞭」，以保證所有該黨的議員根據黨的政策投票。這確保了一個在下議院中有較大比例優勢的政黨，能夠組成一個穩定的政府。但是一個只在下議院擁有微弱多數的政黨組成政府，甚或是一個多黨組成的聯合政府，就會比較脆弱。

二、美國

聯邦政府本身有三個分支，互相監督和制衡：

1.立法機關：即國會，由眾議院和參議院兩部分組成。擁有聯邦立法權，宣戰權，條約批准權，政府採購權和很少行使的彈劾權；
2.行政機關：即總統，總統提名和參議院批准的內閣官員及其下屬，負責行使基於聯邦法律的治理權；
3.司法機關：即最高法院和較低級別的聯邦法院，法官由總統提名並參議院批准；擁有釋法權和推翻違憲的法律的權力。

美國最高行政機關為總統與白宮辦公室。

三、德國

德國自1949年起是一個採用議會民主的聯邦制國家，聯邦議會由兩院組成，各邦在教育、警察和其它方面享有高度的獨立主權。

德國的國家元首是聯邦總統（Bundespräsident），任期5年，由聯邦大會間接選舉產生。聯邦大會由聯邦議院議員以及同樣數目的各州代表組成，專門負責選舉國家元首。聯邦總統的權利受到限制，其角色大部分是象徵性的。

德國聯邦議會由聯邦眾議院和聯邦參議院組成，兩院一起組成了德國的立法機構。聯邦議院現擁有598席，代表由直選或間接選舉產生，任期4年，設有聯邦議院議長1人，在國內外禮儀上享有僅次於聯邦總統的第二高地位。聯邦參議院擁有69席，代表來自16個邦，聯邦參議院議長由邦總理輪流擔任，在國內外禮儀上享有第三高地位。

聯邦總理（Bundeskanzler）雖然在國內外禮儀上僅享有第四高地位，卻是德國聯邦的政府首長，也是行政的最高首長。聯邦總理往往是議會多數黨的成員，由議會選舉產生。聯邦政府設一位副總理，由聯邦總理從各政府部長中確定1人，在聯邦總理缺席時代理行使聯邦總理的職權。現行的德國「基本法」力圖避免重蹈魏瑪共和國的覆轍，規定了例如總理的間接產生、政黨必需獲得5%選票或三個直選席位才能進入議會、只有下院全體議員都同意繼任者後才能免去總理、軍隊除救援外不許使用於國內事務等等。也正因為如此，到目前為止的歷屆德國政府都是聯合內閣。此外，基本法中的1至20款（「人的尊嚴不可被侵犯」

等），被看作是不許被更改的部分。德國聯邦的憲法體制（Verfassungsrecht）由基本法、統一協議（Einigungsvertrag）以及其它國際協議組成，各州另外有自己的憲法，但受聯邦憲法體制約束。

四、法國

法蘭西第五共和國（即現在的法國）的憲法於1958年9月28日由法國民眾全體公民投票通過。1958年10月4日制訂的憲法決定了第五共和國的國家政體運作方式。此後憲法經歷多次修訂，它大大增強了行政機關與議會的關係。

法國有一個獨創的系統，其最高行政組織由兩位首長——總統和總理領導，因此法國是二元首長制，一為總統，一為內閣總理。

1.**共和國總統**：國家元首由普選直接選舉產生，任期5年（2000年9月24日法國全民公決之後確立總統任期5年制）；並由總統任命總理，和根據法國憲法第8條，總理的提名來任命政府其他成員。總統主持部長會議（Council of Ministers，憲法§9），部長會議的成員為總統、總理、各部長、各部次長、政府秘書長、總統府秘書長等，以決定國家重大政策方針。頒布法律；總統也是三軍統帥。另外，根據憲法第16條，在面臨重大危機時，總統擁有採取非常措施的權力，例如宣布國家進入緊急狀態或啟動全國動員令等等。

2.**內閣總理**：根據憲法第20和21條，在總理的領導下，政府決定並主管國家的政策；領導政府的運作，保證法律的實施（憲法§21），規章制定權（憲法§37）；政府向議會負責。總理的內閣（Prime Minister's Cabinet）包括總理辦公室的成員約50人，以及總理的政治顧問。

五、我國

(一)總統

依照憲政組織，我國為半總統制／亦稱雙首長制，並且傾向美國的總統制，所以是最高行政首長。總統、副總統任期4年。總統為國家元首，對外代表國家，統率全國陸海空軍，依法公布法律、發布命令、宣布戒嚴、任免文武官員、授與榮典、行使大赦、特赦、減刑及復權之權，以及行使締結條約及宣戰、媾和之權。總統依據憲法行使職權，設總統府，置秘書長1人、副秘書長2人，另有資政、國策顧問及戰略顧問，對國家大計及戰略、國防等事項，向總統提供意見，並備諮詢。

(二)行政院

為國家最高行政機關，置院長1人，由總統任命；副院長1人，兼任部會首長之政務委員10人，不管部會之政務委員6人，均由行政院院長提請總統任命，共同組成行政院會議，以院長為主席，議決重大施政方針，及向立法院提出法律、預算、戒嚴、大赦、宣戰、媾和、條約等案。

貳、各國部的組織

一、我國

(一)我國與各國部的設置

	我國14部	英國20部	美國15部	德國14部	法國14部
1	內政部	a.內政部 b.社區與地方政府部	內政部	內政部	內政、海外及地方區域部
2	外交部	a.外交及聯邦事務部 b.國際發展部	國務院	外交部	外交及歐洲事務部
3	國防部	國防部	國防部	國防部	國防部
4	財政部	財政部	財政部	財政部	預算及文官行政部
5	教育部	創新、大學及專業技術部	教育部	教育及研究部	a.教育部 b.高等教育及研究部
6	法務部	a.法務部 b.司法部	司法部	司法部	法務部
7	經濟及能源部	商業、企業與管制改革部	a.能源部 b.商業部	a.經濟合作及發展部 b.經濟及科技部	經濟、產業及就業部
8	交通及建設部	交通部	a.運輸部 b.住宅及社區發展部	交通、建築及都市事務部	居住事務部
9	勞動部	勞動及退休部	勞工部	聯邦勞工及社會事務部	勞動、勞動關係、家庭及團結部
10	農業部	環境、糧食及農村事務部	農業部	營養、農業及消費者保護部	農業及　漁棊業部

11	衛生福利部	a.衛生部 b.兒童、學校與家庭部	衛生服務部	a.家庭、老人、婦女與青少年事務部 b.衛生部	衛生及體育部
12	環境資源部	環境、食物及農村事務部	能源部	環境、自然保育及核能安全部	生態、能源、永續發展及城鄉規劃部
13	文化部				文化傳播部
14	科技部	商業、創新和技能部			
	社區及地方事務部	退伍軍人事務部	經濟合作及發展部		
	a.北愛爾蘭辦公室 b.蘇格蘭辦ㄙ公室 c.威爾斯辦公室 d.政府平等辦公室	國土安全部			

(二)委員會

1.國家發展委員會。
2.大陸委員會。
3.金融監督管理委員會。
4.海洋委員會。
5.僑務委員會。
6.國軍退除役官兵輔導委員會。
7.原住民族委員會。
8.客家委員會。

(三)我國行政院內設

1.行政院主計總處。
2.行政院人事行政總處。
3.中央銀行。
4.國立故宮博物院。

(四)行政院設下列相當中央二級獨立機關

1.中央選舉委員會。
2.公平交易委員會。
3.國家通訊傳播委員會。

上述英美法德各國部的設置，[59]與我國於100年實施的行政院組織法，對照觀察後可以得知數端：

1.除了國防部外，各國沒有一個部的名稱是各國皆通用者。
2.每一個國家所設計的部管轄事務內容、範圍、項目等都不一致。
3.部的設置、變更、廢止，都隨著歷史上各種因素而變遷。
4.比較傳統、穩定設置的部，有內政部、國防部、財政部、教育部、法務部等。
5.隨著世界局勢走向全球化、政府再造等潮流後，經濟、交通、科技、建設等項目，變成各國同所矚目的要項，特別是科技與創新成為極重要的議題。
6.福利國家的內涵也是各國必須注意的要項，如勞工、就業、住宅、衛生福利、環境資源等，不可輕忽之。
7.各國特殊歷史背景所造成的公共任務項目，並因而考量設部的有：北愛爾蘭辦公室、蘇格蘭辦公室、威爾斯辦公室、政府平等辦公室、原民會、客委會、文化部、退伍軍人事務部等。

二、比較

部的數目應該有幾個？各國通常會考慮到國家的基本條件，如土地面積、人口等，茲列舉基本數據如下：

(一)各國面積與設立部會數之比較

項目／國家	國土面積（單位：萬平方公里）	設立部會數
英　國	24.25	20
美　國	962.80	15
德　國	35.70	14
法　國	54.70	14
俄　國	3.60	14

(二)各國人口數與部會設立數之比較

國家＼項目	人口數（單位：萬）	設立部會數
英　國	5,700	20
美　國	26,525	15
德　國	8,182	14
法　國	5,796	14
俄　國	2,300	14

從土地面積與人口數來看，我國當然是小很多，部的數目卻與之大約相仿。所以我國部的設置，顯然並沒有從土地面積和人口比較的觀點來思考。另外，與部相等的組織如委員會等，數目各國都有若干，他們的規模比部小，預算也較小，但還是要加以計算。其中最值得注意的是，美國的委員會非常多，稱為聯邦政府委員會者有57個，如果加上白宮辦公廳等等，可謂數量驚人。我國在這一次的行政院組織調整以後，從8個部增加到14個部，委員會也略有整合，就總體言是不精簡，而依照國情和歷史遺者亦隨處可見，因此，可以討論之處仍多。

參、中央政府的任務

部的組織設置，一方面是要處理政府的事務，完成部長的政治決策，或是推動其政策與理念完成立法。另外一方面它也是中央政府與地方政府的最高主管機關，並與各級政府協力執行法律、參與並完成政策的執行，並負責管轄與治理之責。

中央與地方權限的劃分，也同時決定兩者任務的區隔。部的任務在執行其法律規定下的任務、法定的職責；對於下屬機關行使監督、控制的行為、執行部本身的法律案、預算案；準備與答覆國會的質詢；製作各種重要的國家資訊、報告與統計。然而部最核心的任務是——政策的規劃，並訂定為法律、發展出法規命令、與行政規程，作為下屬所有行政機關的目標及準則。附帶的還要提出預算案，以及未來新的公共政策之規劃與發展。

以上的基本項目為部的任務所在。我國中央政府組織的任務分為行政院和部兩部分。行政院的部分見諸行政院組織法第10條：行政院院長綜理院務，並指揮監督所屬機關及人員。行政院院長因事故不能視事時，由副院長代理其職務。部的任務，舉我國內政部為例，內政部掌理全國內務行政事務（內政部組織法第

1條）。第2條：內政部對於各地方最高級行政長官，執行本部主管事務，有指揮、監督之責。第3條：內政部就主管事務，對於各地方最高級行政長官之命令或處分，認為有違背法令或逾越權限者，得提經行政院會議議決後，停止或撤銷之。從我國行政院組織法和內政部組織法來看，其內容規定均為管轄範圍的總體規定。如果舉法國為例，經濟、工業和就業部主管全國稅務和預算事務，內政部主管全國法律執行與地方政府的關係，司法部主管全國監獄、運行法院系統、訴訟事務的監管等。從我國行政院組織法新近公布的條文可知，部會組織的調整是一個不可避免的趨勢，在其他國家也是一樣，例如法國部的數量、職責的合併、拆開、以及管理，從每一屆政府到下一屆政府都不斷的變化，而且不僅是組織的改變，任務、國家目標、政策理念的變化也都隨之遷移。故而歸結言之，部的任務在不同時代的需求下，會與時俱變。

部的任務通常分為二種，一種是政府事務的處理，另一種是行政機關對外的作業。前者是組織的內部行政，[60]例如人事、會計、總務等，各部會之間會大抵類似。但是第二種行政是組織的外部行政，在數量、品質上，各部之間會有很大的不同。

肆、部的結構

內閣下分設各部，部的設置在各國的名稱與內容不一，但是分化與設置的原理基本上都是與歷史的演變密切相關，部的設置、廢除與變更也是隨著歷史的因素而遷移。設置、變更與廢除的理由是「憲法與政府」及「政治學」所要討論的議題。一個部的職權範圍與內容，必須包括一個具備關聯性的任務群、相關的專業行政知識以及從而發展完成的公共政策，這是部的職權範圍的基本構成要件。每一個部都有自己特定的任務和自己特有的行政人員，而且型態、內容都非常的不一樣，例如農業部、國防部、財政部，它們的任務、職權範圍、人員等等都是很不同的。至於部的規模大小、員額規模、預算規模等，會有大小的分別。以德國為例，內政部、財政部與國防部屬於組織規模最大的三個部；以美國為例，從預算規模來看，最大的二個部是衛生及公共服務部（5,432億美元）和國防部（3,752億美元）。

部的組織結構係以階層化原則來建構，各國各有特色，茲簡述如下：

一、我國

我國的作法是在行政院下設各級機關組織，一級機關就是部，二級機關就

是部下的司和同級的獨立機關，三級機關就是處。部內組織也分各級組織，部內下設司、處、科等各級組織。

二、英國

英國每一個部的最高首長稱部長。他們必須對平民院負責。部長下設有數名政治任命人員，通常為國務大臣、國務次長及政務次長，他們同時也是執政黨的國會議員或貴族院議員。如果部長為貴族院議員，其助理必須是平民院議員，當平民院對該部提出質詢時，才能代部長在平民院中辯論。國務大臣的職位在次長之上，有某些自由裁量權。次長可以處理較不重要的事，減輕部長的工作。次長不能自行決定政策，也不能否定文官的意見，必須將文官的意見轉達給部長。

部長下設有文官，最高職位為常務次長，其次為副次長、助理次長。其它襄助文官有法律顧問、司長、科長、副科長和中下層文官。

三、美國

美國有15個部，均由部長指揮監督，再由各部長向總統負責，構成行政的命令指揮系統。但是某些行政機關和人員與行政體制中的壓力團體和國會委員會關係緊密，所以具有相當的獨立性，不受總統和部長的指揮。另外還有二種組織是行政最高部門，如下：

1. 獨任制的獨立行政機關，地位不如部，直接隸屬總統，如同行政各部，向總統報告，如美國國家太空總署（NASA）、中央情報局（CIA）等。
2. 獨立的管制委員會，在行政體制中占有獨特的地位。委員會的委員由總統認命，但須經參議院的同意。委員們不必向總統報告。委員會雖然是獨立的，但也常屈服於白宮、國會或受其管制工業部門的壓力。委員會數目甚多，如聯邦貿易委員會（FTC）、聯邦傳播委員會（FCC）等。

四、德國

德國的中央組織結構略有不同，聯邦部的組織下設高級聯邦機關（Oberbehörde des Bundes）、中級聯邦機關（Mittelbehörde des Bundes）、下級聯邦機關（Unterbehörde des Bundes）三個層級。層級的設置和部的設置密切相關，決定設置的原則分為：(1)部的設置係依照國家的功能來考量，而不是依照國家的領土疆域來劃分；(2)國家功能的中級機關設置，有關聯性的組織儘量整合在一起；(3)下級機關就是將地區整合在一起，來顯示國家的統一性，這是德國部的結構原則。

部長為政治任命的政務官。隸屬部長的有政務次長（德國稱之parlamentarische Staatssekretäre），[61]為政務官，依政治任命而進退。德國政務次長的任務規定的較我國具體，是負責對應國會，代表該部處理立法相關事務。其名額依部會規模大小訂為1至2名。另有常務次長（德國稱為beamtete Staatssekretäre），名額同上1至數名。其職則是協助部長管理部內職權所轄的各個機關及其事務。部長與次長均設有幕僚組織，襄助處理各項事務。

聯邦的各部極少有自己的行政人員，除國防、鐵路與郵政，聯邦公務員僅占文官總數的十分之一，而半數以上是為各邦工作，三分之一是為地方政府工作。聯邦部門的公務員僅約十萬人，十分之一是高級職（Höherer Dienst）。

五、法國

法國內閣之下設置幾個部，憲法沒有明文規定，得由閣揆決定之。

法國的部由部長領導，下設局（bureau），由局長領導。幾個相關的局組成處（direction），由處長領導。法國沒有設常務次長來協調總理各處業務。

法國部長經常替換，所以文官對部長的政策不會太認真執行，部長也因此對文官不信任，所以部長自己選任一些助手，作為部長的顧問與助理，被稱為「部長機要處」（minister's cabinet），設機要處長，負責部務的日常實際運作及協調各處。下設機要處主任，負責部的政治事務，協助部長處理事務和國會關係。因為沒有常務次長，所以機要處的工作就是協調綜理部內事務，這種設計對政策持續性有所影響。

第四節　地方政府的組織

壹、英國

英國沒有單一體系的地方政府。英國是由英格蘭、蘇格蘭、威爾斯所組成的憲政國家，每個構成國家都有各自不同的地方制度。

這三個聯合王國成員，每個都各別地承襲了自己的立法機關和政府組織——蘇格蘭議會和蘇格蘭執委會、威爾斯國民代表大會和威爾斯議會，以及北愛爾蘭議會和北愛爾蘭執委會（二機構已中止）。這些組織是國家的一部分，而不是英國政府的地方、下屬單位。

它們各自採取單一管理區的模式，意謂著單一層級的地方政府。有32個蘇格蘭選舉區，22個威爾斯郡或鎮，以及26個北愛爾蘭區。

一、英格蘭

(一)英格蘭郡和單一政區

英格蘭的模式比較複雜。不像其他三個地方，英格蘭有它自己不間斷的統治實體，更甚於整個聯合王國政府。它細分成9個區域，其中一個大倫敦，有一個被選的議會和市長，其餘的有相對次一級的角色，如非選舉區議會和區辦事處（Regional Development Agencies）。

除了大倫敦之外，英格蘭還有兩種不同的地方政府在採用。某些地區有郡議會負責整個郡的職務，區域則由（次一級的）議會負責其他服務，這些議會由各別的選舉產生。某些區域有一級的地方組織，被授予單一管理區的稱號。

郡的議會被稱為「某郡議會」，而區的議會視這個區域的地位稱為「區議會」、「鎮議會」或「市議會」。「單一政區」可以被稱為郡議會、都會區議會、鎮議會、市議會、區議會，或就是「議會」。這些稱呼並不會改變這些區域的角色或權限。

大倫敦的整體權責，比如運輸，歸於大倫敦管理局。倫敦被分成32個倫敦自治市和倫敦市，擁有介於一般區域和單一政區的權力。

(二)議會和郡議員

議會擁有歷史上行政、立法不分割的傳統，被界定歸於議會本身，通常由議會的委員會或次委員會行使。

在區域層面，一個區被劃分成幾個民政教區。威爾斯及蘇格蘭的民政教區被稱呼為社區。它們被統稱為地方議會。

二、英國地方政府的職權

英國的地方政府（local authorities）是中央所監管的對象，那麼中央與地方之間的權限、事務劃分關係又為何呢？

換言之，local authorities可以在中央法令的授權下，做些什麼？首先，必須先強調的是，J. A. Chandler說在英國並沒有一部單一的法律檔清楚說明地方可以做哪些事情，即使是英國的地方政府法也是一樣。質言之，地方可以做哪些事情，都是各該法律規定的結果，由各該法律來決定地方政府所應扮演的角色。其次，比較特別的地方是，地方如果想做什麼事（也就是想擁有某項權限或事務的處理權限），也可以透過提案的方式，向中央提出“private acts”經國會同意後，在“principle of ultra vires”下行使之。

local authorities經管的公共任務項目，依照J. A. Chandler的見解分為教育事項、居民住宅事項、社會福利與救助事項、娛樂及文藝事項、公共衛生事項、警政事項、交通公路事項、土地規劃事項、經濟發展事項，以及其他任務等十類事權。

1.教育事項：在英國教育事項的政策決定與執行權，幾乎都是地方的事權，中央在這部分可說是沒有干預的，唯一的干預僅僅只是教育法律仍由中央定之。跟其他國家相較，德國還有邦立大學、美國也有州立大學這類的高等教育，而由“state”層次執行的事務，這在英國是難以想像的。也就是說，英國的各級學校無論是公私立學校，都是地方在監督，而非中央在監督。

2.居民住宅事項：這類事項由地方政府必須興建特定的國民住宅或協助無殼蝸牛有房屋居住外，地方政府主要是在管理「租屋」的相關事項，因為英國的自有房屋率很低，那地方政府應該透過「房租稅率」、「房租價格」的控管，使房屋的擁有者、使用人暨地方政府本身皆可達成三贏的均衡局面。

3.社會福利與救助事項：這個部分的職責跟其他國家的地方政府差不多，多半是以兒童、身心障礙者及老人、失業者等需要協助的福利與救助問題為主，而且已算是地方政府的例行性行政庶務。

4.娛樂及文藝事項：J. A. Chandler說文化事務則是相對而言，已幾近於地方絕對的裁量權的事務。也就是說，中央就算在這個領域的事務加以立法規範，地方仍有相當的決策裁量與形成空間，俾以發展自己的地域文化特色。

5.公共衛生事項：就這個部分的事權來說，地方必須承擔中央所剩餘的任務（residual task）；也就是說，中央不是不必承擔公共衛生、衛生保健事項，但中央所未承擔的職責範圍，都會視為地方應承擔的公共衛生、衛生保健事項。

6.警政事項：J. A. Chandler說英國有一個傳統的迷思，那就是警政事項只能有地方來決定並執行。也就是說，英國並沒有國家員警，所有的員警都是

地方員警，這跟很多國家相較，可說是一件很特別的事。尤其是，從1856年以後，經由法律的規定，所有的地方政府都必須建制警政單位，但他們必須同時隸屬於內政部（自治事務部）管轄。

7.交通公路事項：J. A. Chandler說，理論上交通規劃、公路興建都是跨區域的，因此應該歸屬於中央集權的事項才對。不過，J. A. Chandler說地方有義務對於in-house的交通規劃、公路興建予以推定並執行。而所謂的in-house就是指轄區內的意思。

8.土地規劃事項：臺灣的學者多半把它翻譯為政策規劃權（Planning），以致於我們常常誤解政策規劃權的意涵。其實，我們說地方有政策規劃權，按J. A. Chandler所指，就是專指土地分區規劃之權限，例如指定地方內的某個區域為公園、某塊土地為保護區、某建築物為古蹟、某個區域為工業區等。基此，所謂地方有"Planning Power"，最好翻譯為都市計畫權可能會更恰當。

9.經濟發展事項：是指地方政府也必須承擔招商、規劃工業發展之權責，讓地方居民有就業的機會，甚至有義務協助貿易事項的推動。在2000年以後的地方政府法中，英國的地方政府已享有更為龐大的經濟發展權限，而這也是Tony Blair的政策基調。

10.其他任務或事項，例如管理市場、路邊攤販之事權等，基本上這些事權係由地方居民提出要求，只要有中央法令的依據或授權，那麼地方政府基於地方的民主體制與照顧人民福利的基本需求，就有義務去推動"the other in-house affairs"。

總結英國地方政府約為：

英格蘭	威爾斯	蘇格蘭	北愛爾蘭
9區	22郡／鎮	32選舉區	26區
民政教區	教區	教區	

貳、美國

一般而言，州內事務的主導權完全在各州政府手中。這包括了內部通訊；關於財產、工業、商業以及公共設施的法規；州的相關法律，諸如死刑；以及州內部的工作情況。很多州立的法律在各州之間都十分相似。在還有一些領域中，州的管轄權與聯邦政府的管轄權有重疊。

最近幾年，聯邦政府在醫療、教育、福利、交通、住宅以及城市發展等領域，開始扮演愈來愈重要的角色。各州的憲法與聯邦憲法基本相符，除了在一些細節上有所不同，其中包括了人權和政府組織。而在商業、金融、公共服務和福利機構等方面，州憲法往往比聯邦憲法更為詳細。

一、行政劃分

各州的分布，除夏威夷外，其餘49個州都位於美洲大陸。其中除阿拉斯加，其他48州連同華盛頓特區彼此相連，又稱美國本土。一些人將阿拉斯加也視為「本土」州，因為雖然它和「下方的48州」之間被加拿大隔離，但從地理上它仍是北美大陸的一部分。所有這些用詞通常都包括華盛頓哥倫比亞特區。第五十個州夏威夷州則位於太平洋的群島上。

二、州政府

殖民地獨立之前，都是由英國君主管轄。在美國成立之後、憲法確立之前這段時間，各州實際上處在自治的狀態。所以在當時「費城制憲會議」上，各州的代表一邊決定成立一個強有力的聯邦機構，一邊又強調維護各州的權利。

總體上來講，完全限定在某一州境內的事務，應完全由該州政府決定如何處理，包括州內傳媒、財、工商業和公共基礎設施的管理、州刑法典、民眾工作條件等。聯邦政府要求州政府必須在形式上是共和制，州內法律絕對不允許違反聯邦憲法，或國家層次上制定的法律和條約。

州際和聯邦行政上有很多重疊的地方。尤其是最近幾年，聯邦政府在健康、教育、福利、交通、房地和城市發展等領域中，也開始擴展自己的管轄範圍。不過，一般這種情況都是在兩級政府自願合作的基礎上進行的，而非聯邦將意志強加在地方州政府頭上。

同國家機構一樣，州層次上也三權分立：行政、立法和司法，功能和管轄範疇都和國家層次上的對應機構大致相同。一個州的行政長官是「州長」（Governor），由州內公民普選生，通常是4年任期（有一些州是2年）。除內布拉斯加州僅有一個立法機構外，其他州全都分上下兩院。上院叫參議院（Senate），下院叫眾議院（House of Representatives、House of Delegates或General Assembly）。不過混亂的是，有的州把整個立法機構都稱作General Assembly，上下兩院都包括其中。大多數州內，參議員4年任期，下院議員是2年。

各州的「憲法」雖在細節上有所不同，但總體上都和聯邦憲法是一致的，包括民權宣言、組織政府的計劃等。在商業、銀行、公共設施和慈善機構經營等領域內，「州憲法」通常要比聯邦憲法更加細緻明確，不過規定最終權力屬於人民，也會將一些特定的準則和原則定為建立政府的基礎。

三、市政府

美國已經從原來的農業社會發展到一個高度城市化的國家，80%左右的公民居住在城鎮或城郊中。所以市政府在美國行政體系中是非常重要的。市政府比州政府和聯邦政府更加直接貼近人民，管理一切與民眾生活息息相關的事務，如警務、消防、衛生、醫療健康、教育、公共運輸和房地等等。

大城市的管理極為複雜。僅從人口上來講，紐約市一個城市就要大於50個州中的41個州。經常有人說，除美國總統外，最艱難的行政職位就是紐約市市長。市鎮政府的職能由州憲章規定，但在很多領域中，城市獨立於州獨自運作。然而在大部分大城市內，因為居民眾多管理極其複雜，同州、聯邦組織合作也是非常有必要的。

市政府的類型全美各地都不同，不過都有一個中央政務委員會（公民投票選）、一位行政長官（帶領下屬部門的部長）管理城市事務。市政府大體上可以分成三種：「市長——議會制」、「委員會制」和「議會——經理制」。很多城市的政府都是這幾種制度混合而成的。

1.**市長——議會制**（Mayor-Council）：是美國最古老的市政府體制，一直到二十世紀初期，幾乎所有的美國城市都是通過此方式管轄。結構和州、聯邦政府相仿，市長由民眾投票選出，作為行政部門最高長官；負責立法的議會也是民眾選出，代表市內不同的區劃。市長任命市各部門的主管和其他官員，有的時候還需要議會通過。市長有權否決市法令，負責籌劃市運營的預算。議會則負責制定市法令，規定稅率，在不同部門分配資金。隨城市逐漸擴大，議會的席位也隨之添加。

2.**委員會制**（The Commission）：立法和行政機關合併在一起，人數通常三個以上，由全市居民投票選出。每一位委員監督下屬一或多個部門的經營管理情況。由一位委員擔任主席職位，通常也叫做市長，不過其實際權力和其他委員沒有區別。

3.**議會——經理制**（Council-Manager）：因為民選的官員不一定有專業的能力來處理城市中複雜多樣的問題，所以就僱用一位「經理」來解決這些事務。市經理必須擁有色的管理能力，能夠行使大部分行政權力，包括執法、分配撥款等等。

此體制正為愈來愈多的美國城市選用。民眾選舉一個小型議會，負責制定法律；同時僱用一位行政長官（即市經理）來管理城市事務。經理負責籌劃預算，監督大部分下屬部門。一般來說沒有任期限制，只要議會對其工作滿意，就可以一直幹下去。

四、郡政府

美國行政區劃中的「郡」（County）是州的一個下屬區劃，經常（但不是絕對）涵蓋兩個以上的城鎮和一些鄉村。事實上，美國多數的郡擁有比「市」更高的層級，因此不適合完全用中國的「縣」來相比。紐約市是個明顯的例外，因地域太大，下屬又劃分了5個獨立的郡。另一個相反的例外是維吉尼亞州的阿靈頓郡（Arlington），它與華盛頓特區隔波托馬克河（Potomac River）相望，郡內城市和郊區並存，僅由一個單一的郡政府管理，沒有下屬區劃。這種情況稱作「市郡聯合政府」（Consolidated City-County Government），也出現在美國其他一些較大城市中，如加州的舊金山市與郡（City and County of San Francisco）和夏威夷州的檀香山市與郡（City and County of Honolulu）等地。

美國大多數郡內，通常會選某個城鎮作為郡政府所在地。小型的郡內，官委會（郡政委員組成）一般由此郡不分區選出，而大一些的郡內，其官員分別代表不同的選區。委員會負責徵收稅務，借貸款項，規定郡公務員的薪資，監督選舉，建築道路橋梁，管理國家、州、郡的福利項目等等。而在新英格蘭地區的幾個州內，郡僅僅代表地域區劃而已，並沒有任何政府管理職能。

五、村鎮政府

村鎮政府僅負責修建道路，供給水源，執法消防，建立衛生設施，垃圾、污水處理，稅收等當地事務，同時也要與州、郡政府合作，直接管理當地的教育體系。請注意在很多州內，“town”這個詞並不是特指「鎮」，僅僅是表達居住地的意思，非正式用語。另外在有一些州內，“town”就是「市鎮」的意思。也就是說“town”這個詞所涵蓋的行政概念，各州是不盡相同的。

政府事務由一個選舉的議會或委員會管理，具體名稱各種各樣。委員會可以設立主席職位，主席作為行政長官進行管理，或者也可以由民眾選舉出一個市長。地方公務員可以包括文職、司庫、員警、消防、衛生和福利官員等。

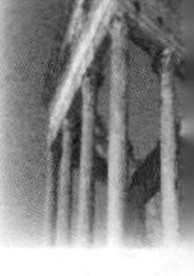

六、其他地方政府

以上涉及的各層政府並沒有涵蓋美國行政的所有層面。美國人口調查局（商務部的下屬）統計，全美有超過84,955個地方政府單位。

美國成立初期，很多工作都是民眾自己進行的。隨著社會發展，很多任務也慢慢轉移到政府肩上，美國人也愈來愈依賴於政府的職能。殖民地時期，即使在大城市內員警和消防員也很罕見，政府不負責安裝路燈、清掃街道等工作。民眾都是各自為政，自我保護財安全。

到了現代，這些工作一般都是政府的某些部門來處理。即使是在很小的村鎮，公安、消防、福利、衛生等事務也是由政府組織。因此造成美國國內各地的管轄權劃分極不統一。

歸結美國各級地方政府約如下：

州
郡（Country）、市（City）
村、鎮

參、德國

德國的地方政府一般分為兩級，即縣、市（邦轄市）和鄉、鎮、市（縣轄市）。但是在巴伐利亞（Bayern）邦，則在縣市政府之上加上區政府（Bezirkeregierung），成為三級的地方政府。[62]

地方政府的德文名稱分別為：縣（Kreis）/邦轄市（Kreisfrei Städte）這兩者平級；鎮（Gemeinde），其中，鎮分為：鄉鎮（Landgemeinde）和城鎮（Stadtgemeinde）。德國的地方政府本來數目很多，在1966年到1980年之間陸續推動行政區域改革（Gebietsreform）之後，鄉鎮市本來有24,000個，其中84%不到2,000人，改革之後降為8000個。本來有425個縣，也減少了44%，變成237個。

地方政府遵循自治原則。各邦的縣、市鎮必須通過普遍、直接、自由、平等和秘密的投票選舉代表機構，在規模小的市鎮可直接組成市（鎮）民大會。保障市鎮在法律範圍內，自行負責處理地方事務的權利。聯合市鎮在其法定任務範圍內，依照法律規定也享受自治權利。 在實行聯邦制的德國，地方自治是地方政府的基本特徵，地方自治的地位受到聯邦憲法和州憲法的保障。[63]

根據德國基本法，各邦政府有權自行訂定其基層組織法，因此，各州的基層組織的規則存在很多差異。不過，一邦之內的基層組織基本上是統一的。德國基層的市鎮體制保持著多樣性的特色。市鎮是德國最基層的地方自治單位。它不是州政府的下屬行政單位，而是組成縣的自治機關。德國各邦的市鎮自治體制存在很大的差異。從治理結構上看，大體上存在四種類型的市鎮自治體制，即德國北部的市鎮議會體制、德國南部的市鎮議會體制、萊茵河流域的市鎮長制，以及市自治機關體制。一般來說，鄉（市）鎮的決策權由鄉（市）鎮居民選舉出的鄉（市）鎮理事會行使，執行權由鄉（市）鎮長一人行使權力，也有的地方是由鄉（市）鎮理事會行使執行權。

德國地方政府自治體制的運作，全國沒有統一規定。鎮政府處於國家的監督下；一般由州下屬的地區監督服務公署（Aufsichtsund Dienstleistungs Direktion，簡稱ADD），行使對地方政府的監督權。而當鄉（市）鎮根據自主權處理自身事務時，國家只能給予法律上的監督。德國地方治理的重要事實是，地方自治機構都會根據實際情況，承擔大量的地方性活動和服務，以適應當地人民的生活需要。

歸納德國地方政府約為：

縣（Kreis）／邦轄市（Kreisfrei Städte）（這兩者平級）
鎮（Gemeinde）：鄉鎮（Landgemeinde）和城鎮（Stadtgemeinde）

肆、法國

一、本土行政區劃

法國有26個大區（行政區的一種，本土有22個）（法語：Régions administratives），這些行政區再進一步分割成100個省（本土有96個）（法語：Départements；中文翻譯：區分、省、縣）。這些區分都主要被按字母順序編號，這些號碼被用於郵遞區號或車輛牌照。省由專區（法語：arrondissement）組成，每個專區被分為幾個鄉（法語：canton），每個鄉包括幾個市鎮（法語：commune）；而市鎮是法國最小的行政區劃單位。

二、海外區分及殖民地——法國海外區分和法蘭西殖民地

在海外的區分是法國的前殖民地，這些地區在法國享受著與歐洲國家相似的待遇。他們可以被認為是法國的一部分，或歐盟的一部分。 法國的海外屬地

包含：

1.4個海外省分（Départements dóutre-Mer, DOM）：哥德洛普（Guadeloupe），馬丁尼克島（Martinique），蓋亞那（Guyane），留尼旺島（La Réunion）。

2.5個海外領地（Collectivité dóutremer）：法屬玻里尼西亞（987）（Polynésie française），瓦裏斯和富圖納群島（986）（Wallis et Futuna），美特（976）（Mayotte），聖皮耶與密克隆群島（975）（Saint-Pierre et Miquelon），法屬南極領地（Les Terres australes et antarctiques françaises）。

3.1個特殊行政單位（Statut spécifique）：新喀里多尼亞（La Nouvelle Calédonie）。

歸總法國地方政府約如下：

26個行政區（Régions administratives）
100個省（Départements）
專區（Arrondissment）
鄉（Canton）
市鎮（Commune）

伍、我國

一、直轄市、縣（市）

直轄市及縣（市）目前為我國第一層級的地方自治團體，直轄市設直轄市議會，由直轄市民依法選出直轄市議員，組成直轄市議會行使立法權；設直轄市政府，由直轄市民依法選出直轄市長1人，對外代表直轄市，綜理直轄市政務，並指揮監督所屬各機關及員工，辦理直轄市自治事項及執行委辦事項。目前我國直轄市，有臺北市、高雄市、桃園市、臺中市、臺南市，5個直轄市。

省以下劃分為縣（市），縣（市）設縣（市）議會，由縣（市）民依法選出縣（市）議員，組成縣（市）議會行使縣（市）立法權，設縣（市）政府，由縣（市）民依法選出縣（市）長1人，對外代表縣（市），綜理縣（市）政務，並指揮監督所屬機關及員工，辦理縣（市）自治事項及執行委辦事項。目前我國縣（市（劃分如下：

1.臺灣省劃分為：新北市、宜蘭縣、桃園縣、新竹縣、苗栗縣、臺中縣、彰化縣、南投縣、雲林縣、嘉義縣、臺南縣、高雄縣、屏東縣、花蓮縣、臺東縣、澎湖縣、基隆市、新竹市、嘉義市、等16縣3市。

2.福建省劃分為：下有金門縣、連江縣2縣。

二、鄉、鎮、縣轄市

縣以下劃分為鄉、鎮、縣轄市〔簡稱鄉（鎮、市）〕，鄉（鎮、市）為地方自治團體。鄉（鎮、市）設鄉（鎮、市）民代表會，由鄉（鎮、市）民依法選出鄉（鎮、市）民代表，組成鄉（鎮、市）民代表會行使鄉（鎮、市）立法權。設鄉（鎮、市）公所，由鄉（鎮、市）民依法選出鄉（鎮、市）長1人代表鄉（鎮、市），綜理鄉（鎮、市）政務並指揮監督所屬機關及員工，辦理鄉（鎮、市）自治事項及執行委辦事項。

註　釋

[1]請參閱Smith, Adam, "Der Wohlstand der Nation. Eine Untersuchung seiner Natur und seiner Ursachen", Aus dem Englischen übertragen und mit einer Würdigung von H. C. Recktenwald, München, 1974, S.9.

[2]請參閱Heppe / Becker, E., "Zweckvorstellungen und Organisationsformen", in: Morstein Marx(Hrsg.), Verwaltung. Eine einführende Darstellung, 1965, S.87.

[3]請參閱Luhmann, Niklas, "Organisation und Entscheidung", Opladen, 2000.

[4]請參閱König, Michael, "Kodifikationen des Landesorganisationsrecht", Baden-Baden, 2000.

[5]Wilkins and Dyer, jr., 1988, p.523.

[6]Kast and Rosenzweig, 1985, p.661.

[7]Pondy, 1983; Uttal, 1983; Barney, 1986.

[8]「同形」和「同結晶體」在這裡係指同樣的結構之意，並不是僅指表面形狀相同而已。「同結晶體」是借用拉丁文的Isomophie，是指物理晶體構造或化學分子式相同之謂。並請參閱Knig, Klaus, "Moderne ffentliche Verwaltung", Duncker & Humblot, Berlin, 2008, Kapitel 6.

[9]請參閱Forsthoff, Ernst, "Verwaltungsorganisation", in: Die Verwaltung, Heft13, hrsg. Von Friedrich Giese, Braunschweig o. J.

[10]請參閱Meyer, Paul, "Die Verwaltungsorganisation", 1962, S.38.

[11]請參閱March, James G. / Simon, Herbert A., "Organisation", New York u. a. 1958, S.22ff.

[12]請參閱Kernaghan, Kennth, u. a., "The New Public Organization", Toronto, 2000, S.113f.

[13]請參閱König, Klaus, "Zur Typologie öffentlicher Verwaltung", in: Carl-Eugen Eberle u. a.(Hrsg.), Der Wandel des Staats vor den Herausforderungen der Gegenwart, München, 2002, S.696ff.

[14]請參閱Loschelder, Wolfgang, "Weisungshierarchie und persönliche Verantwortung in der Exekutive", in: Josef Isensee / Paul Kirchhof(Hrsg.), Handbuch des Staatsrechts, Bd. III, Heidelberg, 1988, §68, Rn. 1.

[15]請參閱Dreier, Horst, "Hierarchische Verwaltung im demokratischen Staat. Genese,aktuelle Bedeutung und funktionelle Grenzen eines Bauprinzips der Exekutive", Tübingen, 1991.

[16]相關論點請參閱Wahls, Rainer, "Die bürokratischen Kosten des Rechts-und Sozialstaats", Die Verwaltung, 1980, S.273ff.

[17]請參閱von Mutius, Albert, "Verqaltungsaufbau", in Verwaltungslexikon, Nomos Verlagsgesellschaft, 1985, Baden Baden, s.964ff.

[18]請參閱傅安平（1985），《公共行政的研究》，頁60以下。臺北：中國文化大學。

[19]請參閱Schanz, Gnther, "Organisationsgestaltung", Verlag Franz Vahlen, München, 1982, S.101-102.

[20]請參閱Siepmann, Heirich und Ursula, “Verwaltungsorganisation”, Deutscher Gemeindeverlag, Verlag W. Kohlhammer, 2. Auflage, Köln, 1984, S.7.

[21]請參閱Schanz, Günther, “Organisationsgestaltung”, Verlag Franz Vahlen, München, 1982, S.6.

[22]請參閱Schanz, Günther，同前書，頁6。

[23]見內政部組織法第4條，民國94年11月30日修正。本法規部分或全部條文尚未生效第11、19、24條及第8-4條條文施行日期，由行政院以命令定之。

[24]見法務部組織法第4條，民國99年9月1日修正，本法規部分或全部條文尚未生效。其施行日期由行政院定之。

[25]見教育部組織法第4條。

[26]見國防部組織法第5條，民國91年2月6日公布。

[27]請參閱Davis, R. C., “The Fundamentals of Top Management”, New York, 1951.

[28]見Graicunas, V. A., “Relationship in Organizations”, in: Persons on the Science of Administration, hrsg. V. L. Gulick u. L. F. Urwick, New York, 1937, S.181-187.

[29]雷飛龍（1973），〈行政學〉，《雲五社會科學大辭典》（第七冊），頁43。臺北：商務。

[30]請參閱 Schneider, P., “Kriterien der Subordinationsspanne”, Berlin, 1972。

[31]請參閱Wimmer, Nobert, “Dznamische Verwaltunglehre”, Springer Verlag, Wien, New York, 2010, S.174.

[32]請參閱Worthy, J. C., “Organizational Structure and Employee Morale”, in: American Sociological Review, 1950, S.169-179.

[33]請參閱吳定等（2006），《行政學》，頁119。臺北：空大。

[34]請參閱Mintzberg, H., “The Structuring of Organizations. A Analysis of the Research”, Englewood Cliffs, N. J., 1979, S.139, u. 141.

[35]請參閱Eilsberger, Rupert u. Detlef Leipelt, “Organisationslehre für die Verwaltung”, R. v. Decker’ s Verlag, G. Schenck, Heidelberg, 1994, S.18.

[36]請參閱Schanz, Günther, “Organisationsgestaltung”, Verlag Franz Vahlen, München, 1982, S.112.

[37]請參閱König, Klaus、Jans Joachim von Oertzen & Frido Wagener, “Öffentliche Verwaltung in der Bundesrepublik Deutschland”, Nomos Verlaggesellschaft, Baden-Baden, 1981, S.128.

[38]請參閱Bogumil, Jörg, & Werner Jann, “Verwaltung und Verwaltungswissenschaft in Deutschland”, VS. Verlag, für Sozialwissenschaften, 2.Auflage, Wiesbaden, 2009, S.140.

[39]請參閱Pttner, Günther, “Verwaltungslehre”, Verlag C. H. Beck, München, 2007, S.116.

[40]請參閱Lepper, Manfred, “Innerer Aufbau der Verwaltungsbehörden”, in König, Klaus、Jans Joachim von Oertzen & Frido Wagener, “Öffentliche Verwaltung in der Bundesrepublik Deutschland”, Nomos Verlaggesellschaft, Baden-Baden, 1981, S.128.

[41]請參閱Püttner, Günther, “Verwaltungslehre”, Verlag C. H. Beck, München, 2007, S.2326.

[42]請參閱Bogumil, Jörg, & Werner Jann, “Verwaltung und Verwaltungswissenschaft in Deutschland”, VS. Verlag, für Sozialwissenschaften, 2. Auflage, Wiesbaden, 2009, S.141.

[43]Püttner, Günther, “Verwaltungslehre”, Verlag C. H. Beck, München, 2007, S.2326.

[44]請參閱吳椿榮（1995），《應用文》，頁276。臺北：嘉陽。

[45]見《宋史．職官制》。

[46]見《清史．軍機大臣年表序》，卷177，台北版。

[47]請參閱Mooney, J. D. “The Principles of Organization”, New York, 1947.

[48]請參閱Emerson, H. “The Twelve Principles of Efficiency”, New York, 1913.

[49]請參閱Fayol, H., “Administration Industrielle et Générale”, Paris, 1916.

[50]詞語「內閣」很少被用於描述政府，在翻譯中，就在法語中它被用於表示一位部長的由政治任命的助手組成的私人辦公室。並請參閱Siedentopf, H., “Regierungsführung und Ressortführung in Frankreich”, Speyer, 1970. Schimanke, D. “Assistenzeinheiten der politischen Leitung im Ministerien”, Verwaltungsarchiv73, 1982, S.216ff.

[51]請參閱維基百科，《美國政府組織》。

[52]請參閱雷飛龍（1963），〈行政學—幕僚機關〉，《雲五社會科學大辭典》，頁35。臺北：商務。

[53]請參閱Dammann, Klaus, “Stbe, Intendantur-und Dacheinheit”, Köln, 1969, S.47.

[54]請參閱Bleicher, L. u. E. Meyer, “Führung in der Unternehmung”, Reinbek, Hamburg, 1976. Müller, W. R. u. W. Hill, “Die situative Führung”, in: DBW, 37, Jg. 1977, S.353-377.

[55]請參閱Staerkle, Robert, “Stabsstellen”, in Handwörterbuch der Organisation(Hrsg.), E. Grochla, C. E. Poeschel Verlag, Stuttgart, 1980, S. 2097ff.

[56]請參閱Wimmer, Norbert, “Dynamische Verwaltungslehre”, Springer Verlag, Wien, 2010, S.172.

[57]中央情報局：職責於公開和秘密地收集和分析海外情報；對海外進行宣傳活動等。期貨交易管理委員會（CFTC）：監管美國境內期貨市場交易。美國國家環境保護局（EPA）：與各州、本地政府縮減及控制全部環境污染；EPA規定及執行環境標準，評估污染的負影響力等。聯邦通訊管理委員會（FCC）：職責於任何境內州際和美國對外通訊管道的監管、發牌、價格管理等。美國聯邦儲備理事會（Fed Board）：美國的中央銀行。聯邦貿易管理委員會（FTC）：職責於執行聯邦反壟斷、及消費保護法例。

[58]請參閱Knig, Klaus, “Moderne ffentliche Verwaltung”, Dumcker & Humblot, Berlin, 2008, S.342-348.

[59]以上資料參考「各國行政改革之動向」，行政院人事行政局編譯，日本「行政改革會議事務局」彙編，民國89年1月。

[60]請參閱Püttner, Günter, “Verwaltungslehre”, Verlag C. H. Beck, München, 2007, S.86.

[61]請參閱Bogumil, Jörg, “Verwaltung und Verwaltungswissenschaft in Deutschland”, VS.

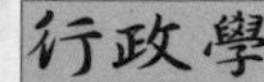

Verlag für Sozialwissenschaften, Wiesbaden, 2009, S.154-155.

[62]見wikipedia。

[63]見〈德國地方政府的組織模式與特點〉，《學習時報》，2009/11/30。

第7章 人事行政

第一節　英美德法人事機關（構）體制
第二節　我國人事機關體制
第三節　英美德法文官考選制度
第四節　我國公務人員任用制度
第五節　公務人員任用制度
第六節　公務人員考績制度

第一節　英美德法人事機關（構）體制

行政體系最重要的二個結構元素就是組織與人事，後者就是討論人事行政的問題。以下，簡要的將英、美、德、法的人事體制以繫年的方式予以呈現，以提供吾人之瞭解。

壹、英國

英國人事體制的發展，最重要的大事約如下：

英國人事體制大事繫年表	
1855	文官委員會。 財政部人事局。
1870	舉行文官考試。
1919	「惠特利委員會」，以協議方式處理人事問題爭議。
1968	成立「文官部」，掌人事管理、人事政策、文官法令、行政效能、薪給、福利、考詮行政業務。
1970	設文官學院。
1981	1.管理暨人事總署：為人事主管機關。職掌為：文官組織管理、文官考選、訓練、效能、人事管理、高級文官任免。 2.財政部人事業務單位，與人事業務有關者有： (1)編制與組織司。 (2)俸給司。 (3)度支司。 (4)管理會計及購置司。 以上各司職掌包括：組織編制、人事經費、俸給待遇工作評價等人事管理事務。

特點：

1.**考試權皆在行政權管轄下**獨立行使文官考選。

2.人事機關無獨立型態，強調人事管理與行政組織的配合。

貳、美國

美國人事體制的發展，最重要的大事約如下：

美國人事體制大事繫年表	
1883	1.文官法／潘朵頓法。 2.成立文官委員會：負責考選，掌人事、職位分類、薪給、管理及訓練、退休、保險、福利、休假、考績。
1938	聯邦政府各部會分別設立人事處室，不隸屬文官委員會。
1978	卡特總統頒布文官改革法。將文官委員會改為人事管理總署、功績制保護委員會、聯邦勞動關係局。 人事管理總署負責測驗、訓練、考選、監督人事運用。
1982	**逐漸授權用人機關分別辦理考選**。

特點：

1.1883年成立的文官委員會直接隸屬於總統，是聯邦政府的人事主管機關，其職掌遠比英國文官委員會為廣泛。

2.美國人事制度向著專業化、幕僚制與人事功能的強化來發展，以功績制度為核心。在政府再造的目標下，各部會與各用人機關均授予大幅的自主性、彈性化的人事管理措施。

3.雖然設有人事管理總署，但**加強行政首長對人事主管的領導，所以人事機關的體制被定義為專業幕僚**。

參、法國

法國人事體制的發展，最重要的大事約如下：

法國人事體制大事繫年表	
1945	設文官總局。
1946	頒公務員法。

1959	設行政及人事總局。
1981	設文官部。
1988	改為人事暨行政改革部。
1992	改為人事暨行政現代化部。
1993	改為人事部。
2010	改為預算及文官行政部。

特點：

1.人事部下設行政及人事總局，掌理考選、訓練、人事考選政策、法規、編制訓練、人力素質等。並設訓練機構，包括國營事業管理委員會、國家行政學院、國際行政學院、地方行政學院。

2.法國人事機關隸屬內閣總理，屬部內制型態。和我國考試院的獨立自主體系不同。

3.1992年的人事暨行政改革部和1993年的人事暨行政現代化部，充分顯示了法國對行政革新的重視，這一種革新和政府再造的風潮是相呼應的，只是再造的潮流與內容到了大陸法系的國家有不同的概念，稱為「行政現代化」運動。

4.2010年設立預算及文官行政部，將文官的人事行政與預算事務整合為一個部，在此次改革之後，**最高人事機關的性質和英國財政部設人事業務單位就非常相似了**。

5.法國文官係屬貴族官僚型人事制度，[1]根據Subramaniam的研究，法國的簡任高級公務員，有百分之九十六來自中產階級以上的家庭（中產階級的定義中尚包括了專業技術人員）。[2]簡任職以上的行政高階職務都被中產階級以上的子女所壟斷，而簡任級以上的公務員其父代為簡任職者居多數。而且，**凡是行政機關中的高階公務員，毫無疑問的一定是出身於國家行政學院**（Ecole Nationale dÁdministration），**在ENA之前又大多數畢業自巴黎政治學院**（Pariser Institut dÉtudes Politiques）。**所以公共行政體系內的**

社會複製現象與社會篩選過程，[3]**在法國是非常明顯的現象**。這一種人事制度的背景下，法國的理念就是強調培訓素有專精的文官，讓他們來擔負國家的重責大任，這也是法國文官制度建制的目標。

6.**法國的政局多變而不穩定，文官體系扮演了一個非常重要的穩定角色**。

肆、德國

德國人事體制的發展，最重要的大事約如下：

德國人事體制大事繫年表	
1700	普魯士軍法官採公開競爭考試。
1737	司法行政官吏均適用考試法。
1743	國家考試及格才能任官。
1770	所有高級文官須接受所願服務機關的筆試，再受政府考試委員會的口試。
1950	設聯邦文官委員會，掌人事政策。

特點：

1.德國人事體制的特點表現在人事行政的制度，著重在文官的進用、文官素質的培養、透過考試制度作為人才選拔的方式、依照公務員法制的依法行政等。

2.**德國人事行政機關的設置，比起其他國家可以用「付之闕如」**來形容。所有人事行政的工作與業務，從普魯士以迄現今的德意志聯邦共合國，都是在各邦的行政部別與機關中，各自設有人事行政的組織與官員各自辦理。只有在各級政府中設人事科（Personal Abteilung）的單位，員額編制也偏少。沒有部、局、處等級別的人事行政單位。

3.一個幾乎沒有什麼人事機構建制的國家，人事行政要如何確保呢？這就是來自於歷史背景的塑造，如：

(1)菲特烈大帝治內（1740-1786），普魯士行政體系吸收沒落的貴族，將其融入龐大的行政體系中，造成「官僚體系的貴族化」現象。

(2)帝國建構要素有三，即軍國主義、君權神聖，與官僚統治。其結果就是軍國主義的影響加上官僚化的發展，軍事化色彩就融入於德國行政機關的運作中。

(3)從十六世紀開始，普魯士各邦均設有「軍事委員」，代表政府監督各地的財稅人員。到十七世紀中葉，軍事國家化，軍事委員遂轉為稅吏，於財政及稅務的改革過程中，軍事化色彩就融入於德國行政機關的運作中，加上政府官吏諸多都是由職業軍人轉任而來，於是軍人的生活與氣氛便帶入行政制度中，嚴格的紀律，分明的階級、對的服從、規律的生活等，使德國行政發展為典型的官僚體系。

從這三點可以探知德國行政的內在密碼，**德國行政的效率是建立在「傳統行官僚行政」和「法治型行政」的基礎上。「官僚理想型」與「法治行政」就是德國行政的精神基礎**，人事行政當然也包含於其中。所以，**德國人事行政不僅是「部內制」，而且還降級到「機關內部制」。它不靠高階人事機關或獨立機構來保障與運作，而是靠「官僚」與「法治」。**

第二節　我國人事機關體制

壹、大事繫年

我國人事體制大事繫年表	
周　代	1.人事主管機關：天官冢宰。 2.舉士機關：卿遂大夫、司徒、樂正、司馬。 3.舉士程序：卿舉薦、司徒遴選、樂正教育、司馬掄才。
秦　代 （西元前221年-西元前206年）	1.主管機關：副丞相（御史大夫）。 2.舉士方法：特徵、辟除、薦舉。 3.任用原則：破除平民與貴族之界限，布衣可為卿相。
漢　代 （西元前206年-西元219年）	1.主管機關：副丞相（御史大夫）。 2.舉士機關：諸侯、公卿、二千石以上之官吏。不舉士應受處罰，舉而不當，亦應受處罰。 3.舉士途徑：學校、特徵、辟舉、選舉、射策、雜途。
唐　代 （西元618年-西元907年）	1.主管機關：吏部。 2.考選方式：生徒、鄉貢、（秀才、明經、考士、明德、明字、明算）制舉、雜舉。 3.考用分立：考試及格，再銓敘任用。

宋　代（西元960年-西元1279年）	1.吏部：尚書，掌文武選試擬註資任遷敍蔭補考課之政令。 2.禮部：尚書，掌禮樂祭祀朝會宴饗及學校貢舉之政令。 3.考選方式：分科舉與制舉。經州試、省試、殿試、詩賦、經義、策論。 4.考選錄取依考試成績，多從寬錄取。
元　代（西元1271年-西元1268年）	1.吏部尚書：掌官吏選授調補之政令，及勳封爵邑之制，考課殿最之法。 2.禮部尚書：掌禮、樂、祭祀、朝會、燕享、貢舉之政，及符印簡冊之制。 3.元初僅備武官制度，後方定選官任官之法，規定七品以下屬吏部，正七品以上屬中書省，自一品至五品為宣授，六品至九品為敕授。 4.考選方式：分考試和辟舉。 5.考試和辟舉合格授予官職。
明　代（西元1368年-西元1644年）	1.開科舉，杜寅緣倖進。 2.科薦並重，舉才幹之士至京。徵明經行修儒士，責以專任。大臣可薦賢舉才。另頒舉官連坐令。故而一則廣收人才，一則慎用嚴管。 3.仕途有三：進士、監生、吏員。吏員止於七品。 4.考試分鄉試、會試、殿試。 5.考選分南卷、北卷、中卷，分區定額，以八股取士。 6.吏部：掌官吏勳封考課之政令。
清　代（西元1644年-西元1911年）	1.清初入主中原，尚軍事統治。洪承疇創制，定人事制度。 2.吏部：尚書負人事陟黜之責，制定考選銓敍法規。 3.定保舉連坐法，令吏兵二部評註保舉，詢大臣後任用。 4.考試分鄉試、會試、殿試。 5.考選初分南北中卷，後改分省親定錄取名額。
民國17年	成立考試院。下設考選委員會和銓敍部。
民國30年	考選委員會改為考選部。
民國56年	成立行政院人事行政局，有關人事考銓業務，受考試院之監督指揮。
民國82年	立法通過行政院人事行政局組織條例。

貳、中外對照

我國和英、美、德、法等國人事機關體制的不同，在對照下可得知者，約如下：

一、英國

英國於1855年設文官委員會掌理文官考選事宜，係因當時英國機關的用人方式，不離恩寵（Patronage）與分贓的色彩，自採行文官考選制度後，才走上考試取才的制度。而文官委員會及人事行政、人事業務，均授權由財政部主掌，亦即「財政部掌握人事權」的體制。財政部下創設人事局，掌理全部的人事行政業務。

1968年英國政府依照「富爾頓委員會報告」（The Fulton Committee Report）的建議，將文官委員會與財政部人事單位等全部改隸於新成立之「文官部」（Civil Service Department），也就是將人事行政管理業務、考銓行政業務、文官考選事務等納入一個體系中，這一個部的職掌包括了約當我國現今的考選部、銓敘部與人事行政局的業務。而考試權存在行政權的體系之內，仍獨立行使考試權。

1981年文官部縮編改組為管理暨人事管理總署（The Management and Perasonnel Office），並恢復在財政部增設人事業務單位，等於將文官部縮小，並且將俸給待遇、組織編制和人事分類劃歸財政部人事單位，也就是將錢跟組織交給管錢的單位，這是非常實際的一種設計。

英國的人事機關特點有二，即：

1.考試權皆在行政權管轄下獨立行使文官考選。

2.人事機關無獨立型態，強調人事管理與行政組織的配合。

二、美國

1883年成立的文官委員會直接隸屬於總統，是聯邦政府的人事主管機關，其職掌遠比英國文官委員會為廣泛。文官委員會的總機關與所屬區域、分支機構，雖成一條鞭系統，但對聯邦政府各機關的人事行政措施，除貫徹國會通過的人事法律外，乃居於幕僚、諮詢與參贊的地位，各部會首長與主管仍掌握人事權責，如胡佛委員會所稱「考選及人事管理的主要職責，歸諸各行政機關」，所以，文官委員會屬於人事機關的「人事幕僚機構」。[4]

1978年卡特總統改組文官委員會設人事管理總署（Office of Personnel Management），是為聯邦政府的人事幕僚機關，對各部門與專業機構均得提供基本的人事管理督導方案。而原來的文官考選工作，於1982年廢止「專門級行政永業考試」的統一性考試之後，由各用人機關分別辦理文官考選工作。有關人事管理措施方面，多授予各部與機構的人事行政權限，使人事措施與行政組織管理可以緊密結合，此即所謂的人事「授權管理」。

是以，美國人事制度向著專業化、幕僚制與人事功能的強化來發展，以功績制度為核心。在政府再造的目標下，各部會與各用人機關均授予大幅的自主性、彈性化的人事管理措施。

其次，美國雖然設有人事管理總署，但加強行政首長對人事主管的領導，所以人事機關的體制被定義為專業幕僚。

三、法國

法國人事機關的演進，主要的重點如下：

1. 人事部下設行政及人事總局，掌理考選、訓練、人事考選政策、法規、編制訓練、人力素質等。並設訓練機構，包括國營事業管理委員會、國家行政學院、國際行政學院、地方行政學院。
2. 法國人事機關隸屬內閣總理，屬部內制型態。和我國考試院的獨立自主體系不同。
3. 1992年的「人事暨行政改革部」和1993年的「人事暨行政現代化部」，充分顯示了法國對行政革新的重視，這一種革新和政府再造的風潮是相呼應的，只是再造的潮流與內容到了大陸法系的國家有不同的概念，稱為「行政現代化」運動。
4. 2010年設立「預算及文官行政部」，將文官的人事行政與預算事務整合為一個部。
5. 歷經許多政潮的改變，法國最高人事機關的層級從總局演變到部，最後與預算結合為一個部。

四、德國

德國人事行政的工作與業務，從普魯士以迄現今的德意志聯邦共合國，都是在各邦的行政部別與機關中，各自設有人事行政的組織與官員各自辦理。

1953年頒布德意志聯邦公務員法，依第95條規定設立「聯邦人事委員會」（Der Bundespersonal Ausschuß，其設立宗旨在於達成公務員法規的統一實施。其組織由7名正式委員與7名副委員組成，以審計部長為該會主席。聯邦人事委員會的職權，主要就是參與制定公務員權利的一般規則，及參與制定有關人事行政之條例及聯邦政府委託執行等事項。其直接處理人事職權亦屬相當有限。依照德國傳統，其內政部仍執掌聯邦公務員法、薪給法、懲戒法等法令制定，及公務員分類分等與公務員工會集體協商等一般人事法制、政策的制定與運用。財政部及聯邦公務員協議會（主要為參與有關公務員權益關係之協商）亦有相當的人事權限。

質言之，從德國最高人事機構的設計可以得知，德國人事行政的精神就是依法行政，依照公務員法規及相關法規來運作。人事機關的體制，由各部依照其各自的實際職權來運作，雖然有聯邦人事委員會的設置，其性質近似於美國的勞動關係局，為保障公務員權益而設置，並不像一般人事行政機關所執掌的人事政策、考選、銓敘、人事管理等事務。

從形式上看，德國人事機構可以歸類為「部內制」，和同為大陸法系的法國相同，但就其形式、實質、位階等等來看，德國的人事機構真正的名稱應該是「機關內部制」，遠遠低於法國的預算及文官行政部。

五、通觀

我國人事機關的發展，溯及遠古初期用人行政已有定制，周制鄉老舉賢，司徒興學，樂正造之，司徒定士之賢而告之王，王告而官，官定而後爵，決定而後祿。及至春秋戰國群雄並起，逐鹿中原，百子爭鳴，布衣可為卿相，舉士之途為之一變。漢代舉士之法已然大備，選舉分賢良方正與茂才孝廉二類，下分數十科目，科目與出身之多可以想見。然而漢朝以前皆屬「選舉」、「薦舉」之法。人事機關尚未發展成專責、定制的機構。

「選舉」、「薦舉」發展到高度的制度化，就是魏晉南北朝的九品中正之制，九品中正加上當時的門閥士族的社會背景，遂生流弊。於是隋文帝開皇年間廢九品中正，針對其流弊，改為自由競仕，可以懷牒自進。及至隋煬帝建進士科，是為科舉制度之開始。以下迄至民國肇建，以五權憲法立國，設考試院，下設考選部，考試選才則為目前定制。

人事行政制度與機構的建制，受到歷史的因素、社會因素或政治因素等等的影響。人事行政的主要功能就在於「選才」和「用才」兩件事。前述探討了一些各國及我國的人事機構的狀況，瞭解到人事機構首要面對的問題就是「選才」，但是「選才」的制度與機構顯然有許多不同的可能性，需要做更深一步的探討，下節將續論之。但是透過宏觀的角度觀察後，卻可以清楚的看到我國與英、美、德、法四國的人事機關／構的建制，在制度化與結構化的程度上有所不同。依照上述討論的資料來歸納，人事機關／構的制度與結構的強度做一個對照，可以得到一個如**表7-1**的結論。

從中外對照來看，我國人事機關的設置的位階高出極多，考試院的層級居於國家權力分配的位階，專責的機關有部級的考選部與銓敘部，另外還有部級的人事行政局，**就「選才」、「用才」的目的而言，機構的設置較多、層級較高，且為層級結構，與各國不同**。

考試權為五權之一，最早見於民國前6年之「三民主義與中國民族之前途」論及考試機關設置的必要性。民國元年之「大總統公布參議院議決臨時條款」、民國3年的中華革命黨總章、民國7年之孫文學說論「以五院制中央政府」、民國

表7-1　各國人事機關（構）制度化強度比較

制度化與結構化	國　別	建　制
高強度	我　國	有考試院、考選部、銓敘部、人事行政局。
強　度	法　國	有專責的部「預算及文官行政部」。
中　度	英　國	文官部縮編改組為管理暨人事管理總署，並恢復在財政部增設人事業務單位，將俸給待遇、組織編制和人事分類劃歸財政部人事單位。
	美　國	美國文官委員會設人事管理總署（Office of Personnel Management），是為聯邦政府的人事幕僚機關，對各部門與專業機構均得提供基本的人事管理督導方案。並恢復在財政部增設人事業務單位。人事管理措施方面，多授予各部與機構的人事行政權限，使人事措施與行政組織管理可以緊密結合，強調「授權管理」。
低　度	德　國	聯邦人事委員會。

13年發表之建國大綱主張設立五院等，主張將文官考試變成國家五權之一。又「查考試權之行使，原以考選為主」，[5]銓敘不在其中，但訓政時期之考試院組織條例及現行憲法均規定考試院兼管考選銓敘，所以就有了考試權的考試院，及其隸屬之考選部，另外又加上了銓敘部。

國父中山先生構思其孫文學說的時代背景，正值滿清腐敗已極，閹宦胥吏專擅無狀，政權由封建轉為民國，百廢待舉，正是所謂：「敷政之道，用人為先」，[6]治國必先有善治之人，「治天下惟以用人為本，其餘皆枝葉事爾」，求良吏孔急，是可想見。昔秦孝公即位，周世衰微，諸侯立政爭相併，秦僻在雍州，不與中國諸侯之會盟，夷狄遇之。秦孝公於是招戰士，明功賞，下令國中：「賓客群臣，有能出奇計強秦者，吾且尊官與之分土」，「衛鞅聞是令下，西入秦……說秦孝公變法修刑……」，[7]終而一統六國。中興在人，史有明鑒。中山先生亦明言曰：「為政在人」，[8]足見其確實有鑑於此也。

官吏選拔問題，是每一個近代國家跨入現代國家都必須面對的問題，即使西方民主國家亦然。西方國家文官制度率都經歷三個時期：恩賜時期、個人贍循時期、政黨分肥時期，[9]英、美、德、法四國皆然，尤其是分肥時期，執政黨把官職作為戰利品，合法的、公開的進行肥缺分贓，形成一個文官制度的「政黨分肥」時期，英國發生在十九世紀以後，美國則是在第二任的亞當斯、第三任的傑佛遜和第四任的傑克遜總統時期大行其道，法國在第三共和時期，只有德國情況特殊沒有發生。治國需要優良的官吏，分贓的流弊就促生了考試制度與功績制度，這還是從中國學去的。以考試選材的方法在每一個國家都可以見到，但是將考試制度變成部與院者，獨我國是唯一。

有了考試院與考選部、銓敘部，「選才」、「用人」的問題得到了解決。接下來要問的問題是：我們的文官制度好不好？我們的公務員強不強？這裡引用一段話：「1994年關中接任考試院銓敘部長，前任部長陳桂華移交給他時感慨的說，自己一輩子最大的遺憾就是中華民國的公務員像一灘死水」。2010年關中先生任考試院長，他感觸的說：「臺灣的文官體系是雙重落後，不只和國際潮流相比是落後三十年，和自己的民主政治發展比也是落後二十年」。[10]聞斯言，應有慼焉。

第三節　英美德法文官考選制度

在十四世紀末葉以前，政府的功能十分簡單，主要是保衛和統治（管理諸侯領地、稅務和王室財產）管理與服務的功能尚未發生。中世紀晚期，隨著城市繁榮，政府的功能略有增加，但還沒有形成公共任務的規模，而承擔這些工作的官員大多是兼職與榮譽性的。

十四世紀末葉以後，城市手工業、商業、金融的發展與文藝復興運動的興起，西歐社會結構發生了深刻的變化，政府結構也開始產生變化。從南歐開始，各國君主在市民階級的援助下，先後建立了統一的、專制的中央集權政府。隨著政府管轄權的擴大，政府的功能相應的增加，原來的保衛與統治的功能需要投注更多的力量，行政、財務和司法部門需要擴充，君主與議會的關係需要進行協調，地方貴族的勢力需要加以抑制，於是一種新的政府結構在西歐形成。

新的政府結構中，出現的一批由專制君主直接任命與指揮、協助君主進行統治、對君主負責、依賴和效忠君主的文職官員，這就是西歐最早出現的文官階層。這一些文官的組成分子中有原來的貴族、教室以及平民，他們一方面是君主統治人民的工具，另一方面也是君主用來壓制地方貴族和等級議會的力量。

文官階層的出現到文官系統的形成，西歐各國有不同的發展，就其選拔分述之如後。

壹、英國

十四世紀末葉以前，英國的「官吏」全部都是教士和貴族。十四世紀末葉以後，在英國出現的文官階層是統治者的一部分，被國王視為奴僕（Servant），其衣食住行的供給，均仰賴國王的恩賜，政府各部門的開支列在「宮廷開支」中，所以這些文官被成為國王的臣僕（Crown's Servant），後來的文官（Civil Servant）就是從國王的臣僕演變而來。

進入十九世紀，議會進一步的發展，兩黨制度形成。隨著執政黨的更替，經常引起政府行政人員的大規模更換，執政黨把公職當作戰利品，合法的、公開的進行「肥缺分贓」。這是文官制度的「政黨分肥」時期。[11]

另外，十九世紀的英國也盛行「恩寵制度」（patronage system），政府行政人員的任命並不是依照個人的專長和能力，而是用來救濟沒有職業的貴族。

英國文官制度的建立要到1870年以後，樞密院在君主的權力之下，依樞密院令及其他規定執行職務，有文官制度後，人民認為文官必須是有才能的人，不能透過繼承來得到政府的職位，應該採取公開競爭的原則。

英國文官的甄選與學校教育相配合，職業依不同需要，分別給高中畢業和大學畢業的人。學歷較低得到較低職位的人，只要有能力也可以升到較高的職位。不同學歷背景的人可以競爭同樣的升職位置。初次任職者的職位高低，決定於一個人的考試成績。

考試多為筆試，主要考一般常識和對英國的認識程度，並選考二至三科專業科目。**英國選拔文官是採取通才的原則**，係以一般的能力為基礎，並非以特殊專業知識為基礎。因為英國人認為一個人只要聰明，在任職後很快就可以學會職務上所需的專門知識。這一個通才的原則在1968年被富爾頓報告嚴加批評，並導致文官委員會遭廢除，另外成立文官部作為文官的主要甄用機關，1970年成立文官學院，提供文官技術和管理的訓練，加強行政技能，不再依照經驗和試誤的方式用人。

文官的甄選人才大致上是配合學校制度。職業依照需要的不同，分別給高中畢業和大學畢業的人。一個人如果學歷較低，從較低的職位開始，只要有能力一樣可以升到較高的職位。

從1968年之後英國依富爾頓報告，廢除文官委員會，成立文官部為主要的文官甄用機關。文官選拔方式為「甄用」，依照學校教育成果而甄選任用。不是「考試制度」。

目前英國管理文官的法規有1993年頒布的「文官管理法典」和1995年的

「文官委員進用法典」（Civil Service Commisioner's Recruitment），內容在規範文官考選的公平與公開競爭原則，及考試的方法。

英國文官的考選途徑分為幾類：

1.高級文官的公開甄選：即依照「高階職位工作評估法」（Job Evaluation of Senior Posts, JESP）評定，工作重要指數7以上或占此職等以上之文官，其方式為公開甄選。當高級文官團職位出缺時，甄補工作由英王任命的「文官委員辦公室」（The Office of Civil Service Commissioners）負責。用人機關先進行公告作業，說明職務內容、需要的經驗與技能等。然後成立遴選小組，訂定遴選標準與方法，最後產生決選名單。遴選方法包括有面談、採評量中心法，並聘請專業心理師參與最後入選人員之面談等。[12]

2.一般行政人員的考選：各部會機關出缺時，各自進行甄補作業。首先進行公告作業，然後進行審查。用人機關通常偏好申請表，而不是用履歷表來進行審查，如果申請者能進入長名單（超過3至5人的名單，long listed），可能被邀請去參加為期一天的評量考試，考試內容包括筆試、口試、即為了測分析、數理、人際關係與決策技能的測驗項目。考試的方式不盡相同，但都必須秉持公平、公開的競爭原則。[13]

3.快速升遷發展方案人員的推甄：快速升遷發展方案是作為儲訓高級文官人才之所須。其中「一般快速升遷類」包含中央部會、科學與工程、歐洲快速升遷、外交、技術發展專家及非行政部門的國會行政人員等選項，這一類的人數占方案中的六成。快速升遷方案的推甄每年9月到11月接受各方面的申請。在職文官也有加入推薦甄選的機會，各部會也有不同的篩選辦法來推薦有潛力者參加甄選。

參加者不限畢業科系，成績達一定標準即可。評量中心為擴大作業效果，初步作業採線上申請與篩選。申請程序包括制式的自我評量、線上申請及第一階段的線上資格測驗（qualifying test），接著在考試中心的監考下進行電腦考試的認知測驗，通過者才能參加評量中心的評量測驗。評量主考官在評量過程中並無考生的背景學歷資料，完全以工作測驗來決定分數與排名，以確保甄試過程的效度與客觀性。

快速升遷人員一般在三、四年內就可以升到僅次於高級文官團的職等。真正優秀的快速升遷人員，在短短十年內就可以升到僅有3,000多人的高級文官團中，擔任高級文官。

4.政治顧問：本項為補充資料。1970年保守黨進用了6個政治顧問與企業家

至文官部工作，他們之中有一些人被列為臨時性文官，由政府支付薪俸，其它的人則由保守黨支薪。這個制度在1974年擴大，任命了35個臨時性文官，於是部長有了政治顧問，首相建立起自己的政策單位。此一制度仍為執政的工黨政府所採行。這些顧問協助部長從事研究、處理選區事務、聯絡後排議員與政黨總部、撰擬演講稿、以及對文官所擬文件提供意見。[14]這一些政治顧問的進用不在上述項目中，性質和法國部長的個人顧問團近似。

總結上述的內容可以得知數點：

1.英國文官的選任與學校教育配合，作為初任文官進用的基礎。
2.工作表現則是升遷的依據，學歷低者一樣可以有機會成為高級文官。
3.高級文官採公開甄選，有面談、評量中心法、專業心理師評量等。
4.一般行政人員的考選，考試內容包括筆試、口試、即為了測分析、數理、人際關係與決策技能的測驗項目。
5.快速升遷發展方案人員的推甄。評量過程中並無考生的背景學歷資料，完全以工作測驗來決定分數與排名。

英國文官選拔的特色是，文官委員會積極鼓勵部會儘量採用不同創新、彈性的評量方法，以各種可能的工具，從各種面向去綜觀一個人的適任度。因此，各部會很少只用單一的評量方法或工具作為遴選標準，除了特殊類別外，幾乎沒有以學科為名的應試科目，如果採紙筆測驗也都只是著重在語文的理解應用，或數學推理能力之評量，而性向測驗與面談更是被廣泛使用。[15]

貳、美國

一、歷史

早在政黨分肥初期，就有人提出擇優錄用官員的主張。1851年國會眾議院部分議員提出建立官員分級考試制度。1853年和1855年國會先後通過兩個法案，規定部分官員錄用必須經過考試，但因過於簡單，不久便流於形式。1856年國會授權總統制定考選領事官的規則。1866年國會議員托瑪斯詹科斯向議會介紹了中國、普魯士、英國的考選制度，及考試錄用官員的做法，引起議員們的注意和興趣。1877年海斯總統命令海關官員和稅務官員經考試錄用，但也沒有真正實行。首先考試錄用官員的是同時期的內政部，但這一作法並沒有推廣。一直到潘朵頓文官法的通過和實施，才解決了考試錄用的問題。

二、現制

1883年的潘朵頓法最重要的精神就是透過競爭考試來用人，[16]其目標在打破政治分贓，用考試的作用來防奸防弊，防止政府首長濫用私人，[17]考試競爭就是競爭職（Competitive Service）意義的由來。為選拔適當人才，考試內容應以實務性為根本，並測驗應徵者對其工作的相應能力與合適度，從1883年開始聯邦政府採取實務性的測驗。

1930年代Brownlow委員會建議文官委員會，考試應該由實務性改為通才性，以測試大學畢業生擔任公職的一般知識與智力，因此從1948到1954年間，許多機關的行政職位都採用「初任管理助理考試」（Junior Management Assistant），但是因為不是標準化的測驗，所以1954年引進通才性設計的「聯邦公職初任考試」（Federal Service Entrance Exam），來評鑑應徵者的文字、計量的一般智力，衡量大學畢業生擔任公職能力的依據。

通才取向的考試不久又遭受批評，文官委員會在1974年改採「專業性與行政性永業考試」（Professional and Administrative Career Examination, PACE）。**這種考試是一種智力測驗式的考試，與工作沒有相關性，測驗應徵者的閱讀與解釋、決策能力、問題解決、歸納與演繹、計量等**。但是少數族群認為對他們不利、不公平，因而又遭到控告，人事管理局乃廢止該項考試，改**以非競爭職／除外職B俸表任用替代之，對該項考試適用的出任性職位，如果機關內部沒有適合的候選人時，可以不經競爭考試循B俸表直接任用**。1987**年依總統命令，這一種任用人員可以不經競爭方式轉為競爭職**。

(一)美國行政永業考試

1990年B俸表又遭控告，人事管理局改**採用「美國行政永業考試」**（Administrative Career with America, ACWA），**作為現行的全國性候用筆試考試**。**這一種考試的內容設計採所謂的全人途徑，在測試工作類別相關技能外，還要求應徵者的個人成就紀錄，將學校、其他工作領域的經驗、成就等合併考量。例如，具備學院以上教育程度，畢業成績為班上前百分之十，或換算後平均成績為**3.5**以上（**4**分滿分），就無須參加考試，直接視同合格**。這一種方法使得少數族裔的通過率比起舊制多了七倍，反對聲浪乃較平息。

(二)經歷審核甄試

最近的公務員甄選管道是經歷審查法。這一種方式必須事先公告相關資訊，然後接受申請，接著由人事管理局或被授權的機關依照學歷、經歷等條件，進行審核評分，或列等排序列冊，由人事管理局或甄選單位推薦以供遴用。

甄選方式有時採用「共同測試法」（shared examining），**讓用人機關參與經歷審核過程。但是人事管理局保留排序與推薦的權利。用人機關有時候還可以增加某些資格要件，作為審核條件。一般在徵求專業性質較強的人才時，機關就會採取這一種甄選方式。**

所謂的經歷，包括曾經擔任過宗教性的、民間的、服務性、福利性與組織活動等各種經歷，均得採計之。

(三)運用人力仲介單位

用人機關可以委託民間人力仲介公司或非營利就業機關，依照需求的條件，來推薦人選來參加甄選。用人機關接受推薦後，對應徵者進行評估與挑選，然後任用之。

(四)小結

美國行政永業考試屬於資格考而非任用考，依照成績定其排序，列入名冊。當用人單位提出需求時，人事管理局或被授權機關就從候用名冊中，對每一個職位提出三個人選供其選擇，此為「三人法則」。

資格候用考試及分權化辦理，是美國聯邦政府公職選拔的特點。參加考試者每年約百餘萬人，及格率約六成，然而空缺待補的需求不高，以致於候用合格者愈積愈多，還曾經有一次經驗，5萬多名通過者，該月被任用者只有127人。華府特區的情況更嚴重，候用名冊中的前百分之三才有機會被任用。至於因考試及格人員隨時間推移，及格者不斷增加、逐年累積，就必須不斷的編入候用名冊。倘原有名冊內人員經一年至三年未有分發任用者，為求正確覈實，即須從名冊中刪除，不再彙列。[18]所以，美國公務員的行政永業考試是一種資格考，**考試的合格錄取率高，被任用率低，資格取得者多，任用者少，用人的大權操之於用人機關的手中，而不是由考試機關來把守任用的大權。另外，後用者逐年增多，久年未被錄用即遭除名，資格考也不能保留。**

因為有「三人法則」和退伍軍人優惠條款，所以用人機關就不樂意直接採用候用名冊的人選，以致於候用名冊的遴用率大幅下降，在1984**年只有**32%，1992**年降至**19%。[19]**這一個現象說明了考試機關的考選制度明顯的被晾在一邊，**

考試選拔公職人員的方法不受重視。尤其是一般俸表第九職等以下的職位，更是很少採用候用名冊的人選，這個情形更是說明了，愈是基層負責一線實際作業的公務員，愈是不喜歡這一種考試出來的人選，這是非常值得注意的一個現象。

根據2003年的資料顯示，**美國聯邦政府中有130萬公務員不在現行文官法的實施範圍**。這些未納入一般文官制度的職位，多半在郵政部、國務院的海外單位和聯邦調查局中，他們有其獨立的文官制度。[20]

總結而言，**美國公務員的考試制度是一種資格考，合格者有六成，被遴選任用者最低者只有百分之三。候用名冊中久年未被錄用者即遭除名，資格考也不能保留**。其他途徑任用者，有經歷甄選、人力仲介之推薦、學業成績優良、後備軍人優惠處遇、或機關有獨立的文官制度自行任用者。所以，**考試取才的方式在美國不是普遍的、絕對的選項**，相較其他國家來說甚至是實施強度不高的公務員選拔方式。因此，**美國公務員的選拔方式與其說「考試制度」，還不如稱之為「甄選」會更貼切。**

參、德國

一、歷史

西方最早實行考試錄用官員制度的當屬德國。在英國是先將政務官和事務官分開，然後實行考試制度。美國則是兩項制度同時完成。德國則是先實行考試制度，然後將政務官與事務官分開，考試通過後才可以擔任文官，文官升到高階後才被選拔為政務官。[21]三個國家有所不同。

十七世紀中葉以前的德國和法國的情況類似。十七世紀中葉以後，德意志專制君主將軍隊的管理制度應用於政府的財政、郵政等事務上，帝國顧問性質的樞密院演變為行政機關，成為德國最初的文官階層，他們由君主任命，對君主效忠。

早在十八世紀初的威廉一世時期，德意志諸邦中的普魯士就已經開始實行考試錄用官員的制度。1713年威廉一世親自制定了任用法官必須經過競爭考試的原則，建立了最初的官員考試制度。1737年，此一制度擴大到其他官員的挑選上，規定凡與司法行政有關的各種官員必須考試錄用。因此，在強調考試錄用官員的這一種作法，就**有學者認為德國是西方文官治始作俑者**。

1743年腓特烈大帝頒布命令，進一步擴大考試的內容。1770年針對高級文官的考試，政府頒布命令規定考試的方法與內容。到十九、二十世紀初葉，德國

公務員的考試制度基本上已經定型，規定完備。並於1817、1848、1869、1874、1879、1906年，多次就考試方法、考試內容通過法律修正，以符合社會變遷與政府功能的擴充。

二、現制

依照「德國聯邦公務員法」的規定。

關於德國公務員的徵選，依照德國一般人事行政作業的規定，原則上必須經過一個流程，就是：(1)透過廣告、宣傳來招募；(2)公告；(3)任用考試；(4)依照人力需求規劃來任用等步驟。德國聯邦公務員法對第(1)、(2)兩點明確的法律規定，招募機關有義務將職位公告（Stellenausschreibungspflicht, §8），申請者可以透過職位公告而得知相關訊息。申請者的甄選必須依照其才幹、能力、專業績效來決定，不得以性別、種族、信仰、宗教或政治觀點、背景與關係而為差別待遇。

至於考選部分，德國是西歐最早實施考試用人的國家，申請進入政府擔任公職的人，必須符合公務員法的幾個要求，各個職級的要求規定不同，分述之如下。

1.簡易職（Laufbahnen des einfachen Dienstes）的最低要求是：
 (1)小學畢業或同等學歷。
 (2)實習完畢。（BBG, §16）

2.中級職（Laufbahnen des mittleren Dienstes）的最低要求是：
 (1)中學畢業並完成職業訓練，或公職的訓練。
 (2)完成一年的實習。
 (3)通過任用考試。（BBG, §17）

3.上等職（Laufbahnen des gehobenen Dienstes）的要求是：
 (1)大專以上學歷或同等學歷。
 (2)完成三年的實習。（實習如果包含在學程中，不得少於八個月，實務方面的教育不得少於一年）
 (3)通過任用考試。（BBG, §18）

4.高級職（Laufbahnen des höheren Dienstes）的要求是
 (1)至少三年以上的大專教育並且通過畢業考試。
 (2)至少二年的實習，並且通過任用考試。（BBG, §19）

關於公務員任用考試的部分，必須作詳細一點的說明。如果是大學法律系的學生，修業年限期滿，學分修完之後就可以參加第一次的國家考試（I. Staatsexamen），通過者稱為Referendar，亦即通過國家初等考試的高等候補文官，然後開始為期二年的實習，到各級法院、司法機關或史拜爾（Speyer）德國行政大學進修，接著要參加第二次國家考試（II. Staatsexamen），這一次的考試偏重於實務及理論的應用，和第一次偏重理論性質的考試不同。通過第二次國家考試就取得公務員的資格，成績好的可以申請司法界的公職，如法官或檢察官，其他則可以申請到政府機關任職。

對於非法律系的大學畢業生，畢業考試就等同於第一次國家考試。進入政府機關擔任公職的考試稱為任用考試。依照德國聯邦與各邦的教育訓練及考試規則，任職公部門必須經過任用考試（Laufbahnprüfung），也就是所謂的第二次國家考試（II. Staatsexamen）。任用考試之前必須完成實習取得職業的專業知識，作為任用的前提。任用考試通常也被視為擔任公職的導入期。另外，**有一些專業行政機關沒有實習規定，也沒有任用考試**，例如經濟行政機關、高階的社會局處等機關、或高階統計機關等，或者在一些例外的情況下也是沒有任用考試即可任職。[22]

通過國家考試任用者和沒有通過國家考試任用者，二者間有一些不同。前者一定是公務員（Beamte），後者就不一定是公務員，可能是私法性質的公務人員（職員）、工人或技術人員，稱Angestellte、Arbeiter & Techniker，相當於我國的約聘雇人員或專業技術人員。公務員適用的是品位制（Laufbahnprizip），職員、工人則適用職位分類制（Positionsprizip）。[23]

高級職公務員考試由聯邦政府組成考試委員會統一辦理，[24]**其他各職等公務員的考試由各機關自行辦理，考試結果經各邦人事委員會及聯邦人事委員會的承認**。專業人員的考選，由專業的訓練機構、行政學院來加以訓練、考試。專業技術人員直接經過甄選後任用。

從上述德國公務員法第16條到第19條的規定中可知，簡易職的公務員任用時不必任用考試，其他較高職等的公務員都需要經過任用考試。但是實習是每一個職等的公務員都必須具備的條件，而且越高的職等實習時間規定越長，而且第二次國家考試／任用考試偏重實務的性質。由此可見德國公務員的培養與選拔有幾個特色：

1.第一個特色：是大學畢業考就是第一次國家考試（對法律系學生），或者畢業考視同第一次國家考試（對非法律系學生）；
2.第二個特色：是注重理論與實務的結合應用；

3.第三個特色：是必須通過考試後才能任用；
4.第四個特色：高級職公務員考試由聯邦組成考試委員會辦理；
5.第五個特色：上等職、中即職公務員考試由各邦或各機關自行辦理；
6.第六個特色：基層的簡易職不需任用考試。

這六個特色及相關的做法還規定在聯邦公務員法及公務員基準法裡（Beamtenrechtsrahmengesetz），公務員的甄選與考試明確的加以法制化。

三、申論

從上面的敘述中可以看到德國公務員選拔的方式，有法律規定的任用考試和制度性的實習要求，所以「考選」和「實習」是德國公務員選拔的二個重點。但是，這二個重點是必要條件，而討論較多的議題卻是「徵選」（Auslese）和「招募」（Rekrutierung），在大多數的德國行政學論著都以此為主，「考試」和「實習」除了法律規定和法條解釋外，就很少討論。由此可知，「考試」和「實習」是德國公務員的必要條件，「徵選」和「招募」的內容與作法可以視為充分條件。這一點和我國高度強調考試的作法，有非常大的不同。**最大的不同點是：德國高級職必須通過聯邦考試委員會辦的國家考試，上等職和中級職是各邦和各機關自行辦理，簡易職不需任用考試**。換言之，**真正的國家考試只有「高級職」，約相當於我國的9至14職等，人數比例占全體公務員的17%（在聯邦的高級職公務員只占10%）。考試的強度在我國是遠遠超過德國，我國每一個公務員都要經過非常艱難的考試**。

關於「徵選」和「招募」的內容與作法，討論的重點在於：[25]

1.「申請者的甄選必須依照其才幹、能力、專業績效來決定，不得以性別、種族、信仰、宗教或政治觀點、背景與關係而為差別待遇。」（BBG, §8）在德國基本法第33條和歐盟法律中規定，公部門中禁止歧視與差別待遇，主要指涉的是政治平等和公民權益的平等。聯邦公務員法第8條的規定也是依照這個精神而來。但是要真正落實與監督這些要求卻不容易，因為政治的官署恩寵（politische Ämterpatronage）的運作很難消除。**在過去歷史上宗教因素造成差別待遇的情形非常嚴重，擔任公職者清一色的都是天主教徒，路德派和喀爾文派新教徒只好從事手工藝或技術類的職業**。而直至今日，政治上的差別待遇則是始終存在，可見的未來大概也無法完全消除，只能透過考試成績或訓練成績來把關，以改善政治恩寵的差別待遇情形。

至於社會背景的差異，就是一種「社會徵選」的問題。在十九世紀的德國官署中就已經包含了所有的社會階層，問題是出在領導階層，因為高階行政官員的位置，都被貴族和地方聲望較高的仕紳所把持，這一個階層的人擁有很大的優勢。現在學校普及教育機會平等，決定成就的是學校成績。但是**工人階級的小孩可以得到文科高級中學文憑的比例，還是占少部分，所以「社會選擇」和「差別效果」是不容易消除的**。

在公務人員的甄選過程中，婦女不可以受到差別的待遇，但是在高階的公務員階層中，女性所占的比例特別少，而在學校教師部分，女性所占的比例卻又特別的高。這些都是值得注意的地方。

2.**招募流程沒有詳細的法律規定。各機關招募的時間錯落不一，人力需求與任用的時間也不一致**，所以每一個行政機關都有各自的考量點，一些小的機關更是有其特殊的需求，所以招募流程就不相同。但是同時間進行大批新進人員的招募有其優點，一則可以做比較，另一則可以更仔細、謹慎的挑選。

3.甄選作法，**德國注重非格式化的甄選，而不採用格式化的、正式化的考試做為選拔方法。和法國比起來，德國沒有正式的甄選競爭流程（亦即考試競爭的方法）**。正式競爭流程的優點是，可以得到絕對的公正，並且可以考量應徵者過去所有的成績與績效。但是他的缺點是，應徵者性格上的特質、工作的意願、人際相處的模式等，對於公共行政是非常重要的要件，基本上很難從考試中可以測量出來。所以在許多德國較大的行政機關都會舉行面談，對應徵者的每一個面向都加以檢測，最後作一個總體判斷，然後列應徵者的排名順序，依排序錄用，遇有缺額時，由下一名遞補。這一個作法就說明了，為什麼在**德國行政學的著作中主要在討論「人事招募」**（Personalrekrutierung）、**「徵選流程」**（Rekrutierung），**而考試成績只是甄選過程中的參考項目，在考試成績之外還加入了許多檢驗方式，除了面試之外還有過去經歷的分析、職業的實務經驗、特別是通過國家初等考試的高等候補文官的實習評鑑**（Beurteilung der Referendarzeit），**而且還利用「團體討論法」**（Gruppendiskussionen）、**「即席報告法」**（Stegreifreferate）**等方法，都被用來作為選擇的標準，而法律考試的成績在這一些甄選方法與過程中，就不是那麼必要了。**[26]**甄選的重點會放在候選人的才幹、能力、心理素質、性向等項目，並且注重他們的知識能否應用在工作上，以及工作上的壓力、人際的能力是否良好、創造力、執行力、貫徹力等，這一些都是甄選委員會特別看重的要點。**

對於應徵者的專業知識與性向，要做到絕對的掌握與評估，事實上是不可能的。學校、大專或訓練機構的證書有很好的說明力，但是要據此來預估其未來職業上的表現則是不夠的。所以法學者、工程師、教師**通過第二次國家考試／任用考試之後，稱作候補官員**（Assessor），**他們要參加候補官員考試**（Assessorexamen），**這一個考試的成績中會將工作的意願、預備心、壓力承受度、精確性等等心理層面的狀況計算進去，可以瞭解他們是否可以將他們的專業知識應用在實際的工作上，所以這個考試更重要**。

從以上德國新進公務人員的甄選作法中可知，德國公務員的選拔不會將考試成績作為錄取的唯一要件，而是儘量的**探求其是否能夠將專業知識應用在工作上、是否有工作的心理準備、是否有良好的人際能力與素質、是否有恰當的性向來配合他的工作等等**。考試是一種必要的手段之一，實務與實踐扮演非常重要的角色，理論能否應用於實務、能力是否可以發揮於實務工作，這是德國公務員甄選最強調的重點，也是決定候選人是否通過的關鍵。而這一點正是德國公務員選拔的最大特色所在。

肆、法國

一、歷史

十六世紀以前，法國統治人民的是占有大片土地互相割據的封建諸侯。到了十六世紀法國建立了中央集權的國家，各級政府事務的推行逐步被國王所任命的文官所掌握，來確保中央集權的統治。這時中央派遣督察或專使（Intendanten & Kommisaarius）到各省，負責督導，視察其司法與財政等業務，來確實掌握中央對地方的監督。

到了亨利四世的時候，其職權擴大為隨軍官吏，後來又隨軍留在各省，成為中央派駐各省的常設官員。其官職之取得，多由國王恩賜，也有的靠賄買而來。

二、現制

法國的公務員分為超類、A類、B類、C類、D類等五級。超類係指各司處長以上之高等政治任命的文官及政務官；A類稱行政類，掌決策諮詢與研擬法令、監督管理等職責；B類稱執行類，掌執行法律、處理一般事務工作；C類稱書記類，負責書記、打字、速記工作；D類為信差類。

公務員的甄選方式，A類由國家行政學院辦理，B、C兩類由各機關自行辦理，B類亦有自行辦理者，D類由各用人機關以甄選方式來錄用人員。所有公務員的考選都採公開競爭的方式，分為口試與筆試兩種。考試內容包括一般學識和專業知識。高級文官A類的考試，除了一般的文化程度與學識基礎外，對於法律、行政、經濟方面的專業知識亦極為重視。

各種考試中以國家行政學院舉辦的A類考試較為嚴格，分為初任考試與升等考試兩種。參加初任考試者必須大學畢業，年齡不超過27歲，考試科目包括各國政治制度、政治與經濟史、行政法、語言及專業行政等科。升等考試年齡須在36歲以下，五年任職經歷，考試科目除一般學科外，並著重工作實務與經驗。

考試及格後須經過兩年半的訓練，然後正式任用各機關司處長以上人員，由總統任命，其它職務人員由各機關首長任命之。

第四節　我國公務人員的考選

壹、我國歷代考選制度

我國歷朝官吏的考選，依照歷史的發展，約略經歷了五個階段，即：**三代出於學、戰國出於客、兩漢出於郡縣吏、魏晉出於九品中正、隋唐以後出於科舉**。[27]

如果將我國歷代考選制度彙整觀察之，[28]約可得數點結論如下：

1.漢朝選官比較少社會身分和籍貫的限制，因此有三分之二以上的布衣卿相（西漢宰相56人，布衣33人），也不乏小吏選任為要職的事例，經過察舉或直接任用，或對策後任用。
唐朝科舉制度興，加上天子制詔舉士，察舉之途斷絕，只有生途中有俊士之選可稍見察舉遺緒，**學校官吏教育訓練實質為官吏階層的複製與世襲，統治階層的骨幹仍以宗室、士族、門第、閥越為主**。

2.兩漢行察舉之制。察舉得人之盛，史上稱勝。

3.魏晉南北朝行九品中正之制，將察舉的制度化推到頂端，其用意係恐吏部不能審定詳覈天下人才士庶，故諉中正銓第等級，有獨到之見解。爾後流弊生於當時門第、士族、閥越壟斷仕途，寒素之士莫由上達，遂成文官選拔史上被詬病最深者。原來矯弊之舉，竟為弊端所乘，成為文官演進史上一段極有意義的篇章。

4.唐朝廢中正改採科舉之制選拔人才。

5.宋代取士，地方之鄉貢，中央之省試，皆採唐法。與唐不同者，即增加「殿試」。因唐代新中進士，走宰相門，自稱門生，宰相憑空得到這些青年才俊，何樂而不為？如此一來國家俊彥皆入宰相之手，天子成為為空閣虛構。因此天子另開制科，親自策試，進士、明經皆可參加，中者稱登科，任以優職，於是人才被天子牢籠矣。

6.明代舉士有鄉試、會試、殿試，凡舉人中第，可不必再試進士，亦可任官，此與唐宋不同。但是進士與舉人的社會地位相差甚多，進士占盡上風，舉人橫遭冤抑。

7.清朝舉士採制舉、科舉、保舉之法，而制舉已經科舉化。科舉制度作法完備、實施嚴格，使科舉制度達於頂峰。而八股取士箝制思想的做法，也敲響了科舉制度的喪鐘。光緒三十一年科舉制度廢止。

8.總結以上七點可以看到我國官吏選拔的方法，經歷過各朝各代的實踐與改革，得到了許多寶貴的經驗。這一些經驗都有其時代的背景，受到政治、經濟、社會因素的影響，從遠古的夏、商、周三代以迄清祚告終，每一種制度都是時代背景的產物。我國文官選拔有正途、有異途（亦有稱雜途者）。正途是觀察文官選拔主要制度的面向，作法上都是擇優取才、嚴格掄選的。**異途的名稱、由來、背景、方式等等，用五花八門不足以形容，但是卻反映了各個時代社會、政治、經濟的面貌，例如封建世襲遺韻的蔭任制度，或賣官鬻爵的貲納，以補邊費不足、國庫匱乏、濟軍食賑民飢等，使文官選拔和社會背景密切的結合**，這是值得注意的現象。至於學校的官吏養成教育部分，唐朝的學校雖稱盛達，但是封建氣味最濃厚，其餘各朝野都有封建官吏世襲的氣息，平民庶人必須優異俊秀之士通過考試的檢驗，才能取得科名。

9.文官選拔制度的演進，從歷代舉士方法的總表，可以歸納成兩個階段和一個轉折，第一個階段是三代以迄二漢的選拔方法，主要的舉士作法為「選舉」、「推舉」、「察舉」，簡稱之就是「推選」。一個轉折點就是魏晉的九品中正，使「推選」制度達於極點而隕落，並導入第二個階段，就是隋唐以後以科舉制度為舉士的主要途徑，科舉制度的精神對應第一階段，簡稱之就是「考選」。

10.**從「推選」到「考選」是一個將干擾因素減至最低的合理化過程，但不能因而推論「推舉」、「察舉」所得的人才較差**。元、明、清三朝都有保舉制度，就是前期作法的恢復。元朝入主中國為拉攏懷柔計，詔引遺逸求隱跡之士；明洪武十七年設禮賢館選拔遺賢、辟徵耆儒；清入關徵求明代遺賢，康熙詔舉博學鴻詞科，光緒時開經濟特科。不過元、明、清三朝在「保舉」制度上加了連坐法。元朝泰定元年以舊制臺縣歲舉守令推守二人有罪連坐；明莊烈帝崇禎元年，定舉保連坐之法；[29]清順治元年諭飭舉主所舉得人，必優加進賢之賞，所舉舛謬，必嚴行連坐之罰。在最後的元明清三朝採用了前期的「推選」之法，但是加上了防弊措施連坐法。

貳、中華民國考選制度

一、南京臨時政府的考試規劃

國父中山先生領導革命，推翻專制造民國，奠都南京，成立中華民國臨時政府。中山先生出任臨時大總統。其時百廢待興，對於考試用人之制，更急於創建，當時曾擬定「文官考試委員官職令草案」及「文官考試令草案」，但未完成立法，故未公布實施。

二、北京政府時代的考試建制

袁世凱在北京建都，是為北京政府之始。民國2年1月9日北京政府公布「文官考試法草案」及「典試委員會編制法草案」，但因局勢不穩並未舉行考試。到民國5年4月30日改頒「文官高等考試令」及「文官普通考試令」，同年6月在北京舉行第一次文官高等考試，次年4月舉行第一次的文官普通考試。

三、考選制度的建立

民國10年7月中山先生演講五權憲法時說：「中國的考試制度，就是世界中最古最好的制度」，而其所讚揚的要義，主要的是指中國古代考試制度的獨立性。所以在建國大綱第19條訂定五權分立之制，第15條並明定：「**凡候選及任命官員，無論中央地方，皆須經中央考試、銓定資格者乃可。**」民國17年10月8日國民政府公布中華民國政府組織法，分定五院職掌，確立五權分立的制度，考試權由考試院獨立行使。

民國17年10月20日國民政府公布考試院組織法，旋即成立**考試院，下設考選委員會及銓敘部**。民國30年國民政府修正公布的考試院組織法，考試院設銓敘部與考選處。民國36年考試院長戴季陶認為，憲政時期的考選機關職務繁重，應改會議制為首長制，將考選處改為考選部。

四、考試種類

民國37年考選部所規定的考選範圍，包括幾個部分：

1.公務人員考試：包括高等考試、普通考試、特種考試、升等考試等。
2.專門職業及技術人員考試：包括高等考試、普通考試、特種考試，以及專門職業及技術人員考試有關的檢覈事項。
3.檢定考試：包括高等檢定考試及普通檢定考試。
4.公職候選人考試。

考試的種類規定如下：

1.公務人員考試：
(1)高等、普通及初等考試：
a.初等考試（年滿18歲以上均可）。
b.普考（高中畢業生）。
c.高考三級（專科學校畢業生）。
d.高考二級（碩士學位）。
e.高考一級（博士學位）。
(2)特種考試：
a.一等特考。
b.二等特考。
c.三等特考。
d.四等特考。
e.五等特考。
(3)升等升資考試：
a.公務人員升官考試。
b.交通事業人員升資考試。
c.警察人員升官等考試。
d.關務人員升官等考試。
e.臺灣省地區（市）公營事業機構人員升等考試。
(4)國軍上校以上軍官外職停役轉任公務人員檢覈。
2.專門職業及技術人員考試：

(1)高考及普通考試：

a.普考護士、助產士。

b.其它技師。

c.醫師。

d.會計師。

e.律師。

(2)特種考試：

a.地政士考試。

b.中醫師考試。

c.營養師考試。

(3)特種考試：

a.引水人考試。

b.地政士考試。

c.中醫師考試。

d.營養師考試。

e.引水人考試。

f.驗船人考試。

g.漁船船員考試。

h.船舶電信人員考試。

i.航海人員考試。

3.考試及格人員訓練。

五、現行考選制度的檢討

依照考試委員蔡良文的見解，對於我國現行考選制度與方式的檢討，提出了若干問題點與建議，其中較重要的有：

1.考試取才，允宜正確評估未來人力的需求。

2.利用訓練達成精選和淘汰的目的。

3.高級文官的選拔問題。高級文官負決策領導之責，應以見識為重，須深明事理，高瞻遠矚，知事之大小本末，判明事務之真偽、善惡、利害，並做妥適之決定。因此應以見識為重，專門知識次之。

4.高級科技人才引用的問題。[30]

其中的(1)、(3)、(4)在討論如何取得所須人才的問題，如何透過考選來得到這些文官，第(2)點是透過訓練的過程來對考取的人才，進行第二步的篩選、淘汰、擇優的工作，用訓練作為第二道的選擇與防弊機制。

除了問題的檢討與建議之外，我國現行的考選制度為了取得優秀人才，在考試方法上也進行了許多新的措施與辦法，如資格調查、學經歷評估、評量中心、情境測驗中之「籃內測驗」、無領導者團體的討論、競局、分析演練等。用更多的方法來挑選優秀的人才。另外考試技術方面的改進，更是與時更新，在現代電子科技發達的時代，防弊的電子設備也必須更尖端。

當現行考選制度的問題提出來並且提出檢討建議之後，這一套制度是否就堪稱之完善呢？這是一個問號，也是自古至今、每一個國家都不停思考的問題。

參、今古通觀

一、現行制度的定性

民國以來的考選制度是依照建國大綱與五權憲法而制定，中山先生有鑒於考試用人的重要，認為考試銓敘應予獨立，所以提出考試權為五權之一，與行政、立法、司法、監察等權並立。設立考試院，下設考試委員會，後改為考選處，最後設考選部定制。也就是**確立我國文官選拔的方式為「考選」，與隋唐以下的科舉考試作法同為一類，均為「考試取材」的舉士類型**。

因為有制度化與機構化，所以考試取才就取得了獨立性與專有性，不經過這個途徑就不能取得文官資格，就是所謂的「黑官」，因為途徑是唯一的，因此**比起歷朝歷代舉士之法，民國以來的舉士之法可謂最剛性，也最單一**。

民國以來選拔文官的方法可以直稱之為「考試制度」，不必再稱「考選」。「考試制度」的剛性與單一化，就沒有歷代各朝紛紛擾擾的「雜途」，蔭任（世任、恩任、難任[31]、特蔭[32]、職官蔭敘之制[33]、任子令[34]）、貲納／捐納（漢文帝之入粟實邊、漢景帝二年之賣爵令、後漢明帝輸粟之制、唐置公廨本錢、品子課錢、金元納粟補官之法）等，各種恩蔭、權宜、貪腐的不合理措施，可以就此斷絕，這是考試制度可以建立社會公平、社會正義的最大優點。

學校教育也是文官選拔的重要途徑。在歷朝的學校教育均為官吏的培養場所，或者經過學校考試後直接任官，或者經歲貢在參加吏部考試後任官。民國初年經過學校教育取得畢業證書就可以任官，待政局穩定後教育逐步推展，學歷成為應考資格，應考資格不符者有檢定考試可資救濟。目前學校教育發達，十二年國教即將實施，大學錄取率超過100%，學歷作為應考資格已經不成為問題。高考三級的應考學歷資格，可以說是絕大多數學生都可以符合，現今問題不比當年戰亂教育部發達的年代，而是大學生、碩士生、博士生比比皆是，應考試服公職也是求職者的理想選擇，高資低就的問題確實是當下這個年代才有的獨特問題。

二、歷代制度的回顧與省思

今人對於現行公務人員選拔制度都非常的瞭解，但是對我國過去歷史上各時期的文官選拔就比較生疏，甚或不瞭解，時日久遠、典籍浩繁，生疏是可以理解的。

我國歷代考選制度的發展可以分為二階段，前面是「推」與「選」，後面階段是「考選」。「考選」在舊制係為科舉，其精神為今日民國「考試制度」所承襲。前一階段的「推」與「選」，其作法與特色歸納之約為：

1.周代選士之法不限於學校、不拘於官吏，而求之於社會，其標準則**不依技能與文學，而重平日之德行，論方法則不假考試與銓注，而最信於鄉里月旦之評**，故而論其選士制度乃依於鄉舉里選之輿論、長官鑑別之薦舉，是一種非常貼近社會真實、有教化人心、兼具官常與官制的政教合一作法。
2.春秋戰國：鄉舉里選制度的末期，薦舉也發展到了客，於是出現「以客入仕」的局面。如戰國四公子，孟嘗君、信陵君、平原君、春申君，各養食客數千，多數被薦舉為官，甚至為卿相者。這是「以學入官」、「以客入仕」的方法。
3.秦代舉士之法約有：
 (1)特徵：士人負有盛譽者，由朝廷徵用。
 (2)辟除：公卿守令等自行延攬人才任用。
 (3)薦舉：由公卿向皇帝推薦人才任用。
4.二漢行鄉舉里選之法，分為：
 (1)察舉：分為
  a.孝廉。
  b.舉茂才異等：重「才幹」或「節義」，凡行義、有道、淳厚質直、仁賢等均屬之。
  c.賢良方正：詔公卿郡守舉能直言者、舉賢良明於古今治體者、舉賢良可親民者，上親策之。
  d.舉孝悌力田：取孝悌淑行、力田勤勞之意，率其意以導民，並成定

制。

(2)經對策後任用：分為賢良方正之對策、直言之士之對策、有道之士之對策。

(3)辟舉：依時局之所需，恆規定特別名目，按四科取士。

(4)辟召：公府之掾吏，州郡之從事，均由公府州郡自行辟召。

(5)射策：為難問疑義書之於策，不使彰顯，隨意抽取而釋之。

(6)博士弟子：弟子入學係由薦舉，入學後每歲加以考試，能通一藝以上者補文學掌故事。其高等可以為郎中者，太常籍奏。若不才及不能通一藝者輒罷之。

後階段科舉制度的產生原因，是因為九品中正被閥越、士族、門第所把持，以致於「推」、「選」之制嚴重腐化而被摧毀，接著才有考試制度的合理化作為，使人才選拔能夠回歸正軌。考試制度能夠出線，就在於它是一種「非人稱化／去人稱化」（Unpersönlichkeit／Entpersonality）的措施，任何社會因素、政治因素都可以用考試的非人稱化排拒於門外，文官的選拔就可以減少許多不必要的干擾，在那一種時代背景下，可以說是一種理性的選擇。非常相似的情形也發生在美國的文官歷史上。從傑佛遜（Jefferson）與傑克遜（Andrew Jackson）總統開始的分贓制度，導致了後來加菲爾（James A. Garfield）總統被吉度（Charles J. Guiteau）所槍殺，而促成了1883年通過文官改革法，設立了兩黨性的文官委員會，並使10%的聯邦政府文官以競爭性的考試為選擇的標準，並以功績制為擇才標準。功績制的實施在某種程度上對總統是有利的，因為分贓制度下，向總統謀求職位者多，而空缺職位少，總統往往得罪他的支持者。實施功績制總統可以免除這種困擾。[35]**考試取才可以免除「人稱化」、政治酬傭的困擾，分贓制度在美國一樣被考試制度所消滅**。不過後續的發展又有點不同，我國的科舉制度與考選制度是朝向著完全的考試制度發展，美國的功績制度卻不等於考試制度，考試方法不能主宰文官選拔。

科舉與考選制度的優點，剛好就是「推舉」「薦舉」制度的缺點，加上當時的社會背景、政治因素的交互影響，使「推」「選」的制度宣告終結。試思之，如果放在現在透明的、公開的資訊社會中，同樣的「推」「選」作法，是否會有不一樣的結果？讓我們再回顧一下：

1.選士之法不限於學校、不拘於官吏，而求之於社會，其標準則不依技能與文學，而重平日之德行，論方法則不假考試與銓注，而最信於鄉里月旦之評。

2.選士制度乃依於鄉舉里選之輿論、長官鑑別之薦舉，是一種非常貼近社會真實、有教化人心、兼具官常與官制的政教合一做
3.「以學入官」、「以客入仕」
4.特徵：負有盛譽者，徵用之。
5.辟除：公卿守令等自行延攬人才任用。
6.薦舉：由公卿向皇帝推薦人才任用。
7.察舉：孝廉。
8.察舉茂才異等，重「才幹」或「節義」，凡行義、有道、淳厚質直、仁賢等均屬之。
9.察舉賢良方正，舉能直言者、舉賢良明於古今治體者、舉賢良可親民者。
10.察舉孝悌力田，孝悌淑行、力田勤勞者，率其意以導民。
11.經對策後任用，分賢良方正之對策、直言之士之對策、有道之士之對策。
12.辟舉：依時局之所需，恆規定特別名目，按四科取士。
13.辟召：公府州郡自行辟召。
14.射策。
15.博士弟子，每歲考試，能通一藝以上者補文學掌故事。

以上的這一些作法，用現今的人才選拔、人力資源、潛能開發、社會資本的角度來看，會發現**「推」「選」的優點是：素樸、貼近社會、教化社會、結合風俗道德（孝廉）、採毀譽於衆多之論茂才異等、有「才幹」或「節義」行義、有道、淳厚質直、仁賢者廣泛取才、舉賢良方正、能直言、明治體者、敦睦公序良俗、能提出政策對應（對策、射策）、符合時事變局（辟舉）、彈性用人（辟召）等**。如果實施在現代，在方法上加上良好的配套，採毀譽於眾多之論，將可以使國家得到更多的人才。否則，**社會上各行各業的諸多秀異之士，如宗教、社會、企業、科技、文化、藝術、公益、財經等等領域，有非常多的人才無法和考試制度有良好的結合，其原因固有多端，然而非經考試不得擔任公職的法定與制度性要求，造成了一道鴻溝，則野有遺賢者，必然**。

肆、中外通觀

上一節探討了我國自古迄今的文官考選方法，前面也陳述了英美德法各國的考選作法，古今中外的宏觀材料已經展開在我們的視野中，要加以理解的精要方法就是作一個中外通觀，步驟一就是從背景作一個分析，步驟二就是以我國考

試制度作一個基準參照架構，藉著考試院考試委員蔡良文氏所提出的「現行考選制度與方式的檢討建議」，作一個討論，來觀照古今中外的文官考選作法。茲分述如後：

一、背景觀察

中世紀的西歐與秦以後的中國社會結構明顯不同。統一的、中央集權的大國始終是中國社會的主要形式，分散的、諸侯割據的小邦是西歐社會的主要格局。當時西歐各國的經濟結構是領主——農奴制經濟，政治結構是貴族與教廷的聯合統治，意識形態是與早期基督教平等、博愛、犧牲精神背道而馳的經院哲學。這種分散的社會結構的政府組織有其明顯的特點，就是君主力量較弱，封建采邑中的公侯各自為政，經濟、政治、意識型態的統治者直接合而為一。當時西歐不僅沒有中國那種以儒生為主的職業文官階層，而且根本就沒有一般意義的文職官員。[36]

十四世紀末葉以前，英國的「官吏」全部都是教士和貴族；十六世紀以前，法國統治人民的是占有大片土地互相割據的封建諸侯；十七世紀中葉以前的德國和法國的情況類似。

二、考試制度的結構性強度

我國文官選拔方式就是「考選」，透過「考試制度」來取才。這一整套系統的建構，從建國大綱、孫文學說、五權憲法、憲法85條規定考試用人、以迄考試法及所有相關考選法規之訂定，有完整而且綿密的結構與運作細則。從隋開皇十四年於明經、秀才之外設進士科，確立科舉取試以來，考試取才的作法到了民國時代，成為我國歷史上最專一、制度最嚴密、組織位階最高、法規最詳盡、制度化最完善、實施細則最細膩的一套選拔文官的方式。

表7-2中針對考試制度的結構強度作一個對照，係根據專屬考試機關的設置、考試取才的行使狀況、考試在公務員選拔過程中所扮演的重要性等條件，來作一個大概的對照。我國的機構化、制度化、法制化都達到高度的結構化，用「高強度」來形容。

德國是歐洲最早實施考試選拔公務員的國家，四個等級的公務員中有三個等級必須通過任用考試，考試取才明定於聯邦公務員法中，中高階公務員必須通過考試，但是簡易職等不須考試。

德國考選制度沒有常設機關，由聯邦、各邦與用人機關組成考試委員會行

表7-2　各國考試制度的結構性強度

考試強度	國家	作　法
高強度	我 國	考試院為國家五權分立之一。下設考選部專司文官考選之責。制度化、機構化與法制化均完成充分必要條件，文官選擇途徑確定為唯一的「考試」，不經過考試與銓敍的文官，就不具備文官的資格。 憲法第85條規定：「公務人員之選拔，應實行公開競爭之考試制度……非經考試及格，不得任用。」
稍 強	德 國	簡易職要求小學學歷與完成實習。 中級職、上等職、高級職均要求：(1)學歷；(2)完成實習；(3)通過任用考試。 高級職任用考試由聯邦組成考試委員會辦理，中級職和上等職任用考試，由各邦或任用機關組成考試委員會辦理之。考試結果經聯邦人事委員會承認後生效。 中高階文官必須通過考試，簡易職文官只須學歷。考試為必要條件，不是絕對條件，因為必須通過用人機關的甄選，所以考試成績不能成為唯一的決定要件。考試取才的絕對性被沖淡。 辦理考試事宜者為考試委員會，沒有設立常設之考試機關，或考選機構。委員會由聯邦政府、各邦政府或用人機關自行組成。
中 度	法 國	公務員的甄選方式，A類由國家行政學院辦理，B、C兩類由各機關自行辦理，B類亦有自行辦理者，D類由各用人機關以甄選方式來錄用人員。
中低度	美 國	美國公務員的考試制度是一種資格考，合格者有六成，被遴選任用者最低者只有百分之三。其他途徑任用者，有經歷甄選、人力仲介之推薦、學業成績優良、後備軍人優惠處遇、或機關有獨立的文官制度自行任用者。所以考試取才的方式在美國不是普遍的、絕對的選項。因此，美國公務員的選拔方式與其說「考試制度」，還不如稱之為「甄選」會更貼切。
低 度	英 國	文官的甄選人才大致上是配合學校制度。職業依照需要的不同，分別給高中畢業和大學畢業的人。一個人如果學歷較低，從較低的職位開始，只要有能力一樣可以升到較高的職位。所以一個即使高中畢業生就進入文官體系的人，只要表現好，同樣的可以和大學畢業生競爭一個較高的職位。 從1968年之後英國依富爾頓報告，廢除文官委員會，成立文官部為主要的文官甄用機關。文官選拔方式為「甄用」，依照學校教育成果而甄選任用。不是「考試制度」。 總結言之，英國文官的選任與學校教育配合，作為初任文官進用的基礎。工作表現則是升遷的依據，學歷低者一樣可以有機會成為高級文官。

之，考試成績只是人事甄選的條件之一，甄選的方法還包括了其他格式化的、學術性與非學術性的各種方法，考試取才不是絕對條件，所以大約稱其考試制度為「稍強」，還不到強度的地步。因為，德國公務員選拔通稱為「甄選」（Personalauslese），[37]而非「考選」。

法國公務員的甄選方式，A類由國家行政學院辦理，B、C兩類由各機關自行辦理，B類亦有自行辦理者，D類由各用人機關以甄選方式來錄用人員。公務

員的考選最高由國家行政學院，是部下設的一個機構，組織位階不高。B、C、D類的公務員考試機關又更低階了。從考試機關的設立、位階、考試法規來看，法國考試取才的制度，最嚴格的是**只有國家行政學院針對A類公務員，考試權由「學院」來實施，不是國家專門的考試機關**。相對於我國，結構性的強度大約可以稱為「中度」。

美國公務員的考試制度是一種資格考，合格者有六成，被遴選任用者最低者只有百分之三。其他途徑任用者，有經歷甄選、人力仲介之推薦、學業成績優良、後備軍人優惠處遇、或機關有獨立的文官制度自行任用者。所以，**美國公務員的選拔方式稱之為「甄選」**，會較接近事實狀況。

英國從1968年之後依富爾頓報告，廢除文官委員會，成立文官部為主要的文官甄用機關。**文官選拔方式為「甄用」，依照學校教育成果而甄選任用**。不是「考試制度」。相對於我國，英國公務員考試制度的結構性強度，約可稱為「低度」。

從以上這樣的對照中，可以看到公務員選拔方式可以很多樣，可以提供我們思考。國情不同，思考理性則無二致，目的必須清楚，方法應力求合理。

三、教考用合一

教考用合一就是教育、考試、訓練與任用制度的結合，這是考試院的年度政策研究議題之一。[38]教、考、用三者結合的緊密度，最終還是跟考試用人的制度要求有關。「考」與「用」的結合問題，會因為「資格考」與「任用考」的區隔而產生，如果實施「即考即用」就沒有這一個問題。「資格考」與「任用考」不管是分立或是合併，在我國都有實施經驗，會有一些小小的困擾，尚不致於構成大麻煩。但是，**美國的「資格考」與「任用考」距離很大，通過資格考的人數多，能夠被任用的人卻很少**，甚至於有的機關自行辦理、有自己獨立的徵才方法，還有經過人力仲介公司提供人選的途徑，**等於是把「資格考」架空，考、用的結合度不佳。德國的公務員任用考試通過，並且完成實習後，就可以任官，考試與任用基本上是合一的。法國的情形和德國相同，考用結合良好。**但是**「教」與「用」結合度最好的還是英國，他是依照學校教育成果而甄選任用，只有「教」與「用」的結合，沒有「教」、「考」、「用」合一的問題**。

「教」、「考」、「用」三者合一的密度，剛好就是和考試的強度成反比，觀諸英、美、德、法的作法就可以瞭解。考試制度成為任用的條件，並且要求強度愈高者，「教」與「用」如何來配合考試，就是一個問題。是教育配合考試呢？還是考試配合教育？考試權有自主性，學校教育是建立在學術自由發展的基礎上，自主性更高，誰配合誰？永遠都不會有滿意的答案。

相反的，如果考試制度不是任用的充分必要條件，要求強度愈低者，「教」與「用」的結合度就愈高。英國沒有強力的考試制度，僅依照學歷來任用，所以「教」與「用」完全結合。美國的公務員考試是資格考，每一個申請擔任公職者可以依照自己的需求與條件來申請工作，所以「教」和「用」的結合度也是良好的。法國高級文官最嚴格的競爭考試是進入精英學府的入學考試，一但通過該門檻，就取得了登龍的捷徑，精英學府——國家行政學院（ENA）是法國高級公務員A級考試的主要訓練所，這個精英學校的教育等同於高級文官的任用保證，「教」「用」合一，因為ENA是公務員的專業教育機構。B、C、D級的公務員則依照個人所學參加各機關的甄試，所以「教」與「用」沒有齟齬之現象。

德國公務員中的高級職和上等職必須大專以上畢業，畢業考試相當於第一次國家考試，法律系學生畢業參加的就是第一次國家考試，畢業考就是國家考。通過之後，一般大學畢業生必須通過人事甄審委員會的選拔，然後開始實習。法律學生則是直接開始實習。實習完畢，都要參加第二次國家考試，一般生稱為任用考試，通過者被任用為公務員，沒有通過者就無法擔任公職，必須轉往企業或民間的職業，這一點和我國須經考試任用的規定相同。「教」、「考」、「用」的結合，在德國文官制度的設計中不成為問題。

教育與考試二者的關係，應該保持適度的距離，考試應該審酌教育的內容與狀況而實施，考試應該呼應教育。教育責任係針對社會需要而施教，公職人員是其中的一圜而不是全部，所以教育要考量行政機關的用人需求，提供所需的人才，不是去配合考試。但在「考試至上」、「考試宰制」的機制下，前端的教育被「公職補習」、「一切為考試」等等現象所扭曲，後端的用人機關又不能自己選擇所需的人才，「教」、「考」、「用」的結合與對應，在我國已經被「考試至上」扭曲了。

四、高級文官的選拔

文官選拔或推舉、或薦舉、或甄選、或辟召、或考試，所有的方法都是為了一個共同的目的——為國求才、擇優錄取，古今中外理路一同。選拔人才的重點其實真正重要的核心，就是高級文官的選拔，我國古代的舉士方法不論是「推」「選」或「考選」，主要的都是高級文官，如薦舉、[39]辟召、經濟特科、茂才異等、賢良方正等等，均不次拔擢蔚為國用，春秋戰國以迄秦漢56位宰相，33位起於草萊而至布衣卿相，乃成歷史佳話。及至於今考試委員蔡良文氏論「現行考選制度之檢討」，第一論點即為「高級文官與科技人才之選拔」，足見，只

要對文官選拔關注者深，必然瞭解選拔重點在棟樑之才、茂才秀異之士爾。

高級文官的取得途徑有許多模式。其中最為人所熟知的就是法國的國家行政學院（ENA），該學院辦理公務員的A類考試，是成為未來高級文官的途徑。ENA的入學考試約在每年的秋季至12月間舉行，區分為對學生的外部考試（concours externe）和針對公務員的內部考試（Concours Interne），每年約錄取百名。競爭非常激烈。及格者受訓2.5至3年，受訓嚴格，成效極佳，是高等文官的搖籃。其次，在前東德有一個國家與法律學院設於波玆坦（Potsdam-Babelberg），專門負責國家的人事與幹部政策的教育。在美國則有許多大學設立了行政學門，提供行政學的教育。但是這些教育和功績制與職位分類的關係並沒有緊密聯繫。奧地利有行政學院，提供國家行政的深造教育機構，是高級文官的養成所。德國有聯邦公共行政學院（Bundesakademie für öffentliche Verwaltung）。比利時的布魯塞爾大學設有行政系。在奧地利、德國以及比利時的這些行政教育場所，都有附帶的提供高階文官深造教育的課程，是高級文官的養成場所。德國還有一個更高階的德國行政大學（Deutsche Hochschule für Verwaltungswissenschaften Speyer），專門提供高級職的行政教育，並定期舉辦高階主管研習營，培育行政領導人才。

我國高級文官的選拔，過去有甲等特考，廢除之後，高級文官還有高考一級，還有升官等簡任級的訓練。過去的甲考，還能符合一些高級文官選拔的精神，但是被批評的很多，因而廢除。揆諸古今中外的文官選拔方法，尤其是高級文官，基本要點有兩個，第一個就是甄選的自由空間要大；第二個甄選的方式與途徑要高度彈性。如果沒有這二個要件，仍然用格式化、制式化、官僚化的標準與尺度來甄選，結果一定僵化，特別是考試制度的嚴格把關，春秋戰國以迄秦漢的所有棟樑之才、治國良相應該所剩無幾，考試只有智育，而德育、群育、美育、或態度、或信念、執行力、創造力等等則不一定測驗的出來。

如果有決心要選拔優秀的高級文官，建構的方法有幾種，依照變動幅度大小依序為：

1.變動幅度最小，恢復甲考性質的高級文官選拔方法，選拔的範圍、幅度加大，依照國家發展之需要，訂定每一個階段選拔的重點與方向。選拔的作法可以參考美國SES制，或英國最近舉行公開競爭的副司長級考試。訂定簡要的核心能力指標，扼要的三、四個能力衡量標準，精簡不繁，去除苛瑣節。再參考德國、美國人事甄選的做法，擇其優者而師法之，就可能建構一個有效的高級文官選拔機制。

2.變動幅度較大，作嘗試之舉，將國家文官學院直接仿照法國國家行政學院來辦理，從大學畢業生或公務員群中選擇卓越之士，給予嚴格而精良的教育訓練，作有計畫的、刻意的培養，這是利用現制來獲得優秀高級文官的好途徑。

3.參考英國快速人才升遷發展方案。此一作法對我國而言應該是創意發想之作，然就其本質，與我國古制察舉、辟詔、四科之辟、特科的精神並無二致。設定國家與社會發展所須之人才，或國家治理、或經濟長才、或義節淑行等，設定方向，設計出一個具備我國傳統文化特色並且具備現代前瞻理念的作法，來薦拔人才。我國舊制中有一些歷古不磨的作法，如舊制四科之辟，或德行高妙，志節貞白；或學通行修，經中博士；或明曉法令，足以決疑；或剛毅多略，遭事不惑，明足以照姦，勇足以決斷；或經濟特科等。依照國家用人之需而舉賢良之士。組成推甄委員會，遴聘聲望崇隆、清譽卓著之國士擔任委員，甄選、推薦國家所須人才。然後經過「磨勘」歷練，計畫性逐層逐級檢驗考核，來甄拔優秀人才。這一個方法應該用最少的格式化的、考試的方法來進行，真正的貼近社會的真實面，經過眾人月旦之評者，才是真才實用的國家棟樑。

五、高科技人才的選拔

高科技人才的功能在於研發與創新，研發與創新程度愈高就愈不容易用格式化的考試來衡量，現有的專門職業及技術人員考試只能評鑑應徵者的專業知識水平，只能作為一般中下專門職業與技術人員的水準保證，作為高級科技人才的徵求方法，效果一定有限。

因應高科技人才的知能特性，徵用的方式應該回歸到最大創意、最大自由發揮的場域來思考，比較好的方式就是回歸市場機制，有能力者，**依照績效與表現定其升遷與俸給，進用彈性，績效黜徙，人力彈性化方案在這一個領域可以推行**。用既有的考試制度和官僚制度為框架，彈性低，人才相對難得。人力彈性化的方案加上配套，才有可能求得高績效的高科技人才，並以績效制度作企業性的管理，才有可能作好這一方面的設計。**企業性精神、市場競爭、創意績效三者應為高科技人才的人事制度設計核心**，為了配合此一設計，可以加上行政法人的制度。如果這三者缺其一，就不能獲得高級科技人才進用的實績。

美國和英國的文官選拔方法具有較大選擇空間，沒有被考試制度綁死，高級科技人才的引進就非常的彈性且有效，這是英美兩國科技水平發達的要素之

一。德國的大多數研究機構都不屬於政府，所以科技的進步也十分可觀。從許多科技發達國家的案例來看就可以知道，國家官僚制度對於科技研究發展可能幫助不大，再加上考試制度的關卡，科技研發的創新與突破本質與之是不相侔合的。

高級科技人才的獲得，一定得回歸人力彈性化與企業性競爭機制的基礎上來，考試取才只是一個時間點上的知識檢測而已，對創發力、績效力、態度、信念、研究力等，則無法提供保證。考試制度如果不鬆綁，績效制度不能強化新公共管理的產效果，那麼現在談的高級科技人才選拔，將會繼續談下去而不見其功。

六、結語

公務人員考選制度可以說是我國特有的一個制度，英、美、德、法也有考試制度，其中德國實施較有歷史，配以實習和第二次國家考試的實務考，算是比較重視考試。英、美、法等國也有考試，但是考試機關、法令等，都遠遠不能和我國相比。亞洲國家受到我國影響如日本，考試就很重要。

我國歷代的文官考選制度有兩大階段，前階段以薦舉突顯其特色，後階段則以科舉加其它雜途為之，民國以後則純粹以考試決定文官資格。三種比較，薦舉最有彈性，科舉加雜途頗為多元，考試最具公平性。就人才選拔而言，薦舉可以拔擢到最優秀的國家治理人才，科舉加雜途可以滿足政治、經濟與社會的多元需求，考試則具備最大的公平性，並取得社會中最優良與最整齊的中低階公務人員，但是也消磨了最多人的精力與多元才華，因為考試成績不等於治理能力，考試也不等於學術發展。

英國和美國在文官選拔的作法上注重實際，用人機關自己來甄選，考試在美國是資格考，也有機關不用候用名冊的人選。英國則是直接選拔畢業生，加上快速升遷體系，有一套選拔高級人才的特殊作法。法國採取菁英訓練法。德國重實務、實習，學術研究都是機構，不是機關，所以文官可以配合官僚體系，學術也不受羈糜，各適其所。

我國人才選拔從頭考到尾，影響到學校教育（從小學開始考到成為公務員）、影響到社會價值體系、當然也影響到文官結構的本質，這是可以深層反思的一個原點。用一個企業選材的一段話作為註腳——「我覺得，學歷、經歷、你現在的工作都不是最重要，反而是你對接下的這份工作有什麼企圖心、有什麼特質已經展現？特質會在你的思考、反應、個性、態度上顯現」。[40]我國考試機關在這一方面也企思有所突破，對於「現行國家考試的缺點在於行政機關在晉用人員上沒有選擇權，被晉用的人僅是按考試成績，而非按其志願進到服務機關，同樣的在專門職業及技術人員考試，也是按考試成績（多半以筆試為主），在欠缺實際工作經驗下，而取得執業資格」，[41]對於考試取才有了較深一步的瞭解，並指出「為了改善考試與任用之落差，未來考選部推動第二階段考試，亦即大學畢業參加考選部的第一階段考試，及格者累積2至3年工作經驗或實務成果後，參加由用人機關或專門職業主管機關與考選部共同組成的遴選委員會，進入第二階段考試。藉著用人機關或主管機關的參與，尊重其選擇，相信能朝向合格合用的目標」。[42]這一個未來政策的走向，完全參考德國的作法。如果可以實現這一步，當可改善「考」、「用」配合的問題。但是，要甄拔到高級人才，則還有很大一段的路要走。

第五節　公務人員任用制度

壹、英國

一、政務人員職務範疇及管理制度

政務官係指具有「政黨取向」的決策者，依內閣制慣例，由具國會議員身分之首相與較資深之執政黨籍國會議員出任政務官，包括首相、副首相、部長（大臣）、不管部部長、副部長、政務次長等。

政務官體系之下，則為事務官範疇，自1996年起，除高等文官（自常次至各部副司處長）以外，其餘人員授權由各部部長核定。

二、聘僱人員管理體系

就英國中央政府而言，文官目前雖仍以永業全職契約為常態，但固定期限與臨時性之契約亦逐漸被採行，主要係因人力緊縮所致。依據英國文官統計資料指出，2002年4月英國463,000多名文職文官中，只有2.6%屬一年期限之契約人力，但在久任職位中有約15.5%屬部分工時人力。1996年英國實施高級文官制度（Senior Civil Service, SES），包括中央政府近3,000個常任文官最高階職位，均由個人契約方式僱用，亦即均為有期限的契約性職位，期限屆滿若未通過績效評估，就不予續約。

至於在地方政府方面，英國地方政府的文官結構異於中央政府，根據研究指出，在公共服務部門，特別是教育和社會服務以外的工作，在1994年至1996年

間，部分工時的人力從15%成長至24%。至1998年6月，地方政府為因應業務需求，仍積極致力於運用彈性工作，導致地方政府擁有97萬部分工時人力，占全部人力46%。此外，地方政府也有高比例的短期契約人力，其成長趨勢從1992年11%成長至1996年13% ，以作為解決每年預算不確定的人力策略。2010年的新政府已要求裁減臨時契約人員。

貳、美國

一、政務官

政務官指總統任命（獲提名經同意後任命）之內閣閣員、政務官員或行政首長等結構，包含決策職位及決策幕僚職位，其名稱包括部長、副部長、政務次長、副政務次長、助理政務次長、助理次長、副助理次長等。

除前開職位外，一般政治任命人員，是總統或部長居於政治因素考慮任命之官員，其範圍包括在政務官範圍之內，亦包含由總統或部長任命的高級行政人員（約占10%）。

二、常任文官考試及進用管道

無。

三、聘僱人員

依據1998年修正發布的美國聯邦人事法規，機關進用之非永久契約性職位主要可分為短期職務代理（Taper Employment）、定期僱用（Term Employment）及限期僱用（Temporary Limited）等三類：

1.短期職務代理：機關職務懸缺超過一年，聯邦人事管理局又無人力可資分發時，機關得經該局同意，自行遴用職務代理人。
2.定期僱用：機關因專案工作、尖峰工作量、定有期限的職務、組織功能以外之工作契約或未來經費未確定之工作需求，可定期僱用人員。其進用資格較短期職務代理嚴格，聘期在一年以上、四年以內。
3.限期僱用：機關基於符合一年內短期工作、或填補定有一年內廢除（終止）期限的工作、或保留某些可能被其他部門占用的常任職務的需求，可自行遴用限期僱用之契約人員。

德國2007年公職人員各職級的比例		
2007年	單位（千）	百分比（%）
簡易職與中級職	1,552.9	44.8
上級職	1,302.3	37.6
高級職	611.7	17.6
合計	34,466.9	100

資料來源：Statistisches Bundesamt（2008）。[43]

參、法國

一、政務人員

無。

二、常任文官考試及進用管道

採取中央集權制之文官制度，全國公務員以A、B、C級區分職等，屬A類者由國家行政學院（'Ecole nationale d' Administration, ENA）辦理考試及訓練事宜；屬B、C類者，由各機關自行辦理，並視需要自行訂定應試科目。另公務人員之考選與教育制度相配合，考試方式除筆試與口試外，尚須通過體格檢查。

三、聘雇人員

聘僱人員係採簽署契約方式，並由聘僱單位直接管理。

肆、德國

一、政務人員

政府實施內閣制，其政務官多由國會議員出任，或屬高級政治任命人員。政務官列於政治職之中，但政治職官員並非全屬政務官。政治職之政務官如下：內閣總理、內閣部長、副部長或政務次長、高級政治任命官員，與部長或政次相當層級、常務次長、局或司處長，每部約有8位部務局長主持各一級單位，而列在政治職之中，常次與局司、處長乃屬政治職文官。

前開政治職官員包括政務官，其他政治任命人員與最高層級事務官（常次、局、司、處長），均具政治角色，參與黨政決策，其派任首重忠誠、才能與議會關係。

二、常任文官進用管道

無統一機關辦理全國公務人員之考選，係由各用人機關自行考選任用所需人員。考選方式採三明治方式，具有各職等（簡易職、中級職、上級職及高級職）所規定基本學歷後，需經過一定期間實務訓練，訓練合格考試及格取得任用資格後，向出缺政府機關提出申請，並經口試及評估中心考試及格，再經一定期間試用，試用合格，始得轉任各職等終身職公務員。

三、聘僱人員

政府各部門如有需要臨時性的人員，須在每年度預算中提出職位表，經議會同意後，才得依其通過之預算額度僱用臨時性人員，但臨時人員在進用上仍需經過一般的遴選程序，及遵守陞遷、退休等規定，工作亦須接受考績評比。德國契約性人力之進用必須經過考試，以確定該員是否有能力擔任該職級之工作，及符合該職級的要求。因此，德國契約性公務人力和一般公務員有相似之處。但契約性公務人力之遴選較容易，主要以特性、能力以及專業能力等三項為主要的評定指標，實習時間也較一般公務員短。

伍、我國

我國簡薦委人數			
民國95年9月20日	職　等	人　數	百分比（%）
簡任（派）	10-14職等	8,558人	6.10
薦任（派）	6-9職等	76,151人	54.29
委任（派）	1-5職等	55,558人	36.60
總計		140,267人	100

資料來源：銓敘部網站。（http://mocs.gov.tw）[44]

一、政務人員

現行文官制度，仍如同民主先進國家，亦有政務人員與常務人員之分，但在體制上並不盡明顯。揆諸現行公務人員法制有關公務人員考試、任用、俸給、考績、退休、撫卹等法律，均以常務人員為適用對象，而政務人員適用之法律，則僅有政務人員退職撫卹條例一種，專為政務人員退職撫卹事項詳作規定，其餘如：公職人員財產申報法、宣誓條例、公務員懲戒法與公務員服務法等規定事項固亦有其適用，但政務人員之範圍、任免、行為規範、權利與義務等事項，或尚付闕如，或散見於相關法令中，迄無統一完整之法律規範，遂致適用上輒有困擾。

復以近年來中華民國政黨政治迅速形成與發展，以及民眾對民主政治要求日益殷切，並對出任政府職位之政務人員期許甚高。因此，為對政務人員之進退、行為分際、責任範圍及權利義務等事項，作一完整之規範，銓敘部業擬訂政務人員法草案，前經考試院及行政院於2005年7月28日會銜送請立法院審議。但未能於立法院第六屆會期完成立法，依立法院職權行使法規定，需重行送請該院審查。嗣經重行檢討，於2009年4月3日由考試院、行政院會銜送請立法院審議。並經立法院及法制委員會於2009年4 月30日召開會議初步審議。

二、常任文官之進用

依中華民國憲法規定，考試院為國家最高考試機關，公務人員之選拔應舉行公開競爭之考試制度。考試權集中於考試院為我國文官制度之特色，凡欲進入政府機關擔任各等級職務者，均須經考試院舉辦之公平競爭國家考試及格。而各種考試錄取人員，則由分發機關配合用人機關任用需要，及考試成績依序分發任用。

三、聘僱人員

有關中華民國聘用人員之進用，依聘用人員聘用條例及其施行細則規定，機關須基於發展科學技術、執行專門性業務或專司技術性研究設計工作等業務需要，且本機關無現有人員所能擔任者為限。聘用人員不適用各該機關組織法規所定，簡任職或薦任職各項職務之名稱，並不得兼任有職等之職務。另依行政院暨所屬各級機關聘用人員注意事項規定，除機關組織法規另有規定者外，其員額以不超過該機關預算總人數5%為原則。至約僱人員則以行政院暨所屬機關約僱人員僱用辦法規範，其所任工作係相當分類職位職務人員第五職等以下之臨時性工

作，而本機關確無適當人員可資擔任者為限。聘僱人員均與進用機關簽訂合約。

第六節　公務人員考績制度

壹、我國歷代考績制度

考績者，昔稱考課，考其績、課其功，定其殿最之意。殿為後，最為優先。歷代考績制度的內容，包括有官吏考課事宜的機關，如吏部尚書所屬之考功郎中，還有「考法」，歷代迭有更易，內容豐富、建構細緻，有法規、有官箴、有倫理、有公序良俗等等不一，茲摘其要者約如下：

1.西周的大計。
2.秦朝的「五善五失」與「課律」。
3.兩漢的上計與考課。
4.魏晉「都官考課法」與「郡縣考課法」。
5.南北朝「三等之課」與「六條詔書」。
6.隋唐「四善二十七最」、「四等考課法」。
7.二宋京朝官考課法與知州縣考課法。
8.元「五試考課法」與「御史殿最法」。
9.明代「考滿」與「考察」。
10.清朝「京察」與「大計」。

貳、德國的考績制度

德國是官僚理論與官僚體系的典範國家，固定的職位、職級、職權、升遷體系、貨幣為俸給等等明確規定的結構，但是卻**沒有／或徹底懷疑考績評鑑的制度，雖然有考績的法規，卻沒有固定的作法，而依然能夠推行升遷、獎懲、晉薪等作業**，背後的邏輯思考與背景，應該作一些說明助於瞭解。茲謹就重要的論者如K. König、H. W. Laubinger等人的觀點來說明之，約如後。

一般對升遷或升職情形的考量，多半採取年資原則作為升遷衡量指標，但是這樣的價值判斷也附帶著許多問題與衝突。於是人事行政單位可能會採取一些「格式化的」、「僵化的」績效評鑑方法，建立一些考績制度。但是這一些方法或制度，要真正的瞭解一個公職人員在他的工作崗位上的工作成效，並且以之作

為升遷或升職的依據，事實上是不夠的。[45]

績效評鑑的基本項目大約包括有：知識、技能、能力、性格等，與工作相關的因素來評鑑之。人事評鑑要針對兩個面向來提供說明，一個面向是說明受評者的工作善意、工作數量、工作方式等，以工作為考評對象；另外一個面向是說明受評者的創意、處理人際交往的能力、行為的技巧等，以人的要素為考評對象。這兩者的不同在於，一個是關於工作績效與，另一個是個人的特質與能力。將兩者嚴格區分的用意在於，如果有績效獎金時，主要就是針對工作的與達程度而言，以工作為對象。[46]

評鑑的方法有兩種，分為開放的和依照規定辦理。開放的考績評鑑方式可以開放的、自由的來進行評鑑；依照規定辦理的方式要求有證據力的說明、有約束力的評鑑、依照層級與流程的辦理、打分數與等級的作法與流程、定等次的流程等，建構起一個考績的制度。甚至於更極端的作法是，在升等的時候還要求筆試。依照規定辦理的方式會有一些明確的指標，並且在評鑑表格上加以明確的定義，這是推行考績評鑑的基本要求。一個機關對考績的作業流程和方法指導的愈詳盡，受考評者對最後總結性評論的說明力就愈懷疑，一般人普遍的見解認為，考績的總評對真實的績效和個人的貢獻沒有什麼說明力。[47]

法律的基礎上，公務人員的考績評鑑規定於聯邦與各邦的公務員升遷法規第40條與第41條（§40、41, Beamtenlaufbahnverordnung）中。法律規定**五年內**至少要打一次考績，由直接主管根據各項考績項目來評定。公務人員對於考績不符者，可以聲明異議，由行政法院裁決，原考績被判決違法時，主管必須另行評打。過程繁複，以致於考績事務遂被冷落，不受重視。

考績制度在德國被嚴重批評的原因在於，績效與貢獻沒有被清楚的區隔開來，考績制度的內容與系統就不清楚。基於此一原因，考績的最後評斷／最後分數就混合了績效說明與能力說明，從總評或總分就看不出來，是從哪一些指標或怎樣的權重得到這樣的結果。所以在1976年的公務員法改革委員會（Aktionspprogramm zur Dienstrechtsreform）之後，內政部接受研究委員會（Studienkommission）的建議，在公務員升遷規定第41條第3款中加入實驗條款，在一些聯邦與各邦隸屬的自治單位進行試辦，[48]將考績分為：(1)針對能力、知識、執行力、動機興趣等項目進行評鑑，這是受評人的能力面向；(2)第二個部份針對該職位的工作要求來評鑑，這是工作要求面向，這一個部分將來能作為升遷、調職、轉調的依據。

研究委員會對考績制度提出了若干建議與作法，但是在地方自治機關實施以後，也沒有進一步的成為廣泛的、普遍性的作法，只有考績的兩項原則：能力

面向和工作績效面向，被大家所接受。除此之外，因為在高度法治主義的精神下，行政主管為了節省行政訴訟與行政救濟的麻煩，都不願意碰觸考績的問題，考績制度的議題也就不被重視。

參、法、英、美等國的考績制度

一、法國

1.法令依據：文官法第55條。
2.考績分為平時考核與年終考績，主要針對能力及品德方面加以考核，考績項目因職等及類別而異，共分為十四項：包括身體狀況、專業知識、出勤情形、條理、適應力、協調合作、服務精神、積極性、工作速度、組織力、工作方法、洞察力、指揮監督力及領導統御力等。各類人員考核得就上開項目選用四至六項詳列舉例評定，其中較重要者包括身體狀況、專業知識、出勤情形、積極性、組織力、工作方法等。
3.考績因素及項目依其職等、類別而異，考績分為五等（140分、115分、100分、85分及60分）。
4.考績結果與晉敘、陞遷、調職有關（無考績獎金），其成績優秀者提前晉敘俸級，及格者按期晉俸，長期考列85分以下，或年度考績考列60分以下者，予以免職。
5.另法國將於2012年起，改採年終面談及書面評核，取代自1946年施行迄今之分數考評制度，改以具體之書面評核，並將評核結果轉達受評之公務員，藉此激勵公務員精益求精，確實提升工作績效， 2014年起並將擴及公共醫院及地方公務體系。此舉係參照民營企業之作法，以期在公務部門體系取得前瞻性之管理成效。

二、英國

1.法令依據：無成文常態性考績法規，依1996年文官管理規則規定，新考績制度以績效衡量及個人考評為基礎。
2.考績分為平時考核及年終考績，考績報告表依公務員層級不同分為二種表格格式，考評項目各異。
3.功績型考績制度強調功績（才能與成就）評分、工作績效表現、潛能發展考評、經驗、忠誠、守法及專業倫理等項目，考績等次分為合格（1至3級）、不合格（4、5級）兩大類。

4.考績係績效俸之重要依據，考績結果之主要獎勵為績效獎金及陞遷，高績效者晉俸、發給績效獎金，低績效者維持原薪，不發給獎金。

5.由於績效俸提升薪金，不僅考核當年，其後每年薪金以及退休金均獲提高，增加政府負擔甚鉅，英國政府現已將考核獎金與薪俸分開，年中績效優良者只發給現金獎勵，不得列入退休金之計算。至於薪金調整則另案考核，只少數表現特優者可獲提升薪級。

三、美國

1.法律依據：由各機關自行建立考績制度，並由各機關主管及高級文官共同研訂各職位的考績項目，以做為辦理考績之準據。

2.考績分為定期考核及年度考績，定期考核每季辦理一次，第四次併入年度考績辦理。年度考績應連同前三季之考核結果，填註考核表，評定考績等次。

3.考核內容通常為工作數量、工作品質、工作效率等。關於績效標準，即考核受考人工作效能之基準，係由各機關依據業務執掌訂定，其內容包括工作品質、數量、程序、方法及時效等。

4.考績等次分為傑出、優、良、尚可及劣五等，法律上對考績等次比例未有限制規定，實務上考列最優者約20%至30%，次優者約35%。考列「良」以上者方得晉俸，考列「尚可」者應予警告，連續二年考列「尚可」者，調整職務或降等；考列「劣」者，應予調職或降等。考績不佳人員應予輔導改善，如經輔導仍無法改進，則予以停止晉級、或予以降等或免職。

5.各機關全體員工薪資1%作為考績獎金，考列特優人員得發年薪20%獎金獎勵。[49]

肆、各國考績的內容項目

一、英國

英國對於公務員的考績迄今沒有特別的法律規定，沒有固定的考績法規。考績的實施係依據「年度考績報告」（Annual Report），由主管對部屬所作的考

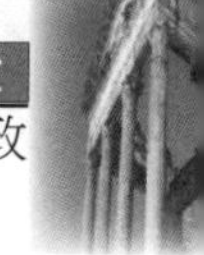

評，核定其考績。考績表的制定由「管理及人事局」會同惠特利委員會辦理。

英國對公務員打考績的項目分為：(1)工作知識；(2)人格性情；(3)判斷力；(4)責任心；(5)創造力；(6)可靠性；(7)機敏適應；(8)監督能力；(9)熱心情形；(10)行為道德。

二、美國

美國聯邦政府於1978年制定文官改革法，在考績方面，非常重視對員工的工作考評。由各機關自行規劃辦理績效考評，並應將其建立之考績制度向人事管理局呈報核備。

考績程序的辦理分為定期考核和年度考績兩種。定期考核一年內分三次辦理，每三個月辦理一次，第四次級併入年度考績辦理，所以相當為季考核。年度考績一年辦理一次，依照各該公務員進入政府機關服務日起算，屆滿一年後辦理，所以辦理時間不一。各州的辦理時間也不一致。

為了進行績效管理各機關辦理考績工作，基本上分為績效制度的建立和考績辦理兩部分。在考績制度方面，各機關先擬定其整體性考績政策準則，然後依準則設計實施細則。整體性考績政策準則至少應包括六個面向：(1)員工個人計畫書；(2)適用對象；(3)考績實施的內容，如起訖時間、關鍵性工作面向與非關鍵性工作面向、考績等級等；(4)機關考績制度的設立程序與標準；(5)應遵循法令規定；(6)鼓勵員工參與執行。

美國作法的特色是，在整體績效管理的大方向與政策下，訂定個人的績效標準。在機關組織的整體目標下，有量身訂做的個人績效目標，合乎個人化與人性化管理的要求。

三、法國

法國考績的內容項目規定為：(1)身體的適合性；(2)專門知識；(3)守時執勤情形；(4)條理與整潔情況；(5)工作適應能力；(6)協調合作能力；(7)服務精神；(8)積極性；(9)工作速度；(10)工作方法；(11)洞察力；(12)組織力；(13)指揮監督能力；(14)統制力。

各機關依照其本身職位的特性，各自規定其考績項目，從上述項目中選擇之，不得少於六項。項目選擇應與其工作性質相關，由各部部長與文官主管機關負責長官會同規定之。

四、我國

銓敘部將考績項目及其細目訂定於公務人員考績表中，內容有：

(一)工作

1.質量：處理業務是否精確妥善暨數量之多寡。
2.時效：能否依限完成應辦之工作。
3.方法：能否運用科學方法辦事執簡馭繁有條不紊。
4.主動：能否不待督促自動自發積極辦理。
5.負責：能否任勞任怨勇於負責。
6.勤勉：能否認真勤慎熱誠任事不遲到早退。
7.協調：能否配合全盤業務進展加強聯繫和衷共濟。
8.研究：對應辦業務能否不斷檢討悉心研究力求改進。
9.創造：對應辦業務有無創造及創見。
10.便民：處理人民申請案件能否隨到隨辦利民便民。

(二)操行：共有四個細目，亦各有其標準。

1.忠誠：是否忠於國家及職守言行一致誠實不欺。
2.廉正：是否廉潔自持予取不苟大公無私正直不阿。
3.性情：是否敦厚謙和謹慎懇摯。
4.好尚：是否好學勤奮及有無特殊嗜好。

(三)學識：共有三個細目，各有其標準。

1.學驗：對本職學識是否充裕經驗及常識是否豐富。
2.見解：見解是否正確能否運用科學頭腦判別是非分析因果。
3.進修：能否勤於進修充實學識技能。

(四)才能：共有三個細目，各有其標準。

1.表達：敘述是否簡要中肯言詞是否詳實清晰。
2. 實踐：做事能否貫徹始終力行不懈。
3.體能：體力是否強健，能否勝任繁劇工作。

我國考績表的項目共分為四大項二十細項。每一個細項都有詳細的描述。

五、小結

考績評核的項目，英國有十項，法國有十四項，我國有二十項。美國則為彈性個體化制作，德國沒有規範。其中以我國的項目最多，居第一。

項目內容的描述，我國的詳細度也是居第一。

項目愈多並不等於考核的範圍愈大，而是相對被拘束的程度較高，考評者的範圍受到的侷限也較大。項目的說明愈詳細，格式化、定制化程度愈高，彈性相對就較低。

伍、各國的考績等第

一、英國

英國考績項目分為十項，每一項又分為A、B、C、D、E五等，評定其等次。考績表分兩種，適用於不同層級：

1.書記官以上，副司處長以下文官適用甲種（A）考績表，五等分別為：
(1)A等：特別優異者（Outstanding）。
(2)B等：甚為良好者（Very good ）。
(3)C等：滿意者（Satisfactory）。
(4)D等：尚可者（Fair or Indifferent）。
(5)E等：不良者（Unsatisfactory or Poor）。

2.助理書記以下的職員適用乙種（B）考績表，有具體文字可供選評，分為六等：
(1)傑出：工作表現績效特別。
(2)優良：工作表現績效良好，但非傑出。
(3)尚佳：大致上工作表現績效尚稱良好。
(4)普通：工作表現平平，無重大失誤。
(5)不良：有明顯缺點無法順利完成工作。
(6)劣：顯然不能勝任其職務。[50]

二、美國

美國從1995年人事管理局授權各機關，可以自行決定其考績制度，所以各機關或機關內可能有不同的考績等級。基本上有八種等級可供組合，每一種組合可能從二個等級到五個等級。[51]

就五個等級來看，依序為：第五級是傑出（outstanding），第三級是完全成功（fully successful），第一級是不及格（unacceptable）。第二和第四級無法定名稱，習慣上稱第四級為超過完全成功（exceeds fully successful），第二級為勉強及格（minimally successful）。

評定為不及格時，必須有一個或多個關鍵性工作面向被評為不及格，非關鍵性的工作面向考核結果，不能導致年中考績被評為不及格。[52]

三、法國

法國的公務員考績分為五等。依照前面規定的十四項，每項10分，最高140分。各單項以1分為「遠低於正常」，2分為「低於正常」，3分為「正常」，4分與5分為「超出正常」，6分以上為「遠超出正常」。

考績的五個等次依序為：

1.較標準非常優良者「遠超出正常」，140分。
2.較標準優良者「超出標準」，115分。
3.合乎標準者「正常」，100分。
4.低於標準者「低於正常」，85分。
5.低於標準甚多者「遠低於正常」，60分。

四、我國

考績等次：考績法規定年終考績及另予考績之等次為甲、乙、丙、丁四等。每等之評分如次：

1.甲等：80分以上。
2.乙等：70分以上，不滿80分。
3.丙等：60分以上，不滿70分。
4.丁等：不滿60分。

五、小結

考績的等次，英國訂為五等和六等二種，法國與美國均訂為五種。我國訂為四種。等次的多少就是考評的幅度，幅度愈大，考量的空間也愈大，對受考者的考評也在相對比較下更精確。等次的訂定應如同問卷的等第設計，以單數為宜。

陸、考績辦理的問題與思考

一、過程公開

考績辦理的過程與方法各國不一，有的國家採取公開，有的國家採取不公開，約為：

1.考績過程公開——美國：在考績過程中，打考績者與被考績者保持聯繫，相互商榷，考績結果完全不向被考績者保密。
2.考績過程半公開——法國：考績結果包含打分數，從0到20分，和一般性的評語。分數通知被考績者，由其本人簽字表示知道，評語中的基本評價也須告知本人，但不給他看評語的基本描述文字，給主管一定程度的自由裁定權。[53]
3.考績過程不公開——英國：英國對公務員考績的結果，並不公布。只作為處理受考人宜否參加訓練？原職務應否調整？是否適合晉升等問題的重要參考。除非考列為「劣等」者，應將結果通知受考人外，其餘均不通知。例外則有規定，如果受考人有明顯可以補救的缺點時，應視情況通知受考者，促其改善。[54]

我國的作法是，各機關考績案經主管機關核定送銓敘部銓敘審定後，應以書面通知受考人。通知時，應儘量採秘密方式，以免考績成績欠佳者受到刺激。這樣的作法和美國完全公開的做法不太一樣，和法國半公開的做法較相似。

二、考績等次分配

考績評定結果分等次，等次的比例和職等的關係是目前大家關心的一個題目。茲就可以取得的資料分析如後：

（一）美國

美國公務人員考績等次的分配情形如下表：

年＼項目	職等	平均等級	傑出	超過完全成功	完全成功	勉強及格	不及格
1996	1-12	4.16	39.20	38.10	22.30	0.30	0.10
	13-15	4.32	56.00	32.70	11.20	0.10	0.00
	13-15	4.45	48.60	34.70	16.40	0.10	0.00

資料來源：OPM（1998b：68）。

（二）我國

依照銓敘部的統計資料顯示，公務人員考列甲等的比例為：

年＼職別	簡任	薦任	委任
民國80年	92.72%	88.65%	80.98%
民國86年	95.46%	87.78%	81.11%

考列甲等人數的比率是依官等之高低而逐級遞減。民國86年時考列甲等者的比例有95.46%，此一現象受到注意，並且有所討論。

隔了十年之後，依照民國98年公布的97年銓敘統計年報資料，摘錄重要的中央各機關大部分，其結果如**表**7-3所顯示。

從對照的情形以及我國現行的狀況來思考，考績的制度與作法有數點可以討論一下，約為：

1.從上述我國與美國考績等次比例來看，二國比例有些類似，甲等多乙等很少，丙等稀少，丁等形同虛設。只是美國相當於我國的甲等又分為「傑出」和「完全成功」，讓表現優秀者又多分一層，比起我國集中在甲等一層，比例又很難壓低，美國的制度壓力會減輕一點。

2.我國公務員考列甲等者有第二個問題，就是依照官等的高低而成正比，民國86年官等高者如簡任之比例有95.46%，薦任87.78%，委任81.11%。委任打甲等的比例81%和美國的82%（48%+34%）非常接近，薦任打甲等就比美國高，簡任就高很多。到了民國98年公布資料顯示，簡任官考列甲等者有94.47%，薦任官甲等從87%降到76%，委任官甲等從81%降到

表7-3　民國97年銓敍部統計年報資料

中央機關＼職等	職等	甲%	乙%	丙%	丁%
一般行政	簡任	91.74	8.15	0.10	
	薦任	76.60	23.30	0.08	
	委任	68.20	31.66	0.13	
醫事人員	簡任				
	薦任				
	委任				
司法人員	簡任	90.35	9.64	—	
	薦任	87.28	12.61	0.07	
	委任	71.64	28.19	0.14	
外交人員	簡任	85.90	14.07		
	薦任	70.72	29.12	0.15	
	委任	80.76	19.23	—	
警察人員	簡任	98.96	1.03	—	
	薦任	79.85	20.10	0.03	
	委任	43.38	43.86	0.24	
交通事業人員	簡任	100.00	—	—	
	薦任	66.66	33.33	—	
	委任	14.28	85.71	—	
	長級	100.00	—	—	
	副長	93.90	6.09	—	
	高員	82.86	17.08	0.05	
審計人員	簡任	94.30	5.69	—	
	薦任	71.62	28.37	—	
	委任	47.05	52.94	—	
關務人員	簡任	96.89	3.10	—	
	薦任	79.79	20.16	0.03	
	委任	53.76	46.13	0.09	

（續）表7-3　民國97年銓敘部統計年報資料

中央機關＼職等	職等	甲%	乙%	丙%	丁%
政風人員	簡任	95.00	5.00	—	
	薦任	76.25	23.50	—	
	委任	58.51	41.48	—	
人事人員	簡任	97.17	2.82	—	
	薦任	76.17	23.82	—	
	委任	64.06	35.93	—	
	長級	—	—	—	
	副長	100.00	—	—	
	高員	75.64	24.35	—	
民國86年		95.46%	87.78%	81.11%	
民國97年		94.47%	76.10%	55.73%	

55%。情況比從前更嚴重。其中警監得甲等的比例在公務人員中最高，達98.96%，而警佐得甲等的百分比在公務人員中最低，只有43.38%（受評人數在十人以下者，不列入計算，如交通人員），高階得甲最多，低階得甲最少，這一種現象值得注意。在這一點上，吾人可以思考，考績評比應該落實同級、同官等來比較，這樣才比較合理。而不能無形中以高低階或職務輕重為對比，須回歸高對高、中對中、低對低來比，每一個職務等級有其工作績效與能力要求的層次，高對低比，就像大人和小孩比一樣，比較的基準點是錯置了。公務人員考績法第9條之規定，「應以同官等為考績之比較範圍」，應該更加以落實之。

三、考列丁等的問題與思考

考績辦理的一個大的爭議點就是考列丁等的問題。依照公務人員考績法第7條第4項規定，考列丁等免職。這一項規定相當嚴格。因為嚴格，所以第6條復規定不得考列丁等的情況。為其規定仍有籠統、不夠具體、彈性空間頗大之嫌，致易生爭議。民國80年考績列丁等者占0.02%，均為警佐，民國84年考丁等

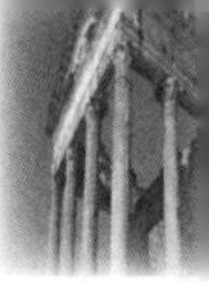

者占0.02%，58人中警佐占54人。比較美國的情形，1至12職等考列不及格者占0.1%，13至15職等不及格者為0%。各機關對於績效不及格者，得採取調降職等或免職之處分，並在30日前向當事人發擬採取的處分通知書，詳載擬處分所援引的具體事例，和哪些關鍵性工作面向績效不及格的事實。考績可以作為降職等或免職的依據，這是和我國考績作獎懲依據者相同。

我國考績評定丁等的依據包括：挑撥離間或誣控濫告、不聽指揮破壞紀律、怠忽職守稽延公務、品行不端等四大項。這四大項的規定幾乎每一項都可能成為行政訴訟的議題，一般論者指出係因為「欠缺具體標準」，[55]其實，這種說法沒有指出問題之所在。因為，「挑撥離間」、「不聽指揮」、「怠忽職守」、「品行不端」的具體規定與具體標準，很難訂定，標準化、格式化、分程度嚴重等等，只會徒滋爭議而已，其原因為——這四大項的內容偏近「倫理」性質，「倫理」課責的實現必須經過法制化，有具體法益的受損，並且有明文的法規範，才不會每一個考績丁等都變成一個訴訟事件。

怎樣才能去除考列丁等的困擾呢？問題的答案首先可以參考一下美國的作法。美國在辦理考績時，對於考列「不及格」的結果，過程有兩個部分值得注意。第一個部分是：依照規定只有當一個或多個關鍵性工作面向被評為「不及格」時，年終考績才可以考列「不及格」。非關鍵性工作面向的考評結果，不應導致年終考績列「不及格」等級。而所謂「**關鍵性面向」是指職位內各項對組織目標與任務達成有重要關聯性的職責，這些面向若缺乏工作績效時，將造成整體績效無法令人接受**。每一關鍵面向的考評結果應至少有三個等級。其中「完全成功」等級必須列有書面的績效標準說明，其它等級則得列有績效標準。考評標準主要是看他對機關目標的達成度的貢獻，最少應包括的標準是：工作效率、生產力、品質的改善、成本效率、工作時效性、人員的效能、績效品質、及公平就業機會等項目。

第二個部分是：(1)協助工作績效不及格者改善其績效；(2)給予工作績效不及格者改善機會後仍未改善時，進行工作重新指派、降等或免職。這一個部分的做法是給予「不及格」者一個改善機會，作為緩衝機制。如果受評人仍舊不能改善時，才進行後續的處置作為。這樣的過程，是比較合乎情理的。當受評人確定為不及格後，機關後續行政處置的方法包括重新指派、降等、免職等，作法有若干選擇，是比較符合人力資源管理的原則，不是只有免職一條路。先給機會改善，不行時再作調整或降等，免職是最後的一條路。當事人最後被免職時，基本上情理法的流程都已經完成了。

其次從德國的案例來看，雖然德國的考績制度不發達，只有平時考核的工作。但是德國對公務人員的法律保障、權益的行政爭訟、救濟制度等，有非常完備的法制與作法。正因為對於公務員權益爭訟的避免，所以德國考績制度中最堅實的核心觀念，就是考績分為：(1)針對能力、知識、執行力、動機興趣等項目進行評鑑，這是受評人的能力面向；(2)第二個部份針對該職位的工作要求來評鑑，這是工作要求面向，這一個部分將來能作為升遷、調職、轉調的依據。更清楚的說，**考績分為「能力面向」和「工作績效面向」兩部分。可以成為行政處分條件的考績只有「工作績效面向」這一部分，「能力面向」不能構成行政處分的充分必要條件**，也就是不能作為免職、降職、獎懲的充分必要條件。**德國的這一項觀念，本質上和美國的「關鍵性工作面向」是一致的**，德國考績的法律充分必要條件是「工作績效面向」，美國考績則是「關鍵性工作面向」，所謂的關鍵性，就是達成組織目標與任務的個人工作績效。

德國與美國的觀念與作法是一致的，一致的背後理由很簡單，工作績效可以具體描述，目標達程度可以標準化。具體且標準化就可以作為用進廢退、獎優汰劣的指標，考課黜陟，必須符合現代法治的要求，倫理要求必須經過法制化過程的轉化，否則抽象度太高、語意籠統之餘，爭訟必多。

「挑撥離間或誣控濫告、不聽指揮破壞紀律、怠忽職守稽延公務、品行不端」四大項，挑撥離間與品行不端屬於倫理的課責要求，不聽指揮是態度與工作意願的問題，怠忽職守與稽延公務這一項與工作績效有關，但是沒有配套的組織目標與整體任務來搭配，個人工作績效也沒有具體描述，績效標準與績效品質也未加以標準化，就會使這一項的規定流於空泛，要落實成為考評的總評與總分，還有很大的一段距離，不產生爭訟都很難。

「撥離間與品行不端」屬於倫理的課責要求，「不聽指揮」則是態度與工作意願的問題，對於這三種問題，就是將倫理的應然要求變成具有強制力的行政處分，從應然到是然，應該只作為考評的一部分，如同美國的「非關鍵性工作面向」或德國的「能力、興趣、意願面向」，而非決定性的充分必要條件。倫理課責在公務員服務法與公務員懲戒法中已有明確規定，依法辦理即可，考績丁等之規定與之相配合，就可以解決現有含糊之困境。

四、考列丙等的問題與思考

在我國歷代制度所形成的行政文化中，「三載考績，自古通經；三考黜陟，以彰能否」、「勸善黜惡」，[56]以考課為黜陟之法，為歷來定制，黜者革職之意，陟者升職也，以勸其善，以摒其惡，考課制度即全套獎懲制度也。考績造成獎懲的後果，對應於現代的一些人力資源見解，讓考績與獎懲脫鉤，我國的考

績文化及外國考績制度都是配合獎懲的做法，這一點沒有對錯的問題。

我國考列丁等的結果是免職，造成公務人員法律關係的改變。考列丙等是行政績效非常低劣的評價，而乙等比丙等要好，乙等是70至79分，丙是60至69分。雖然「乙」和「丙」沒有具體的文字敘述，說明這二等的績效不良情形。

從民國98年公布的銓敘公報統計資料得知，考列甲等者占公務人員中的75.02%，[57]考列乙等者占24.48%，考列丙等者占0.13%。考丙等的人數比例不到百分之一，考乙等的人數比例則占約四分之一。

民國98年考試院推動考績法修正草案，主張考績丙等的比例不得低於3%。草案送立法院司法委員會審查時，將原試院主張的「至少3%」改為「1%至3%吃丙」。考試院宣示從本身開始試辦，98年試院院本部考丙比例為2.94%，99年為2.04%，扮演領頭示範的角色，後續各機關是否跟進辦理，可拭目以待。如果各機關跟進的話，對考績文化必有深遠的影響。

考績列丙的比例應該是多少，1%到3%，或是不得少於3%，這一些建議在試院與立院之間討價還價，當然有事實的考量以及提振公務員績效的用意在其中，並且經過對話來尋求答案。就實際的作用來看，考績打丙是真正的依據行政績效來考核，十年內累積三個丙就會被淘汰，對公務員的「鐵飯碗」的觀念是一大衝擊。1%或3%，都會有一個非常強烈的結果，就是「剁尾效應」，把績效最差的尾巴剁掉，平常打混摸魚的那1至3%人員，除非不想幹，否則一定要努力表現脫離落後群，讓別人當那1至3%，如果人人都不想當那1至3%，就要人人都打拼才可以，結果造成由後往前推擠的骨牌效應，因為要剁尾而造成整條蛇都動起來。所以1%或3%的決定，都可以造成機關大地震的績效提升效果。

企業界如微軟，淘汰率定為2%。百分比例的討論必須有一個目的作為最大公約數，如果用國家競爭力的排行榜來當思考點，我國政府應該如何提升競爭力來當目標，1%太少，3%不嫌多，所以最少要2%，比照有競爭力的企業作法。但是訂為2%以上，仍然有所不足。對於考試院當領頭羊率先來作，其他所有單位仍在觀望，難道其他單位沒有憂患意識？沒有提升競爭力的警覺？大家都只想保持現狀明哲保身，不思有所作為，官僚文化一定會加深機關的沉沉暮氣，這是沒有辦法的必然趨勢，所以官僚體系最標準的典範國家－德國，雖然沒有考績制度，但是在每一個機關裡面都設有組織局（Organisationsamt），永遠不停的針對機關組織性能作組織評鑑，一有呆人、呆時、呆料出現，立刻進行改善。我國沒有這種組織評鑑的機制，又沒有英、美海洋法系國家高度彈性的政府再造作為，對於文官的績效水平，拿不出任何對應策進作為，官僚因循之氣必然高漲，這是大家都應該清楚認識，並且要具備高度的警惕意識。

所以，在刺激「**績效提升、績效品質改善」的目標**下，2%不能少。而且，應該附加一款——「凡是組織評鑑結果，效能與品質待改善者」，「考績列丙等者，其比例不受2%之限制」。也就是說，當組織績效、組織目標、整體任務的達程度嚴重低落時，丙等考績比例就沒有限制。這樣對政府公部門的責任倫理才有正面積極的提升效果。

其實，十年中三次考列丙等並不容易，行政機關自有對應之道，換言之，十年中有三次機會，不算嚴苛，比起企業的「紙飯碗」，公務員算非常優惠了。從「鐵飯碗」到「塑膠碗」，這一步都跨不出去，那就沒有政府再造的誠意了。宋蘇軾（東坡）曾言世有三患，其中第三患為：「選舉法嚴（指考試制度極端嚴格），吏不重視考功（考試中科名之後當官，都不重視考績），考銓之法壞，天下常患無吏」。[58]古人有言惕勵，吾人當深以為戒。

五、最新考績法修正草案

以上對考績法的討論與針貶之見，也正值考試院提出其「考績法修正草案」之時，其內容重點有幾：

1.考績等次調整為「優」、「甲」、「乙」、「丙」、「丁」。在原有「甲」之上增加了「優」等，以鼓勵工作績效表現優良或對機關行政效能提升具特殊貢獻人員。
2.原有「甲」、「乙」、「丙」三個等次以有不同於現行制度的法律效果。只有考列「甲」等以上，始構成升等的資格。未來考列「乙」等，將排除於考績升等的等次以外。
3.各考績等次比率的限制及構成要件加以調整。
4.考列丙等為警告性的退場機制。[59]

草案所提修正條文**如表**7-4。

六、草案評注

考試院提出考績法修正草案，其中有幾點較過去進步的地方，約為：

1.甲等之上加了一個優等，設為五等，這是調整現況的一個好的作法，使我國考績等第從四等變成五等，和美國的五等、英國的六等看齊。優等約相當於英國的傑出（工作表現績效特別），或是美國的第五級傑出

表7-4　最新考績法修正草案對照

項目	現行規定	修正規定
考績等次及其效果	甲：晉俸一級＋1個月獎金（無級可進者發2個月獎金）。 乙：晉1級 ＋ 0.5獎金（無級可晉者發1.5個月獎金）。 丙：留原俸級。 丁：免職。 優：晉俸一級＋1.5個月獎金（無級可晉者發2.5個月獎金）。	甲：晉俸一級＋1個月獎金（無級可晉者發2個月獎金）。 乙：晉級＋0.5個月獎金（年功俸需隔年始可晉敍；已敍年功俸最高俸級第2年仍考列乙等而無級可晉者1.5個月獎金）。 丙：第1次留原俸級輔導改善、第2次降1級改敍並輔導改善、第3次辦理資遣或依規定退休。考丙後10年內1優或連續3甲抵銷丙等次數1次。 丁：免職。 主管人員1丙或任一陞遷序列之主管職務連續3年乙，應調任非主管。
考績等次升等條件	2年甲等或1年甲等2年乙等。	2年甲等以上。
考績等次比率限制	1.以同官等為比較範圍。 2.甲≦75%（非法律之限制）	1.以同官等為比較範圍。 2.優≦5%。優＋甲≦65%。3%≦丙等。（立法院司法及法制委員會初審結果，優甲≦68%，丙等為「不得低於1%-3%」） 3.各官等甲以上≦75%，主管人員甲以上≦85%。 4.考績等次人數比率，得每三年由考試院會商其他院，視國家整體行政績效檢討結果彈性調整，調整後之比率以命令定之，並送立法院備查。
團體績效評比	未有規定	1.主管機關辦理所屬機關間、各機關辦理內部單位之團體間績效評比。 2.評比結果： (1)主管機關彈性調整本機關＋所屬機關考績甲等以上（±10%）及丙等（±3%）人數比率。但甲等以上人數比率仍為65%，丙等仍為3%。（立法院司法及法制委員會初審結果，甲等以上人數比率上限仍為68%，丙等仍為1%-3%） (2)各機關：單位人員考績等次人數比率依據。
考核項目及細目	1.工作（50%）、操性（20%）、學識15%、才能（15%）。 2.由銓敍部統一訂定考核細目。	1.工作績效（70%）、工作態度（30%）。 2.由各主管機關視整體施政目標及業務特性訂定或授權所屬機關擬訂，報請主管機關核定。

（Outstanding）。如此一來，更可以落實評比的效果。

2. 考甲等的比率限制為68%，比現況的75%更低，這就是不作鄉愿、濫好人的第一步。
3. 我國考績制度的設計中，有團體績效部分，這是很有創意和建設性的作法。
4. 至於在考核項目部分，工作績效從原來的比重50%，提高到75%，這是一個更合乎法治性的作法，讓我國的考績制度逐步的走向「工作考評」，而逐步減少其他項目如「能力」、「學識」、「態度」等等不相關的部分，因為「工作考評」一項事實上已經吸收了其他項目。所以，考評標準主要是看他對機關目標的達成度的貢獻，最少應包括的標準是：工作效率、生產力、品質的改善、成本效率、工作時效性、人員的效能、績效品質、及公平就業機會等項目。

在優點之外，有兩點需要再考慮的地方是：

1. 考績考列丙等在草案中被設計為「警告性的退場機制」，並且設定比率為±3%，優點是設定了「退場機制」，而且事前「警告」。受考人考丙後，在十年內都有抵銷的機會。至於考列丙等的條件，依照考績法修正草案第6條之2的規定，有1至10款情形之一時，應考列丙等，有第11款情形時，「得」考列丙等，所以考丙有「應」和「得」兩種情形。「應」的情形多為違法或失職狀況，但是其中第5款「挑撥離間」係屬於倫理的課責要求，以及第6款「不聽指揮或破壞紀律」，是態度與工作意願的問題，這兩款正如同美國的「非關鍵性工作面向」或德國的「能力、興趣、意願面向」，而非決定性的充分必要條件，因此，受考人提起行政訴訟的空間是存在的。而倫理課責在公務員服務法與公務員懲戒法中已有明確規定，依法辦理即可。

   「退場」與「警告」的立意甚佳，但是為德不卒。原因就在草案6條之2的第11款，工作績效排序為全體最後的百分之三者，設定為「得」考列丙等。其實，**考績法修正的最大用意，就是在「獎優汰劣」，特別是「汰劣」，針對績效最差者考丙。汰劣政策必須要有「斷尾效應」，然後讓前推效應讓整個組織活起來，不再是「一灘死水」，所以，本款是重點中的重點，必須改為「應考列丙等」**。這一個條款幾乎可以說是整個考績法修正草案的主要精神所在，從中可以看出我國是否真的有決心提升文官的競爭力，可以在全球激烈競爭的脈絡中，顯示我們的決心與魄力。

2.丁等免職。這一款適用於公務員違法，經公務員懲戒法處分後，公務員資格消失的規定。基本上和行政績效無關。換言之，考丁者，並不是因為「考績」問題，而是「違法」問題。

考丁者，直接退場。凡論及考績者，「退場」皆有「前置配套」，例如：(1)協助工作績效不及格者改善其績效；(2)給予工作績效不及格者改善機會後仍未改善時，進行工作重新指派、降等或免職。這一個部分的做法是給予「不及格」者一個改善機會，作為緩衝機制。所以，「考丁直接退場」，不符合一般考績制度的作法，仍有待改善之處。

註　釋

[1]請參閱蔡良文（2003），《人事行政學—論現行考銓制度》（第二版），頁99。臺北：五南。

[2]請參閱Maynz, Renate, "Soziologie der öffentlichen Verwaltung", Müller Verlag, Heidelberg, 1985, S.157ff.

[3]請參閱朱愛群（1995），《論公共行政職業代間傳承與行政階層化現象》。臺北：三峰。

[4]請參閱蔡良文（2006），《人事行政學—論現行考銓制度》（三版），頁88。臺北：五南。

[5]民國52年銓敘部長石覺擬具「公務人員法草案」，說明之內容。見蔡良文（2007），《考銓人事法制專題研究》，頁53。臺北：五南。

[6]見清雍正《雍正硃批諭旨》第二分冊。

[7]見《史記・秦本紀五》。

[8]見《孫中山選集》，卷四十八。

[9]請參閱楊百揆（1987），《西方文官系統》，第二章。臺北：谷風。

[10]請參閱關中（2010），〈人民真的認為公務員表現好嗎？〉，《遠見雜誌》，頁84以下。

[11]請參閱楊百揆（1985），《西方文官系統》，頁31。臺北：谷風。

[12]請參閱黃榮源（2009），《英國政府治理：歷史制度的分析》，頁89以下。臺北：韋伯文化。蔡秀涓（2005），《英、美、加高級文官之考選與晉用制度》，頁47-88。臺北：考試院研究發展委員會。

[13]請參閱http://www.faststream.gov.uk。

[14]請參閱Klein, R. and Lewis, J., " Advice and Dissent in British Government: The Case of the Special Advisers", Policy and Politics, 1977。黃臺生（2003），《公共管理—英國文官體制的再造》，頁115。臺北：揚智。

[15]請參閱考選部（2005），《各國公務人員考試制度比較研究》。臺北：考試院。黃榮源，同前書，頁90。

[16]請參閱施能傑（1999），《美國政府人事管理》，頁69。臺北：商鼎。

[17]請參閱許南雄（1994），《各國人事制度》，頁222。臺北：商鼎。

[18]請參閱李華民（1993），《各國人事制度》，頁233。臺北：五南。

[19]請參閱施能傑（1999），《美國政府人事管理》，頁75-76。臺北：商鼎。

[20]請參閱Cummings, Milton C. Jr. & David Wise, "Democracy Under Pressure", 5th ed., New York: Harcourt Brace Janovich, 2005.

[21]威瑪憲法第54條規定：「總理、部長任職期間需要議會的信任，議會以明確的決議表示不信任時，總理或部長必須離職」。憲法同時規定政府官員如屬於任何政黨，必須在政治上中立，如無過失不得因政治原因解除職務。威瑪憲法的規定與實施，從法律

上將政務官和事務官分開。

[22]請參閱Eichhorn, Peter(Hrg.), "Verwaltungslexikon", Nomos Verlaggesellschaft, Baden-Baden, 1985。見"Laufbahnprfung", S.572.

[23]請參閱König, Klaus, "Moderne öffentliche Verwaltung", Duncker & Humblot, Berlin, 2008, S.536.

[24]請參閱許南雄（1994），《各國人事制度》，頁319。臺北：商鼎。

[25]請參閱Püttner, Günter, "Verwaltungslehre", Verlag C. H. Beck, Mnchen, 2007, S.172ff. Bogumil, Jörg, "Verwaltung und Verwaltungswissenschaft in Deutschland", VS. Verlag für Sozialwissenschaft, Wiesbaden, 2009, S.118f.

[26]請參閱König, Klaus, "Moderne öffentliche Verwaltung", Duncker & Humblot, Berlin, 2008, S.538-539.

[27]見《蘇東坡集》，後集，卷十一。

[28]請參閱朱愛群（2012），《公共行政的歷史、本質與發展》。臺北：五南。

[29]《明史選舉志》、《明會典卷之五・保舉》。

[30]以上各點採擇自蔡良文（2006），《人事行政學—論現行考銓制度》（三版），頁298以下。臺北：五南。

[31]恩任、難任又稱恩蔭、難蔭，清順制18年（西元1661年）制定。

[32]清乾隆三年（西元1738年）規定：「皇考酬庸念舊，立賢良祠於京師，凡我朝宣勞輔治，完全名節之臣……其子孫或有不能自振，漸就零落者，朕甚憫焉……擇其嫡裔，品行材質可造就者，送部引見加恩」，是為特任。

[33]元成宗大德四年制定諸職官蔭敘之制。

[34]西漢之制。

[35]見張世賢、陳恆鈞（2010），《比較政府》，頁219。臺北：五南。

[36]請參越楊百揆（1987），《西方文官系統》，頁27。臺北：谷風。

[37]請參閱Brickenkamp, Rolf, "Personalauslese", & Atorf, Walter, "Personalausschüsse(Bund, Länder)", in Handwörterbuch des öffentlichen Dienstes Das Personalwesen, Erich Schmidt Verlag, Berlin, 1976.

[38]請參閱考試院（2000），「公務人員教、考、訓、用配合制度之研究」，江明修主持，朱愛群、黃臺生、蔡金火等十九人為研究員。內容有一般性的問題與建議分析可供參考。

[39]察舉中有孝廉，一經察舉，除一部分任為郎官外，大多數任為縣令長，或侯國相，以及縣丞、尉等官。孝廉出身任為地方基層行政官吏，確是一項賢明的政策，因為他們能夠以身作則，化導百姓，給予人民孝順廉潔的榜樣與風範，善良風俗、淳樸民風得以敦厚。見楊樹藩（1982），《中國文官制度史》（上冊），頁23。臺北：黎明。這一部分不任為高官，制度運用甚妙也。

[40]見白崇亮（2009），「30年功力磨亮眼光：從被人看到會看人」，〈老闆識人學，超強閱人術〉，《快樂工作人雜誌》，頁96。

[41]請參閱考選部政務次長董保城，「從心中有考生、心中有考題到心中有用人機關」，他所以會提出這個說法稅他在德國留學，對於德國作法的優點知之甚深故也。《考選通訊》，考選部，民100/2/1，臺北。

[42]同前。

[43]請參閱Bogumil, Jörg, "Verwaltung und Verwaltungswissenschaft in Deutschland", VS. Verlag für Sozialwissenschaften, 2009, S.116.

[44]請參閱蔡良文（2006），《人事行政學—論現行考銓制度》，頁325。臺北：五南。

[45]請參閱König, Klaus, "Moderne öffentliche Verwaltung", Duncker & Humblot , 2008, Berlin, S.552.

[46]請參閱Hom, Peter W. u.a., "Ternover of Personnel", in: Jack Robin(Hrsg.), Handbook of Public Administration, New York u.a. 1995, p.531ff.

[47]請參閱Berkley, George E., "The Craft of Public Administration", Boston, 1975, S.148ff.

[48]請參閱Gaugler, Eduard, u.a., "Erprobung neuer Beurteilungsverfahren", Baden-Baden, 1978. Siedentopf, Heinlich(Hrsg.), "Bewertungssysteme für den öffentlichen Dienst", Baden-Baden, 1978. Studienkommission für die Reform des öffentlichen Dienstrechts, Bericht der Kommission, Baden-Baden, 1973.

[49]以上法國、英國、美國的考績基本制度，直接採行政院人事行政局編印（2011），《世界各國及大陸地區人事制度簡介》，頁117以下。內容為簡要敘述，可以作為前題鋪陳，詳細討論則續見後之章節。

[50]請參閱李華民（1993），《各國人事制度》，頁117以下。臺北：五南。

[51]請參閱施能傑，同前書，頁172-173。

[52]請參閱施能傑，同前書，頁171。

[53]請參越楊百揆，《西方文官系統》，同前書，頁245。

[54]請參閱李華民（1993），《各國人事制度》，頁401。臺北：五南。

[55]請參閱蔡良文，同前書，頁447。

[56]《魏書．孝明帝紀》。

[57]在民國89年時全國公務人員考列甲等人數比率，已高達89.9%。90年銓敘部及行政院人事行政局二位首長聯名，以「道德勸說」的方式函請各機關首長配合，考列甲等人數比率以75%為上限，所以才能夠達到目前每年考列甲等約為75%。

[58]請參閱李一冰（1985），《蘇東坡新傳》（上冊），頁95。臺北：聯經。

[59]見考試院（2011），《公務人員考績制度改革評論：澄清與釋疑。公務人員考績制度改革疑義補充說明》。臺北：考試院。

第8章 財務行政的規範與實踐

第一節　前　言
第二節　財務行政的規範
第三節　財務行政的實踐
第四節　結論與建議

第一節 前 言

當前國內介紹財務行政領域的書籍，大致可歸納四種類型：

1.在財政學教科書或政府預算教科書中，財務行政會放在政府預算之下來談，而政府預算又會放在公共經濟的脈絡之下來談。換言之，此時常會先拉高至總體經濟（公共經濟與私人經濟）層次的目標來談，[1]然後將貨幣政策與財政政策視為是達成該目標的兩種主要手段。在此的財政政策是採廣義的財政政策來理解，其包含三部分：
 (1)是組織面的政府財政（Governmental Finance），[2]此可想像為人體的骨架；
 (2)是的行為面的政府預算（Governmental Budget），而這涉及對於預算的籌編、審核、執行與考核，以及決算等行為面向，而這正是一般所指稱的廣義的財務行政之內容，至於狹義的財務行政則鎖定於「聯綜組織」，對此的進一步說明請參閱下文，此可想像為人體的血液流動；
 (3)是狹義的財政政策則涉及下一次的年度預算規模是採擴張放大或緊縮減小。

2.在行政學教科書或政府預算教科書中，財務行政是放在公共行政（Public Administration）的脈絡之下來談。換言之，財務行政是關聯於預算內容所對應的行政方案（Program）的籌編、審核、執行與考核等行為面向，從而有別於人事行政、行政組織、行政流程。值得一提的是，在依法行政的框架之下，人事行政、行政組織與行政流程的運作都需要預算與經費，因此常有「財政為庶政之母」與「預算為政策的數字表現」的說法。

3.坊間也存有政府預算、審計、主計與公庫等個別領域的專論書籍，其與財政學、行政學與政府預算等類型教科書相比，是較偏向於說明財務行政制度改革的歷史變遷，以及財務行政的細膩操作的行政規則。

4.坊間也存有以公職考試為取向的財務行政考試用書。

綜上所述，筆者有兩點反思：一是，筆者自己揣測，若依循這些既有的財務行政書籍的寫法，則本文在很大程度上是難有附加價值的；二是，這些財務行政書籍的寫法，與財務行政實務運作之間存有很大的落差。基於此，筆者自問應選用何種具有差異性的切入點，以期一方面能兼顧財務行政的大體內容，二方面能與既有文獻有所差異因而具有創新性的附加價值，三方面能有助於解釋實務運

作呢？對此，筆者認為可以「規範與實踐」這一組對張概念作為切入點，尤其引用「混沌行為」與「潛規則」來說明財務行政的實踐。

據此，本文的行文安排如下：財務行政的規範主要表現於由預算週期串連起來的相關法規之上，對此請參閱下文第二節；對於財務行政的實踐，則可從混沌行為與潛規則這兩面向來說明，對此請參閱下文第三節。本文第四節是結論與建議。

第二節　財務行政的規範

廣義的財務行政涉及預算週期各個面向，包括籌編、審議、執行與核定、預算案的決算等面向，其所串連而起的相關規範法規可從憲法與法律這兩個層次加以說法。下文將以民國99年度的中央政府總預算案為例說明，其亦可適用於公法上的公營造物與財團法人。至於我國地方政府預算，根據預算法第96條規定，另以法律定之；立法院至今尚未通過之，因此實務運作上仍以行政院每年度頒布的法規命令方式進行規範。

壹、憲法

一、原憲法中對於財務行政的相關規定

原憲法中對於財務行政的相關規定，其中關聯性較大者如下：

1.原憲法第19條：人民有依法律納稅之義務。
2.原憲法第37條：總統依法公布法律，發布命令，須經行政院長之副署，或行政院院長及有關部會首長之副署。
3.原憲法第58條第2項：行政院院長、各部會首長、須將應行提出立法院之法律案、預算案……，或涉及各部會共同關係之事項，提出於行政院會議議決之。
4.原憲法第59條：行政院於會計年度開始三個月前，應將下年度預算提出於立法院。
5.原憲法第60條：行政院於會計年度結束後四個月內，應提出決算於監察院。
6.原憲法第63條：。
7.原憲法第104條：監察院設審計長，由總統提名，經立法院同意任命之。

8.原憲法第105條：審計長應於行政院提出決算後三個月內，依法完成其審核，並提出審核報告於立法院。

9.原憲法第十章：中央與地方之權限。

10.原憲法第十一章：地方制度。

11.原憲法第147條第1項與第2項：中央為謀省與省間之經濟平衡發展，對於貧瘠之省，應酌予補助。省為謀縣與縣間之經濟平衡發展，對於貧瘠之縣，應酌予補助。

二、憲法增修條文中對於財務行政的相關規定

86年第四次增修憲條文中對於財務行政的相關規定，其中關聯性較大者如下：

1.第3條第2項第2款：關於行政院對於立法院決議的法律案、預算案、條約案，如認為有窒礙難行時，得經總統之核可，於該決議案送達行政院十日內，移請立法院覆議。

2.第5條第6項：司法院所提之年度司法概算，行政院不得刪減，但得加註意見，編入中央政府總預算案，送立法院審議。

3.第7條第1項。監察院為國家最高監察機關，行使彈劾、糾舉及審計權。

4.第9條第1項：省、縣地方制度，應包括左列各款，以法律定之，不受憲法第108條第1項第1款，第109條、第112條至第115條及第122條之限制。

5.第10條第4項：國家對公營金融機構之管理，應本企業化經營之原則：其管理、人事、預算及審計，得以法律為特別之規定。

6.第10條第8項：教育、科學、文化之經費，尤其國民教育之經費應優先編列，不受憲法第164條規定之限制。

貳、預算週期的相關法規

一、預算的籌編

預算的籌編之主要法規是「預算法」的第二章的「某某年度中央及地方政府預算籌編原則」、「中華民國某某年度中央政府總預算附屬單位預算編製辦法」、「公債法」上對於舉債上限的規定，以及「財政收支劃分法」上對於各級

政府在收入面與支出面的項目。簡要說明如下：

1.依預算法第30條規定，行政院應於年度開始九個月前，訂定下年度之施政方針。以99年度的中央政府總預算案為例，則時間是98年4月1日前，但從制定「施政方針」的準備動作來看，至少也要花上個一至三個月。所以時間要往前推至98年1月1日至3月31日。

2.依預算法第31條規定，中央主計機關應遵照施政方針，擬訂下年度預算編製辦法，呈報行政院核定，分行各機關依照辦理。依預算法第32條規定，各主管機關遵照施政方針，並依照行政院核定之預算籌編原則及預算編製辦法，擬定其所主管範圍內之施政計畫及事業計畫與歲入、歲出概算，送行政院。依預算法第33條規定，前條所定之施政計畫及概算，得視需要，為長期之規劃擬編；其辦法行政院定之。[3]

3.依預算法第34條規定，重要公共工程建設及重大施政計畫，應先行製作選擇方案及替代方案之成本效益分析報告，並提供財源籌措及資金運用之說明，始得編列概算及預算案，並送立法院備查。依預算法第35條規定，中央主計機關依法審核各類概算時，應視事實需要，聽取各主管機關關於所編概算內容之說明。依預算法第36條規定，行政院根據中央主計機關之審核報告，核定各主管機關概算時，其歲出部分得僅核定其額度，[4]分別行知主管機關轉令其所屬機關，各依計畫，並按照編製辦法，擬編下年度之預算。

4.依預算法第41條規定，各機關單位預算及附屬單位預算，應分別依照規定期限送達各該主管機關。各國營事業機關所屬各部門或投資經營之其他事業，其資金獨立自行計算盈虧者，應附送各該部門或事業之分預算。各部門投資或經營之其他事業及政府捐助之財團法人，每年應分別編製營運及資金運用計畫送立法院。依預算法第42條規定，各主管機關應審核其主管範圍內之歲入、歲出預算及事業預算，加具意見，連同各所屬機關以及本機關之單位預算，暨附屬單位預算，依規定期限，彙轉中央主計機關；同時應將整編之歲入預算，分送中央財政主管機關。以99年度的中央政府總預算案為例，則時間是98年7月底前。

5.依預算法第43條規定，各主管機關應將其機關單位之歲出概算，排列優先順序，供立法院審議之參考。前項規定，於中央主計機關編列中央政府總預算案時，準用之。依預算法第44條規定，中央財政主管機關應就各主管機關所送歲入預算，加具意見，連同其主管歲入預算，綜合編送中央主計

機關。依預算法第45條規定，中央主計機關將各類歲出預算及中央財政主管機關綜合擬編之歲入預算，彙核整理，編成中央政府總預算案，並將各附屬單位預算，包括營業及非營業者，彙案編成綜計表，加具說明，連同各附屬單位預算，隨同總預算案，呈行政院提出行政院會議。前項總預算案歲入、歲出未平衡時，應會同中央財政主管機關提出解決辦法。

6.依預算法第46條規定，中央政府總預算案與附屬單位預算及其綜計表，經行政院會議決定後，交由中央主計機關彙編，由行政院於會計年度開始四個月前。以99年度的中央政府總預算案為例，則時間是98年9月1日前必須提出至立法院審議，並附送施政計畫。

二、預算的審議

預算的審議之主要法規是「預算法」第三章、「立法院組織法」、[5]「立法院各委員會組織法」、「立法院職權行使法」。[6]在此對於「立法院職權行使法」的第二章（議案審議）簡要說明如下：

1.第7條涉及議案之議決，規定立法院依憲法第63條規定所議決之議案，除法律案、預算案應經三讀會議決外，其餘均經二讀會議決之。第8條涉及第一讀會程序，規定第一讀會，由主席將議案宣付朗讀行之。 政府機關提出之議案或立法委員提出之法律案，應先送程序委員會，提報院會朗讀標題後，即應交付有關委員會審查。但有出席委員提議，40人以上連署或附議，經表決通過，得逕付二讀。 立法委員提出之其他議案，於朗讀標題後，得由提案人說明其旨趣，經大體討論，議決交付審查或逕付二讀，或不予審議。

2.第9條涉及第二讀會程序，規定第二讀會，於討論各委員會審查之議案，或經院會議決不經審查逕付二讀之議案時行之。第二讀會，應將議案朗讀，依次或逐條提付討論。第二讀會，得就審查意見或原案要旨，先作廣泛討論。廣泛討論後，如有出席委員提議，30人以上連署或附議，經表決通過，得重付審查或撤銷之。第10條涉及對立法原旨有異議之補救程序，規定法律案在第二讀會逐條討論，有一部分已經通過，其餘仍在進行中時，如對本案立法之原旨有異議，由出席委員提議，50人以上連署或附議，經表決通過，得將全案重付審查。但以一次為限。第10條之1涉及不須協商之議案處理，規定第二讀會討論各委員會議決不須黨團協商之議案，得經院會同意，不須討論，逕依審查意見處理。

3.第11條涉及第三讀會之程序，規定第三讀會，應於第二讀會之下次會議行之。但如有出席委員提議，30人以上連署或附議，經表決通過，得於二讀後繼續進行三讀。第三讀會，除發現議案內容有互相牴觸，或與憲法、其他法律相牴觸者外，祇得為文字之修正。 第三讀會，應將議案全案付表決。

以民國99年度的中央政府總預算案的審查流程為例說明如下：

1.依預算法第46條規定，中央政府總預算案與附屬單位預算及其綜計表，經行政院會議決定後，交由中央主計機關彙編，由行政院於會計年度開始四個月前。以99年度的中央政府總預算案為例，則時間是98年9月1日前，必須提出至立法院審議，並附送施政計畫。
2.由立法院院會定期邀請行政院長、財政部長、行政院主計處主計長列席報告並備詢後，交全院各委員會聯席會議審查。
3.由預算委員會召集擔任主席進行大體審查，並依十二組[7]決定分組審查辦法及日程。
4.分出上述十二組，由預算委員會暨有關委員會同審查，並由各該審查會議有關委員會召集委員擔任主席，審查時，詢答與處理同時併行。主要根據是預算法第28條（預決算案報告之答詢程序）：行政院向立法院提出預算案編製經過報告之質詢，應於報告首日登記，詢答時間不得逾15分鐘。前項質詢以即問即答方式為之。但經質詢委員同意，得採綜合答復。[8]審計長所提總決算審核報告之諮詢，應於報告日中午前登記；其詢答時間及答復方式，依前二項規定處理。行政院或審計部對於質詢或諮詢未及答復部分，應於二十日內以書面答復。但內容牽涉過廣者，得延長五日。
5.分組審查完竣後，由各該組推定審查結果報告起草委員，並將報告提交預算委員會綜合整理成審查總報告，提報全院各委員會聯席會議審查。
6.討論審查總報告，審查完竣後提請院會議決，並由（預算委員會召集委員）出席報告。
7.請院會決議前，若覺得該議案茲事體大，有協商必要時，可進行黨團協商。在此特別值得一提的是，黨團協商是不公開的，其決議常常只做出對總預算案的金額刪減幾億，或是百分之幾，但這是違法的。
8.根據預算法第51條，總預算案應於會計年度開始一個月前（以99年度的中央政府總預算案為例，則時間是98年12月1日前）由立法院議決，並於會計年度開始十五日前（以99年度的中央政府總預算案為例，則時間是98年

12月15日前）由總統公布之；預算中有應守秘密之部分，不予公布。

9.預算案的成立：預算案在性質上是「措施法」（Massnahmegesetz）：[9]其與一般法律的不同。相關說明請參閱大法官會議第382號解釋、大法官會議第520號解釋。

三、預算的執行與考核

預算的執行與考核的主要法規可從「聯綜組織」此一機制而得知。下文將從四方面簡介聯綜組織及其相關法律名稱。

財務行政系統執行法定預算，發布收支命令。凡歲入之徵收經費之支付，公債之舉債等，在中央皆由財政部統籌調度支配之。[10]超然主計系統：核編預算決算，辦理會計統計。行政院主計處主管預算的編製、法定預算的分配執行、會計制度的核定及總會計事務的處理、決算的編製、統計調查分析等。主計人員直接對其上級主計機關負責，並依法受所在機關長官之指揮。主計上級機關主管有任免遷調主計人員之權，使成為單獨之主計人事體系，以發揮制衡監督之作用。國庫出納系統：經理現金出納，保管票據證券。以財政部為主管機關，但委託中央銀行為執行之代理機關。審計稽查系統：監督預算之執行，稽審預算決算。由審計部及審計部於各省市或縣市設置審計處室，就地稽察與審計。審計人員有其獨立的人事體系，亦不受各級機關長官的約束。

聯綜組織涉及多種法規，例如：預算法、會計法、統計法、審計法、國有財產法、機關營繕工程及購置定製變賣財物稽察條例、政府採購法、公庫法、陽光法案（行政程序法、公務人員財產申報法）。對於聯綜組織的實務運作可舉國立暨南國際大學（以下簡稱暨大）的大學生繳納學費（註冊費與學分費）為例說明如下：

1.從暨大的主計系統來看，國立大學的年度預算案，從預算法的規定來看，在位階上是屬於教育部這一單位預算之下的附屬單位預算。假定暨大在99年度預算案中，規定大學生的註冊費是20,000元且每學分1,000元。此一預算案在經過立法院審核之後就變成法定預算，其分配執行所衍生的經費收支記帳事宜，則由該大學的會計室負責執行與管控。

2.從暨大的行政系統來看，暨大教務處註冊組寄發繳費通知單，通知大學生繳納的99年度學期的學費。假設甲生於99年度第一學期註冊並選修20學分，因此必須繳納40,000元的學費。

3.從暨大的出納系統來看，暨大總務處的出納與第一銀行簽訂代庫契約，委

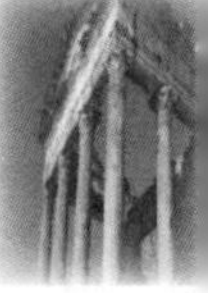

託第一銀行代為收取學費與保管資產。據此，甲生應持繳費通知單前往第一銀行繳納40,000元學費。然後第一銀行將相關經費出納情形加以彙整，然後呈報至學校出納組與會計室。同理，當廠商提供物品與服務給予暨大時，此時暨大必須經由第一銀行來支出經費，而不可直接拿錢給廠商。關鍵之處在於，會計室只管帳目處理而不管金錢收支，亦即管帳不管錢；反之，出納組只管金錢收支而不管帳目處理，亦即管錢不管帳；如此分工負責以期能相互制衡。

4. 從教育部的審計室來看，暨大的99年度的所有經費收支使用情形是否合法？合乎效能與效率？對此則由審計稽查系統來進行監督與認定。

四、預算案的決算

預算案的決算涉及的主要法規是決算法。決算的簡要流程如下：行政院（行政系統、國庫出納系統、主計超然系統）、監察院（審計稽查系統）、立法院（決算審議）、總統府（決算公告）。以民國99年度的中央政府總預算案的審查流程為例說明如下：

1. 依決算法第11條條規定，政府所屬機關或基金在年度終了前結束者，該機關或該基金之主管機關應於結束之日辦理決算。但彙編決算之機關仍應以之編入其年度決算。此即各機關於年底前作關帳動作。
2. 依決算法第17條條規定，國庫之年度出納終結報告，由國庫主管機關就年度結束日止，該年度內國庫實有出納之全部編報之。前項報告，應於年度結束後25日內（亦即100年1月25日），分送中央主計機關及審計機關查核。
3. 中央主計機關應就各單位決算，及國庫年度出納終結報告，參照總會計紀錄，編成總決算書，並將各附屬單位決算包括營業及非營業者，彙案編成綜計表，加具說明隨同總決算，一併呈行政院，提經行政院會議通過，於會計年度結束後四個月內，[11]提出於監察院。各級機關決算之編送程序及期限，由行政院定之。
4. 審計長於中央政府總決算送達後三個月內（這就到了100年9月底）完成其審核，編造最終審定數額表，並提出審核報告於立法院。
5. 立法院應於審核報告送達後一年內（由於一般是未審議，所以時間就到了101年9月底）完成其審議，如未完成，視同審議通過。總決算最終審定數額表，由立法院審議通過後，送交監察院（大約是一個月，所以時間就到了101年9月底），由監察院咨請總統公告（大約是兩個月，所以時間就到了101年12月底）；其中應守秘密之部分，不予公告。

五、小結

從98年1月1日開始準備下一年度的「施政方針」資料，到於98年4月1日制定「施政方針」，然後於99年9月1日送立法院審議，於98年12月1日審議完畢，於98年12月15日總統公告，然後執行一年，然後啟動決算動作至送至行政院會通過後送至監察院（這就到了100年6月底），然後由監察院審計部審計三個月（這就到了100年9月底）送至立法院決算審議（這大概要花費一年時間，因此是到了101年9月底），然後總統公告（這大概要延至101年12月）。所以加起來一個預算案從計畫提出到完全結束（總統公告99年度決算案），大概要四年。

第三節　財務行政的實踐

壹、混沌行為

財務行政的法律規範是一回事，財務行政的實踐操作又是一回事；此種說法可見諸於混沌理論要義。混沌理論要義簡單而言即是：某種程度的非線性動態系統的行為是一種混沌行為，具有內在隨機性。換言之，混沌行為存有數種可能性，而且不盡然如系統的非線性函數對應關係所預定，因此是一種不合目的性的行為，一種「循規蹈矩的非法行為」。吾人因此難以明確地預言動態系統往後的長期行為將會如何。渾沌理論試圖揭示的是：系統在什麼情況下會產生混沌行為。混沌學因此是一種注重過程的科學，而不是一種注重狀態的科學，是一種注重演化的科學，而不是一種注重存在的科學。混沌理論要義可以一個非線性的動態系統之數學式子為例說明如下：

假設存有$y=f(x)=x^2+x^3+1$這一數學式子，這表明了（x, y）之間對應關係應該依循f這一函數（這是一個轉換過程）。此一系統行為，從循規蹈矩的觀點來看，在x與y的座標軸上的值（x, y）應該是（1, 3）、（2, 13）、（3, 37）、（4, 81）……，吾人因此可以依循這些值而畫出一條非線性的曲線（假設稱為A）；但從混沌行為來看，在x與y的座標軸上的值（x, y）在運作一陣子之後卻不一定會出現A曲線，取而代之的是出

現另一些不依循A曲線秩序來運作的曲線，其對A而言是一些「非法行為」，一些無序的混沌行為，在此即稱為「潛規則」（黃鉦堤，2007：394）。

從有序到無序的混沌現象的發生，若從f來看，則理由在於f這一轉換過程是由數個吸子[12]（attractor）所組成，因此即使投入變數在性質與數量上相同，但其轉換過程卻因吸子作用而形成的多個可能分歧點，並且哪一個分歧點會被選擇一事，純屬偶然（或說隨機性）（李茂生，2000：115）。若從人來看，俗語說，徒法不足以自行。法律畢竟需要由人來執行，而人總是會有私心，組織單位總是會有本位主義，因此在碰到問題時，不一定以解決問題為優先考量，而通常以追求效用最大與風險最小為主要考量；而且行政組織中常有「朋黨」（或說派系或小圈圈）之爭以及利益交換之情事。正因如此，在金錢萬能的資本主義社會中，財務行政的規範與實踐之間常存有落差。

貳、潛規則

由上可知，財務行政的實踐常常是以「潛規則」（hidden rule）的方式在運作。任何行政機關中都有潛規則存在。質言之，潛規則是一套各方勢力的恐怖動態平衡的結果，是一套各方所奉行但心照不宣的「內規」，此乃因組織中各成員（或單位）追求交易成本降低、利益交換、派系分贓所產生。陳成宏（2011：124）指出「百度百科」是這樣定義潛規則：潛規則是指相對於明規則、正規則而言，是指看不見、明文沒有規定、約定成俗的，但卻又是廣泛認同、實際起作用、人們必須「遵循」的一套規則。筆者認為，潛規則在很大程度上不是一種具修辭性的正式規則，而是一種非正式性與具有隱蔽性，並真正具有支配性的實踐知識，可視為一種在實務運作上能降低交易成本的潤滑劑；俏皮地說，潛規則是一種「非禮之禮，非義之義」、「循規蹈矩的非法行為」（黃鉦堤，2011：299）。

吳思（2010）所著的《潛規則：中國歷史上的進退遊戲》一書的有這樣觸動人心的封面字眼：「超級禁書。只能做，不能說！檯面下的真實聲音。中國社會360行，潛規則發揮作用的比例在90%以上，而真正的規矩起不到10%的作用。」先不論潛規則發揮作用的比例在90%以上的說法是否恰當，可以想像的是，財務行政涉及錢的計畫、執行與考核，以及錢的收支、流通與運用，所以當財務行政領域與其它專業領域交互作用時，常常會衍生許多的灰色潛規則，情節重大者甚至讓人不忍卒睹。

幾乎每天的報紙新聞都會報導財務行政的潛規則被爆發的例子，例如：在中華民國建國一百年的國慶晚會「夢想家」燒掉2.15億爭議；新北市的國中、小學校長的營養午餐弊案；國內各縣市蓋了閒置不用的「蚊子館」；預算法中所規定的特種基金被違法地不當使用；計畫案的申請總是那幾家勝選。除此之外，部分的公部門有所謂的財政陽史（正式紀錄下來的明帳）與財政陰史（一些贓私的小金庫）之分；許多的私人公司則常有內（暗）帳與外（明）帳之分。

在潛規則盛行的國家社會中，財政行政的實踐所牽涉的內容包羅萬象，法律規範只是其中之一。筆者從中有三點感知：

1. 一個良好的財務行政運作的完成有賴多方配套措施的成熟，這可以一個鏈子的強度取決於它最弱一環之說法來理解；也與行政管理學上的「木桶理論」相通。在潛規則盛行的台灣社會，財務行政主管常有不知所從的兩難困境。質言之，財務行政主管常面臨人情關說、政治壓力、金錢交換、職位升遷、判例慣性與輿論壓力等等；若依循潛規則辦事則有犯法之虞，若不依循潛規則辦事則又做不了事。有人因此戲謔地說：在台灣若要當一個擺得平各種價值的財務行政主管，不僅要深知潛規則，而且要有被爆料與被判刑的心理準備。
2. 金錢是一種交換媒介，在資本主義盛行的社會裡，更有金錢萬能的說法。財務行政簡單地說就是公部門的金錢管理，其在很大程度上如同是一面可以反映整體公共行政運作的鏡子；而公共行政又是一面可以反映整體國家社會運作的一面鏡子。如果如吳思所言，潛規則發揮作用的比例在90%以上，則臺灣的公共行政與財務行政也應該充滿潛規則的濃郁味道。若是如此，則朱偉誠（2005）的以下論點值得注意：人們如果採潛規則來解讀事情，則會進入所謂的「陰謀論」。從陰謀論的角度而論，凡事都非表面上看起來的單純，而是其背後有著陰謀設計。他於是感慨地指出兩點：一是，臺灣社會潛規則現實的醜陋程度，已使得陰謀論不再是一種心理病徵，而是熟悉世事的洞見；二是，若人們常以陰謀論來詮釋對方所作所為，這將會使得自己也陷入一種心理恐慌的被迫害妄想症。
3. 學理上指出，法律適用時應遵循三段式的論證方法（Syllogismus），亦即從大前提的「人都會死」（此即法律規範）至小前提的「孔子是人」（此即事實行為）再至結論的「孔子會死」（此即法律結果），這中間的關鍵之處在於所謂的「涵攝」（Subsumtion）。[13]涵攝動作的意義不在於找尋結論，而在於把小前提的事實行為歸入大前提的法律規範之中，或是說，

在於探討小前提的事實行為是否與大前提的法律規範之構成要件相符合（王海南等著，2008：155）。值得注意的是，涵攝是一種心理上的認知運作，而不是肢體上的行動操作。由於心理上的認知運作存有多種可能，因此不同人與不同團體對於同樣一件案件常有不同的看法，所以最後必須由法官來進行定奪。對此的一個關鍵問題是：在財務行政弊端案件中，潛規則在涵攝上的份量為何？

第四節　結論與建議

禪學中有「世界是空的」說法。也就是說，世界是如其所是地運作，但因人有分別心而有所不同認知。同理，財務行政實務也是如其所是地運作，因人之不同分別心而有不同談論方式。由此說來，既有的財務行政書籍以及本文對於財務行政的說明都只是一種可能。本文對於財務行政在憲法與相關法規之規範說明內容，大都也見於一般的財務行政教科書之中，至於實踐面的說明則畢竟只是筆者的個人理解，因此具有弔詭性（paradox）與偶連性（contingency）。

讀者可從本文的說明中得知三點：

1.對於財務行政的利害關係人而言，新政府上臺的行政改革宣示，新行政組織法的增修，新主管上任的人事佈局，新的財務行政法規修改，這些都是法規條文的變更，其能改變財務行政的表層局勢（situation）；
2.真正存於財務行政的利害關係人心中之律法應該是財務行政的潛規則，其為一種深層規則、如同一種「活法」（law in action），是建立在國家社會與國民素質的整體作用之上。吾人因此應以較寬廣的改革格局來看待財務行政改革；
3.從「外行人看熱鬧，內行人看門道」來看，財務行政的潛規則之運作過程（process）才是改善財務行政運作績效的關鍵所在，也才是當前產官學界所應注重的切入點。對此有待後續研究者進一步探討。

註　釋

[1]在德國的聯邦預算法中明確指出政府編制預算時應追求四個目標：外貿平衡、價格穩定、充分就業、經濟成長，德國經濟學教科書上常稱之為「魔術四角」（magische Vierecke; magic rectangel）。晚近有人又加進一角，亦即關注環境保護。國家對此四大目標進行調控，此即稱為「宏觀調控」（Globalsteuerung; global steering）。

[2]政府財政的組織面涉及以下幾個層面：(1)政府經濟活動的基本原則：量出為入，這因此不同於一般企業公司所使用的量入為出原則。(2)人民所需要的財貨的公私責任分攤問題，這與一國的政治意識型態與憲法規定有關。一般而言，國家與民間的責任分攤會反應於一國的預算占其GNP的百分比上；晚近新興的另一種公司責任分攤型態則是所謂的「興建—運作—移轉」（Build-Operate-Transfer，簡稱BOT）。(3)在知道國家應該分攤多少責任之後，進一步要追問的是國家內部的各行政主體之間如何進行權責劃分。具體而言，所探討的對象是國家體制是屬於聯邦國或單一國、地方自治的本質及其所引申的地方自治的法律定位、地方自治權的內涵（一般而言包括組織權、規章制定權、財政權、計劃權等面向）、以及財政權如何劃分於中央政府與地方政府。(4)權限多（少）則理應支出多（少），支出多則理應收入多（少），如此一來才可達到財政均衡的構想。這因此是一種「多少權責、多少支出；多少支出，多少收入」的思考理路，其中將涉及各級政府的財政收支。我國對此的有關規定主要見於「財政收支劃分法」（有「財政憲法」之稱）。(5)「多少權責、多少支出；多少支出，多少收入」的思考理路畢竟是理想狀態，在現實的財政運作中，常發生上、下層級的政府之間存有（垂直上的）財政不均衡（例如：台灣長期偏中央集權與集錢），或是同一層級的各個政府之間因資源分配不均或是城鄉差距與工商發達不一等因素而存有（水平上的）財政不均衡。對此財政不均衡的現象可以透過所謂的府際間的財政移轉支付來解決之。這在我國主要是以各級政之間所進行的（上對下的）補助款（一般補助款、特定補助款、整塊補助款）、（下對上的）協助金、統籌分配稅款（中央統籌分配稅款、省統籌分配稅款、縣統籌分配稅款）等方式出現。

[3]對此請參閱於民國90年通過的「中央政府中程計畫預算編製辦法」。

[4]此一額度一般是較上一年度增加（或減少）某個百分比。

[5]其中主要是第10條：各委員會之設置，第21條：立法院預算中心的設置。

[6]其中主要是第二章：議案審議，涉及第一讀、二讀、三讀程序，第28條：預決算案報告之答詢程序，第五章：覆議案之處理，第十二章：黨團協商。

[7]這十二組分別是：第一組是內政及民族、預算聯席審查會議；第二組是外交及僑政、預算聯席審查會議；第三組是國防、預算聯席審查會議；第四組是經濟及能源、預算聯席審查會議；第五組是財政、預算聯席審查會議；第六組是預算、預算聯席審查會議；第七組是教育及文化、預算聯席審查會議；第八組是交通、預算聯席審查會議；第九組是司法、預算聯席審查會議；第十組是法制、預算聯席審查會議；第十一組是科技資訊、預算聯席審查會議；第十二組是環保與衛生、預算聯席審查會議。

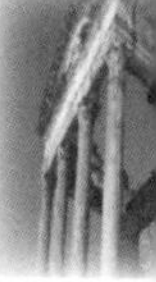

[8]這是在電視上常可看見的質詢畫面，以審查大學預算為例，此時許多校長必須到場接受委員們的質詢。

[9]措施法的概念內涵如下：一是，措施法是針對某具體存在之情勢而制定的法律；二是，措施法之內容結構是一種目的與手段的特殊關係，並由該目的去獲取手段；三是，措施法的制定，主要是解決某一個問題，達到某一個目的，故其嚴格地受到其欲達成之目的的拘束，而使其具有合目的性；四是，措施是針對某一具體情勢所採取之行動，故有時亦可能是針對某特定具體之對象所為之處分，因此措施法無論其法律形式是一般的或個別的，抽象的或具體的，都有可能只是用到某一特定具體之對象，而使其具有可概觀性與可執行性；五是，措施法由於依存於其目的之結果，無法持久存在，而使措施法又具有暫時性。（陳淑芳，1988：54-55）

[10]大體而言，依據我國預算法的規定，行政部門依法擁有的預算執行彈性包括八種：(1)經費流用；(2)預備金之設置與動支；(3)根據預算法第71條的規定，可使用節流的行政令函，例如90年9月期間行政院院會於是通過主計處所提「中央政府90年度預算執行節約措施」，祭出非常手段，強力緊縮預算支出；(4)預墊款；(5)上期結餘；(6)根據預算法第81條可追加預算，追減預算；(7)特別預算；(8)目前再加上財政收支劃分法中的行政院所保留的「特別統籌分配稅款」。

[11]根據預算法第12條：政府會計年度於每年1月1日開始，至同年12月31日終了，以當年之中華民國紀元年次為其年度名稱。但根據決算法第2條：政府之決算，每一會計年度辦理一次，年度終了後二個月，為該會計年度之結束期間。結束期間內有關出納整理事務期限，由行政院定之。因此，在此假設會計年度結束是100年2月28日，則行政院會議必須在100年6月底提交總決算書至監察院。

[12]吸子是系統行為的終極狀態。也就是說，從相位的空間（或時間）圖示來看，吾人觀察一個動力系統中某個初始點的長期行為，通常會發現它最後都圍繞著相位上的某個明確圖形打轉，這個圖形就稱為「吸子」。吸子可進一步分成數種：定點吸子、有限循環吸子、環面吸子、蝴蝶吸子與深度混沌等。

[13]涵攝一詞的英文動詞是“subsume”，其意為to include as a member of a group or type。

第9章 行政決策

第一節　行政決策的概念與基礎

第二節　行政決策的類型、功能與侷限性

第三節　法治主義下的決策形式與方法

第四節　行政決策的情境與對應

第五節　行政決策的執行

在美國行政學的領域中發展出一個次領域，叫做「公共政策」，這一個領域發展的非常興盛，提供行政學許多的助益。在大陸法系的國家沒有這一個學科，美國公共政策研究的內容，在英國是納入社會學的研究中，在大陸法系國家，一般是被歸入政治、社會和法律的學門中，德國的行政學也有一個分枝稱為「行政政治學」（Verwaltungspolitik），內容和美國的公共政策大略相仿。但是對於行政機關和行政學者而言，美國公共政策處理的內容，在大陸法系國家仍然多數歸納入「行政決策」這一個主題中。因為有這樣的背景差異，所以行政決策這一個題目在下列的各節中，第一節到第四節就陳述分析，大陸法系國家的「法治型行政」是如何處理公共政策的問題，同時也是行政機關內部的決策行為。然後第五節以後，開始談一般性的決策管理，這是行政決策的實質內容，也是英、美、德、法各國皆同之處行政決策問題。所以本章的視角，含括了「法治型行政」和「管理型行政」兩個領域的行政決策。

第一節　行政決策的概念與基礎

壹、行政決策的本質

假使一個事件「過程」也有其目的的話，他的目的就是改善現有的情境，也就是去獲得「某種形式的贏」。贏的意義可以理解為化學或物理能量的獲得、或知識的增加、或其他種種時間的獲得、得到快樂、獲得信任、信賴，以及更大的滿足感等等。

面對風險、減少風險是追求贏的不二法門，解決這一項問題的管理對策就是——決策。**決策技巧的本質無他，就是「協助思考的工具」。**[1]**思考是要對現有情況進行邏輯分析，用既有的知識與能力來讓自己做更好的表現。決策技巧可以幫助我們尋找較好的方法、較有創意的解決方案、並且能夠理性評估各項選擇，以達成其目標，在此，決策的意義除了選擇之外，還有進化及轉變的意思**在內。

貳、行政決策的概念

行政決策的理論基礎在大陸法系的國家如德國，研究的重點包括：行政決策的合理性、行政決策的類型、相關的法律問題及法律形式等。

決策就是從多個可能選擇方案中選出一個行政作為的方案，這是狹義的概

念定義。行政目標與目的是決策的對象，而決策是選擇與選擇過程的產品，在決策的流程中選擇過程是必不可少的前置作業，所以決策概念的掌握，就必須順著行政作為的各個層面來瞭解整個流程，在這種觀點下，行政決策就會分成許多的類型，如：

1.目標設定與目的設定（目標決策與目的決策）。
2.優位設定（優先順序的決定）。
3.問題定義與情境定義。
4.問題解決方案的尋找與確認。
5.最佳方案的選擇。
6.備選方案的法制化（法律形式的決定）。
7.執行、貫徹。
8.成果控制、學習的保證（回饋流程的決策）。

在整個行政決策流程中的選擇必須具備合理性，選擇的出——行政決策——才有合理性。行政決策的合理性是由憲法與法律的規範來界定，所以合理性是被法律所強制的。

參、行政決策的基礎

一、行政與決策

從組織的效能及典範思維來看，決策可以說是公共行政最重要的核心部分。公共行政必須做許許多多的決策，從行政的服務及效能來看，社會行政、提供行政服務、提供教育的機會、福利行政等等，以及一般性的行政產品，如基礎建設等，都是由許多行政決策累積出來的結果。公共行政必須做決策，並且以正式化的形式出現的行政決策行為，其內容包括了行政規程、行政通知、行政補助款、行政委託等，每天都不斷的產生許多的決策結果，所以公共行政被稱為「決策的生產組織」。[2]

公共行政有各種不同的任務，所以行政決策也因此具有各種不同的功能，將其歸納之，行政決策的功能有：

1.決策可以改變現狀，並引領發展。
2.決策可以使現在的狀態更加明朗。
3.決策可以解決衝突。[3]

也因為不同的任務與功能，行政決策也有其一定的結構性特徵，約為：

1.行政決策就是組織決策。這一種決策不是私人的，而是行政官署依照其決策規則所作之決定，所以受官署所約束。
2.行政決策是一種受法律所約束的決策，在既定的行政規劃之下，為滿足服務對象所做的決定，所以行政決策不是一個孤立的、單一的行為。
3.行政決策不是一種隨性的、任意的決定，而是必須依照程序法規訂有結構性的來進行。公正的流程是正確行政決策很重要的 一部分。
4.行政決策應該經過開放論辯的意見交換程序，然後以具體說明和可行的形式來表現之。

二、行政決策邏輯即規範邏輯

從上面所討論的功能與特徵的系絡看來，行政決策和其它決策如企業決策、經濟決策有所不同，就是行政決策是官署的、法律規範下的、遵守程序法的一種決策。這樣的一種前提其實已經暗示著行政決策的基本邏輯，就是行政決策應該統一的納入「法學者的理性決策模式」（juristische Entscheidungsrationalität）之下，[4]用法學者的決策原則、規範、程序、因果關係的解釋，以及正確的指標等來做決策，所以法學者的理性決策模式就是法律的執行，而決策的邏輯事實上就和法律的規範邏輯畫上等號。當決策邏輯等於規範邏輯時，行政決策就是法律所規範的行政規劃，而規劃內容中已經具備了合理性，所以行政決策就是一種理性決策。

行政決策邏輯等於規範邏輯，這是大陸法系法治行政在決策方面的形式要求，一切決策的結果都必須經過法治國家原則的審查，所以德、法等國法治行政下的決策，就有濃厚決策理性、規範邏輯的性質，尤其德國行政學在行政決策這部分的探討，更是注重決策理性的形式面要求，可見諸其重要學者之論述，如Wagener、König、Schuppert所著之行政學都是相同的邏輯模式。然而，在行政決策的真實運作中，不論是組織、協調、調解、諮商等等行政行為過程中，所謂的法學者思考模式只是扮演著次要的角色，[5]因為這一套理性決策模式不能夠應付複雜多變的行政事務，法學者的專業倫理有一套專有的行政行為模式，也有自己的思維邏輯，但是「法學者的理性決策模式」實際上不能夠回答許多行政決策上的原則、規則、動機、流程要件等。所以，決策邏輯等於規範邏輯的說法，僅止於形式面的要求，至於每天都在運作的行政決策還是要講究實質面的決策研究。

因此，從形式面來看海洋法系國家和大陸法系國家的行政決策，兩者有極大的不同。若回到決策實質面來看，是沒有什麼不同。我國的行政決策型態基本上比較像大陸法系的模式，非常注意法律的規範，但是實質決策運作上，還是引用了許多決策管理實質面的作法。下列行政決策的敘述也是從法治主義的決策面來探討，然後再進入決策實質運作面的研究。

三、行政決策的前題與原則

(一)前題

公共行政執行的任務關係到全體人民的福祉，所以在決策上不僅要正確，更要做到「好」的要求。一個好的行政決策必須具備一些前題，就是必須具備：

1.法律規範面的知識。
2.與決策相關的行政專業知識，能夠理解行政事務的複雜性與複合內容，知識與經驗有一定的水準，才能夠做專業水準的行政決策。
3.面對許多行政決策，必須有足夠的經常性業務（routine）的知識與能力、業務上敏銳的直覺、對機關組織的深刻認識。
4.要有相當的組織運作能力，可以透過正式組織或非正式組織的管道來完成決策的流程，使一個好的決策能夠順利的產生。

(二)方法與工具的最佳化

在進行決策的過程中，決策者為了達成目標所採取的方法與工具，必須遵守理性原則的限制和經濟性的戒律。理性原則與經濟性的要求分成兩個，一個就是「效益極大化的原則」，另一個就是「成本最小化原則」。[6]在這兩個原則之下討論方法與工具如何最佳化，來提高行政決策的品質。

(三)原則

行政決策處理的是公共議題，公共性的公正與衡平考量是不可或缺的內涵，職是之故，行政決策就必須在公共性的大前題下作成，所以就有一系列的相關原則需要考量並納入其中，此即為行政決策應所遵循的原則。有時候，會有二個或更多的原則相互碰撞，[7]造成決策的困難，這時候就必須考慮其重要性，或權衡其比重，作一個取捨的動作，以解決其相互間的衝突與矛盾。以下先就各原則的內容分別敘述之如下。

◆決策的最佳化

前面提到過決策方法與工具的最佳化，同樣的，決策的原則第1條也是最佳化。最佳化意味著致力於追求最好的決策，也就是說最終的決策不僅是決策者所偏好的，也是其理念的表現，在整個決策流程中表現他的基本態度與信念，其中當然也包含了決策的道德問題，最後則是儘可能的達到「好」決策的目標。

決策過程中必須考量到各種不同的層面和不同的利益，最佳化的原則就是考慮到決策未來的可操作性，有時候表現上看起來是對的決策，因為沒有考慮到多元的面向，實際上是無法運作的。因此，決策的最佳化應該納入不同的指標，來面對利益的衝突，處理動態的、互動的、網狀的交互作用鏈。[8]所謂的最佳化其實是一種藝術，必須瞭解到任何一種指標都不應該孤立的來觀察，並且百分之百的強行應用。較佳的作法是，在所有的決策要素中，要找出其中比較好的、可以實現的要素，作最的選擇。在這一種情況下，最佳化的考慮可能會犧牲掉目標極大化，和使用資源極小化的兩個原則，來換取實際的可行性，在利益衝突之間尋求一種動態的平衡，來獲致實務操作上的協調與整合。[9]

◆永續性

行政決策必須符合國家長治久安的治理需求，所以決策必須納入「永續性」的原則，也是習稱之「世代正義」之謂，例如環境永續經營，留給下一代一個美好的生活空間等。「永續性」原則並不是一個現代時髦的名詞，而是行政的一個傳統概念。在許多的行政法規中常可見之，如森林法第5條：林業之管理經營，應以國土保安長遠利益為主要目標。[10]其它如環保、水資源、都市規劃等領域，都有「永續利用」的規定。所以行政決策對於這一個原則必須兼顧考量之。

◆經濟性

行政決策必須符合經濟性的原則。這一個原則扮演非常重要的角色。其內容分為幾種：

1.「極大化原則」與「極小化原則」

在每一個決策情境中都存在著「目標——方法」相對的緊張關係，方法包括了工具、資源與作法。方法會影響到目標，反過來目標也會限制方法的使用，兩者是交互作用的對立關係。對立關係的一端，就是在既定的資源、工具與方法下，來謀求最大的目標達成度，也就是企求目標達成的「極大化原則」（Maximalprizip）。茲以道路改善工程為例，在既定的預算額度下，研究哪些道路區段的重要性比較高，哪些路段需要改善的要求比較迫切，決策經濟性的「極

大化原則」，就是做到最大效果與民眾最滿意的程度。而對立關係的另外一端，則是在追求既定目標時，希望能夠用最經濟的方法、最少的資源、最精簡的流程來達成目標，這就是「極小化原則」（Minimalprinzip）。**「極大化原則」講求的是目標的達程度，「極小化原則」是方法、工具、資源最經濟的使用**而言，所以，決策情境中的目標與方法是一組對立而且緊張的要求，如何讓這兩者的關係最到最有利的運用，就是「經濟性原則」的最佳實現。

2.量化的問題

行政決策所面對的問題有許多是具有高複雜性的，甚至於是高複合性的，牽涉到的面向多元而複雜，利益糾葛且衝突。但是公共行政的目標是在追求公共福祉，謀求全民的公共善，所以各方的利益都必須照顧到，問題就在此產生。

當一項決策目標之下包含了幾個互相衝突或競合的公共利益時，決策經濟性的原則就必須處理量化的問題。行政機關內部的決策造成外部化的效果，例如一項公共工程對環境有正面的以及負面的影響，如何在正面與負面之間取得最佳的比例，是一項非常有挑戰性的量化評估工作。這一個量化比重的權衡，是經濟性原則中高難度的表現。

3.成本——效益計算法

「成本——效益計算法」（Kosten-Nutzen-Rechnung）就是將行政決策方案中，所產生的成本與效益對照來觀察，並且以貨幣／金錢的價值來衡量之，再加上方案所造成的社會成本與社會效益，這就是「成本——效益計算法」。

「成本——效益計算法」的應用，第一步就是要先進行「問題分析」、「問題界定」、「目標描述」、「各種可能方法的初步選擇」等步驟，最後再對成本與效益加以統整計算之。茲舉一個城市興建外環道路的例子作說明。首先興建這樣一條道路要規劃一條路線，然後初步分析所要達成的目標，如增加交通流量、減少市區交通的擁塞、提高城區居住的品質等。這時候就可以提出成本與效益的清單。第一份清單就是行政機關所要花費的成本及其效益，成本包括規劃、土地徵收、道路興建、道路的維護、清掃、維修等等費用。而效益部分則包括了現有道路過度負荷的修補費用、交通擁塞的時間浪費等。至於社會效益方面，就時提高了城市居民的居住與生活品質、減輕了城區的交通負荷、提高了城區的房價等。將這一個方案的成本與效益以金額來評估，就可以作為決策的參考基礎。

4.成本——效應分析

「成本——效應分析」這一種方法是要和前一種「**成本——效益計算法**」區隔開來，因為前一種**是以金錢的價值來計算**，而「成本——效應分析」則是不能以金錢價值來衡量。在達成目標的進程中，會運用到一些工具與方法，它們對目標有貢獻，但不在目標方案的規劃中。例如道路監視系統的設施，考慮用雷達照相器材還是增加交通警察的巡邏，都會產生費用，但市這些費用的效應是提高用路人的守法觀念、遵守道路交通規則、減少車禍的傷亡、增加行車的通暢、提高交通的品質等等，這一些效應都無法以金錢的價值直接衡量出來，但是卻有很重要的效應。**這一些不能以金錢衡量的部分，就要歸入「成本——效應分析」**。

5.效益的價值分析

當決策的情境面對一個複合性的目標，或是面對許多可以達成目標的可能性時，就可以引用「效益的價值分析」（Nutzenwertanalyse）。**「效益價值分析」就是將目標的達程度和成本作一個比較之謂**。[11]因為達成目標的方法可能有許多不同的判斷指標或評價指標，例如金錢、社會價值、環境指標、社會指標等，所以先要選擇適當的指標，然後觀察各個方案所耗費的成本及其目標達程度，來評鑑各備選方案，並依其評鑑後所得分數訂定排序順位。

◆節約

財政困窘是上一波世界各國政府再造的一個主因，開源節流、節省的議題是一種常識性的認知，行政決策也是必須遵守這一個原則。節省的意義是在達成目標的前題下，用最經濟的、最合理的資源投入來完成之。達成目標是一個必要的門檻，任何影響目標達成的節省都是有問題的。而**所謂最經濟與最合理之謂，是用最佳的方法、最恰當的途徑來進行方案，而不是單純的以最低價格作考量**。[12]例如一個地區的消防隊應該有多大的規模，必須配合消防救災的實際需求來計算，不能一味的刪減預算來節省公庫的支出，一旦災害發生時，不僅災難無法處理，也直接危及到人力不足消防員的安危。所以，節省的原則必須考慮目標的達成，「省」的方法則是回到「經濟性」與「合理性」的考量上。[13]

◆合目的性

和節省的原則很相近而且有相輔相成效果的，就是「合目的性」原則。決策的制定要先選擇合適的方法與工具，然後去達成預定的目標，工具與目標有密切的關係。節省的原則是關於經濟性規模的考量，但是一定不能脫離目標導向這一個軸線，節省原則要讓目標實現具有更高的合理化，反過來合目的性也必須符合節省的原則，兩者相輔相成才能夠說是一個好的行政決策方案。

◆效能

行政「效能」這一個名詞要表達的意思，是從應然到是然，從理想到實

現，達成努力的目標得到努力的成果之謂。透過行政決策來達到到具體的「效能」，就是公共任務的具體實現，以及行政規劃的成功應用。

決策必須注意「效能的原則」，就是要把握「將對的事做對」，實現行政的目標，不是無關國際民生，也不是非關民生福祉，而是直指公共任務的實際需求，完成人民的期待，就是「效能原則」意義所在。

◆效率

效率原則是討論投入和的比例問題，是評斷行政生產力的一個議題。行政決策必須考量效率的問題，檢視其速度、品質、產量、服務、功能等等，訂定衡量的指標，作為決策質與量的橫量基準。

以上討論的各種決策應該注意的原則，在各原則之間可能有衝突或競合的問題，也可能是相輔相成的關係，然而不論何種關係，以上的原則都是決策行為的第一關思考，在更進一步的進入決策的內容研究時，還有更細密的分析步驟，後續的第五節中會針對決策的情境、決策的陷阱極其對應之方，進行分析。

肆、決策理性的案例——德國

德國公共行政決策的合理性，是受到聯邦憲法與各邦憲法合理性規範的拘束，而且包括嚴格的與約束性的基本決策，這就是所謂行政決策的「系統合理性」。

對行政決策合理性最重要的，就是遵守基本法權力分立的框架（基本法第20條第2款，Art.20 Abs.2 GG）。權力分立的原則是法治國家原則的構成要件。功能分配可以讓各級獨立法院對行政決策進行檢查，針對行政決策的保障也包括於其中（基本法第19條第4款第1項，Art.19 Abs.4 Satz1 GG）。對於行政決策的類型、功能與界線很重要的是，遵守基本法中對於「民主」、「聯邦國家」、「地方自治」的組織決策，「民主秩序」（Art.20 Abs1 GG）對行政決策而言意味著「合理性的強制」（Legitimationszwang），「聯邦原則」與「地方自治行政原則」規範了管轄權與許可權的界線（Art.28 Abs.2 GG），行政決策必須在這個界線的範疇內行使之，易言之，「權力分立」與「法治國家原則」約束了公共行政，必須恪盡其對法律與法令的遵從義務，以及法律保留原則，前者即所謂的「行政合法性」（Gesetzmäßigkeit der Verwaltung, Art20 Abs.3 GG），後者即為「議會保留原則」（Parlamentsvorbehalt）。

「系統結構」必須經常透過確定的「程序規定」來加以保障，結構與流程二者不可分離，所以行政決策制定的流程，必須透過法律加以正式化，甚至於得要通過聯邦與各邦的行政程序法。聯邦的行政程序法與美國1946年的行政程序法案（US-Federal Administrative Procedure Act, 1946）相同，行政決策合乎法律所規範的程序合理性，就是屬於法治國家原則。規範下的行政程序具有穩定的功能，透過程序可以提供連續性的功能，而且可以確保其正當性。在行政決策的規範性流程之下，利害相關人的法律地位在流程上被增強了，例如透過聽證的權力、閱覽檔案的權力、官署必須被強制性的對案件加以解釋以及相關作法，在眾多的程序規則中比較突出的規定約有：

1.調查原則，此為行政之義務，對於事件的內容毫無保留的解釋清楚。
2.以文字書面呈現。
3.利害相關人的法律聽證權。
4.檔案閱覽權。
5.官署有教導之義務。

正式化的行政程序對制定決策的各種規定是相當嚴密的，其原因即在於決策的結果，會侵害各個當事人的權益，所以必須相對的審慎。

德國的行政作為必須受到憲法對於系統合理性的嚴格約束，並且受到憲法程序合理性的強制，所以行政決策的實現必須合乎規範性與合理性的要求。行政作為合理性的約束是最高的戒律，所以行政決策、抉擇也必須以此為導向，以此為衡量標準，但是也必須區分憲法的或是法律的行政作為合理性。對德國行政決策最重要的是在於，行政作為必須絕對的受到基本權力分立的約束，亦即行政、立法、司法三種基本權力，這一種權力分立的約束也就是法治國家原則。法治國家原則和社會主義的法治性也因此有所區別。另外個人的基本權力也是非常重要的，例如個人的自由權、平等權，這些都是行政決策必須尊重與保障的。

另外還有一個行政作為必須遵守的教示，就是憲法決策必須符合社會主義國家原則（Art.20 Abs.1 GG），以及基本法第20條所訂定的國家目的，必須保障自然人的生存基本條件。在比較低層級的規範中，會要求行政決策必須符合企業性的績效指標，這就是所謂的「經濟合理性」。行政決策必須符合經濟性的要求，這一點是透過法律的訂定而加以約束之，例如財政原則法第六條第一款、或聯邦財政秩序法第七條、以及各邦的相關規定等，均訂定法律要求行政決策必須符合經濟性原則。此項要求涉及到行政決策的成本投入及其效益的比例，在財政法規上所謂的成本與效益也是總體社會的成本與效益。當然，成本的計算不僅包括貨幣可以計算的部分，同時也包括非貨幣的成本部分。

在決策的實務上，不同的系統理性、流程理性、行政作為理性的要求，彼此間存在著競合與比重的矛盾，不同的合理性要求必然有競合關係，例如在成本的經濟性與平等的要求之間；在節約的要求和社會主義原則的福利措施之間；在正式化的程序合理性及行政效率之間，行政決策必須在兩兩相對的價值間作一個取捨，並且排出一個偏好的次序。一般的作法是：訂定規範的層級、提出合理性的要求、敘述不同合理性條件相互間的衝突，然後在法治國家的原則下定出合乎憲法的優位順序與規則，因為法治國家的重要性是基本法原動力之所在，也就是要防止／阻擋對統治權的發生。從此一觀點來看，法治國家原則就是一個最高的「自我價值」，所以具備韋伯所說的價值合理的重要性（wertrationale Bedeutung）。

第二節　行政決策的類型、功能與侷限性

決策的對象包括一些目標以及最終要達成的目的兩種。行政決策的工作也包括兩種，一個是進行目標設定，另一個則是在已經預定的目標之下做出後續的決定。前者決定目標與基本目的，並且將政治的意圖也包括進去；後者即是一種「規劃性」的決策。兩種類型的價值與功能是非常不同的，第一種的目標設定必須通過法律的許可，才能夠成立。茲分述之如後：

壹、目標設定（關於法律保留）

立法機關對行政決策目標的約束以及基本政策的制定，就是立法權的保留，及法律保留與議會保留。立法機關（聯邦眾院與邦議會）透過法律的形式作出決定，在憲法的約束下設定目標、提出政策描述，立法的基本權力包括聯邦國家原則、民主原則、法治國家原則、社會主義國家原則等。法律保留的功能，就是在民主的、合法的立法權之下訂定政策，嚴格的權力分立原則貫徹於每一個法案、每一項法律中，並且干預到每一個國民的基本權力。干預的表現就是干預行政，干預行政在德國如果不是在法律的、約束的規範之下來運作，將是不可思議的。另外一個相關名詞是福利行政，行政決策的目標設定是提供人民財貨與服務。在福利行政的範疇內行政權進行的目標規劃應該被視為例外，事實上，福利行政是在立法權目標設定與行政權目標設定二者間的界線上飄移，特別是中、長期的規劃，諸如研究計畫、能源開發計畫等，都會觸及到不確定的立法權的目標設定。

整體而言，行政決策是處於於立法權的目標設定之下，這一種嚴謹的觀念，符合立法權行使其約束力，要求公共行政必須對其制定的政策善盡描述的義務，也就是對立法機關說明與報告的義務。其意義即在於，行政決策的功能就是在為立法權的目標規劃做事前準備工作。

貳、末端規劃的行政決策

在國家權力分立的功能分化下，公共行政的系統功能就是將國家目的予以具體化，針對個案生產財貨及提供服務。立法權的目標規劃可以針對行政機關目標規劃進行操控的功能，依照個人或社會的需求（input），提供所期待之公共服務（output）。換言之，**立法的目標規劃就是要操控行政決策對財貨與服務的生產與輸出**，目標規劃和立法的目標操控就結合在一起，這一種德國式的思考也不會偏離現代的決策理論。在這一個大前題之下，雖然行政決策的目標規劃功能具有高度適應性與彈性，但是，面對德國法治系統的程序合理性、系統合理性與作為合理性的約束時，就會遭遇到層層的關卡。例如在干預行政中，行政決策的目標規劃是不被許可的，因為行政的目標、事實上的動機、還有行政作為的各種方案等，都必須事先提出，經過立法的目標規劃。換言之，行政在許多的政策領域中，只有「末端規劃」（Finalentscheidung）的決定，不可以先於立法權的目標規劃。什麼叫做「末端規劃」的決定／決策呢？茲以都市計畫法第1條的條文內容為例：德意志聯邦共合國的整體空間結構，必須注意並依照下列的指導綱領來發展……（接下來就是指導綱領的目的）。末端規劃的決策指的就是，末端的指導綱領已經設定在那裡，所有的行政決策都必須遵照指導綱領（Leitvorstellung）來發展，否則就是不許可的。在這一點上，德、法的「法治型行政」和英、美的「管理型行政」是不同的，前者的行政決策是遵循「法規範的法律位階」（Stufenbau der Rechtsordnung），後者則是遵循「決策的層級」（Hirarchy of Dicision），[14]也就是說，德、法決策是直接遵循立法與行政分立的原則，以及法規範的位階規定，而英、美則是將此一思考直接納入決策的流程中，所以，兩者有很大的不同。

參、條件式規劃的行政決策——行政決策處於立法權的條件式規劃之下

在「若X則Y」的條件句之下進行規劃，行政決策就不只是追求一

個目標，本身也成為一個動機。**因為依賴前提條件（立法機關所訂的目標）的作為，所以後續的作為就被明確的規定，這就是條件式的行政決策**（Konditionalentscheidung）。或者，行政作為的方案有若干選項，行政機關就可以依照個案來衡量並選擇。也有一些條件式規劃案，行政機關必須依賴既定的前提要件，被課責以既定的行政作為。所以條件式規劃下的行政決策有幾種，必須要看它是哪一種的條件式。

條件式規劃的行政決策因為要經過routine的作業流程，因此可以發揮流程穩定與結構穩定的功能。除此之外，德國特別要求系統合理性，也就是立法權對公共行政進行管制，以及確保公共行政執行的公平性。在此一基礎上，要更進一步區分各種不同條件式規劃的類型。每一種條件式規劃類型的行政決策，都必須符合國家所要求的原則，即「系統的正當性」。

條件式的規劃已經預設了行政決策的情境，及決策的作業系統，但是無法規定到作業的細節，所以行政決策的方案選擇及實施方法，還是得授權給行政決策者。例如，黑森邦（Hessen）水資源法第74條第1款之條文：「在水資監督管理的範圍內，水資源機關在衡量義務下所採取的必要措施，可以針對地區、個人、或水資源的危害來進行防範」。（§74Abs.1 Hess. Wasser G）

條件式規劃如果沒有預設作業規範時，決策彈性就比較高。但是這一種規劃類型，在立法對行政進行制衡的要求下，條件式規劃常常都是由政治決定，留給行政機關作決策的空間很少。但是，在提高行政決策的彈性化和減少政治的制衡的社會期待下，條件式規劃仍然存在。為瞭解決政治制衡的要求，一般法治國家的作法是，干預行政就會相對的提高管制，讓「條件式規劃」不附作業規定的運用機會減少。

立法權所決定的目標規劃如果沒有附帶規範，這一種情況的多半是在都市規劃中出現。最典型的案例就是巴伐利亞邦規劃法以及邦發展規劃。因為，只要是涉及福利行政的部分，由行政提供財貨以及公共服務，這一類的目標規劃多半可以被法治原則所接受，沒有太大的顧慮。

從經驗上觀察，立法權進行條件式規劃且附帶作業方案者，是比較常見的規劃類型。這種類型會將公共行政規範的選擇、衡量、決策等，都預先設定完畢，而這一種規劃類型是立法決策的傳統類型。因為這一種模式可以符合法治國家原則的約束、制衡的要求，以及彈性的必要，並且讓三者間產生一種平衡的作用。舉例言之，在聯邦移民保護法第20條第1款中規定：「需要許可申請的申請人如果沒有提出資料，主管機關可以全部或一部予以否決」（Bundesimmissionsschutzgesetz §20 Abs.1）。在此一法條規定下，作業規定也納入其中，對行政機關的作為都一併規定清楚。

在行政實務上，有一種不易察覺的趨勢，在逐漸的壓縮行政裁量／衡量的空間，它的理由非常多，主要的歸納之如下：

1.對禁止與管制案件上，立法監督與操控企圖加強。
2.行政裁判、憲法裁判、財政監察的檢查密度提高。
3.透過機關內部對規劃的緊縮，來達到公共行政的自我約束。

行政作用的衡量與選擇，係處於「系統合理性」、「程序合理性」和「作為合理性」三者的約束下，行政作用被大幅壓縮，只有遵照約束的決策才被定義為「最好的」方案選擇。這一種現象當然是不盡周延的，因為，還有其他也是非常重要的合理性指標被忽略了，例如：

「經濟性的合理化」對決策就非常重要。有時候，在效果與效能的評鑑指標中是「最好的」，但是在前面三個合理性的約束下，經濟合理性不是被忽略就是不受重視，在偏好的排序上自然落在後段。更甚者，只要合乎法治國家原則所定義的合理性或行政決策，在干預行政或福利行政中都得到較多的重視。

如果從規劃的角度來看組織，理論可以確認的是——官僚組織也是完全計畫／規劃的結果，是為了確保經常性作業的效果，以及保持一定的集中化。正因為如此，德國行政機關內部的作業情形，就比較強烈的傾向於官僚化，同時，決策規劃的類型也就明顯的偏向條件式規劃，詳盡的預設了行政決策的情境，及行政決策的作業系統。

肆、行政規劃

在規劃中就有決策，而行政規劃又必須與政策研擬區分開來。政策研擬在嚴格意義上，是指法案草擬的作業、法案研擬，行政規劃在狹義上是指法律框架下行政計畫的產出，也是將法律或法律規劃具體化之謂。

第三節　法治主義下的決策形式與方法

行政的決策在英、美海洋法系的國家和大陸法系的國家略有不同，大陸法系國家的行政決策因為是在法治主義下進行，所以必須符合法律的形式要件與實質要件，所以最初與最後的考量標準都是法治主義，中間的過程才是一般的決策管理。這一種高度強調法治主義的決策方式，是大陸法系國家和海洋法系國家行

政決策很大的不同點。以下茲就法治主義下行政決策的形式面和實質面分別陳述之。

壹、行政決策的法律基本思考——形式面

一、不確定的法律概念及裁量空間

計畫的不確定性會有一種特別的問題，就是會應用到不確定的法律概念（法律的規劃由公共行政執行之）。例如：

1.是否合乎目標的描述：如維持公共安全與秩序、改善生活品質等。
2.是否合乎行為要件的規定等等。

決策者必須在個別的案例中透過判斷來減少不確定性，將不確定性變為確定性並且具備可執行性。也就是說，不確定性的立法描述，擴大了行政作為的空間（就法律面向而言）。但是司法裁判上會對行政決策進行審查，針對行政機關將不確定性轉為確定性這一個過程是否恰當。因為，中間可能存在的問題是：這一種簡化、降低、或解釋是否可以經得起司法的審查？流行多年「免裁判的行政裁量空間」學說，在最新聯邦法院的裁判中已經將此一空間緊縮到零，其理由在於：免司法裁判的裁量空間會產生法治國家原則的問題，相對於立法與司法而言，它將擴充行政作為的空間。這裡涉及的一個隱藏性的問題，就是權力分立的分際，如果有更多與更廣泛被承認的行政裁量空間，也就是立法操控的可能性就相對減少，行政法院與憲法法院進行司法檢查的可能性也為之減少。

二、裁量

當行政機關現在行使裁量時，幾乎已經不再有法律上的問題，行政程序法第40條已經做了非常周延的規定。決策中對選擇的裁量，經過許多裁量的錯誤並從中學習，使得裁量的法律結構已經建構完整，每一個行政決策都可以接受司法的檢查，法律意義上的裁量錯誤綜合歸納之約有下列各點：

1.未善盡／善用裁量（裁量權未使用或裁量實施的不能）；
2.裁量的逾越（其選擇之法律結果是法律所未規範者）；
3.裁量的濫用（法律結果的選擇是任意的或違反事理的，事實狀態的錯誤認定，法律引用錯誤，牴觸上位階之法律，在各種規範性的法律結果選擇中有錯誤的思考，及其它）；

4.在特定裁量空間為零的狀況下（雖然有其他法律結果可以選擇，但是依照法律規定只有一種法律結果可以選擇時），仍然行使裁量權者。

在確定法律干預或其它相關措施時，進行選擇法律結果之際有一個非常重要的法治國家原則，就是比例原則。比例原則適用於所有的法律，並且對國家權力的行使有約束作用。

比例原則的管制，包括合宜性、必要性、適當性等三點。「合宜性」係指某些措施所引用的法律可以達成目標與目的，此一原則之作用只針對否定的形式，針對法律所不許可的措施，或是對目標的達成沒有用處者；「必要性」是對過度狀況的禁止，其法律意義的解釋，是必須使用最溫和的方法與工具；「適當性」的意義係指從已經提供的備選方案中，在效益與成本的考量下選出最有利的方案者之謂，成本的考量在這裡是意味著對損害及損失（法律意義）已經有所瞭解。

三、自我約束

在行政的實務上，有愈來愈多的政策範疇，如學校行政、國防、建築物管理行政等，立法的作為空間被補充性的、詳細的行政計畫壓縮。這一些行政機關內部有效的計畫，是想要將下級隸屬機關緊緊的綁在最高行政機關的意志之下，這就是所謂的「自我約束」（Selbstbindung）。行政機關運用自我約束主要的就是行政作用的指示，透過行政規程的形式來表現之。行政裁判及憲法裁判控制著平等原則（基本法第3條第1款），來看自我約束是否被遵守。立法原先設計在法律中的「彈性」至此則完全喪失。「自我約束規定」具有積極的功能，可以使行政決策面對複雜的法律時可以確保其公平性與一致性，其案例可以見諸空氣污染防治法與廢棄物清理法之法規等。

貳、行政決策的法律形式

對於德國行政而言，行政決策的法律形式是行政作用的重要基礎，行政作用形式的重要性可以從法治國家的形式和歷史演進來加以解釋。行政作用的形式，透過諸如法律保護、憲法法院以及行政法院裁判的種類、範圍及查核來加以確保之。除此之外，於德國行政法體系中就包含內建的形式約束，以及德國政治——行政體系所建構的系統合理性和程序合理性。以上這些法律行政決策所設定之形式類型，具有鞏固系統合理性和程序合理性的功能。

一、行政判例

行政案例的形式類型具有非常獨特的重要性，它是一種法律上精確定義的形式，在其中特別是干預行政所做的決策非常重要，因為它是形式的、法律約束的、有約束力的通告，針對每一個個案的當事人所為之相關決策。行政判決作為一種形式，具有下列之法律功能：

1.行政決策對外具有形式的、約束性的釐清作用；
2.作為形式的、有約束力的行政強制之基礎；
3.形式的、具有約束力的、涉及行政程序之行政決策；
4.開啟形式的、司法的法律保護。（§40、42行政法院規定）

二、行政法規與章程

在立法目標計畫下一般性與抽象的行政決策，以及目標設定的具體化決策，經發布之後視為行政法規。法規命令是一般性的、具約束力的行政計畫（法律規範）。在現有的立法計畫內，法規命令就會被運用來對公共行政進行系統的操控與具體化。法律保護則是相對於法規命令而發揮作用者，例如規範控制作用可見於行政法院規範第47條。

章程同樣的是行政的法律規範，適用於地方自治法人以及其它具有法律能力的公法法人，實施一般性的、抽象的法律規範。

三、公法契約

公共行政在某些前提之下可以不必作單方面的決策，取而代之的是與民眾建立一種契約的關係。這一種契約關係只有在公法範圍內用公法契約的形式才有可能。行政契約（行政程序法，§54ff）不是依照任何偏好來設定的形式內容，它的許可性連結在某些前提要件上，實務上必須確實的加以解釋。干預行政在契約關係的建立上則是不許可的，在這個面向上公共行政必須單方面來行使法律（透過行政判決）。福利行政是一種典型的「交易、協議」狀況，所以契約關係則是可以考慮的。所以契約的類型在這裡可以適用，但是行政程序法對行政契約之訂定，有相當嚴格的程序約束。

四、私法形式的行政決策

在行政判例與行政契約之外不具備公法性質的類型，屬於私法形式。私法

形式的行政作為會有一些問題。雖然，現今公法的形式類型已經具備足夠的彈性和變化性，可以滿足所有事實上的要求，但是私法形式有歷史上的傳統背景因素無法超越，所以這是德國行政法的不幸。也因為如此才拉出一條嚴格的界線，在干預行政部分如果逃逸到私法部分，是不許可的。在福利行政的福利照顧措施部分，提供生存所需之財或與服務，如果以私法形式為之則是許可的，如垃圾清運、廢棄物處理等。但是，卻不允許破壞公共行政的系統合理性與行政作為合理性（行政私法）。然而這一種「應然」的觀念在公共行政應用私法形式時，有不少逾越的現象，例如民營的拖吊業務，其中涉及干預行政。所以公共行政有機會使用到私法作為的形式（或組織形式）時，應該堅決的予以拒絕。所有前述所提及的合理性之約束，都應該清楚的拉起一條界線予以遵守。

參、法治思考下行政決策的實質面

決策方法是決策者的認知工具，也是一種知識性的技巧（Knowledge Technology），和我們一般使用的工具例如電腦者有所區別。決策方法是決策者用來協助解決問題的工具，它必須是可靠而且有效的，但是不能太難懂，把自己變成了問題。決策方法要運用在決策流程中，當然會引起各種的討論，而選擇使用哪一種決策方法也是一種偏好的問題。如果從法律面來看行政的決策行為，符合法治精神的決策方法基本上有一定的思考脈絡，和單純的決策行為或是企業管理的決策途徑是有一點不同的，這一些法治主義下的決策思考方法約如下：

一、目標設定的方法

在行政目標設定過程中可以應用一些特殊的方法，就是所謂的知識工具，透過工具來完成政策的決定。

目標創設的第一件事，就是要確定「為了什麼目的？」，以及「希望未來達到怎樣的狀況」。為了完成目標的設定，比較常用到的方法是專家意見徵詢〔專家德非法（Experten-Delphi-Method）〕或電腦的專家系統。這一些方法必須配合一定的政治流程，得到政治的支持，就可能成立，例如國會或各部會舉行聽證會等作法；如果遇到高度複雜的問題時，就可以採用樹狀圖的方法。

二、設定優先順位的方法

在一個目標系統中如果包含了許多子目標，決策者就必須自問：哪些目標是同樣重要的？哪些目標不是同樣重要的？這些問題就涉及到了優先順位的決

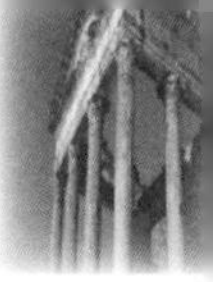

定。如果目標有同樣的重要性，就必須作 出決定，設定其優先順位，訂定其排序。

三、狀況定義的方法

狀況的定義就是將真實的世界，如實的投射在決策者的腦海裡，並將其分為兩個層次：過去與現在的環境及未來的世界。

決策者應該將工作環境和目標作一個比較，看二者是否一致或有所偏離。情境的定義一旦偏離了目標系統，兩者間產生了鴻溝，就會構成決策者的問題。舉例言之，行政決策者依照預防注射法規，給予事業機構相關許可時，必須對於當前環境的真實狀況有相當的瞭解，因為該事業機構對於未來環境的可能造成污染的情形，主管機關必須先行調查與瞭解。由此可知，行政決策的方法必須包括：(1)決策者對於過去與現在的工作環境必須進行調查；(2)對未來的狀況進行調查與瞭解。

調查方法者，就是針對過去與現在狀況進行調查並加以描繪。而所謂預估方法者，就是針對未來的狀況加以陳述之。

使用調查方法時，必須注意統計的流程。社會科學所使用的量化或質化調查方法可以使用之，如訪談、書面意見調查、觀察、實驗等。必須注意的是，在運用上述的方法時，可能會犯一些錯誤，例如：

1.忽略了抽測理論。
2.忽略了抽測與總體間的關係與規則。
3.口頭的訪談。
4.書面意見調查獲取的量化資料有錯誤。

預估方法是決策者對未來狀況的論述，各種論述都必須合乎質化方法的要求，務必求其真實、切重要點。例如安全度與適用度的陳述，就必須說明清楚安全的程度、不安全的程度，必須說明清楚，因為其中可能包含了各種影響要素，甚至變項亦隱藏於其間。其次必須注意的一點是——期限，對於期限的劃定如：短期、中期或長期，必須界定明確，因為期限的不同，決策的結果也會不同。另外必須注意的一點是，質化方法與量化方法也應該加以區別說明。

四、方案產生的方法

方案產生的方法是決策流程中非常重要的一部分，但是經常被忽略了。方案產生的方法有很多，例如：(1)腦力激盪法，就是一種產生新點子的創意流程，可以提供問題解決的方法；(2)系統創意發現流程，如樹狀結構圖，可以決定各項因素的相關性，而排除不相關的因素。但是相關性只是目標導向，還不能保證是最佳的選擇。

五、方案評價與最佳選擇

要選擇一個最佳的方案，基本上要先設定「最佳的標準」是什麼？以及評價要素有哪些？一個方案經過各個評價要素的檢核後，最接近標準的方案，就是最佳方案。它應該也是解決該問題最好的方法，同時，也具備最佳「成本—效益比率」的條件。

最佳方案通常合乎兩個要件：(1)成本與效益比率合乎管理的經濟性；(2)成本與效益比率合乎社會的經濟性。

要求得最佳方案，必須對每一個可能方案都進行調查分析。成本與效益方法是主要的調查方式，財政基準法第6條有所規定，並鑒於聯邦財政規則第7條、邦財政規則第7條。

(一)成本——效益調查

經濟學上的成本效益調查是最常被使用的程序，包括：(1)成本——效益分析；(2)成本——作用分析；(3)效益——價值分析。

◆成本——效益分析

成本——效益分析利用經濟學的成本與效益來評價所有的備選方案，其中包括時間因素的分析。其作法是將所有方案予以並列並相互比較，瞭解方案間的差異及其比例。然後依照成本——效益分析規則來檢驗各方案，是否符合下列幾項規則：

1.能夠用同樣的成本達到最大的效益；
2.能夠對同樣的效益用最小的成本；
3.當成本不同、效益不同時，就用差異方法來達到最高的差異值，或者達到最高效益的比例值。

在使用成本——效益分析方法時必須注意，不能忽略其他非財政／非貨幣因素的優點與缺點，例如地方的風俗習慣、環境保護、少數族群等等議題，都可能對決策造成影響力。除非該項方案在法律規定下，只需要進行經濟合理性的考

量，這時候行政決策就可以放心的使用成本—效益分析法。但是，在行政實務中，非財政性的以及非貨幣性的因素，卻常常被決策者忽略了，並且導致錯誤的行政決策。

◆成本——作用分析

「成本——作用分析」是將效益的因素改為非貨幣性的「大小」來衡量，例如污水排放系統的作用、有毒廢棄物的減少，都適用數量單位mg/l來表示。在方案進行選擇時，考慮到各種可能產生的作用，作用將會影響到目的的達成。這一種選擇考量和前一種「成本——效益分析」，考慮的重點不依樣。

◆效益——價值分析

第三種「效益——價值分析」法，是經常本採用的方法。它不是一種經濟學的方法，而是依照決策者的需要，從備選方案中尋求最有價值者，作為其最佳方案。

「效益——價值分析」的作法，是透過一個矩陣式的思考來進行，一邊列出所有的目標，另外一邊則列出所有相關的重要方案，然後透過評鑑指標來調查每一個目標的總體目標價值。在實施這一個方法的時候，必須先完成幾項前置作業：(1)評鑑尺規刻度的訂定；(2)目標價值應如何測量；(3)目標的重量／重要性的價值多少。

在通過評鑑指標的評鑑後，會得各個方案的各個價值分數，經過加總後，最高分的方案就是獲得最高總體效益——價值的方案。這一種分析，簡單的說，就是用「詮釋」的流程來決定價值的高低，進而決定最佳的方案。道理不難，但是在實踐上有時候不小心就會回到貨幣／或財政的角度，用「成本——效益」或「成本——作用」來作決定，就會混淆了決策的定位與定向。

(二)其它方法

行政決策者並不需要經常要面對成本、效益調查的問題，因為在非常多的案例中，成本及效益已經被法律規定加以固定，而且有法規清楚的定義，例如夜間安寧的干擾及其成本等，都有明確的界定。

一般而言，法律條文的解釋固然有它傳統的法學方法，但是，法律的流程或是法律的方法中，還是可以應用「成本——效益法則」來進行調查，例如：哪一個方案最符合比例原則？就可以用這個法則來調查。

第四節　行政決策的情境與對應

在前面幾節中討論了決策的法律形式面向，是德、法等大陸法系的國家所強調的決策構成要件，但這也僅只是形式要件而已，因為決策行為的完成除了形式要件之外，還需要實質要件的配合，才能使決策具備充分且必要的條件，法律層面的考量是充分的要件，決策的實質方法與內容則是必要條件，兩者缺一不可，必須緊密的結合才能夠使決策的品質達到最高的要求。大陸法系國家行政決策雖然也有實質面，但是受到法治主義的制約，決策管理還是有許多不夠深入的地方，所以真正行政決策的作成，還是必須在法律的思考之外，進入管理的實質層面來探討決策的行為，在法律形式外加上管理的實質，兩者結合才能更清楚的描述行政決策的內涵，茲分述之如後。

壹、決策的情境

公務人員在日常的行政作用中經常要做出許多的決定，而且是在一定的「時限」條件下，並且考量「效率」和「效果」之間的衡平取捨。因為：

1.一個決策要有用就必須可以達到某種效果，否則這一個決策就沒有用。有效果的決策基本上一定是針對問題做出了正確的決定，不但要考慮外在的環境因素與情境，還要掌握未來可能的發展情況，做出來的決策還必須得到利害關係人的同意，決策的本身沒有自我矛盾的問題等等。

2.一個決策還必須滿足效率的要求，在恰當的時機、適當的成本、資源投入的精簡、最有利的成本效益比等等，效率的意思在這裡指的就是把正確的事做「對」、做「好」。

一個決策行為的產生就是有一個任務或一個問題需要去完成或解決。因此，做決策的第一個步驟就是「認識問題」，透過精確的、可靠的「情境分析」，來清清楚楚的瞭解問題，讓決策的作用知道目標為何，決策的方向為何。在這一個階段中，必須選擇「解決問題的方法」，來對應不同問題的不同情境，瞭解問題的各種條件與限制，才能夠做出正確的決策，此即為「情境分析」，其內容約如下。

一、情境分析

認識問題的途徑必須先進行情境分析，分析過程要確定幾個事項，如下表：

情境的認識與結構化	處理的問題是一個？或是好幾個？
確定順序與優先性	判斷問題的緊急性
流程與方法的選擇	問題結構的認識

從上可知，一個穩妥可靠的情境分析由幾個項目所組成：

1. 情境的認識與結構化：情境分析首先要知道現在要處理的是一個問題，還是好幾個問題？這幾個問題彼此之間有沒有相互關聯性？
2. 確定優先性：優先性的指標包括重要性與緊急性二種。
3. 選擇適當的流程。

當問題提出之後，經過上述三個項目的檢驗之後，行政決策就可以將這一個問題依照指標而加以分類，指標包括：

1. 決策的急迫性與必要性為何？
2. 問題的影響因素有哪些？範圍與數量有多少？
3. 決策對於相關利害關係人及環境的影響為何？

二、問題的急迫性

問題急迫性的分析，最為人所熟知的工具即為「艾森豪圖表」（Eisenhower-Diagramm），透過這一個圖表可以將急迫性與非急迫性的任務做一個區分，如**圖**9-1。

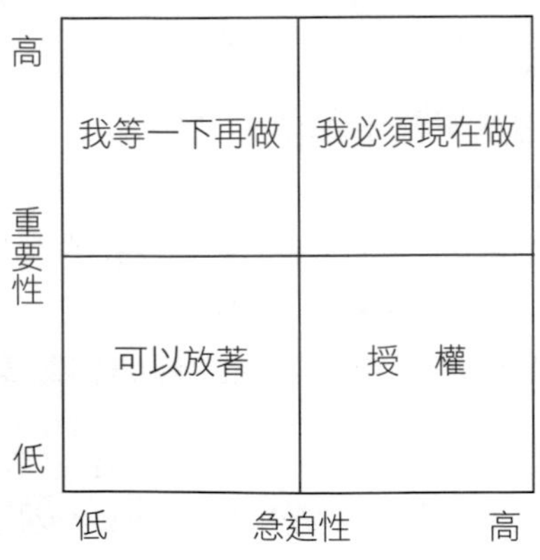

圖9-1　艾森豪圖表

艾森豪圖表揭露了急迫性這一個議題的重要性，對於決策而言「急迫性」更是有不能輕忽的理由，因為人們碰到問題常常會猶豫不決，久久不能下決定。遲延決策的原因可能是個人有推拖拉的習慣，或是能力不足、或工作技巧欠缺等，其原因不一而足，但結果只有一個，就是繞著問題打轉，遲遲不做決定，或者逃避問題，不敢下決定。問題擺著不處理，情況就會惡化，該處理而不處理，就會把問題「一暝大一吋」的養大。

三、行爲的認知

一個成功的決策行為，就是能夠有效率而且有效果的將問題解決。有效率的行為，就是能夠將問題盡可能「簡明扼要」的予以掌握和理解，而有效果的行為則是運用最恰當的方法來解決問題者稱之。所以一個成功的決策行為，必須在清楚的認知下，知道所做的決定和所採取的措施，可以達到預期的效果。在清清楚楚的認知下掌握問題、解決問題，而且沒有副作用，這就是一個好的決策行為。

四、系統

面對問題的時候，必須將問題視為一個系統，而不能輕率的將其視為單純的對象或單一事件。系統的定義包括三個特質：

1.它有一個清楚的目標。
2.它是由許多彼此相關聯的元素所組成。
3.它是不可分割的。[15]

五、問題的種類

每一個問題的內容和狀況都不一樣，但是基本上每一個問題都必須經過二個面向的檢驗，第一個面向要問的是：影響問題情境的因素，其範圍與數量為何？第二個面向要問的問題是：問題的情境是靜態的還是動態的？在這二個面向的問題分析下，問題就會被分成幾種，如圖9-2。

在「問題的多數與多樣性」和「問題的靜態與動態」兩個指標下，可以將問題分成三種：

1.簡單的問題：這一類問題的影響因素比較少，因素彼此之間的關聯性也比較單純，時程上屬於短期的問題，問題也比較容易控制，可以預計用簡單

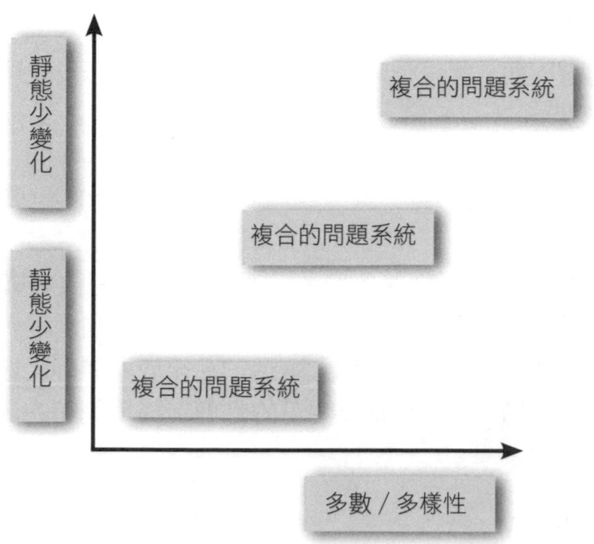

圖9-2　問題的種類

的方法就可以解決，例如國道高速公路上發生了一件車禍，造成了很長的車流回堵，原因和結果都很單純。

2.複雜的問題：第二類的問題的影響因素比較多，因素彼此又相互緊密聯結。時程上屬於中期的問題。變化性與動態性不算太多，因此還屬於可預料的範圍內。問題的解決有若干的困難度與侷限性，但是可以解決。例如國道三號走山事件，造成人員的死亡，其中還包括環保、水土保持、工程的問題。

3.複合性的問題（Komplexe Problem）：第三類的問題本身與內部蘊含有高度變化性與動態性，造成問題解決的困難度大幅的提升，處理的時程基本上屬於長期的問題，而且**基本上問題可能根本就沒有標準的解答，但是有解決的可能性，然而不確定性較高，風險也較高**。例如日本宮城縣的大海嘯，造成福島核電廠的嚴重核災，加上餘震不斷，使得問題的處理非常的棘手。

依照上述的方法將問題分為三類，每一類的對應方法皆有所不同：

1.簡單的問題：通常都是短期的時程，可以用簡單的、線性的方法來處理。

2.複雜的問題：處理的方法可以用作業研究或線性規劃的方式來對應，時間上為中程時限。

3.複合的問題：通常都是長期的問題。對應的方法可以使用網絡思考或場景技術來處理。

貳、對簡單的問題

遇到簡單的問題必須做決策的時候，通常都可以用很明確的方法來解決，也沒有複雜的意識型態夾雜於其間。簡單的問題比較容易處理，但是還是得加以處理，否則簡單的問題會惡化成一個大麻煩，甚至於形成野火燎原之勢，那就是輕忽了問題終究是問題，一定要加以妥善的處理。簡單問題的決策可以分成幾個部分來討論，依序如下：

一、問題分析

對於簡單問題的處理第一個步驟就是問題情境的分析，分析「標準與現況」、「應然與是然」、「目標與事實」彼此之間是否吻合，當「現況與事實」和「標準與理想」之間出現偏離現象，這時候就要問一系列的「what、why、where、how much」為什麼，來瞭解：

1.問題應該怎樣界定？有沒有什麼突出的特徵？有沒有什麼特別的地方需要注意？

2.有什麼變化出現？變化對問題的影響為何？

3.造成問題的可能原因為何？有沒有證據或事實可以證明這些原因？

簡單的問題或許因為難度不高，或者因為習以為常，往往都忽略了問題分析的步驟，或者直接就跳過去，沒有將問題清楚的界定、分析，對於問題的本質常常就掌握不清楚，決策行為就抓不到核心的重點，這時候簡單的問題就會變成大問題。例如，一件交通堵塞案造成車流回堵，這時候就要瞭解堵塞的原因是什麼？是車禍？還是交通糾紛？糾紛的當事人是誰？是兩個計程車行的司機打架？會不會呼叫更多的同行司機加入戰局？會不會造成上班車潮的大堵塞？等等許多的問題可能隱藏在一個簡單的塞車事件背後。因此，問題分析這一個步驟不能省略，因為要透過它來瞭解：

1.問題會造成什麼影響與後果？

2.決策會影響到哪些相關人？

3.相關人會有怎樣的反應？

在問題分析之後，情境與事實有所掌握之後，就要進行下一的步驟，就是決策分析。

二、決策分析

所謂的決策分析不是直接針對所做的決策進行分析，而是對所有決策可能的方案進行過濾分析，選擇其中最滿意的方案之謂。滿意可能包括效果、效率、合乎事理、合乎問題的整體考量等。所以從可能方案中選擇最佳者就是決策分析的目標。

從備選方案中進行抉擇，目標是選擇最佳者，但是做決定的本身就有若干先天的侷限性，使得每一個決定都會有相應的困難度。侷限之所在為：

1.決定的本身是主觀的，就本質義而言，主觀沒有「對」、「錯」的問題。
2.方案選擇通常包括了幾個內容：構想、假設和預估三部分。這三個部分基本上都可能含有不同程度的不確定性在其中，不確定性和風險這兩個概念常常相比而生。

前一個階段的工作是針對問題加以分析，問題被分析清楚之後，解決的方法與類型可能就會逐步的浮現，接著就是決策分析。**決策分析的首要任務就是對決策的目標進行描述**，同時要回答下列的問題：

1.為什麼我們必須要做這一個決定？
2.這一個決定的基本目的是什麼？
3.這一個決定的目標有哪些？
4.在此之前有沒有做過什麼決定？其效果及影響為何？

接下來的步驟是尋找最佳的決策，其步驟依序為：

1.確認目標：這一個步驟是在確認希望達成的結果是什麼、是否具備必要的工具與條件、目前有什麼困難與侷限性等課題，並且儘可能的對這些課題做清楚的說明與描述。在此同時還要針對方案選擇的評鑑設定衡量指標，一則評定備選方案的優劣高下，另一則可以將目標做一個區別。目標可以依照達程度的需要區分為三種，第一種是必須（must）達成的目標，一定要加以實現，否則就有嚴重的後果，這是最低下限；第二種是理想的目標（like），最完美的結局、最好的目標實現，這是最高標準；第三種是意圖（intend）達成的目標介於最高理想和最低要求之間的可能結果。目標一定要明確，衡量的指標也一定要明確，決策才有依循的方向和判定的準繩。

2.方案的發展：通常在問題出現的時候也會出現一些解決的方法，這一方法基本上都是初步的想法，還不能稱得上是一個方案。一個標準的方案基本上：(1)必須和決策目標的方向一致；(2)對問題的解決有一定的可能性；(3)對過去的經驗、案例有相當的瞭解與掌握；(4)經過創意的技巧和方法來發掘各種有效的與可能的解決辦法，如腦力激盪與反腦力激盪。如果具備以上的條件者，才能稱做一個標準的方案，否則有草率之嫌。

3.方案的評估：方案提出之後必須經過評估的過程，看看是不是和設定的目標有對應性。方案評估係針對其所提出的：資料、檔案研究、預估、專家意見等等來進行考察。以「預期可以達到的目標」作為準繩，評估方案的達成機率和效果為何，是達到理想目標還是必要目標？還是可能達不到目標？這樣的一個評估過程就可比較容易在各種方案中擇其優者而用之。

4.風險評估：在方案評估的過程與結果當中就必須加入風險評估，對於各個備選方案背後可能隱藏的風險概率，尤其是最終獲選的方案更是要審慎的進行風險評估，瞭解這一個決定的風險度及其影響程度為何，要瞭解其概率，以及行政機關對風險的承受度。處理問題和作成決定都有不確定性，也就是會有風險，只是高或低的差異而已。零成本、零風險又高報酬的完美決策，是烏托邦的想法。

5.方案的判斷與最後決定：走完上述的流程後，最後就是下決定。選擇哪一個方案，一定是以達成理想目標為上選，能夠完成預期目標也可以考慮，但至少必須達成最低的必須目標為原則，而且風險最低，或是風險在可控制的範圍內，就能夠成為最後決定的方案。

三、潛在問題分析

前面的過程都考慮清楚後，最後還要加上一個對潛在問題的分析步驟。潛在問題的樣貌有很多種，如不易辨識、隱藏良好、魚目混珠、偶發事件等等。這一些隱藏問題一旦爆發以後，會對整個的決策行為造成嚴重的破壞，使得前面的結果前功盡棄。因此，潛在問題的分析就不能省略，應該審視的地方包括：

1.在整個決策過程與計畫中有哪些特殊的問題？

2.這些問題出現的機率為何？將如何出現？

3.如果問題出現時，組織對計畫案的承受度為何？
4.問題的原因是什麼？
5.原因導致問題發生的機率有多高？

針對上述的問題，回應的作法就要準備幾個面向：

1.針對上述的原因有沒有預防性的措施？
2.有沒有應變措施來減少潛在問題爆發後的影響？
3.突發狀況應如何應變？
4.應變措施有沒有一套完善的監督機制？

如果潛在問題也都有妥善的考量與準備時，對應簡單問題的決策行為就算是作好了應變的功課。

參、對複雜的問題

複雜的問題就是有很多的影響因素，因素之間彼此結合的強度又很高。公共行政需要處理的問題中有許多都是屬於這一類，公共工程、公共建設、公共財的分配、公共設施的使用管理等等不一而足，都具備了複雜性的條件。而複雜的因素又彼此密切關聯不能隨意切割，如果任意將整體的問題分成許多個別獨立的部分，就會踏入高度的風險中，就是將複雜的問題簡化成「若…則…」（if...then...）或「原因—結果的思考模式」，一個問題處理後使用的資源，就一定會排擠另一個問題需要的資源，複雜性的內部又有複雜關聯性，會產生緊張、競合、衝突、傾軋的問題，解決之道不能用前一節所用的方法去分別處理，而是要針對問題因素的相互依存性來處理。

針對複雜問題的處理最常用的方法就是作業研究，其中有許多的方法和程序都是針對複雜的特性來做回應。作業研究中包括有數學的統計、概率理論、賽局理論等等方法，都是對流程進行描述，提供解決問題的決策需要。常用的方法歸納之約如**表**9-1。

以上所列作業研究的各種方法，看起來都要耗費一些心力才能夠完成，在資訊時代則有許多的工具可以使用，使得這些方法已經變成比較容易完成了。以下舉一些作法作為說明。

一、網狀計劃術

網狀計劃術在80、90年代就普遍的被使用於決策上，這一種方法的內容就

表9-1　作業研究方法

方法	特性	案例
網狀計畫術	1.專案的規劃與控制。 2.系統已知，應予以最佳化。 3.針對的目標主要的是時間。 4.也適用於同時於針對多個目標。	1.公共工程。 2.公共財的分配。 3.公共設施的管理等。
線性規劃	1.問題予以最佳化。 2.系統已知，並且應予以最佳化。 3.在不同的目標中找到最理想的答案。	最理想的混合比例、分配比例。
概率理論 數學統計	1.系統已知。 2.單一目標。	1.民眾滿意度分析。 2.首長的政策滿意度分析。
決策樹	1.系統已知。 2.單一目標。 3.在不同的可性與狀況下選擇問題。	1.策略的選擇。 2.公事包決策（portfolio）。

是將各種資訊處理後變成各個工作項目，然後用圖形加以聯結成為一個流程圖，茲以公共建築物的整修營繕為例（如圖9-3）。

從圖9-3可以進一步做成甘特圖，加上時間、項目等要素。

網狀計劃術最大的特色，就是強制規劃的過程中必須做邏輯的思考，使得專案的執行與控制能夠一目了然，提供了長期的以及詳盡的計劃，可以簡便的監控時間與成本等各項要素，整個計劃到執行完畢的過程中所產生的資料和檔案，都可以建立系統的檔案，也可以加入總流程圖中。這一個方法可以促使人們注意，總體流程對於計劃的成功是多麼的重要，過程中任何的偏差現象或改變，都可以預先評估，並且納入計劃中，是一個既彈性又具體的計劃方法。

在資訊發達的時代已經有許多軟體可以應用在網狀計劃術上，其目標不外乎是針對期程、時間、成本、能量、資源等項目，進行最佳的規劃，並且持續的予以全程監控。

二、線性規劃

有一些問題不僅在品質上而且包括數量上都可以做精確的描述，這就是所謂「最佳化的問題」（Optimierungsproblem），例如開車沿街叫賣者即為常見之案例，這一個賣東西的人對於不同的城市、不同的顧客，都已經瞭如指掌，在沿街銷售的過程中，他一定會走最短的路來達到最好的銷售目的，將開車的時間和開車的距離降到最低。這一個作法就是線性規劃的精神。線性規劃在進行某項任

整修工程的作業項目	需要時間
1.招標	15天
2.發包	15天
3.清除建築物陳舊與毀壞部分	10天
4.清除陳舊設施	10天
5.清除牆壁污損	10天
6.重新內部改造隔間	7天
7.水電設施更新	5天
8.設備更新	14天
9.重新粉刷	7天

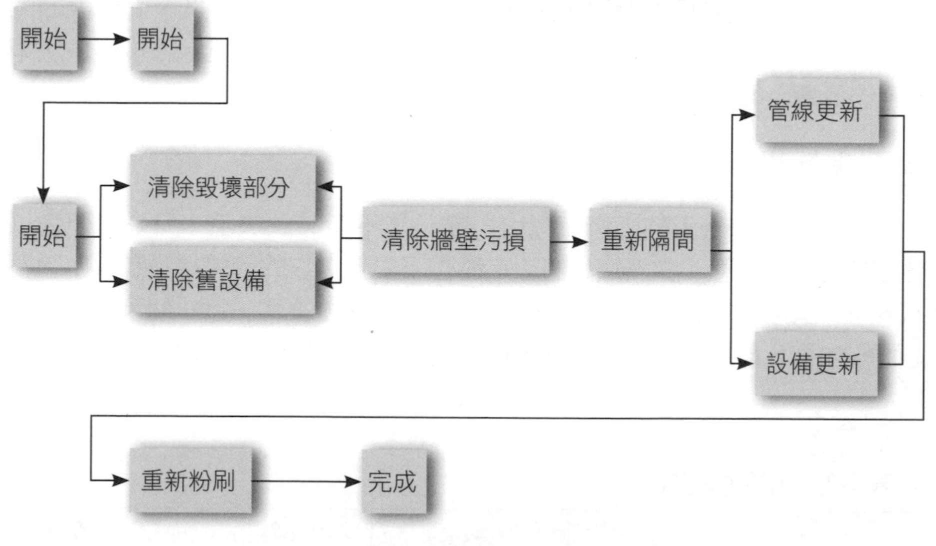

圖9-3　流程圖案例

務時，通常任務是：(1)基本上系統已經明確掌握；(2)有許多的目標必須同時進行最佳化的處理。

換言之，如果任務的描述不清楚，內容無法掌握，要應用線性規劃的方法就比較困難，成本也會比較高。其次，此一任務有多重的目標需要達成，如何在多重目標中得到最佳成果，就是線性規劃的長處所在。茲以學校的營養午餐為例，這一個問題的系統要瞭解的項目有：

1.每一份餐點的總卡路里最高和最低值是多少？
2.儘可能的最有利價格為何？
3.儘可能的達到健康要求：四種卡路里的比例平衡——沙拉（I）、水煮蔬菜（II）、肉、蛋、魚（III）、澱粉類主食（IV）。加上使用的炸油、調味料等（V）。以上的類別均各有其特色。

以上各類的食品要做怎樣的組合才能達到理想目標呢？（如表9-2）

1.最少的卡路里≦i（Mi×Ki）≦最大／最高的卡路里
2.最有利的價格Σi（Mi×Pi）→0（所有食品的總價格要儘可能的有利）。
3.每一類的食材可以歸類為I、II、III、IV、V等五類。

從上述的作法中可以看到，這一種方法的前題是：卡路里、價格等因素都是可以得知的。當因素都可以得知時，目標就可以清楚的描述，然後提供決策的需要，作最適合的選擇。

三、決策樹

在行政機關每一天的工作流程中，都必須不斷的做決定，只是人們習以為常沒有特別加以注意。當然每一個決定都必須要考慮它的利弊得失和成本效益問題，不同的決策方向和不同的方案選擇，就有不同的答案，每一個可能的選項又有主觀的加權，最後的決定就可以計算其概率。例如機關要採購公務車，有三種

表9-2　各類食品組合

項目	單位	價格	卡路里／每一單位	卡路里 I-II-III-IV-V
11萵苣	11=　×公克	P11=　$	K11=　?	I
12青江菜	12=　×公克	P12=　$	K12=　?	I
21青豆	21=　×公克	P21=　$	K21=　?	II
22西洋芹	22=　×公克	P22=　$	K22=　?	II
31蘆筍	31=　×公克	P31=　$	K31=　?	III
32香腸	32=　×公克	P32=　$	K32=　?	III
41義大利麵	41=　×公克	P41=　$	K41=　?	IV
42馬鈴薯	42=　×公克	P42=　$	K42=　?	IV
43奶油	43=　×公克	P43=　$	K43=　?	V

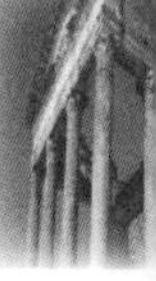

車輛廠牌列入考量（如圖9-4）。

從圖9-4的決策樹圖例可以看到，這種方法是將決策的情境做一種邏輯的、合乎事理的分析，透過理性分析得出來的結果，可以作為決策的依據。但是決策樹的方法中，一般都沒有將風險的因素納入，所以得到的結果可以做一個參考，至於風險的部分則須另外做進一步的分析。

肆、對複合性的問題

所謂複合性的問題（komplexe problem），就是指問題內部含有許多的影響因素，這一些因素彼此有高度的關聯性與互動性，亦即問題本身與內部蘊含有高度變化性與動態性，這一種能量與狀態會使得問題解決的困難度大幅提升，處理的時間期程也屬長期。

因為問題的特質與難度均屬特異，基本上複合性問題沒有標準答案，但是有解決的可能性，而伴隨的不確定性也比上述兩類問題為高。正因為有不確定和只有解決可能性，所以在解決這一類問題的方法上，最常使用的方法，就是將焦點對準現況（Ist-Zustand）進行「網絡思考」（Vernetzte Denken），來掌握問題場域中關鍵性的影響要素，並且將這些要素彼此間的互動關係解釋清楚。如果一個議題範圍內各個元素的網絡關係可以分析清楚的話，就可以從中導出適切的處

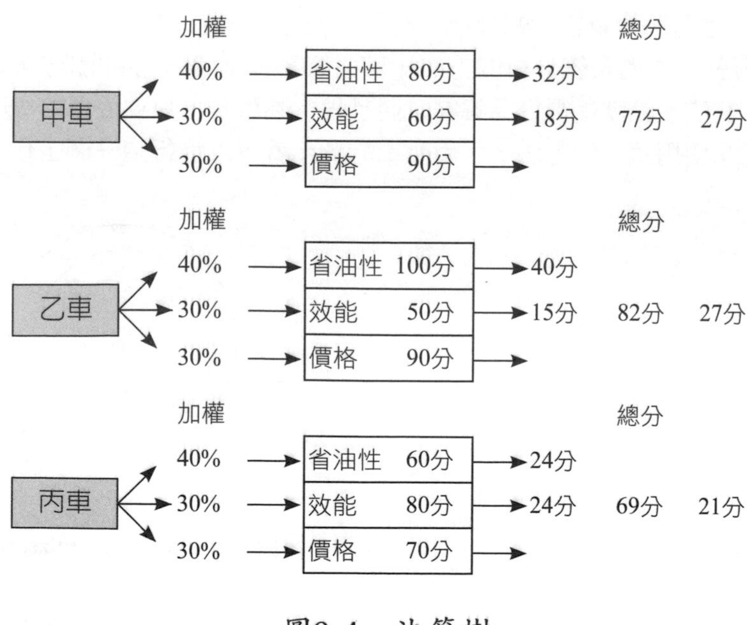

圖9-4　決策樹

理方案來，問題的情境就可能獲得良好的解決。

網絡思考的過程中通常都會先進行量化的工作，將事實與狀況整理後作為基礎，提供進一步模組化與模擬的材料，並且透過時間序列分析來預測未來可能的發展。

一、兩種方法

接下來就要針對不確定這個部分來進行預測，這時候常用的方法就是「德菲詢問法」（Delphi-Befragung），經過專家意見的徵詢後得一些主題，然後對主題再加上更多的闡釋後，再依照需要進行下一次的專家意見徵詢，直到得出具體的共識為止。

另外一個處理複合性問題的方法是「腳本技術法」（Szenario-technik）。這一種方法可以整合許多不同的作法，一起來描述未來情境的可能發展。其內容包括理想的場景、質化的流程、應用資訊管理的工具等。[16]（如圖9-5）

二、網絡思考

複合性問題不能用前述的兩種方法解決，原因即在於「原因——結果模式」或線性規劃，忽略了複雜性與低估了互動的能量，在關聯性與變化性上就無法掌握。網絡思考提供了一種整體的、系統導向的問題解決模式將整體的關聯性予以結構化，[17]並且將複雜性大幅降低，使問題較容易掌握及處理。

網絡思考就是透過系統分析的方法，讓各種不同思考理性的團隊可以產生共同的語言，它的優點就是很容易解釋，而且很容易學習。只要簡單的紙、筆，就可以按步驟來使用這一個方法，，用簡單的圖示就可以進行這一個工作，並且

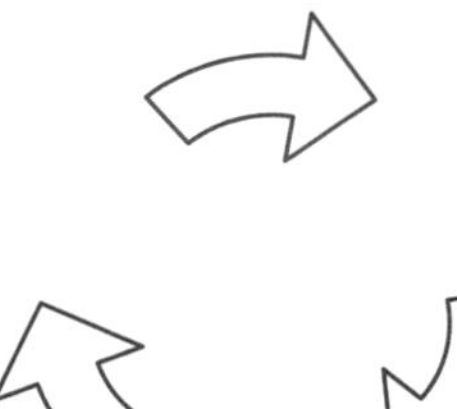

預估：德菲法（Delphi）

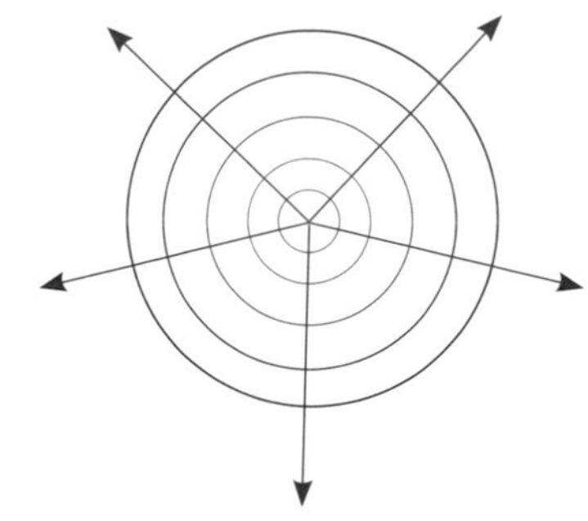

不確定性：腳本技術（Szenario）

圖9-5　德菲法與腳本技術

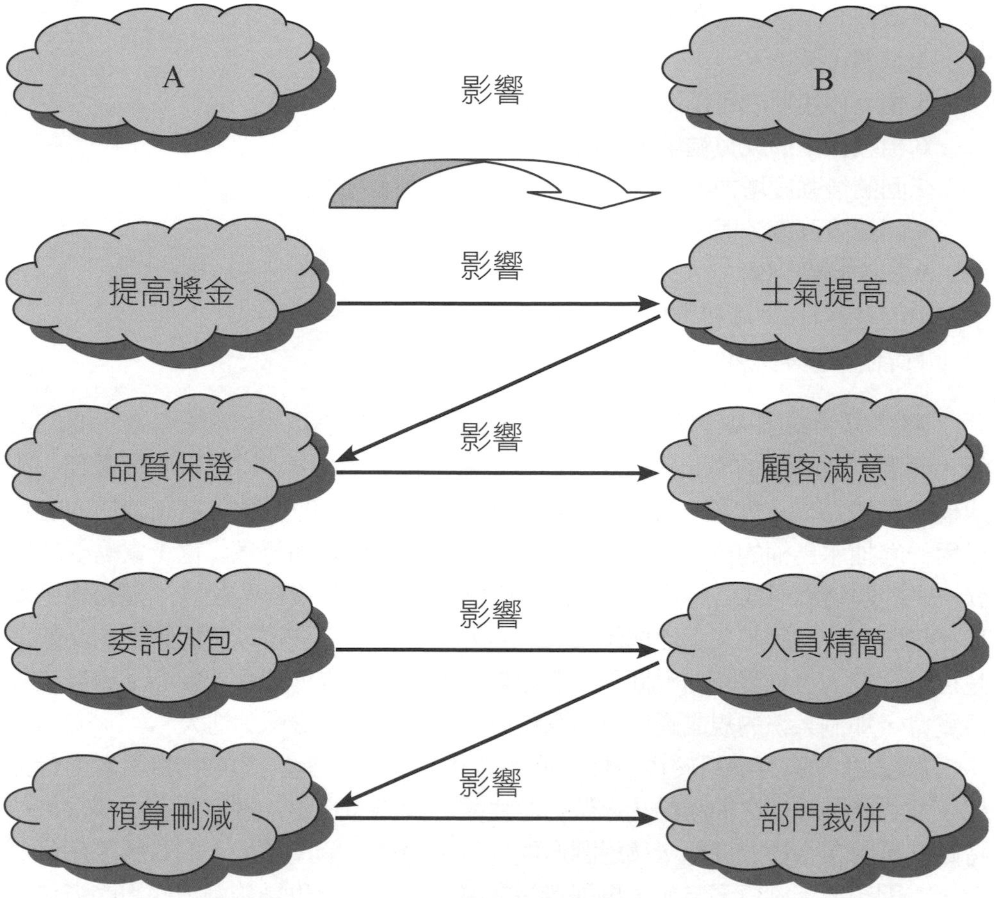

A
影響
B

提高獎金
影響
士氣提高

品質保證
影響
顧客滿意

委託外包
影響
人員精簡

預算刪減
影響
部門裁併

圖9-6 網絡思考

隨時可以加入新的因素、變更、合併、組合等（如圖9-6）。

用圖示的方法可以納入及考慮許多的影響因素，將網絡的關係明白的顯示出來，因素與因素之間的影響關係也可以簡單明瞭的畫出來，然後就可以對問題的情境進行研判分析，並從而導出各種的因應對策。

圖解中的主要重點是在釐清「影響的關聯性」，也就是解析「影響鏈」的系絡。「影響鏈」（Wirkungsketten）由一個一個步驟接續而成，每一個**步驟間的關係又有各種不同的變化**，可分成：

1.正面影響。

2.負面影響。

3.增強、改善、平衡、緩解。

4.減弱、減少。

5.相互作用形成正循環、良性循環。

6.相互作用形成負循環、惡性循環。

7.回饋後強度增加。

8.回饋後強度減弱。

9.加入時間因素。

10.直接作用與間接作用。

11.副作用與長遠的影響作用。

網絡思考的應用就是為了考慮到許多系統之間的關係、系統與系統間的回饋、面對問題情境的變化等課題，最終是要把問題解決掉。[18]所以「**影響鏈**」的建構與整體結構，就**是一種「控制論」（Kybernetik）的型態**。控制論的內容可以用一套抽水馬桶的機制來解釋，裡面的機械可以自動加至滿水位，當需要的時候——問題情境形成的時候，按下開關就開始沖水，然後自動加水。網絡思考就是在控制論的理論基礎上建構起來的一套方法。這個方法可以將問題變的比較清楚可以掌控，但是真正的大問題，例如臺北辦一個花卉博覽會，或者上海辦世界博覽會，那個系統的規劃圖就會像電路板一樣，工程就會極其浩大。

網絡思考適合應用於複合性的問題分析，可以針對許多的影響因素進行描述，並且將其彼此之間聯結起來做一個通觀。網絡思考這一個方法有一個很大的特點就是將複合性的問題，透過圖形與具象來表達。圖象透過人的右腦來產生刺激，一則印象深刻不易忘記，再則容易掌握全貌，因此也是普遍被採用的方法，如圖畫、電視、電影、網頁、書籍、甚至於專業論文用動畫表現等等。網絡思考也是在這一種潮流下發展出來，在應用上比其它情境分析和問題解決技巧上就更為便利。因為網絡思考可以分析「複合性」，讓我們瞭解所面對的問題是什麼？可以瞭解問題情境造成過度負荷的狀況；而且避免在繁瑣細節中忽略了真正重要的事情，讓我們在面對一個龐大且複雜的問題情境時，可以對整個問題的系統清楚的、穩定的加以定義，框定在系統邏輯網中，問題就可能被正確的解決。

三、模組化與模擬

在構成問題情境的系統中，裡面的每一個因素彼此之間可能相互影響，所以決策行為必須面對：(1)個別因素的變化；(2)系統本身的變化。

這兩方面的變化狀況就是複合性問題的事實呈現，要掌握這一個複合變化

體的對應方法，可以用「模組化」（Modellierung）與「模擬」（Simulation），將重要的事件納入模組中，同時將不重要的以及次要的事件予以排除，來對一個複合性的問題進行描述性的模組化，並且針對未來做預言。[19]這一種方法的重點是找出問題中的多個焦點，然後進行描述並加以模組化，最後完成的模組就是一幅「**多焦點的縮圖**」。

茲以一個國家近海漁業捕撈為例：

> 近海漁業捕撈作業海域範圍，可供捕撈的經濟性魚類、魚源都有一個總量，或者是極限值。在這一個總量內海域的魚類食物鏈可以支持這一個數目，如浮游生物、藻類等，讓魚類總量的成長率維持在一個範圍內。
>
> 漁貨捕撈的數量決定於漁船的數目，每一艘船每一年的捕撈量都有一定的數目。漁船的作業需要維持的費用與營運的費用，要使收益極大化就必須投資新建漁船，淘汰舊的沒有效率的船。當漁船的數目極大化以後，漁獲捕撈量及其收益也相對的極大化。如果漁獲捕撈量不如預期或漁貨價格下滑，漁民的收益就會減少，就不能良好的維持漁船的營運，也不能購入新的漁船。所以漁船數目的最佳化，決定於財務營收的結果。漁獲量與漁貨價格是獲利因素，漁船成本則是支出。

在上述的問題情境中，漁民在捕撈作業中必須考量到：

1.不可以造成魚源枯竭的生態崩潰，也不可以導致漁業沒落的經濟性崩潰結果。
2.要維持近海漁業的永續經營，確保魚源與漁業的生存。

這一個案例指涉了一個問題系統，其中牽涉了許多指標與因素互動，模組化與模擬則如圖9-7。

由圖9-7中的每一個要素都可以進一步的加上數字，例如去年獲利轉投資於新船的百分比、新船的價格、魚貨價格的漲跌、魚獲量、每一年的維修與營運成本等，都可以在圖示中註記。圖中也清楚的表明了一個互動關係，當漁船數增加後，捕撈量增加，會造成魚源的減少。當供給量減少時，價格升高。供給量增加時，價格降低。就會有四種情況：

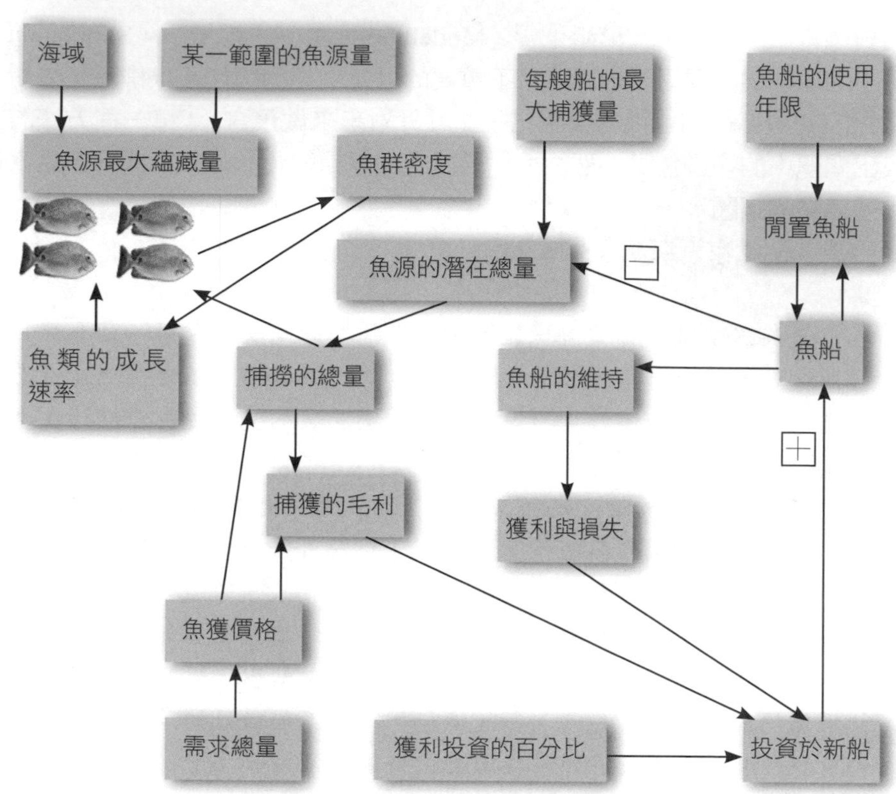

圖9-7　模組化與模擬案例解析

1.供需的關係影響生產成本與價格高低。
2.供給增加導致價格下滑。
3.價格下滑會刺激消費量的增加。
4.捕撈量的上限不加以節制的話，魚源的數量就不能維持固定的水平，甚至於造成魚源枯竭的後果，使整個漁業系統崩潰。

系統如果遭遇突然的、巨大的變化，以致於無法維持系統的再製，這時候就會產生系統崩潰的後果，這是目前常常可以看到的情形，例如珊瑚的白化與死亡者即是。所以系統的穩定與平衡常常都被列為觀察的重點，就好像大自然中益蟲與害蟲的一個共生關係，如果害蟲大量繁殖後，吃害蟲的益蟲有更多的食源，益蟲就會大量繁殖，最後害蟲被大量消滅後，益蟲的數量也隨之減少，回到最初的狀態。這就是一種穩定與平衡的作用。

當一個因素的穩定平衡狀態改變後，結果可能發展到另外一個方向，但是

在正向回饋與負向回饋的作用下，下一個發展可能又回到原來的位置，如此來來回回的變化產生了鐘擺效應，在不斷的擺盪之後，最後還是回到最初的靜止點。[20]依照質量不滅定律，位能的改變產生動能，動能又經過摩擦產生熱能，最後仍然回歸到靜止點（如圖9-8）的位能。

另外一種不穩定的狀況，就是一個非常脆弱的系統非常容易受到干擾，只要有一點點的風吹草動就會影響到系統的穩定性，甚至於達到被滅絕的地步。（如圖9-9）

這一種狀況常常可見於大自然的狀況，例如森林大火會將大片的林地摧毀，但是這一種摧毀卻又是森林再造的契機，美國加州高大常綠的美洲杉就是森林大火中的倖存者，並且成為巨木。一個系統有時候會用滅絕的方式來重生。

四、時間序列分析

時間序列分析法就是以時間的序列作為觀察的對象，其中包含兩個重點，一個是價值，另一個是測量的時間點。通常時間點都有一定的間距，例如年、月、日等。這一種分析法在各類的股市、期貨、金融交易的領域中，是極為普遍的工具。政府公部門也會大量的使用這一種工具，例如：

1.國家的人口統計。
2.國家總生產毛額。
3.財政收支。
4.物價漲跌幅。

在許多場合都可以透過這一種數字與圖形的分析，來對未來的發展進行預

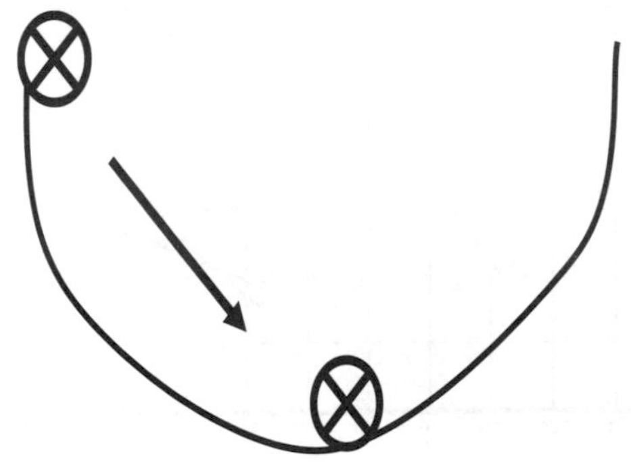

圖9-8　運動與靜止

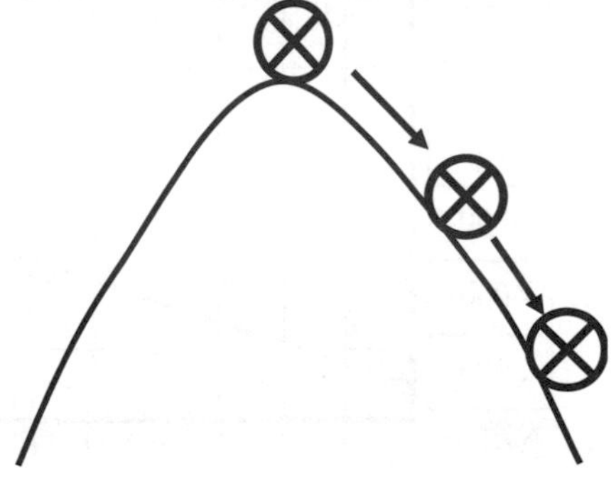

圖9-9　不穩定產生改變

估的工作，在時間序列上輸入各種依變項的數值，就可以對事件的發展狀況得到清楚的掌握，然後可以進一步的做趨勢分析。

時間序列分析常用的一種方法是採取回歸分析，輸入一個既定時間的所有相關數據後，得到一個回歸分析值。在這一個基礎上可以更進一步做「原因分析」，和「結果預測」。

時間序列也可以用數學的函數表示之：

$$Xt = f(Xt-1)$$

以圖9-10用某地區觀光客人數的時間序列及回歸分析為例。

在圖9-10中的問號就是針對關鍵性的問題，提出具體的疑問，也就是從過去的經驗值中，找到連結未來發展的答案。

五、德菲法

德菲法是透過蒐集意見的方法來找尋答案。在實施前必須先成立一個專案與控制小組，來決定幾個主題：

What：探討的主題是什麼？主題的範圍在哪裡？
Who：有哪些專家應該被邀請來參加？
How：蒐集意見的作法為何？何時應該有一個結論出來？

德菲法進行的過程原則上有下列各項：

1.控制組決定問題的序列。

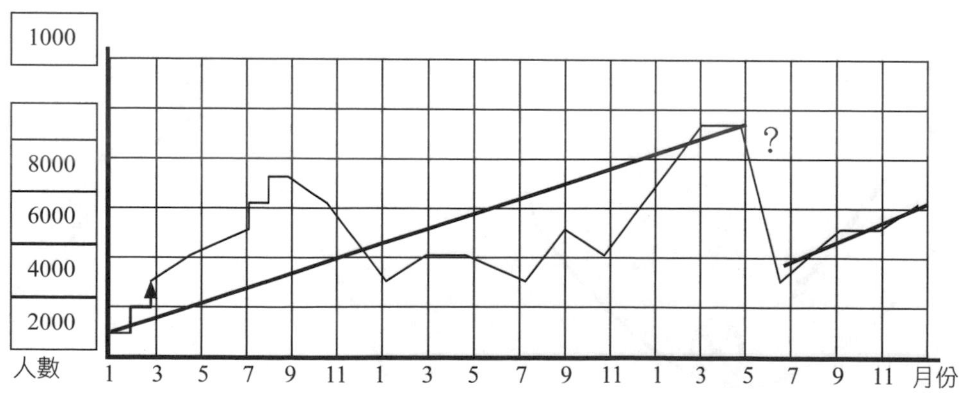

圖9-10　時間序列及回歸分析案例

2.專家意見的徵詢是透過文字來表達，每一個人的意見都是匿名的方式來作答。
3.在一個回合的徵詢過程結束後，所有得到的意見都彙整到一個總表上。然後將這一個總表提供給專家參考，並且作第二次的意見表達。這時候還可以再加上補充性的問題。
4.這一種徵詢的過程可以持續的進行，直到出現滿意的結果為止。

德菲法的優點是，所有專家的意見都可以在匿名的方式下，不受影響的充分表達，過程中利益團體、遊說團體、壓力團體等都不能干預這一個過程。專家在提供建議的時候，可以參考上一次其它專家的意見，並且得到腦力激盪的效果。

它的缺點是，一般專家在討論過程中可以快速、充分的交換意見並且從中得到豐碩的成果，德菲法在這一個方面就比較弱。其次，有一些特別突出的、高瞻遠矚的見解，可能會在團體徵詢過程中被搓掉了，團體迷思的現象在德菲法中是很可能出現的。

德菲法有其缺點，但是還是有許多的愛用者，因為這一種方式可以匿名自由表達，可以避免意見衝突的爭論場面，可以解決問題，又能保持和諧。通常使用這一種方法的頻率，總要間隔著一、二年，否則太過頻繁就會失去其意義。

六、腳本技術

腳本技術是一個有點特別卻又有許多愛好者的一個方法，它可以應用在一些情境，諸如：

1.國民經濟的發展：利用腳本專案最著名的案例，就是Shell石油公司在1980年代面臨石油危機，他們用這種方法來思考未來可能的發展，作為其策略思考的藍本，使其度過危機，並且成就其世界性的領導地位。
2.自動提款機的發展。
3.個人的生涯規劃：可以對個人情境做可靠的分析、瞭解個人的強項與弱點、彙總所有發展的可能途徑、中性的評估機會與風險、選擇理性的一條發展途徑等。
4.核廢料最終儲存場的可行性與安全性之研究。

從腳本技術應用的場合來看，可以得到幾點印象，例如：

1.它的焦點放在未來可能的發展。

2.目標可能受到一些可以操控的、或是不能操控的因素所影響。

3.它必須觀照大量的影響因素、不同的比重、不同的領域、甚至於跨領域的層面。

在以上的特點之下，應用腳本技術法必須要有心理準備，在腳本專案推動的過程中，個人的期望、個人的想法或偏好的意識型態，可能都必須拋棄，才有可能提出複合性的問題，並加以解決。

腳本技術是什麼？首先必須說明的是，它不是一種預測或預言，也不是一種策略，而僅只是針對未來發展可能性的諸多選項來做一個描述，現在所下的一個決定未來可能產生的真實結果是什麼。腳本技術通常會設計許多不同的腳本，對未來可能發展的途徑進行描繪，並且對於其中可能伴隨的機會與危險也加以描述之。透過腳本的幫忙，可以使人們在缺乏安全與可靠的事實情況下，因為有對未來發展的描述，而減少了對未來的恐懼。但是腳本技術卻不提供預估或預言。（如**圖**9-11）

每一件事情在未來的發展，或多或少都可以預見，而且多半是落在一般的發展趨勢上。腳本技術一方面對於一般趨勢進行描述，另外一方面還要對未來發展趨勢中可能出現的不安全性因素加以掌握。[21]這樣做的**目的**並不是要對未來提供一些指示，而是將未來發展的諸多可能性加以展示，並且提供當下可以做較好的決定。腳本技術的**使用者**還必須要有典範變遷的預備心，才能夠對應各種程度的不確定與不安定性。基本上，腳本技術還是淵源自分析思考的研究法。觀察一個系統並且做可靠的分析，是腳本專案不可或缺的基礎，也是最重要的出發點。分析可以採用質性的方法進行描述，也可用量化的方法提出數據，然後加上前述的網絡思考法。

採用質化或量化的變項，可以依照當事者的偏好，或是專案小組領導者的

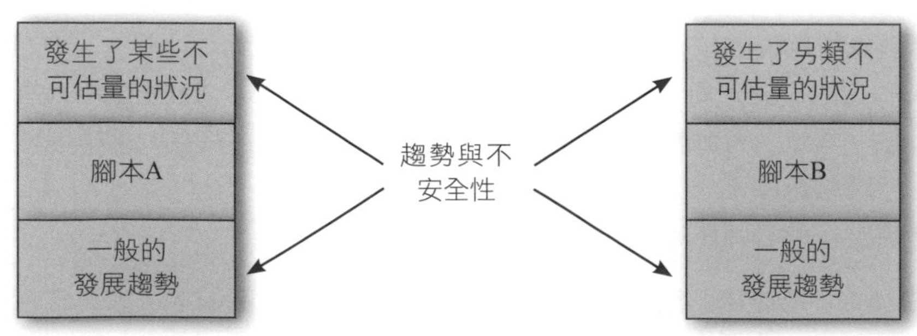

圖9-11　腳本技術

選擇，當然也要考慮到時程的問題以及財務的狀況而定之。至於適用的範疇則對象甚廣，腳本技術可以應用在各種不同的專業領域、不同的價值觀或不同的文化區域，對象沒有特別的限制，因為這一種技術只是純粹針對問題的範圍做一個縮影圖，便利做決定者做良好的決策而已。所以這一個技術的優點，就是可以博採許多人的不同意見、不同專家團體、意見領袖等之見解，並且整合在一起，做一個整體的通觀。

(一)整合性思考

系統思考在腳本技術中扮演很重要的角色，系統包括了許多的要素，而腳本技術的觀念也認為許多人的知識一定勝過一個人的知識，許多不同的觀點也比一個人的觀點要周延可靠。系統思考後接下來就是綜合性的步驟，兩者關係如圖9-12所示。[22]

在上述的步驟下，腳本技術可以提供一個保障，就是最後的結果都可以清楚的解釋、可以事後檢驗、並且可以良好的溝通討論，尤其是最後一點最重要，因為在不同專業領域或跨領域的事務中，如果可以進行良好的溝通，對於複合性的問題就更容易去把握重點，而且變的更容易理解。

圖9-11還有一項更重要的功能，就是整合性思考希望針對問題，儘可能的提出許多的思考面向，不會讓任何一個面向或任何一個層次的問題被遺漏，這樣問題的分析就可以得到最詳盡的描述，同時也可以導出更多有用的行動選擇方案來。除了比較詳盡之外，系統思考還會對每一個個別部分的特質進行分析，並且

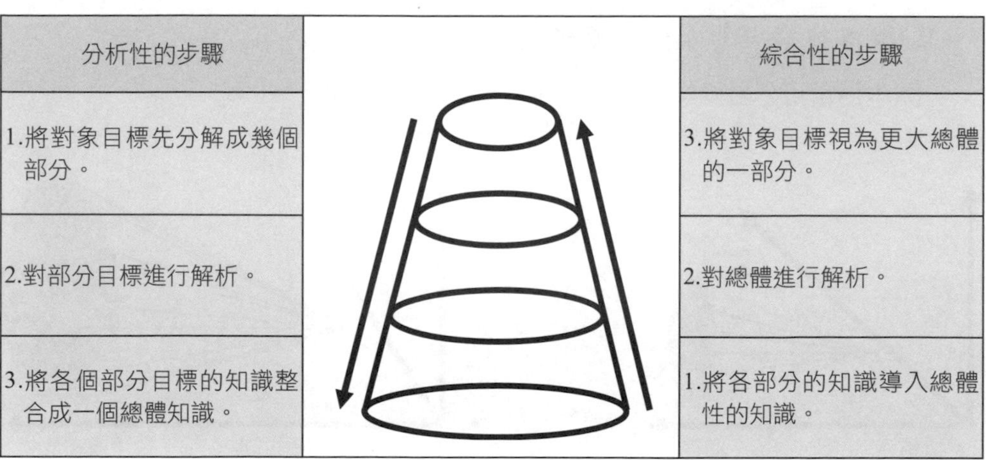

圖9-12　整合性的思考

研究各種特質之間的關係與關聯性，然後就可以判斷，哪些因素對系統有影響，影響的強、中、或輕微，並且瞭解：(1)哪些因素對系統有影響力？(2)哪些影響力是來自於外部？

各種的因素在未來會發展成各種狀況，整合性的系統思考就是要去掌握未來各種發展的可能性。很多發展的可能性就表示有很多條解決的途徑，腳本技術就是要將許多條途徑歸納到只有一個途徑，這一個途徑是最有可能的、而且是最沒有矛盾的，就會雀屏中選。（如圖9-13）

(二)概念

一個腳本中包括有發展的路徑、未來可能的狀況、未來發展的可能性等，這一整套的腳本如果用一個圓椎狀的圖形來表示，約如圖9-14。

在這一個圖形中有幾個名詞解釋如下：

1. 原始腳本：在進行解析的過程中可能產生許多腳本，每一個過程都有各自的處理方法，會針對原始腳本進行調查研究。
2. 堅實的腳本：在許多原始腳本中，其中可能性最高的、最沒有矛盾的，就可稱之為堅實的腳本。例如增加殺蟲劑的使用量就不利於有機農業的推展，這就是有相互矛盾的情形。
3. 干擾因素／干擾事件：對於發展過程中出現沒有預料到的狀況，並且造成了一定的影響者，就稱之為干擾因素或干擾事件。

(三)腳本技術中的非分析流程

腳本通常可分為兩類：

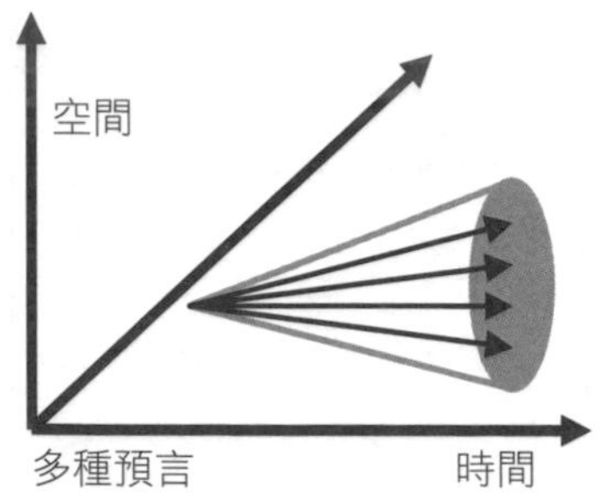

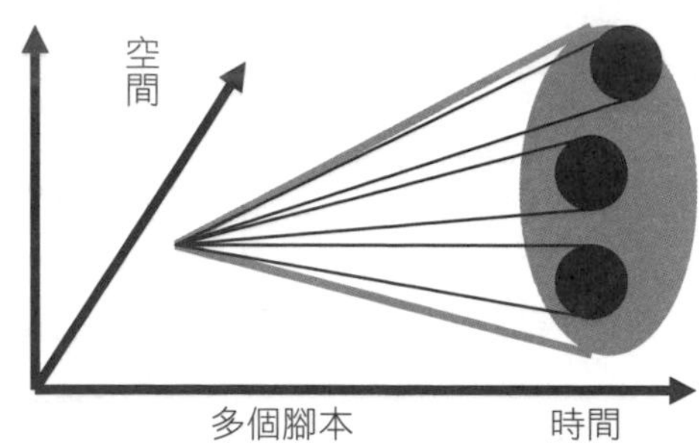

圖9-13　整合與發展

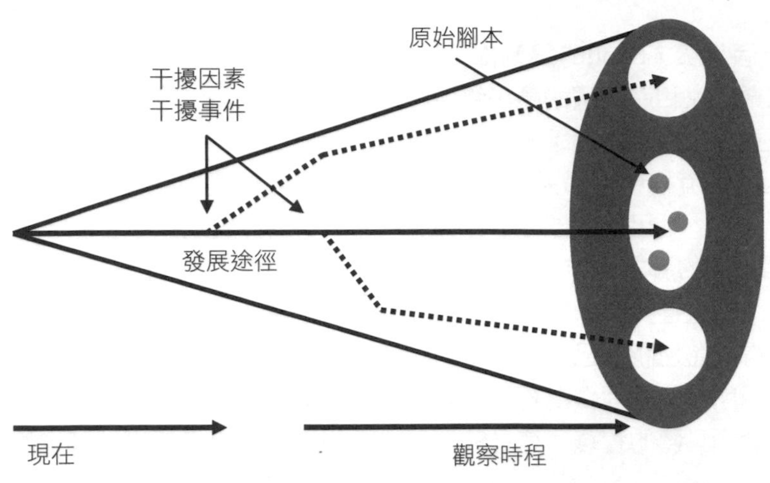

圖9-14　腳本的發展

1.直覺式或敘事性的腳本：在情境分析的基礎上，對發展過程中的變項進行評估。然後藉著這個評估用口頭表達的方式來描述未來的腳本，此稱之為直覺式或敘事性腳本。
2.分析式腳本：將所有影響問題情境的因素當作一個總體，並且將每個因素的發展方向揭露出來，然後來找出其中「最堅實的腳本」。

以下分別說明這兩種流程。

◆敘事性腳本——Shell案例

使用腳本技術最著名的案例就是Shell石油公司，在1981年的石油危機和兩伊戰爭期中，他們不僅正確的預估了未來的發展，而且將這一套技術放在Shell公司的管理中，作為策略思考的準繩。

他們當時的作法將流程分為幾個層次，首先，第一個步驟是，將各種可能的發展先列出來，如總體經濟大環境、政治的環境等，並且以三十年作為一個期程，然後做了一個評估：

1.石油市場從60年代以來一直都還是過度供應，但是慢慢的會調整為賣方市場。
2.石油的需求會急劇的增加，只有一個全球性的重挫才能抑制這一種趨勢。
3.中東油國不會將產能發揮到最大，這樣才能讓油源的儲藏量支持的更久，也符合減少銷售的想法。[23]

第二個步驟，Shell的規劃部門針對不同的領域進行調查，例如科技研發的部分、工業國家和產油國的國民經濟等，並且得到一個結論：全球經濟發展的趨勢在可預見的未來將會趨緩。

在上述的流程中不僅發展出了一些腳本，在未來可能預見的部分。不僅於此，對於其它「不可能的部分」也要加以思考，為什麼它們不可能。

各個不同的腳本一步一步的深入探討，在總體經濟分析的基礎上，一層一層的分析，一直推到具體的建議和細部的管理作為。這整套的流程中不是只有建立腳本和得具體建議而已，更重要的是各種各類的腳本中都有無數的溝通串聯於其中，使得所有的管理作為可以非常清晰的被理解，而且可以良好的被執行。從抽象的理念到具體的實踐，這是Shell最成功的地方，也是敘事性腳本的一個充分說明。

◆分析性腳本

一個分析性腳本提出來的時候，要分成兩個步驟：

1. 要做腳本範圍的分析，去確定所有會影響到觀察對象的相關因素，以及被對象所影響的因素。簡言之，腳本範圍就是界定操作的範圍，也就是網絡思考方法所影響到的範圍。
2. 要去建構一個腳本，來表達未來可能發展的路徑，而且必須是沒有自我矛盾的。

腳本技術是一個非常簡單的方法，用紙、筆就可以進行。它的重點是在提出問題，問題要能夠包括所有重要的關鍵因素，其它電腦的輔助都只是輔助性器材，真正重要的是提出問題，尤其是研究者所提出的懷疑，以及研究所所做的情境分析。如果將分析性腳本的工作步驟歸納之，可以簡單的用**圖**9-15來表示之。

伍、決策的陷阱

做決策的方法有很多種，有一些經常被使用的方法中卻隱藏著某些問題，使決策者誤蹈陷阱而不知，這一些通稱為決策的陷阱。決策的陷阱有的是一些錯誤的決策方法，有一些則是正確的決策方法但是過程中了問題，結果都導致了同樣的不良決策。為了避免這些隱藏性的陷阱，決策者應該認識這一些常見的現象與作法。茲分別敘述之如後：

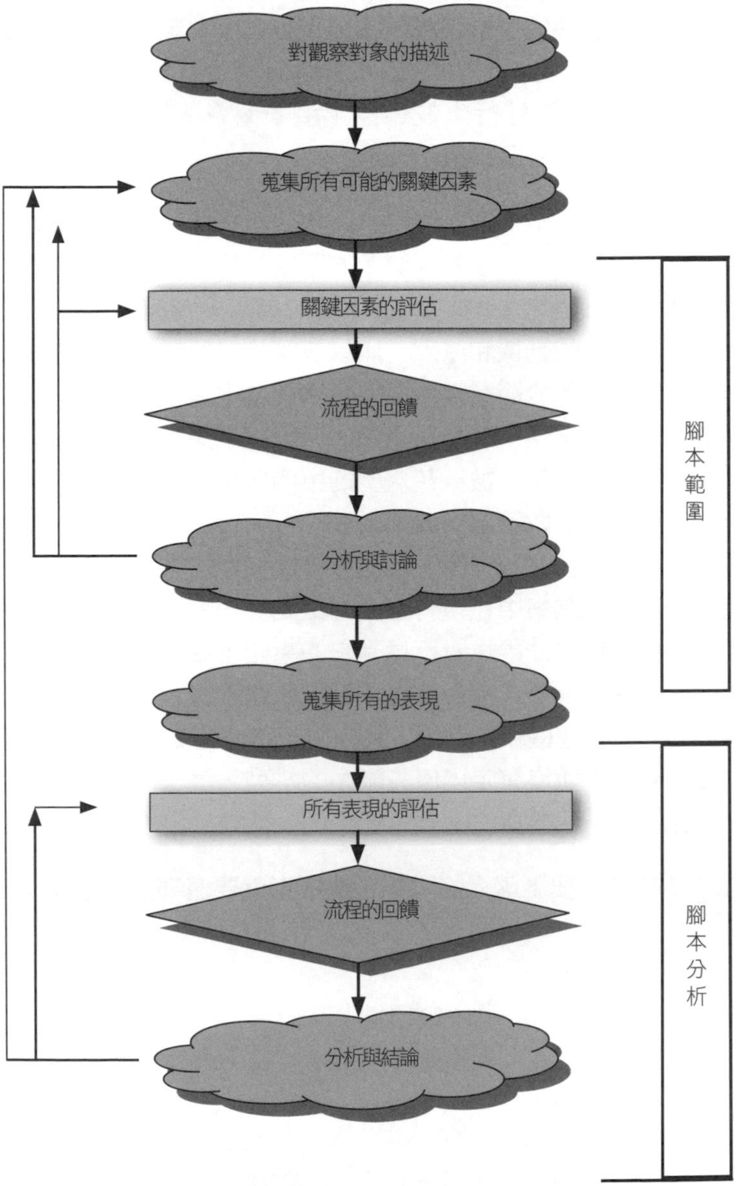

對觀察對象的描述
蒐集所有可能的關鍵因素
關鍵因素的評估
流程的回饋
分析與討論
蒐集所有的表現
所有表現的評估
流程的回饋
分析與結論
腳本範圍
腳本分析

圖9-15　分析性腳本

一、「優點——缺點比較法」之陷阱

「優點——缺點比較法」是一種經常被使用的決策方法，它的作法非常簡單且容易實行，就是將決策中的各種方案分別列其優缺點，加以並列以供比較抉擇。

優點與缺點並列然後進行比較選擇，這一個方法是直接選擇條件好的方案，但是這一個作法當中隱藏了幾個問題：

1. 每一個優點或缺點不一定就等於是一項決策指標。優點或缺點是現有選擇方案當下的已知條件，是外部給予的既定條件，和決策者個人的需求未必一致。需求的確認才能夠定決策標準，需求愈清楚才能夠設定清楚的目標，才有了決策的動機和原因。所以決策的主要前提就是先提出問題，問需求是什麼？問題愈簡單，後面的答案就會愈清楚，不致於被外部所提供的條件、狀況、優點、缺點所淆惑，而忘記了最初的需求及設定之目標，就好像到菜市場買菜，被五花八門的東西所誘惑，挑選比較後買了一大堆的東西，回家後卻做不出一道菜。
2. 依照優點缺點比較法做決策，可能會將比較好的方案排除在外。這一種方法會讓決策的焦點集中在現有方案的優點與缺點上，產生隧道視野效應，除了這些優缺點之外再也看不見其它的東西，見樹不見林、歸零思考、逆向思考、創意思考等，都會被優缺點比較法不經意之間抹殺掉，可能有更好的其它方案會在優缺點之外，換言之，創意方案可能會被忽略掉。
3. 優缺點並列法中並沒有定出優先順序的排列，每一個優缺點都是一樣的重要，忘記了每一個要素的比重可能是不一樣的。

針對以上的問題，要不落入陷阱中，決策者就要遵守下列事項：

1. 界定決策的目標。
2. 確認自己的、目標導向的決策指標。
3. 創造自己的選擇方案，不要隨便引用外部順手可得的方案。

出現頻率：

風險度：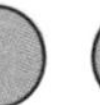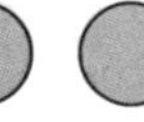

二、「供給」的陷阱

政府機關經常有許多的公共工程、建設、招標、採購案等，這時候就會有許多的廠商提供各種的產品、型錄、優惠條件等來參與競標，在琳琅滿目的各種誘人的條件下，引導著決策者做出錯誤的評斷，這就是所謂的「供給」多元化與多樣化造成的陷阱。對於這樣的陷阱防治之道有幾：

1.要對決策指標做詳細的描述，並且對解決方案的本質有明確的瞭解。凡是偏離決策指標者或是與解決方案本質不相侔者，就有可能是花俏的「過度供給」。
2.每一項決策指標都一定是配合著解決方案及其目標。只要不符合這一項要求者即予排除。
3.每一項決策指標都是從要決定的問題而來，如果不是這樣，就是對決策問題失焦。

基於這幾項防治的要求，作法上就必須注意幾點：

1.要清楚瞭解待決策的問題是什麼。
2.在決策情境中要知道想要達到的是什麼？不想要達到的是什麼？應該保障的是什麼？
3.接下來是建構決策指標。
4.最後是建構有意義的、符合需求的方案。

能夠注意「供給」的陷阱，然後在作法上謹守重要的步驟，就可以避開這一類的風險。

出現頻率：●●●●●●

風險度：●●●○○○

三、「大象」陷阱

做決策的一個重要環節就是建立決策指標，然後評估各項選擇方案。就在這一個環節中隱藏了一個決策的陷阱，某些指標被過度放大或者以不同名稱項目重複計算，讓這一些指標過度膨脹到像大象一樣，造成所謂的「大象」陷阱，終而扭曲了決策結果的正確性。

就以政府機關採購排洪抽水機這一項公共設備為例，決策的指標在經辦人員的設計下得到了下列一張「決策指標與比重表」（如**表**9-4）。

將表9-4套入三種規格的產品，並且再加一次權重，就得到如**表**9-5的一個結果。

在加權計算後的總得分中，便宜的抽水機分數最高成為選擇結果。這一個結果的計算過程通常是經過了幾個步驟：(1)設計者從過去經驗中找到了一些重要的面向，其中比較重要且不可或缺者；(2)將這些選出來的面向加以彙總之成為決策指標；(3)各項指標的權重或者是獨立給予權重分數，或相對比較後給予權重分數，皆依照設計者的偏好。

上面的表格看來都依照了基本步驟來進行，但是更仔細的觀察後可以發現，在所有的指標當中不是每一個指標都可以成為一個獨立項，其中有**性質雷同的、有相似的、有的可以歸入次級系統者**等等，如果有以上的情形存在，就會使某一類的決策指標被過度放大與膨脹，形成了「大象」相應，無形中就被多算了好幾倍，導致結果被扭曲，就一腳踏入決策的「大象」陷阱中。

上述表格中就有一些指標需要檢討，例如成本指標就有四項，採購成本、投資效益的回收、流動成本、符合預算，這幾個項目基本上都有性質類似的地方，可以合併成一個項目。如果項目設定合理時，最後的總分就會改變，決策的

表9-4　決策指標與比重表

決策指標	權　重
品質保證	8
排水量	5
使用的安全性	6
彈性裍換	7
採購成本	2
投資效益的回收	4
流動成本	3
符合預算	1

表9-5　三種產品套用決策指標與比重表的結果

決策指標 ＼ 權重及得分 ＼ 產品類別		便宜的抽水機		中價的抽水機		高價的抽水機	
		加權數	得分	加權數	得分	加權數	得分
品質保證	8	1	8	2	16	4	32
排水量	5	2	10	3	15	3	15
使用的安全性	6	1	6	2	12	2	12
彈性裀換	7	4	28	2	14	2	14
採購成本	2	4	8	2	4	1	2
投資效益的回收	4	3	12	2	8	2	8
流動成本	3	4	12	2	6	1	3
符合預算	1	4	4	2	2	1	1
總分			88		77		87

結果將從便宜的機器轉為貴的機器。

通常落入「大象」陷阱的決策者都不自知，因為決策的過程都符合既定的步驟，也都合理的加上權重的考量。問題的產生就是出在決策指標彼此之間的相似性太高，而且可以相互的取代，這時候陷阱就形成了。

當決策的結果是落入了「大象」陷阱時，要如何發現這一個問題呢？一個很簡單的方法——就是結果出現時「感覺」不對，和自己本來的期望相牴觸，這時候就要對各項決策指標重新進行檢討複查，看看指標中有沒有產生上述的問題。對應這一個陷阱的作法是「善用我們的直覺」，來作為決策品質的保障。

出現頻率：●●●○○○

風險度：●●●●○○

四、「履歷／經歷」陷阱

在處理人事行政的事務中常常都必須對人事甄選、升遷案做出決策，例如人事評議委員會作出決議，在總積分五分的差異範圍內，提出三名候選人供首長圈選決定，這時候首長應該圈選哪一位呢？有時候首長對於三名候選人不怎麼瞭解，這時候就會調這三個人的檔案，看看這三個人的履歷、經歷和檔案，然後做出決定。這是許多首長在做這一類決定時都可能有的作法，這樣會有什麼問題呢？

通常在履歷和經歷中包括一些項目，如畢業證書、教育訓練證書、過去的經歷、過去的工作經驗、過去的主管評語等等。從這一些資料中確實可以獲得許多的線索。但是必須注意的是，現在的工作、任務、職責、工作的繁簡難易、工作情境、工作夥伴等等情境，一定和候選人過去的經歷、條件不完全相同，過去的經歷不一定能夠符合未來工作的要求與挑戰。過去的經驗是在怎樣的環境背景下形成？過去主管的考評意見是用怎樣的標準？過去的條件對未來的工作有沒有幫助？種種的問題都必須審慎的檢查、探討、與研究，否則單憑履歷表、經歷上的資料來做決定，顯然有相當的風險存在。更何況履歷、經歷還可能經過美好的文辭修飾，或是加入了個人膨風的部分，其中的可信度就更堪疑慮了。

面對「履歷／經歷」可能隱藏的陷阱，處理的方法就是面試，直接觀察對方的各種言談、舉止、態度，瞭解其價值觀、性向、特質等等，這是一個不可或缺的步驟。另外的作法就是用一些具體的數據來作為檢驗的標準，例如顧客滿意度、政策執行力、溝通能力、領導能力、協調能力、風險管理能力等等，用一些實際工作上所要求的任務指標作為評鑑依據，就可以降低這一項陷阱的風險度。

出現頻率：●○○○○○

風險度：●●●●○○

五、「邊緣」陷阱

我們每個人可以自己做一個實驗，以簡單的案例來做一個重要性的權衡，例如財富、健康、朋友、家庭、休閒這五件事情做比較，各給一個比較後的權重分數，從1到5。答案依照個人偏好可能會如下顯示：

下列事項對您的重要性有多大？	
金錢	3
家庭	4
朋友	4
健康	3
休閒	2

當這一個權重比較表填好之後，我們用另外一種方式兩個一組再分別比較一下，答案將如下：

二個一組做比較，哪一個重要？		金錢	家庭	朋友	健康	休閒
金錢	家庭		○			
金錢	朋友			○		
金錢	健康				○	
金錢	休閒	○				
家庭	朋友		○			
家庭	健康		○			
家庭	休閒		○			
朋友	健康				○	
朋友	休閒			○		
健康	休閒				○	
零點		○	○	○	○	○
總分		2	5	3	4	1

零點的設計是要讓每一個項目會分配在1到5分之間，否則就會變成0到4分。

在兩個一組相互比較哪一個比較重要之後，出現的結果是：

金錢	家庭	朋友	健康	休閒
2	5	3	4	1

後面這一個表的結果就和前面的結果不一樣。前面一個表格是個人經過思考後打下的一個比重分數，後面的表格是將每一個項目分別和其它項目比較，兩個一組比較後打出來的比重分數。兩種表格結果不同之處在於，後者是經過確實比較後打出來的比重分數，從1到5有一個順位，而前一個表格的分數就會比較接近，而且趨中，就沒有邊緣分數1和5，就形成了沒有邊緣分數的問題，即為「邊緣」陷阱。

「邊緣」陷阱在人事考評的時候特別容易發生，因為不想讓成績顯得太極端，考評就有趨中現象，結果反而使得最後的結果產生問題。要避免這樣的陷阱，就是將每一項評鑑指標或評鑑要素兩兩比較，就會有一個清楚的排序出現，鄉愿、濫好人、和稀泥、含糊籠統的現象，都會被這一道理性之光照的現出原形，決策的理性乃得以彰顯。

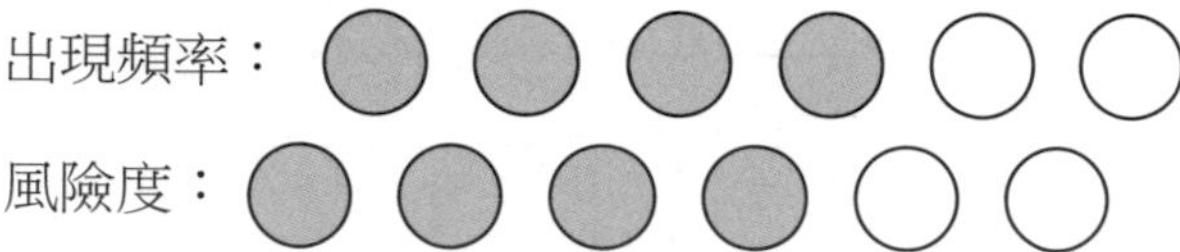

六、「或…或…」陷阱

決策情境中有一種近乎兩難的問題，似乎選擇任何一邊都各有優缺點，因而造成猶豫不決的情形。例如：「應該加強衝刺績效呢？還是加強顧客滿意度？」這兩個決策指標在決策的眼中猶如南北兩極的兩個問題，在有限資源下應該如何決定呢？

在兩個相對的、競合的、矛盾的決策指標之間做選擇，前面章節多次提到了權衡、權重、比較的方法。但是在同樣重要的兩個決策指標之間，權衡或比較的方法就不太適用，因為兩方都是同等的重要，一方如果多一點，另一方就相對少一點。在這一種情況下，決策行為一不小心就會跌入「或…或…」的陷阱中。

如果權衡、比較的方法不適用的話，對應這種相對兩極的問題，解決的方法就得回到源頭去，重新審視決策的目標是什麼？組織的需要是什麼？回到組織生存、發展與成長最重要的基礎上去思考。換言之，在決策選項的層次上遭遇瓶頸的時候，就要到上一個層次去尋求解答，最高層次、終極解答就是組織的需要、組織存續、組織的成長與發展。每一個組織都有自己的組織需要與組織發展方向，針對上述的選擇，「應該追求績效？還是追求顧客滿意？」這個問題，對警察機關來說，治安績效的提升是比民眾滿意度更迫切；對國家音樂廳的兩廳院來說，顧客的滿意度、民眾喜歡兩廳院的表演展出，會比成本效益比的績效更重要。

另外，「或…或…」兩難情形的產生，可能是決策者將兩個決策指標選項的邊際效益過度放大，結果看起來兩邊都非常的重要，放棄任何一邊或減少任何一邊都是一種災難。但是如果將兩邊的選項邊際效益的泡沫都去除掉，回到單純的面目來看，二選一的項目或許不是那麼針鋒相對，也不是那麼極端的兩極化。甚至於可能是相互依存的兩方，例如：警察強化治安績效的提升，何嘗不是減少民眾的被害恐懼？這也是民眾滿意度的重要指標。臺鐵、國營事業機構等致力於民眾滿意度的提升，樂於接受其服務，營運績效當然也會隨之提高。

突破二選一的兩難困境，首要之務就是擺脫既有的思維模式，回歸到各決策指標的基本面來觀察，同時加上組織的需要、組織的成長與發展的考量，把兩極化的難題轉為相互依存的問題，決策的結果將對決策目標的達成會有所助益。

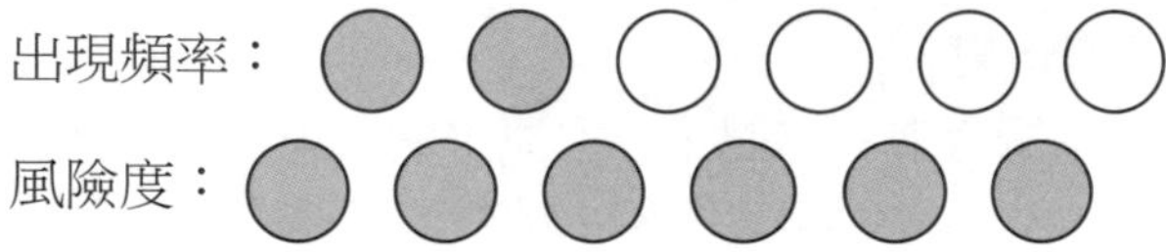

七、「沒有選擇」的陷阱

有一家報社的行銷部門打電話到某政府機關的公關室，告知報社在本週有廣告半價優惠的活動，如果在24小時內趕快決定的話，就可以為政府公告保留優惠版面。這一個優惠活動確實比平常價格低廉很多，讓公關部門相當心動，只是這個機會必須在24小時內做決定。類似這樣的場景，經常發生在我們的身邊，要？還是不要？

有一些優惠的辦法、折扣、好機會等等，讓一個決策者為之砰然心動，確實這樣的機會是平常所沒有的，在限定的時間內，決策者考慮後，可能很自然的就接受了這個機會。當然，他就跌入了所謂「沒有選擇」的陷阱。

對方提出來的優惠條件，決策者只有做或者不做、接受或者不接受的選擇，換言之，他沒有選擇的餘地。這一種決策情境實際上是：**對方提出了問題，但並不是決策的問題，而僅是一個機會**，這一個機會可能會使決策的問題被稀釋、被模糊而失去焦點。表面上看，一個優惠的廣告價格非常迷人，實際上應該決策的問題卻是：廣告預算有多少？什麼時候刊登政府公告？公告的頻率與效果為何？公告的對象是誰？等等問題才是決策的主要問題內容，而不是當下要不要接受這個優惠的問題。

做或不做、接受或不接受，基本上不是真正的選擇，就決策的實務調查研究來看，**好的決策至少必須要有三個選項做考慮**，只有一個選項，先天就已經埋下了錯誤決策的種子。更何況在一種被鼓舞的氣氛下、被利益驅使的誘惑下，一個輕率的決定就會很自然的產生。事實上，有很多的決定都是很快的、在某種氣氛下作成，犯了過錯卻又不自知。所以，這一種決策陷阱的風險度是非常高的。

「沒有選擇」的決策陷阱有許多的徵候可以辨識之，諸如：

1.這一種決策情境通常都沒有詳細描述的目標，而且只有一個主題。
2.決策的對象與內容大多是很平常的事件。
3.這一類決策的問題都是用很封閉的形式來描述。所謂開放式的問題形式為：「這一個問題是怎樣產生的？」，封閉式的問題則是：「這一個提案造成我什麼問題？」
4.這一類的決策問題從頭到尾只有一個選項，如果不選這一個選項的話，所有的狀況都保持原樣沒有改變。
5.在這一種決策情境下，決策者常常忘記了自己原來的決策需求，而跟隨著對方的提案作「優點——缺點」的觀察比較，造成決策內容的空洞化。
6.決策者對這整個事件的處理感覺不像是在作一個決策，倒像是在解決一個問題。

面對這一種類型的決策陷阱應該如何處理呢？首先要說明的是，「沒有選擇」的方案並非都一無是處，要做選擇也可以，但是前題必須——問題意識清楚、合乎決策目標。對方提出的限制性優惠也正好是等待已久的目標，這時候就可以進行決策考量。除此之外，在這一種情境下應該保持開放的態度，繼續尋求其它的選擇方案，因為優惠的方案常常不是最好的方案。如果匆促的作下決定，結果不一定理想。依照20／80原理來看，好的20%決定造成80%的成果，匆促所作的決定，可能變成倒過來的80／20情形。因此，面對「沒有選擇」的陷阱時，要睜大眼睛，做到：

1.詳細描述決策的目標。
2.描述決策的問題，並且作為開放性的問題。
3.在清楚的意識下引進更多的選擇方案。

出現頻率：●●●●●●

風險度：●●●●●●

八、「蝸牛」陷阱

關於決策有一種很弔詭的說法是：「不作決定也是一種決定」，就決策理論來說這種作法是不對的。和這一種作法頗為相近的決策就是：決策者看著事情在眼前不斷的發展，一再的推延不作決策，直到所有的可能性和機會都消失而自食苦果。這一種將決策行為盡可能推遲，而且愈長愈好的行為，就會掉入「蝸牛式」的決策陷阱。

當然，在事過境遷之後，許多「蝸牛式」的決策者會扼腕的說「早知道……就好了」，但是如果決策的行為慣性不改的話，再多「早知道」的懊惱對於下一個決策，依然是沒有太多幫助，決策的風險不可能降低。

「蝸牛式」的決策風格就是拖拖拉拉、猶豫不決、瞻前顧後、畏首畏尾、因循苟且，想要等一等，看看到後來問題會不會自動消失，最後的結果就是坐失決策良機，讓決策情境惡化到無法控制，這就是跌入了「蝸牛式」的決策陷阱。如果要避免這樣的現象，就要問：

1.目前組織裡有哪些問題和哪些面向處理的不好？
2.有哪些問題沒有被積極主動的處理？
3.有哪些問題缺乏良好的解決方案與對策？

如果有上述的現象發生，就應該列入追蹤管制的名單中，透過時間管制計畫限令完成之。針對「蝸牛式」的決策風格可以用三個層面的檢視與督促，亦即：

1.要求決策的清晰度與透明度。
2.要求有品質的選擇方案。
3.確保獲得最大的支持。

這三項要求的結果，就是一個決策的產生。

「蝸牛式」決策的特點，就是比較漫長的決策過程、提不出有效的對策方案、也沒有積極主動解決的態度。對應它的方法就是將所有主動與被動的決策行為列表檢視，並且訂定一個處理時限，同時要求這一類的決策者必須積極的尋求解決方案及選項。

出現頻率：●●●●●○

風險度：●●●●●●

九、「資訊」陷阱

在針對決策備選方案的評估過程中，可能會出現一個狀況，就是進行評估卻沒有資訊的基礎來支持，這樣評估出來的結果可能會有問題。例如鄉公所將垃圾清運委託外包給民間公司來處理，但是卻疏忽了沒有對承包商的財務狀況、營運績效進行調查，單單憑最低標的價格就獲得了外包的合約。結果廠商營運不佳惡性倒閉，造成鄉公所為了緊急清運垃圾弄得焦頭爛額，民眾怨聲載道，慘重的在「資訊」的陷阱上付出了決策的代價。

決策選項的評估必須有足夠的資訊作為基礎，如果資訊不足或有缺陷時，就應該補足，否則決策的指標就會有問題，終而導致決策的錯誤。決策過程中如果疏忽了、或者不重視資訊充分的重要性，然後直接就針對決策指標進行評估，這就是無異於「隔空抓藥」、「無的放矢」的作法。

有許多的決策案例都是在不充分、不完備的情況下作成的，但是決策者也沒有察覺到這個問題，直接就作出了決策。所以「資訊不足的」陷阱是一種最難察覺的決策問題。要克服這個難題，就要檢查下列幾個面向：

1.查、瞭解本案的資訊需求。
2.滿足各面項資訊的需求。
3.評估各個備選方案中不確定的訊息。
4.如果資訊有不足時，必須及時補上。

在資訊不完備的情況下進行方案評估，可能最後的決策並沒有錯誤，但那是偶然的運氣，好運不會一直降臨。資訊方面的瑕疵或錯誤最嚴重的影響是，它一定偏離所設定的目標，就好像火砲射擊必須輸入方位、距離、風向等等參數，參數錯誤了，砲彈一定打不到目標。如果一個決策不能夠朝向著目標前進，就一定不是一個有用的決策。盲目的、耗費時間與金錢的決策，就會讓組織付出沉重的代價。所以，面對「資訊」缺陷這一個風險，就一定要調查清楚決策方案中的資訊需求，從可靠的資訊來源去獲得正確的資訊。

出現頻率：●●●●●○

風險度：●●●●○○

陸、正確的決策步驟

決策制定的過程中可能有各種不同的陷阱，而且可能在不經意之間就誤蹈陷阱，造成瑕疵的決策。決策的陷阱有很多，不是每一項都能夠被牢牢的記住，但是又不能犯錯，對於這種情形，就有需要訂定一套簡明的決策步驟以為遵循，此即為正確的決策步驟。

正確的決策步驟就像是一付好的藥方，依照藥方抓取所需要的藥材，按照規定的步驟來煎煮，就可以製造出一份針對疾病的良藥出來。良好的決策一定要依照正確的決策步驟來產生，正確的步驟包括四大項目，約為：

1.決策內容與過程必須做到清晰與明白。
2.要創造有吸引力的備選方案。
3.在決策實施的時候要確保能得到最大的支持。
4.作成決策。

一、決策清晰

要做到決策內容與過程的清晰，必須注意下列的幾個步驟：

(一)確定目標

每一個決策都必須有一個目標，每一個決策行為的第一要務就是確認目標。如果目標不存在，那麼決策行為就是一個假議題。目標錯置、目標模糊、目標虛假等，決策就很難正確的聚焦。

目標確認前要先進行目標描述。目標描述工作首先必須觀照組織的願景，觀察決策與組織願景的方向是否一致或背道而馳，假使決策結果要避免路線搖擺的問題，就必須將組織願景作為決策定向的參考要素。這樣就可以：(1)避免混淆的現象，不會將目標和過程中的問題搞混在一起，或是將過程中的問題當成目標；(2)避免「沒有選擇」的陷阱，別人提供的優惠方案讓我們選擇要或不要、做或不做，這種情境只要清楚確認自己的目標，就不會被誘惑性的方案牽著鼻子走；(3)避免「優點－缺點比較法」，目標描述與目標確認注重的是各項選擇方案，而不是陷入優點—缺點比較法的陷阱中。

(二)確認決策的原因

不管決策的原因是一個機會還是一個問題，都必須先加以確認，確認有沒有必要做決定。如果原因不存在，就不必做決定。原因確定之後，整個決策行為的進行才可以繼續的往下走。

(三)提問中肯

提出問題就是將決策的主題以問號的形式具體表達之，例如：「○○問題該怎麼處理？」、「現在的○○狀況以後會怎麼發展？我們該如何因應？」。當問題提出之後，決策作業就有具體的焦點。問題焦點越清楚，答案也相對清楚。

(四)界定控制因素

控制因素在決策過程中扮演釐清的角色，使決策者清楚的知道決策所要達到的目標是什麼。在發展決策指標的時候控制因素就能夠發揮極大的功用，讓決策過程比較輕鬆而且保持在正確的道路上。控制因素分成三部分，即：(1)希望達到的結果；(2)現況的結果；(3)不希望產生的結果。

控制因素可以發揮免疫的功能來對治「供給」的陷阱，不管選擇方案是五花八門或各具優點，控制因素就是一項衡量指標，幫助決策者分辨虛實真偽，始終清楚的掌握決策的需求與決策的目標。

(五)建構排除指標

排除指標就是決策黑名單上所列的指標，不符合要求決策指標就會列入其中。建構排除指標是一件重要的步驟，透過它是要確定什麼決策指標是一定得要實現的，以及哪些指標是一定不能讓它發生的。

建立排除指標／黑名單是對決策指標的初步評估，評估的指標必須具體而且可以再複驗。通常，排除指標和不希望產生的結果緊密相連。

(六)建構決策指標

決策指標的建構是一項高度藝術性的工作，在儘可能涵括所有重要的層面，不納入多餘的部分，也不遺漏重要的部分，恰如其分的採則是需要周詳考量的工作。

在這一個步驟中需要注意的問題就是「大象」陷阱。有許多基本上是相似的面向，但以不同的名稱出現在決策指標名單中，例如合乎預算、採購成本、流動資金等等項目，其實都屬於「成本」這一個大項目之下。所以建構決策指標的第一個要求，就是回歸基本面、基本項目與基本需求。

(七)決策指標的比重權衡

每一個決策指標的重要性不一樣，所以必須經過比重加權的過程，對於其實質的重要性給予比重加權的分數。加權有兩種方式，一種是主觀的直接給予比重分數，另一種是經過相對比較後訂定加權分數。前一種分數可能落入前述的「邊緣」陷阱，就是比重有趨中現象，頭尾兩端反而成為虛設。第二種是透過兩個一組比較，最後將每一個指標都定一個前後排序，重要性的順序就非常明確。所以，相對比較法是決策指標比重權衡較佳的作法。

二、創造有吸引力的方案

決策的作用就是解決問題，解決方法要去尋找各種可能的解決方案，方案至少要有一個或多個以上才能進行決策。在某些情況下，一些問題的解決已經有了固定的方案，也就是有了標準答案，只要照著去執行就可以了。對於有固定解決方案的狀況，應該要注意問題的需求面是否有闕漏的地方，因為需求面可能有更動。

除了固定的解決方案之外，還有許多沒有前例可循的疑難雜症經常考驗著決策者，這時候就要有一些有效的創意作法。通常使用較多創意作法有兩種，就是「奧斯本方法」（Osbornmethode）和「型態模組」（morphologischen Kasten）二種。但是在使用這種決策創意方法之前，決策者必須先將個人的視野打開，為創造有吸引力的解決方案做準備，在視野打開之後，可能一些不錯的想法就已經開始出現。打開視野的步驟分為：

1.目標導向，焦點放在目的上。
2.一切以決策的原因為導向，把問題徹底釐清。
3.思考應該怎麼做的問題。
4.有固定解決方案／成案者，針對成案來研究。
5.建立控制因素，來管控解決方案的方向與品質。
6.尋找組織內部或外部的標竿，作為解決的參考。

在以上六個步驟都完成之後，就可以進行二個創意的作法，來提供決策者一些問題解決的方法。當然其它腦力激盪的方法也是很好的方法，也可以作為循球良好方案的途徑。

「奧斯本方法」（Osbornmethode）是行銷專家Alexander Osborn在50年代所發展出來的方法，至今仍廣為世人所採用。這一種方法沒有什麼風險，可以將有用的和沒有用的想法區隔開來，它分為幾個步驟：(1)應用；(2)排列組合；(3)調整、適應；(4)放大或增加；(5)改變；(6)縮小或刪減；(7)重組或重新安排；(8)顛倒；(9)替代。

透過以上九種方法，可以獲得許多創意思考，來提出更有價值的決策方案。

「型態模型法」是瑞士物理學家史威基（Fritz Zwiky）所創。這一種方法利用多重不同面向的方格，來提供許多不同組合的決策方案，茲以一個花瓶的製造來說，「型態模型法」可以有如**表**9-6可能性。

在以上的方格中可以依照排列組合來構成選項，理論上來說每一種可能的組合都是一種可以嚐試的解決方案，在方格中的組合可能一共有3,125種答案，如果再增加一行的話，就會變成7,776種答案。如果依照「型態模型法」來尋找選擇方案的話，可以提供選擇的方案實在多到不用發愁，在非常多的方案中在選擇比較偏好的項目，就可以提出非常吸引人的決策方案了。

三、決策方案的最佳化

經過前面一個步驟提出來的一些有價值的、吸引人的決策選項，接下來就要將這些選項放在控制因素之下進行檢驗。控制因素是在決策流程中所設定的管控機制，針對「期待的結果、現況的結果、和不希望發生的結果」三個面項來設計，對於備選方案中的內容進行審查，然後提出「最佳化」的建議，調整、修正備選方案，使其成為最佳的方案，這就是決策方案的最佳化。[24]

茲以公共工程發包為例，決策備選方案B雀屏中選，其方案之最佳化的作法可以如**表**9-7呈現。

表9-6　型態模型法的可能性

形狀	顏色	材料	花飾	高度
渾沌式	紅	石	無	5cm
方塊式	藍	塑膠	花	15cm
球狀	透明	玻璃	相片	30cm
圓柱狀	白	金屬	草葉	45cm
金字塔	黑	陶瓷	東方的	100cm

表9-7　決策方案的最佳化過程

控制因素	方案B	最佳化
施工期限	如果遇到雨天期太多，就會影響工期。	增加人力與設備，可以縮短工期，對抗雨季。
高品質	得標廠商有很好的信譽，施工品質均能依約履行。	加入自己的品質專家來從旁協助與監督。
低成本	已經達到經費的上限，不能再追加預算	與廠商共同研究是否有合理化的空間，使成本更精簡。
可靠度	廠商都可以做到它所允諾的事項。	對於違反承諾的情形，可以訂定履約保證或違約懲罰規定。
工安	廠商歷年來均無工安事件發生。	加強監工。
提高員工士氣	員工工作氣氛良好。	無
良好的組織	施工團隊有良好的組織。	無

表9-7就是針對備選方案進行最佳化的過程，針對方案更進一步加以美化，使備選方案更符合決策的需求與目標。

四、確保執行時獲得最大的支持

一個決策方案決定之後能否加以實現，就要看是否得到最大程度的支持。支持者包括了有影響力的利害相關人、利益團體、壓力團體、政治力量、民眾等等。有影響力的相關人支持方案佔大多數時方案的實現機會就相對較大，如果支持度較低時，方案的實現過程就可能產生一些摩擦，進行就不會一路都平順。

「確保執行時獲得最大的支持」這一點要落實在行政決策中，事實上是所有項目中最困難的一點。要如何達成，在下一節中將續予申論之。

第五節　行政決策的執行

決策的情境分析與決策的步驟，最後就來到決策的執行這一步。前一節最後提到了「確保執行時獲得最大的支持」，這一點要求就是決策執行面的議題。決策執行的議題在前面的各種步驟之後，全部都要回到公共行政的軌道上來談，行政有既定的法規範、有行政任務、行政組織、及行政運作，決策的最後還是必須付諸行政的執行。以下是就決策的行政執行核心內容進行探究。

壹、決策執行是一種行政程序

公共行政的系統理性最清楚的表現，就是「依照程序」（due prosess），就是依照既定的行政程序來完成其行政行為。在前面有非常多關於行政決策的方法、標準化、最佳化、極大化、極小化等等原則，但是尚不足以保證行政決策的正確執行。**行政決策「正確」執行的保證，必須透過「行政程序」來維持其公正性，「公正的行政程序」就是現代國家「規範與秩序的理想」**，[25]這一點對於大陸法系的「法治行政」國家以及海洋法系「管理行政」國家而言，都是同等的重要，而且可以確定的說，「行政程序」是保障行政決策的重要元素。[26]

行政決策的制定如果能夠符合結構化的程序來進行，這就是法治國家的行政表徵，在大陸法系國家有行政程序法如德國Verwaltungsverfahrengesetz，在美國有Administrative Procedure Act，透過行政程序法將決策的過程實定於法律中，將行政程序法典化，如行政契約、資訊公開、基礎建設等。在各個行政法規中都將行政程序做了某種程度正式化的規定，例如書面申請、口頭表達的處理、聽證的規定、證人的傳喚、書面的解釋等。在此之外，還有一些比較不正式化的行政程序規定，來彈性配合一些實務上的案例，[27]也就是說行政流程包括了形式化的以及非形式化的作法，非形式化的作法可以適用於公私協力、處理非正式的狀況。但是程序的概念在這裡，是廣義的包含了或多或少的法律形式的範疇，以因應行政機關內部與外部的所有事務需求。

行政流程的基本功能就是保障行政決策的正確性，[28]這一種功能也是要讓法律的實質能夠被實現與貫徹。功能的指標包括了法律保障、法律的具體化、法律的運用，一直到基本人權的實現等。法律的流程、裁量與決策的空間等等，都在行政決策中實現，所以流程化與法治國家的行政密切相關，在英美等普通法（Common Law）傳統的國家，流程化也是非常的重要。法治行政國家和管理行政國家的「正確性指標」不是只有法律，其它還有許多的條件、前題與結果必須加以注意，例如關於基礎建設的決策必須注意技術與工業的規範、對抗毒品的決策必須擬定官署的策略、補助的決策必須注意財政部所設定的門檻等，這些都是行政決策必須注意的流程，並且依循此一法典化的行政程序。

行政決策為什麼必須是一個法典化的行政程序呢？答案就是要保障法治國家的法律利益，利益包括社會利益、經濟利益等等。但是當某些利益沒有獲得周延的保護時，行政決策必須要有一套「開放性的參與規範」（offene

Partizipationsnormen），[29]將協調與合作的功能加入決策之中，讓相關的機關、公與私的利害關係人、民眾等，加入並參與行政的決策，特別是民眾參與在多元民主社會中扮演著越來越重要的角色。這一種趨勢與作法的原因又是為何呢？以下接續分析如後。

貳、正當性、接納與調解

一、正當性

行政決策不是一種單純的資料作業流程，它除了在資訊處理上必須有一定的「技術水平」之外，還必須顧慮到公共與私人的層面、社會的利益、行政強制與執行等層面。因為有多面向與寬闊的層面要考量，行政決策就必須考量幾個重要的議題，就是：(1)決策正當性的問題；(2)民眾、企業、社會團體的接納性問題；(3)行政決策最後必須以合法性的基礎來強制貫徹行政決策時，應該有若何預防措施的問題。以上三個議題的探討與答案，就是行政決策執行成果的預估。如果跳過了這三個議題，行政決策行為可能就真的只是一場資料處理的模擬遊戲。反之，認真探討這三個議題並尋求解答者，就是為前面決策規劃的結果鋪陳實現的道路。

「正當性」是公共行政行使治理的一個基礎，也是一個廣義的指標。決策的正當性對法治型行政如德、法者，是非常重要的問題，對於偏好效能效果的管理型國家如英、美者，正當性的問題也是同樣的不能輕忽。因為，行政決策必須回應／及符合民主、法治的要求，更重要的是對納稅人負責，實現行政治理的理性精神。

然而，在尋求決策正當性的過程中，公共行政必須面對外在環境的複雜性與變動性，以及利益衝突的情境，所以行政決策的情境基本上是頗具挑戰的。另外一方面，行政決策又必須滿足「實質的合法性」、預算的效能、議會政治的訴求、和實質內容上的公正性，這一些都不能靠政治體系的力量來支持，所以**公共行政必須靠自力來尋求正當性的保障，而最佳的正當性保障就是「透過行政程序」**，因為行政程序有流程的規定外，還有各項事務的標準與指標，可以提供正當性的基礎。尤其形式化的（formell）流程可以提供多樣化的正當性作法，例如：為民眾提供行政諮商、提供民眾訊息、行政宣導、保障安全、提供服務等等。當然還有許多非形式化的（infomell）流程來獲取決策的正當性，例如透過里民大會、成立義工組織、公私協力等等方式，來鼓舞民眾對政府的合作意願，

實現參與民眾的期待，解決民眾的困難等，來爭取社會廣大的認同，行政決策的正當性基礎就能夠得到增強。

然而，民眾的認同是不容易獲得的，連帶的要透過行政流程來使行政決策獲得正當性的理想，也就常常不容易實現。公共利益與私人利益兩者可能趨於一致，或是互補，但也可能是競爭的，甚而成敵對關係。行政行為和私人行為之間產生衝突以後，兩者並不是處於對等的地位，俗話有云：「民不與官鬥」，民眾面對行政官署的行為就猶如處於「巨靈的陰影下」（Schatten des Levithans），[30]雙方基本上是資訊不對等、以及武器不對等的，例如國稅局稅捐稽徵處對應納稅人的關係即是。所以，正當性的基礎是建立在認同理論上的民眾認同，民眾認同有時會碰到公、私利益及立場相左的情形，正當性的尋求必須面對「解決衝突」這一個議題，解決衝突就是照顧人民的需求、滿足其利益之謂。這時候就出現了下一個議題——「溝通」與「接納」。

二、溝通與接納

行政決策的正當性需要行政溝通來配合，好的溝通能力可以強化決策的正當性。行政溝通工作的對象與範圍，包括公共關係、報章雜誌等平面媒體、其它電子傳播媒體、與民有約、首長信箱、e化／電子化政府等不一而足，只要能配合行政程序，發揮溝通的功能，增強決策的社會認同者，都是行政溝通的範圍與對象。

行政溝通的目的就是增強行政決策的正當性，而所謂行政的正當性說簡單一點，就是要爭取「民眾的接納」，也就是對決策的接納。「接納」（Akzeptanz）在這裡指的是民眾、企業、團體的態度及立場正面接受的問題，「接納度」的增強就是「決策正當性」的增強。[31]從行政溝通到民眾接納，可以使決策的正當性基礎鞏固，這一個過程是行政決策執行非常關鍵性的成敗點，特別是在多元、民意高漲的後現代環境中，這一個過程已經是必然的政策環節，不可能跳過，也無法省略。

民眾的「接納度」由二個主要的指標來界定，一個是「組織信賴」（Institutionsvertrauen），另一個是「產品的滿意度」（Productzufriedenheit）。對公共行政的「組織信賴」是經過和國會、民間機構、外國的行政機關作比較後，所得到的一種信賴感。至於對行政的「產品滿意度」現在則有許多類似的名詞，如「使用者的滿意度」（User Satisfaction）、「顧客滿意」（Customer Satisfaction）或「市民滿意度」（Citizen Satisfaction）等，名稱雖異，內容皆同，討論的都是「顧客」對於行政以及行政服務的滿意度問題，諸如對城市的交

通狀況、都市居住品質、公共圖書館的服務、垃圾清運、噪音管理等等，各種行政效能的評價者均屬之。對公共行政的「組織信賴」和「行政產的滿意度」，這兩個指標將決定民眾的「接納度」，行政決策被民眾接納的程度也受到這兩個指標的檢驗。

「接納度」在傳統威權的時代比較不構成問題，但是來到現代就是一個不能輕忽的問題，因為時代背景因素有了巨大的轉變，個人主義的興盛、世人對科技發達的疑慮、對未來的恐懼等等，使得社會各項成本大幅提升、決策延宕難決、阻礙社會、經濟、環保各種必要建設的發展。再加上社會價值觀的變遷，從重視義務的價值觀過渡到強調自我實現、自我發展的價值觀，使得政府部門的施政挑戰性比過去要大的多，所以「接納度」如何提升的問題也隨之變得更重要。

三、參與

民眾的「接納度」該如何提升？在行政溝通這一個主題之下發展出許多的作法，其中最平實、也最有效的作法，就是採取「讓民眾參與」的方法。廣義的「參與」從政治的決策到行政的決策，都可以包含於其中。就行政決策而言，民眾參與決策的過程，可以對各個不同的行政議題表達其意見，從基礎建設、環保議題、公共財的分配等，民眾參與都可以進行。

民眾參與行政決策，就可以參與公聽會的聽證、表達意見、閱覽檔案、參加評估，甚至參與表決。在參與的過程中民眾得到了對行政決策的影響力，參與者、利害相關人、參加公聽會者等等，在參與時可以對決策的問題加以定義，也可以保護其法律的利益，當然更不能忘記了對「公共性」的維護使命，[32]來謀求公共利益和公共福祉。「民眾參與」在形式上是民主行政、雙向行政溝通的表現，是直接民主的形式。[33]而內在實質上，則是一種建構行政決策正當性的基礎工程，也是完成「民眾接納」的行政程序之步驟。

四、調解

行政決策需要得到民眾的接納，但是民眾的接納有時候是要付出代價的，因為民眾是許多個人組合而成的集合名詞，沒有統一的意志、意見、觀念、利益與立場，所以在人、利益、事務等各方面常常是不一致的，公共行政要爭取這一個組合體的接納與允諾，就要付出代價，例如付出時間、金錢，面對尖銳的對話、立場的對立、混亂的場面、自私自利、缺乏代表性等等問題，所以「民眾接納」是一個政府所欲的概念，而且是帶有若干理想氣息的概念，一旦落到現實的

土壤上，就會發現「民眾接納」這一個果實是甜中帶苦的，有其負作用，也有侷限性。「民眾接納」的侷限性如果不謹慎處理，就有可能被牽扯而做錯誤的行政決策來。[34]也就是說，面對民眾的多樣聲音與利益主張，公共行政不能忘記了公共任務的本質，也不能忘記原來行政決策的目的，讓某些民眾的主張拖著走，失去了行政決策的立意，這就不是行政決策應有的作法。

面對「接納度的管理」及其附帶的「衝突管理」，在英、美的盎格魯薩克遜國家和德、法的法治行政國家相同，都使用了「調解」（Mediation）的作法，[35]透過中立的第三人扮演調解的角色，來解決行政決策所遭遇的抵制。「調解」的作法最常使用於勞資雙方的談判，討論工資調漲或工作條件的問題，這個作法也可以應用在人事問題的解決，拿來解決民眾接納度的問題，也是一個行政溝通的有力工具。

「調解」是意見相左的兩方在調解者的介入協調下，願意將衝突擱置，來共同尋求雙方較能接受的方案。調解者本身並沒有決策的權利，也不必對決策負責，他的任務就是將決策中最重要的利益做清楚的描述並將其再現，對衝突情勢與能量有清楚的瞭解與掌握，也知道各方同意及不同意的底線，在衝突的情境中扮演衝突的調解與協調角色，並且找出其中利益的衡平點，發展出可行的建議案提供給各方。對於決策內容的正確與否，仍然是由公共行政負最後的責任，調解者的建議，必須是由公共行政依照其法律的、經濟的、政治的規定與要求來參酌修正，最後也是由行政機關來應用實施。所以調解的責任和決策的責任兩者常常是緊密結合，並且是由公共行政負其最終責任。

參、小結

這一章關於行政決策的分析研究，和偏重美國公共行政學的途徑有所不同，不是從綜合理性模式、滿意決策模式、漸進主義、混合掃描模式、垃圾桶模式[36]來討論，而是從法治型行政的決策邏輯架構來著手，法治行政的國家如何制定行政決策，方法論是以合理性、合法性、正當性、法治國家、社會主義、民主等概念為核心，置於法規範的大前提來做行政決策，法治型行政如德、法和管理型行政如英、美，方法論的交集點在理性決策和有限的理性這一點，當然，理性決策的觀點則是受到塞蒙（H. Simon）的影響。

決策的過程與思考架構，很明顯的在法治型行政有其獨特的模式，在規劃方面討論的是條件式規劃與末端規劃，其間還加上法律的形式思考，如不確定的法律概念、裁量、自我約束。決策的形式則是以法律的形式作為考量的對象，如

行政判例、行政法規與章程、公法契約、私法形式的行政決策等。在這一個部分，法治型行政和管理型行政有許多的不同，至少在形式上和語言表達上有很大的不同。

進入決策的實質內容考量時，決策情境、問題描述與分析、決策技術、決策陷阱等等層面的考量，任何一個行政決策都必須面對與探討，內容、過程與採用的技術的工具面，必須參酌問題的情況與需要而個別使用之，工具的中立性是無庸置疑的。

最後來到決策執行與評估部分，美國的行政決策就被帶入公共政策的部分，就是政策分析、執行和評估的章節，有相當深入且實用的探討，法治型行政的國家就將行政決策的議題直接拉回來，以「行政決策」就是一種「行政流程」來處理，一則是將行政決策仍然納入行政程序的軌範中，另一則又有將決策邏輯變成規範邏輯的嫌疑，當然，第二點遭遇到強烈的抨擊，畢竟行政行為的複雜不能透過法律邏輯的設定來框限之。行政程序法對行政決策的執行有重要的影響，也是行政機關執行決策的重要依據，決策的本質其實是非常政治的，行政的計畫與方案其實都是實現政治的決議與政治目標，行政決策的制定與執行也常常要面對許多政治層面的干預，行政要依靠政治來支持其決策正當性，或是執行時要獲得政治面的支持，其實是相當不可靠的。職是之故，行政決策的執行大部分還是要行政機關自己扛起責任，來謀求其決策執行的正當性，獲得「民眾的接納」，使得決策的方案能夠順利的實現，行政溝通是一定需要的，良好的溝通能力在後現代的社會價值觀之下，是行政決策付諸實現的最佳保證。後工業社會的公共論域各種對話的尖銳性極高，「調解」的機制可以提供制度性的解決管道。

從決策執行的正當性到調解機制，這一系列的設計都有濃厚的法治主義的思想在背後，要用它處理行政決策執行面的問題當然是不夠的，但是它提供了一個可依循的流程，對行政人員來說也不會無緣無故的被套上圖利的罪名，也不致於糊裡糊塗的就誤蹈法網。所以「行政決策」就是一種「行政程序」，背後有其實用性焉。

註　釋

[1]請參閱Bugdahl, Volker, "Methoden der Entscheidungsfindung", Vogel Buchverlag Würzburg, 1990, S.9.

[2]請參閱Luhmann, Niklas, "Theorie der Verwaltungswissenschaft. Bestandaufnahme und Entwurf", 1966, S.67.

[3]請參閱Ellwein, Thomas, "Einfhrung in die Regierungs-und Verwaltungslehre", 1966, S.145ff.

[4]請參閱Wimmer, Nobert, "Dynamische Verwaltungslehre", 2010, S.280.

[5]請參閱Wimmer, Norbert, "Dynamische Verwaltungslehre", Springer Verlag, Wien, New York, 2. Auflage, 2010, S.281.

[6]請參閱Schauer, Reinbert, "Handlungsmaßstäbe der Verwaltung", in Wenger / Brnner / Oberndorfer(Hrsg.), Grundriß der Verwaltungslehre, 1983, S.321.

[7]請參閱Schroeder, "Das Gemeinschaftsrechtssytem. Eine Untersuchung zu den rechtsdogmatischen rechtstheoretischen und verfassungsrechtlichen Grundlagen des Systemdenkens im Europäischen Gemeinschaftsrecht", 2002, 99f.

[8]請參閱Würtenberber, "Rechtliche Optimierungsgebote oder Rahmensetzung für das Verwaltunshandeln?", Veröffentlichungen der Vereinigung der Deutschen Staatsrechtslehrer, 58, 1999, S.154f.

[9]請參閱Bartelsperger, "Planungsrechtliche Optimierungsgebote", Deutsches Verwaltungsblatt, 1996, 2.

[10]類似規定亦見之於ReichsforstGesetz 1852-RFG, Reichsgesetzblatt, 250/1852, §4.

[11]請參閱Püttner, Günter, "Verwaltungslehre", Verlag C. H. Beck, München, 2007, S.201ff.

[12]請參閱Schauer, Reinbert, "Handlungsmaßstäbe der Verwaltung", in Wenger / Bürnner / Oberndorfer(Hrsg.), Grundriß der Verwaltungslehre, 1983, S.324.

[13]請參閱Von Arnim / Lüder(Hrsg.), "Wirtschaftlichkeit in Staat und Verwaltung", Schriftreihe der Hochschule Speyer, Bd.111, 1993, S.49.

[14]請參閱König, Klaus, "Moderne öffentliche Verwaltung", Duncker & Humblot, Berlin, 2008, 7. Kapitel, "Finale und konditionale Programmierungen", S.386.

[15]系統的定義此處採取Vester, Frederic, "Unsere Weltein vernetztes System", München, dtv, 1983, I. Kapitel.

[16]請參閱Ringland, Gill, "Scenario Plannung", Chichester, Wiley, 1998, S.33f.。

[17]請參閱Vester, Frederic, "Unsere Weltein vernetztes System", dtv, München, 1983, S.45。

[18]請參閱Honegger, Jrgen / Vettiger, Hans, "Ganzheitliches Management in der Praxis", Versus Verlag, Zürich, 2003.

[19]請參閱Blasche, Ute G., "Richtig Entscheiden", Haupt Verlag, Bern、Stuttgart, 2006, S.84ff.

[20]請參閱Bossel, Hartmut, “Modellbildung und Simulation”, Braunschweig, Vieweg Verlag, 1994.

[21]請參閱Ringland, Gill, “Scenario Planning”, Chichester: Wiley, 1998, S.95.

[22]請參閱Ulrich Hans / Probst, Gilbert J. B., “Anleitung zum ganzheitlichen Denken und Handeln”, Bern, Haupt, 1988.

[23]請參閱Wack, Pierre, “Senarien：Unbekannte Gewsser voraus-Ein managementorientiertes Planungsinstrument fr eine ungewisse Zukunft”, in: Harvard Manager, Heft 2/1986.

[24]請參閱Lietz, Kai-Jürgen, “Das Entscheider Buch”, Carl Hanser Verlag, München, 2007, S.55.

[25]請參閱Schmidt-Aßmann, Eberhart, “Der Verfahrensgedanke in der Dogmatik des öffentlichen Rechts”, in: Peter Lerche u.a., Verfahren als staats-und verwaltungsrechtliche Kategorie, Heidelberg, 1984, S.1ff.

[26]請參閱Simon, Herbert, “Rationality as a Process and as a Product of Thought”, in: American Economic Association Review, 1978, S.1ff.

[27]請參閱Ule, Carl Hermann / Laubinger, Hans-Werner, “Verwaltungsverfahrensrecht”, 4. Aufl., Köln, u.a., 1995, S.209ff.

[28]請參閱Hoffmann-Riem, Wolfgang, “Verwaltungsverfahren und Verwaltungsgessetz”, in: Wolfgang Hoffmann-Riem / Eberhard Schmidt-Aßmann(Hrsg.), Verwaltungsverfahren und Verwaltungs-verfahrensgesetz, Baden-Baden, 2002, S.21ff.

[29]請參閱Häberle, Perter, “Verfassungsprizipien im Verwaltungsverfahrensgesetz”, in: Walter Schmitt Glaeser(Hrsg.), Verwaltungsverfahren, Stuttgart, u.a., 1977, S.60f.

[30]請參閱Gilhuis, Piet u.a., “Netotiated Decision-Making in the Shadow of the Law”, in: Boudewijn de Waard, Negotiated Decision-Making, Den Haag, 2000, S.219ff.

[31]請參閱König, Klaus, “Moderne öffentliche Verwaltung”, Duncker & Humblot, Berlin, 2008, S.456f.

[32]請參閱Bull, Hans-Peter / Mehde, Veith, “Allgemeines Verwaltungsrecht mit Verwaltungslehre”, 7. Aufla., Heidelberg, 2005, S.276. Schmidt-Aßmann, Eberhard, “Das allgemeine Verwaltunsrecht als Ordnungsidee”, 2.Aufl., Berlin, u.a., 2006, S.97ff.

[33]請參閱Gunlicks, Arthur B., “Plebiszitäre Demokratie in den USA”, in: Arthur Benz u.a., Institutionenwandel in Regierung und Verwaltung, Berlin, 2004, S.407ff.

[34]請參閱Irvin, Renée A. / Stansbury, John, “Citizen Participation in Decision: Is it Worth the Effort?”, in: Public Administration Review, 2004, S.55ff.

[35]請參閱Brohm, Winfried, “Beschleunigung der Verwaltungsverfahren-Straffung oder konsensuales Verwaltungshandeln”, in: Neue Zeitschrift fr Verwaltungsrecht, 1991, S.1025ff.

[36]請參閱林鍾沂（2003），〈行政決策〉，《行政學》，頁298。臺北：三民。

第10章 行政的價值、文化與倫理

第一節　公共行政的價值思考
第二節　行政文化與價值的運作
第三節　公共行政的職業倫理
第四節　行政倫理的彰顯

第一節　公共行政的價值思考

從行為與作用的觀點來看，行政行為與行政作用發展到後來就會形成幾個面向，分別為行政文化、行政機制、行政技術與行政倫理。而所有的面向則是必定建立在某種價值觀的基礎上，作為行為取向的標準，然後發展出特定價值觀的行政文化、機制、技術與倫理。價值觀作為行為的基礎，一方面型塑了行政行為的取向，另外一方面也建立了行為的規範性。**行為取向與行為規範性就是行政文化、行政機制與行政倫理的起源，而行政價值的思考則是這個起源的基礎**。

行政行為一定要回到價值的思考才能找到意義，有意義的社會行為／行政行為才能形成較高層次的社會機制，行政文化、行政倫理都是高層次的、有意義的社會機制。高層次社會機制的瞭解，一定要回歸到它最初的價值基礎來進行分析，行政文化或行政倫理的理解才會清楚。

行政行為的技術層面也有價值的問題嗎？這一個問題可以舉例來說明。例如1970年代在中南美洲的一些國家，行政機關開始引進電腦科技，[1]進行諸如財政或稅捐行政的電腦化作業，來輔助國家財政收入系統的作業，透過電腦系統來連結各機關的作業，建立合作關係，整合各級的稅務行政及其流程，並且對行政人員進行資訊教育。在一系列資訊化的作業推動不久，就發生了納稅人個人資料的外洩、資訊中心的資料不當使用，以及許多資料保護的問題。這一些資料保護、使用與管理，如果要得到妥適的處理，單單靠技術層面的確保是不夠的。技術的背後更重要的是使用者——公務人員對價值的明確理解，例如工作的原則、保密的義務、作業規定的遵守、不當行為的禁止等，沒有價值系統在背後作支撐，行政的技術系統就無法建立。

和行政技術層面比較起來，**行政文化則是則是一種更深層的價值取向系統**，價值體系建構的方向、內容、方式、特色等，就決定了行政文化的態樣。**從廣義的界定來說，行政文化就是公共行政在特定的空間與時間範圍內，所表現出來的總體價值體系。從狹義的定義來說，行政文化是行政組織的理念、基本假設、意見、觀念、價值觀、宗教、意識型態等等項目整合起來的一個價值體系**。行政學理論探討行政文化這一個課題時，經常都不能避免的會觸及到普世性的價值觀，或是文化的基本立場。像新泰勒主義的新公共管理學說代表的就是一種普世性的價值觀，它認為用管理的模式可以解決所有公共行政的問題。所以，在美國使用過的Planning-Programming-Budgeting-System，也被拿到亞洲的一個高山國家來使用——尼泊爾，"PPBS for Nepal"[2]就是管理模式在跨文化領域應用的

案例。而在東歐鐵幕國家解體的時候，公共管理的模式也曾經被引進到那些馬列主義（maxistisch-leninistischen Staat）和共幹部行政（Kaderverwaltung）的國家裡。因此，**在發展行政的政策中，常常可以看到一個國家的行政文化，在接受經濟援助的同時，也面對了其它行政文化中普世性價值體系的衝擊與挑戰，從這一個角度來觀察，行政文化確實是一個價值取向的結果。**

任何**一個良善國家本質的形成，背後一定有一套良善的國家治理的方法。治理方式的選擇是一種價值取向，價值取向經過一定時空背景的薰染後，逐步的建構出一種文化形式，這就是行政文化的建構過程。歷史背景、古往今來賢哲與精英的思想，加上各種不同影響要素的作用，最終就促成了一種風格獨具的國家行政文化。**

國家行政文化的特色風格各異，例如，有一些宗教的教義會成為一個國家公部門的倫理議題，宗教的禁忌也會成為公務人員的倫理守則。在一些**回教國家**的公共行政學院（Civil Service College）中，高級公務人員的培訓課程中，有百分之四十的課程是關於可蘭經的教育。**印度**的公務員在每一天的行政工作中，必須履踐印度教的教義。在有些佛教國家推行公共管理者應進行佛教式的禪修（Buddhist meditation for public managers）。這一些不同文化、宗教信仰、世界觀碰到西方的文化思想時，就產生「文明的衝擊」（Clash of Civilizations）、「文化的衝突」。[3]因此，不同的國家行政文化有各自的價值體系，不同的價值彼此之間會有對話，當然也有齟齬，特別是全球化、國際化的浪潮興起之後，對話和齟齬是一種必然與必不可免的情形。

齟齬和對話之外，也有一種共同的文化在許多的國家出現，例如**寬容、反暴力、平等、民主、正義、人權等倫理的出現，這就是倫理的全球化現象，也稱之為全球化的倫理**，如1948年的人權宣言，及歐盟憲章第41條對基本人權的規定等皆屬之。

綜上可知，凡涉及國家或超國家的行政組織，在涉及目的與運作的行政作用、行為時，就必然得進行價值的思考。

第二節　行政文化與價值的運作

壹、行政文化的界定及其核心

行政文化一詞的意義可以先從文化的概念先瞭解。「文化」一詞的涵義，一般可分為兩類，一為著重在直接觀察群體內長遠的作為：如行為模式、語言、實物之使用等；另一為著重於探討群體成員心靈之共同處，例如：信念、價值、知識、意義和觀念等。而「行政文化」可以從「一個行政組織的文化」來解析。這一個概念又包括了幾種意涵於其中：

1.行政文化烘托出的是公務人員對行政組織的感受；
2.行政文化是一種認知狀態。行政機關裡不同背景與不同階層的個體都會以相類似的形容詞來描述這種文化。
3.行政文化是動態的，不是靜態的。
4.行政文化不只是行政傳統的總合，也是想法、價值觀、典範、形式方法的傳遞與溝通。
5.行政文化是一種有機性、有活力、並且在公務人員之間具備共通性與聚合性的一種機制。

綜合上述的觀點，行政文化可以說是行政體系內，公務人員所共有的價值觀、共通的觀念、意見決定的方法，以及共通的行為模式的總和。在行政制度、行政組織和行政作用之下，行政文化會相對的比較抽象成為一種隱性結構，隱藏在組織行為的DNA裡面，然後用概念化的方式表達於組織成員的思維模式、典範、信念中。因此可以說，行政文化是一種具有軟體般的特質，屬於行政體系的一種深層的隱性結構部分。

就行政行為與行政作用的層面來看，行政文化可以視為一組共享價值（關於什麼是重要？）與信念（關於事情如何運作？）的系統，這套價值系統可以塑造行政行為的規範與行政技術。規範與技術表現的文化行為、文化符號、文化現象等方式甚多，歸納之約有：

1.組織內已經習慣或傳統的思考方式與行事方式，這些方法被組織內大部分成員所共享，新進成員必須去學習或至少部分接受這些方法，才能夠被組織承認為正式成員。（Jacques, 1951）
2.共享的哲學、……期望、態度及規範，這些能夠組合在一起。（Kilmann, Saxton, 1985）
3.人造物、觀點、價值及假定：人造物包括組織成員共有的迷思和語言、科技、密碼，以及通常重複發生的儀式與慶典。觀點則是由一組概念與行動組成，觀點引導人們在面對不同情境時該如何行為。價值則是導引整體的行為。這些導引包括一般的目標與標準，例如：如何服務顧客和升遷的標

準。假定是在人造物、觀點與價值之下的一組核心信念，通常是文化形成的根基。（Dyer, 1985、1986）

4.基本假定與信念是由組織成員所共享。（Schein, 1986）

從行政文化的意涵和行政文化的現象與符號等來看，所有關於行政文化意義的界定，其核心的部分都指向了一個對象——「共享的價值」。價值是「對一種行事方式或者目標的持久性偏好」。這一個經由論證得出來的結果，印證了上一節的前提——「行政文化、行政機制、行政技術與行政倫理等行政行為，一定是建立在某種價值觀的基礎上」，所以**行政文化的探討，事實上就是「行政價值的思考」**。

貳、行政文化變遷與價值運作

行政文化是一種有機的與動態的隱性結構，所謂「有機」與「動態」要怎麼表現？表現在哪裡？這是更深一層探討行政文化的一個實質課題，讓行政文化的概念用具體的行政行為表達出來，說明這一個概念的具體性，而不是空洞的概念。

用行政行為表達行政文化的「有機」與「動態」，最恰當的議題就是探討「行政文化變遷」的這一部分。行政文化的核心就是行政價值體系，行政文化的變遷事實上就是行政價值體系的遷流、變化之運作。

當前每一個國家的行政文化所共同面臨的問題，一個是全球化與國際化的問題，另一個就是行政再造與行政革新的問題。行政文化面對這二大趨勢一定遭遇到許多的衝擊，尤其後者的行政革新／政府再造的衝擊，不僅會造成行政組織的變革，也會造成行政文化的改變。改變的可能性有多大？改變的幅度有多深？這是值得探究的地方。

關於企業文化改變的說法有兩種，一種是文化途徑的研究法認為，企業文化的干預是很困難的；第二種是功能途徑的研究法認為，企業文化的改變可以依照設定的目標來達成。

如果把企業文化改變轉為行政文化的變遷，改變的可能性與效果會有什麼不一樣呢？從世界經濟合作與發展組織OECD的經驗來看，各種國際合作下的發展與轉型政策，在文化這一塊很難從外部來進行干預的行為，行政文化的部分和經濟援助的政策的推動，以及協助財政規劃的努力，這一些心理建設的工作，在多年發展援助與合作的努力推動，最後的成果是非常的不理想，政策的達程度也令人高度的存疑。當然，行政文化的變遷看起來似乎不容易。[4]

在**每一個文化地區中都會有自己的社會傳統，有些國家為了活化行政的效能，乃鼓吹、強調其傳統的價值**。例如**印度的公共行政**案例，為了強化公務人員的倫理道德與精神，就鼓勵公務人員要記得「業報、因果報應」（Karma）的道理，知道自己行為的結果就會成為自己所造的業，記住這一個法則，「輪迴的道理」（Dharma）就會指引公務人員一條正確的道路。在西方**共產主義**興盛的時候，有些國家奉行馬列主義，作為社會、經濟、國家、政治的最高指導原則與信條，國家行政則為**幹部行政**（Kaderverwaltung），**共產黨的幹部負有扮演模範的功能，其行為必須完全遵守社會主義的道德**。[5]這一種道德實際上是一種意識型態，與行政事實沒有什麼關係，但是在當時卻是幹部行政文化中最重要的價值觀。

目前有許多國家正面臨一個大規模行政文化的衝擊與變遷，就是新公共管理思潮與政府再造運動。因為各國政府都有類似財政困窘的問題，以及提高政府效能和國家競爭力的需求，所以公共管理主義的方法順勢成為各國政府革新求變的藥方，帶起了政府再造的風潮。這一股風潮對每一個國家的行政文化與價值，都構成了嚴峻的對話，甚至於對於英、美海洋法系的核心國家——**英國**，也是一樣造成了廣泛的行政文化變遷，成為公共管理主義下第一個行政文化變遷的國家。在經濟化與管理主義推動之後，首先被打破的是英國的行政傳統——西敏寺行政，接著就是英國公共行政的思考方式與行為模式。[6]新公共管理主義帶來一整套的新詞彙，如企業性、企業精神、管理者、顧客、競爭、金錢的價值等等，名詞背後的思想、精神與作法，立刻和英國西敏寺的行政傳統，以及這一批行政階層的公務員產生激烈的對話，當時激烈的情況如果用「文化大革命」一詞來形容之亦不為過。英國的公共行政本來就以其「彈性的行動文化」（flexible Verhandlungkultur）著稱，[7]新公共管理的再造運動更是一場極深度的行政改革，當然不可避免的也造成了行政文化重大的變遷，其影響與效果至目前已經可以明確的肯定，只是最後的結果與成敗還沒有到最終定論的時候。

和英國一樣同樣推行新公共管理的倡導者，是北歐的一些國家，都導入了新公共管理「企業化」和「管理主義」的技術與制度，例如**丹麥**。但是就文化變遷這一個層面來看，丹麥的新公共管理作法又不太一樣，並且還遭致了OECD的批評，因為丹麥引進了契約性管理的作法後，將其改為「接觸性管理」（Kontakt Management）。丹麥政府對於批評的回應是，所謂的「契約性」應該是一種新的、更有效能的對話形式，而且是一種行動，不應該用呆板的、拘束的控制來作為契約的內容，所以新公共管理的「契約管理」，就被丹麥的公共行政修改為“Governance by contact rather than governance by contract”，[8]「接觸管

理」比「契約管理」（Kontrakt Management）更好。丹麥的作法無疑的也是一個行政文化變遷的案例，其間還顯示了行政價值的抉擇與運作的過程。所以能確定的一點是，行政文化的變遷一定是行政價值的操作。

還有一個國家和丹麥一樣，在「接觸性的操控管理」與「契約性的操控管理」之間進行價值的抉擇，這個國家就是**瑞典**。「接觸性的管理」強調建立信賴和較少的規範約束，「契約性管理」則是透過契約來管理。經過分析研究的結果，瑞典在實施公共管理以前，就是一種「合作型的、接觸型的行政文化」，所以實施公共管理後的新的行政文化，其實也是舊的行政文化的一部分。[9]瑞典這一種行政文化的變遷情形，就是將固有的行政價值重新加以闡述與發揚，這也是一種很有意義的價值運作模式。

德國也是跟隨著新公共管理的思潮推動政府再造運動，稱為「新操控模式」（der neue Steuerungsmodell）。地方自治行政機關、地方事業機構、以及中央附屬機關等，都倡導管理主義和企業化的口號。實施到現在，是不是在德國的行政機關裡造成了新的行政文化呢？答案可能不會太肯定。因為，對於地方事業機構的運作習慣來說，從地方的信用合作社、地方金融機構、到交通事業機構，本來就是強調經營的績效和經營的利潤，和管理主義的精神沒有太大的差別。至於，真正的德國公共行政所關注的公共利益、公共任務、公共財貨等，就嚴格意義來說仍然是保存不動。德國法治行政核心的法律價值，並沒有換成經濟效益的效率與效能。換言之，公共管理思潮帶給德國公共行政文化的影響，還沒有到核心價值變遷的地步。

從公共管理思潮對許多國家的影響來看，行政文化產生變遷的結果，還是要從行政的價值抉擇、價值運作來觀察。在上述所舉的幾個案例來看，英國西敏寺的行政傳統已經遭遇到徹底的打擊，連同文官階層的行政價值也被嚴重的改變。丹麥的公共行政引進公共管理的措施與制度，加以改變後用自己的作法來推動，算是一種丹麥式的公共管理改革，既有的行政價值觀吸收了外來的觀念，然後轉成自己的價值語言，塑造自己特色的行政文化。德國的公共管理改革，在許多的城市、地方自治團體與事業機構有不算小的聲勢，在「新操控模式」的號召下進行政府再造。這一個模式的內容包括了資源的分散化，和減少政治對行政的干預兩部分，雖然也有許多公共管理的措施，但是這兩項訴求是主要的題目，所以可說是有一些德國特色的公共管理改革。但是回歸到德國法治型行政的核心價值部分，法治主義、依法行政、公共利益、公共任務和公共財的分配處理等等，沒有被管理主義的作法所取代，核心價值沒有改變，改變的是行政的措施與方法。

從行政核心價值的深層分析來看，外來思潮的影響，造成思考方式、觀念、價值導向的變化，接下來，行政的作為與作用的改變可能引發行政文化的變遷，來對應新事務的挑戰。影響與衝擊的程度則要看行政價值的抉擇與取向，並且評估影響的深度有多少，才能論定行政文化最終的變遷情形為何。變遷情形淺者，有行政行為與行政技術面的改變；變遷情形深者，則有核心價值的改變。然而不論深淺，變遷的中介要素就是時間，以德國巴登——烏騰堡邦推動的「合作型領導模式」（koorperativer Führungsstil）的經驗來說，[10]看到成效並且成為行政文化的時候，都已經是十幾年以後的事了。

價值的本身常常就帶有許多的不確定性、歧義性、多元性、與爭議性，所以整套的價值體系進行移植或建構，都將是一件極其艱鉅的工程。但是價值的變遷與運作是不斷的在發生，因此行政文化的變遷也就不斷的再發生，但多半是以巨大的、緩慢的移動為主要的形式（Homeostasie）。行政體系會不斷的選擇新的價值來舒緩它所面對的問題與壓力，所以行政價值就會成為行政體系與社會之間的溝通媒介。

參、行政的哲學與文化——法治國家或公共利益？

依據Pierre的見解，大多數公共行政的制度都可歸入兩個模式，一個是「法治國家模式」，另一個則是英、美國家的「公共利益模式」，並且認為，很少有制度能處在這兩種根本上不一致、不可調和的模式之間。[11]「法治國家模式」下，國家是社會中處於中心地位的結合力量，它的主要工作是準備、頒布和執行法律。在這一種統治哲學與文化下，大多數的高階公務員將接受法律訓練，並且在行政法規與行政規程的制定中，扮演了重要的角色。在這一種文化中，公務員的職責就是按照規則、根據行政判例來行使職權，而公務員和公民的行為，都應該在這種合法性與合理性的控制中。這一種制度的監督需要一系列的行政法院，如法國的行政法院（Conseil dÉtat），或德國的聯邦行政法院（Bundesverwaltungsgericht）。支持這一種制度的背後價值觀是：將法律的權威推尊為社會整合及秩序的力量、尊重行政判例、重視平等，至少在法律之前人人平等。

「公共利益模式」相對的賦予國家的社會角色，不論是廣度或支配度都比較輕，國家（State）這一個名詞，在澳大利亞、紐西蘭和英國這一些正宗的盎格魯薩克遜國家中，很少被使用。「政府」被視為一種必要之惡，它的權力被限定在絕對必須負責的範圍內。部長與公務員必須對國會及民眾負責。法律仍然是統

治的要素，但是法律的觀點和程序並不像「法治國家」那樣的具有支配地位，人民都要接受法律的約束，但是法律常常都是在後台而不是前台。許多的高階公務員並沒有受過法律訓練，例如在英國絕大多數的公務員都是「通才」。公務員被認為僅僅是為政府工作的公民，並不代表「國家」這個有崇高使命的主體。**在這一種模式中，統治的過程被視為——「公共利益的措施要努力獲得公衆同意」的流程**。他承認不同社會利益團體的競爭，而且是非常尖銳的方式來進行。在這種情況下，政府扮演一個公正的、可信賴的裁判角色，不偏於任何一方。所以，「公正」及「超然於利益之外」就是公部門最核心的價值觀。另外，實用主義及彈性這兩個特點，被看的比專業技術、合法性更重要。[12]

以上兩種模式的區分，是從統治哲學和行政文化的不同來觀察，和前面第三章以下所提到的兩個類型——「英、美海洋法系的管理型行政」與「德、法大陸法系的法治型行政」，結論與分類相同，但是內容與詮釋則稍有差異。雖然有些許的差異，Pollitt氏的論點分析甚有見地，視野亦極為寬廣，特別是接下來他從公共管理改革的角度，提出了一個觀察點——「法治制度對待改革，要比公眾利益制度『僵硬』和緩慢」。這一個觀察基本上是正確的，因為管理變革總是要求法律的變更，然而從文化角度來看，「法治國家」接受法律訓練的高階公務員，會比接受通才訓練的公務員，更難腦筋急轉彎變成「企業型政府」、「企業性精神」、「績效導向」等等觀點。所以法國和德國的高階公務員看到英國的管理改革非常驚訝，他們竟然可以在十年內將三分之二的部會一級機關人員，轉到政署（Agency，我國稱行政法人）中，這對德、法兩國是不能想像的事。當然，德國也有組織再造，但是都在既定的法律框架下進行調整。

「法治國家」和「公共利益模式」是不是涵蓋了所有國家？答案似乎有點模糊。因為有許多國家不是哪麼「典型」與「純粹」的歸於某一個模式，例如荷蘭。這一個國家在二戰後經歷了一個「反法治化」（dejuridification）的階段，它的行政文化是一種混合的形式。一方面政府的態度很開放，讓各種專家和團體加入政策制定的過程中，讓行政決過程中保持各種團體的代表維持一種平衡，這就是一種協商態度，與法治國家哲學中那種法治的純粹性有很大的區別，所以荷蘭是站在兩個模式中間而略偏公共利益模式，但又和公共利益模式有些不同。另外的案例是：芬蘭與瑞典。過去這兩個國家都要求高階公務員必須接受法律訓練，但是在過去的4、50年間，都慢慢的減少了法律的統治地位。現在這兩個國家的公務員來自各種不同的專業背景 ，高階公務員的文化可以說是，盡可能滿足準公司式調解活動的要求，並且嚴格應用法律。國家也具有重要性、中心地位和持續性，公務員也不是可以隨時受到騷擾的人。所以芬蘭與瑞典是居於兩種模式的中間。

我國的統治哲學與行政文化又是偏向哪一種模式呢？仔細的觀察後大約是，在結構與規範方面，我國是明顯的偏向「法治國家」、「法治型行政」，所以行政機關組織的改變，相較於英、美、紐、澳等國，是比較緩慢與困難，單單看行政法人的成立與數量就可以驗證這一個觀察。但是在運作面，我國是積極的向英、美「公共利益模式」/「管理型行政」靠攏，不論是技術面、運作方法等，都大力採取新公共管理的工具，如電子化政府、績效管理、成果導向等等，許多作法毫不猶豫的向英、美再造的作法看齊。在公務員的晉用背景上，我國也是多元引進各種學術背景的人才。所以總的來說，偏哪一種模式都不正確，或者可謂，此即為我國固有文化特色的模式吧。

從上述的兩的模式及其討論可以得知，每一個國家的行政都有其統治的哲學及行政文化在背後，政府與行政的結構極運作也各有其獨有之特色，而特色背後的形成力量，就是行政價值。

第三節　公共行政的職業倫理

壹、倫理學、倫理

行政倫理的概念，基本上是由「倫理、倫理學」以及「行政作為一種職業或工作」兩個部分構成的。「倫理學」（或道德學）的本質，就是研究人類行為是非對錯的一種學問。其對象為個人以及社會團體行為，而行為又能區分為有意識的自由意志行為和非自由意志行為二種。倫理學研究的就是那些以充足的知識和選擇所做的自由意志行為。[13]當然，心理學家和社會學家也研究這一類的行為，但是倫理學者關切的是自由意志行為中具有道德特質的部分，對於促使這些行為對或錯的影響要素為何，以及賦與人們明確道德特性的質素又為何者，這是倫理學研究內涵不同於其它學科之處。

倫理學作為實存哲學中非常基礎的部分，因此其研究關懷的對象，乃是針對──「倫理在客觀的、實質的解釋上」所產生之問題，例如是否接受賄賂，或考試應否作弊的問題，或者公務員為何有忠誠之義務等，這些介於應該與不應該之間的深思性題目，無疑的都具有道德色彩，其答案之性質應該是某種道德抉擇，或者是道德兩難的問題。所以倫理學是一種系統性的學術研究，用以解答吾人下列之疑難：

1.道德的理想及其目的。
2.吾人抉擇動機之解析。
3.行為模式好與壞之分辨。

倫理學是一種人類行為的啟示錄，揭櫫吾人正確生活之綱本，提供一些普遍性的實踐知識，而且在日常生活中對於各種狀況和特殊情形能個別的作出正確抉擇，然後付之於行動。倫理的「道德性」、「二難的思辯」與「對錯之分」，這一個部分就是倫理的綱要與基礎，就是倫理的「體」。綱要與基礎奠定之後，以適當的方法來實踐或規範者，就是倫理的「應用」。倫理從「體」到「用」，就是從「應然」到「是然」的實現。

倫理學具有道德色彩，但未必即等同道德之實踐行為，因為二者在哲學層次上有所分際。所謂倫理學，是研究行為對錯的系統科學；道德學則指行為的實際規範以及道德行為的實用規則而言。易言之，**倫理學的基礎是建立在道德經驗的反省分析上。倫理如果沒有道德做基礎的話，則必流為空洞的抽象形式無法落實，然而道德原則如何應用於各種特殊情況，卻又得借助於倫理學的解釋不可，**例如大學畢業後是否繼續深造以謀求造福更多人群的能力，或是就業以奉養雙親，這一類的問題在道德原則下並沒有明確的答案，因為道德學提供的多是原則與規範的東西，加以道德的內涵也有不一致性的現象，例如忠與孝的競合與抉擇，信與義的衝突等均是，因此做為普遍性實用規則的道德學經常透過倫理學的力量來落實，使倫理學和道德學呈現著密切的結合關係。

倫理學的力量來自於人們對於倫理觀念的信仰，以及將倫理視為一種情志，並且以此信仰和情志作為個人行為動機的基礎，而該基礎則是由「社會化的規範」和「人文化成的規則」所決定，社會化與文化在倫理形成過程中具有決定性影響力，藉著信仰、經驗，與哲學概念的形式發揮其作用，緊接著對個人自由意志行為造成深遠的影響，這就是職業倫理讓人不敢輕忽的原因。

對公務人員而言，行政是一個工作也是一種志業，行政倫理就是研究行政工作的倫理，或是行政作為一種職業的倫理。這些倫理觀基本上都是一些道德規範性之陳述，或是客觀工作價值的界定，都是為了塑造某種觀念來鼓舞人們從事工作之所需，並以之達成行政體系所設定之目標為最終鵠的，此為行政倫理的宗旨所在。然而，如前述倫理學與道德學的討論中所言，道德原則可能有不一致的情形產生，倫理指標也可能隨著社會化以及文化的變遷，價值轉移，規範變更而與時俱遷，尤其是多元社會中價值不易定於一尊，如果期待著單一工作價值觀來約束群體，固然有所困難，甚至於要尋求一種可以一以貫之的倫理信條，應該也是不易的。但是倫理道德是規範人之所以為人的義理。雖有眾流百家之說，本體大義在古今中外仍有不變的綱要在，此即為行政倫理之基礎焉。

貳、工作倫理的本質

行政作為一種工作／一種職業時，該職業的內涵不僅僅是複雜，甚至於可稱包羅萬象。對於這樣一種龐雜職業的倫理進行研究時，比較恰當的作法就是先剖析「工作」的本質以及「工作倫理」的面面觀，俾便於突顯行政工作之倫理特質。當工作的本質和工作倫理的意義瞭解清楚之後，行政作為一種社會職業的意義就有了明確的價值基礎。

工作的本質是什麼？工作倫理又係何所指？下列有幾種觀點針對這些問題有一些分析，約如下：

一、工作倫理的本體觀

如果從倫理學的角度來觀照的話，工作倫理應該是一種客觀的實體，作為人類行為對錯準則，針對行為的內涵與意義而深究之，獨立於個人的期待或努力之外，因此為一種是然的存在。

在本體論的基礎上，傳統的**天主教神學對工作倫理提出了一套哲學觀，認為工作的倫理就是要讓人類經由工作，來發展自我並完成以神為鑑的目標，所以工作應該是一種經常性的活動，是為了榮耀主而努力，因此在工作中人得以與神接近**。[14]

馮斯坦（Lorenz Von Stein）對工作倫理的見解則是：任何一種方式的**工作，都是個人為了自己決定事項的實現所為的一切投入，並且透過此一方式，將外在世界的內涵強制性內化於個人世界中，使其成為個人內在世界的一部分**。[15]其見解受黑格爾之影響甚鉅。**馬克斯**（K. Marx）則進一步將黑格爾的觀念引用於政治經濟論叢中，**認為工作是人類從其自身所讓渡或給予之部分，是一種自立性的存在**（Die Arbeit ist das Fürsichwerden des Menschen innerhabe der Entäußrung oder als entäußrter Mensch），**也是人類自創性的作為，或是人類以自我為對象所採取之行為**（Selbsterzeugungs-oder Selbstvergegenstandlichungsakt），[16]是為其見解下的工作本質義。

在工作本質義的探討中，工作倫理學就是針對人類行為，以及工作的特殊方式來加以研究。依照本體論的說法，工作只是一種程序，是作為世界聯結所有個體的一種程序。**工作不僅僅只是作為滿足人類需求的一項重要工具及手段，更**

重要的意義卻在於，它是人類實現其存在的一種特別方式，[17]此即為工作倫理學本體論之基礎解釋。

二、工作倫理的動機觀

如果單就人類行為的抽象意義來界定，上述觀點對工作原因的說明還是不具體，於是就有動機觀的另一種說法。動機觀認為，推動人類工作的直接力量，多半來自於個人的動機。對於絕大多數人而言，自我發展與自我實現即為其最重要之動機，希望完成一些事情或是達成某些任務，這就是推動個體朝向更高品質以及更高水準努力的力量，也是動機的一種。其次，還有一種稱為服務的動機，透過工作的服務倫理，人類社會才得以獲得長期的存續，各種組織才有可能繼續存在，所以服務的觀念與思想是第二種工作倫理。第三種動機則為個人的宗教觀或世界觀。宗教觀、宗教戒律、儀式等經常促使信仰者無私、無我、無畏的投身於工作，或以身贖罪、救贖之心，或榮耀彰顯主名，或修行懿德善果，身體力行戮力以赴者，是為工作動機中極為重要的一種。除了以上三種之外，還有其它如世界觀、政治觀作為工作動機者，也都能夠成為工作倫理的重要推動力量。

綜上所論，工作的動機確實是推動人類行為之具體原因，而且各種動機的背後都有一定的倫理精神存在，此即為工作倫理形成的原因。

三、工作道德的心理觀

在職業倫理的內涵中被討論最多的題目就是工作道德。而道德在此則經常與責任感或義務等名詞相聯結，對應於一般所重視的問題諸如工作氣氛、組織氣候、待遇等，工作道德、義務心、責任感卻是嚴重的被疏忽，被冷落的擱置一旁。然而對於許多依賴良知與道德的行政人員，如教師、教授、醫師、科學家、法官、檢察官，或高階行政主管們，行政指導或約束對於他們是作用較小的，反而是良知、道德、義務、責任的觀念等，才是其職業倫理中更大的主宰，所以工作道德的觀念對於不少的公務人員，是非常重要的議題。

然而，工作道德的觀念不應該只是少數人的事，而是全體行政人員應該瞭解的觀念，於是就有了工作道德心理觀說法的出現。心理觀認為，工作道德的心理層面除了注重利益、快樂、功利之外，也應該加重——非功利的、未必快樂的，或無關利益的倫理精神於其間；除了消費性、奢侈的、幸福感之外，仍然須要多灌注一些生產性的、建設性、素樸的幸福感於工作生活中。使工作道德的期望不是建立在較高報酬的回饋上，不要讓待遇、工作氣氛、工作環境成為倫理行為的期待，特別是待遇薪給的提升不可以置於工作道德評價的第一順位。取而代之者，對於工作道德的評價應該朝向另一個非經濟、非功利性的情境發展，例如：

1.更有意義、更有趣的工作。
2.更多自我負責的工作。
3.較多自我發展機會的工作。

在工作道德心理背景的抉擇過程中，跳脫狹隘的功利觀、快樂論、利益說、消費享樂論，將工作道德的層次予以提升，同時將工作品質與目標的意境推到更高的層次。

誠然，快樂論（Hedonismus）希望把快樂或是快感作為倫理道德的最高目的，功利論（Utilitarismus）則是立腳於幸福論（Eudamonismus）之上，個人或社會的一般幸福它追求的目的，是這種倫理的最高期待。這兩種理論均植基於人類生存所追求的美好價值上。但是深一層的觀察，純粹快樂論者必定是以其快樂的分量作為惟一之目的，必須以快感本身作為行為之目的，而其內容則為從屬的。這種倫理是有問題的。如果德行只是以快感為目的，則所謂道德不過是求快感、求利益的手段，自身並不是目的。功利的、聰明的算計就成為道德，除此之外道德別無意義。只要是手段高妙的人就可以成為很好的道德家，這是不對的。所以談工作道德時，必須回到**康德的倫理說，確認能經由經驗而變化的事，既不是道德的目的也不是道德的精髓，單獨的快樂不應是人類最高的道德價值。道德必須是具備經驗上的普遍性和絕對性，是絕對的無上命令。因此，必須清楚肯定的是：只有伴隨著深刻義務意識的行為才是真的德行，才能作為職業倫理最終之依據**。

參、西方工作倫理思潮的流變

對於現代行政倫理的具體規範上，在西方國家很難獲得定於一尊的典範或成套的見解，多數的情況則是回溯至普遍性之工作倫理思想，作為行政倫理的基礎解釋。而每一個時期的工作倫理思想，並不是一個超越了另外一個，而是經過流變，使得工作倫理的思想體系變的更加完備。所以，每一個時期的工作倫理思潮，都有不可磨滅的重要價值在，茲分別陳述之如後。

一、古希臘時代的工作倫理觀

在古希臘時期固然已有各種職業分類以及各種職業的倫理，各個職業在當時的社會也各有其重要性和不可或缺性。但是在古希臘重數理，長於哲思的時代中，智者大儒均以哲學為最高價值，凡百雜技均未曾獲得真正的重視。[18]商賈工藝等職業在哲學家眼中被評價得很低，蘇格拉底就曾經用嚴峻的口吻曰：「成群的鞋匠、木匠、農夫、商賈、販夫走卒等，從任何角度來看都是無知且不重要的人」（Xenophon, Erinnenungen an Sokrates）。其中農夫的經濟貢獻稍微獲得多一些的肯定，此一情形顯然有士、農、工、商四等人的區別，與我國傳統觀念有不謀而合者。在古希臘的社會價值觀中，工作倫理有其獨特之形式。

二、聖經的工作倫理觀

聖經舊約中對工作倫理的規定為：「你應該工作六天，第七天要敬拜神，你不應該工作」（Exodus, 20, 9u.10）。工作的價值被賦與宗教意義。相對於古希臘的工作倫理觀，聖經內的工作倫理觀沒有鄙視現象，見Psalm中的句子「你是幸福的，如果你能工作用手來養活自己」（127, 2）。 對於工作的倫理有高度評價。

三、中世紀天主教時期與宗教改革之工作倫理觀

最早期**天主教的教義中對「召喚」二字定義為：作為耶穌基督的追隨者之意**。至中古時期「召喚」的意義則轉變為：接受神意呼喚成為神職服侍之人者，是為接受召喚。而「召喚」（Berufung）一詞演進至後世則成為職業與工作（Beruf）的意思，**德文的職業（Beruf），其原義就是「被神召喚」的意思**。而職業與地位、階級 （Status, Stand）等名詞，在當時的社會見解中，是必須被眾人遵守而且不得任意予以變更的。遵守各人所在之階級、地位，就是不鼓勵向更高階層發展的企圖心，各行各業應謹守其職業倫理，並認同其職業圖象，例如商賈者有商賈職業圖象，貴族者有貴族的形象，此為當時職業倫理之情形。

馬丁路德教派從聖經解釋的角度出發，**認為職業與工作的意思即為禮拜、從事神職之謂**，作為神的僕人來管理俗世之務。人的一切作為或是工作的形式都沒有倫理上優劣高下之分，因為不論是接受神的召喚或是接受一項職業，都只是在於個人基於信仰接受職業而已，不是在神面前作為任何辯解的理由。**工作與職業的理解在馬丁路德教派觀念中，不應只侷限於人類的宗教行為部分，而應擴張於全人類的所有生活中**。對於早期天主教義將召喚、職業只限定於僧侶、神職人

員的看法，路德教派則予以揚棄，認為信徒接受神衹委託，其所從事之任何一種工作都是一樣的，其間沒有任何差別。

與路德教派同為改革者的喀爾文教派，在社會階級與職業間的緊密關係方面，也是抱持著否定的看法。當歐洲大部分地區仍堅持職業是固定的社會階級，不應隨便將其打破時，喀爾文教派流佈的日內瓦以及新英格蘭諸州已採用了不同的工作倫理觀。在喀爾文教派的改革性教義中，工作與職業僅為神學宿命論的一部分而已，甚至於可說，即使人類的力量再多，也無助於個人的救贖。但是，個人在世上努力工作所獲得之成就，卻可以被評定為一個具體表徵，代表其已然具備被揀選的資格。

喀爾文新教的教義不僅打破了傳統天主教之見解，對於職業倫理的衝擊更**有雷霆萬鈞之力，在基督新教傳佈的地區，無不掀起一股職業倫理改革的旋風，激發了信徒強烈的工作動機，而工作所得之成就不是用於享樂，而是作為尋求被救贖的間接證明**。工作本身不能保障其成就，必須簡樸、勤勉、節用、制慾，放棄享樂、自由、懶惰等，才能確保工作成果之擁有。[19]

喀爾文教派所提倡的工作倫理對於資本主義興起有貢獻，但是基督新教信徒所從事的工作多為手工業、商賈等，在教職、政府公職人員方面則為天主舊教信徒所壟斷，新教徒直到1940年代左右，在信奉天主教的德國南部仍被摒拒於公職的門外，在信奉路德教派的德國北部則未見此一現象。因此，宗教改革帶來的新工作倫理，對行政倫理的影響當然也僅限於新教流傳之區域。

四、開明時期與德國理想主義之工作倫理觀

歐洲理性主義興起，開明時代來臨後，宗教的色彩乃逐漸褪卻，繼之而起者是為理性主義之大纛。**理性之要求簡單的說，就是要人類毫無條件的去盡到一些義務，這些義務最優先的部分就是「職業」，費希特《倫理學體系》中有言：「所有人群的唯一義務就是達成理性的目的，這也是人群之所以被聚攏牽繫在一起的原因。義務就是義務，這是無關目標達成度的。『我』應該善盡我職業與階級義務的原因，不是僅僅為了『應該』而已，而是基於完成個人職業上理性目的之要求」**。[20]在德國理想主義興盛的時期，職業倫理也是不例外的被賦予理性的解釋、以及作為理性的手段與工具。在該種情況下，宗教意義的「召喚」和純粹作為謀生之道的工作行為，已經被區分為二種不同類型「職業」取向。換言之，「神的召喚」作為職業的宗教意義已然被理性主義的一般性職業意義所取代。

五、傳統國民經濟之工作倫理觀

國民經濟倫理觀的中心思想為利益與利得。對於個人或是一般大眾，傳統國民經濟理論認為，職業倫理除了服務觀之外就是報酬收入或是經濟性利得問題。職業本身即具有財產上的意義，此外，職業族群會形成一定的社會階層，並因其社會貢獻之特殊性而獲得社會尊崇及社會重要性，使職業和社會階層兩者間形成了一種緊密的關係。

然而，社會分化運動帶來了分工與分權現象，社會階層在分化、交易的頻繁雙重趨勢下消解，而**職業背後的經濟行為並不是什麼福利思想、人性化理念在支撐它，而純粹是因為從事職業人基於自利、個人需求而為者，所以工作的倫理觀是個人生存需求動機上，是經濟性的，而較少與道德相關的**。

第四節　行政倫理的彰顯

壹、行政倫理的實踐

「倫」即為類，「理」者紋理也，倫理二字的中文本義引申之可解為一切有條貫、有脈絡可尋的條理，是研究人與人的關係、人與社會、個體全人格情操的問題，透過行為對錯的判斷，來解析道德之目的、行為之動機、行為模式的善惡等，斯為倫理之要旨。行政體系內倫理之講求，同樣的是依據倫理本質，尋求行政人全人格的情操以及義務行為的表現、期待組織結構之內在合理性、和建立行政組織行為的良質性。是促成行政人提升為理想之「行政我」或「實在的行政我」，以及催化行政體系成為大我意義的理想我或實在我。行政倫理的本質除了道德觀之外，還觸及了動機、心理等層面，從最基本的道德哲學，到終極目的實理之判準，[21]皆包涵於該課題之範疇中。故而，行政倫理之講求，不僅僅是作為行政體系精神內涵的建構，更重要的是應將其本質充分的實踐於行政組織中，使行政的社會化日趨於完熟，行政病態矯治更為落實，人民福祉乃可常繫之。茲承襲前述章節意旨，就行政倫理之實踐部分申論於后。

貳、實踐取向

行政倫理是研究行政機關內組織行為對錯的學問，是以康德自律主義的倫理行為說為基礎，來發掘行政體系內最深層之道德感、責任意識、服務情志、義務意識的一種研究，而且要跳脫快樂論、功利主義中「它律理論」之倫理行為，使行政社會化的「理想我」和「實在我」能夠完成。回歸原點的作法，就是深切體悟倫理之中心關懷者為「自由意志的行為」，其根本之原動力在於「行為」，換言之即是強調「實踐的精神」。沒有實踐精神的倫理會空洞化，會被道德哲學所吸收，成為「應然」（Sollen）的規則與規範；有實踐精神的倫理才有完成義務、責任、情操的可能性。因此，討論行政倫理的首要問題，是其實踐理性、行動可能性的部分，不能做純粹理論性之思考。

第二個要面對的問題是，行政倫理討論行政行為對錯之判別。對錯者，在行政領域中當解為是非、善惡、正誤之謂。如果此一前題為是，行政倫理之探討將擴充及於行為之動機、行為能力、行為結果之評價等範疇；換言之，原本第一義的行為問題將衍伸至動機、能力、成敗的事實探討，其演繹之情勢將使行政倫理的範疇擴張於行政體系的絕大部分，從選、考、訓、用、評、退的每一個環節中切入，成為行政體系的社會性終極評價，這是行政倫理在實踐層面上的第二種定位。

從上述分析可以歸結之，行政倫理實踐取向包含下列諸概念，並構成其基本之精神：

1.倫理義通道德，其基礎為一般習俗，兩者俱從習俗中艣生。對於社會中的成員，倫理是習俗中應當遵守的規律，而所謂應然的必須服從斯為道德律之性質。因此，論行政倫理時，必以其道德性為第一前題與最高要義。

2.道德領域內之實踐行為必是個人意志所發，遵守規律者，即是個人意志對規律的服從。

3.意志的行為，精確地說起來，即是責任的行為的意思。不伴有責任的行為不能說是真實的道德行為。

4.倫理道德可以解作是「訴之於全人格的情操的義務的行為」。所謂義務的行為是基於義務之念的行為；所謂基於義務之念即是基於當為（Sollen）的意識的意思，是一定的行為基於當然應做或非做不可的意識的意思。倫理道德的領域是以義務為中心的意志的行為。如果沒有義務意識的話，無論是怎樣好的行為，都不能成為充分意義的道德行為。

5.倫理的終極功能是促成社會與個人的融合，以達成其最高境界的和諧。[22] 個人的倫理意志行為可以促成「理想我」，「實在我」的完成。也是隱隱然的進行一項超個人，超時代，以及追求絕對價值的社會化運動，是在個人的名義下主張超個人的人格價值的，尼采的個人主義即是其例。尼采認

為，人生的最高目的是「超人」的時候的個人，亦即超越了個人的絕對價值的崇拜，決不只是偶像崇拜。

6.義務意識，責任的行為，超個人的社會性價值，三種理念綜合下的行政倫理，其實踐性的意義即為「服務」一詞，「服務人群」，「服務社會」之謂也。[23]

綜此六項要旨，行政倫理的實踐取向是非常明確一義的，即是「道德性」、「責任的意志行為」、「義務的意思」、「個人的社會化」、「服務的行政觀」的總體要素，是為行政倫理之經緯大本。

參、行政的責任倫理

倫理的精神，就是分辨行為的是與非，是對於人格與情操提昇的期待，是要求個人對其意志行為應有負責的態度。行政倫理亦然，是行政行為是非對錯的判準，以及督促行政人員履行其應盡職責的一種指令。如果道德是絕對無上指令（kategorische Imperativ，亦稱定言命令）的話，行政的倫理行為至少應該是義務心與責任感兼備的一種道德行為，是行政人員履行職務時個人良知的指南。這一種道德性的指令與要求即為行政責任倫理之本質。

責任倫理的概念在韋伯（Max Weber）政治論叢裡有極精闢之見解。依韋氏之說，政治的倫理分為兩種，一種是情志倫理，另一種是責任倫理（Gesinnungsethik und Verantwortungsethik）。情志倫理是忠於自己所信奉的價值，只要行動者內心有純正與堅定的價值，為了達成他心目中的價值，便不計較行為的後果。責任倫理則不但要忠於自我內在的一致性，而且要考量其行為在現實世界中的意義，並願意為其行為在現實世界中所造成的後果負責。[24]政治家或政務官可以依照其價值觀所認定的情志，心志而行動，只要意念是純潔的，至於結果或手段是否非理性的，則在所不論，此為政治家情志倫理的特質。**公務人員執行國家的任務，對全體人民，社會大衆負有正義維護，福祉創造的天然義務，必然的要對人民，對國家，對職務的達成負責，所以行政人只有責任倫理卻沒有情志倫理擁有的權利**，政務官與事務官的性質在此判然若分，而行政的責任倫理因而更為清晰，且是單義的確定。

行政責任倫理的實踐和其它職業倫理都是相同的，**其倫理準則應該具備兩種特性：一種是智性的誠篤**（Intellectual Integrity），以嚴謹、真誠的態度，竭力經營自己的知識體系，使其成為一個邏輯周延的完整系統；**另一種則是以人為目的**，而不能只以之作為工具，要將涉入於每一種人際關係的個人看做是「無可取代的目的」，盡力維護並尊重對方的權益，而不能只以之為工具，「但求目的不擇手段」，不管別人的利害，一味只求自己最大的利益。因此，醫學的倫理必須強調：醫師拯救生命和保護病人健康的職責，應當超乎其個人物質利益的獲取。教育倫理則強調：教師的專業職責在於傳授知識，啟發學生，推廣科學和尋求真理，並從事任何足以造成學習發展之事項。[25]行政倫理的特性在同樣基質下，必須負起不可推辭的責任，完成倫理性使命，藉著行政職務的實踐，來彰顯行政責任倫理之精神。

肆、我國傳統行政的責任倫理

前述章節詳述了西方倫理思潮的流變與內容，回過頭來談我國的行政倫理，因為內容實在過於龐大，所以先就行政的責任倫理作一些簡述，作為與西方倫理思潮的對照。關於我國行政責任倫理的思想與表現，在歷朝歷代的行政治理與傳統文官典範中，有豐厚的文化典藏，茲僅擇錄少數幾則古史留芳賢哲秉遺，作為責任倫理之說明，約如下。

1.范仲淹：得「**先天下之憂而憂，後天下之樂而樂**」，以全民福祉為念，善守其國，慎謀其事，權其天時，杜旱澇，致天祥；盡地利，富民用，度其地道，中則審其人順之法。能**審度天祥、地宜、人順三方面**，審時以舉事，以事動民，以民動國，以國動天下，則舉錯得，民和輯，功名立矣。

2.管子：國治民安之途首在得人。功德兼備材能堪以任事為行政人力資源之三大本，條件符合，則**賢良絡繹於途，勞臣忠勤，能臣盡心**，國事將大治焉。國富民強，賢良舉錯，功在家國，布德惠，進賢逐姦，詰詐偽，去讒慝，修飢饉，救災害，賑罷露，則國家定。（《管子．卷一．立政第四》）

牧民者，**應知其疾苦，而憂之以德，勿懼以罪，勿止以力**，慎此四者，足以治民也。夫牧民不知其疾，則生民陷於苦楚而無告，是棄民也。不憂以德，善行未能博施，則民多怨者必也。懼之以罪，任酷法之橫流，則民多巧詐，但求倖免而無恥。

堅中外正，節氣凜然行止有度，是嚴於職守。牧民者行而有信，知進退遜讓之分寸，是禮也。行此四端，教化風行四境，民生安和樂利各有所養而歸心焉。

3.尊五美，屏四惡以守其成（《論語．堯曰篇》）：(1)惠而不費，因民之所利而利之；(2)擇可勞而勞之，則勞而不怨；(3)欲仁而得仁，雖有嗜

欲而不貪，乃欲而不貪；(4)居其位不論人多人少，事大事小，皆不敢怠慢，是居位安泰而不驕人，是為「無眾寡，無小大，無敢慢，泰而不驕。」(5)在位者端正自己的衣冠，莊重自己的容態，使人望而生敬畏之心，有威儀而不兇猛，斯為「正其衣冠，尊其瞻視，儼然人望而畏之，威而不猛」。

4.屏四惡，四惡者為：(1)不教而殺謂之虐；(2)不戒視成謂之暴；(3)慢令致期謂之賊；(4)猶之與人也，出納之吝，謂之有司。

5.個人責任倫理應謹守者有六法：(1)富之而觀其無犯，不踰禮者，是為仁；(2)貴之而觀其無驕，驕慢狂妄者，是為不義；(3)付之而觀其無死，於險阻時地為篤定如常者，斯為勇；(4)使之而觀其無隱，於徵聘時，能無所隱慝，則為信用可靠之人；(5)危之而觀其無死，於險阻時地能篤定如常者，斯為勇；(6)事之而觀其無窮，任之以事而不技窮者，有才謀爾。

6.守既成之規模，應防六攻之侵毀。六攻者：「親也、貴也、貨也、色也、巧佞也、玩好也」。（《管子・卷二十一》）

7.順民心者有四要：(1)「民惡憂勞，我佚樂之」。能佚樂之，則民為之憂勞；(2)「民惡貧賤，我富貴之」。民富貴後，則憂國用不足，國事凋蔽；(3)「民惡危墜，我存安之」。民既得安，則憂國之危殆；(4)「民惡滅絕，我生育之」。（《管子・卷一》）

8.安民、養民之務有：(1)老老：老吾老以及人之老；(2)慈幼：家有幼弱，不勝養為累者，減征（徵稅）或無征；(3)恤孤：無父無母孤兒，必照顧其飢寒溫飽，哀矜而憐恤之，是為恤孤；(4)養疾：國有「聾盲喑啞跛躄偏枯握遞，不耐自生者」，收而養之。救民於病苦之累；(5)合獨：取鰥寡而合和之，予田宅而家至之；(6)問疾：設掌病之吏，行於國中，以問病為事。使窮鄉僻野無病苦棄養之民；(7)通窮：民無居處，窮賓客，絕糧食，俱應有聞而濟之；(8)振困：天災巨變之凶年，厲疫流行，多死喪。當是時，弛刑罰，赦有罪，散倉粟以食之；(9)接絕：士民死上事，死戰事，以及傷殘者，或祠之，或撫恤之，是為接絕。（《管子・卷十八・入國第五十四》）

歸結而言，所謂公務人員的責任倫理，其內容不安民、養民、長治久安、福國利民，以公共之福祉為己任等項目。秉公心，行公道，踐行倫理美善之德，無虧於職守，以責任心、義務心承擔國家治理之責，庶幾近乎責任倫理矣。

註　釋

[1]請參閱König, Klaus u.a., “Zur Entwicklungspolitischen Zusammenarbeit mit der lateiamerikani-schen Steuerverwaltung”, in:Verwaltungsarchiv, 1981, S.316ff.

[2]請參閱Knig, Klaus, “Zum Konzept der Entwicklungsverwaltung”, in: ders.(Hrsg.), öffentliche Verwaltung und Entwicklungspolitik, Baden-Baden, 1986, S.11ff.

[3]請參閱Huntinton, Samuel P., “The Clash of Civilizations and the Remaking of World Order”, New York, 1996.

[4]請參閱Fisch, Stefan, “Verwaltungskulturen-geronnene Geschichte?”, in: Die Verwaltung, 2000, S.313ff.

[5]請參閱Institut für Theorie des Staates und des Rechts der Akademie der Wissenschaften der DDR(Hrsg.), Marxistisch-leninistische Staats-und Rechtstheorie, 2. Aufl., Berlin(Ost), 1975; ferner Glaeßner, Gert-Joachim, Herrschaft durch Kader: Leitung der Gesellschaft und Kaderpolitik in der DDR, Opladen, 1977.

[6]請參閱Ridley, Fredrick, “Die Wiederfindung des Staates-Reinventing Britisch Government”, in: Die öffentliche Verwaltung, 1995, S.570ff.

[7]請參閱Jann, Werner, “Staatliche Programme und Verwaltungskultur: Bekämpfung des Drogenmiss-brauchs und der Jugendarbeitslosigkeit in Schweden, Großbritannien und der Bundesrepublik Deutsch-land im Vergleich”, Opladen, 1983, S.515.

[8]請參閱Greve, Carsten / Jensen, Lotte, “Central Government reforms and best pratice: The Case of Denmark”, in: Werner Jann / Christoph Reichard(Hrsg.), Central State Government reform: An International Survey, Washington, D.C., 2000; Greve, Carsten, “Exploring Contracts as Reinvented Institutions in the Danish Public Sector”, in: Public Administration, 2000, S153.

[9]請參閱Jann, Werner, “Verwaltungskulturen im internationalen Vergleich-Ein Überblick über den Stand der empirischen Forschung”, in: Die Verwaltung, 2000, S.347ff.

[10]請參閱Fisch, Rudolf, “Organisationskultur von Behörden”, in: Klaus König(Hrsg.), Deutsche Verwaltung an der Wende zum 21. Jahrhundert, Baden-Baden, 2002, S.449ff.

[11]見Pierre, J., “Bureaucracy in the modern state: an introduction to comparative public administration”, Aldershot, Edward Elgard, 1995.

[12]請參閱夏鎮平譯（2003），Pollitt, C. & Bouckaert, G.著，《公共管理改革—比較分析》（*Public Management: A Comparative Analysis*），頁46以下。上海：上海譯文。

[13]參閱沈佩君（1986），〈「倫理學」解釋〉，於《環華百科全書》（二版），頁495。臺北：環華。

[14]參閱Thomas V. Aquin天主教哲學，於Wilhelm Weber, “Ethik der Arbeit”, Stuttgart, 1975, S831.

[15]參閱Lorenz von Stein, “Gesellschaftslehre”, 1856.

[16]參閱Marx-Engels-Gesamtausgabe, III 1. Auflag, 1932.

[17]參閱H.Marcuse, "uber die philosophischen Grundlagen des Wirtschafts-wissen schaftlichen Arbeitsbegriffs" in: Kultur und Gesellschaft, Frankfurt a.M. 1968, Bd.2, 6. S.7ff.

[18]古希臘時期於牟宗三又稱大希臘風，當時文化、社會諸層面現象之解析可參閱方東美（1985）《生生之德》，第二章〈生命悲歌之二重奏〉，第四章〈哲學三慧〉等。

[19]請參閱Ernst Troeltsch, "Inneweltliche Askese"以及M. Wber，《基督新教的倫理與資本主義的精神》。

[20]參閱J. G. Fichte, "System der Sittenlehre nach den Prinzipien Prinzipien der Wissenschafts-lehre", 1978.

[21]倫理哲學可以說是人生觀哲學的中心，甚至於在形上學和理論哲學時期占過全哲學的位置。康德亦認為理論哲學只是哲學的出發點，目的地無論怎樣都是存在於倫理哲學的。見金子馬治（1973）《哲學概論》，頁53。臺北：地平。引申於行政學本體哲學而言，行政倫理之地位同樣的是居於全目的之中心位置。

[22]本一論點可比較金子馬治（1973）《哲學概論》，頁169以下之論點。臺北：地平。

[23]比較前篇〈行政社會化〉，「行政之目的」，(一)行政是國家的行為；(二)行政是屬公法的以及社會法的性質；(三)行政在於社會資源的合理分配；(四)行政是在於社會正義的維護及實現。綜此四目的以比較該「服務觀」，其間理路相通。

[24]參閱Max Weber, "Gesammelte Politische Schriften" 4. Ayfl., S.550-560.

[25]參閱黃光國（1980），〈台灣的社會變遷與倫理重建〉，《中國論壇》，29卷，8期，頁67-78。

第11章 行政倫理的實踐

第一節　倫理作為溝通媒介
第二節　行政倫理的要求
第三節　我國行政倫理實踐的檢視

第一節 倫理作為溝通媒介

壹、倫理的控制力

行政倫理的核心精神是責任倫理，行政倫理的彰顯必須藉著實踐取向來實現，這就說明了行政倫理有強烈的「應用需求」，在現今普遍趨向於「正式化的、合理化的」（Formal Rationalisierte）以及「功能分化」（Functional Differenzierte）的社會中，行政倫理的應用與實踐和其它的社會溝通媒介來說，它的控制力量是相對比較小的。其它的社會溝通媒介力量比較大的，諸如公共行政的運作依照行政法規、英、美管理主義的公共行政依賴的是貨幣、德、法傳統法治型行政依賴的是權力、民主依賴的是管轄權責、市民社會依賴的也是權責劃分等，以上這些被依賴的媒介，都是社會溝通的媒介，他們的控制力量都比行政倫理要強的多。行政倫理實踐的機會，可能是夾雜在行政決策中，也有可能加進行政的裁量過程裡，出現的時機、場合、頻率、力度等等，都不能與行政法、貨幣、行政管轄權責、權力等等相比。相對於這些社會溝通媒介來說，行政倫理的原則顯的比較「不確定」、「意義多元」，當行政倫理的守則、規定推行的時候，就會和其它的價值產生競合現象，也會和組織原理產生摩擦，使得行政倫理的控制力道被減損。

雖然行政倫理的控制力較小，但是沒有一個國家敢輕忽行政倫理的重要性，甚至於對行政倫理效果之不彰，憂心的宣稱有「公共行政的倫理危機」。在這樣的背景下，許多國家（特別是大陸法系的傳統法治行行政國家如德國與法國）在行政行為中制定了明確的倫理法制的規範與規定，也就是將倫理予以法制化，例如公務員的倫理法、公務員服務法當中的倫理規定、公務員懲戒法對於違反倫理規定的懲戒等等，清楚的規定行政倫理的重要性，並且明白解釋倫理的裁量空間等。在公共行政的一般行為中，透過實定法將價值的考量——倫理加入公共政策的執行。

貳、倫理的對話

行政倫理的價值思考在不同國家間會有所不同。目前公共管理的思潮風起雲湧，法治型行政的國家如德、法者，也直接受到了英、美管理主義思潮的衝擊，行政倫理的價值觀不能避免的也受到管理主義價值的挑戰。但是法治型行政的國家並沒有將行政的價值規範用自由主義的經濟學來加以取代。自由主義經濟

學強調的是個人價值的極大化、追求個人利益的極大化。行政行為處分的是公共財，行政人員處理過程中也是要將公共財和自己的最大利益考慮進去，作為公共政策的價值基準。但是法治型行政的價值考量則不作如是想，社會福利、平等、正義不能用利益極大化的觀點來衡量，例如接受社會救濟的民眾沒有繳稅，也沒有讓國家的收入增加，而是單方面的從國家獲得公共財的救濟，這不符合自由主義經濟利益極大化的原則；或者如偏鄉的財政補助、或是弱勢團體的尊重與保護、或者全民健保的實施等，都是同樣的道理，皆以平等、社會正義的觀念為決策基準，而不是用公共或個人利益的極大化作為思考點。法治型行政的國家不是用利潤極大化的價值規範，來思考其行政倫理的作為。因此，行政文化的價值思考不同，其間則必有不同典範的對話。

在社會溝通的過程中有代表**各種不同價值的媒介，這些媒介在個人、團體、組織之間流動，傳遞不同的價值觀，如權力、貨幣／通貨、道德、法律、社會規範、風俗習慣、倫理等皆屬之**。其中，法律和道德這兩項價值媒介在現代法治史的發展中，已經判然二分。但是在回教的基本教義派的國家與地區，可蘭經和穆罕默德建立的法典（Scharia），是公務員教育訓練最主要的教材，在這些國家，法律和宗教二者是緊密結合的。[1]至於在其它的文化地區，宗教、法律和道德是分開的。雖然，法律和道德之間仍然有高度複合的關聯性，並且在法律中存在著道德的精神，只是沒有明白的寫出來而已。行政倫理義通道德，所以行政的職業倫理也是和道德規範緊密結合，或者直接透過法律規範、法律價值來表現。

參、法與倫理

海洋法系與大陸法系二者的不同，在英、美等國家的行政文化係為案例法，歐陸德、法等國的行政文化係為成文法。後者是透過成文法典建構一個規範的和有組織的法律體系，並且以成文法典作為其行政倫理的符號象徵。在海洋法系案例法的行政文化中，公務員的倫理則規定在「政府機關倫理」（Office of Government Ethics）或設立「倫理資訊中心」（Ethics Information Certre），或訂定「倫理守則」（Code of Ethics），或者在行政刊物中討論倫理的個案，或者依照社會科學的方法作倫理案例的研究，這些都是英、美海洋法系國家對行政倫理的作法。在大陸法系國家行政文化的做法中，行政倫理是直接規定在公務員懲戒法、懲戒程序法、公務員法、或法律書刊的懲戒案例與判決，透過法官的判決來表述倫理的規定。換言之，大陸法系國家的行政倫理多半透過法制化的形式來表現，直接規定在法律中，或者由行政法院的判決來做確定的解釋。但是，這種表面的區分方式並不是說，海洋法系的國家行政不會將倫理的價值問題當作法律問題，甚至於英、美等國也不時的將「行為的守則」問題包裹上法律規範的外衣，行政倫理法制化是每一個國家都會採取的做法。**海洋和大陸法系國家行政文化的主要不同點在於，大陸法系國家的行政倫理會明確的賦予法律的目的論解釋，明確的規定公務員的行為必須遵守哪些規定，或者不得違反哪些規定，對行政倫理的要求作直接或間接的規定，直接指出道德與倫理之要求，這也是「成文法」的特點，同時也是行政倫理「成文法制化」的背景原因。**

行政倫理的貫徹程度和接納度，[2]**基本上也分為兩個途徑。第一個途徑就是國家訂定的倫理行為守則，並制定法律保障其實施。第二種途徑就是透過公務員職業工會或類似組織訂定倫理守則，並且透過書刊等來宣揚之**，例如美國的“*Public Administration Review*”的最後一頁都會附上公務員倫理守則，以確保公務員都會遵守之。[3]第二種方式的效果，必須看倫理守則被接納的程度為何，以及被瞭解與普及的程度而決定，行政倫理的貫徹程度、受尊重、或不受尊重，還是決定於公務員個人的接納度。

如果就貫徹度和接納度的角度來看，行政倫理和其它職業倫理有沒有不一樣的地方呢？這一個問題的答案可能要藉助大陸法系國家的法治型行政來解釋，才會比較清楚。**在法治型行政（legalistische Verwaltung）的國家，會在成文法典中訂定相關倫理守則，作為公務員應該遵守或不得違犯的行為準則。德、法等大陸法系的國家均有如是之規定，我國這一部分亦同**。見諸我國刑法第四章的瀆職罪，就是針對公務員職務倫理的規定，在第134條並規定，公務員假借職務上之權力、機會或方法，以故意犯本章以外各罪者，加重其刑至二分之一。除了刑法的規定之外，公務員法、公務員懲戒法等，對於公務員執行職務的行為均有一定的規定，不得違反，否則即有一定的懲罰。**在各項法條規定的背後就豎立著行政倫理的價值規範，這就是法治型國家的「行政倫理成文法制化」的具現**。由此可知，行政倫理的貫徹度與執行度比其他職業倫理更嚴格。

行政倫理的實踐為什麼要比其他職業倫理更嚴格呢？其原因即在於公務員執行公務處理的是公共事務，處分的是公共財，執行的是公共任務，並且關係到公共大眾的利益與福祉，以上的這些範圍與項目，都不是社會上其它職業所能比擬者。所以，公務人員的行政倫理中，有某些倫理的「不確定性」、「涵義多元」、「價值衝突」、或「定義不清」的地方，[4]但是一切行政倫理的出發點必須相同，就是以「公共善」（Common Good）、「公共利益」作為行政倫理考量的第一義。

第二節　行政倫理的要求

壹、各國行政倫理的核心價值

公共行政作為一種志業，其治理方式的選擇是一種價值取向。**行政價值的取捨與定向，就是行政治理是非對錯、善惡區分的標準，這就是行政倫理的由來**。所以行政倫理的內涵與作用，一定是建立在某種價值觀的基礎上。每一個國家的行政倫理都有自己價值抉擇取捨的考量，所以表現出來的結果會不太一樣，從內容來觀察，各國行政倫理核心價值有異有同，法源也不太一致，就OECD調查29個成員國的結果，各國行政倫理規範的核心價值約如**表**11-1所示：

表11-1　各國行政倫理規範的核心價值

國家	核心價值	法源
澳洲	無私公正、廉潔誠實、追求效率、確保平等、公平公正、專業主義、親切關懷	一般法律、公共服務法律
奧地利	無私公正、依法行事、廉潔誠實、負責盡職、嚴守秘密	
比利時	依法行事、廉潔誠實、服從指揮	公共服務法律
加拿大	無私公正、依法行事、廉潔誠實、透明公開、利益迴避	一般法律、公共服務法律
捷克	無私公正、嚴守秘密、利益迴避	
丹麥	無私公正、依法行事、廉潔誠實、追求效率	一般法律
芬蘭	無私公正、透明公開、負責盡職	文官法律
德國	無私公正、依法行事、廉潔誠實、公正公平、負責盡職 嚴守秘密、專業主義、公共利益、利益迴避、服從指揮效忠國家	一般法律、憲法、文官法律、公共服務法律
希臘	無私公正、依法行事、廉潔誠實、透明公開、追求效率	一般法律、憲法、公共服務法律
匈牙利	無私公正、依法行事、追求效率、負責盡職、公平公正 公共利益、親切關懷	文官法律
愛爾蘭	無私公正、依法行事、公平公正、負責盡職 專業主義、利益迴避、慎用資源	

（續）表11-1　各國行政倫理規範的核心價值

國家	核心價值	法源
冰島	無私公正、依法行事、透明公開、負責盡職	一般法律、文官法律
義大利	無私公正、依法行事、追求效率、服從指揮、效忠國家	一般法律
日本	無私公正、依法行事、廉潔誠實、公正公平、嚴守秘密、公共利益、利益迴避、服從指揮	憲法、公共服務法律
韓國	無私公正、依法行事、廉潔誠實、公正公平、嚴守秘密、服從指揮、效忠國家、親切關懷	一般法律、憲法、文官法律
盧森堡	無私公正、透明公開、公平公正	一般法律
墨西哥	依法行事、廉潔誠實、透明公開、負責盡職	一般法律、憲法、公共服務法律
荷蘭	無私公正、依法行事、廉潔誠實、透明公開、公正公平	一般法律、憲法、文官法律、公共服務法律
挪威	依法行事、廉潔誠實、透明公開、追求效率、確保平等公平公正、慎用資源、效忠國家	一般法律
紐西蘭	廉潔誠實、透明公開、追求效率、負責盡職、公平公正	
波蘭	無私公正、廉潔誠實、專業主義	一般法律、憲法
葡萄牙	無私公正、依法行事、廉潔誠實、透明公開、追求效率、確保平等、負責盡職、公平公正、專業主義、公共利益	一般法律
西班牙	無私公正、依法行事’追求效率、確保平等、公共利益	憲法、公共服務法律
瑞士	依法行事、追求效率、公共利益	公共服務法律
瑞典	無私公正、依法行事、廉潔誠實、透明公開、追求效率、確保平等、負責盡職、公正公平、嚴守秘密、公共利益、利益迴避、慎用資源	一般法律、憲法
土耳其	無私公正、依法行事、廉潔誠實、確保平等、公正公平、慎用資源、效忠國家	憲法、文官法律
英國	無私公正、依法行事、廉潔誠實、公開透明、負責盡職	文官法律
美國	無私公正、依法行事、廉潔誠實、透明公開、追求效率、確保平等、嚴守秘密、利益迴避、慎用資源	

資料來源：OECD（2000）表一和表二、施能傑（民92：43）彙整。

依照OECD對所屬29個成員國所作的調查，有十幾項公共服務倫理的核心價值受到較大的注重，分別是：無私公正（24國）、依法行事（22國）、廉潔誠實（18國）、透明公開（14國）、追求效率（14國）、確保平等（11國）、負責盡職（11國）、公平公正（10國）、嚴守秘密（10國）、專業主義（8國）、公共利益（7國）、利益迴避（7國）、服從領導（6國）、慎用資源（5國）、效忠國家（5國）、親切關懷（3國）。[5]這一個統計表說明了，每一個國家行政倫理所重視的核心價值所在，除了個別差異之外，也可以清楚的看到**普遍受到重視的行政倫理價值前三項為：無私公正、依法行事與廉潔誠實，這是現代政府所共同標舉的價值，也是政府行政倫理中最重要的核心內容**。

貳、人民的評價——信賴度

上一節敘述了OECD對各國行政倫理核心內容的調查，顯示了各國政府重視的核心價值有大部相類似之處，也說明了每一個國家都相當重視行政倫理。對於一個現代國家而言，行政倫理的強調不只是要改善政府與人民之間的信任關係，同時也是人民對政府實施福利行政的期待與課責。所以在提出政府行政倫理的核心內容項目後，緊接著要問的題目是：「人民對政府的信賴有多少？」以及「對行政倫理的評量」。

「人民信賴政府嗎？」，這一個問題的答案，根據OECD對成員國的調查結果顯示，同意的答案比例普遍都低於50%，只有斯堪地納維亞的北歐國家高過50%。依據2002年的調查，歐盟只有39%，法國30%，德國37%，義大利33%，英國33%，這一個普查結果算是低落。但是從發展趨勢的走向來看也是向下的，這一個現象則更令人擔心。

美國在1960年代相關調查數據顯示，「人民信賴政府」的比例有70%，以後就大幅滑落到30%的水準，到2000年調查人民對政府的信賴度是40%。值得一提的是，美國推動新公共管理的政府再造之後，和英國一樣，「人民對政府的信賴度」並沒有改變，政府再造運動並沒有得到加分的效果。德國也推行新公共管理的改革運動，在信賴度這一項和英美結果相同，都沒有加分的效果。[6]人民對政府的信賴度在一個國家之內是會變化的，就以美國1972年的調查結果為例，當年聯邦政府得到的信賴度高居第一位，勝過地方政府。時至今日，地方行政機關得到人民的信賴度反而高居第一位，勝過聯邦政府與州政府。[7]信賴度的流失就是人民對政府的不信任。當人民對國家機器的信任度提出問號時，就會具體影響到經濟成長率和直接投資率這二個項目。[8]茲以2011年的印度為例，這一年來的印度盧比被摜壓，股市也遭拋售，在臺灣有86檔印度基金或投資標的的包含印度的共同基金，今年來都是負值，有些則超過二位數。根據專家分析的結果，空頭的原因是「印度困在結構性通膨泥沼裡頭，外來的資金可能不足以支應所須，企業和**政府治理的醜聞接二連三**」，[9]這一段分析結果清楚的告訴我們，政府治理倫理的破壞、貪瀆與腐敗，會強烈的影響大眾投資意願和經濟發展。

就德國的案例來說，人民對政府行政倫理的評價結果，在「人民是否受到公平與公正待遇」這一項，調查結果顯示，1959年的評價有65%的正面答覆，1990年有74%，1995年有69%。在「公務員對於人民的回應性」這一項，1957年認為「有認真注意」的為59%，1990年降為40%，1995年為45%。關於「公務員是否顧客導向」這一項，民眾回答認為公務員樂於協助與友善的比例，從1980到1995年是下降的，二德合併後則上升至58%。[10]

人民對政府的信賴度，或是對政府行政行為的評價，就是政府行政倫理實踐的評分。如果行政倫理只是行政學討論的議題，或是政府機關空洞美麗的詞藻，人民就直接反應在社會調查結果上，也會透過投資意願低落、生產力降低來表達，甚至於，最近中東與北非阿拉伯國家所吹起的「茉莉花革命」，已經讓埃及的穆巴拉克下台，利比亞的格達費陷入苦戰，伊朗、葉門、約旦等國家相繼吹起革命的號角，口號就是「反獨裁、反貪腐」、「要民主、要透明、要廉潔有效能的政府」，每一個口號，就是一項政府行政倫理的價值。所以，從人民對政府行政倫理的評價結果可以再度確認，行政倫理必須是「責任倫理」，行政倫理務必要加以「實踐」。

參、我國行政倫理的價值

一、我國當代的行政倫理價值內涵

前面申論了各國行政倫理的內涵，對於其倫理核心價值有了一些認識。回頭來檢視我國行政倫理的價值內容，關注的重點又為何呢？這一個問題可以進一步的探討之。

依據詹靜芬氏針對我國中央行政機關中級主管的調查，發現我國最重視的行政倫理價值內涵依序為：(1)利益迴避；(2)負責盡職；(3)為民服務；(4)誠實原則；(5)嚴守秘密；(6)公共利益；(7)國家忠誠；(8)行政中立；(9)客觀無私；(10)人道關懷；(11)專業化；(12)恪守法紀；(13)透明公開；(14)誠實廉潔；(15)揭發弊端；(16)公共利益；(17)政治化；(18)階層；(19)服從。[11]

其次，江明修氏以16位台北市政府政策規劃人員為研究對象，歸結出幾項行政倫理的價值，為(1)階層；(2)效率；(3)公道；(4)責任；(5)專業化；(6)政治化。在這六項主要的行政倫理價值外，江氏另外特別提出了我國公務人員特別強調的一點，就是「從上倫理」，也就是服從上級長官的意思，並發展為「文官政治化」的現象，[12]並且表現在選舉動員、利益遊說、安排轉任文官作為政治酬庸等等行為上，泛政治化的現象普遍而深入。此一觀點，印證諸現實狀況，可謂切中時弊。

二、新公共管理與新公共行政的倫理價值

我國行政倫理的價值觀在近代的發展，除了深受美國的影響之外，在全球化與國際化的潮流下，世界其他先進國家的行政倫理價值觀，對我國也有許多的影響，[13]特別是法治行政、民主行政的觀念更是深深的影響了我國公務人員的行政行為。

當新公共管理的風潮帶起的政府再造時，我國也隨著這一股風潮推動了政府再造運動，法治再造、組織再造與人力資源再造。在這一波強烈且餘勢未息的思潮之後，其內在的價值內容與結構為何？這一點有必要加以釐清之。另外，與其對偶、與對話的新公共行政的思潮，其價值內容也應一併加以說明之。

新公共管理強調市場機制，以價格作為秩序維護和協調的工具，其核心價值為：競爭、理性、交易、效率、回應力等。[14]

新公共行政學派對於行政倫理與價值的主張，認為民主行政的目標，不僅是效率、效能和依法行政的達成，更是公正、正義目標的實現。強調行政倫理必須包括追求社會公平正義等責任，而非完全服膺科層體制的權威階層或效率等價值。[15]

三、觀察

上面就不同的國家和OECD的部分，討論過他們的行政倫理價值，如果進一步將其並列而來觀察之，就可以看到一幅巨視的價值地圖，約如**表**11-2所示。

從這一幅行政倫理的價值全圖中，顯現的是倫理價值指標的排序，也表示各價值項目受重視的程度。依照表中資料的顯示，可以得知數點：

1.OECD國家的行政倫理價值項目排序顯示，前面八項為無私公正、依法行事、廉潔誠實、透明公開、追求效率、確保平等、負責任、公平公正，充分的表露了現代國家法治行政、民主行政的精神，可以作為現代國家行政

表11-2　各國行政倫理的價值地圖

排序	OECD	美國	歐洲	我國
1	無私公正	公共利益	行政中立、超越黨派	利益迴避／階層、從上倫理
2	依法行事	社會公道	合法性	負責盡職／效率
3	廉潔誠實	憲政價值	正直誠實	為民服務／公道
4	透明公開	揭發弊端	透明公開	誠實原則／責任
5	追求效率	效率、能力、效能、負責任	效率效能	嚴守秘密／專業化
6	確保平等	公民義務	公正平等	公共利益／政治化
7	負責盡職	公共行政專業倫理守則	負責任	國家忠誠
8	公平公正		正義	行政中立
9	嚴守秘密			客觀無私
10	專業主義			人道關懷
11	公共利益			專業化
12	利益迴避			恪守法紀
13	服從領導			透明公開
14	慎用資源			誠實廉潔
15	效忠國家			揭發弊端
16	親切關懷			公共利益
17				政治化
18				階層
19				服從

註：（／）後之項目爲江明修氏之見解。

倫理價值圖的模範。

2.OECD的倫理價值中，依法行政、無私公正最重要，表示OECD偏向「法治型行政」的價值觀。

3.美國行政倫理排第一位的是「公共利益」，是典型的「公共利益模式」/和「管理型行政」的價值觀。其次，在價值項目中，「公共利益」、「社會公道」和「憲政價值」受到最大的重視，是美國公共行政所標舉的和所要求的核心價值。從核心價值看美國行政的運作，就很容易掌握其典範與思維。

4.歐陸國家對於政治與行政的對應關係最為重視，要求行政中立以及黨派中立的倫理行為，就是不希望讓政治干預行政的正常運作。政治／國會設定目標，行政以專業執行之，這是歐陸國家對行政體系運作的期待，所以超越黨派／行政中立就成為行政倫理的第一項。合法性、誠實正直、透明公開等項倫理要求，更是歐陸傳統法治型行政的模式表現，法治、民主、公平、正義，是歐陸國家行政追求的一貫核心價值。

5.我國行政倫理的價值序列中，利益迴避、為民服務、嚴守秘密、國家忠誠等項，進入前七名。這一個價值序列的決定，說明了我國公共行政現時所注重的倫理價值，和OECD的價值圖有頗大的差距。如果法治行政與民主行政的根基更為落實之後，公務人員就可以不需要終日惴惴不安於利益迴避的問題。為民服務與嚴守秘密被提列到主要核心項目，可能與我國的政治、社會大環境的背景有關，如果未來這兩項變成公務人員的基本倫理觀念，重要性大幅滑落時，應該就是我國行政行為與運作進步的表徵。

6.「從上倫理」這一種現象，表示我國法治行政與民主行政的程度還有所不足，未來尚有改善之空間。

肆、行政倫理的價值變遷

一、價值變遷

典範可能有典範轉移，行政文化可能有文化變遷，行政倫理的價值也是可能有價值變遷。

行政倫理的價值變遷可能性與幅度，要看這一個價值體系的態樣。行政倫理的價值體系態樣可能有幾種形式，一種是普世性的倫理價值觀，可以普遍作為行政體系共通的價值者，如民主、法治、平等、正義、自由等都是普世性的價值；第二種是某一種職業族群所適用的職業倫理，有其專屬特質者，例如醫療行政的倫理、警察倫理、環保倫理者；第三種是基於行政任務或行政行為的需要而產生的價值規範，如利益迴避、禮節、揭發弊端、個人修養、因果報應觀、謹慎、治心等條目，是某種行政文化產生的行政倫理項目。以上這三種行政倫理的態樣，基本上要發生價值變遷的狀況都有一定的困難度，因為每一個倫理價值的條目都是行政生態的產物，經過一段不算短的時間慢慢積累而來，要更動價值體系就有一定的難度。價值變遷的難度基本上又有程度之分，普世性的價值要加以更動，難度最高。特殊職業族群的特殊職業倫理價值的更動，難度次高。一般行政文化中的倫理條目更動，難度又減一些。

行政倫理的產生，在每一個國家均有其背景，例如我國的行政倫理就受到儒家文化中「德治」很深的影響。又如法國公部門的倫理基礎，則是受到軍隊的影響極深。這些都是說到一般性的倫理內容。至於，涉及到特定的職業族群時，常常也會有其特定的倫理義務及守則，例如法國警察就有「國家警察倫理守則」（Code de deóntologie de la Police nationale）。[16]然而不論是整個公部門的行政倫理，或是政府某一部門的特有倫理，在現代社會價值變遷下，都必須面對挑戰或接受對話。**現代社會價值變遷的內容，從「物質」到「後物質」（postmaterial）、從「義務論的價值」和「接納度的價值」進為「自我發展的價值」、從「工業社會」進入「後工業社會」、從「官僚」進到「後官僚」**。尤其是政府再造運動興起之後，劇烈的價值變遷帶動了巨大的心理上的改變，例如自主性與自決的需求增強、績效提升必須仰賴個人的意願、規範的遵守必須取決於個人的動機、個人對於其角色義務的接受度降低、要求自動自發性的需求增強、迴避長期性與持續性的義務、溝通不能強迫、權威的接受度降低等等，個人的需求大幅的增強與增多，個人行為的自主度也大幅提高。如此一來，在公共服務的這一種職業中就形成了許許多多的緊張關係，例如：義務倫理與價值實現之間、規範與動機之間、應然與是然之間、目標與現況之間，許許多多的緊張關係就造成了倫理的規範如何去實現／去應用的問題。為了解決倫理應用的問題，就大量興起了社會學的實證研究，來增加價值變遷後新圖像的瞭解。做的最多的研究就是與價值相關的動機分析。實證調查研究結果確定了變遷後的實際狀況後，就會進行一波新的倫理化行動，針對新的社會現象、新的社會問題，作倫理的規範。例如學術倫理針對學術抄襲的規定、醫療倫理對邱小妹人球事件新的處理規範、警政倫理在周人蔘案之後的風紀規範與做法，等等不一而足。

社會變遷帶來的價值變遷，行政倫理也必隨之遷移變動，例如新公共管理思潮下的政府再造運動就是一波大的變動。在行政職業倫理變遷的背後，必然包

含了許多有影響力的社會因素，這些因素在變遷的場域中的互動，促成了最後行政倫理的價值圖像。新的圖像產生就是行政倫理的成長，也是新的行政文化的誕生。

以下茲舉美國行政倫理價值的變遷作為探討對象，然後進入我國行政倫理價值變遷的主題。

二、美國的價值變遷

依據Robert H. Elliott針對政府行政倫理的價值項目，照著出現的時代先後，分別置於不同的歷史發展階段中，就可以清晰的看到美國行政倫理的價值，在各個不同時期的變遷狀況，約為：

1.1782到1820年為菁英主義、種族主義、性別主義。
2.1820到1880年為分贓制。
3.1880到1930年為功績制、身分保障主義、政治中立。
4.1930到1970年為理性主義、效率、行政領導、政治回應。
5.1970到1980年為公正衡平與社會代表性。
6.1980年代為專業主義。

以上的歷史各階段的倫理價值項目，顯示了不同時期與背景下，政府公共倫理所思考的價值內容會隨著社會變遷而轉移。

另外一個行政倫理價值變遷的案例是，美國在1960年代面臨了激烈的種族衝突、越戰與反越戰等的相關議題，傳統的公共行政對於這些問題的挑戰招架不住，新公共行政就在這個背景下應運而生，創生了新公共行政學派。這一個學派對行政倫理與價值的主張，認為民主行政的目標，不僅僅只是注意行政的效率與效能，以及依法行政而已，更重要的是要達成公正與正義的目標。行政倫理必須以追求社會的公平正義為其皓的，而非固守傳統科層體制的階層價值與效率價值。

接下來另一波的政府倫理價值變遷，是1980年代興起的新公共管理思潮所帶動的政府再造運動。其背景源自於1970年代起的石油危機，導致了全球性的經濟不景氣，面對停滯的發展、持續的通貨膨脹、能源成本的提高、生產力的降低、失業率不斷上升、政府財政困窘、社會福利負擔沉重，原本的凱因斯經濟理論已經無法處理這樣的難題，在經濟危機、財政危機、官僚危機與合法性危機的壓力下，新公共管理就成為新的價值典範，倡導一系列新的價值理念，用企業性精神對官僚體系進行改變及再造，提倡顧客導向，注意施政品質與成果，滿足顧

表11-3　政府再造運動的改變

傳統官僚行政倫理價值	新公共管理倫理價值
層級節制	市場
民主的控制	財產權
依法治理	由所有權者治理
公眾福祉	廠商福利
合法性	私人利得
課責	自主
正當性	機密性
重視規劃	重視成果
集體行動	競爭
需求的公正	市場的公正
中立的專業知識	利益的導向
穩定	變遷
傳統	更新

資料來源：Jann, 1997:95.

客需求，確立行政課責等。

政府再造運動挑戰了過去傳統的官僚行政，也大幅度改變了政府倫理的價值內容，其中重要的項目有如**表**11-3所示。

新公共管理思潮和政府再造運動的措施，對傳統行政的批判與顛覆，也必然的影響政府倫理價值觀圖像，造成重大的典範轉移。新公共管理思潮的興起是美國行政倫理變遷的一股強大推力，塑造了不同以往的倫理價值圖像。

三、我國的價值變遷

我國行政倫理的價值變遷基本上可區分為兩部分來說明，就是歷代傳統的行政倫理和民國以來的行政倫理兩部分。歷代各朝政府治理的倫理價值體系，見諸於考課與監察的範圍與項目中，大體歸納之約如**表**11-4所示。

我國歷代傳統倫理要求的條目，歸納之可得下列之排序：

1.**清、廉（八個朝代）**。

表11-4　我國歷代政府治理倫理的要求項目

歷　代	要求項目
商	西周大計有五善五失，五善為：(1)忠信敬上；(2)清廉毋謗（謗即怨恨）；(3)舉事審當；(4)喜為善行；(5)恭敬多讓。
秦	有五善五失，五善為：(1)忠信敬上；(2)清廉毋謗（謗即怨恨）；(3)舉事審當；(4)喜為善行；(5)恭敬多讓。
魏晉	晉武帝泰始初年河南尹杜預訂「五條郡縣法」，即：(1)正身；(2)勤百姓；(3)撫孤寡；(4)敦本息末；(5)去人事。
南北朝	北周宇文泰當政，制定六條考課法：(1)先治心；(2)敦教化；(3)盡地利；(4)擢賢良；(5)卹獄訟；(6)均賦役。
隋唐	(1)德義有聞；(2)清慎明著；(3)公平可稱；(4)恪勤匪懈。
宋	官吏能否為三等；公勤廉幹惠及民者為上，幹事而無廉譽，清白而無治聲者為次，畏懦貪猥者為下。 知州縣考課法：四善：(1)德義有聞；(2)清謹明著；(3)公平可稱；(4)恪勤匪懈。
元	考課升殿法：戶口　、田野闢、訴訟簡、盜賊息、賦役平，為考課五事。
明	(1)貪；(2)酷；(3)浮躁；(4)不及；(5)老；(6)病；(7)罷軟；(8)不謹。
清	有四格六法。四格者為「才、守、政、年為鵠」，分為「稱職、勤職、供職」三等。才有長有短，守有廉有平有貪，正有勤有平有怠，年有青有中有老，依政績分為三等。六法是對官員的六種懲處項目，即：(1)不謹；(2)罷軟無為；(3)浮躁；(4)才力不足；(5)年老；(6)有疾。

2.**負責盡職（七個朝代）**。
3.**修養、治心（五個朝代）**。
4.**德、善（四個朝代）**。
5.**慎（四個朝代）**。
6.**行政能力（三個朝代）**。
7.**正當合理（三個朝代）**。
8.**愛民、公平、福利行政、禮、忠（各項皆為二個朝代）**。

得到我國歷朝歷代的行政倫理的要求條目之後，如果和現代的行政倫理價值條目相比較的話，可以得到如**表11-5**的結果。

這一個對照表說明了我國行政倫理的價值變遷狀況，可得而言者約有下列數端：

表11-5　我國歷代的行政倫理與現代行政倫理的對照

歷代的行政倫理價值	現代的行政倫理
清、廉	利益迴避／階層、從上倫理
負責盡職	負責盡職／效率
修養、治心	為民服務／公道
德、善	誠實原則／責任
慎	嚴守秘密／專業化
行政能力	公共利益／政治化
正當合理	國家忠誠
愛民、公平、福利行政	行政中立
禮、忠	客觀無私
	人道關懷
	專業化
	恪守法紀
	透明公開
	誠實廉潔
	揭發弊端
	公共利益
	政治化
	階層
	服從

1.廉潔誠實、清白自持的倫理守則，是我國傳統行政倫理要求中的第一目，在OECD的倫理價值中也同樣的居於非常重要的地位。在我國現代政府的行政倫理中卻排行第十四位，受到重視的程度顯然太低。

2.「負責盡職」這一項，從過去到現在都是非常受到重視的倫理核心價值，都居於第二位。這是價值典範維持不動的部分。

3.歷代傳統行政倫理特別重視官吏的個人修養，重德義、求治心、講信修睦、守禮等，這一些倫理項目說明了我國傳統治理的核心為「德治」。

4.古代行政倫理特別重視福利行政，如盡地利、卹獄訟、均賦役、戶口、

田野闢、訴訟簡、盜賊息、賦役平。又如四最為：(1)生齒之最，民籍增益，進丁入老，批注收落，不失其實；(2)治事之最，獄訟無冤，催科不擾；(3)勸課之最，農桑墾植，水利興修；(4)養葬之最，屏除奸盜，人獲安居，賑恤困窮，不致流移，雖有流移，而能招誘復業，城野遺骸無不掩葬。凡此種種皆為官吏考課之條目，亦為行政倫理著重之要點。用今日之專有名詞稱之，即為「公共利益」。

5.公平公正的項目，是我國行政倫理自古迄今皆甚注重者。至於「公開透明」的項目，則是現代國家的發展。

以上數端，是行政倫理大略的今古對照。[17]

另外，我國歷代的行政倫理信條演變至今，如果用現今的公務員法來看，對照之如**表**11-6。

我國行政倫理信條的今古對照及法條對照中，可以看出來名稱與項目內容確實有諸多歷史變遷的地方，名稱不同、項目內容不同、注重的程度不同、定義不同，種種不同的情形可以充分說明，行政倫理的內容的確是會隨著時間而改變，不同的政治、社會、經濟、文化背景，每一種要素都可以促成行政倫理價值與時遷移的結果。

四、價值的上升或失落

行政倫理的價值是否被肯定，可以從民眾對政府的信賴或是公務人員的自信心來觀察，前者民眾對政府的信賴與信心，這是一種外在的評價；後者公務人員對於自己工作的自信心則是一種自我評價，通常可以從公務員對於工作的榮譽感來觀察。榮譽感是一種心理的以及動機上的特質，對於自己的工作不僅感到有價值、有重要性、對社會有貢獻，而且在工作中得到自信，也得到社會的尊敬，這時候個人在工作中的動機與努力都會提升。這一種倫理的榮譽心對於公部門的效益和貢獻，是難以具體衡量的。但是這一個議題也可能有不同的看法，例如在英、美海洋法系的國家裡，雷根主義和柴契爾主義對於公務人員自我保護的盔甲是深惡痛絕，所以對官僚展開了強力痛擊（Bureaucracy bashing），英、美的作法是對公務員的文化與倫理完全不能接受，整個政府再造風潮的興起，就是在這樣的背景之下推展開來。但是在盎格魯薩克遜的文化領域中也有另一種聲音，加拿大的聯邦政府發展出一個專案，特別針對公務人員的績效及其面對之挑戰，加以肯定與理解，公務人員受到極大的肯定。[18]

行政倫理帶來的／以及塑造的榮譽感，會產生一系列的連鎖效應，例如績

表11-6　我國行政倫理信條及法條對照表

公務員服務法	歷代行政倫理信條
忠實義務（第1條），依法令忠心執行其職務。	忠信敬上（《睡虎地秦墓竹簡》）清慎明著。恪勤匪懈（《新唐書．百官志》）質信極忠（《管子》）。
服從義務（第2條）、不同長官命令競合情形（第3條）。	犯上弗智害。不安其朝。受令不僂。非上，身及於死。臨事不敬（《睡虎地》）、不踰節，則上位安（《管子》）。
保密義務（第4條）、保管文書財物責任（第20條）。	戒之戒之，言不可追；思之思之，謀不可遺。漏泄大事,應密者絞（《唐律》）堅中外正，「嚴」以有禮（《管子》）。
優良品德之義務（第5條），誠實清廉、謹慎勤勉。	廉，不蔽惡，則行自全；恥、不從枉，則邪事不生（《管子》）。廉善、廉能、廉敬、廉正、廉法、廉辨（《周禮．小宰》）。並參閱行政倫理之道德性要求一節。
濫權之禁止（第6條）。	操邦柄，慎度量。臨事不敬，倨驕無人，苛難留民，須身遂過，興事不時，緩令徵，決獄不正，法廢置以私（《睡虎地》）。
官僚與惡質行政行為之禁止（第7、10、11、12條）。	公勤廉幹惠及民者為上，臨事弛慢，所蒞無狀者為下（《二宋》）。四善二七最（《唐書百官志》）。清謹勤公為上，執事為私為中，不勤其職為下，貪濁有狀為下下（同前）。擅離職役，罪三等（《大清律集解》）。無故不朝參公座（《大清律集解》）。
經商、兼職、接受招待餽贈、挪用公物公款之禁止（第13、14、16、18、19）。	貪冒壞官記（明）。妄脫漏增減，以出入課役，入於罪。貪贓枉法之罪（《唐律》）。貪酷者參革（清）。居官善取。戒之戒之，財不可歸。凡治事，敢為固，抑私圖（《睡虎地》）。任所置買田宅。違禁取利。官吏受財者,計贓科斷。因公科斂。官吏家人求索（《大清律集解》）。
包庇與迴避之禁止（第17、23條）。	不察所親則怨數至，不知所使則以權衡求利，興事不當則民輕慢（《睡虎地》）。六政者，親也、貴也、貨也、色也、巧佞也、玩好也（《管子》）主明，主聽之術。

效的提升、民眾的滿意度提高、民眾對政府機關的信任度提高、公務人員的工作動機提升、工作的合理性提高等等，這一些連鎖效應都會因為自我評價和外部評價而產生。但是倫理的價值會隨著時代的變遷而轉變，例如**普魯士以及巴伐利亞的公職人員，一直以其團隊精神、階級意識及風格為傲，到二十世紀初期尚見其遺風，到了現在就已經大不如前，使年長的公務員對過去的驕傲懷念不已。這一種倫理榮譽感的失落**，探究其原因可能是：國家威權主義的減少、行政管轄的限縮、公部門的擴充、公共任務的增加、公共行政與國營事業模仿市場機制的運作、公共行政受到泛政治化的影響等。[19]**普魯士的倫理精神在這裡是明顯的於時代變遷中失落了，失去的不僅是往日的榮譽感與驕傲，當然還有那種犧牲奉獻、精確紮實的行政效率。取代失落的倫理又是哪一種的精神在此升起呢**？這又是另一個需要繼續探索的問題。

行政倫理的價值項目可能潮起潮落，有上升有失落。然而變遷中行政倫理還是有不變的要求，例如績效的原則、民眾的滿意度、行政作為職業的工作滿意度及尊崇，這是行政倫理永遠都不會改變的要求。這一些倫理要求卻又受到各種外在因素的影響，例如工作氣氛、組織氣候、組織文化、升遷等等因素，都可能影響上述的要求。所以可以確定的是，行政倫理、倫理要求和行政運作的要素，三者是密切結合，呈現互動的關係。

在行政倫理若干不變的要求與原則之外，公共行政在福利國家的作為上必須不斷的更新趕上需求，所以公共福祉有自我現代化的現象，公共行政就必須符合潮流，這是大環境對公共行政的要求。另外，政治的力量與自主性相對於公共行政而言，就是政治有優位性，從組織、人事、結構、預算等所有事項的決定，都必須通過政治的許可，所以政治優位這一個法則就給公共行政帶來了全面的侷限性，這是民主與法治之間的一個兩難議題。在社會大環境的要求下，以及政治優位的侷限性下，行政倫理的變遷中還是有著某些不變。

第三節　我國行政倫理實踐的檢視

行政倫理的實踐不僅僅只是一個國家內部的問題，在全球化與國際化的背景下，每一個國家行政倫理的表現與水平，都會成為國際間比較的重要項目，作為一個國家政府的效能、投資環境、國際競爭力等等的評鑑指標。因此，行政倫理的表現已經成為國家競爭力的一項重要指標。

行政倫理所包含的價值項目很多，在國際間的共通關注項目中，還是有許多主要的價值項目。倫理價值項目的實施成效與水平，在每一個國家內部都會做調查工作，國際間也會有一些組織針對政府的效能與廉政等作調查評比。政府倫理的實際表現就會清清楚楚的呈現在世人面前，不但無從隱瞞，而且有國際的排行榜。

政府倫理的價值項目在第一眼看過去好像蠻抽象的，如正義、自由、民主、幸福、道德等等，然而一旦落實於實踐面時，各國政府就會將其化為各種可實踐的項目。所謂的「可實踐性」基本上分為兩部分，一部分是將倫理項目以法律明文規定之，第二部分則是政府的行政規範或倫理守則，如果有實際違反之行為將其糾辦、以法論罪外，其性質屬於規範類。以上**這兩種倫理實踐方式就是分為「規過」與「勸善」**。「**規過**」者就是針對違反倫理價值項目，侵害國家、社會與人民的法益具體且嚴重者，就以法律明確規定加以禁止、懲戒者，這一部分的「倫理明文法律化」規定的就是倫理的最低下限，超過此界線者就是採到紅線，要受到法律的懲罰；「**勸善**」者，係政府以倫理規範、倫理守則、倫理教育的制定與推廣，不僅是處理實然利益糾葛的判準，更注重應然的道德勸說層面，並藉此來實踐倫理價值者稱之。

倫理的實踐為什麼要區分為「勸善」與「規過」兩部分呢？其原因即在於「倫理」和「法律」兩個概念不一樣。法律是必要的行為準則，而倫理是充分而重要的行為準則。法律較屬正式的社會規範，倫理較為非正式的社會規範。法律是最起碼的倫理要求，且常是一種很強的倫理控制機制，但法律無法涵蓋所有倫理的價值。因為法律強調合法性，而倫理不僅強調合法性，尚須強調正當性，亦即倫理的價值不僅合乎法律，尚應合乎情理。所以，倫理乃是對是非善惡、好壞的一種綜合性的判斷與規範。

壹、行政倫理的法律面

我國關於文官公務倫理的法律規範，係以民國28年公布施行的公務員服務法為主要的依據。民國85年起，大法官會議解釋，公務員與國家的關係是「公法上職務關係」，此依法理解釋和原來公務員服務法已經有所差異，加上部分規範內容多屬宣示性之倫理、道德規範，與法律上可究責的基準性義務不同，無法作為懲處的依據，且無法明確彰顯公務人員應有的公務倫理核心價值。

我國政府對公務人員的倫理要求，分別規定於各項公務員法規中，例如：

1. 公務人員考試法第7條：對曾服公務有貪污行為，經判刑確定者，限制其不得參加公務人員任用考試。

2.公務人員任用法第26條：對於機關長官人事任用案件的利益迴避。

3.公務人員任用法第26條之一：離職前特定期間任用遷調人員之限制。

4.公務人員考績法第6條：對於違法亂紀、品行不端、怠忽職守、稽延公務之公務人員，考績得列丁等，予以免職。

5.公務人員考績法第12條：對國家不忠誠、怠忽盡責、貪污、不法圖利及破壞紀律等，得為一次記二大過之免職處分。

6.公職人員利益衝突迴避法：公職人員執行職務時，得因其作為或不作為，直接或間接使本人或其關係人獲取利益者，加以限制。知有利益衝突者，應即自行迴避。不得假借職務上之權力、機會或方法圖其本人或關係人之利益。公職人員之關係人不得向機關有關人員關說、請託或以其他不當方法，圖其本人或公職人員之利益。各項迴避規定係為有效遏阻貪污腐化暨不當利益輸送。

7.公務員懲戒法：對於公務員有違法、廢弛職務或其它失職行為等訂定適用對象、懲戒處分、審議程序與罰責等。

8.公職人員財產申報法：規定應申報財產之人員、時間、事項、程序、機關、強制信託以及課責機制等，以端正政風，確立公職人員清廉之作為

9.遊說法：規定可及不可為遊說者、遊說事項、應遵循規定、應迴避事項、應公開資料及罰責，透過公開、透明的程序，防止不當利益輸送，確保民主政治之參與。

10.國家機密保護法。

11.獎勵保護檢舉貪污瀆職辦法。

12.刑法第四章瀆職罪：包括委棄守地罪、不違背職務之受賄罪、違背職務受賄罪及行賄罪、準受賄罪、枉法裁判或仲裁罪、濫權追訴處罰罪、凌虐人犯罪、違法行刑罪、越權受理罪、違法徵收罪、抑留或剋扣款物罪、廢弛職務釀成災害罪、公務員圖利罪、洩露國防以外之秘密罪等。

13.公務人員行政中立法：對公務人員執行職務之公正、政治中立及參與政治活動限制與課責加以規定。

14.公務員服務法授權訂定之公務員兼任非營利事業或團體受有報酬職務許可辦法，明定兼職的不予許可及撤銷許可，對兼職行為有所限制。

行政倫理的法律規定內容，主要是規定「禁止」的層面。「禁止」層面係指公務人員不應該出現的行為，透過具體的法律條文來加以規範並且對違反「禁止」推定的行為，都有罰責與懲戒的規定，是一種消極防治性的行政倫理規範，

以矯正負面的倫理行為，並以負面表列的方式來明文禁止之，如不得收受賄賂、不得廢弛職務、須利益迴避等。

法律明文規定「禁止」者，係因為公務人員管理政府的公共利益與公共財，並擁有行政許可與裁量權，期間涉及重大利益，容易滋生貪污、瀆職的種種違法行為，所以必須明令禁止。然而，趨利忘義、貪贓枉法者卻絡繹不絕，傷害國家與全體人民的弊害則屢有所聞，政府公務倫理的落實與成效就成為檢驗的重要對象。行政倫理法律面所規範的「禁止」層面，往往成為國家形象與國家競爭力的明顯指標。

以下分為國際評鑑和國內調查部分，分別敘述行政倫理法律面的「禁止」成效。

貳、國際透明組織排名

對於各國政府倫理表現進行評價的國際組織中，以國際透明組織的調查結果最受世人重視。國際透明組織（Transparency International）是一個全球性的公民社會組織，以打擊貪污為宗旨，促使世人認識貪污可能造成的巨大損害結果。透過這一個組織來結合90個會員國的政府、企業與公民社會，來有效的測度貪汙的問題，並尋求解決的方法，以共同達成一個免於貪污的願景（A World in which government, politics, business, civil society and the daily lives of people are free of corruption）。[20]這一個組織提出的箴言是——「貪瀆是一種可怕的災難，它可以從國家的內部摧毀國家」。

根據國際透明組織的年度調查報告資料得知，下列幾項政府倫理的亞洲國家排行榜，我國的排名如**表**11-7、11-8所示。

表11-7　1995至2007年貪腐印象指數排名

年／排名	2007	2006	2005	2004	2003	2002	2001	2000	1999	1998	1997	1996	1995
新加坡	4	5	5	5	5	5	4	6	7	7	9	7	3
香港	14	15	15	16	14	14	14	15	15	16	18	18	17
日本	17	17	21	24	21	20	21	23	25	25	21	17	20
臺灣	34	34	32	35	30	29	27	28	28	29	31	29	25
韓國	43	42	40	47	50	40	42	48	50	43	34	27	27

表11-8 亞洲四小龍國家部門與機關之貪腐程度比較

國家＼部門	政黨	國會	私部門	警察	法院	媒體	稅捐	醫療	教育	軍事	公共設施	戶政	非政府組織	宗教
香港	3.5	2.9	3.9	3.4	2.6	3.7	2.3	2.6	2.6	2.8	2.4	2.2	3.4	2.5
新加坡	2.1	1.8	2.5	1.9	2.0	2.2	1.8	1.8	1.8	1.9	1.8	1.8	2.5	2.1
南韓	4.3	4.2	3.7	3.3	3.5	3.5	3.3	3.1	3.3	3.2	2.4	2.4	2.9	3.1
臺灣	4.5	4.5	3.7	4.1	3.9	3.3	3.4	3.8	3.5	4.1	3.6	2.4	3.9	3.7

1.本表以哪個貪腐情況最嚴重的部門為比較。
2.本表「貪腐趨勢指數」數據，1表示非常不嚴重，5表示非常嚴重，其它數據依此衡量推算。
資料來源：國際透明組織臺灣總會——臺灣透明組織。

從表11-7及表11-8的國際比較排行榜看來，單單在亞洲的國家中，貪腐印象指數就有三個國家超過我們，而且排名超過很多。從這一個排行榜成績就可以知道我們該急起直追、發奮圖強了。

參、本國調查情形

一、送紅包

問卷題：請問您認為一般民眾到公家機關辦事情（臺語：代誌），送紅包給公務人員的情形嚴不嚴重，如果用0到10來表示，其中0表示非常不嚴重，10表示非常嚴重，請問在0 到10 之間，您認為差不多是多少？[21]

根據調查，有二成二（22.1%）的人認為嚴重程度大概是5；有一成九（19.2%）回答0，即認為送紅包的情形非常少；有一成左右（10.7%）的比例則是回答10，即認為情形非常嚴重。受訪者整體的平均數為4.42分，也就是認為「普通程度」。與前二次（95年7月和96年7月）的調查結果比較，回答0 的比例略為減少，回答10的比例上升，且整體的平均數回升（95年7月的平均數為4.36

分，96年7月的平均數為3.99分），顯示民眾認為此一問題的嚴重程度並無改善的趨勢。

二、關說

問卷題：請問您認為一般民眾到公家機關辦事情不順利時，找人去關說（台語：打招呼）的情形嚴不嚴重？

結果發現，有二成三（23.3%）的人認為嚴重程度是5；認為非常嚴重的有一成二（11.7%）；認為非常不嚴重者的不到一成（9.2%）。整體而言，受訪者所給的平均數為5.63分，略為傾向「有點嚴重」。與前二次（95年7月和96年7月）的調查結果比較，整體的平均數較高於96年7月的調查結果，顯示民眾認為此一問題的嚴重程度趨向嚴重（95年7月的平均數為5.7分，96年7月的平均數為5.55分）。

三、政府首長與一般公務員的清廉程度

請問您認為縣市長和他們下面的主管（包括機關首長）清廉的程度怎麼樣？0到10之間要給多少？0（非常不清廉）10（非常清廉）

調查結果發現，有三成（30.4%）的人認為縣市政府首長和主管級官員的清廉程度是5；7.8%的比例回答 0（非常不清廉）；僅有3.6%的比例是回答10（非常清廉）。整體的平均數為4.72分，與前二次（95年7月和96年7月）的調查結果比較，民眾對縣市政府首長和主管級官員的清廉程度評價則是高於兩次調查結果，顯示民眾認為此類公務人員清廉程度有所改善。

在一般公務人員的清廉問題方面，我們詢問受訪者：

請問您認為一般的公務人員，他們清廉的程度怎麼樣？0到10之間要給多少？0（非常不清廉）10（非常清廉）

調查結果發現，有二成八（27.6%）的人認為一般公務人員的清廉程度是5；3.1%的人回答0（非常不清廉）；5.2% 的人回答10（非常清廉）。整體的平均數為5.80分，相對而言，受訪者對他們的評價，高於對地方各級政府的首長和主管級官員的評價。與前二次（95年7月和96年7月）的調查結果比較，民眾對一般公務人員清廉程度的評價有下滑現象。（如**表**11-9）

四、民意代表的清廉程度

請問您認為立法委員清廉的程度怎麼樣？0到10之間要給多少？0（非常不

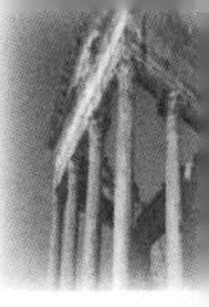

表11-9　受訪者對首長級政府官員和一般公務人員清廉程度的評價

人員類別＼評價＼年月	97年7月		96年7月		95年7月	
	平均數	標準差	平均數	標準差	平均數	標準差
中央政府	—	—	4.33	2.55	3.82	2.52
縣市政府	4.72	2.44	4.56	2.31	4.44	2.30
鄉鎮市公所	4.63	2.52	4.43	2.43	4.35	2.37
一般公務人員	5.80	2.26	5.95	2.26	5.82	2.20

清廉）10（非常清廉）

調查發現，有二成二（22.4%）的人認為立法委員的清廉程度是5；一成六（16.2%）的人回答0，認為立法委員非常不清廉；僅有3.5%的人是回答10，認為他們是非常清廉。整體的平均數為4.04分，是調查所詢問各種人員評價中相對較低的。但與前二次（95年7月和96年7月）的調查結果相比，立法委員清廉程度的評價高於兩次調查結果，顯示民眾認為立法委員的清廉程度有所改善。

請問您認為縣市議員的清廉程度怎麼樣？0到10之間要給多少？0（非常不清廉）10（非常清廉）

依據調查結果發現，有二成五（24.6%）的人認為此層級民意代表的清廉程度是5；一成二（12.2%）的人回答0（非常不清廉）；僅有2.7%的人回答10（非常清廉）。整體的平均數為4.15分。與前二次（95年7月和96年7月）的調查結果比較，縣市議員清廉程度的評價高於兩次調查結果，顯示民眾認為縣市議員的清廉程度有所改善。（如**表**11-10）

受訪者對司法人員（法官、檢察官）與警察人員清廉程度的評價：0（非常不清廉）到10（非常清廉）

請問您認為法官的清廉程度怎麼樣？0到10之間要給多少？

在法官的清廉程度方面，調查顯示，有二成七（27.9%）的人認為法官的清廉程度是5；7.0%的人回答0（非常不清廉）；有3.7%的人回答10（非常清廉），整體的平均數為5.28分。若與前二次（95年7月和96年7月）的調查結果比較，法官清廉程度的平均數略高於兩次調查結果，但並未達統計上的顯著差異。

表11-10　受訪者對民意代表清廉程度的評價

人員類別＼評價＼年月	97年7月		96年7月		95年7月	
	平均數	標準差	平均數	標準差	平均數	標準差
立法委員	4.04	2.75	3.81	2.66	3.65	2.57
縣市議員	4.15	2.56	3.99	2.59	3.91	2.41
鄉鎮市民代表	4.36	2.62	4.25	2.65	4.27	2.48

請問您認為檢察官的清廉程度怎麼樣？0（非常不清廉）到10（非常清廉）之間要給多少？

在檢察官的清廉程度方面，調查顯示，有二成七（26.6%）的人認為檢察官的清廉程度是5；6.1%的人回答0（非常不清廉）；有4.7%的人回答10（非常清廉），整體的平均數為5.46分。若與前二次（95年7月和96年7月）的調查結果比較，檢察官的清廉程度平均數沒有顯著差異。

請問您認為警察的清廉程度怎麼樣？0（非常不清廉）到10（非常清廉）之間要給多少？

調查顯示，有三成（30.2%）的人認為警察的清廉程度是5；7.7%的人回答0（非常不清廉）；3.9%的回答10（非常清廉），整體的平均數為4.93分。（如**表11-11**）

表11-11　受訪者對司法人員與警察人員清廉程度的評價

人員類別＼評價＼年月	97年7月		96年7月		95年7月	
	平均數	標準差	平均數	標準差	平均數	標準差
法官	5.28	2.50	5.26	2.45	5.14	2.50
檢察官	5.46	2.51	5.51	2.36	5.33	2.50
警察	4.93	2.47	4.88	2.38	4.88	2.27

五、易滋弊端業務人員的清廉程度（如表11-12）

表11-12　受訪者對易滋弊端業務人員清廉程度的評價

人員類別＼評價＼年月	97年7月		96年7月		95年7月	
	平均數	標準差	平均數	標準差	平均數	標準差
建管人員	4.68	2.30	4.50	2.39	4.49	2.31
海關人員	4.96	2.36	4.95	2.37	4.96	2.14
監理人員	5.74	2.38	5.71	2.40	5.71	2.26
殯葬業務管理人員	5.03	2.44	5.05	2.46	4.96	2.41
監獄管理人員	4.86	2.28	4.94	2.25	4.93	2.17
河川砂石管理人員	3.70	2.48	3.77	2.57	3.61	2.42
公立醫院醫療人員	6.08	2.26	6.08	2.22	5.81	2.21
消防設施稽查人員	5.57	2.43	5.52	2.37	5.50	2.33
環保稽查人員	5.61	2.31	5.54	2.26	5.68	2.15
稅務稽查人員	5.58	2.33	5.56	2.24	5.48	2.21
政府採購或公共工程人員	3.98	2.47	3.91	2.50	3.77	2.55
地政人員	5.75	2.33	—	—	—	—

六、小結

將上述的調查數據加以整理後，得到的總結果如下：

1.民眾送紅包給公務人員的情形（0表示非常不嚴重，10表示非常嚴重），受訪者整體的平均數為4.42分，也就是認為「普通程度」。

2.民眾到公家機關辦事情不順利時，找人去關說的情形（0表示非常不嚴重，10表示非常嚴重）。受訪者所給的平均數為5.63分，略為傾向「有點嚴重」。

3.我國公務人員清廉度的排行榜：（0非常不清廉，10非常清廉）

(1)河川砂石管理人員3.70。

(2)政府採購或公共工程人員3.98。

(3)立法委員4.04。

(4)縣市議員4.15。

(5)中央政府首長及主管4.33。

(6)鄉鎮市民代表4.36。

(7)鄉鎮市公所首長及主管4.63。

(8)建管人員4.68。

(9)縣市政府首長及主管4.72。

(10)監獄管理人員4.86。

(11)警察4.93。

(12)海關人員4.96。

(13)殯葬業務管理人員5.03。

(14)法官5.28。

(15)檢察官5.46。

(16)消防設施稽查人員5.57。

(17)稅務稽查人員5.58。

(18)環保稽查人員5.61。

(19)監理人員5.74。

(20)地政人員5.75。

(21)一般公務人員5.80。

(22)公立醫院醫療人員6.08。

研究資料顯示，收紅包的情形約有四成四，關說的情形有五成六。關說的背景條件不外乎是透過人情壓力、長官壓力、或利益考量等，這一些條件基本上會鋪陳一個貪污瀆職的溫床，提供違反公務倫理的前提要件。我國政府機關在民眾心目中的印象「需要關說」，這一種現象會影響到依法行政、公正無私和公平公開的倫理原則。就關說這一個現象而言，五成六的比例必須要列入努力改善的項目了。至於收紅包的情形有四成四，對一個法治國家的標準來看，就更需要警

惕戒慎的進行改善工作，如果配合鄰近亞洲國家比我們好的倫理表現，我國政府還需要多多努力。

將我國公務人員清廉度調查結果作一個總的排序，就會得到上述的排行榜出來。這一個排行榜要怎麼解讀呢？觀察的切入點可以從司法人員作一個基準，從最近高院法官許多情節重大被起訴收押的案例來說，司法人員的法官和檢察官在國人心目中的廉潔形象可謂不佳，警察的廉潔印象也不好。用這一個基準點來看，排行榜上還有十大類的人員廉潔度更差，這一些人員可以歸類為三種：

1.第一種：易滋生弊端業務的公務人員：包括（第一名）河川砂石管理人員、（第二名）政府採購或公共工程人員、（第八名）建管人員、（第十名）監獄管理人員。第一、二、八名這三類人員經管的業務涉及到龐大公共財的處分和公權力的使用，涉及的金額數目鉅大，公務倫理的廉政關卡明顯的未能確保，成為貪瀆案件叢生的地方。第十名的監獄管理人員也是容易受到誘惑的領域，法務矯治機關在這一方面也是有用力改善，但是在民意調查的社會寫實印象中，成效仍然有很大努力的空間。

2.第二種：立法委員和地方民意代表等公職人員，在廉潔度調查中是非常低的。立法院和地方議會公職人員的貪瀆問題，就是政治貪瀆（political corruption），在國際透明組織的報告中即明確指出，民意代表不僅透過選舉中獲取公利益與私利益，同時更在國家政策制定過程中扮演愈來愈有影響力的角色，來影響政策中的預算分配，並從中牟取重大利益。這一種民意代表的政治貪瀆現象，將嚴重侵蝕民主政治與民主制度中的公共信任。[22]立法委員和地方民意代表廉潔度的低落，顯示了公共政策所牽涉的公共利益與預算可能受到的不當影響，背後民意代表的巧取豪奪，對於國家治理及民主行政而言，都是深重的隱憂。

3.第三種：中央政府首長及主管排名第五，廉潔度之低到了令人吃驚的地步，面對這樣的數據，真的需要努力整頓紀綱大力革新不可了。

除了以上三類排名在前的公職人員外，一般公務人員的民意評價還是不錯的，人民的信賴與信心，是我國政府行政的背後有力支柱。

總結了以上的觀察後，可以知道我國行政倫理的實踐面，在廉政的價值上有許多未盡滿意之處，原因在哪裡呢？倫理的法律面規範有不盡周延之處嗎？廉政的法律還是要回到最重要的基礎上來看，那就是陽光法案，茲續申述之如後。

肆、行政透明與陽光法案

為了澄清吏制、建立廉能政府的目標，達到遏止金權政治與防杜相關人員利用政治地位或權力獲得不當利益，這就是陽光法案的立法宗旨。陽光法案的立法是現代法治國家建立廉能政府的重要方法，為了有效管制不正當的金權政治及利益輸送，法案的內容包括了下列相關法律：

1.公職人員財產申報法
2.政府資訊公開法（民國94年12月28日）
3.遊說法（民國96年8月8日）
4.政治獻金法（民國99年01月27日）
5.公職人員利益衝突迴避法

陽光法案是一系列的配套法律規範，許多國家都已經訂定完成，我國在陽光法案的制定上，時間已經比其他國家落後許多，法律規定的內容也容或有討論之處，以致於法律成效不彰，茲針對其中最常被討論的三個法討論如後。

一、財產來源不明罪

民國98年4月2日我國通過了財產來源不明罪，規定於貪污治罪條例第6條之一，條文規定：「貪污治罪條例第4條至第6條之被告，檢察官於偵查中發現，公務員本人及其配偶、未成年子女自涉嫌犯罪時及其後三年內任一年間所增加之財產總額超過其最近一年度合併申報之綜合所得額時，得命本人就來源可疑之財產提出說明。無正當理由不為說明，無法提出合理說明或說明不實者，處三年以下有期徒刑、拘役或科或併科不明財產來源額度以下之罰金」。

時至今日立法通過二年，結果成績單掛零，被視為懲治貪污的「壁紙條款」。其原因即在於法條的內容空洞並無實效所致。考諸國外關於財產來源不明罪的規定，主要分為兩類。其一，公務員必須就財產顯著增加作合理解釋，否則即構成犯罪；其二，舉證責任的轉換，當公務員收受來自一定職務關係人士的金錢、不當利益時，若無法提出反證，即視為賄賂或收賄的證據。其立法目的在補貪污難察的漏洞，反過來要公務員交代所得來源，或盡一定的舉證責任。

我國的規定屬第一類，但以涉貪污案受偵查的公務員為限，且刑度在三年以下，幾乎派不上用場。因檢察官若能證明被告貪污，貪污罪為五年以上的重罪，併科罰金可達一億，較輕的財產來源不明罪即無用武之地。檢察官若辦不成貪污，就算證明被告說謊，被告獲判刑度也不高，沒有嚇阻力。所以必須修正財

產來源不明罪，這是整飭貪瀆很重要的一個起步。其他如貪污罪舉證責任倒置、貪污要件的構成、對價關係的認定、刑度的調整等，都影響貪污的偵辦與審判，都應一修正，要抓到貪污犯，還要能將其定罪。

貪瀆侵蝕國本最劇，會惡化經濟環境，也影響我們的國際競爭力，公務員不明財產說明罪是陽光法案中最重要的一步，其法條的修正，是公務員倫理中「規過」與「防弊」應該法制化的項目。

二、遊說法

所謂遊說，是指遊說者意圖影響被遊說者或其所屬機關對於法令、政策或議案之形成、制定、通過、變更或廢止，而以口頭或書面方式，直接向被遊說者或其指定之人表達意見之行為。

為使遊說遵循公開、透明之程序，防止不當利益輸送，確保民主政治之參與，國家制定了遊說法。然而，遊說法施行至今已經數年，成效不彰，各主要政府機關的遊說專區，甚少登記案件。主管機關內政部登記有案的遊說法案件，至今只有五件，均屬向該部遊說之案件，並無全國性的統計數據。向內政部登記之受委託遊說者備案名冊，自然人僅13人，其中12人為律師，1人為藥師；營利法人有9人，其中3人為有限公司，6人為股份有限公司，並有2人之負責人為相同之自然人。何以遊說案件如此稀少？若自法律條文觀之，下述二大原因可能為關鍵：

(一)未能有效處罰違法遊說者

遊說法第2條及第4條雖明文規定遊說者之資格，但並未有效切割出合法遊說與違法遊說之界限。自罰則觀之，僅處罰消極不具遊說者資格者、遊說不得遊說事項者、登記或報表瑕疵，其他則未見處罰。簡言之，對於不具遊說者資格之人，即使未依遊說法之規定進行遊說，遊說法本身並無處罰規定。如此一來，將嚴重影響遊說法之實施成效。試想，面下的遊說，不必公開或申報、不必符合資格、遊說結果因不易認定因果關係而不受公評、又無處罰或禁止明文，檯面上之遊說反之，則形同合法之遊說遭到諸多管制，違法之遊說卻不受管理。因此，有意遊說者，有何誘因選擇合法之遊說？

(二)未能有效處罰違法被遊說者

遊說法中，對於被遊說者違法接受遊說時應如何處理，規定顯有不足之處，且無罰則。遊說法第15條規定：「依本法規定不得遊說而進行遊說者，被遊說者所屬機關應不受理其登記，並以書面通知遊說者；被遊說者應拒絕其遊說。……對於得遊說而未依法登記之遊說，被遊說者應予拒絕。但不及拒絕者，被遊說者或其所屬機關應通知遊說者限期補行登記」。本條規定並不能發揮禁止非法遊說之效果，蓋條文對於被遊說者之要求，只有「應拒絕」，但若被遊說者「應拒絕而未拒絕」，卻無處罰明文。又，本條明顯留有法律漏洞，對於「不得遊說又不及拒絕者」，並無如何處理之指示規定，亦無處罰規定。舉例而言，如果不符遊說資格之人對不得遊說之事項進行遊說，被遊說者只要將之解釋為「民意反映」或「接受民眾陳情」，即可模糊行事，輕易逃脫本法之規定，又不必處罰。

為避免遊說法成效不彰，解決方式，似應修正遊說法之罰則，對於不具遊說資格或未依法定方式進行遊說者均加以處罰，並且不排除刑罰責任。更進一步，若能修法將遊說制度作為「被動政策變更」之前置程序（亦即，「受外界影響而變更政策」時，應以合法遊說為前提），或能逐漸減少不當或變相之遊說。[23]

三、政治獻金法

為規範及管理政治獻金，促進國民政治參與，確保政治活動公平及公正，以及健全民主政治發展，立法院於民國93年3月18日三讀通過 「政治獻金法」，並由總統於同年3月31日公布施行。「政治獻金法」是建構陽光法制中相當重要之一環，此法針對公職選舉參選人、政黨收受政治獻金，及對個人、團體及企業捐贈政治獻金給予明確之規範，有助於推動我國陽光政治改革，並能防堵權、錢交易和杜絕政府官員貪腐情事。

根據「國際透明組織」（Transparency International）委託國際蓋洛普公司（Gallup International）所執行的「全球貪腐趨勢指數」跨國性民意調查，其結果顯示在15個納入評比的機關與部門中，政黨在全球多數民眾眼中，是貪腐最為嚴重的部門。在我國，有六成九（得分4.1）民眾認為政黨貪腐情況嚴重，近年甚至呈現更加惡化的趨勢。而政黨政治是現代民主政治的基礎，政黨透過選舉取得執政權力，組織內閣或掌握行政權力，如果政黨貪腐情形嚴重，又如何期待廉潔的政治。

陽光法案之立法精神在於「良善治理」（Good Governance）、「透明」（Transparent）及「課責」（Accountability），若以此檢視我國「政治獻金法」的施行成效，該法條文內容確實已符合上述三項立法精神，惟若從臺灣在世界銀行（World Bank）國家治理指標中有關在防制貪腐的評比，臺灣在防制貪腐的評分確實有逐年下降的趨勢。若將上述國際組織調查之數據，與我國朝野政黨近年

來大力推動陽光法案立法，建構我國陽光法制之努力相比較，確有頗大的落差情況，這是我國應警惕及參考之處。

馬英九總統強調的「廉能政策」指出，廉政工作不是只有「肅貪」，而應包含「防貪」與「反貪」。「肅貪」是治標，是最後的手段；最好是事前做好預防，防患於未然。在與「政治獻金法」有關包括下列三項，第一，反貪法規再造，斷絕行賄根源；第二，企業掏空背信，負責人課重刑；第三，決策公開透明，落實利益迴避。「政治獻金法」法制面與施行面的實際成效，可檢討者有數點。

(一)行政罰與刑罰並立

「政治獻金法」有關違反政治獻金相關人等的罰則，多屬處以罰鍰的行政罰，僅有第25條針對擬參選人違反第7條第1項第7款至第9款、第13條、第15條相關規定，處五年以下有期徒刑；第28條針對公務員違反第6條規定處以一年以下有期徒刑。法條內容並未針對「違法收受」、「不實申報」、「漏報」政治獻金累犯部分課以刑責，這方面有待未來朝野政黨、行政部門共同修法完成，以促使相關人等落實「政治獻金法」相關規範。

(二)政治獻金申報資訊公開宜更符合透明原則

新修通過之「政治獻金法」第21條第4項規定，監察院應於受理申報截止後三個月內彙整列冊，供人查閱；會計報告書之收支結算表應刊登政府公報或新聞紙，並公開於電腦網路。此規定與原「政治獻金法」第19條「受理申報機關應於受理申報截止後三個月內彙整列冊，刊登政府公報或新聞紙，並公開於電腦網路。」有所差異，且新修正條文之申報會計報告書相關規定也放寬許多，新修「政治獻金法」似有違公開資訊朝向「更透明」之原則，此方面也有待朝野政黨及相關單位改善及修法。

(三)參酌國外相關法規，建構完善的之政治獻金規範

我國宜參酌美國「聯邦競選法」（Federal Election Campaign Act）、日本「政治資金規正法」（せいじしきんきせいほう），以及新加坡的「政治獻金法」（Political Donation Act）等有關政治獻金相關規定，並能達成馬總統所提出之廉政工作四不主張（不願貪、不必貪、不能貪、不敢貪），以建構我國更加完善的陽光法制及清明政治。[24]

伍、行政倫理的規範面

前述提到馬英九總統強調的「廉能政策」，指出廉政工作不但要「肅貪」，還要「防貪」與「反貪」。「肅貪」是治標，是最後的手段，治本之道還在於事前做好預防，防患於未然，此即廉政工作的四不主張——不願貪、不必貪、不能貪、不敢貪。「不能」與「不敢」是法有明令，規範周詳有以致之。「不願」與「不必」則是另一路的思維，「道之以政，齊之以刑，民免而無恥；道之以德，其之以禮，有恥且格」（《論語・為政篇》），指出「政」、「刑」之不足，更應「道之以德，齊之以禮」，這是兩種秩序，也是最低限度與最高限度的分別。「禮」是「仁」的外在形式表現，「仁」是禮的內在精神基礎。禮治或德治的秩序在我國傳統文化中，則是透過格物、致知、誠意、正心、修身、齊家、治國、平天下的條目，從官吏個人的道德修養中逐步推出來的，用今天的口語來說，每一個公務人員都應「以修身為本」，「以此道覺此民」，而「自任以天下之重」（《孟子・萬章下》）。是以，「君子之守，修其身而天下平」（《孟子・盡心下》）。並且，「使契為司徒，教以人倫——父子有親，君臣有義，夫婦有別，長幼有序，朋友有信」（《藤文公上》）。從上敘義可清楚得見，在我國公務人員倫理精神的養成與實踐，都有一貫的道理與作法的，最後要求踐行之——「在本朝則美政，在下位則美俗」（《荀子・儒效篇》）。

法律面的規範其性質為「禁止」，針對公務人員不應該出現的行為，以具體法令規範之，違反者即觸犯罰則，是處罰性的最低限度規定，也是一定必須明確訂定的紅線條款，越線者罰之，如貪污受賄之行為等。**我國自傳統以降對公務人員倫理的養成與要求，固不以刑罰禁止之「規過」為已足，要者從修身以迄治國，仁民愛物，奉職循理，移風易俗，而民從化，此方為公務員倫理之大綱大本，「勸其善」使知其「應為」**。「應為」者亦只公務人員被期待達到的角色與應有之行為，內涵以價值陳述為主，[25]以引導公務人員有正確的行為，其核心關注以仁民愛物、民胞物與、公正廉明、公平正義、道德良善等為主，具體作為則包括積極為民服務、造福鄉梓、公平公正、促進公義等主動性的施政作為等。這一個面向的「應為」面，落實在行政倫理上，就是行政倫理的規範。

關於我國現有的行政倫理規範面，係行政院參酌美、日、新加坡等國公務服務者的行為準則，即端正政風行動方案防貪部分應注意事項等內容訂定。本規範經行政院於民國97年6月12日第3096次院會通過，同年6月30日函頒，8月1日實施，並於99年7月30日修正公布全文21條，藉此希望公務員執行職務遇有受贈財物、飲宴應酬、請託關說、出席演講等行為，有共同遵守之標準，性質上屬於

消極性不應作為的行為規範。[26]此一規範的精神在要求公務員應去除個人私意考量，以人民利益為先，避免有自利之行為。

另，考試院為期公務人員執行職務時，能秉持廉正、忠誠、專業、效能、關懷等五大原則，型塑優質組織文化，建立廉能服務團隊訂定公務人員服務守則，於民國99年3月17日通過施行，其內容約有：(1)公務員應廉潔自持及依法公正執行職務——廉正；(2)公務員應恪遵憲法及法律，重視榮譽與誠信——忠誠；(3)公務員應積極充實專業職能及進行終身學習——專業；(4)公務員應運用有效方法處理事務並發揮團隊合作精神——效能；(5)公務員應具備同理心及培養人文關懷與尊重多元文化——關懷。其他如法官、檢察官、警察及性質特殊人員，得由各該主管機關另定其應遵守之服務守則。

內政部於民國98年12月31日亦核定公布警察人員服務守則，警察人員除應遵守公務人員的一般倫理法規外，警察人員更須服從廉政倫理規範及警察人員服務守則之要求。

陸、固有倫理的修養與內涵—代結語

行政倫理有「應為」和「禁止」兩個面向，也就是「勸善」和「規過」二個方向。**「禁止」、「規過」主要是透過法律的規範來行使**，在前述的法律規範面中已有討論，我國在這一個面向中還有很大的改善空間需要努力，不論是國際透明組織、其他國際廉政組織的調查報告，或是我國法務部的調查報告，都已經知道我國廉政倫理的狀況是不理想的，闕漏之所在與易滋弊端的公務人員類別，已久為吾人所熟之，民調反映的結果也持續的彰顯該類問題，未來廉政署的成效與否，就在實際反貪的成效上。至若法律在廉政倫理的規範上，最重要與最迫切的陽光法案——財產不明罪，一日不能落實訂定，就一日不能擺脫「壁紙條款」的譏諷。其它遊說法、政治獻金法等也都有待更進一步的詳密規範與執行。

有一個人闖紅燈，交通警察攔下來開紅單，並且問他：「你沒有看到紅燈嗎？」，違規人回答說：「我有看到紅燈，但是我沒有看到你」。這一則笑話說的就是「民免而無恥」的故事。一個進步的文明國家，不能靠著法律處罰和禁止推動社會的進步，更重要的力量是必須**依賴「法正義」、「法感覺」、「法意識」的建構基礎，「有恥且格」就是倫理道德的「應為」、「勸善」之義務觀、使命感與責任感，責任倫理的情操就是建立在這一種「最高無上定言命令」**（Kategorischer Imperativ）**上，公務人員所承擔的「公共福祉」、「公共利益」、「公共善」，才能夠得到最大的保障。**

我國行政院訂定的行政倫理規範，以列舉式的規定舉「不得」之事項，屬消極性的行為規範，性質上也較近似法律的禁止規範，道德的「勸善」意味就很少了。再看考試院所訂定的公務人員服務守則，其中包含廉正、忠誠、專業、效能、關懷等五大原則，並且略加解釋於後，以期型塑「優質的組織文化，建立廉能服務團隊」。這一個服務守則的內容，基本上可以從兩點來觀察，第一點就是和世界各國以及OECD國家的政府倫理作比較，就倫理核心價值的排序而言，我國強調的和其他國家有一些差距，對照如下表所示：

無私公正	依法行事	廉潔誠實	透明公開	追求效率
廉正	忠誠	專業	效能	關表

各國共同核心價值的排序，也是國際競爭力強調之所在，我國強調的部分，對民主行政、透明公開、無私公正等價值，沒有像其他國家那麼重視。倫理價值排序的比較中，可以提供我們對考試院所提的五項原則作更進一步的省思。

從另一個角度來看，也許可能有我們自己特有文化的考量。但是，在前述我國傳統行政倫理價值的內容已有敘述，我國傳統固有的行政倫理和這五個原則的表達，也大不相同。行政倫理之作為道德期許的對象，自古以來不僅是傳統文化的主要載體，也是歷代國家興衰的指標，闡述、論理、傳揚者相續不絕，和這五個原則的提出大有不同。以下茲就我國固有行政倫理的修養方法分述如下，並舉傳統行政倫理相關的論述條列之，以觀古人是如何闡述行政倫理的內容，供為參考。

一、倫理修養的方法

每一個國家對於公務人員的行政倫理的培養，背後都受到其傳統文化的影響，例如美國的立國精神，在五月花號宣言下要建立一個新個國家，來彰顯其為一「山上之城」，基督清教的倫理則是推動國家進步的背後倫理動力。印度對公務人員的教育則是宣揚因果報應的思想。而我國傳統的治理倫理則是建立在「德治」與「禮治」的文化思想上。

儒家德治或禮治秩序的建立，有兩個相關但完全不同的程序。第一個程序是從「反求諸己」開始，由修身逐步推展到齊家、治國、平天下，第二個程序則從奠定經濟基礎開始，是「先富後教」。前者主要是對於個別的「士」的道德要求，因為「士志於道」（《論語・里仁》），「無恆產而有恆心者，惟士惟

能」（《孟子・梁惠王上》）。而後者則是維繫人民的群體秩序的基本要件，荀子有言：「已從俗為善，以貨財為寶，以養生為己至道，是民德也」（《儒效篇》），對於一般人民而言，只有「先富後教」的程序才是他們所能接受的。這兩個程序雖然不同，但是卻有內在關聯性：「士」為四民之首，平時在道德和知識方面都必須有充分的準備，在機會到來時才能執行「富民」、「教民」的任務。孟子對這一個道理說明的最清楚：「故士窮不失義，達不離道。窮不失義，故士得己焉；達不離道，固民不失望焉。古之人，得志，澤加於民；不得志，修身見於世。窮則獨善其身，達則兼善天下」（《孟子・盡心上》）。所以儒家「修身」的最後目的永遠是「澤加於民」。

「修身」是「內治」的程序；「先富後教」則是「外治」的程序。這兩個程序之間的界限不可混亂，否則就有嚴重後果。董仲舒有言：「是故以自治之節治人，是居上不寬也；以治人之度自治，是為禮不敬也。為禮不敬則傷行而民弗尊；居上不寬則傷厚而民弗親。弗親則弗信；弗尊則弗敬」（《董仲舒・春秋繁露・仁義法二十九》）。

從修身以迄治國平天下的士道修養方法，自古以來是一種歷史使命，是要建立一個「道之以德、齊之以禮」的文化秩序，荀子：「在朝則美政，在下位則美俗」，士道者與今日公務人員有高度的吻合性，「德治」或「禮治」在古代是由循吏作為傳播者，[27]也是大傳統的承擔者，今日承擔此一個大傳統者，即公務人員爾，考試院長關中所稱的「公務員不是普通人」，一則係指公務員是經過國家考試極低的錄取率中甄拔而來，另一則也是因為他們受到好的教育，被賦予國家治理的重責大任之謂也。古之循吏承擔大傳統文化之托付而治國理民，今之公務人員同樣肩負國家興衰、福國利民之大責，固有倫理之教導得不回頭研讀再三、體會其中義理乎？

二、倫理修養的內容

茲就考試院所提的五個倫理原則來說明，在我國固有行政倫理教化中，古人有許多的闡述，作為官吏修身治事、傳播教化、奉職循理的教本，這一類的典籍非常豐富，在此不多詳列，僅舉數則供參考如下：

(一)無私公正

1.天無私覆，地無私載。日月無私燭，四時無私為。忍所私而行大義，可謂公矣。智而用私，不若愚而用公。人臣之公者，理官事則不營私家，在公門則不言貨利，當公法則不阿親戚，奉公舉賢則不避仇讎。忠于事君，仁于利下。推之以恕道，行之以不黨，伊、呂是也。故顯名存于今，是之謂公也。理人之道萬端，所以行之在一。一者何？公而已矣。惟公心可以奉國，惟公心可以理家。公道行，則神明不勞而邪自息；私道行，則刑罰繁而邪不禁。故公之為道也，言甚少而用甚博。

2.夫心者，神明之王，萬理之統也。動不失正，天地可感，而況于人！故古之君子，先正其心。夫不正于昧金而照于瑩鏡者，以瑩能明也；不鑒于流波而鑒于靜水者，以靜能清也。鏡、水以明清之性，故能形物之形，見其善惡。而物無怨者，以鏡水至公而無私也。鏡水至公，猶免于怨，而況于人乎！孔子曰：「苟正其身，于從政乎何有？不能正其身，如正人何？」，又曰：「其身正，不令而行；其身不正，雖令不從。」（《唐・武則天・臣軌》）

3.居官辦事，全憑公心。一人所見以為是，未必即是；一人所見以為非，未必即非，當求公是公非。盟諸幽獨無慚色，合諸同官無異詞。其所謂公者，非曲從眾議之謂也，求其事理當然之謂也。即如謙、和二字，豈非虛懷，若有所為而為者，又屬私心。《論語》曰：「知和而和，不以禮節之，亦不可行」何則？凡迎合上意之人，猶目之為僉壬小人，若一味曲從下情，試思更為何如人耶？惟存心公則念慮誠，誠則識見高明，處事自得其理。所以是非當否，全在公私二字之間，公私之辨，又在機微念慮之間，皆難以悉喻，即於人之所秉良知良能上自省自問耳。（《清・剛毅・居官鏡》）

4.事惟公平，可以服人心。或者畏首畏尾，欲為自全之計，每憚豪強之劫持，至於曲法徇情，使小民有冤而無告。有欲矯是弊者，又一切以抑強扶弱為主，而不問乎理之曲直。不知富室之賢而安分者有之，貧民亦有無顧藉而為惡者。（《宋・陳襄・州縣題綱・平心》）

(二)廉政／廉正

1.《說苑》曰：人臣之行有六正、六邪，行六正則榮，犯六邪則辱。夫榮辱者，禍福之門也。何謂六正六邪？六正：一曰萌芽未動，形兆未見，照然獨見存亡之機，得失之要，預禁乎未然之前，使主超然立乎顯榮之處，諭主以長策，將順其美，匡救其惡。功成事立，歸善于君，不敢獨伐其勞。如此者，大臣也。三曰畢身賤体，夙興夜寐，進賢不懈，數稱于往古行

事，以勵主意，庶幾有益，以安國家。如此者，忠臣也。四曰察見成敗，早防而救之，引而復之，塞其間，絕共源，轉禍以為福，令君終以無憂。如此者，智臣也。五曰守文奉法，任官職事，辭祿讓賜，不受贈遺，衣服端齊，食飲節素。如此者，貞臣也。六曰國家昏亂，所為不諛，然而敢犯主之嚴顏，面言主之過失，不辭其誅，身死國安，不悔所行。如此者，直臣也。

2.六邪：一曰安官貪祿，營於私家，不務公事，懷其智，藏其能，主饑於論渴於策、猶不肯盡節，容容乎與代沉浮，上下左右觀望，如此者具臣也。二曰主所言皆曰善，主所為皆曰隱而求主之所好而選之，以快主之耳目，偷合苟容，與主為樂，不顧其後害，如此者諛臣也。三曰中實詖險，外貌小謹，巧言令色，又心嫉賢，所欲進，則明其美而隱其惡；所欲退，則明其過而匿其美，使主妄行過任，賞罰不當，號令不行，如此者奸臣也。四曰智足以飾非，辯足以行說，反言易詞而成文章，內離骨肉之親，棄宗族也，外亂朝廷，如是者讒臣也。五曰專權擅勢，持操國事，以為輕重，於私門成黨，以富其家，又复增加權威，擅矯主命，以自貴顯，如此者賊臣也。六曰諂主以邪，墮主不義，朋黨比周，以蔽主明。入則辯言好詞，出則更復异其言，使白黑無別，是非無間，候伺可不，推因而附然，使主惡布於境內，聞於四鄰，如此者亡國之臣也。

3.清淨無憂，則天與之時；恭廉守節，則地與之財。君子雖富貴，不以養傷身；雖貧賤，不以利毀廉。知為吏者，奉法以利人；不知為吏者，枉法以侵人。理官莫如平，臨財莫如廉。廉平之德，吏之寶也。非其路而行之，雖勞不致；非其有而求之，雖強不得。知者不為非其事，廉者不求非其有，是以遠害而明彰也。故君子行廉以全其真，守清以保其身。富財不如義多，高位不如德尊。（《唐・武則天・臣軌・廉潔章》）

(三)負責盡職

1.居官以忠、敬、誠、直、勤、慎、廉、明八字為主。事君之念，肫懇篤摯謂之忠，小心兢業毫無怠忽謂之敬，精白乃心無欺無偽謂之誠，陳言無隱表裡如一謂之直，黽勉從公夙夜匪懈謂之勤，行不放逸語不宣泄謂之慎，清潔之操一塵不染謂之廉，見理透徹是非立辨謂之明。則人必畏而愛之，則而象之歟。

2.居官辦事，以誠、敬、忠、愛為質，以文字章句為準。存誠主敬，竭忠盡愛，以修其質，行有餘力，講求文字，以事其華，此所謂金相玉質，內外俱美，國之寶也。若不務實，行澆漓作偽，徒以刀筆為工，猶如飾畫朽木，悅目一時，此所謂滑吏之資，非可充棟樑之用也。（《清・剛毅・居官鏡》）

3.今日自一命以上，孰不知作邑之難？既知其難，要當專心致志，朝夕以思，自邑事外，一毫不可經意，如聲色燕飲，不急之務，宜一切屏去。蓋人之精力有限，溺於聲色燕飲，則精力必減，意氣必昏，肢體必倦，雖欲勤於政，而力不逮，故事必廢弛，而吏得以乘間為欺。

4.昔劉元明政為天下第一，問其故，則不過曰：「日食一升飯，不飲酒，為作縣第一策。」誠哉是言！（《宋・陳襄・州縣題綱・專勤》）

5.為政先教化而後刑責，寬猛適中，循循不迫，俾民得以安居樂業，則歷久而無弊。

若矜用才智，以興立為事，專尚威猛，以擊搏其民，而求一時赫赫之名，其初固亦駭人觀聽，然多不能以善後。

歷觀古今，其才能足以蓋眾者固多矣，然利未及民而所傷者已多，故史傳獨有取於循吏者，無他，《索隱》所謂「奉職循理，為政之先」是也。（《宋・陳襄・州縣題綱・奉職循理》）

(四)忠誠

為人以孝悌為本，居官以忠愛為本，本立而道自生。倘遇事先為卸過之謀，行法預覓站腳之地，其畏鄉曲之私評甚於廟堂之清議，不以愛養斯民為重，卻以見好紳衿為工，求其過則不得，論其心而實偽。蓋因為己之心重，為國之心輕，趨避既熟，而篤厚之氣盡被積習所轉移故也。世人一時被其所愚，轉稱其歷練。殊不思，凡事盡吾份之，當然行吾心之所安，即是歷練，若一味沽名見好，而置忠愛二字於不問，恐違道干譽，終致敗名。背公見好，適足招怨。且見好是瞻顧之原，干譽即姑息之驗。瞻顧姑息，未有不負國恩而累斯民者也。

從上述固有行政倫理的內容與詮釋看來，倫理的內涵與重要性是古今一貫沒有不同，現今考試院所提的五項原則的條目，直接說明了這幾個項目必須重視，沒有論理也沒有闡釋，簡單而不用心。察考古人的做法，諄諄教誨、殷殷勸導之外，還兼具文化大傳統的承擔，也顯示治國的理想與作法，這是值得吾人要更虛心改進之處。

註　釋

[1]請參閱Dreier, Ralf, “Recht-Moral-Ideologie: Studien zur Rechtstheorie”, Frankfurt a.M., 1991, S.180ff.

[2]請參閱Rohr, John A., “Ethics in Public Administration”, in: Naomi B. Lynn / Aaron Wildavsky(Hrsg.), Public Administration, Chatham N.J., 1990, S.97ff.

[3]請參閱Behnke, Nathalie, “Ethik in Politik und Verwaltung”, Baden-Baden, 2004.

[4]請參閱Gawthrop, Louis C., ” Public Service and Democracy: Ethical Imperatives for the 21st Century”, New York, u.a., 1998.

[5]請參閱OECD 2000, “Trust in Government: Ethics Measures in OECD Countries”, Paris: OECD, p.33.

6請參閱Pollit, Christopher / Bouckaert, Geert, “Public Management Reform”, 2. Aufla., Oxford, 2004, S.131ff.。

[7]請參閱National Academy of Public Administration(Hrsg.), “A Government to Trust and Respect”, Washington, D. C., 2002.

[8]請參閱World Bank(Hrsg.), “World Development Report 1997, The State in a Changing World”, Washington, D. C. , 1997, S.36ff.

[9]請參閱安德森（2011），〈印度金磚蒙塵〉，《天下雜誌》，頁162。

[10]請參閱Derlin, Hans-Ulrich / Lwenhaupt, Stefan, “Verwaltungskontakte und Institutionenvertrauen”, in: Hellmut Wollmann u.a. (Hrsg.), “Transformation der politisch-administrativen Strukturen in Ostdeutschland”, Opladen, 1997, S.417ff.

[11]請參閱詹靜芬（2003），「我國公務人員行政倫理困境之研究：以中央行政機關中級主管為研究對象」，政大公行所博士論文。

[12]請參閱江明修、江誌貞、陳定銘（1998），〈台灣行政倫理之初探：台北市政府政策規劃人員決策價值之質的研究〉，《中國行政評論》，第7卷，第1期。

[13]請參閱單昭琪（1997），〈中國人的行政倫理觀〉，《人事管理月刊》，第34卷，第5期。

[14]請參閱瓊恩（2002），「公共行政學發展趨勢的探討：三種治理模式的互補關係及其政治理論的基礎」，張金鑑教授百齡誕辰紀念會暨學術研討會，政大公企中心。

[15]請參閱Frederickson, H. C., “Toward a New Public Administration”, in Frank Marini ed., Toward a New Public Administration: The Minnowbrook Perspektive, New York: Chandler Publixhing Company, 1971. 1980, “New Public Administration”, Tuscaloosa, Alabama: University of Alabama Press.

[16]請參閱Thomas-Tual, Béatrice, “Le Code deóntologie de la Police nationale: Un texte passé inaperçu”, in: Revue du Droit public, 1991, S.1385ff.

[17]之所以稱為大略之對照，其原因即在於歷代關於治理倫理的典籍卷帙浩繁，一一點數則將成一書矣。可參考的相關治理倫理典籍約為：《周禮》。《秦・為吏之道》。

《管子：牧民、權修、立政、七觀、爵位、問第、明法、正世、治國、九守》。《商子：錯法、君臣、禁使》。《戰國尸子：治天下》。《淮南子：治道》。《漢賈誼：大政上》。《宋・陳錄：作官十宜》。《元・張養浩：修身、用賢、重民、遠慮、調燮、任怨、分謗、應變、獻納、退休》。《明・方孝儒：君職、治術、治安與民生》。《唐・武則天：臣軌。唐會要》。《宋・呂本中：官箴》。《宋・陳襄：州縣題綱》。《元・三要》。《元・張養浩：牧民忠告、風憲忠告》。《明・汪天賜：正心、正己、持廉》。《明・呂坤：臨政治事》。《清・剛毅：居官鏡》。《清・陳弘謀：從政遺規》等。

[18]請參閱Kernaghan, Kenneth, "Editorial Statement, Symposium on Pride and Performance in Public Service", in: International Review of Administrative Science, 2001, S.11ff.

[19]請參閱Hartmann, Jörgen, "Stolz auf öffentliche Verwaltung?", in: Der Öffentliche Dienst, 2002, S.237ff.

[20]請參閱Transparency International, Annual Report, 2009。該組織的工作內容包括有：Engaging government and business: Government and Politics、Interna-tional Conventions、Access to Information、Public Procurement、Private Sector、Defence and Security、Judiciary、Securing basic needs、Poverty and Development、Humanitarian Assistance、Access to Public Services、Natural Resources. Empowering change: Protecting and Advancing Rights、Anti-Corruption Education and Training、Recognising Leadership、Forging Alliances Measuring corruption. Corruption Perceptions Index 2009、Global Corruption Barometer 2009. Diagnosing corruption、National Integrity Systems Driving Policy Change.

[21]請參閱陳俊明，〈國際透明組織台灣總會—台灣透明組織〉，《法務部97年台灣地區廉政指標民意調查第二次調查報告書》，2008.9.30.，台北，頁11。

[22]請參閱Annual Report, 2009, 同前書，頁6，The Problem, "Political corruption doesn't just mean electoral fraud; it includes the growing role of private rather than public interests in elections and public policy making. Along with the increasing influence of money in politics, this undermines public trust in democracy and its institutions".

[23]請參閱國家政策研究基金會，「遊說法成效不彰可能之法律原因」，http://www.npf.org.tw/post/1/6715。

[24]請參閱張孟湧，「民主內涵更要打拼—政治獻金法施行現況與成效之評估」，國家政策研究基金會，http://www.npf.org.tw/post/1/6833。

[25]請參閱詹靜芬（2003），「我國公務人員行政倫理困境之研究—以中央行政機關中級主管為研究對象」，政大博士論文，頁25。

[26]請參閱陳清秀（2009），〈廉能政府與公務倫理之探討〉，《文官制度季刊》，第1卷，第1期，頁126。

[27]請參閱余英時（1987），〈漢代循吏與文化傳播〉，於《中國思想傳統的現代詮釋》，頁167以下。臺北：聯經。

第12章 行政革新

第一節　概　念
第二節　行政改革從結構到範圍
第三節　政府再造
第四節　政府再造步驟——德國案例
第五節　政府再造運動的省思

第一節　概　念

政治、經濟與社會的變遷是一種不可避免的場域活動，在國家的場域內，政治、經濟與社會等元素都會進行場域的互動，負責國家治理的國家行政也包含在這一個場域互動體系中，進行互動與變遷的作用。而**行政與政治、經濟、社會及文化的互動與作用，就是行政改革的本源。因為這一個基礎，行政改革的核心本質就是——變遷，行政革新就是國家治理的變遷，它包含了制度的、結構的、運作的、典範的以及行政作為的各種變遷在內。**

為什麼需要行政改革？改革的背後思維典範是什麼？是什麼力量推動了變遷的巨輪？變遷的作法是什麼？行政改革要走向何方？一系列問題都需要進一步的加以剖析，玆如後。

壹、型的分析

行政改革的內容、方向、種類是非常龐雜的，不容易歸納整理。如果要系統而且有秩序的來認識行政改革這一個概念，就得從宏觀的類型與形貌來著手，然後進到內容的觀察與分析，才能夠有條不紊的解析行政改革這一個概念。在這一個途徑上，首先可以觀察到的歷史事實是，各國行政改革運動在熱鬧的內容之外，基本上還是可以歸納一些大方向上的差異，例如不同的層次或不同的類型。瞭解與認識這些差異，就是針對這些類型的分析。

一、國家改革與行政改革

在一般的理解中，所謂的行政改革就是指行政機關的改革，或是公共行政的改革。但是觀察上述幾個國家行政改革記事後，可以明顯的看出來，行政改革一辭中的「行政」，可能不是狹義的侷限在「行政機關」的範圍內，而且含括的範疇在實質上與形式上要高的多，換言之，行政改革的層次有不同的指涉，可以是一般意義的行政機關，有時候可以拉到更高層次的意義來理解，在更高層次中所進行的行政改革，**「行政」的概念係指涉國家權力分配層次的Exekutive / Executive而言**，例如：美國參議院設柯克利爾委員會（the Cockrell Committee），討論行政組織問題（1887）、羅斯福總統設立一個總統府行政管理委員會（1936）、克林頓總統推動新政府運動、王雲五先生主持「總統府臨時行政改革委員會」（民47）等，**這一類的行政改革層次屬於Exekutive Reform。另一類行政改革的「行政」係指Administration，是針對行政機關與行政組織所**

進行的改革，例如總統蔣經國先生提出「對各級行政人員十項革新要求」（民61）、孫運璿院長指示推行工作簡化運動（民67.6.17.），行政院連戰院長指示推動「行政革新方案」（民82），都是屬於這一個層次的行政改革，可稱為Administrative Reform。

因為一般的習慣稱謂均以「行政改革」名之，沒有區分「Administrative Reform」或「Exekutive Reform」。然而，當「世界是平的」以及「全球化」時代的來臨後，全球競爭、國家競爭力的議題就變的特別受矚目，所謂的「行政改革」就明顯而強烈的需要國家角色的介入干預，來協助推動國家競爭力的提升，這時候**國家層次的行政改革**（Exekutive Refom）**就扮演了火車頭的角色，帶動整個國家國力的向上提升，所以世界銀行及先進國家就直接稱這一種行政改革為「國家改革」**（Staatsreform），[1]**「國家改革」就是國家層次的「行政改革」**（Exekutive Administration），針對國家競爭力的變革與發展來努力，不侷限於國家內部行政機關組織與效能的提升，這一個名詞的出現，同時也意味著行政改革在全球化浪潮下的調整與回應。

兩個層次的行政改革中，「國家改革」是對國家角色的重新評價。當國家總體競爭力及效能低落的地方，國家就必須適時的扮演介入的角色。**所謂國家角色的重新評價，就是重新決定國家與社會、國家與經濟，以及國家與人民的關係，或是決定公部門與私部門、第三部門的關係，透過關係的重新界定，讓國家在改革中扮演更重要的、負責任的角色，和主動積極的角色。**

另一個層次的**「行政改革」，係針對公共行政的效能進行重新規範的努力，就是一般意義的行政機關的改革**。這一個運動是透過政府以及行政機關的改革來提升行政效能，來建構一個有效能的公共行政。[2]

在釐清了行政革新內在所指涉的層次之後，國家行政的改革或政府行政的改革兩者就有了清楚的區別，前者國家行政的改革（Exeku-tive Reform）又稱國家改革（Staatsform），指涉到國家的層次，或是國際化、全球化的層次，變革的幅度巨大、震盪的力道也非常強烈，宋朝王安石的變法就屬這一類，近代的英國柴契爾夫人推動的變革、美國總統雷根或柯林頓所推動的政府再造運動，都屬於這一類。相形之下，一般政府機關的行政改革主要係以行政效能的提升為主，強度與幅度就溫和許多，傳統的行政改革多半屬於後者。

上述分析的這一項觀察指標，在面對各國形形色色的行政改革運動時，可以作為深層切入的一個途徑。

二、類別

從民族國家的行政文化來區分有「市民文化的行政」和「傳統的行政文化」兩種類型，從行政文化內容來看就是「管理型的行政」和「法治型的行政」，英國與美國海洋法系國家屬於前者，法國和德國大陸法系國家屬於後者。這兩個大的分類在前面的章節「法治型行政VS.管理型行政」中已經有詳細的論證，也討論及於新公共管理對傳統大陸法系法治型行政的挑戰。類型的不同加上典範的尖銳對話，在行政改革的議題中仍然繼續的延燒。

「管理型行政」的國家如英、美，行政改革的政府再造運動採取了較強烈的動作，使得管理的疆域（包括：公共與私人）愈來愈大，而政治的疆域則日趨萎縮，這一種情況是在效率與對顧客負責的名義下公然的進行。但是行政部門的政治家也很精明，他們讓管理者負責達到目標，而同時間，自己卻保留干涉的權利。[3]政治與行政的角色定位在相互調整與重新定位中，行政部門的管理改革運動則是大刀闊斧的進行更新。相對的比較下，行政改革在「傳統法治型行政」和「管理型行政」的國家之間也有了明顯的區隔與分野。

在這一個觀察基點上來看，包括英、美、德、法與OECD國家中，行政改革大致上可分為三種類型：

1.是以美國、英國、加拿大、澳大利亞、新西蘭為代表的新公共管理改革（主要是注重市場作用）；
2.是以德國、法國、日本、荷蘭、瑞典為代表的漸進主義改革；這一些國家也受到管理改革風潮的影響，但是採取的措施相對溫和，範圍較小，手段也較保守，而且其中還加入了許多本國國情的因素考量。
3.是以南歐的義大利、希臘等國家以強調行政制度化的改革。

同樣的觀察基礎下，西方國家在行政改革中還可以用四種模式來區分：

1.市場模式（在政府管理中引入市場機制）；
2.參與模式（權力下放，讓更多的人和機構參與公共管理）；
3.靈活模式（政府機構由許多臨時機構和人員提供服務）；
4.非管制模式（政府放鬆管制、放鬆規制，給公務員更多的自主決定權）。

有了一些基本類型的區分基礎後，再來看上述英、美、德、法與我國的行政改革簡史，就可以掌握到一些觀察的要領，知道這一些國家進行變革的背後原因及來龍去脈。

貳、意義的理解

從宏觀的形式來看，行政改革可以透過類型學加以分析。如果進入內層的實質分析時，就可以看到每一個行政改革背後的原因與動機，改革的措施又和國家的理解密切相關，時代的變遷也影響了改革的內容與方向，在深入的探討後可以看到，行政改革不是僅僅因為一些改善的念頭，而發動的一些作為，而是國家理解、政治——行政體系的變遷、社會價值觀的變遷種種因素的影響，才促成了行政改革這一個結果。所以，行政改革的認識，應該從這一層意義上去理解與掌握。

一、界定

在上述的一些認識基礎上，接著來談行政改革的定義，就比較踏實一些。在各家說法中擇要不繁的取其中平實者，約為：

1.聯合國對行政改革的定義是：「刻意的運用權威與影響力，推行新的措施作為，期以改變行政體系的目標和程序，以達到發展的目的」。[4]
2.Caiden的定義：「刻意引導之行政轉變作為，冀以對抗反對聲浪」。[5]
3.Bogumil對行政改革的定義：「公共行政在組織、法律、人事與結構面的一種計畫性的變革」。[6]

不論是Caiden比較寬廣的定義，或是德國Bogumil傾向務實的定義，其中都有若干的共識，亦即——**行政改革可以是一個工具，也可以是一個流程，但是背後都有一個政治領導，企圖達成某種政治目標或政策目標，而以行政變革**（change）**為名。這是對行政改革必須理解的第一點**。

「行政改革」這一個名詞，有許多其它的名詞或概念與之競合，如「行政革新」、「政府改革」、「公部門改革」、「國家改革」、「國家現代化」、「行政現代化」、「公共管理改革」等等，名稱有許多種，但是內含的概念和「行政改革」則無多軒輊，也不致於有誤解之虞，視文本背景而引用之，也是一種適當的方法。

二、國家發展與行政改革

近代國家的發展從傳統到現代，歷經了幾個不同的階段，由守夜人國家到現代福利國家，行政改革在這一條發展的道路上伴隨而行，它扮演著一個跟隨的角色，以及催化的角色，和國家發展有密切的關係。

在工業化國家的福利社會中，行政改革也符合了國家發展的需求，不再扮演國家高權的角色。傳統韋伯官僚理想型的結構與運作，在國家管制與福利國家的發展下，已經有了極大的變化，行政機關的組織、行政人員的價值觀與基本假設、經常性業務、行政規則等，都不同於傳統的模式。民主國家的公共政策多元而複雜，國家與人民之間不再是上下的隸屬服從關係，甚至於人民福祉第一、人民最大的觀念已是普世的價值，政府施政必須尋求人民的接納，以建立其正當性。行政改革必須迎合國家的發展，滿足當前政治的目標與公共政策的標的，配合現代／或後現代人民團體、利益團體、市場與社會的需求，改革的挑戰難度也較高。

國家發展也是某一個時代的社會系絡，傳統官僚的社會系絡在國家發展與社會變遷的大環境下，政府行政的外環境與內環境都有了轉變，政治領導、行政人員、民眾與社會等元素彼此之間激烈的衝突與摩擦，官僚機器被視為全民公敵，行政改革的內容就因而有了變化。傳統的行政改革有：行政區化改革、功能改革、組織改革、人事改革、財政改革等項目。現代的行政改革則是：結構改革、運作改革、灌能、人力資源、方法的改革、透明度、品質等項目，除此之外，現在的行政改革還常常包含了行政機關的自我檢查、自我改善，改革有新的名詞叫「再造」，企圖進行革命性的翻轉與躍進。在這樣的演進下，慢慢的型塑「後官僚的典範」，並且重新定義國家與社會的關係。

從而可知，行政改革是在國家發展的社會脈絡下進行，前者對後者一則是相輔相成，再則是催化引導。

三、國家的理解與行政改革

「行政改革」一詞中的「行政」，既是指微觀層面的「政府行政」（Administration），也是宏觀層面的「國家層次的行政」（Exekutive），尤其後者**宏觀面的行政改革更是改革史的主軸，這裡談到的宏觀就是指涉「國家的理解」，也就是在特定的行政改革措施之下，人們也就以改革的理想與藍圖來理解這一個國家，改革的措施與運動不斷的向前演化，「國家的理解」也不斷的有新的圖像。**

茲以美國為例，行政改革下就有不同的「國家理解」，如：

1.行政重組（Executive Reorganization）與擴張性國家（1905以後）；
2.行政重組與政策國家（1964-1972）。
3.政府再造運動與「小而美的國家」（1976- ）。

每一種行政改革運動及其措施的背後，就是未來國家發展的理想藍圖，描繪圖像的一筆一劃就是改革的一舉一動，整個改革運動的精神就是未來的「國家理解」。就以擴張性國家來說，就是在國家財政許可的範圍下，為了滿足廣大的社會需求與民眾之福利，國家擔負起更多的責任，增加了更多的任務與職能，來保障更多的人民，承擔更多的社會風險。例如強化學校教育和職業訓練，或是加強打擊犯罪等等，這就是擴張性國家。那一個時期的行政改革措施，就會界定該階段的「國家理解」。

再以德國為例，德國行政改革運動的演進，塑造了幾個「國家理解」的不同圖像，分別為：

1.精簡國家（Schlanker Staat），就是減少公共行政的任務，使國家更精實。
2.保障國家（Gewährleistungsstaat），就是用不同的方法來完成公共任務，或是將公共任務在國家、市場與社會三者之間做不同的分配。
3.活力國家（Aktiverender Staat），針對大家共同認定的公共任務，由合作的協力夥伴來進行任務分配。

以上舉了美國與德國幾個「國家理解」的大分類。**在福利國家擴大公共任務的「擴張性國家」，和盎格魯薩克遜自由主義的「最小化的守夜人國家」**（minimal Nachtwächterstaat）**，兩個對立的國家型態之間，還有一些折衷的或混合的其它型態，諸如「社群主義運動」**（Kommunitarismusbewegung）**、「補助原則」**（Prinzip der Subsidiarität）**等**。[7]

不同的「國家理解」就會有非常不一樣的圖像。行政改革對於不同「國家理解」下的制度與組織變遷，就必須有不同的對應概念與作法。在面對過去繽紛多雜的行政改革運動時，「國家理解」與行政改革之間有密切的聯動關係，這是值得注意的一個觀察點。

第二節　行政改革從結構到範圍

行政改革的核心內涵就是「變革」——「變遷」與「改革」。「變遷」有適應和發展兩種意義，適應就是在既定的總體系與既定要求之下，依照規則作調整與改進的措施之謂。發展則是配合環境的改變，系統再建構、規範及功能方面的調整變更之謂，其中有更新的意義。[8]所以，「改革」就是既「除舊」又「佈新」的改變。

「變革」這一個名詞通常都是建立在深層的社會、經濟、政治的變遷運動上，最明顯的例子就是共產國家進入後社會主義時代，整個國家、經濟、社會秩序的轉型，變遷帶來劇烈的改革，影響是深層的。政、經、社、文的變遷是一種不規則而必然的律動，「變革」也隨之成為普世性的需求與活動，行政改革就是許多國家構思、規劃與執行的活動。

行政改革在規劃、分析、執行的過程中，有不同的內容、範圍與目標，所以就會有不同的改革類型與性格。其中又加上各種不同思考理性的介入，如法學、經濟學、企管學、社會學、政治學或其它相關學科的理性等，就會使得行政改革具有跨學門的特質，**在多元異質的思考理性和背景值的交融下，行政改革就成為一個超越現況（Status quo）的總概念／總名**。

壹、改革的結構

行政改革的發生、改革步驟的決定、改革的內容以及改革的執行等，整個過程中都受到各種不同因素的影響，影響的大小強弱就決定了改革的型態與運作。每一個行政改革的模式都有自己獨有的特色，但是背後還是有一套結構在支撐著這個模式，如果加以解析之，主要可以分成兩個部分：

一、社會——經濟的力量

行政改革結構中的一個主要成分就是社會與經濟的力量，這一個力量中包括了：(1)國家的以及全球的經濟力量；(2)社會人口變化；以及(3)國家、社會的經濟政策等三個面向。

第(1)點來說，社會與經濟因素的影響力相當的廣泛，但也是一種影響深遠且持續的結構。以英國為例，從工業革命的機器大量生產，殖民地的擴充與海外貿易的需求，東印度公司的負責官員創設了海利伯力學院（1806），進而推動了文官制度的創設，以及文官任用的甄選、任用的作法。來到近代與現代，國際化之後緊接著全球化，資本市場的全球化、跨國公司和國際貿易的增長，嚴重的影響到一個國家對自己經濟政策控制的能力。國際競爭力直接威脅到一個國家內部市場以及公部門的競爭力，政府的高稅收可能導致企業競爭力的削弱，官僚主義的制約更是經濟發展的沉重負擔。於是就出現了一系列公部門改革的理由，限制公部門的支出、減輕官僚主義的負擔、重新建構沉重的社會福利政策等。

第(2)點社會人口的變化，其內容包括預期壽命的延長、家庭生活模式的改

變、離婚率的提高、單親家庭的增加、失業率的提高等。這一些變化都會轉化成對國家提供資助與服務的要求，如健康保險、失業保險、社會保險、社會安全保障等，就會造成公共支出的大幅增加，使得國家財政無法支撐這樣的福利支出，終而形成改革的壓力與原因。

第(3)點的社會經濟政策連結著前述的第(2)點，國家為了節約福利政策的支出、節省社會保障的支出，就有了一些對應的作法出來，例如提高享有養老金的最低年齡。

社會、經濟因素的影響力是一個毋須置疑的變項，但是它對各國的影響卻並不一致。經濟的問題與財政的危機常常都是引發行政改革的原因，而各國特定改革的進程通常不會與經濟危機同步。有一些在二十世紀80年代經濟發展最成功的國家，如德國與日本，對行政改革的議題卻最不積極。[9]所以，社會經濟形勢的全球化對行政變革是一種主要的影響，因為世界金融市場的相互聯繫更加的緊密、自由貿易的擴大、技術的標準化與國際化，都已經成為普世性的生活形式，社會經濟的力量一定會促成行政改革的運動。

二、政治——行政體系的力量

政治、行政體系的力量中包含了幾個成素，約為：(1)政治體系；(2)行政體系；(3)新的行政思潮；(4)政黨政治的理念。

關於第(1)點政治體系對行政改革的影響中，最直接影響的就是憲法所建構的政治體系，例如在德國有嚴格的憲法，所以想要對聯邦層級進行行政改革就非常的困難，但是在英國、紐西蘭等海洋法系的國家，改革國家機器的工程就一直很容易。同樣的因為憲法規定的緣

故，德國憲法對地方政提供保護的程度較高，所以中央政府要將改革運動推行到地方政府，就相對的比較困難。相形之下，英國首相柴契爾夫人發現，她和倫敦大市政廳及六個郡縣的政治和政策不一致時，她就乾脆將其廢除了。[10]

於第(2)點行政體系對行政改革的影響，更是改革論域中的主要角色，需要討論的面向非常多元，茲僅舉一個重要議題為例，大陸法系國家的行政對待行政改革，比起海洋法系國家行政的改革會「僵硬而緩慢」，因為法治行政看待改革都會先要求法律的改變，這一些受過行政法訓練的公務員，很難用管理的觀點來進行改革的動作，和英國文官都是以通才為主的結構是不一樣的。因此，**行政文化和專業養成的不同，遇到行政改革時，對事情的看法與作法就會產生差異**。

第(3)點新的行政思潮方面，可以說潮起潮落，每隔一段時間後就會吹起另一波浪潮，因為公共行政體系在國家政、經、社、文的場域互動中，不斷的與

其他因素交互作用，配合國家發展與社會變遷，所以變動是不可避免，也難以避免。因為這樣的緣故，改革思潮的興起還不一定是來自於行政體系，或是行政學理論的鼓吹，其它場域因素的思潮也會變成行政改革的議題，例如來自社會學的「第三條路」；或是來自民眾與政治的「去官僚化」、「法令簡化」；或是因為殖民主義的擴張與貿易的需求而成立的東印度公司，人才的招募成為日後文官選拔的起源；來自經濟領域的「代理人理論」；政治學的「新制度論」；來自於政治需求的「行政區劃改革」；來自於企業管理的「公共管理」與「新公共管理」，和許多管理的工具。總的來觀察行政改革背後的思潮，**某一個時代就有那個時代的思潮，50到80年代興盛的是「去官僚化」，80年代以後吹的是「公共管理」的號角，「民營化」、「企業性精神」、「行政法人」等名詞就是一種流行。行政思潮作為行政改革的一種結構，提供的就是改革的思想與理念**。

第(4)點，政黨的政治思想有各種不同的來源，可能來自內部，也可能來自外部的學術思想或民眾的需求。例如80年代英國保守黨，和紐西蘭1984至1990年工黨政府的思想，明顯受到公共選擇學派經濟學者理論的影響。90年代美國雷根總統的共和黨政府則重用企業顧問，到90年代中期的民主黨繼任者也同樣的重用企業管理的思想與作法。[11]

貳、改革的動力／壓力

因為有問題就會產生壓力與動力，所以行政改革的壓力來源基本上就是從問題轉化而來，所以談改革的動力／壓力，可以從壓力面和問題面來觀察。討論行政改革的動力／壓力，有論者從大範圍的項目來加以申論之，例如Pollitt, C.就分為：

1.社會、經濟的因素（包括：全球經濟因素的影響、社會人口變遷的影響和國家社會經濟政策的影響）；
2.政治、行政體系的因素（包括：新管理理念、來自市民的壓力、政黨政治的理念）。

Pollitt氏在這樣的分析之後，加上了深入的案例解說，所以是一個完整行政改革動力／壓力的論述。當然也有許多其它的論述方式，用一般性的、印象的、概括的論點來說明行政改革的動力／壓力，例如將壓力分為幾種原因，如(1)社會壓力：民眾對政府產生信任危機、民眾對政府不滿、政府的效率落、組織龐大、預算增加、財政赤字、投資赤字，信任赤字等；(2)財政壓力：福利政策壓

垮政府財政、政府支出擴大、赤字擴大、加稅、舉債擴大等；[12](3)經濟全球化的壓力：經濟全球化在超國家的層次產生了影響力，如國際貨幣組織、世界銀行、歐盟、世界貿易組織、地區性貿易協定等，國家本身的影響力降低。國際經濟貿易組織化，國際經濟競爭更加激烈。全球化增強了行政改革的傳播效應，對其他國家產生壓力；(4)內部壓力：管理危機、公共組織職能膨脹、效率低落等。像是這一類的論述方式比較一般化，可以作為一般的理解，但是對於個別國家的狀況就不夠具體。因此還是要回到實際的國家行政改革的案例上來分析，才有具體的效益。

一、英國

英國有三次重大的文官改革改革的動力／或壓力可以歸納成幾點：

1.英國的文官改革都是受到內部與外部的社會及知識的壓力。
2.「理念」扮演了重要的角色。二戰後平等主義興起，傅爾頓委員會順應著這個潮流，提出了新的標準應用到文官的考選、訓練，以及高級文官的組成。70年代後「市場導向」觀念興起，傅爾頓則建議，高級文官必須配合執政者，並對其有所回應。
3.文官改革是針對變遷中的政治價值與目標的回應。隨著複雜的演進過程，行政機關改革的策略與時機掌握，均適度的予以回應。
4.英國文官改革包含多元的論點。高級文官、利益團體、政黨、國會、行政首長、改革者等，各種政治價值與利益的對質就是英國文官改革的寫照。可以達成協議者，改革就得以實現，若否，則改革遇挫。
5.改革過程中政治扮演著批判官僚體系的角色，同時又需要官僚體系的配合，衝突與矛盾就是英國行政改革的特質。

在晚近英國首相柴契爾夫人進行的行政改革，其改革原因為：

1.經濟與社會的原因：當時的英國受到經濟不景氣的影響，失業問題嚴重，失業率一直維持在10.5%以上，失業人口高達300餘萬人，均仰賴政府發給失業津貼來維持生活。解決失業問題和減輕財政負擔是兩項急迫的問題。
2.政治與行政的原因：柴契爾夫人的政策就是減低工會的權利，實行貨幣主義的經濟政策，縮減政府在內政上所扮演的角色，加強國防，削弱文官在政策分析及政策建議上的角色，精簡政府組織與文官的人數。其目的在終止政治與行政上的無效能，使新的文官制度能以功績制度為原則，走向專業主義，重視績效、與個人責任。

3.個人的原因：柴契爾夫人本身並不熟悉英國行政與文官的文化，來自中產階級企業背景，使得她對商業與競爭性的資本主義比較重視，對於具有創見、果斷、自信的文官特別欣賞。反之，對於英國文官所引以為傲的處事小心謹慎、圓融、通才性質的業餘者的傳統性質，非常的蔑視，並且常常將高級文官視為政府的敵人，經常以嚴厲的態度質疑之。在這樣的強烈背景原因下，文官制度的改革幅度會非常的大，幅度也非常的強，就可以理解其由來了。

二、美國

美國在第二次世界大戰之後，政府行政機關有淩亂、重複、浪費，以及推諉責任等不良的現象。西元1947年國會認定，總統將不能解決這一難題，決定設立一個由12人組成的政府部門組織委員會。其中4人由參議院臨時主席、4人由眾議院議長、4人由總統分別指派，人員包括有參議員、眾議員、閣員、文官委員會委員、企業家、大學教授等，並羅致了300多個專家，由前任總統胡佛擔任主席，是為胡佛委員會。歷經兩年的研究，指出了聯邦政府機關及行政管理有八大缺點。

西元1953年艾森豪總統又設立一個行政部門組織委員會，繼續進行前任未完成的工作，是為第二屆胡佛委員會。[13]從兩次的胡佛委員會的改革來看，原因都於行政管理的一些缺點，分別為：(1)行政組織紊亂、責任分散、不便指揮；(2)總統與各部長的指揮系統不良；(3)政策與方案的制定不良；(4)沒有組織高級行政人員來制定政策；(5)行政監督過密、行政法規過多；(6)預算流程不良；(7)會計方法缺乏標準及過度繁瑣；(8)行政運作溝通與協調不良。總的來說，問題出在總統無法行使憲法所賦予的指揮監督權，這是當時行政改革背後最主要的原因。

來到晚近美國的行政改革，當柯林頓總統於1993年就職時，它所面對的是一個「政府財政赤字龐大」、「國家競爭力降低」、「各級政府面臨預算刪減」的窘迫環境。美國人對聯邦政府的信心低落，每6個人中有5個人希望聯邦能徹底改變，因此高爾於1993年9月7日提出的報告提到——「從繁文縟節到具體成果：創造撙節成本、提升效能的政府」，提出384項改革的建議。

從上述的內容看來，美國行政革新的原因／壓力／動力，可以清楚的看到前後兩個不同時期的背景，改革的壓力因為時空背景的不同，而有明顯的不同。

三、法國

1995年5月7日席哈克（Jacques Chirac）當選總統，在其競選總統的口號中即承諾要進行政府改革，要讓政府解除黑箱作業，透明化、簡化行政程序、精簡組織，來回應選民強烈的批評：政府太複雜、顢頇、低效率。此為席哈克總統推動行政改革的背景原因。[14]

四、德國

在前節行政改革簡述中提到德國部分，一般分類約有五個階段，每一個階段促成行政改革的原因和背景都不相同，反應不同政治、經濟、行政、社會背景下，行政革新的內容與範圍就有很大的不同，經由這一些背景原因的分析，可以瞭解當時行政改革的時空背景，也可以看到這一個國家如何建構其行政體系。以下茲就各階段的背景原因作更進一步的說明，約為：

(一)第一階段

60年代末期到70年代初期，實行「主動的政策」（active Politik），推動「行政區劃的改革」（Gebietsreform）。這一個階段行政改革的性質常被稱為是「內部的改革」（Inneren Reformen），內容包括財政改革、地方行政區劃改革、功能改革、規劃單位的改革、部的改革、公務員服務法的改革等，這一些改革都是因為：(1)社會主義國家和干預型國家在擴張後產生了問題，必須加以改革；(2)為了因應社會與經濟的發展，公共行政必須現代化，才能夠完成國家的任務；(3)聯邦、各邦與地方行政的任務，就是去糾正市場失靈的錯誤，預防其將要發生的問題，以符合主動的政治——行政體系。

關於「部的改革」，則是有鑒於聯邦政府層級的規劃與協調能力有待加強，其次是聯邦政府與聯邦行政的效能有必須加以提升，所以採取了一系列的措施，來提升這一方面的能力。

在「行政區劃的改革」上，德西地區將縣的數目從425個減為237個，縣轄市從135個減少到91個，鄉鎮數從24,411個減少到363個，減少的幅度甚大。德東地區的鄉鎮數目從7,626減少到6,037個，縣的數目從189減少到86個，縣轄市從38減少到25個。[15]這一項改革的原因，就是要透過地方行政區域的整，來達到更經濟的運作規模，然後才能將地方上簡易的行政事務作一個整合，來達到更多的「親民」（Bürgernähe），將簡單的任務下授給地方，較困難的任務交給中央，透過資訊科技的協助，提升地方行政的效能。「功能改革」是為了將行政管轄權下授，減少特殊行政機關，而推動的改革措施。[16]

(二)第二階段

從70年代的末期開始，推動「去官僚化」（Entbürokratisierung）和「行政簡化」（Verwaltungsvereinfachung）。這一個階段會推動這樣的政策性改革措施，其背景是因為國際上以及德國境內形成了一股新自由主義對國家強力的批判，在加上社會、經濟進步障礙已經不是「市場失靈」，而且反而被證明是「政府失靈」和「官僚失靈」。在這個當口，柴契爾主義（從1978起）和雷根主義（從1980起）在國際上形成風潮，而德國還在猶豫不決的時候，「官僚化」（Bürokratisierung）就成了各方對福利國家批判的總目標，「官僚化」就是行政改革對象的化身。

「去官僚化」的改革措施又集中在兩個主題上：「過度管制」（Überregelung）和「法規氾濫」（Verrechtlichung），因為這兩大問題阻礙了民間創意的發展，並且持續的使國家支出增加。並且還會讓官僚的結構增加，並且使行政運作的方式更趨惡化。[17]

(三)第三階段

從70年代末期開始，推動「親民」、「便民的機關」（Bürgerämter）以及「公民社會」（Bürgergesellschaft）。在這一個時期中，因為國家干預行為的增加，民眾也看到公共行政效能與控制的問題，加上行政機關對於民眾的願望與期待回應不良，而且有一些行政運作必須依賴民眾參與才能完成。在上述的背景原因下，「親民的行政」就成為一時的顯學。「親民」、「民眾參與」主要的應用場合是在公共政策落實應用的過程中，民眾可以參與政策的推行。其次，民眾也逐步的加入公共政策形成的決策監督中，監督公共政策的「適當性」、「經濟性」、「合法性」等。在具體的作法上，有聯邦建築法規與城市建築補助法（Bundesbaugesetzbuch und Städtebauförderungsgesetz）等的規定，在地方自治的運作中，提供民眾參與都市規劃的流程。民眾參與的事務非常多元，如資訊的分享、行政區劃的參與、行政事務的規劃、人事的安排、行政溝通、效能的確保等。[18]

(四)第四階段

從1990年初期開始，企業管理的作法促成了「行政現代化運動」（Verwaltungsmodernisierung），新公共管理運動、民營化運動及其它自由化的

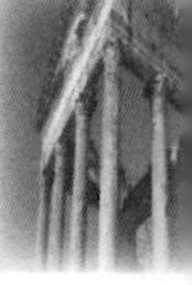

運動。在這一個階段中，公共行政面對的仍舊是一些老問題，例如國家任務的界定與執行、民眾的要求紛至沓來，行政運作的問題等，但是新公共行政提出了不同的作法與思維，進行組織再造、國家任務重新評價、人力資源再造等等，開啟了一個不同思維解決舊問題的時代。

(五)第五階段

從二十一世紀初期開始，各邦的行政結構改革。行政結構與行政流程的改革是德國各邦討論多年的一個題目，從二戰以後就不斷的有各種主張和動機，想要改變既有的行政組織，加以改善，使其更有效能，但是一直都沒有任何的進展。到了二十一世紀時，這一個主題才真正的得以落實，而且密集的進行改變。

在這一個階段中，各邦致力於將國家行政與人事集中化，廢除特別行政機關（獨立法人）和中間的行政層級，強化鄉鎮地方行政、民營化、廢除官僚的規範等。巴登——符騰堡（Badenwürtemberg）[19]與下薩克森（Niedersachsen）兩個邦於2005年推動了這一波的行政改革，然後帶動了過半的邦也陸續進行改革。這一波的改革針對各縣完成了領土疆域的改革、行政結構的改革、功能的改革。[20]

四、我國

我國從民國肇造以來，行政改革的運動一直持續不斷的在進行。每一次的改革發動的背景原因，都有其時代的背景因素和當時的需求，茲就各期改革的背景與原因分別敘述於下：

1.黃季陸委員會：民國45年，革命實踐研究院成立了一個科學管理組，在半年的會議後提出研究報告書，請政府成立一個調查研究機構，近似美國的胡佛委員會。後來總統下令行政院就各級機構組織是否合理，職責是否明確予以研究，此即為黃季陸委員會的由來。

2.王雲五委員會：民國46年王雲五參加聯合國第十二屆大會，行前總統蔣中正召見王雲五，希望他在美國開會期間能對「胡佛委員會」的報告建議及執行情形詳加研究。王雲五回國後在總統府國父紀念月會中提出報告，蔣總統立即指示：「應即成立一類似胡佛委員會之機關，進行研討，擬定方案……工作範圍兼及行政、司法與考試之部門，庶期全盤之改革」。[21]此為王雲五改革委員會之緣起。

3.民國55年，為了落實總統蔣中正「行政革新要旨」中所提的的「行政三聯制」，乃由政務委員陳雪屏召集成立了「行政改革研究會」，檢討行政機

關現有組織，研究改革方案由中央與省政府同步實施。由此背景可知，這一階段的行政改革期以科學管理的方法，來貫徹行政三聯制的功能，讓我國的行政機關具備科學管理的能力。

4.十項行政革新：民國61年，蔣經國擔任行政院長期間頒布十項行政革新指示，為了澄清政治風氣。推動八項社會革新；厲行公文革新，提高公文時效，加強為民服務。

5.民國68年，孫運璿擔任行政院長推行工作簡化運動：以提高行政效率、加強為民服務、合理運用人力及有效防止弊端。加強行政效率和加強便民措施為兩大目標，並期以現代管理觀念及研究發展精神，貫注於行政工作中。[22]

6.行政革新方案：民國82年連戰就任行政院長，即於3月4日行政院會議上訂定行政革新方案的構想，並提示兩大重點：研修行政院組織法四點原則，及建立廉能政治。行政院研考會接到院長指示，必須在兩個月內提出改進方案。就在極短時間作業下提出了「廉潔、效能、便民」這三個目標。這三個目標從我國歷來的行政倫理來看，是非常的符合傳統的精神，但是卻不具備行政改革的正當性理由。

7.政府再造：民國86年，白曉燕命案致使連戰卸行政院長，蕭萬長繼任閣揆。當時三大血案未破，林肯大郡坍塌、國家競爭力不佳、香港主權轉移、兩岸關係降溫、民怨高漲，政府公權力、公信力滑落，蕭內閣這時提出「改善社會治安」、「庚續發展經濟」、「提升生活品質」、「開展兩岸關係」作為施政重點。在這樣的背景下，民國87年行政院院會通過「政府再造綱領」，作為政府再造的綱領與總目標。這一次的行政改革運動合乎了行政改革的緣起背景、動力等條件，而且有新公共管理思潮做綱領，是一個典型的革新模式。

六、小結

從上述的陳述與解析中可以看到，進入各個國家行政改革的歷史與內容，不僅可以看到該國政治——行政體系不同時代的不同挑戰，每一個國家的思考方式也有其整體背景的考量。

就**英國**行政改革的背景與動力來分析，三次重大的文官改革都受到了內部與外部社會與知識的壓力，思潮與理念（平等主義、市場導向、企業性精神）扮演著重要的角色，政治——行政體系的力量，對政治價值與目標的回應等，都是

英國行政改革發動原因和背景中重要的特點。晚近柴契爾夫人進行的行政改革，則是因為經濟與社會問題的急迫性、小而美的政策、首相個人對「西敏寺傳統行政」的敵意、對官僚體系的批判等，構成了最近一波強烈行政改革的主調，成為海洋法系管理型行政改革的重要旗手，也是帶動全球行政革新的一個標竿。

就**美國**行政改革的背景與動力來看，可以分為三個時期：

1. 第一個時期從1905至1945年，屬於行政重組與擴張性國家的改革，在這一個階段中進行的是國家、政府與行政的改革。擴張性國家的部分則是各種公共任務的承擔與改進。
2. 第二個時期從1964至1972年，是行政重組與政策國家的時期。其重點置於政策的形成、控制與效能。
3. 第三個時期從1976年迄今，行政重組是總統用來消除人民對政府不滿的工具，其中包括卡特、雷根與柯林頓。尤其是在柯林頓總統於1993年就職時，它所面對的是一個「政府財政赤字龐大」、「國家競爭力降低」、「各級政府面臨預算刪減」的窘迫環境。美國人對聯邦政府的信心低落，每六個人中有五個人希望聯邦能徹底改變，所以這個時期改革的動力，就是來自於社會、經濟、財政、國家競爭力等各方面的壓力。

就**法國**行政改革的原因與動力來觀察，從戴高樂時期的行政改革以來，**改革的主軸幾乎都放在中央與地方權力的調整上，擴大地方自主權、取消對地方政府的監管、增加行政層級（大區）、確立地方公職人員的地位、擴大民主等。很長一段期間的行政改革的重點，是放在分權化的改革，並且有顯著成效，基本上達到了預期的目標**。特別在擴大地方政府權力、加快地方經濟和社會發展、縮小地區之間的差別以及推進行政民主等方面，成效尤為顯著。從這樣的改革歷程來看，**這一個時期的行政改革背景原因，就是針對法國中央集權的政治制度以及拿破崙行政傳統，進行了分權化的改革**，這是政治——行政體系結構與運作的改革，也是法國行政改革特有的背景因素，是其他國家所沒有的。

1995年7月內閣總理朱貝（Alain Juppé）進行的行政改革，和之前的改革就有相當大本質上的不同，改革內容有民營化、行政契約、法案評估、親民措施、公務人力資源管理等。其原因是席哈克總統在競選中即承諾要進行政府改革，要讓政府解除黑箱作業，透明化、簡化行政程序、精簡組織，來回應選民強烈的批評：政府太複雜、顢頇、低效率。這一個階段行政改革的背景原因和之前很不相同的地方在於，政府在民眾期待的壓力下必須改革其回應性。

薩科齊總統進行的改革又和前面時期有所不同，改革的項目包括減少公共開支、提高政府行政效率、大幅裁減公務員、消滅預算赤字、改善政府行政效率等。這一份改革工作項目清單非常清楚的顯示了，法國行政改革的背景原因、壓力等因素，和世界各國的狀況趨於一致，改革方向也趨於同質化。

德國行政改革的背景原因在每一個階段都不一樣，分別為：

1.第一階段（60至70年代）進行了財政改革、地方行政區劃改革、功能改革、規劃組織改革、部的改革、公務員服務法的改革等，改革的主要原因，就是要透過地方行政區域的整，來達到更經濟的運作規模，然後才能將地方上簡易的行政事務作一個整合，簡單的任務下授給地方，較困難的任務交給中央，透過資訊科技的協助，提升地方行政的效能。這一個階段的背景原因和法國、美國前期的情形非常類似，都非常重視中央與地方權責分配的問題。

2.第二階段（始於70年代末期）：70年代的末期開始，「去官僚化」和「行政簡化」運動，是起源於自由主義對福利國家進行批判。「過度管制」和「法規氾濫」則是兩大目標，因為這兩大問題阻礙了民間創意的發展、使國家支出持續增加、導致行政運作效能低落。

3.第三階段（從70年代末期開始）推動「親民」、「便民」。係因國家干預增加，行政效能與行政控制的問題產生，加上有些行政運作必須依賴民眾參與才能完成。

4.第四階段（從90年代開始）進行「行政現代化運動」，係受到新公共管理運動的影響。

5.第五階段（從二十一世紀初期開始）進行各邦的行政結構改革。這是一個討論數十年而沒有結果的一個議題，在這一個階段中得以實現。

我國行政改革的背景原因分階段個別為：

1.黃季陸委員會（民45）年，在反攻大陸時代背景的號召下，行政改革是「黨政軍聯合作戰」的一環。作法參照美國第一次「胡佛委員會」。

2.王雲五委員會（民46），作法係參考「胡佛委員會」。

3.「行政改革研究會」（民55），係為了落實總統蔣中正「行政革新要旨」中所提的「行政三聯制」，讓我國的行政機關具備科學管理的能力。

4.十項行政革新（民61），為了澄清政治風氣。八項社會革新，是為了厲行公文革新，提高公文時效，加強為民服務。

5.工作簡化運動（民68），為了提高行政效率、加強為民服務、合理運用人

力及有效防止弊端。

6.行政革新方案（民82），連戰提出行政革新的構想，研考會訂定了「廉潔、效能、便民」三個目標。

7.政府再造（民86），背景是因為當時三大血案未破，林肯大郡坍塌、國家競爭力不佳、香港主權轉移、兩岸關係降溫、民怨高漲，政府公權力、公信力滑落，蕭內閣提出「政府再造綱領」。

在瀏覽與回顧每一個國家行政改革的背景、原因、壓力後，不僅可以看到每一個國家發展的歷程，及其當時所面對的問題，並且針對性的採取了改革的工具與作法。如果從一般概括性的改革背景結構來觀察，會得到粗略的解釋。進一步去觀察時，才發現各國的風貌皆不相同，而不同中卻又有流行性的潮流現象，如組織重組、中央與地方權限重分劃、新公共管理運動等。從改革的流行共通議題來看，各國不同做法下卻有相同的認知，我國參考胡佛委員會及新公共管理思想，就是很好的註腳。

第三節　政府再造

以上各國及我國的行政改革，來到晚近都受到新公共管理思潮的影響，在海洋法系的國家如英國、美國，進行了大規模的政府再造，相對的**在大陸法系國家的法國與德國，在公共管理改革上是比較不積極的國家，或者說有若干程度的心理抵制也不為過**，縱然如此，公共管理帶來的行政改革還是橫掃了所有的國家，至於實際結果如何？下列作進一步的解析如後。

壹、美國政府再造

美國最近一次之政府改革，是從柯林頓就任總統開始，他指定副總統高爾（Al Gore）組成委員會，進行廣泛性的行政改革。在高爾副總統的主持下，1993年發表了「國家績效評估報告」（TheReport of National Performance Review, NPR），根據該報告所訂之標題來看，柯林頓政府改革的主要目標為：「使政府作的更好、花得更少」。其基本原則為：削減不必要之政府支出；為顧客服務；授權與公務員；幫助社區解決他們自己的問題；追求卓越。整個改革內涵則可歸納如下：

1.推動組織：聯邦政府包括「預算管理局」（Office of Management and

Budget）、「人事管理局」（Office of Personnel Management）、「總務局」（General Service Administration）、「財務管理局」（Financial Management Service）、「政府倫理局」（Office of Government Ethics）。此外，還新設置「總統之管理評議會」、「首席財務官會議」以及「總統之廉潔與效率委員會」，以加速改革。

2.改革範圍：包括財務、人事、採購、廉政、民營化等。

3.法律依據：1993年所通過的「政府績效與成果法」（Government Performance and Result Act of 1993）為此次改革最重要的法律依據，該法案所揭櫫的目的有六：

(1)經由有系統的要求聯邦機關對所達成的計畫成果切實負責，以增進美國人民對聯邦政府的信心。

(2)經由一系列的領航計畫（Pilot Projects）所設定的計畫目標、衡量這些目標的計畫績效、以及對外公開計畫的進行狀況，以建立起計畫績效的改革。

(3)經由對成果、服務品質與顧客滿意度的重視，以改進聯邦計畫的效能與負責度。

(4)經由要求達成計畫目標，以及提供計畫成果與服務品質的資訊，以協助政府管理者改進服務品質。

(5)經由提供更多達成法定目標，以及聯邦計畫效率與效能的客觀資訊，以改進國會的效率。

(6)改進聯邦政府的內部管理。

4.撙節開支措施：

(1)精簡公務人力：1994年國會通過「聯邦政府人力重整法」，預計到1999會計年度終，精簡全職公務人力272900人，而到1996會計年度止，已精簡20餘萬人，至1999年已精簡33萬個職位，占15%，超過原訂12%的目標。

(2)改造政府採購：1994年通過「聯邦採購簡化法」，允許政府機構的「小額採購」（US$100,000以下）可適用簡化的採購程序；利用電子化商業科技以簡化採購；學習民間部門之採購方式，以降低所購商品之成本。

(3)創新資訊科技：於1999年全國啟用電子作業系統。

(4)降低政府機關間的行政成本。

貳、英國的政府再造

英國近代之行政改革，可追溯至1979年柴契爾夫人主政時，在她的推展下，大體上可分為三個階段，分別為效率稽核（Efficiency Scrutiny）、財務管理改革方案（Financial Management Initiative, FMI）、續階改革（Next Step）。1991年梅傑繼任首相後，一方面承襲柴契爾夫人的改革，另一方面提出「公民憲章」（Citizen's Charter）的改革計畫。效率稽核與FMI兩階段的改革雖引起文官重視成本意識與績效管理理念，但並未能改變當時重視保守、僵硬管理的官僚文化，因此，英政府乃提出「續階改革」計畫，其工作重點如下：

1. 各部會應成立相關的附屬機關，專司該部會所屬的服務提供工作。附屬機關與部會間則以工作綱領為串連。
2. 各部會要確保附屬機關之人員能受到適當的訓練，並且曾有提供服務的經驗。機關人員則負責使機關產生最大效能。
3. 指定一位相當於常次級官員出任專案管理者，使「續階改革」能儘快推動。

有關每年附屬機關的績效如何，是否達成年度工作目標，均公布於「續階改革評估書」中。「公民憲章」是「續階改革」的承續，其宗旨在於改善公共服務之品質，希望將公共服務接受者皆視為消費者，並賦予其自由選擇服務提供者之權力。因此，其重點包括提升服務品質、享用服務時有更多的選擇機會、人民可以要求知曉服務的標準、確保經費運用的妥適性。

為達到上述要求，該憲章提出下列改革途徑：更多的民營化、更廣泛的競爭、更多的契約外包、更多的績效俸給作法、公布預期的績效目標、出版有關服務標準達成度的詳盡資訊、提供民眾更有效的申訴程序、進行更多與更嚴厲的獨立調查工作、矯正錯誤的服務措施。

參、法國的政府再造

1995年5月7日席哈克（Jacques Chirac）當選總統，在其競選總統的口號中即承諾要進行政府改革，要讓政府解除黑箱作業，透明化、簡化行政程序、精簡組織，來回應選民強烈的批評：政府太複雜、顢頇、低效率。此為席哈克總統推動行政改革的背景原因。

1995年朱貝的「國家公共部門改革」，進行組織重組、行政現代化。要求各部提出改革計畫，各部提出並採納實施者有十項：(1)政府業務的部分民營化；(2)檢討行政部門所簽訂的行政契約；(3)法令規章的編纂事宜；(4)法案通過前先進行影響評估；(5)設立地方公務員制度；(6)推行高階公務員的親民措施；(7)中央政府的組織精簡；(8)精簡公務員員額；(9)公務人力資源管理的授權問題；(10)成立「政府改革基金」。

1.推動組織：成立「政府改革署」接對內閣總理負責，進行改革事宜，並與公務員、中央地方機關聯繫協調。另外，「政府改革委員會」（Government Reform Commission）負責：(1)彙編國會議員、審計院、中央行政法院、經濟社會委員會、各部會等有關公務員績效之問題、改革方案之報告；(2)鼓勵各部長提出該部之改革方案；(3)確認改革方案之優先次序，及該方案之任務、執行方法、進程；(4)成本效益分析；(5)提出改革方案給政府改革部長；(6)草擬長期改革方案給內閣總理。政府改革署與各部會緊密配合實施，尤其是內政部、財政部與文官部。

2.革新目標：包括(1)釐清國家的角色與公共服務的角色，釐清中央與地方政府的責任；(2)更符合民眾的期望與需求，訂定公民憲章，保障公民權利；(3)重新考慮中央政府的角色，給予地方公共服務更多的自主權，透過分權化使地方擁有更多人事與財政的權利，中央政府站在建立規章、監督與評估的工作；(4)責任下授，中央派駐地方的服務機關予以重組，加強地方首長的權利，及其人事管理與財政自主權；(5)公共管理的更新，文官的晉用、薪俸、生涯發展等予以現代化。

來到薩科齊總統任內，於2007.12.12.他主持召開政府第一次「公共政策現代化」工作會議，發起以減少公共開支、提高政府行政效率為目標的大規模行政改革。主要目標是大幅裁減公務員，在未來三至五年內消滅預算赤字，改善政府行政效率。

2008.4.4.法國總統薩科齊宣布了一系列旨在提高政府辦事效率和減少行政開支的改革措施，預計至2012年達到政府預算收支平衡。

薩科齊當天上午在總統府主持「公共政策現代化委員」會議，研究通過了預算部長韋爾特主持起草的最新一份公共政策改革報告，其中包括一百多項改革措施，主要是削減公務員人數、調整或合併各部一些司局機構、聯通陸海空三軍採購中心、調整駐外使領館設置和人員配置等。來提高政府辦事效率和減少行政開支的改革措施，以達政府預算收支平衡。

肆、德國的新操控模式

一、背景與緣起

德國也有政府再造運動，稱為「新操控模式」（Das Neue Steuerungs modell）。新操控模式也是隨著國際上新公共管理的風潮應運而生，但是具有德國的特色及視野。這一個模式師法自荷蘭的「提堡模式」（Til-burger Modell），由德國鄉鎮行政簡化協會（Kommunaale Gemeinschaftsstelle für Verwaltungsvereinfsachung, KGSt）於1991年提出，針對老化的德國行政結構提出一個不同的途徑。

新操控背景的產生背景，第一個原因就是地方鄉鎮財政的困窘，希望藉助企業管理的改革方案，來提升公共行政的效率和效能。其次第二個原因是，在一般德國傳統行政的思維中認為，經濟性（Wirtschaftlichkeit）加上合法性（Rechtmäßigkeit）兩者可以相互輝映，一方面合乎效益和經濟性的原則，另一方面也滿足合法性的要求，這是德國行政的一般自我心像。然而**事實上，「經濟性」的順位卻經常屈居於「合法性」之下，導致於**行政效益、效能、效率的層面常常受到壓抑，這也是一個不爭的事實。**因此，新操控模式意圖推動一種新的嘗試，要將公共行政「合法性」的條框和「經濟性」的效益之間做一個最佳的平衡，導入新的觀念來進行典範的轉移，改變德國公共行政的思維。**[23]

為什麼要提出這樣的一種模式呢？依照KGSt主席Banner, Gerhard對德國地方行政的批評是——「有組織的不負責任」（organisierte Unverantwortlichkeit），發展新操控模式就是要進行一種「行政主管的革命」（Revolution der Verwaltungschefs）。在80年代新自由主義概念下推的是「國家任務的精簡」，來到90年代推的則是行政內部「操控機制的改善」，因為既有的機制已經產生了許多的缺漏，歸納之約有：

1.效率的缺漏：欠缺誘因去使用更有效率的工具。
2.策略的闕漏：欠缺清楚的、中程的發展目標與順位。
3.管理的闕漏：對於績效的改善、結構的調整等，缺乏強制力與缺少工具（因為德國不重視績效考核）、資源的配置、需求的變化等皆有不當。
4.誘因的缺漏：公部門缺少誘因，公務人員士氣低落，創意與動機皆不足。
5.合法性的缺漏：行政績效不符合其待遇，效率、目標達程度、品質等皆未能提出適當的說明。

針對以上的缺失，新操控模式提出了一套新公共管理的措施，和傳統官僚集中式的操控比較，兩者間的範式對照約如下表：[24]

官僚的與集中的操控	分散的與成果導向的操控
Input的操控	目標與成果導向的操控
對日常業務持續性的監督與干預	間隔式的操控
對細節的過度操控	目標的操控
過度的集中化	分散式的自我操控
有組織的不負責任（責任與資源分離）	分層的、授權的、成果導向的負責方式
以行政內部運作需求為導向	公民與顧客導向
以工作規範為導向	品質導向
不管市場壓力	市場導向、競爭
公共任務自我定義	專注於核心職能
依照預算與財政制度運作	成本與績效的透明化
人事行政	人力資源管理

英、美海洋法系國家推動新公共管理的再造運動，是由中央政府結合外部的智庫來進行，德國推動新操控模式則從鄉鎮地方政府開始，這是第一個不同的地方。其次，當英、美推動民營化與和新自由主義的「小而美國家」，德國則推出新操控模式，這是針對公部門進行徹底的內部合理化變革，和英、美等國有所不同。再者，這一個模式是係由超黨派的力量來發起，其中左派與綠黨更是主要的支持力量，這和英、美右派勢力的支持不同。

二、內容

新操控模式其實只是德國90年代行政現代化與行政改革的一個總名／總概念，在這一個總名之下，所有行政現代化的策略與做法均包含於其中，舉凡人事範疇的績效獎金、人力資源發展、領導、首長任期制、授能等；組織範疇的扁平式組織、專案組織、義工組織等；行政程序範疇的數字管理、報告義務、顧客導向、績效比較等；財政範疇如預算、成本計算、全球化的財政等，都統攝在「新操控模式」的總名之下，所以它是90年代德國行政現代化與改革創意的代名詞。[25]

「新操控模式」之下有幾個總目標，為：(1)分散式的資源分配；(2)成果導向：行政操控的工具要應用在績效面；(3)透過競爭與顧客導向來活化這個新的

組織結構；(4)強化人力資源管理與員工動機。這四個目標設定的原因與內容解析之如下：

(一)分散式的資源分配

德國鄉鎮地方行政的任務分配，係依照責任與資源分離的原則來設計，各處或科室有各自的任務與責任，但是沒有資源的分配權，資源包括人員、職位與財務預算。因此在新科技的使用與流程管理上，各單位必須依賴規劃及其它的單位，所以就不能安排適當的人力、做適當的組織，使各單位不能達到最佳的表現。有鑑於此，地方政府各單位不僅分配到各自的行政管轄權責，也擁有自己的財務預算管轄權，將責任與資源兩個權限集中起來，不再由主計單位及人事單位來掌控，而分散式的由各單位自己決定與負責。

如此一來，各單位就可以彈性的操控其支出，依照實際的需求來使用其預算，不必在每一個財政年度的結尾匆促的消化剩餘的預算，造成浪費的情形。在預算有結餘時，可以留用到下一個財政年度，額度為40%，並且可以作為機關自己的管理需求來使用。

這樣的一種設計，將資源的分配與使用的最終決定，分散式的授權到各單位，而不再屬於鄉鎮議會或地方首長，直接由公職人員組成的團體決定之。但是為了確保行政目標的達成，**在分散式預算管理措施外有「契約式管理」作為配套，透過行政契約的形式**，來確保政治、政策預定目標的達成，在契約式管理的做法下，各單位必須接受財務稽核與控制，並且善盡報告制度。並且將行政的主計制度改為企業型的會計制度。

(二)成果導向的操控

就是行政作用的計畫、執行、考核必須嚴格的依據成果來衡量。成果導向的操控就是要確保地方行政的績效、經濟性與便民的落實。

成果導向作法的第一件事，就是將行政服務界定為「產品」，每一項產品都必須考慮到供給與需求的最佳化。面對公部門財政吃緊的狀況，從「產品」的角度來思考，就必須發掘哪一個部分有節省的空間，哪一些公共任務是多餘的可以去除，讓市場去承接。每一項公共任務都必須接受任務評鑑。

在產品計畫中要詳細列所有的產品，並且計算每一項產品要花費多少的行政成本，產品計畫必須提出一份成本——績效計算書，讓產品成本透明化，作為任務評鑑的基礎，也可以作為各個財政年度的比較和評估之用。另外，產品計畫書可以拿來和各邦、聯邦做比較，比較各個地方政府的成本與效益。

行政績效作為一個產品，產品就要談到品質。品質管理要通過品質檢驗，檢驗項目包括成本效益分析、效率、效能、經濟性等品質項目。當然更重要的是目標達成度及其效能，考慮因素主要針對民眾的滿意度，民眾的需求、期待是否被滿足，是否便民、親切等等都是行政品質的檢驗指標。[26]

(三)顧客導向

地方政府要將過去的機關型態轉變為服務型企業。在高權規範與法律規定的服務領域，包括教育、社會、青少年、健康等領域；民生所需及環保的部分就加強供給導向的服務，如文化、休閒、住宅補助金、環境保護等；還有一些針對特殊病人的服務，如老人、殘障等。民眾要被視為顧客對待，以客為尊。

(四)人力資源管理／員工的動機

在新操控模式帶來的典範轉移作用下，公務人員的工作情境就會受到極大的影響，行政組織也必須重整。行政組織的重整為了配合新的典範，就必須走向扁平化，行政決策也要轉變為團隊導向的參與模式。員工士氣的激勵應該走向自我實現的激勵結構，同時在行政組織內發展企業式倫理。[27]

伍、我國的政府再造

一、背景緣起

新公共管理思潮在80與90年代興起後，英國、美國、紐西蘭等國大力的推動政府再造運動（Reinventing Government），倡導企業性精神，來對政府進行組織變革。政府再造包括了觀念改革（Reform）、結構改革（Restructure）、策略改革（Revitalize）、能力改革（Renew）等面向。在這一波中，有不少的國家大力推動改革，例如美國柯林頓總統指定副總統高爾（AL Gore）組成改革委員會，於1993年發表「國家績效評估報告」。英國首相柴契爾夫人先後推動效率稽核（Efficiency Scrutiny）、財務管理改革方案（Financial Management Initiative）及續階改革（Next Step）。接著梅傑首相於1991年提出「公民憲章」（Citizen's Charter）。日本於1983年提出「新政改革大綱」，將規劃現行1府21省廳整併成1府12省廳。加拿大在1990年發表「政府服務革新白皮書」、「公共服務2000年計劃」，新加坡推行「智慧島計劃」。澳洲、紐西蘭則有「行政文化重塑運動」。還有許多國家也都有若干的政府再造措施。一時之間新公共管理的風潮似乎是一種世界性的流行。在這一個背景下我國也加入了政府再造運動的行列中。然而事

實上，**我國在民國85年底國發會召開的期間，討論的主軸還是「精省」，「政府再造」一詞還沒出現過。所以嚴格說起來，我國的政府再造運動的背景，有很大成分是「順應世界潮流」。**

我國的政府再造運動，是接續連戰院長於民國82年9月的「行政革新」改革運動，行政院長蕭萬長於民國86年1月2日宣布推動。民國87年院會通過「政府再造綱領」，成立「政府再造諮詢委員會」及「政府再造推動委員會」，下設「組織再造」、「人力與服務再造」及「法治再造」三個工作小組，推動再造工作。

二、再造內容

民國87年推動的政府再造運動，有幾項主軸：

1.引進企業精神，強化專業導向。
2.全體公務人員參加，建立共識。
3.由組織、人力、法制三方面著手，以服務品質的提升為目標。
4.以民眾需要、滿意度及服務績效指標作為成敗評估的關鍵。

從這一個主軸來看，87年的再造運動可以歸納之為：「提倡企業性精神為典範，師法企業。推動組織、人力與法制三項再造工程。全員參與、顧客導向的行政革新」。

三項再造工程的內容如下：

(一)行政組織再造

◆目標

1.組織職能合理化：釐清中央與地方政府權限，確立均權制度。
2.組織架構明確化：簡化政府及機關組織層級，縮短作業流程，增進行政績效，建立高效能政府。
3.組織及員額精簡化。
4.組織調整彈性化。

◆項目

1.研擬「國家機關組織基準法」。
2.研擬「政府機關總員額法」。
3.釐清中央與地方組織架構及權限。

(二)人力資源再造

◆目標

1.活絡人力資源運用，提升行政效能。
2.引用服務行銷理念，展現卓越服務品質。

◆項目

1.進行人事制度全面再造，進行六大改革方向如次：
(1)放寬考試用人限制，建構多元進用管道（包括：考選授權用人機關辦理，醫事人力、高科技及文化藝術人才放寬任用資格）。
(2)簡化銓審作業。
(3)建立功績制升遷。
(4)建立淘汰制度。
(5)強化考績激勵功能。
(6)建立彈性待遇制度。
2.全面修正、簡併、鬆綁人事法規。
3.推動全國行政單一窗口化運動（由人事局主辦，各主管機關協辦）。
4.建立電子化政府（由研考會主辦，各主管機關協辦）。
5.全面提升服務品質（由研考會主辦，各主管機關協辦）。

(三)法制再造

研訂促進或委託民間參與公共事務相關法令規範，改善財政預算制度，落實使用者付費及興利重於防弊之原則，檢討修正或廢止各項不當限制市場競爭及不便民之業務法令等項目

陸、綜論

英、美、德、法等國的政府再造運動，都是同樣的在新公共管理思潮的推動下興起，每一個國家都有自己的背景、需求與動機，所採用的再造作法也各有不同考量。如果將這些作法作一個總回顧，用最簡略的項目歸納之，約如下：

一、美國

1.範圍：包括財務、人事、採購、廉政、民營化。
2.項目：
(1)精簡公務人力
(2)改造政府採購：用簡化的採購程序、利用電子化商業科技以簡化採購、學習民間部門之採購方式，以降低所購商品之成本。
(3)創新資訊科技：全國啟用電子作業系統。
(4)降低政府機關間的行政成本。

二、英國

1.效率稽核。
2.財務管理改革方案。
3.續階改革：各部會成立政署（Agency）、人員的訓練、使機關產生最大效能。
4.「公民憲章」（Citizen's Charter）：改善公共服務品質。更多的民營化、更廣泛的競爭、更多的契約外包、更多的績效俸給作法、公布預期的績效目標、出版有關服務標準達成度的詳盡資訊、提供民眾更有效的申訴程序、進行更多與更嚴厲的獨立調查工作、矯正錯誤的服務措施。

三、法國

1.政府業務的部分民營化、法令簡化、設立地方公務員制度、推行親民措施、中央政府的組織精簡、精簡公務員員額、公務人力資源管理的授權問題、釐清國家的角色與公共服務的角色、釐清中央與地方政府的責任、地方公共服務更多的自主權，透過分權化使地方擁有更多人事與財政的權利、責任下授，中央派駐地方的服務機關予以重組，加強地方首長的權利，及其人事管理與財政自主權、公民憲章，保障公民權利、公共管理的更新，文官的晉用、薪俸、生涯發展等予以現代化。
2.減少公共開支、提高政府行政效率、大幅裁減公務員、消滅預算赤字。

四、德國

1.分散式的資源分配：地方政府各單位不僅分配到各自的行政管轄權責，也擁有自己的財務預算管轄權，將責任與資源二個權限集中起來。

2.成果導向的操控。

3.顧客導向，以客為尊。

4.人力資源管理／提高員工的動機。

從上述所列的項目來看，各國再造的作法大約包括了幾個共通項，如(1)組織精簡；(2)員額精簡；(3)效率改革；(4)財務改革；(5)成果導向；(6)提升公務人力素質；(7)顧客導向／公民憲章；(8)民營化、市場機制的競爭、契約外包。

以上這些項目，是海洋法系國家和大陸法系國家都同樣關注的主題。但是大陸法系國家法治型行政還是有其獨特之處。例如，法國的政府再造，非常大的力量集中在中央與地方權責的劃分，權責下授到地方政府層級，這是為了調整法國傳統高度中央集權的制度。新公共管理思潮的影響至今仍未停息，薩克奇總統的行政現代化改革，用了更多的管理改革措施，以達成提高政府行政效率、減少公共開支、大幅裁減公務員、消滅預算赤字等目的。

德國的新操控模式更有自己的特色，要點就是分散式資源分配、成果導向、顧客導向，內容其實比較單純，在大陸法系法治型行政和官僚體系理想型的基礎上，德國只適度的採取了幾項新公共管理的措施，所以改革幅度與力度，不能和英、美海洋法系的國家相比。再者，英、美海洋法系國家推動新公共管理的再造運動，是由中央政府結合外部的智庫來進行，德國推動新操控模式則從鄉鎮地方政府開始。在理論方面，英、美推動民營化和「小而美國家」是基於新自由主義和新右派，德國推出新操控模式，針對公部門進行徹底的內部合理化變革，其觀念認為「小而美」是一個錯誤的議題。最後在行動者方面來說，德國的新操控模式係由超黨派的力量來發起，其中左派與綠黨更是主要的支持力量，這和英、美右派勢力的支持不同。以上各點的說明，可以呈現新公共管理思潮對法治型行政的影響程度與深度。

至於我國在民國87年推動的政府再造運動，三大方案：組織再造、法制再造、人力與服務再造，其下又分為許多子項目，內容龐大可觀。就公共管理改革的措施來看，目標、方案、項目等等集合起來看，我國的政府再造運動的規模是相當龐大的，比英、美兩國不遑多讓，或有過之而無不及。當然，比德、法兩國則是龐大多倍有餘了。雖然，這一個再造運動於國發會時尚無人提及，所以稱之

為——「呼應世界公共管理改革潮流」亦不為過。

我國政府再造運動雖然背景、緣起、困境、動力等，沒有外國那麼強烈，但是推動過程中，有一件非常重要的步驟做對了，就是——**改革立法，改革過程中相關的法律規定，或訂定、或修改，來配合整個行政改革的推動，這就是所謂「國家改革就是立法改革」**（Staatsreform als Rechtssetzungsreform）**的道理**。[28] 在這一點上，我國政府再造運動不僅有配合立法，而且持續的落實，如「中央政府機關總員額法」、「行政院組織法」、「地方制度法」、「臺灣省政府功能業務與組織調整暫行條例」、「中央政府組織基準法」等，均陸續完成。在這一個改革立法的基礎上，民國87年的政府再造運動，範圍與項目非常龐大，但是逐年逐項的在推動，尤其行政院組織法在100年實施；單一窗口、及1999電話專線、內政部電話專線、電子化政府等等，非常多的項目還繼續的進行與深化中。顯見這一個再造運動一直延續至今仍未止息，確實是玩真的，也看到具體成果。因此可以說，新公共管理思潮掀起的公共管理改革，在我國是高度的接納，而且用力的推行。

第四節　政府再造步驟——德國案例

政府再造運動是一個國家重大的行政改革。改革應該如何實施？過程中有哪些步驟與注意事項？這一些問題對於再造運動的推行非常重要。各國政府的再造會提到動機、壓力、措施、預期效益等項，但是實際的作法與步驟，文獻就很少。德國在行政現代化——「新操控模式」的推動過程中，對於作法與步驟就非常強調，可以作為參考。

壹、背景

因為國家財政赤字的快速成長、人民稅負的大幅提升以及種種困難的處境，德國政府必須非常嚴肅的進行一場行政革新的運動，這個運動有一個非常不同於往昔的名稱——「行政現代化」（Verwaltungsmodernisierung），其革新的內容則是以「新操控模式」（Ein neues Steuerungsmodell）作為實施的基本架構。

德國的政府再造運動特別強調二點：(1)就是注重「程序合理性」（prozeduale Rationalität），任何一項新觀念、新事務或新方法引進行政機關時，它一定得接受事前檢驗——這個新東西和現有環境、既有文化能否結合？除舊佈新後造成的震盪幅度多大？有沒有組織文化斷裂的問題？未來展望如何？種種系列的問題都會被提出來，在理性的天平上加以衡量；(2)就是反覆的沙盤推演和預測，務期對未來可能發生的狀況有較多的掌握。

在此二項特點說明了，德國的再造運動強調How比What更重要。How to do的要點又歸納在一個指導綱領下，清楚指出：所謂的行政現代化運動，它的本質就是一個革新的手續，現代化者即程序（Modernisierung als Prozess），其要旨整理分析之約如下：

貳、程序規劃與程序管理是行政革新的成功要件

一般認為要解決行政機關的問題，需要引用企業管理的方法，例如預算、契約式目標管理、分散的利潤中心制、產品描述、稽核制度等。但是引進這些企業管理的方法就能夠解決公共行政的問題嗎？答案當然是未必。在德國地方政府推行「新操控模式」的運動時，就嘗到了苦頭。他們有的從管理顧問公司買來全套昂貴的革新方案，有的則花費了可觀的心血規劃出一套改革作法，然後用一紙行政命令發布下去，行政現代化運動就算實施完畢。這一種作法，當然不會有結果。

推動行政革新必須有一種認知，所謂的現代化就是一種改善的流程，既然是流程，相應的就應該有一套「流程規劃」（Prozessplanung）以及「流程管理」、「計畫管理」的方案（Prozess-oder Projektmanagement），沒有流程規劃與流程管理就直接推動，基本上就是沒有工具，工作自然無由推動了。

革新運動流程規劃的內容基本上必須包括：(1)時間規劃；(2)步驟規劃；(3)各個層面的規劃等面向，使整個計畫的推行中沒有疏漏、沒有拖泥帶水的情形，每一個環節的銜接如行雲流水，中途所遇到的障礙能夠在群策群力下及時予以克服。規劃的實施必須納入管理。規劃管理就是在革新運動中設定一些組織並賦予管理的任務，針對規劃中各個項目進行跟催、指導、協調等工作。所以在規劃管理的目的之下，應成立工作小組、專案小組、指定聯絡、協調者、仲裁者、或是聘任諮商顧問等，並且在過程中使用一些組織技術，如Metaplan、網狀計畫術、價值分析等，這些技術有的需要專家執行，有的則需要對受訓者施以較長時間的訓練，透過規劃管理的步驟之後，參與革新規劃的成員和實施的對象、單位等才會逐漸進入心理預備的狀態，改善的動機才會逐步增強。

參、人本主義是改革成功的要素

麥金賽公司的顧問Peter Scott-Morgan曾說：從80年代以來管理方法不斷的推

陳出新，一波接一波的嘗試最後全都撞到了一塊同樣的暗礁，就是參與成員在想法上與行為上的障礙（Scott-Morgan, 1994: 22）。這一段出自實務工作者的肺腑之言說明了，只要人的問題不解決，就是再好的管理辦法也是徒勞無功。「人的問題」在革新運動推行過程中主要會發生在幾個面向上，約如下：

一、員工能力與負荷問題

第一個問題是：當革新運動過程中附加於員工身上的任務與要求，已經明顯超出員工能力與負荷之外時，人的問題就會出現。對治的辦法就是：針對專案及特定任務的要求，給予員工必要的再教育，也就是人力資源的發展及能力提昇的強化過程。人力資源發展的前提要件是必須有足夠的財務預算，提供給需要再教育的員工。

二、員工的熱情

第二個問題是：在革新過程中，行政主管也獲得了像企業主管一樣的某些決定權，當主管威風凜凜的指揮這個指揮那個時，基層員工像一顆顆棋子，被指揮來指揮去。這樣的革新過程，基層員工不可能會有熱情，革新就不可能有望。對治這個問題的辦法是—發展「部屬與主管雙贏」的策略，讓基層員工參與目標的制定，透過定期約談或座談會的方式，給員工表達其看法與心聲的機會，經過系統的整理後，基層員工的期待、願望、想法、作法、建議等，可以被接納，加入革新的目標管理計畫中，員工從而獲得參與感，心理上的配合度自然提升。

三、對員工的衝擊

第三個問題是：員工對於改革運動可能帶來的衝擊有恐懼、退縮與不安全的感覺，這是行政革新推動的最大障礙。任何一件行政革新運動的發起，後續計畫中都會帶來某種改變，諸如：業務的改變或重新調整；組織的變革、管轄範疇的變更、工作伙伴的改變、工作方式的不同。當情境改變時，員工感覺權力被剝奪，或是被隔離。因此，他們對於新的、不確定的、無法預料的所有革新的運動，都採取強烈不信任與不合作的態度，對改革的配合就很低。對治的方法無它：就是提高員工的動機、爭取員工的配合、對員工清楚的闡釋改革運動的目標、流程、方法，讓大家瞭解改革過程中，調整並不意味著職權剝奪，員工心理上也不必有多餘的壓力、顧慮、或恐懼。對於第三項的人員心理障礙問題，改革小組必須特別用心來加以克服。

在革新運動的作業中就是要遵循必不可少的「流程備忘錄」（Katalog von Prozessgestaltungsregeln），儘量減少撞到暗礁的機會，這些流程的規則有如下各條：

1.行政改革的目標、意義與重要性必須標示的很清楚。行政主管自己要先有充分的瞭解，然後在帶頭作用下還要建立全體員工互信互賴的心理基礎，讓員工瞭解主管自己對這個革新運動的配合度與信心，這樣員工才會有信心。

2.營造一個開放的、樂於接受改革的氣氛。

3.機關全體員工共同為改革運動繪製一份藍圖遠景。

4.參與的所有成員共同約定必須遵守革新流程的規劃，使規劃好的流程能夠循序漸進的推行，不會在各種意見中被扭曲。在新運動開始推展時，所有人事異動案特別是資遣、調職、降調案、等都必須暫停，因為這些動作會引起不必要的聯想，造成不必要的困擾。

5.革新運動的資訊一定要做到高度的透明化。在各種傳播媒體，資訊與溝通系統上，要朝向最大透明化的目標來努力，可以運用的重要場合如員工座談會、主管與員工的約談機會、動員月會、資訊網路、電子布告欄、資訊廣場、公布欄、計畫專題報導、專刊等等。

6.充分使用組織發展的方法， 諸如工作小組、員工訪談與問卷調查、品管圈、言論廣場、論壇，透過由上而下和由下而上二種管道來進行組織整合的工作，所有工作的最高原則是：讓全體有關的人員都來參與革新的運動。

7.推展過程中對於那些頗有創意卻又比較不耐煩的人，必須及早進行整合將其納入組織中，否則此一類型點子多、意見多、又具有影響力的人，不善加處理的話，對革新運動的破壞力是非常強大的。

8.對於各個相關的、有影響的行政主管要先行拉攏，讓他們成為改革的助力，因為他們對改革唱反調時將會是很棘手的一群人。

9.爭取中間猶豫不決的游離分子，並且將無法溝通的徹底反對者、阻撓者加以適度的隔離，讓改革的阻力降到最低。

10.時間規劃上必須考慮群體的心理因素，讓一個大計劃切成幾個合理的子計畫，改革成員每隔一段時間就可以看到一些成績，以藉此適度的鼓舞群體的士氣，並增強其動機。

四、典範的改變

第四個問題是：典範的改變。傳統組織結構的典範是以韋伯官僚理論為依歸，典範的改變就是從高度正式化的、形式化的、階層化的與集中化的官僚組織跳脫出來，轉型為非形式化的、分權的扁平的組織，以強化組織內部網絡與溝通協調的功能，這一種典範的轉型過程就其實質而言，就是組織文化與價值觀的改變，這種轉變對比表列約如下：

階層組織的價值觀	分權組織的價值觀
凝固的	多變化的
穩定的	有創意的、彈性的
規則／規範取向的	團隊取向的
人員與職務的流動更易性低	視人員流動與工作調整為自然現象者
嚴謹、可靠	容忍錯誤的發生
對工作有義務感	對工作有責任感與負責的喜悅

員工對改革的恐懼與不安全感源自於個人的心理因素，而典範的改變則是組織文化和價值觀的轉型。所以，新典範的價值觀是：

1.行政主管必須成為企業型的官僚、必須像企業家一樣的思考；
2.主管扮演的角色應該是部屬的導師（Coacher），主管負有人力資源開發的責任；
3.各級單位主管對於自己單位業務的成敗必須負責。

第四個問題的對治方法就是「組織文化的重塑」。價值觀、典範、思考模式的改變，是一件抽象度很高的改造工程。比較具體可行的方法就是借用激勵體系，引導員工來認識革新的計畫與目標，在參與的過程中讓大家學習新的思考方式、認識新的組織文化。德國阿亨市政府 Aachen曾經嘗試過一個實驗，讓某些員工參與革新計畫的制訂，並且透過協商與規劃的手續後，讓他們也擔任推動小組的小組長負責子計畫的完成，他們必須在約定的時間內完成約定的目標，如此一來，員工不僅加入整個目標管理的行動中，另一方面在不知不覺中已經把他們放到一個新的組織結構與組織文化裡，讓他們直接感受不同典範的思考模式和價值觀。

肆、改革流程中必須考慮的要素

人的因素在行政改革運動中扮演重要的角色，然而引導人員進行改革的卻是改革的流程，流程可以對改革構成結構性的影響力，其中包含了幾個影響的因子，第一個是時間的要素，改革本身就是一個過程、一個手續，時間必然伴隨著過程並作為其刻度表，時間刻度表既是管理的指標也是管理的利器，掌握時間要素的管理措施有很多，比較常用的是網狀計畫術（Netzplantechnic），其他時間管理的諸多方法都可以運用；第二個必須注意的流程要素是——管理的硬體設施和管理的軟體設施要同步進行，事前要有完善的規劃與組織，在革新工作推動的時候硬體設施要準備妥當，搭配的軟體部分也必須密切配合，流程的準備才算完竣；第三個流程的要素就是品質：流程的規劃必須加以管理，流程管理則需達到一定的水準。

伍、步驟的選擇與注意事項

改革過程中有許多的步驟與措施，這些步驟與措施的安排與切入的時機必須非常的謹慎，就以全面品管的措施為例，TQM應該在哪一個單位實施？在什麼時機？各個子計畫的進程排序何者在前？何者在後？哪一種排程比較經濟合理？實施的範圍有多廣？對象有多少人？進行到什麼程度可以結束？結束後應該有怎樣的永續保持措施？種種的問題都將是改革工作者必須謹慎考慮的功課。而各個步驟與措施如同許多的岔路口，步驟與措施的選擇就是方向之選擇。

實施的步驟與細節常常因狀況而異，有鑑於此，改革者應該將工作項目做一些分類，譬如：哪些工作屬前期的組織診斷？哪些工作是進一步的問題分析？哪些是中期的工作？哪些可以用在後期的結尾工作？分類以後，再依照需要來選擇恰當的組織技術，這之後就可以定一個工作排序，實行起來就清楚明瞭。而一般的前置準備作業，比較常用的方法有SWOT分析法、自我評鑑法、未來藍圖發展法等等。所有作業程序必須按部就班，依序進行改善或是管理。但是有些工作如員工問卷調查，它可以放在前置作業階段或是後段進行，基本上並沒有固定的作法。類似問卷調查這種可以隨機安排的步驟所在多有，所以改革者就有較大的決定空間，可以依照其過去的經驗、個人的習好、興趣、或是團體的決定，以及事情發展的狀況等。自由決定固然有許多的選擇，但是最後還是得符合行政機關特殊的情境與條件，每一個機關在面臨改革的時候，必須考量組織目標和使命，並且評估改革成功的機率。所以選擇改革步驟時，必須選擇適合自己的方法，例

如理性決策模式、成本效益分析、網路分析、或是其他作業研究的方法來協助決策。

步驟的決定又可分為兩種情況，一種是屬於試辦性質，另一種是全面推展，兩者區分之如下：

一、改革全面推廣時的條件

1.在整體規劃上已經做到了高度的協調與溝通，並且對於即將實施的步驟也已擬妥方案，實施的對象與機關也都圈定無誤。
2.整個革新過程的推動必須擁有一套長程的規劃。
3.必須有跨部門的專案計畫小組，這一個組織負責操控改革運動的推展，同時還得扮演觸媒轉化劑的角色，為改革工作創造最佳的推展環境，另外從管理目標的角度來看，這一個小組也必須具備品管推動小組的功能，以及專案控管的功能。
4.在時間排程上已經考慮納入各個階段性的成果驗收，讓參與者每隔一段時間都可以看到改革的成效，士氣定期的予以鼓舞。
5.外聘的顧問或組織發展工作者必須全程參與，並且要讓他們瞭解過程中的每一個環節，這樣才能讓顧問充分認識問題，之後才能提供精確而適切的諮商與建言。當然，聘用恰當的顧問人選，前提上必須有一定的經費和預算。
6.對於協助推動改革工作的各級主管必須強化其動機，而且愈是基層的主管，愈是要特別加以注意。對於猶豫分子可以透過團體互動的力量來進行整合與同化，整合的方法有設立開放型的工作小組、資訊廣場、員工意見調查、專案計畫的專刊等等。
7.對於執行改革計畫時的能力與條件應該詳細評估，如果能力與條件必須加強時，教育訓練的工作必須相呼應的及時推動。

二、試辦計畫的條件

1.將一些比較有創意，能接受新觀念的單位組合起來作為試辦的對象。
2.試辦單位現有的組織結構和職位結構能夠與改革工作相配合，兩者間不會產生太大的差異性。
3.試辦單位必須能夠承受一段時間的改革實驗，實驗的時間可能是幾個月也可能長達數年。另外，試辦機關必須對於員工的配合度和動機能夠加以掌控，讓改革小組在最佳狀況下進行試辦的工作。

4.改革小組和試辦單位之間的互動關係和問題，必須優先加以解決。

5.試辦與非試辦單位間不同作業方式、作業流程如果產生了齟齬， 這時候要小心的處理、界定、釐清，不要讓試辦單位仍然沿用過 去的作業方法，否則將來要糾正的時候會花費更多的力氣。

6.改革小組所提出的創意、新點子，有時候會在試辦單位內部產生妒忌或是酸葡萄的心理，特別是新辦法證實成效的確比較好時，還會造成該單位的恐懼心理，因為他們會擔心在兩相對比之下暴露了自己的弱點，於這樣的現象，必須在剛剛萌芽的時候就予以消弭。

7.試辦單位必須走向學習型組織的途徑，對於改革過程中所獲得之經驗與成果，除了必須有消化吸收的能力之外，還要能夠充當種子與教師的功能。

以上兩種不同的情境，在界定改革工作的性質時，不必硬性規定，只需要瞭解其性質，作為決定之依據即可。

陸、臨門一腳

在經歷了前面層層的考量之後，行政革新工作的流程逐漸進入最後一個階段，回首再度檢視前面的步驟時就可以發現，改革工作的整個過程好像是爬樓梯一樣，而且是一階比一階更陡峭，階距是一階比一階更高（參見圖12-1）。

行政改革成功的要件強調How的過程與How的內容，在過程與步驟的正確下，就會產生學習型組織的效果，可以將改革工作的經驗累積，並且產生自我增強的現象，這時候就可以突破「登山法則」的侷限，愈做愈順手、愈做愈輕鬆，並且可以逐步進入最後一個階段。

2: Auf dem Weg zu einem neuen Steuerungsmodell. Quelle: Gerd Stockhausen, Februar 1994.

圖12-1　前往新操控模式的道路

改革工作如果能夠在步驟與過程上，達到自我學習、自我增強的效果時，對於所有參與工作的成員和主管來說，一步一步的成長與改善，就是他們繼續前進的最大鼓舞力量，接近

成功的曙光也就愈強。但是，改革工作成功的最後一個要素卻在這起腳準備射門的一剎那，這時必須注意的地方是：當組織達到全員參與、全員學習、全員自我實現感增強時，好處是群策群力，壞處是人多口雜、意見整合不易，容易形成多頭馬車的情形，最後很容易造成令出多門、步調重疊凌亂的後果，這時候最後一項成功要素就出現了，亦即，改革的操控過程必須具備高度協調整合的能力。假使，組織改革已達自我學習、自我增強之境地時，又能擁有高度整合能力，就具備了舉腳射門的最佳要件，行政改革成功的機率自然提高。

第五節　政府再造運動的省思

行政改革為國家興革大政，是特定時空下的定位與作為，以變法圖強和解決問題為目的，提出的對策與方案就是改善國家治理的藥方，藥方的背後則是一系列的典範叢林與治理哲學。當新公共管理的潮流席捲全球各國後，英、美海洋法系國家的行政改革，在許多面向上和大陸法系國家的行政改革有所差異，尤其是對德國這一種典型法治型國家的代表，衝擊尤為深刻。從表面觀之，大陸法系國家進行公共管理的行政改革，可能只是在一些改革措施與工具採擇上不同，然而，深入剖析後，裡面卻有極其深層、極其嚴肅的理性對話，這一種對話在行政改革這一種終極手段的面前，揭露了多元治理哲學中最有價值的核心部分，謹分析如後並作為行政革新之代結語。

壹、問題

一、後官僚

人類社會從工業社會進入後工業社會，現代進入後現代，公共行政從官僚進入後官僚。後官僚思潮的興起，基本上就是想要避免官僚的弊病，所以認為：(1)官僚組織職權僵化的問題，應該用流動式的職權來對應之；(2)對公務員的要求是，必須具備解決問題的能力；(3)對形式化的規範，應改以「辯證式組織」來抗衡之；(4)對於人的尊嚴與行為的異化部分，必須消除，並且將行政機關的「顧客」對等的看待，而非以次等的、奴隸的地位視之；(5)組織的階層化，應予以扁平化，避免層級結構無法監督控制的弊病；(6)專業化的問題，應以團隊問題解決和集體決策的方式來對應之；(7)對於永業官僚的問題，則以彈性聘僱的專業人員來替代之；(8)至於組織僵化問題，則以設定組織落日條款來對應；

(9)行政機關黑箱作業的問題，則以溝通的方式來消除之。

對於上述「後現代」的對策，在實際推動上卻遭遇到阻力。例如，將顧客整合到行政體系中，來打破行政與環境的界線。在社會行政機關實驗性的作法中，就造遇到一些困難，第一個原因是公共財務的不足，無法配合相關政策；其次，社政機關的政策和實際的社會需求有落差，導致這一套作法的失敗；最後的結論是，如果行政和顧客密切結合後，「給方」和「取方」角色混淆，將導致「給予政策」的決策困難，社會政策莫衷一是的結果。

二、官僚體系價值的應然性

其次，官僚體系及其秩序必須面對自新公共管理的挑戰。在討論此一運動的企業管理概念之前，必須將三個組織的定言命令／應然命題說明清楚。這三個組織命題不僅適用於國家行政組織，同樣的也適用於企業組織。其分別為：

1. **公共行政不可能放棄它的系統界限**，尤其是對社會大眾以及對政治領域的區隔與界線，是不能拋棄的。就如同市場經濟所強調的顧客導向，並不意味著生產體系、分配體系以及消費者三者之間不需要區隔，道理是相同的。便民的措施，並不是要將民眾扮演的伙伴角色拉入行政機關中。一個組織的成員與非成員之間，一定有一個區分的規則，而且有不同的社會行為作為前提，對國家、對市場經濟，此理皆然。
2. 在一個高度複雜的環境中，行政體系已經是一個自主運作的複合獨立體系，例如我們可以觀察財稅行政、環保行政或健保行政等，都各自有其歷史脈絡連貫下的運作情境，所以很難想像，要將現有的工作分配或權責分配機制予以拆除。組織的「過度複雜」是公部門和私部門交相批評的重點，但是值得吾人存疑的是，**透過「精簡管理」或「精簡政府」等措施就可以降低行政的複雜度嗎？行政機關的內部世界和外部世界不可以有複雜度上的落差，否則將產生負功能。行政機關是一套解決問題的機制，也是後端相對應的干涉機制，所以組織發展要不然就是符合社會與國家發展狀況的複雜度，要不然就是宣告行政失靈**。隨手舉例而言，如環保法規、財稅法規、健保法規等，都必須密切的對應社會與國家中各種生活關係的高複雜度和高分化度，對應的程度及其指標，實際上就是行政機關「應該」且「必須」具備的職能。
3. **公共行政的權力關係必須明確訂定與規範**。國家行政的本質是必然的存在，不會改變，也不可或缺，就是——統治權的行使。所以，**要瞭解公共**

行政，就一定不能忽略官僚體系的統治性格。另外一方面官僚體系又有許多變項，如果從韋伯官僚體系基本思想來瞭解，可以深入的掌握官僚體系的多面向。其中最重要的一點是「可靠性」，也是統治者與利害相關人最重視的「可預計性」，透過形式上最合理的方式來行使其統治權。公共行政體系不是一個權力鬥爭的場所。公共行政體系之所以能夠被接受的原因，就是因為公務人員是基於個人專業知識來對公共事務進行最後的判斷，而不是透過政治鬥爭的方法。如果公共行政權力關係的規範訂定處於模糊狀態，公務人員就會成為「新的權力擁有者」，違反民主政治中政治優位的原則，也混淆了政治與行政的分際。然而在權力秩序分化的作法上，歷史經驗卻提出了許多的反證。例如馬列主義幹部行政對人民選擇進入國家機關工作，不論是在管道上或是許可上，都是以政治意識型態作為抉擇的標準。從個別的作法上看來，在美國的行政體系中，永業公務員和非永業的高級文官快速升遷人員（SES）同時並存。

貳、準市場的檢討

目前全球的場景是，現代公共行政系統必須面對強勢時代潮流的挑戰，諸如企業性精神、顧客導向、市場與競爭等等思潮與模式。從歷史結構與經驗來看，現代公共行政及其環境處於新公共管理的情境中，典範的變革從國家官僚機器進入了另一個公共行政的時代。新公共管理形成的再造運動有幾個重要的核心主張，對於實施政府再造的國家都必須面對。「法治型行政」的國家在面對這些核心主張時，提出了他們的思考，並且與其有深刻的對話。以下茲針對這些核心一提及其討論加以申論之。

一、企業性官僚

「企業家」的概念和市場經濟秩序兩者是緊密連接的。市場經濟被化約為企業，可以被個體化。企業結合各種生產要素，然後製造成品與提供服務，銷售到市場獲取利潤，所以企業是市場經濟發展的動力。市場經濟秩序包括了財產私有權和經營風險，企業在其中發揮其功能。而企業管理也就僅僅侷限於市場經濟體系內。

「企業家」的角色是和市場緊緊結合的，一個沒有市場的企業是無法想像的。因此，當公共行政求助於企業管理的時候，也同樣的必須創造出一個與企業管理相容的環境來，也就是創造一個市場與競爭力。英國則進行了所謂的行政

「革命」，推動市場測試、強制競爭投標等具體的作法。質言之，要實現此一目的的途徑有兩種，一個就是創造出一個真正競爭的市場，另一個方法就是製造一種虛擬的組織競爭，來產生等量的競爭效果。

二、顧客

另外，性質相同的作法就是將「民眾」轉為「顧客」，在盎格魯薩克遜和美國等地區更是努力的將「公民」塑造成「顧客模式」，並且對於不符要求的組織嚴加批評。德國對於「公共顧客」的角色還無法加以具體的定義和接納。如果回到歷史發展的軌跡上來看，從絕對國家統治時期的奴隸，經過福利國家時期的「公民」，到市場競爭功能下精簡國家的「顧客」，從一系列的發展中可見，過去警察「逮捕的對象」已經溜進「顧客角色」中，到現在每一個政治家都會要求：「行政機關必須學習，要將民眾視為顧客，並且站在他們的觀點來思考」。

現代社會的特色就是政治—行政體系和經濟體系的高度分化，其所對應的民眾也高度分化。社會的民眾可以是公共制度下（在國家和社區中）的「公民」。從需求面來說，當然可以是一個潛在市場與實際生活上的顧客。但是所謂「顧客」的角色仍然可以做非常多的區分，比如是一個「公民」、一個「納稅義務人」、一個「違警」者、一個「接受社會救助的人」、一個「青少年」、一個「經營商業的人」等等非常多不同的角色。也就是說，**「公民」會有各式各樣的角色，他們各自擁有不同的權利和義務，甚至於擁有抵抗權，也有權力要求公共的服務，而不只是一個單純取決於「購買力」條件的「顧客」而已。**

英、美「將民眾視為顧客」的作法，如果沒有仔細考量到法律制度以及行政文化背景時，當然不適合直接移植到歐洲大陸法治行政的改革過程中。在參考英國作法之際，不能忽略在德國每年有上萬件的行政裁判案件，決定民眾的權益，並且確認行政機關和民眾之間的社會行為模式。相形之下，雖然英國也有個人權益的保障以及法律保護，但是卻沒有類似德國這樣的社會學習過程。

如果回顧「政府再造」的心理背景，應該瞭解德國行政改革運動的核心，從70年代開始就大力推動「親民的行政」，強調公共官僚體系應該重視「民眾導向」，配合的措施包括了行政機關結構上的變革，諸如民眾諮商單位、上班時間之外的談話時間、更容易理解的公文書與宣導文件。另外還推動了許多的措施，如行政人員更便民與親民的行為、加強行政人員與民眾的接觸等，甚至還推動一些民眾參與的革新措施、民眾公聽會、鼓勵民眾參與、民眾對公共事務的決策、民眾集會等，不一而足。綜言之，「法治型行政」的國家如德國，行政機關還是有「以客為尊」的類似作法。

另外，「顧客中心模式」在美國逐漸引起一些批評，因為民眾在這個模式下被迫扮演「被動的角色」，只能針對政府提供的服務進行評價。至於政府所提供的公共財貨，民眾只能「期望」有足夠的量來滿足所有人的需求。鑒於此一模式之缺陷，「公民所有權模式」（Citizen Owner Modell）乃對應而生，主張人民應該扮演一個前瞻性的角色，是國家的擁有者，擁有國家的財產，可以主動積極的決定公共行政的資源分配。

「公民所有權模式」強調公民對公共行政的所有權，理論核心在於對比私人企業的所有權地位。但是兩者仍然不可能一樣，因為美國**公民並沒有權利將其國籍予以出售而獲取利益**。從而可知，透過經濟同質性的理論來解釋國家公部門的性質，仍然不能做周延的解釋。但是「公民所有權模式」所界定的顧客導向要件，確實可以促成行政結構與行政文化的改善，從經濟層面的角度來看，就是意味著行政生產力的提高，行政績效加上民眾滿意，最後都回饋到「顧客」的身上，所以有其一定之價值。

三、「消費」與「消費者」

在德國公共行政現代化的討論裡，「顧客」已經成為「美好公共行政」的隱性（不明言的）代名詞。像英國這一類國家，多年來即不斷的嘗試將「顧客」概念融入公共領域的結構與文化中，在一些公共領域如全民健保者加以推動，但是都**無法克服「消費」與「消費者」的問題**。因為消費者的消費能力、重量、比例必然存在著許多差異，不同消費能力的顧客要求不同程度的財貨與服務，提供者也因而必須提供不同水平的財貨與服務，在顧客背景結構的差異下，勢必產生不同待遇，這時就有一些「顧客」認為受到較差的、較不利的待遇，不平之鳴的結果就引起對公民所有權模式的批評。

「消費者主義」可以套用於公部門嗎？這一個問題應該做更深入的探討。依照自由市場消費者的要求，財貨供給的責任將委託給公部門，而公部門必須對政治負責並受其節制，在這種機制下，社會大眾能夠接納一個政治操控下的行政財貨供給流程？民眾不會產生疑慮？再者，公部門本身具有強烈的再分配特質，當面對公共資源需求與分配的衝突時，公部門不可能一方面扮演「解決衝突的機制」，另一方面又維持「消費者自由選擇機制」。在此同時，消費者主義主張民眾應該扮演積極主動的角色，透過有組織的消費者保護機構來制衡財貨供給與分配的機制。從以上的幾個不同面向的主張看來，公部門主張消費者主義，會給自己出一些矛盾而難解的題目。更進者，消費主義對於應該提供哪一類的財貨與服務，卻始終都沒有提供任何解答。

當「公民視為消費者」的模式被倡導之際，不能忽略的地方是，「消費」與「消費行為」的概念融入公共行政領域後，勢必產生一系列附帶的問題，而且在系列問題的末端會碰到一個難解的大題目，就是如何面對與處理「**無法管理的消費者**」的問題。「消費者」的概念是一個集合名詞，如果拉近距離詳細審視其內涵將會發現，這一個名詞事實上是內在高度分裂的。因為，一方面「消費者」對環境破壞、個人基本需求、風險社會與生活風險等並不滿意，但是另外一方面卻又處於後現代高度商業化的生活方式裡，二個面向有高度齟齬的對立性，用馬克思—列寧的組織與規劃的指揮系統來觀察，一個國家的消費者在這樣的狀況下是無法掌控的。在自由的社會秩序下，如果嘗試拿「消費者政策」來處理公共財貨不足的問題，或政治——行政體系進行資源分配所造成的衝突，應該是不切實際的。

討論「消費者的管理能力」，就是討論如何成為一個具有競爭功能的市場，並進而促成一個精實的國家，這就是新公共管理精神的實現。然而，新公共管理主義本身就有概念上矛盾的問題，特別是涉及到一些採用新自由主義的經濟學說或管理理論的機構。依照公共選擇理論，政府在政治的控制下，還是得創設官僚體系作為執行機構。針對此一現實，新管理主義強調「管理者有權力去進行管理」，並且還設定，管理原則優位於官僚體系，管理主義重於官僚體系。換言之，**民主政治加上官僚體系就是基礎背景，新自由主義**的經濟學說處理公共財政的問題，則**透過管理的途徑來完成其任務**，或是經由管理專家之手來改善財政的問題。**改善的方法不外乎「去官僚化**」、「精簡」、或者更經濟有效的利用各種資源，終而達成提高生產力之目標。也就是說，官僚體系是需要的，但也是必須被消滅的。

四、經濟自由主義

一方面官僚的問題透過政治控制下的企業性官僚來解決，另一方面管理本身既是問題也是解答，這樣的設計一定會帶來許多自相矛盾的後果。比如說，經濟自由主義的實現取決於，必須具備一個有預見能力的機制，來防止國家經濟不受公共計劃的挾持，使經濟不會成為公共行政機器的俘虜，盡可能擺脫公共行政的束縛。**公共計畫的產生源自於政府對民眾需求的回應，如果自由經濟要求不受公共計畫的約束，就等於和民眾的需求脫鉤**。但是，構成新公共管理的核心價值就是「顧客導向」，新管理主義最重要的工作就是接近顧客，而且是不斷的接近顧客。如此一來，新自由主義經學說、公共選擇理論和新公共管理理論就呈現了嚴重的弔詭關係。

五、代理人理論

但是更有趣的地方在於，這一種弔詭關係在實踐層面是以「資本——代理人理論」呈現，其中引用了一些代理人理論的內容來建構此一實踐模式。「資本」在此係指「政治家」的角色，「行政人員」則扮演「代理人的角色」。行政人員與政治家的對應關係就是「受委託人與委託者之間的關係」，依照受委託事項的內容，行政人員可以得到對價的薪給，而政治家可以從行政人員的作為得到他所要的結果。「資本——代理人理論」一方面定義了政治——行政體系的對應內涵，另一方面也引進了新公共管理的自由經濟學說，是一個實踐取向的理論架構，是一個經由若干論點來凸顯主題的理論型模。然而，理論中的論點存在著若干不盡周延之處，批判與質疑的焦點集中於：

1.資本與代理人、政治家與行政人員的目標和功能並非完全一致；
2.在接受外在環境的衝擊或影響下，政治家和行政人員對於風險的承受度是不一樣的；
3.兩者之間存在著資訊不對稱的落差；
4.兩者間隱然存在的對立心態等。

從經驗論與方法論所做的政治觀察，可以發現新自由主義經濟學派所提出來的建議或是所做的判斷，常常都是有問題的，而且被批評為：「相當天真」（extremely naïve）。[29]此一學派的學說的成立必須附加一個前提，就是當自由主義經濟理論建構的經濟組織，必須整體的社會關係非常和諧，而且在這個經濟體制運作過程中，政治家不可以有任何欺瞞矇騙的行為。最典型的案例就是新自由主義學派所提出的「Graham-Rudman-Hollings」法案，透過法律規定，美國聯邦財政制度中設立一個經濟機制，當國家收支平衡無法達成時，這一個經濟機制就會自動開啟來刪減預算。這樣的一個自動化刪減機制的設定，前提假設是所有的政治家都是又聾又瞎，政治體系已經不發生作用。這個前提的設定當然是一個諷刺，更何況設定了預算自動刪減機制，事實上也不能控制政府債務的增加，讓國家預算赤字停止成長。而執政黨和在野反對黨對財經議題的論戰是永遠不可能休止的，如果單單用一個財政收支的預估平衡表，來取代所有財經議題的論爭，誠然是不可行也不實際。並且在國家財政赤字無法遏止其增加時，各方政治勢力還是會對財經政策進行辯論與角力。所以歸根究底，政治意志對於國家財政穩定的課題是不能卸責、不能放棄的。

政治與行政之間的對應關係，很難有理想的模式來呼應新公共管理。政治與行政的對應關係有各種說法，有人將政治視為「什麼」，行政則為「如何」；如果政治是「目標」，行政則為「方法」；也有一些說法認為政治是「策略」，而行政則為「執行」。在以上各種不同的說法中，可以清楚的看到行政人員的進退兩難。所以有一種說法，行政人員其實有一隻腳是踩在「政治」的土地上，但他們卻不是「政治人」！在美國公民文化的經驗中，政治與行政是二分對立的，所以政府再造的主張就是對這種關係的疑慮，是一種弔詭，一種含雜著歷史性批判意味的弔詭。

如果國家的政治——行政體系缺少正當性與合法性，對於公共事務的行政裁判亦將付之闕如。這一個部分在歐洲大陸法系具備成文法典的國家發展較為完備。從大陸法系和國家現代化的角度觀察，缺少行政裁判的機制，就缺少了對公共行政的法律監督與制衡力量，司法對公共事務的不確定性，正是官僚體系威權與官僚專制的主要源頭。所以不論如何，**公共事務或公共財務的審查如果不加入政治監督的力量，就等於放縱官僚體系自行運作**。如果官僚體系不加以制衡，一個多元化社會的國家功能，就只能單一面向的接受官僚體系所提供的公共服務，到最後只用民眾所謂的「顧客滿意度」來評鑑，這樣的監督機制的設計是虛弱無力的，而國家功能也將遭遇諸多不可預期之傷害。

六、契約式管理

在德國主張「新操控模式」的論述也有類似上述的問題，所以主張該模式的論者乃將新自由主義的經濟學說置於一旁，而將焦點集中於管理概念與公共行政的融合面。新操控模式中的管理被用來完成公共任務，用「契約管理」方式訂定主管任期制。這一種作法依照社會學理論的說法，就是「從地位轉成契約」（From Status to Contract），如果依照國家理論的學說則是一種「契約社會」（Contract Social）。然而，即使在大陸法系的國家，公務人員與國家的關係就有公法上的契約性質，行政機關內部組織關係亦復如是，譬如公務人員的任用關係、薪給的規定等等，本質上都有契約的性質，此一理論性質的討論暫且擱置不論，對於所謂的「契約性管理」來達成公共行政的任務，簡單說就是管理上的委任與受委任的關係，委任之標的即為公共事務。這一種契約訂定的方式在英語系國家頗為常見，特別是針對高級文官多有適用，但是適用的效果與品質，各方的見解聚訟紛云、莫衷一是，如果是在澳洲高級公務人員的任用，還必須附上工作職位描述的工作說明書。

「契約式管理」在法治國家的效力可能有待檢驗。契約的核心是「目標協議」，協議方式的成立需要相對應的組織環境。在行政體系內的上下隸屬關係可

以下達目標，有時候部屬也可以參與目標的制定。但公共行政是科層體系，合作式的契約比較難成立，指揮與命令式的契約合乎實際狀況，也就是上級主管下達指令完成某些行政工作者，這種契約比較可能成立。至於在企業中推行目標協議式的契約管理，困難度應該比公共行政機關還要困難，企業主管經常都是強力要求個人意志的貫徹，企業主的意志更是有極大的發揮空間。

法律規範下的公共行政會遇到法律保留的問題。如果公共行政的事務不是透過行政法規、行政規程、行政辦法的指示，而是透過目標協議方式來運作，就一個法律人而言，是對憲法下法治國家的侵犯，如果目標協議發生在美國的話，就會產生美國總統與國務院的「總統協議」或「總統條約」。

契約性管理必須在現行的法律制度下運作，但是對於一個強調合法性與合理性的公共行政而言，英、美管理主義式的行政運作方式，並沒有太多空間。因為法治國家的法制行政下有高密度的法律規範，所有的行政運作幾乎都與法律規範脫離不了關係，例如社會行政與社會法、治安行政機關與秩序法、稅務機關與稽徵法等等，再加上各種行政機關內部的行政規程，高密度的法律規範當然都是行政改革議題中屢屢被批評的對象，也是行政簡化、法規簡化、以及解除管制等改革運動的目標，但是憲法法院和行政法院對行政機關作為的裁判，完全取決於其合法性與否，行政運作的基礎是建立在行政合法性之上，其對錯的判準也以法律規範為最後決定。這也就是說在英國所推行的管理作為，在歐洲大陸法系具有成文法典的國家比較難實施。

契約管理的實現建立在良好市民文化的君子協定上，也因為如此，契約式管理只能對遵守君子協定的市民生效，所以約束力是有限的。然而在實際情況中，一個部長是否可能對他的官員完全遵守先前的協定而一成不改？在政治情境瞬息萬變的情況下，部長必須被先前的約定完全拘束，這種協定的約束合乎實際嗎？假使在美國，總統與國會對各種政策的決定權，諸如健保政策、武器政策、教育政策、環境政策、軍事採購政策等都被擱置在一旁，而是由總統與白宮官員在沒有監督的、關起來的門後面所做的協議所取代，這是萬萬不可能的事情。所以研究政府的專家針對英國續階計畫所做的評鑑，發現行政首長相當沮喪，而且對此計畫不抱任何幻想。

如果細加審視後可知，契約式管理模式處理權力的問題，並不將其歸屬於較高的政治階層上，而是分散到下級隸屬的各個行政機關手中，例如環保局或鄉鎮市長的手中，一個部長或是一個市長對應其政府官員，不是依照政治情境以及行政階層的組織來貫徹任務，而是由主管和部屬之間訂定的契約式協議內容來訂定遊戲規則，在此同時，當然就缺少了一份政府治理上的責任義務，當然也欠缺

民主政治的合法性與正當性基礎。在這樣一種法律與政治的控制機制下，契約式管理模式也同樣的在經濟面會造成疑慮。在前述的「資本——代理人理論」中有所討論，契約的建構與內容其實是相當複雜的，而代理人理論在處理契約問題時，常常把契約談判過程中的互動成本和監督成本忽略了，對公共行政這一個高度分殊化與複雜化的操控工具，卻用過度簡單的政治與法律機制來解釋與看待，就等於將一套複雜的機制過度簡化，然後要求他處理複雜的問題，這一種設計，顯然是有瑕疵的，也將難以符合法治國家的實際狀況。

參、市場與競爭的檢討

英國對於市場與競爭機制有所偏好，但是仍然可以感受到政治優位的現象，財政部為其中具體的代表，對財政的中央控制功能有明顯加強的趨勢。在美國的情形，國會對於公共行政的干預極深，甚至透過組織的法規來干預行政，但是也看不出來政治的力量有撤退的跡象。在德國的情形是，人們耗費了可觀的精神來進行更細膩的控制，針對現行的法律、行政法規、工作規範、或保安警察的工作規定等等，來做更進一步的研究與操控。當然可能引發的疑問，不僅是整個行動的成本很高，另外一方面還要考慮是否對於行政例行作業已經造成過度規範的後果。

政治優位是第一個問題，公共行政必須符合「法治國家」要求則是第二個大問題。當公共行政設計內部組織的控制機制時，必須考慮和外部社會大環境是否相容的問題。從歷史觀來看，公共行政在政府再造運動中必須認清，國家和市場經濟是兩個功能分殊的作用層面，各自依照自己的原則及理性進行合理化運動。經濟學理論也同樣的依照事實情況，分為公共財及私有財兩類。私有財的種類、範圍與分配依照市場機制下的個人喜好來決定。至於公共財的制定與處分，是一個「政治——行政系統的」集體意志形成的過程。這是從「規範經濟學」角度所設想的分配形式，但是仍然不能決定財貨與服務應該做怎樣的劃分，才能說是公部門與私部門之間「正確的」分配方法。但是從行政學的角度來看就不單單是一個形式上如何劃分的問題，而是公部門與私部門在過去歷史中如何進行社會分工的實際經驗。[30]

對於上述的複雜問題現在有一個簡單的解決辦法，就是採納企業體制及顧客導向的作法，變成真正的市場並且進行真真實實的競爭，將公共財的制定轉為私有化。此一作法興起於80年代，在國際潮流下許多國家的改革都進行了大規模的民營化、經濟化與解除管制的運動，將工業、商業等國家事業機構予以民營

化，從國家體制中分離出去，諸如汽車工業、化學工業、石油工業與加油站系統等；有的國家將一些傳統的公部門服務業如郵政、電信、自來水事業等，也都加以民營化；民間機構可以提供和公共事業相同功能者，也可以核准經營，如廣播電臺等。除此之外，還有許多公共服務事業通通列入簽約外包或委外的範圍，從垃圾清運到警車的維修，包含的項目極為龐雜。而公部門與私部門也進入一種新的夥伴關係，例如民間工業機構參與市政府的自來水事業的運作，公私部門間有了新的合作關係。政府補助的計畫，諸如道路的修建、大學的補助等事宜，也透過借貸或租賃的方式而予以民營化。在解除管制方面，原來政府對企業以及消費者所採取的干預措施也予以撤銷，例如政府原先對商店打烊時間所做的管制規定，陸續予以廢除。但同時間，政府的補助款也一併刪減，例如對重工業、訓練經費、運費補助等項。

90年代的新公共管理運動，其核心措施已經不再強調私部門應該參與承擔社會的某些責任與功能，而是將重點放在公共行政內部組織的效率與效果的提高。有人這時候會提出一個問題：「為什麼新公共管理和政府再造運動會得到政治家和公共行政實務界人士的歡迎？」有一個普遍的答覆是：「在雷根主義和柴契爾主義二者對公部門與私部門的劃分辦法中，選取中庸之道，或許對公共行政是較好的道路」。對這樣的一種答覆必須要加以註解，他不僅僅是在保守主義和自由主義兩個政策之間的一種選擇，也更是工黨政府追求公共行政內部更大效益化與經濟化的運動。在歐洲大陸的國家也在這個運動中採取了相似的立場，原因就是國家與公共行政的合理化運動基本上是可以接受的，特別是國營事業的工會組織拒絕民營化政策，但是又不得不承認內部必須持續進行管理改革／現代化，所以相較之下就傾向採取中庸之道的改革路線，當然，這也是工會不方便明說的理由。

肆、虛擬競爭的檢討

如果讓公共行政真正成為一個競爭性的市場是不可行的，那麼，企業性精神和顧客導向就確定成為公共行政所追求的組織價值，並且建構一個準市場和虛擬的競爭機制，在此同時，必須創設一個相對應與合適的環境，來配合管理主義。和這一套機制相同的功能，就是公共行政採用市場的機制並且進行民營化，這是一種高度理智與冒險的作法。在歐陸國家也有一些類似的想法與作法，透過經驗導向的創意運動來推動，透過合作形式的國家行政行為、協議或契約等，各種正式或非正式的作法，來打破行政合理性、合法性的科層操作模式。這些作法是具有創意的變化例，但是必須回答一些質疑，例如，在推動這些創意時，是否忽略了行政行為具有集體與國家高權的性質？透過軟性的行政流程作法，是否就可以將國家主權壓縮成隱形的狀態？

競爭的概念中除了當前現代化的討論外，還有其他不同的途徑。當公部門失能，已經無法用傳統的控制工具來加以改善時，現在所用的方法，就是對於經濟性的行為予以獎勵，對非經濟性的行為加以懲罰，而實現這一種作法最佳途徑莫過於競爭模式，競爭機制的代替品就是設計一個「虛擬的市場」。然而，所謂的競爭是一種社會共同生活的基本結構，競爭不僅存在經濟面，同樣也存在政治、教育、體育種種層面。在競爭機制中可以產生績效的激勵，藉此達到預期的社會關係，但是此一命題仍然要看社會的結構而定，並不是因為競爭有完美性，而是有不可避免的「市場失靈」，特別是對民眾基本需求的失靈更是所在多有。

競爭機制有不同的途徑，例如有來自列寧主義的社會主義競爭機制。社會主義不僅不會扼殺競爭機制，而且相反的，在廣大群眾的基礎上創造了寬廣的運作空間。配合意識形態和組織結構，列寧式的競爭放在社會認知、利益共同體、民主集中制、黨專政領導與集體組織等，讓社會道德之實現不著重於個人或集體績效的大躍進，而是為國家計畫的實現開啟一道契機。這裡強調的原則是「競爭的公共性」、「結果的比較」、「最佳績效在社會群眾裡大量重複與複製」、「密集化與合理化」，道德面與實質面的肯定，透過批判運動予以具體化，如勞動者的運動、社會集體工作、新進者的運動、生產的宣傳、一起動手做的競賽，甚至於還有一些層出不窮的競賽名目，例如標準秩序、獎懲與安全的競賽。

列寧式的競爭機制和西方國家比較起來，可以說更強調競爭，甚至到了「熱衷」的地步，但是，對於任何一個高度分化社會中所建構的國家和公共行政，競爭必然會產生後遺症，在社會體系中塑造競爭，合理化運動也可以被當作工具用在其他目的上。傳統公共行政不處理個別的案例，只處理「管轄權、權限」的問題。管轄權作法中有一個相當確定的原則，就是避免多頭管轄。當一個機關處理事務，上級出現雙重管轄的狀況，這時候就必須訂定規則避免管轄權的衝突，決定管轄權的監督機關。傳統公共行政的控制機制非常注意這種敵對性的衝突，並且訂定規則化解這種衝突。如果將此一原則引用來觀察虛擬市場的結構，可以看到公共財供給面的行為者是獨占的，沒有虛擬的組織競爭者。分權化之下的管轄權，縣市管轄就下授到鄉鎮管轄。這種方式當然是可行的，但是在實務上欠缺足夠的檢驗過程。這樣的設計並不是「競爭與對抗機制」。

虛擬的組織競爭原則並不能夠提供充分的理由，叫傳統公共行政就此拋棄管轄體系和避免多重管轄的原則，因為已經侵犯了人民的法律權益，道理甚明。

人民必須擁有一個管轄當地的警察局，有一個具備管轄權的建設局，或是一個有管轄權的工商管理局，簡言之，必須有法律的安定性。服務行政的領域亦然，社會局、國宅局、勞工局等都應該有管轄機關的設置，以行使干預行政和為民服務的職責。福利國家的資源有限，不能夠將以上的工作與職責重複行使，也不能將經費做重複的支出，而虛擬組織競爭的原則卻有非常多誤用的作法。這些作法將整個組織的面貌改變，特別是衝擊到國家分權、聯邦主義、區域主義、地方自治等等憲法保障事項，而聯邦、各邦、區域自主、地方與縣市自治都是專屬自治無可放棄。[31]

在公共財與公共任務當中仍然有許多領域，可以讓民眾選擇任務的執行者，並且不損害傳統行政的組織價值。這一些政治或任務範疇也並非公共行政的核心領域，例如在文化領域中的：博物館、歌劇院、圖書館；教育訓練領域的：大學、社區大學、高等教育訓練中心；在社會工作領域方面有：老人安養院、幼稚園、社會服務站等。這一些公共任務交給不同的執行者仍然有一些問題，就以現在大學醫院的外科來說，裡面又分成意外事故外科、泌尿科、頭部外科和其他種種，已經有非常細密的分科，一般社會大眾不希望看到公共任務委外後，變成只有一個「一般外科」，從專業分工到粗略的合併，不符合大家對虛擬組織競爭機制的原始期望。

創造一個競爭機制，就必須先滿足「虛擬市場」的前提要件：

1.必須創造一個最大自由度的競爭條件，對於進出市場的活動不要構成障礙。
2.市場交易雙方都有便利的管道，均可獲得產品成本與品質的資訊。
3.市場交易相關的互動成本，如契約、協商、會計制度、出納制度、監控機制等等，以及所有透過競爭行為所獲得之利潤，均不得過度超越。
4.在公平待遇的利益考量上，必須禁止供需任何一方有不勞而獲的情形。
5.供應者應該至少獲得部分財務上的激勵，並且反映在價格上。

以上的要件如果拿來要求公共行政，在推動虛擬市場後還能夠獲得合理的利潤，應該相當困難，原因並不僅在於公共行政的官僚體系，而在於公共行政的複合體讓事情變的不簡單。公共行政的透明度要求，因為本身有高度的社會技術結構而有些困難。每一個組織獨立自主運作後，都會帶來高額的控制成本。公共行政當然會喜歡低風險、簡單的情況、喜歡有良好給付能力的顧客等，這是顯而易見的道理。

如果將市場機制引進行政機關而不論虛擬的組織競爭，單純的讓公共財的供給和民間財的供需彼此競爭對抗，財貨與服務的生產、分配處於二元對立的狀況，其實已經有長久的傳統，例如國家銀行有中央銀行、地方儲蓄銀行等；民間則有私人銀行、信用合作社等，彼此競爭與對抗。對於過度負擔的福利國家政策，最吸引人的任務策略就是導入市場開放。對許多不敢邁開民營化步伐的歐陸國家，就會開放許可民營電視和民營廣播電臺。但是公共事業和民間的提供者相互間並不能形成一個完全的市場。因為公共服務與公共事業的虧損可以國家稅收來彌補，而且自始至終都是在國家補助下運作，有非常安全的經費預算支持。民間企業則需依賴利潤來支撐，所以一切思考都必須建立在利潤極大化的基礎上。一個「準市場」的成立，必須要有參與者參加競爭對抗，並且對其他的參與者進行挑釁。但是值得注意的地方是，公共電視臺不僅有國家預算，另外還從廣告收入得到資助，以雙重財務資金背景來加入市場競爭，因此引發了強烈的質疑與辯論。一個公共電臺的經營者無論如何就是沒辦法變成一個企業經營者，一個公共電臺的行政也同樣的無法變成企業式的管理。但是相對的民間參與者卻一定會提出企業式的管理績效。競爭雙方的成本、效益、提供的產品與服務，基礎上是不相等的。

伍、論成果導向——代結語

行政現代化目錄想要的第二個東西是——公部門的企業性，想以此解決國家的財政危機。企業型再造是一種稱呼，另一種名稱叫做「精簡管理」（Lean Management）。德國推動新操控模式，它的前提要求是——必須忘記行政歷史。也就是說，用了企業性精神這一項秘密武器後，還不能制服國家與行政這一個複合體，接著，最後來的終極武器就是——「結果導向」。行政文化中本來就有規範導向和結果導向兩種，現在的主張則是從規範導向轉到結果導向，這是一種典範轉移。

對於「原則——代理人理論」在經濟學的理論批評中已經說明了，我們付錢給醫生或是稅務顧問，並不是依據觀察的結果，而是依照他努力的結果。這一點同樣的要應用公部門上，從歌劇院到市立幼稚園接一體適用。然而，要將績效指標導入行政語言中，它涉及的就不只是關鍵字的意義而已，而是要看作出怎樣的努力。社會的走向在行動鏈中需要停看聽，就像行政法案在法律判決前需要一段安靜的思考時間。同理，對於經濟性在實質的績效鏈中的判斷，也應該先做比較。民間企業做一個決定比較容易，對企業的支出或收益之取捨，或是盈餘、收益、未來的稅賦等做一個考量。在公部門裡進行同樣的工作，一開始就要先說

明：結果會有什麼績效？它的意義是什麼？接下來公部門才能對結果進行操控。正因為如此，在公部門評估經濟性的績效鏈中，"Outcome"和"Income"間的時程必須簡短。理由很多，從行政流程固定的路徑，到行政機關對「產出導向」的狹隘認定，都是影響要素。如果將公共財貨與公共服務當作產品而認定其品質與數量，再加上成本與績效的計算，嘗試用成果導向來操控，倒是一個相當實際的解決方法。但是，碰到行政文化、或對抗藥物濫用、環境保護等等行政領域，經濟學的理論或行政實務都不適合，將以上的行政場域壓縮為「成果導向」或「成果管理模式」（Modell eines Management by Results）。因為，僅僅用上述的模式來思考，並且嚴格界定在作用與成果控制的意義上，這個模式就等於用評鑑方式來回答問題，以評鑑代替解答。固然，評鑑是行政控制中不可免除的項目，但是將行政的龐大複合體簡化成評鑑，則陷於輕率過速的危機中。

從前面各節的討論中可以清楚看到，新公共管理掀起的政府再造運動，在深入探討後可能出現許多的齟齬狀況，這一些狀況中有一些是從「法治型行政」的觀點發，來看政府再造運動。以上的討論都深入各個理論層面來分析之，整個對話過程都是對行政改革的一種反省，直得吾人細細思考。

註　釋

[1]請參閱Internationale Bank für Wiederaufbau und Entwicklung / Weltbank, "Der Staat in einer sichändernden Welt", Entwicklungsbericht, Bonn, 1997.

[2]請參閱Schupper, Gunnar Folke, "Zur Rolle des Rechts bei der Staats-und Verwaltungsreform", in Handbuch zur Verwaltungsreform, Blanke, Bernhard, VS. Verlag für Sozialwissenschaften, 2005, Wiesbaden, S.36ff.

[3]請參閱夏鎮平譯（2003），Pollitt, C. & Bouckaert, G.著，《公共管理改革—比較分析》（*Public Management: A Comparative Analysis*），頁46以下。上海：上海譯文。

[4]請參閱Caiden, Gerald E., "Administrative Reform", Chicago: Aldine, 1969, 65.

[5]請參閱Caiden, Gerald E., "The Vitality of Administrative Reform", International Review of Administrative Science, Vol.54, 1991, p.66.

[6]請參閱Bogumil, Jörg, Werner, Jann, "Verwaltung und Verwaltungswissenschaft in Deutschland", VS. Verlag für Sozialwissenschaften, Wiesbaden, 2009, S.219.

[7]請參閱von Bandemer, Stephan & Hilbert, Josef, "Vom expandierenden zum aktivierenden Staat", in Blanke, Bernhard, "Handbuch zur Verwaltungsreform", VS. Verlag, 2005, Wiesbaden, S.26-35.

[8]請參閱Glasl, Friedrich, "Verwaltungsreform durch Organisationsentwicklung", Verlag Paul Haupt, Bern und Stuttgart, 1983, S.31.

[9]請參閱夏鎮平譯（2003），Pollitt, C. & Bouckaert, G.著，《公共管理改革—比較分析》（*Public Management: A Comparative Analysis*），頁46以下。上海：上海譯文。

[10] 請參閱Stocker, G., "The politics of local government", Basinstoke, Macmillan, 1988.

[11]請參閱Gore, A., "Businesslike government: lessons learned from America's best companies", Washington, DC, National Performance Review, 1997.

[12]政府支出占GDP比例不斷上升：如從1980年至1992年，美國由21.7%上升到24.3%。歐盟國家接近50%。美國80年代向國外借債8千億美元，到1991年達5萬億，每年利息2千億。

[13]請參閱羅志淵（1964），〈第16章行政機關〉，《美國政府與政治》。臺北：正中。

[14]請參閱張世賢、陳恆均（2010），《比較政府》，頁266。臺北：五南。

[15]請參閱Bogumil, Jörg, "Verwaltung und Verwaltungswissenschaft in Deutschland", VS Verlag für Sozialwissenschaften，Wiesbaden, 2009, S.222。

[16]請參閱Thränhardt, Dietrich, "Funktionsreform. Zielperspektiven und Probleme einer Verwaltungsreform", Meisenheim am Glarn, 1978。Wittkämper, Gerhard W., "Funktionale Verwaltungsreform", Bonn, 1978。

[17]請參閱Mayntz, Renate, "Gesetzgebung und Bürokratisierung: Wissenschaftliche Auswertung-der Anhrung zu den Ursachen einer Bürokratisierung in der öffentlichen Verwaltung", Bonn: Bundesminister des Innern, Köln, 1980。Ellwein, Thomas / Hesse,

Joachim Jens(Hrsg.), "Verwaltungsvereinfachung und Verwaltungspolitik", Baden-Baden, 1985。

[18]請參閱Kaufmann, Franz-Xaver(Hrsg.), "Bürgernhe Sozialpolitik. Planung, Organisation und Vermittlung sozialer Leistungen auf lokaler Ebene", Frankfurt / New York, 1979。

[19]請參閱Bogumil, Jörg & Ebinger, Falk, "Die Große Verwaltungsstrukturreform in Baden–würtemberg Erste Umsetzungsanalyse und Überlegungen zur Übertragbarkeit der Ergebnisse auf NRW", Schriftreihe der Stiftung Westfalen-Initiative, Band 9, Ibbenbüren, 2005。

[20]請參閱Benz, Arthur / Suck, Andrè, "Auswirkungen der Verwaltungsmodernisierung auf den Naturschutz", Natur und Landschaft 82/8, S.353-357, 2007。

[21]請參閱湯絢章（1964），〈我國行政改革評議〉，《中國行政》，第2期。

[22]請參閱繆全吉（1978），《行政革新研究專輯》，頁3。臺北：聯合報社。

[23]請參閱Klie, Thomas, Maier, Konrad, Meysen, Thomas, "Verwaltungswissenschaft. Eine Einführung für sozialer Berufe", Lambertus Verlag, 1999, Freiburg, S.106-107.

[24]請參閱Jann, Werner, "Neues Steuerungsmodell", in Blanke, Bernhard, "Handbuch zur Verwaltungs reform", VS. Verlag fr Sozialwissenschaften, 2005, S.74-76

[25]請參閱Jann, Werner, a.a.O., S.74,77.

[26]請參閱Klie, Thomas, u.a., "Verwaltungswissenschaft", Lambertus Verlag, 1999, Freiburg, S.112-113.

[27]請參閱Klie, Thomas, a.a.O., S.113-114.

[28]請參閱Schupper, Gunnar Folker, "Zur Rolle des Rechts bei der Staats-und Verwaltungsreform", in Blanke, Bernhard, a.a.O. S.36ff.

[29]請參見Campbell, Colin, "Does Reinvention need Reinvention? Lessons from Truncated Managerialism in Britain", in: Governance 4 / 1995, p.479ff.

[30]請參閱Klaus König, "Öffentlich Verwaltung als soziales System", in: Andereas Remer(Hrsg.), Verwaltungsfhrung, a.a.O.; vgl. Niklas Luhmann, "Theorie der Verwaltungswissenschaft: Bestandsaufnahme und Entwurf", Berlin 1966.

[31]請參閱Eberhard Laux, Über kommunale Organisationspolitik, in: AfK, Heft 2/95, S.229ff.

第13章 全球治理的概念──論善治

第一節　從全球化到全球治理

第二節　聯合國的治理觀

第三節　世界銀行論善治

第四節　OECD的SIGMA治理途徑

第一節　從全球化到全球治理

壹、全球主義、全球性與全球化

一、全球主義

全球主義指的是，世界市場對政治行動的排擠或取代，亦即世界市場宰治的意識型態或新自由主義的意識型態。這種意識型態依照單向因果關係、經濟主義運作，將全球化的多面向性簡化至經濟面向，這個面向被視為係直線式的，而其它面向如環保的、文化的、政治的、公民社會的全球化，被置於世界市場體系的支配之下。全球主義意識型態的核心在於，第一次現代中的一個主要區別，亦即政治和經濟的區別被消除了。原來政治的主要任務是標示法律、社會和環保的框架，只有在這個框架中，經濟活動才能被社會所接受並且是合法的，這一個任務在全球主義之下被漠視和壓制，就好像將一個國家的政治、社會、文化、外交等等複雜的機制與運作，當作一個企業去管理。

二、全球性

我們是生活在一個世界社會中，世界指的是差異性、多樣性，而社會指的是非整合性。世界社會可以理解為沒有統一性的多樣性。這需要非常不同的條件，如跨國生產形式和勞動市場競爭、傳播媒體中的全球報導、跨國性買主抵制、跨國生活方式、全球性的危機或戰爭、自然環境的破壞等等。

第一次現代和第二次現代（亦稱後現代，postmodern）之間的一個主要區別，是已經形成的全球性的不可逆轉性，意指環保的、文化的、經濟的、政治的、公民社會的全球化的不同自我邏輯彼此並存，但不能彼此化約或模仿，而必須各自在其關係脈絡中被解碼和理解。為什麼不可逆轉呢？理由如下：

1.國際貿易在地域上的擴展及互動密度的提高，金融市場全球網絡的建立以及跨國集團權力的增長；
2.資訊和通信技術的持續革命；
3.對於人權的普世性要求，亦即民主原則；
4.全球文化工業的圖像洪流（Bilder-Ströme）；
5.後國際的、多中心的世界政治。政府以外的跨國行動者如企業集團、NGO、UN的權利愈來愈大，數量愈來愈多；

6.全球性貧窮的問題；
7.全球性的環境破壞；
8.特定地點的文化衝突。[1]

全球性概念比較落實在實然的事實面，意指世界社會具備了幾個結構的情勢：(1)無法逆轉的；而且是；(2)多面向的；(3)多中心的；(4)因事而異的；(5)政治的。

三、全球化

全球化則是指在跨國行動者及其權力機會、取向、認同和網絡的運作下，民族國家及其主權受到打壓及穿透的過程。

全球化是指：非世界國家（Nicht-Weltstaat）。更正確的說：無世界國家且無世界政府的世界社會。

全球化是可經歷的日常生活行為的疆界瓦解，這些行為發生於經濟、資訊、生態、技術、跨文化衝突和公民社會等面向。而全球化既是熟悉的，如法國巴黎的時裝或美國的麥當勞速食，也是未被理解的事務，如全球極端氣候的普遍發生、金融海嘯與歐債危機的處理等，基本上它改變了世人的日常生活，迫使所有人去適應和回應。在這個理解下，全球化是距離的消失、被捲入經常是非人所願、未被理解的生活形式。依照紀登斯（Anthony Giddens）的觀點，全球化是不受距離（表面上分離的民族國家、宗教、區域、各大洲）限制的行為和（共同）生活。[2]

全球化的面向指的是：

1.跨國空間、事件、衝突、生涯史的強化；
2.這一個運動既不應線性的理解，也不應視為「完全的」、「包羅萬象的」，而是應該因事而異地、辯證的去理解——全球地方；
3.要在不同的面向研究全球化／地方化的程度、密度、規模。

(一)全球地方化

全球化具多義性，它一則既是超民族國家的，再則也是次民族國家的地方主義，並且在這兩極中高度震盪而形成多義性，歐盟就是一個例子。下面各節會提到全球治理的各種案，例如SIGMA、Maghreb等都可以說明之。以歐盟來說，它是為了回應來自美國、日本的世界市場的競爭，而被強迫連結在一起。但是也

因此讓人們看清楚，實際上有多個歐洲：民族國家的歐洲、地區的歐洲、文明的歐洲、基督徒的歐洲等。歐洲統合過程的辯證意謂著，一個北愛爾蘭的公民在史特拉斯堡的歐洲人權法院控告英國法院的決定。加泰隆尼亞可以繞過馬德里，轉向布魯塞爾求助。這裡就可以清楚看到一個形成中的潮流：全球化——地方主義——次地方主義。Cox在其「全球化」中說：「全球化提升了宏觀地方主義，宏觀地方主義又提升了微觀地方主義」。[3]所以，全球化的多義性是——超越疆界的組織再附加各種變化的組織，如跨國的、國際的、宏觀地方的、內國家的、微觀地方的、城市的、本地的組織。而這些組織又以協會、國際組織、NGO、網絡系統等，各種面貌來呈現。

在全球化多義性的本質上，全球化也牽涉到地方化，例如，在全球範圍生產和行銷其產品的公司，必須發展地方的條件，一方面他們的產品是立基於地方的基礎上，另一方面他們必須汲取地方文化的原材料，才可能彈性的、多樣的發展起來。「全球」在此意指「同時在多個地方」，亦即「跨地方」（Translocal）。換言之，地方在全球的關係中扮演著重要的角色，一如可口可樂或Sony集團主管強調，全球化並不是指在世界各地設立工廠，而是成為各個文化的一部分，這時候就出現了一個關鍵詞——「全球在地化」或「全球地方化」。

(二)解地方化

「全球地方化」的辯證對手，也是全球化的主要力量所在就是——解地方化。讓我們再回顧一次全球化的定義：全球化是指在跨國行動者的運作下，民族國家及其主權受到打壓及穿透的過程；全球化是可經歷的日常生活行為的疆界瓦解。定義中的關鍵是「打壓及穿透」、「疆域的瓦解」，被穿透的是國家主權，被瓦解的是生活的每一個層面，全球化破空而來，進行了強力的滲透與解構作用，這就是「解地方化」。就以文化全球化來說，解地方化就是地方文化被外來文化滲透、影響、產生改變的過程，形成一種全球文化，它意味著生活風格、文化象徵和跨國行為方式統一化的普世化，文化象徵與生活形式出現輻輳的效應，麥當勞、藍色牛仔褲、迪士尼樂園等都是隨處可見的例子。

(三)再地方化

全球化這個議題本身充滿了矛盾、對立與弔詭，這一些彼此不相容的元素與現象同時並存於全球化的概念下，其之所以可能的前提要件就是辯證關係，就像「愛情與麵包孰重？」，緊張、對話之外又相互依存。這一個辯證關係從兩

條脈絡發，第1條脈絡是：「全球化——全球地方化」，第2條脈絡是：「全球化——解地方化」，這兩條脈絡是不相容的，但是全球化卻兼容了這個弔詭，原因何在？

因為，全球化不只意味著解地方化，而且相當弔詭的的是需要「再地方化」作為先決條件。「再地方化」有兩個含義，一則它是前面所說的「全球地方化」，是全球化汲取地方文化，影響與融入地方文化的方式；另一則它在全球脈絡中、在跨地方的交換、對話、衝突中，解傳統化的力量促生了新的地方特色，使得地方的非傳統化復興就會發生，解地方化不斷的進行，不同於傳統的「再地方化」就會不斷的被激發出來。簡單的說，「再地方化」就是傳統文化／地方文化的求新、求變的過程。前面的兩條相異的脈絡最後還是結合了，結合的觸媒轉化劑就是「再地方化」，沒有「再地方化」就不可能提供全球化的養料，「解地方化」的持續進行也是「再地方化」最大的壓力與動能所在。

四、全球化危機的對應——全球治理

(一)區隔

上述的全球主義、全球性與全球化三個概念，經過分析後可以知道是不一樣的概念，全球性是比較中性的概念，而全球主義和世界市場宰治的新自由主義意識型態結合，所以是一個被批評的概念，它必須與全球化和全球性的概念區隔開來。

(二)全球化危機

當全球主義受到批評的時候，全球化的解國家、解社會疆域化的衝擊，帶來的風險／或危機卻也不容小覷。全球化的衝擊效應，第一個是解民族化、解民族國家化，侵蝕了民族國家空間的自我形象；第二個衝擊是威脅到自我意識的國家與社會；第三個衝擊是國家各個面向的主權和實質影響力，失去了財政資源、政治和經濟的型塑權力、資訊和文化政策，以及公民的日常生活認同等。在所有的衝擊中最嚴重的是經濟面，因為：(1)全球化造成本國工作位置的減少，並且轉移到低工資的國家，表面上是經濟成長，結果是造成社會的失業、移民、與貧窮。每一次的全球化的危機出現，都使工作位置減少，愈來愈多的人口只能擁有不穩定的工作位置，這些工作位置甚至難以維持基本的生存，社會正在走向無工作的資本主義；(2)當企業在全球範圍活動的時候，它的利潤成長，卻剝奪了國家的工作位置和稅收，一些跨國公司如西門子或BMW在本國已經不納稅，當然

國家的稅收減少，社會福利、退休金、薪資就受到影響。最後的結果是，全球化的輸家在支付所有的開支，如社會福利和維持民主體制的成本，而全球化的贏家則獲得了巨額的盈餘，卻逃脫了他們對民主、社會福祉、社會正義的責任。在(1)和(2)兩點的加乘效果下，就將世界人口分成「全球化的富人」和「地方化的窮人」兩種新型態，也就符合了包曼（Zygmunt Baumann）的理論：「全球化的富裕、地區化的貧窮」。[4]

(三)思考與解答

「全球主義」是應該被譴責的，而「全球化」也會給世界社會帶來風險與危機，對於「全球主義」、「全球性」、「全球化」這三個勢不可當的潮流到底該如何對應呢？搜索過去大家所有用過的概念名詞如「統治」、「管理」、「管轄」等，它們都不足以解釋全球化的問題，也無法涵蓋既龐雜、又矛盾、又弔詭的所有全球化現象，因為全球化是跨國家的，同時又是解國家的、解社會疆域的一個過程、一個力量。這時候出現了一道強烈的光芒，照向了全球化最幽暗的核心，引導著全球化的力量走向規範、走向積極的光明面，這一個新契機有一個很夯的名詞，叫做「治理」（Governance），更正確的稱呼叫「全球治理」（Global Governance）。

「全球治理」的概念出現在大約90年代的中期，一般而言這一個概念被理解為「全球化過程的政治建構」，將全球化的過程認為是一種政治化，它必須加以重新建構的意思。概念的內容和輪廓在往後逐步的發展下漸漸的比較明朗，被更進一步的解釋為——「一種世界性的、階層性的上位組織形式，它是透過國家和非國家的行動者來表決的、負責任的共同作用」。在「全球治理」的概念下，舉例來說，「世界經濟的全球化」又可以稱為「多元的、多邊的合作文化」。[5]

從名詞的簡單介紹中就可以看出，「世界治理」設定了非常有挑戰性的目標與企圖，針對全球化的潮流，「全球治理」要求的是：

1.一個「良善的治理」（Good Governance，簡稱善治），來排除過去全球化的錯誤發展，並且阻止新的錯誤發生。

2.「世界治理」一如其名稱，也是世界性的，具有許多的面向，因為全球化過程是一個多元、多邊的現象，對社會、經濟、政治不同的領域產生影響，因為光譜非常的廣泛，所以全球治理也是在不同的一個領域中，來建構其政策與政治，它的企圖與關懷的政策領域包括：

(1)確保世界的和平；

(2)加強自由的民主與人權；
(3)貫徹全球的、永續的環境政策；
(4)保護世界文化的多元性；
(5)全球性的對抗社會貧窮與社會不公不義；
(6)確保穩定的財經市場；
(7)保障工作的標準及相關政策。

3.「全球治理」的目標是創造一個「多邊的合作文化」。「全球治理」要結合政府、議會、企業、供貨、公民社會等，來建立一個超國家的政治網絡及夥伴關係。[6]並且要將所有運作的層面從地方到全球都聯結起來。[7]所以「全球治理」是一個最寬廣的、多層次的政治形式。

全球化穿透國家與社會疆域的衝擊，造成了貧富差距的擴大，引起了贏家與輸家的激烈爭辯時，一個新的對應概念逐漸的形成，就是「全球治理」，它的基礎是「治理」，它的要求是「善治」。這些概念的內容是什麼？它們又是如何被應用呢？以下做進一步的分析。

貳、從治理到全球治理

一、治理是什麼

全球化是一個跨國家、跨社會疆域，同時又是解疆域化的一個概念，對應全球化的「治理」概念也是奠立基礎在此之上，「解疆域化」的組織本質，本身是很難定義的。所以有非常多的解釋，想要從「治理」的組織內部或外型來加以說明，茲舉兩個定義如下：

1.楊格（Young, O.）認為「治理」：是社會機制的建構與運作，這種機制能在成員彼此依存的世界中解決衝突、促進合作或是緩解集體行為的問題。[8]
2.羅森那（Rosenau, J.）認為「治理」：就是命令加意圖。[9]

楊格的定義中還可以看到全球化的身影，瞭解「治理」是針對著全球化的問題來做回應的。羅森那的定義就太空泛而難以掌握其旨意。如果從一般的理解來說明**「治理」的意義**，約可解釋為：「**它是一種經濟的、政治的、行政的權威的運用，來管理一個國家各個層面的事務。它會使用各種的方法來進行權力的分配，並管理公共的資源。它是一種組織，範圍涵蓋政府以及政策的執行。它包含了機制、流程與制度，並藉此將公民與團體的利益聯結起來，讓他們能夠行使合**

法的權力，盡其義務，解決他們之間的歧異」。[10]這一個解釋比較不像是定義，倒像是一個綜合性的描述，藉著描述來更接近「治理」的定義。

OECD是一個全球性的組織，也是一個由許多政府組合成的一個組織，它的主要活動就是促進各會員國的經濟與市場。對於治理的議題是OECD非常關注的對象，也瞭解這一個概念界定之不易，但是對相關的概念「**有效治理**」（Effective Governance）**作了說明，認為它是**「**一整套的政策、制度與關係，並藉此來促進多元民主的功能與運作，並推動市場經濟來使每一個人都能獲得利益**」。在這一個概念的背景下，一個政府角色就是要去推動一個有效的制度與政策架構，來讓市場有效的運作，並且奠基於法治的基礎之上。在此同時非常重要的是，政府必須和公民社會進行有效的溝通，建立緊密的關係。而政府與公民社會兩者都必須具備高度的透明度與可預期性。

上述的分析過程中，治理的定義有了進一步的說明，但是單一的、具體的定義還是留下了一個空白的括弧，讓後續各種全球性的組織透過實際的經驗，來填入不同內容的答案。

二、全球治理

關於「全球治理」概念的解釋，值得參考者如下：

1.郭登克與懷斯（Gordenker and Weiss）認為「全球治理」是：針對政府能力所及範圍外的社會和政治議題，提供更有條理與更可靠的回應者稱之。[11]
2.葛美兹認為「全球治理」是「一種世界性的規範政策」。「發展政策應該將全球化的過程，引導向社會的以及環保的市場經濟的框架中」。[12]

「全球治理」從不同組織的觀察點發，定義會有所不同，甚至於不同的時間會有不同的變化，後續SIGMA的案例就可以說明。一般而言，「**全球治理**」**大約可以理解為：在所有的層面上建立永續的政策流程，改善其能力，其範圍從地方到全球，從計畫到未來的事務領域，如技術、社會安全、永續的環境與資源的經營等**。[13]

三、概念的留白

以上對「治理」與「全球治理」有了初步的解釋，也有一些學者的定義可供參考。「治理」與「全球治理」都可以用在跨國家、跨疆域的層次，作為一種對應全球化問題的工具。在全球性的組織中，全球治理就不能流於形式，用美麗

的詞藻來應用在全球各地區需要協助與發展的國家身上，而是老老實實的面對全球最棘手的「治理」。以下，從聯合國到OECD、到SIGMA、Maghreb、發展中國家，治理的概念實際的應用，善治的推行，每一步都是全球治理的寶貴經驗，對治理與全球治理的內涵充實，價值是無可比擬的，定義與界說，可以保留在填充題的空白括弧中。見下列全球治理與善治的應用。

第二節　聯合國的治理觀

壹、背景緣起

「治理」是最近十幾年來才流行的一個名詞，最早是在政治學、行政學和發展管理等領域開始研究，並且經常和一些概念聯結在一起，例如民主、公民社會、參與、公部門改革等。但是在各個領域研究的結果中，對於這一個名詞的概念都沒有加以精確的定義，以致於這一個名詞的定義好像彈簧一樣可以伸縮的，又像海綿一樣柔軟可以揉捏，依照不同的特殊情境或是組織特定需求而給予不同的界定。如此一來，「治理」這一個名詞就成了一個「複合型的概念」。

和「治理」這一個名詞最有關係的組織就是聯合國，尤其是聯合國下設的「聯合國發展計畫處」（United Nation of Development Programm，簡稱UNDP），其主要任務與工作更是與這一個名詞及相關議題密切相關，所以聯合國與UNDP對於「治理」概念非常感興趣，並且進行了深入的研究。為什麼UN／UNDP對於這個領域感興趣呢？理由分為數端：

1. 因為自由市場經濟在全球各地所獲得的成就，以及計畫經濟的失敗，此一事實無可置疑。
2. 一個普遍的趨勢為：民主的與負責的政府型態和經濟的成果是相關聯的。
3. 目前世界各國普遍面臨公共財政的危機，致使人們注意到國家組織的無效能與無效率，是導致這一個結果的原因。進而必須重新思考及定義國家的角色與功能。
4. 政府與公共行政貪瀆現象的增加及惡化。
5. 由前蘇聯的解體、巴爾幹半島以及非洲的種族衝突，讓人們想到過去從前學術討論的「發展政策」，那些論點在某種程度上，讓政府或國家處理種族衝突時更加的棘手。

因為有上述所說的五大理由，使得UNUNDP對於「治理」這一個名詞進行了特別的研究，對定義也有了若干陳述，但是概念上仍然保持不確定性與彈性。在眾說紛紜的擾攘中可以確定的一點是，「治理」就是「好的政府」，這一句話沒有太大意義。在各種「治理」應用的情境、挑戰與課題中，這一個名詞都說明了它本身某一部分的意義。因此，「治理」在各個場域中的應用，就是瞭解其概念的途徑與方法。後面有OECD、SIGMA、MAGHREB、發展中國家等等的「治理」觀點，以下就先從聯合國的論點來探索「治理」的概念。

貳、治理概念的面向

聯合國與UNDP從研究與實務經驗中得知，治理的概念可以從四個面向來理解，分別為：

1.治理的概念和民主的流程與民主制度相聯結。這一種基本的認知來自於傳統自由主義思想對政府與政治的不信任。政治的場域中會產生的現象有：黨派、意識型態、尋租、專斷、甚或貪瀆等。而剛好站在它的對立面者，就是市場機制的優越及效能。在這樣的「治理」理解下，民主就成為達到效果的前提，而治理就是民主政府的實踐，可以保障經濟規則的制定而不會受到政治不利的干預。民主制度就是一個有效能市場的保障者。從另一個角度來說，有效能的市場就是反對「大政府」（Big Government）的工具，因為「大政府」常常被視為容易包藏貪腐與失能的黑盒子。[14]

2.第二個面向是，在「治理」概念的學術研究結果中發現，對於有效能的經濟政策最大的限制，就是政府機構的能力。如果要提升經濟的效能就必須從國家機器和公共行政來下手。因此，「治理」就將它的內容拆解開來使用，例如一致性、自主性、效率、效能、合理性、技術的品質等，透過這些項目的實施來改善國家機器和公務人員的能力，使他們能夠免於政治的干擾及貪腐的引誘。[15]國家機構的能力在當中扮演著一個重要的影響要素，所以制度的建立與發展是「治理」的核心重點。另外一方面，要求政治改革也是一個非常普遍的呼聲。如果一個國家的機構與公共行政推動效能、效率、合理性、技術品質、一致性等等改革措施，基本上如果有國家的政治改革來搭配，成功的機會當然更大。

3.「治理」概念特別注意文化的面向，因為文化既是一種「密碼」，也是一種「語言」，它會表現在集體的行為中，而且和經濟、政治的發展息息相關。這一個看法的產生，是受到非洲發展經驗的啟發，因為，非洲國家

「治理」危機的形成，當時許多的發展策略以及從外國移植來的政治組織形式，必須負很大的責任，這一些外來的移植物都不能融入當地的文化，也不能在當地的文化土壤中生根，問題就從這裡開始。就「治理」而言，非洲國家的文化贊成由上而下的改革行動，對於地方機關的自治能力必須給予更多的信任，在這之間，非政府組織扮演一個非常重要的角色。[16]

4.第四個面向是，「治理」和一些普世性的、抽象的規則與制度有關，透過這些規則與制度可以解決衝突，並且發揮管制的效果。

以上四個「治理」所關涉的面向，包含了規則、制度、機制在內，這一些內容就是界定一個現代國家的治理能力，所謂的現代國家則是得符合Max Weber合理的、合法的理想型國家。符合了現代國家和治理能力，才能夠提供經濟發展的良好環境。

參、UN / UNDP對治理的概念界定

聯合國是怎樣看待「治理」的概念呢？這一個問題的答案必須從聯合國裡面，和這一個問題有關係的組織及單位來觀察，而其中最密切相關的組織就是「聯合國發展計畫」，它對「治理」的概念接觸最多，而且做過密集的研究，所以聯合國對「治理」的見解，UNDP的解釋最能夠作為代表。

UNDP的行政處在1995年6月12日公布了一份文件，其中敘述該組織的計畫目標是：「幫助一些國家去發展其國家的能力，不僅針對政府也包括民間社會，來達成維持人類發展的目標，最優先的工作是消除貧窮與建構國家的能力治理小組的目標是發展其所必須的能力，優先幫助窮苦的人、先進的婦女，保護環境，創造就業機會與生活空間」。[17]在這一個目標下，UNDP針對一些課題進行研究，如公部門的管理、治理、維持人類的發展等議題，最後並且確認，如果要替一個功能良好的治理體系來下定義，事實上沒有一條所謂「最佳的途徑」，最後還是要回歸到案例研究法，來界定各個國家治理的需求並且確認其個別面臨的治理挑戰。雖然UNDP致力於研究「治理」的方法，但是它很重視隱藏在「治理」背後的東西，例如：在一個社會中的決策過程與推動力是什麼？為什麼被支持？這一些原因可能是促進人類持續發展的力量，必須被發掘出來。

在上述的背景下，「治理」的概念大約被描述為：「是一種民主的統治體系，在這一個體系內國家不是唯一的控制者，而且國家的存立是要為人民來服務」，這一個體系的定性在UNDP的描述下是：參與的、一致的、承諾導向的、及補助的。[18]

一、UNDP的定義

在上述廣義的描述下，UNDP**接著為「治理」作了一個定義：「它是一種政治的、經濟的、行政的權威的實踐，可以操控國家的事務。它涉及了複合的機制、流程、關係與制度，透過它來連結人民與利益團體，處理權利和義務，排除衝突」**。「治理」包含了各種好的以及不好的方法，提供社會來做權利的分配以及問題的操控。[19]

這一個定義加以分析的話可以看到，「治理」的重要因素是——機制、流程、關係和制度。接著，UNDP注意到這些因素背後的決策過程，並且將其分成：(1)經濟治理：經濟的行動者與治理的關係；(2)政治治理：政策制定的能力；(3)行政治理：就是政策執行的體系。在一個社會中，價值、規範與制度是核心的操控要素。然後，在國家、市場與公民社會這三個部門的互動中，就會操控經濟、政治和社會這三個場域。

其次，在這個定義中沒有加諸於國家兩個任務，就是價值認同與公共福祉的創造，只承認了國家在社會過程中扮演著一個協調（Mediator）的角色，關於一些敏感的議題如權力的定義、國家的主權等，都只有間接的接觸。但是在治理面的理解上則明確指出，一個社會的最高政治範疇，是一種中央政府與地方政府的權力關係，也是社會各種行動者的關係，也是援助國與各國的關係。在這樣的基礎上，「治理」的核心重點包括了下列各項：

1.「治理」的概念比「國家」的概念更開放、更寬廣。
2.尋求國家對公共事務的操控能力，以及所有參與者／與行動者的能力，公民社會與市場必須被納入，來共同解決持續發展的挑戰，審慎思考現存制度的任務，以及未來的更新與發展。
3.必須對社會參與者／行動者之間的關係／及夥伴關係加以操控。確保社會參與的流程，並且發展其認同感。[20]

以上的核心重點說明了「治理」努力的方向，就是致力於政府機器的再建構，維持整個社會運作的平衡發展，讓所有的社會行動者都包含於其中，然後增強國家制度的能力，使其能夠在發展過程中扮演著領導者的角色，以及修補和維護的功能，國家在這裡就是扮演著一個協調的角色（Mediatorenrolle），而公部門就是扮演「治理」的一個載具。[21]

「治理」是多個部門交集下的結構體，它包括了「國家」、「私部門」與

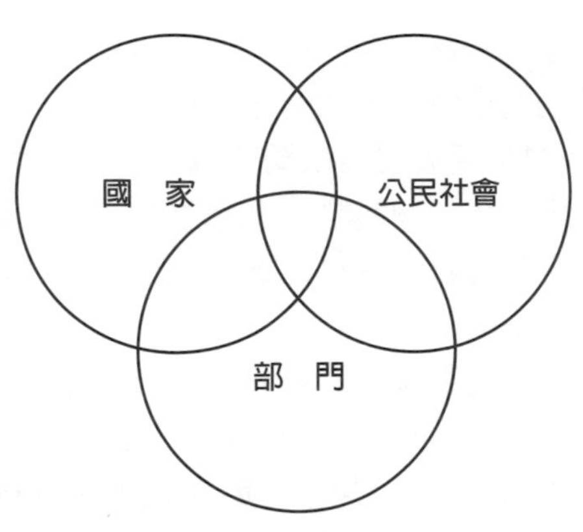

圖13-1 部門交集下的結構體

「公民社會」這三個部門（如圖13-1），透過這三個體系的結合來維持人類的發展。

在這一個交集結構中，國家要有助於建立政治與合法的環境。私部門就是要產生工作與收入；公民社會就是要建構政治與社會的互動，動員各種團體來參與經濟、社會與政治的活動。從上述的說明中可以知道，UNDP對「治理」的理解，認為它是一個系統的、流程導向的社會控制的概念，是一種政治作用與政治操控的取向，加上私部門與公部門的參與者／行動者共同行動的結果。[22]

二、UNDP治理的新內容

在上述關於「治理」的定義中，很明顯的有西方民族國家的模式在裡面，對於第二世界和第三世界的國家而言，不論在實踐或是在追隨方面，總是有若干的拘束。因此對一些轉型中的國家（如：前社會主義國家）或發展中國家，UNDP就必須發展出一些不同的內容，來符合那些國家的情況，在這樣的背景下，UNDP就針對這一個問題作了答覆，提出了「治理」新增加的內容來，約為：

1.新的「治理」觀念中，政府與行政機器，只是國家治理系統中的一部分，它最主要的特徵就是「自主性的治理」。這一種治理的能力，是有效對抗貧窮的重要前提。
2.要從新的觀點來看能力的發展，它必須超越傳統的制度發展與管理訓練的舊窠臼。
3.變革的過程中，必須先改善每一個階層的決策流程與實踐步驟。
4.一個「健全的治理」下的能力發展過程，必須有策略和一定的系統。

5.新的「治理觀」意味著新的角色扮演，例如在技術合作、諮商顧問、發展組織等，都有不同的作法，如減少直接的指導、加強協調的功能等。
6.每一個機關內部的制度發展與結構變遷，都必須和整體的治理流程相連結。「誰做了什麼」這一個問題必須治理系統的一部分。
7.教育、訓練系統必須有新的方向，特別是公部門更是要強調此點。
8.公民社會的機制要扮演新的角色。
9.強調參與。所有參加變革流程的人必須認知自己就是當事人。
10.治理的改革和能力的發展，必須和精確定義的目標及伴隨的價值、原則等相結合，這些價值與原則包括參與、正義、支持、透明、責任感、公平等。

以上UNDP所提出的治理新內容，是一個複合型操控的理論系統。接下來的問題是，要實現這一套系統，應該如何來操作？以及，如何建立一套統一的治理概念並且介紹給這些夥伴國家？這兩個問題確實是UNDP的大挑戰，在UNDP最近在非洲推動「分權化計畫」時，就遭遇到上述的問題。

面對上述的問題，聯合國經濟與社會事務部（UN Department for Economic and social affairs，簡稱UNDESA）和UNDP執行了一個「非洲治理的清查專案計畫」（Africa Governance Inventory Project，簡稱AGI），來確認聯合國在非洲的一些工作重點，然後建構非洲國家「治理」的內容。這一個專案計畫下有一個「非洲治理計畫的清查」組織，每次進行為期一年的治理清查工作，清查結果提供給專案計畫進行績效評估。治理清查組織的任務目標，是要幫助非洲的發展夥伴與非洲國家的政府，透過資料的蒐集與分析，來改進治理組織後續的協調與規劃工作。UNDESA在1998年開始推行這個清查活動時，當時有14個非洲國家參加，至2000年時，撒哈拉沙漠以南已經有36個國家參加這個計畫，進行國家能力的建構工作，做資源的協調、規劃、資訊蒐集與管理等工作。UNDP支持這一個治理清查專案計畫，依據清查結果，分別將補助資源送達非洲的這些治理組織，使資源有效的應用在國家發展的優先順位項目上，並且使該國的政府能夠有效的進行協調與管理。[23]

為了整合UNDP／AGI蒐集來的治理資料與分析，專案計畫將「治理」工作分成十個大項目，如下：

1.自由與穩定。
2.社會經濟的管理。
3.公共行政。

4.管轄範疇的建立。
5.國會系統。
6.選舉系統。
7.法制規範與人權。
8.分權化。
9.公民社會的強化 。
10.報紙、媒體與溝通。

以上這十個項目就是AGI設定工作內容、方向與資源分配的依據。UNDP每一年預算的50%，就是直接提供給這些推動治理目標的組織。[24]

肆、UNDP與公部門管理

談到有效能的公部門管理，在UNDP來說就是要對發展中國家以及轉型國家，進行公部門的問題分析，來瞭解它們公部門管理之所以失敗的原因與徵候，瞭解他們的缺失與面對的挑戰。

UNDP在研究這個課題的第一個結論是，公部門管理的失敗和文化因素關係很少，也就是說，不同的文化基本上不是造成管理失敗原因。接著探討公部門管理失敗的症狀，UNDP得到了許多的答案，諸如：公共效能的品質低落；公共政策設計與執行的能力有限、只能做經常性業務的決定；財政管理與控制的能力不足、預算編列多數不符實際、公共資源多數使用在私人利益上；法規的任意濫用、管制規定的浮濫、造成企業的活動受到抑制、產生某些貪瀆的形式、形成一個封閉的、不透明的決策體系。[25]

以上的症狀如果叢集在一起，就會使政府機器的控制能力、操縱能力出現「向下螺旋」的效果，接下來就會導致法律規範難以維續、政府機制的反應遲鈍，緊接著就會投入國家權力來進行社會壓制。

公部門管理較差的現象，UNDP認為其原因部分可歸咎於：現有人力資源的教育訓練低落、現有的制度相當脆弱。但是也不需要大肆宣揚，把「好」的公共管理和「發展」劃上等號，或者直接說：這些發展中國家的公共管理很差，這樣的說法可能不盡正確。因為，有一些「政府失靈」的情況可能是因為貧窮與文盲所導致，而「好」的公共管理要在這種匱乏的情況和行政條件下產生，本來就不容易，所以在提供「好」的公部門管理制度時，不需要完全抹殺受援助國的管理制度。另外也不要忘記了，從前殖民列強遺留下來的不當作法，對於公共管理的發展造成很不利的影響，例如殖民者劃定國家的疆界時，從來都不考慮種族的分

際與行政系統的問題，因為他們殖民統治的目標中，從來就沒有為大多數人民服務的想法。[26]

一個「好的」或「健全的」（sound）治理中有多少是和公部門管理相關呢？以下歸納約有數點為：

1.政治的正當性與責任；
2.統一的自由和政治的參與；
3.公正的與可靠的司法系統；
4.官僚的課責性與可預料性；
5.資訊公開與意見發表的自由；
6.有效率和效能的公部門管理；
7.和公民社會的合作。

從上述的七點中可以看出，公部門的管理扮演著最核心的角色，也正如UNDP所說的：公部門是治理的「基本載具」（Primary Vehicle）。目前雖然有「精簡國家」、「小而美的國家」、「減少公部門的干預」等等說法，可能讓公共任務的範圍縮小，但是公共任務所面對的挑戰卻一點也沒有減少，而且還要去幫助民間企業的成長，支持地方政府的自治，來創造更彈性與更有利的經濟環境。所以公部門的管理必須是一個多元與複合型的組織結構及管理系統，系統中必須具備人力資源策略管理系統、政策管理、經濟管理、和良好的財政與經濟控制能力，才能夠使公共管理體系真正成為實現治理的載具。[27]

第三節　世界銀行論善治

壹、概念

「善治」這一個名詞的使用，始於世界銀行所公布的文件及其所實施的信貸政策，在歷史發展過程中，這一個名詞所強調的重點，依不同時期、不同的發展策略而不同，但基本上仍然是以世界銀行所草擬的組織變革方案作為核心。[28]

世界銀行於1989年的一份研究報告中，首度使用「治理」一詞，當時這個名詞隱含有「惡劣」與「不良」（bad / poor）的意思在裡面，其原因在於世界銀行針對撒哈拉沙漠以南的非洲國家進行研究，發現這一些國家的經濟狀況貧窮落後的主因，就是能讓國家發展的正面與積極力量受到極大阻力，而負面的影響

因素中，最大的就是國家和行政這兩項。[29]有鑑於此，世界銀行乃著手設計一個「善治」的概念，來改善上述的狀況，而公共行政就是「善治」實施的核心對象。

世界銀行為了讓信用貸款政策能夠真正有效幫助這些國家，他提出了一個「結構改善方案」，來幫助第三世界國家進行改革，以處理該國的債務危機。這一個改善方案推出後遭遇到許多的批評，但是世界銀行的看法是，第三世界國家債務危機的惡性循環原因，歸根結底還是在「政治的本質問題」，而問題是深植於公部門之中，以及公共行政的技術層面上。如果這些問題不解決、行政技術層面不能改善，國家債務惡化的情形就不可能得到改善。所以世界銀行還是認為應該推行「結構改善方案」，來改善國家與行政的效能，建構合理的政治因素，諸如利益團體的壓力、國家的責任等，這是世銀認為最迫切的第一問題。

第二個迫切的問題，世銀認為必須改善與加強基礎建設，特別是在國民健康和教育制度的方面。從提供財務援助者的立場來說，有這些基礎才可以減少各種困難和社會問題。基礎建設的附帶問題就是國營事業的改革，這一部分「結構改革方案」卻無法著力，因為非洲各國政府國營事業民營化的比例非常低，例如奈及利亞（Nigeria）從1988到1992年間，民營化的收益不到國家總收入的1%，其他像阿根廷、馬來西亞、墨西哥等國的情形，也都相同。[30]從許多第三世界國家的情形來看，國家的角色在發展過程中具有不可或缺的功能。從80年代以後，這一些國家已經慢慢理解到，政治層面、社會民意形成、政策的決定、衝突的處理機制等，都是非常重要的制度。

貳、世銀對「善治」的討論

世界銀行在其1983與1988年「世界發展報告」中指出，國家與公共行政在發展過程中的任務及功能日益增加，尤其在1988年的報告中提出了公共任務的批判，認為應該進行任務評鑑，訂定國家與行政任務的優先排序。在世銀的任務排序清單上，第一順位的公共任務包括有國防、外交、經濟、治安、及法律制度、正義規範、經濟行為的規範等。第二順位的公共任務，則包括社會制度、國民健康、基礎建設、科技發展與環境保護等。

其次，世界銀行在過去的數十年間，對撒哈拉沙漠以南的非洲國家提供了大量的發展援助，但是仍然無法改善這些國家的經濟困厄與社會災難，於是世銀著手從這些國家及其行政的制度面來研究，希望找出各種問題的原因所在，所以就有了「惡劣的治理」與「不良的治理」等名詞的出現。在1989年世界銀行引用

「善治」一詞時，還是依照《韋氏大辭典》對「治理」的解釋，亦即：「運用政治的力量來管理一個國家的事務」。在這一個名詞的概念基礎上，世界銀行指出，「善治」的結構應該包括四個面向，即(1)公部門的良好管理；(2)國家行為與行政作用具備有責性／以及應受課責；(3)資訊透明；(4)具備發展過程的法律框架。而發展中國家財政透明度的問題特別嚴重，軍事支出比例遠遠超出一般國家的正常水平，所以世界銀行就以「善治」的概念，來作為其訂定援助協定的框架。

在1994年世界銀行針對全球的三個區域一共455個發展計畫，研究與評估「治理」的要素有哪些，得出來的結論和1989年的文本不甚相同。**這一次對「治理」的定義是：「一種態度與方法，藉此來管理國家的經濟，並發展社會的資源」。並且廣義的包括：「應該有可預見的、開放的、開明的政治決策流程」，以及「公部門應具備職業倫理」等**。其它散見於各發展計畫中的議題，例如68%的計畫中提到分散化與能力的提升、49%的計畫提到經濟的行政行為、33%提到國營事業的改革、30%提到參與、而提到法律規範的計畫只有6%。[31]

在定義和主要面向之外，世銀非常注重「治理」政治層面的議題，尤其「人權」更是位居首位。其次就是軍事支出的問題，從前世界銀行贊成軍事工業發包到民間工廠去製造，1992年以後大翻轉，不贊成這樣的生產，並且要求西方工業國家遵守義務（16. Dez., 1993），對於軍火工業必須管制，並且將這一項作為貸款保證的項目。[32]第三個「治理」的重點議題是——「貪瀆」，於1996年成立工作小組，並簽署了反貪瀆行動的規劃工作組，大力推動反貪瀆的工作，並且認為反貪瀆和治理的精神是高度符合的。

參、「善治」的限制

世界銀行對於其作為自我設定了一些限制，在發展協助的合同條款中規定，世銀對各會員國有保持政治中立的義務。並且在官方公布的文件中說明，世銀所從事的發展援助案，都限定在流程的、與技術層面的法律範圍內，對於政治層面與政治意涵的部分，基本上都不碰觸。對於這一項限制的理由，世銀憲章中明確的規定：「為了保護銀行代表在技術上的良好表現與客觀性，並且作為一個國際性的機構，所以關懷導向僅針對經濟發展，並且不觸及各國自身的政治議題」。[33]

世界銀行單方面自我設限於經濟領域，背後原因有一段歷史發展的漫長過程。第一個原因就是受到新自由主義的影響，成為其思想的背景，所謂自由主

義，主要的是指自由市場的經濟自由主義，還有指個人在貨品及服務上的消費選擇，以及將市場法則與機制引進長期由國家集中提供的領域者稱之。這一個思潮對世界銀行有重大的影響。其次，第二個原因是在二戰之後，西歐與中歐國家重建的過程裡，其重點皆置於經濟問題的解決上，並且延續到後來在北美及歐洲以外國家的援助，也都延續了這個作法。另外，對於活化民間經濟、建立市場導向的價格機制等做法，也都是針對經濟問題來解決。而且在回顧過去數十年來對外放貸的結果，世界銀行得到許多負面的經驗與不佳的回憶。從這些負面經驗中世銀得到的教訓是：世銀應該針對問題的目標及原因，把對外放貸的援助放在「生產性的目的」（Productive Purpose）上。[34]

雖然有上述的背景，但是真正對世銀「政治的自我節制」造成決定性影響者，還是因為西方同盟國與蘇聯之間的基本衝突。所以在Bretton Woods會議的決議中規定，原本美、蘇、中、英、法五國在世界銀行中，要占席次的多數比例以及擁有多數的投票權的原則，轉而不批准這一個原則，並且完全放棄在世界銀行中擔任會員的資格。如此一來，對於蘇聯以及中歐、東歐共產國家禁止做任何政治性的考量，不能干預其國家意志，也不可以影響其政治體系。在這樣的規定下，世界銀行對「政治中立」的概念內容進一步做了擴張解釋。[35]

肆、新制度經濟論作為出路

1992年世界銀行對治理下了定義之後，治理的概念幾乎就等於「效能的原則」，例如：與目標相關（Development）、工具的最佳化（Country's Economic and Social Resources）等即是。

前面提到的「結構改善計畫」在80年代被延宕下來，背後其實有一個典範轉移的過程在其中，因為世界銀行原本信仰的新自由主義逐漸的退燒，代之而起的新制度經濟論對新自由主義強力的批判，並且某種程度上取得了重要的影響力，成為世界銀行「善治」作為的思想主流。為什麼新制度論可以獲得青睞呢？原因就在於世界銀行數十年來在南撒哈拉沙漠非洲國家所投注的援助與心力，最後通通是白費心血，完全看不到成果，而新自由主義主張的「制定正確的價格」（Getting the Prices Right），完全沒有考慮「國家制度」這一個因素，而這一個因素卻是公認的最大破壞因子與最大干擾變項。新制度經濟論則強調發展政策與發展過程中，應該注意國家的功能，這一個論點正好切中世銀的痛處與需求。因此，世銀進行了一個典範的轉移，改弦更張將新制度經濟論作為其新的途徑與出路，並且在世界銀行的公報上定調：如果新自由主義的「建立正確的價格」要有意義的話，就必須先建立某些前提，例如具備財產權、處分收益權、行政執行體系、行政管制體系、市場競爭機制與結構，以及能夠有效運作的市場等。這一些制度建置完成之後，新自由主義的概念才有可能實現。**新制度經濟論認知的「治理」，是「行政體系、市場與網絡這三種組織結構的合成體」**，[36]這一種論點剛好提供世界銀行一個新的思考途徑，從過去的建立市場價格，進一步去解決更深入的、隱藏的前提結構，亦即——國家制度、市場結構及網絡制度的問題及缺漏，因此新制度經濟論主張——「建立正確的制度」（getting the institions right），乃成為世銀「治理」的新出路。

新制度經濟論和交易成本理論比較重要的應用案例，是在民營化、解除管制、管制、競爭策略等領域。例如獨占事業（Monopol）的制度設計，可以分為國家獨占、民間不受管制的獨占、國家管制的獨占、設定期間的獨占、國營事業等等，不同型態的機制。在**新制度經濟論下的「治理」，意味著制度性的操縱與規範**。

新制度經濟論的應用是非常緊密的和實證調查研究相結合，只要是從經濟理性的角度出發，任何有害的行為都是其處理的對象。1989年世界銀行針對撒哈拉沙漠以南非洲國家所做的調查研究結果，認為那是一種不良的治理，個人利益和社會利益分離的結構，是造成尋租行為與貪瀆的最大原因。自此以後，尋租和貪瀆就成為世銀與受援助國之間簽訂合約的重要條件。世銀也從調查結果中確認，尋租與貪瀆是造成公共制度與機構持續弱化的原因。

伍、治理和法律與國家認知

一、世銀的法治理解

透過上述新制度經濟論的內涵與應用的解釋後，可以瞭解到，從制度評價的結果中就可以觀察到經濟成長的真實狀況。所以由「治理」走向「善治」的過程，也可以視為一種制度變遷的過程。新制度經濟論所觀察的「私有財產」、「財產所有權」、「財產使用權」等等制度性的現象，背後其實就是「法治」（rule of law）在作支撐。世界銀行對法治的認知分為兩個層面，分別為「實質的」層面和「工具的」層面，「工具面」指的是法律形式要件的具備。「實質面」和「工具面」加在一起就是整個法律體系。有了這一個代表公平與正義的法律體系，才可以實現世界銀行所設定的目標，就是——經濟的發展與經濟的成長。

近年來世界銀行努力的重點放在法律的工具性層面，集中在它的五個法律原則：(1)「法律的安定性」，要求各種規範的明確性、普遍周知性，以及法律不溯既往的原則等；(2)「正式法律規範的強制力」，如果強制力不能貫徹的話，就得從法律文化的發展來培養，但是關鍵因素還是在於公共行政的執行力，才是確保所有行為規範的最佳保障；(3)「公共行政必須接受法律的約束」，關於這一點世界銀行也清楚的知道，在嚴格的法律約束和實際行政行為的裁量空間中，兩者有嚴重的緊張關係，所謂接受法律約束或真正的依法行政，不是一件想當然爾的事，對於發展中國家更是不容易落實；(4)「司法判決的法律保護原則」，以此作為衝突解決的方法；(5)「立法有明確規定的程序規範」。[37]以上五點法律原則是世界銀行的法律理解，這也就表示了世銀從法治的傳統著手，而非宣揚大陸法系的「法治國原則」，因為，前者的作法會更接近實際的狀況。至於，所謂「實質的」法律面及其議題，如正義、公平、公民權、政治權，要求的水平過高，故而略過不談排除於議題外。

世界銀行強調法治的五個原則並且接受其概念，是因為法治的原則關係到投資工具和生產的形式，並且決定投資是否有效。效能之所以產生，一定是目的與方法之間有了最佳化的結合。世界銀行採取的「效能」定義擷取自國民經濟學的觀點，這一個觀點看待目的與方法之間的關係，認為效能就是—— 一個國家能夠合理的分配、處分國家所提供的資源者稱之。上述所提到的五個法治原則，在「效能」產生的過程中，扮演著穩定宏觀市場經濟的秩序與規範的角色，並且可以降低互動的成本。綜言之，法治原則可以促成國民經濟「效能」的達成，「效能」又進而促成「善治」的實現。

二、世銀的國家理解

經濟與效能是治理的重要指標，另外一個重要治理的指標則是「國家的理解」。世界銀行的首席經濟學家Joseph E. Stiglitz指出，世銀對「國家的理解」已經有好幾度的轉換，從「守夜人國家」到「精簡的國家」、「小而美的國家」，現在則是來到「效能的國家」。[38]

從80年代到90年代，世界銀行對國家的圖像／國家的理解係以「華盛頓共識」（Washington Consensus）為依據，這一份見諸於世界銀行發展政策中的文本，是由國際貨幣基金會和美國的經濟學家共同草擬出來的一份見解。在這一個「共識」中對「國家的理解」，片面的偏向於「確保經濟的宏觀穩定性，和支持經濟的發展」。在這一個理解下世銀所採取的策略就是以「建立正確的價格」作為前提，來提倡商業的自由化和民營化。但是，如前所述，這一個前提忽略了、跳過了「實際的制度面」，沒有掌握到問題的根本。所以世界銀行改弦更張轉為以「建立正確的制度」為前提。依照世銀主席的說法，典範轉移之後是比較傾向於美國政府再造的作法，也就是說「後——華盛頓共識」的世銀取向，強調公共行政應該走向企業型政府，「公民」則轉義成為「顧客」，來突破原來國家與公民之間的隔閡。[39]

在上述世界銀行對「效能國家」的理解下，世銀對世界上三個援助地區的觀察，用最簡短的描述來歸納之，約為：

1. 非洲大陸在國家制度方面的危機是，必須緊急進行國家制度的改革，特別是法治國家原則必須優先建立，並且阻止政治權力的濫用。另外，國家與社會的聯結非常脆弱，應該加強對人民財物與服務面的基礎照顧，以及經由國家與私人企業合作，來補強缺漏的照顧鏈。
2. 東亞方面比較沒有制度面的重大危機，應該加強的是財政部門的改革，以及環保行政的改善。
3. 南亞在制度面的危機是——過度管制，其原因肇始自國家機器的過度龐大，以及貪瀆的橫行。
4. 東歐在制度面的問題是，在應用「政府再造」的作法上仍有若干缺失，例如「應該掌舵而非操槳」這一點，各國政府就不太習慣。另外，就是國家行為是無法預料的、而且是不可信賴的，這一點需要繼續的加強與改善。
5. 拉丁美洲的部分，在政治環境的背景下，民主化的變革會直接影響到政策決定與財政處分權，及其分權化的實施。關於公部門的改革、法律體系的組織改革、社會政策的改革等，還在門外排隊等待。

世界銀行對於國家的理解和制度問題的處理，現在是採用新公共管理的辦法。所以「效能的國家」在某種意義上就是「企業型政府」。在前面各章中均詳細的論證了新公共管理的優缺點，特別是在行政改革這一章中，用了極大的篇幅討論政府再造的各個層面與本質，所以世界銀行採用新公共管理的作法之得失，這裡就不再續論之。歸結言之，政府再造的作法對於公共任務、政府的功能等，有非常突破性的現代化創意，一則可以保障人權，一則又可以創造出國家的效能，是一個可以達成「善治」的途徑。當然，不能忘記的是，例如顧客導向的原則下，犯罪人並沒有選擇「警察逮捕」與否的權利，當然在超速違規時，違規人也沒有選擇罰鍰多少的權利。

第四節　OECD的SIGMA治理途徑

壹、背景緣起

「治理」與「善治」的概念大約在90年代初期，因為討論「發展政策」而興起，經濟合作暨發展組織（Organization for Economic Cooperation and Development, OECD）和SIGMA組織也經常使用這些名詞，雖然，這些名詞的概念內容非常的不一致，也非常的缺乏系統性，但是在使用上大家都會瞭解，沒有疑義，真是神奇。

SIGMA是Support for Improvement in Governance and Management in Central and Eastern European Countries的縮寫，稱為「支持中歐與東歐國家改善治理與管理計畫」，它是OECD與歐盟下設的一個「諮商顧問計畫」，成立於1992年5月25日。這一個計畫是要來幫助後社會主義的中歐與東歐國家，為其國家轉型過程中推動的行政改革提供諮商顧問，改變過去幹部行政與中央集權的行政體系。SIGMA的最高目標，是透過經濟與民主的轉變來帶動公共制度的轉型，[40]在雙方多元的合作下來達成此一目標。

SIGMA是一個尖端的實驗性計畫，財務是由歐盟提供80% 的資助，整個計畫構想與概念之建構則由OECD來完成。SIGMA計畫是OECD下設「與非OECD會員國的合作中心」（Centre for Co-operation with Non-Members），一個「經濟轉型」（Transition Economy Programme）計畫下的子計畫。SIGMA實際推動工作則是與「公共管理服務處」（Public Management Service，簡稱PUMA）緊密合作，這一個PUMA服務處的工作範圍包括了所有OECD會員國的行政改革，他們的工作經驗和專家網絡可以提供SIGMA許多的支持。

OECD從80年代開始就研究現代化的過程，探討國家與行政治理中的干擾因素。1989年OECD成立了「公共管理委員會」（Public Management Committee），來研究各會員國的問題。但是OECD的會員國太龐雜了，要提升不同國家的效能是很大的挑戰，也正因為這樣的背景，使得PUMA累積了相當寶貴的經驗。後社會主義的中歐與東歐共產國家的背景也相當獨特，為了因應這一個新的挑戰，OECD才特別成立了針對性的SIGMA計畫，提供中歐與東歐國家轉型工作在行政改革方面的諮商顧問。

SIGMA開始運作之後，中歐與東歐國家陸續加入，使得計畫中的夥伴國家有高度的異質性，見**表**13-1。

表13-1　中歐與東歐加入SIGMA的國家

1992加入	1994加入	1996加入
保加利亞、波蘭、羅馬尼亞、斯洛伐克共合國、捷克、匈牙利。	阿爾巴尼亞、愛沙尼亞、拉脱維亞、立陶宛、斯洛文尼亞。	波西尼亞——黑斯哥尼亞、前斯拉夫公合國——瑪斯多尼亞。

這一些參加的夥伴國家都可以由SIGMA獲得很大的財政補助，使得SIGMA計畫的構想與實施會有所幫助。

貳、OECD的治理觀

「治理」和「善治」的定義及內涵有各種不同的說法，這兩個名詞的使用在世界各地也非常頻繁。其之所以難定於一尊的加以界定，原因就再於它的本質是廣義的以及跨文化的，必然會產生理解與應用上的不同認知。雖然如此，在全球治理的需要下，這兩個名詞被不同的組織作了個別的界定。以**OECD的理解而言，「治理」被描述為：「廣義的政府管理的行動，這一個名詞涵蓋了公共行政和管理的制度、方法與工具」，更進一步來說，「它將政府、民眾與國家三者間的關係合併到一起」。**[41]**在這一層意義上，「治理」可以理解為：一種價值中立的政府統治的互動流程，並且將「國家的」以及「非國家的」行動者的交互影響建構起來。**

OECD下設的一個「發展協助委員會」（Development Assistance Committee，簡稱DAC）卻不採取OECD的見解，反而接受了世界銀行的定義，**界定「治理」為：「一種態度與方法，藉此來管理國家的經濟，並發展社會的資源」**。世銀對「治理」的定義分為兩個面向，一個是「政權的形式」（Form），另一個面向是「政府設計、描述執行政策，以及發揮作用的能力」，世銀特別強調要建構一個開放的、民主的、可預期的治理體系，這樣才能長久保持經濟的與社會的發展。OECD的DAC對世銀的界說全盤接受，DAC還認為「善治」包括法治國家的條件、公部門的有效管理、貪瀆的管控、減少軍事的支出之外，更重要的是支持與貫徹民主的政府體系。因此，在OECD內部對「善治」就有了不同的理解。

OECD對於「治理」和「善治」沒有官方的界定，一直到1999年OECD委託「公共管理服務處」（PUMA）作一個界定，之後OECD最高的委員會才對「**善**

治」的意義界定為：「是加強多元民主的一種基本重要元素，藉此可以促進公共行政持續的發展，並且維持其可靠度」。[42]到了2000年4月的OECD半年期大會時，「公共管理委員會」還是對「善治」這個議題繼續討論，但是沒有什麼進展，仍然維持1999年的解釋。

參、SIGMA的治理觀

SIGMA 使用「治理」的概念非常缺乏系統性，而且也不能作精確的定義，其原因就是中歐與東歐後社會主義國家有獨特的政治背景。因此，「治理」的概念在SIGMA是逐步的、漸進的發展，與援助計畫的推展同步進行，其內涵也漸次的作微調。在兩年一度的計畫成果調查報告中，就可以看到從「治理」到「善治」的一個發展情形。以下茲就各期調查狀況作一個說明。

一、計畫第I期（1992-1994）

在1992年中確定了SIGMA後，這一個組織的主要任務，就訂定在協助中歐與東歐後社會主義的夥伴國家，來發展出一些有效率和有效能的機構與制度，因為，良好有效的機構和制度才能夠成功的實現國家的政策。但是，公共機構與制度的效能並不是最後的目的，它是實現「市場經濟秩序」和「多元化民主的治理體系」所不可或缺的重要基礎。

「治理體系」（Systems of Governance）的概念，在這一個計畫時期中無法作進一步的釐清，只能直接作為「政府體系」的同義詞來理解，所以「治理體系」就被「政府體系」（Systems of Government）所取代。[43]這一個畫上等號的行為基本上是可以理解的，因為「治理」這一個概念的內涵在這些國家被限定在「政府」的概念下作發揮。當然，「治理」和「政府」的意義是不一樣的，「政府」的意義是狹義的限定在政府和正式的制度與機構範圍內。而「治理」還包括非正式的規範、非制度化的、非機構化的治理形式，範圍是較廣的。

在上述的背景下，SIGMA的計畫定位，仍然是朝著與「善治」相關的方向去作。在「善治」範圍內，才會作成決策。這樣的作法，一方面是要加強這些夥伴國家治理與政府的能力，另外一方面則是要達成既定的政治目標，就是完成「市場經濟」與「民主」的建構。透過效率與效能的技術面做法，採取的改革措施可以逐步完成政治目標，這就是「善治」概念的發揮。

因為SIGMA的人力與財力資源有限，要達成目標的實際作法，剛開始還是得和政府體系合作進行，並且限定時間要產生效果。這時候讓SIGMA感到困惑的是，很難區分這一些國家的「中央政府」（Central Government）或「政府的核心」（Centre of Government），所以初期的合作是以整個政府做為對象，所有的政策制定與執行，及行政改革，都是由國家機關和公部門來完成。後來合作對象與範圍逐漸擴展到「政府的核心」，就是計畫實施擴充到各部會與各機關，對於行政改革的做法更深入的與各部會機關進行協調討論，換言之，SIGMA的進行已經不再侷限於最高的中央政府部分，而是擴散到政府更廣大的範圍中，例如中央銀行、審計部等。[44]雖然表面上的名詞翻譯仍然以「中央政府」為名，實際上對SIGMA而言，「政府的核心」和「中央政府」的意義是不一樣的，因為政策侷限在「中央政府」的話，就是限定在國家的層次，如果進到「政府的核心」這一個層次的話，就會開啟一道通往「市場經濟」和「民主」的大門，這樣一來，SIGMA就可以更彈性的回應這些國家的環境與變革之需求，對於這些轉型中的國家而言，就會真正的進行結構的再造，並且擴大其變革的自由空間，這是最重要的關鍵所在。

二、計畫第II期（1994-1996）

在計畫第二階段的任務與目標仍然延續第一階段，基本上是集中在「中央政府」的機構，但是內容上已經和「治理」相連結。到1995年時，甚至目標也稱之為「加強中央政府能力來促進治理」[45]，在此同時「治理」的概念已經轉變有了不同的意義，並且不僅僅只和「政府系統」的意義相關聯，連結上有了更寬廣的範圍。在名詞的使用上也從「治理的改善」改為「政府體系操控能力的改善」，已經在意義上被轉化為「中央政府的層次上制度能力的加強」。當「治理」概念的修正義被使用的時候，也就證明了兩個名詞劃上了等號，「治理的體系」等於「政府的體系」。這時候「治理」概念的地位正式確立。

三、計畫第III／IV期（1996-1998 & 1998-2000）

到了1996年的時候，SIGMA第一次使用「善治」這一個名詞，那是因為計畫要重新定義任務和目標，和前面兩個時期不一樣的地方是，第III時期的目標明確定義，要支持中歐與東歐國家去「尋求善治」（Search for Good Governance），當時明確的使用了「善治」一詞，並且繼續沿用下來。

使用「善治」的概念有兩方面的特別意義，一則是要提升公共行政的效能，另一則是要促使公務人員和民主、法治國家與倫理原則的價值相連結，這就是從「治理」到「善治」的意義所在。

SIGMA尋求善治有兩個目標和一個任務，第一個目標是建構這些國家中央政府的能力，可以處理全球化的問題。第二個目標是幫助這些國家去準備未來可以參加歐盟。[46]另外有一個任務則是支持歐盟的民間團體，這一些團體協助中歐與東歐國家的行政改革運動。

四、定義

第III和IV時期中使用「善治」這一個名詞，在SIGMA的構想中，「善治」不僅有它「工具面」的意義，可以提升政府體系的操控能力，改善行政的效能。另外「善治」還有它「政治面」的意義，[47]要加強東歐與中歐這些夥伴國家市場經濟與民主制度的建構，使其公務人員有法治國家的價值觀，作好未來加入歐盟的準備工作，這樣就可以建立一個「經濟共同體」，以及「政治共同體」和「價值共同體」。

在上述的基本理念之下，以及從實務工作經驗中得來的結論，SIGMA最後為「治理」和「善治」作出了一個統一的定義：「**治理就是透過中央政府的機構與制度能力的的提升，來改善政府體系的操控能力者稱之。在透過技術面與政治面的成果累積下，就可以達到中歐與東歐國家政治設定的與積極意義的目標，這就是善治意義之所在。**」

肆、以技術合作為善治工具

「治理」和「善治」的概念在SIGMA的合作計畫中，必須像是一個保留空白的填充題，填充題要填什麼內容則是依照實際合作的項目來決定。SIGMA與中、東歐國家的合作範圍經過挑選之後，分為五個領域，分別為：

1. 處理公共行政的發展策略：如改革計畫的發展與實踐、組織與心理變遷的問題、訓練與研究方面的合作等。
2. 政策制定、協調與管制：如政府政策的形成與實施、立法的管理、管制、政府與部會行政的組織再造。
3. 財政管理與資源分配：如預算規劃的流程與結構、專案管理的財政面、會計制度、財政制度與資訊管理的制度、公共採購制度等。
4. 公部門的管理：如人力資源的策略發展、公部門各項基準法與制度結構的改善、幕僚及組織的發展。
5. 財政控制與審計稽核：如透過最高審計機關或國家審計機關，來實施外部的審計制度；內部的審計制度、行政的管控、歐盟要求的審計等。

五項合作範圍訂定之後，接下來的「治理」要如何推動呢？中、東歐國家間存在著異質性，每個國家都不一樣，很難有統一的改革策略。但是這些國家又有一些共同點，就是一黨領政、計畫經濟與幹部行政。面對了這樣的狀況，SIGMA原則上還是以民主和市場經濟為目標，以及未來加入歐盟為目的，針對不同的政府用不同的方法去實現這一個目標。

在上述的背景考量下，SIGMA清楚的拒絕一套統一的改革策略，也不要將西方國家行政改革的模式直接移植過來，這一個立場SIGMA在計畫策略中具體的表明了：「變革的形式奠基於夥伴關係之上。**原則是——沒有既定的模式**，沒有預定將發生什麼事。而是，強調的重點放在學習的機會，並且支持國家的改革……SIGMA所介意的是，要迴避那些內容冠冕堂皇的改革模式與方法；要反對把立法看成是行政問題的解決；要在資深的政治家與行政官員之間建立對行政改革的支持」。[48]

明白的立場表達後，SIGMA所做的工作，只是將不同的西方國家的專家知識，以及問題解決的各種備選方案介紹給中、東歐國家。而最終的決定權還是保留在這些國家手中，由它們依照自己國家實際的背景環境與條件去做抉擇。最後決定的結果，**在操控工具的權利方面，中、東歐國家絕大多數都支持採用歐洲大陸的「法治型行政」**（legalistisches Verwaltungssystem）**模式，而拒絕盎格魯薩克遜海洋法系國家的「管理型行政」**（managerialistisches Verwaltungssystem）。為什麼中、東歐國家對於現代的新公共管理思潮採取退縮的態度，可能的原因是這種思想還沒有在這些國家的政治家與行政精英中傳播，當然，有部分原因則是這一個思潮在這些國家中引起了強烈的爭論，而造成了這樣的選擇結果。49

伍、小結

從上述的整個演進過程來看，SIGMA對「治理」和「善治」的概念之所以沒有一個系統的定義，原因在於其特殊的背景環境及條件。雖然如此，SIGMA從計畫的實際推動過程中，還是歸納出了一些適合這一個計畫的定義。依此：

1.「**治理**」：就是優先改善政府機關的操控能力者，稱之。
2.「**善治**」：在「技術面」上要提升國家及行政的效能與效率，在「政治面」上則是強化民主與市場經濟的制度，並且為將來參加歐盟做好準備。

SIGMA在「治理」的實際應用上，放棄將西方行政改革模式直接移植的作法，代之而以問題解決的備選方案來提供參酌，並考量每一個國家特殊的背景及

需求作為定奪依據。

「治理」的概念之下包含了一些改革的措施或成套的改革方案，這一些措施或辦法能不能對中、東歐國家的政治、經濟產生影響，首先要回答的問題是它們是否具備可操作性，其次是合作的實際效益為何？是否能夠經得起檢驗？如果答案是肯定的，SIGMA的「治理」概念對這些轉型國家才會是「善治」。

註　釋

[1]請參閱孫治本譯（2002），Beck, Ulrich著，《全球化危機》（*Was ist Globalisierung*），頁14-15。臺北：商務。

[2]請參閱Giddens, Anthony, "Jenseits von Links und Rechts", Frankfurt / M, 1997, s.23ff.

[3]請參閱Cox, R. W., "Global Perestroika", in: R. Milibrand, J. Panitods(Hrsg.), "New World Order?", Socialist Register, 1992, pp.34.

[4]請參閱Baumann, Zygmunt, "Schwache Staaten, Globalisierung und die Spaltunng der Weltgesellschaft", in Beck, Ulrich(Hrsg.), Kinder der Freiheit, Frankfurt / M, 1997, S.323-331.

[5]此語見於德國聯邦眾院的調查委員會，請參閱Deutscher Bundestag(Hrsg.), "Schlussbericht der Enquete-Kommission, Globalisierung der Weltwirtschaft", Opladen, 2002, S.435,451.

[6]請參閱Deutscher Bundestag，同前書，頁451。

[7]請參閱Deutscher Bundestag，同前書，頁424。

[8]Young, O. R., "International Governance: Protecting the Enviroment in a Stateless Society", NY: Cornell University Press, 1994, p.15。轉引自詹中原譯（2003），《新公共政策》，頁204。臺北：華泰。

[9]請參閱Rosenau, J. N., "Governance, Order and Change in World Politics", in Rosenau and Ernst-Otto Czempiel(eds.), "Governance Without Government: Order and Change in World Politics", NY: Cambridge University Press, 1992, p.5.

[10]請參閱Stockmayer, Albrecht, "Governance Outreach in the OECD", Speyerer Forschungsberichte 219, 2000, S.141ff.

[11]Gordenker, L. and Weiss, T. G., "Pluralizing Global Governance: Analytical Approaches and Dimensions", in T.G. Weiss and L. Gordenker(eds.), "NGOs, the UN, and Global Governance", CO:Lynne Rienner, 1996, p.17.

[12]請參閱G'omez, Ricardo, "Globale Strukturpolitik und Entwicklungszusammenarbeit. Die neuen Herausforderungen für die Technische Zusammenarbeit", Eschborn, 2000.

[13]請參閱Steinich, Markus, "Governance als Ansatz der GTZ", Speyerer Arbeitsberichte 219, 2005, S.157 ff.

[14]請參閱Williams, David / Young, Tom, "Governance, the World Bank and Liberal Theory", in: Political Studies, 1994, XLII, S.84-100.

[15]請參閱Israel, A., "The Changing Role of the State: Institutional Dimensions, PPR Working Papers, WPS 459", The World Bank, Washington D.C., 1990.

[16]請參閱Simon, K., "Kommunalverwaltung und Selbsthilfe in der Dritten Welt-Zur Kooperation zwischen Kommunen und Selbsthilfeorganisation", in: Simon, K. / Stockmayer, A. / Fuhr, H.(Hrsg.), "Subsidialität in der Entwicklungszusammenarbeit-

Dezentralisierung und Verwaltungsreformen zwischen Strukturanpassung und Selbsthilfe", Baden-Baden, 1993, S.323-361.

[17]請參閱http://magnet.undp.org/cdrb/training, 2000/5/24。

[18]請參閱UNDP, "UNDP and Governance. Experiences and Lessons Learned. Management Development and Governance Division, Lessons-Learned Series", No.1, New York, 1998, S.11ff.

[19]請參閱UNDP, "Reconceptualizing Governance.Discussion paper 2, Management Development and Governance Division", New York, 1997b, p.9.

[20]請參閱UNDP, "Governance for sustainable human development. A UNDP policy document", New York, 1997a.

[21]請參閱UND，1995，a.a.O.

[22]請參閱Messner, D., "Die Netzwerkgesellschaft. Wirtschaftliche Entwicklung und internationale Wett-werbsfhigkeit als Probleme gesellschaftlicher Steuerung", Köln, S.168f.

[23]請參閱http://www.un.org/esa/governance/africa.htm, 2000/07/12。

[24]請參閱UNDP/BMZ, "The UNDP Role in Decentralisation & Local Governance. A Joint UNDP-Government of Germany Evaluation", UNDP Evaluation Office, New York, 2000, S.7.

[25]請參閱UNDP, "Public Sector Management, Governance, and Sustainable Human Development. A discussion paper, Management Development and Governance Division", UNDP, New York,1995, p.26 ff.

[26]請參閱König, Klaus, "Verwaltungsstaat im Übergang. Transformation, Entwicklung, Modernisie-rung", Baden-Baden, 1999, S.106ff.

[27]請參閱UNDP, "Capacity Assessment and Development. In a Systems and Strategic Management Context. Technical Advisory", Paper No.3, Management Development and Governance Division, UNDP, New York, 1998.

[28]請參閱Theobald, Christian, "The World Bank：Good Governance and the New Institutional Economics", in: Law and State, 1999, Vol.59 / 60, S.17ff.

[29]請參閱 World Bank, "Sub-Saharan Africa. From Crisis to Sustainable Growth. A Long-Term Perspective Study", Washington, D.C., 19898.

[30]請參閱World Bank, "Adjustment in Africa, Reform, Results and the Road Ahead", A World Bank Policy Research Report, Washington, D.C., 1994, S.4, 8.

[31]請參閱World Bank, "Governance. The world Bank's Experience", Washington, D.C., 1994, p.XV.

[32]請參閱Lamb, Geoffrey / Kallab, V., "Military Expenditure and Economic Development: A Symposium on Research Issues", World Bank Discussion Paper No.185, Washington, D.C., 1994, p.2.

[33] "to protect the Bank's reputation for technical excellence and objectivity and its status as an

international institution that is guides solely by its concern for economic development and not by any political agenda of its own", World Bank, "Governance and Development", Washington, D.C., 1992, p.51.

[34]請參閱世界銀行總裁Eugene R. Black 於6.8.1961的專訪，見Kraske, Jochen / Becker, William H. / Diamond, William / Galambos, Louis, "Bankers with a Mission. The Presidents of the World Bank", 1946-91, Oxford, 1996, p.56.

[35]請參閱Thoebald, Christian, "Zehn Eckpunkte zu Good Governance", 2000, S.49. in: Knig, Klaus / Adam, Markus,(Hrsg.), "Governance als entwicklungspolitischer Ansatz", Speyerer Forschungsberichte 219, 2000.

[36]請參閱Cerny, Philip, "Globalization, governance, and complexity", in Aseem Prakash and Jeffrey A. Hart(eds.), "Globalization and Gevernance", London: Routledge, 1999, p.189.

[37]請參閱World Bank, "Governance and Development", Washington, D.C., 1992, p.28。以及Shihata, Ibrahim F. I., "The World Bank in a Changing World. Selected Essays", Dordrect, Boston, London, 1991, p.85f.

[38]請參閱Stiglitz, Josepf E., "Staat und Entwicklung-Das neue Denken. Die Überwindung des Kongzepts vom minimalistischen Staat", in: Entwicklung und Zusammenarbeit, 1998, S.101ff.(104); World Bank, "The State in a Changing World", World Development Report, 1997, S.3,6ff., 29ff.

[39]請參閱Stiglitz, Joseph E., "Neue Gedanken zum Thema Staat und Entwicklung", in: World Bank / Deutsche Stiftung fr internationale Entwicklung(Hrsg.), Bericht Internationaler Round Table "Der leistungsfähige Staat", Berlin, 1998, S.44ff.(54f.).

[40] "transformation of public institutions with economic and democratic transition"，見OECD, "The Annual Report of the OECD", 1993: Report by the Secretary-General, Paris, 1994, S.106.

[41]請參閱OECD, "Governance in Transition: Public Management Reforms in OECD Countries", Paris, 1995, p.158.

[42]OECD, "Resolution of the Council Concerning the Mandate of the Public Management Committee", adopted by the Council at its 964th session on 9 December 1999, (C99)175 / Final, p.2.

[43]請參閱OECD, "The Annual Report of the OECD: Report by the Secretary-General", 1992, Paris, 1993, p.108.

[44]請參閱OECD / SIGMA(Hrsg.), "Effects of European Union Acession", Part2: External Audit, SIGMAPapers Nr.20, OECD / GD(97)164, Paris, 1997. And OECD / SIGMA, "Central Bank Audit Practices", SIGMAPapers Nr.24, CCNM / SIGMA / PUMA(98)41, Paris, 1998.

[45]請參閱OECD, "The Annual Report of the OECD: Report by the Secretary-General",

1995, Paris, 1996, p.118.

[46]請參閱OECD / SIGMA, "Preparing Public Administrations for the European Administrative Space", SIGMAPapers Nr. 23, CCNM / SIGMA / PUMA(98)39, Paris, 1998。以及OECD / SIGMA, "Sustainable Institutions for European Union Membership", SIGMAPapers Nr.26, CCNM / SIGMA / PUMMA(98)57, Paris, 1998.

[47]請參閱Foster, Thomas, "Die 'Good Governance' Diskussion der Jared 1989 bis 1994", Stuttgart, 1998, S.99ff. und S.151ff.

[48]請參閱OECD, "The Annual Report of the OECD: Report by the Secretary-General", 1992, Paris, 1993, p.108.

[49]請參閱public Management Forum, 3/1999, S.3。以及Even Sýkora, "Zásady modernen Personalma-nagementu plat II pro ve ejnou správu", in Ve ejná Správa, 48/1999, S.48ff.

第14章 全球治理在發展中國家的推行

第一節　北非伊斯蘭國家（Maghreb）的法治行政與民主
第二節　發展中國家的地方治理與行政文化
第三節　綜　論

第一節　北非伊斯蘭國家（Maghreb）的法治行政與民主

壹、背景緣起

Maghreb是阿拉伯文的縮寫，原意是「伊斯蘭世界最靠西邊的地方」，是由利比亞、突尼西亞、阿爾吉利亞、莫洛哥、毛利塔尼亞等國家組成，位於非洲的北部與西北的地方，也是地中海南部地區的沿海國家（südliche Anrainerstaaten），古代羅馬人稱為「摩爾人的區域」。這一個區域在1989年正式成立了「Maghreb阿拉伯聯盟」（Maghrebisch-arabische Union，簡稱UMA），但是因為撒哈拉沙漠的問題沒有解決，所以這個聯盟目前沒有運作。Maghreb的組織中有三個核心的國家，分別為突尼西亞、阿爾吉利亞和莫洛哥。

這三個核心國家在經濟方面和歐盟都有密切的接觸，[1]而且有緊密的合作關係，並且為了適應歐洲的標準，所以致力於行政的改革。其中突尼西亞和莫洛哥在過去數年間，已經和歐盟簽定了合作協定，[2]到2012年雙方成立自由貿易區，而阿爾吉利亞目前也在進行洽談中。

在1995年的巴塞隆納會議之後，歐盟的政策就宣布在經濟與政治上要和Maghreb組織相連結，在法律的框架下加強雙方的相互適應，將Magreb的國家和南地中海的歐盟國家整合在一起，這樣就可以創造一個和平的、經濟繁榮的地區，能和美洲經濟區、亞洲新興市場經濟區分庭抗禮，來保持這一個地區經濟上與文化上自己的特色。但是因為阿爾吉利亞的內部動亂，造成十萬人的死亡，以及Maghreb回教國家還是屬於「前工業時代」的社會結構，所以上述的構想目前是一種未來願景的規劃。值得欣慰的是，在歐盟和Maghreb雙方都為了共同的利益，對於政治與經濟發展的各種變數進行理性的分析，來加強雙方的同化作用。

貳、法治國家的建構

如果要將Maghreb回教國家整合入歐盟，過去曾經有經驗就是幫助東歐國家的改革，經驗顯示**「善治」概念實現的前提要件，就要先建立一個法治國家的結構，例如行政的精確性、可預期性、依法行政、民主制度下人民參與政權等。**Masghreb回教國家尚不具備現代公法的條件，目前仍然適用自己本來的行政文化。在法治國家原則的建構上，Maghreb回教國家應該採用大陸法系法治國家的制度，這樣才可以防止政治權利任意的干預行政決策，其次才能夠真正的有機

會，可以有效的對治貪瀆之惡；另外，法治國原則的要件也需要倫理基礎來加以支持，這種倫理基礎在伊斯蘭的經典或基督教的文明中皆可尋得，有了倫理的基礎後，法治的形式要件就更容易實現。

發展政策的前提就是必須具備法治國家的結構，使得行政作用依法行政，有行政爭訟與行政救濟的法定制度和途徑，這一點對國內以及國外的投資者都非常的重要，有了法律的保障，他們才敢進來放心的投資，[3]尤其是在全球化競爭加劇的時代，如果有一個不可預料的、貪腐的公共行政、有黨派控制的司法、有政治權利者圖謀其個人的私利等等現象，一定會嚇走那些真正想投資的人。另外，人權的基本標準也應該受到一定的尊重。

Maghreb回教國家組織自己也知道，在上述的事項中他們的確有諸多的缺失，並且成為其經濟發展上的障礙，所以他們瞭解有行政改革的必要。但是行政改革的實踐在每一個國家都不一樣，卻都會直接切入現有的權力結構，以及國家利益分配的系統中，而權力結構和利益分配系統目前維持穩定的平衡，行政改革勢必擾動此一平衡狀態。所以改革的企圖所遭遇的心理障礙，主要的還是來自於國家統治者的傳統伊斯蘭教觀點，這一種觀點偏向宗教正當性權力產生的領導權威，要比法治國家的民主來得大，在這種情況下，以法治和民主為目標的行政改革就會遭遇阻力。以下茲就各國的狀況作一個描述。

一、突尼西亞

突尼西亞到目前為止已經成功的完成了行政的合理化運動，並且繼續朝向著世界經濟整合的需求而努力，所以發展上的進度已經達到。但是政治結構中加入了更多威權的以及不民主的因素進去，現在的執政黨又確立了一黨專政的制度，離開民主的精神又更遠了。人權的狀況方面，對反對黨、媒體、與公民社會實施的高壓手段，情況在繼續的惡化中。

二、阿爾吉利亞

在內戰結束之後，阿爾吉利亞迫切的需要進行改革的運動，來為加入歐盟作準備。因為石油和天然氣的價格高漲到歷史紀錄，可以提供一些財務支持，但是只能滿足93%的國家財政預算，尚有一部分的財務缺口，這是一個問題。另外一方面，中長期還是要注意社會動亂的問題。目前年輕族群大量進入勞動市場，但是工作被解雇者多於雇用者，從前可以藉著勞力輸出來當安全閥紓解壓力，但是歐洲現在的失業情況也很嚴重，導致勞力輸出也近乎不可能，失業率在社會上形成一股龐大的壓力，造成社會動盪不安的潛在危機。在城市中許多不滿的、年輕的失業族群組成了回教暴亂團體，雖然被強力的鎮壓下來，但是國家仍然沒有給年輕人提供相當的社會願景，所以社會動盪不安的情況仍然會持續出現。[4]

三、莫洛哥

莫洛哥在法治國的建構方面持續的進行改善，在形式上的法治國規範也陸續制定並生效，但是在法治的實際狀況上，仍然無法令人滿意。因為從前的君主統治時期，國家的穩定是建立在恩寵式的政治結構上，現任的國王穆罕默德六世希望模仿西班牙的作法，來建立君主立憲制度，然後在這個框架下實踐法治國家原則，並且突破行政上的各項缺失，但是現行制度的得利者強力反對。所以莫洛哥要整合入歐盟，還需要一段時間的努力。至於人權方面的狀況，從90年代起已經有許多的改善。

參、作法

進入二十一世紀之後，發展援助計畫會優先支持民主法治國家的建構，並且協助建立一個理性的公共行政，這樣才能夠推動社會與經濟的發展。Magreb回教國家如果要和世界經濟接軌，不可避免的一定要建立起法治國家的模式，雖然他們有歷史發展下的特殊文化價值必須兼顧，但還是必須要和現代法治國原則取得一定的協調關係。法律是一種經由集體意識而產生的社會文化產物，有其社會的獨特性，不能隨意的移植一套法律模式進來，但是和世界經濟接軌的前提下，普世性的法治國原則是必要的前提時，Maghreb國家的立法者在立法過程中，就必須考量在傳統的法律和現代的法律中，取得一種和諧的對應關係，否則接軌就無法實現。

基於上述的考量，歐盟就致力於協助Maghreb國家，發展其憲法、憲政制度、法制化、行政判例的彙編與檢索、分權化、鞏固地方的民主、加強國家控制的層級，如行政法院、監察機關與獨立的審判機關等。

在推動民主法治的建構過程中，要協助社會上有政治力量的人士，共同推動國家的改革。找出各界的領導人士，來支持政府的改革措施。另外也要和學術界合作，一起研究與闡發民主法治的價值觀。至於NGO的部分，在莫洛哥與突尼西亞發展的極為迅速，到目前為止約有250個有關社會政策的NGO，和他們共同合作可以產生更大的影響力。

肆、小結

Magreb在「治理」概念下必須進行的改革，最主要的障礙就是改革措施的應用與貫徹。現有的利益團體可以從政治體系中攫取利益，所以強力的反對改革。[5]有鑑於此一背景，就必須對那些有影響力的社會行動者加以支持，從專業方面和政治面提供協助，使他們可以在改革的過程中發揮力量。這一些行動者包括了政治家、高階文官、大學教授和NGO的代表等。

Maghreb回教國家的改革成效短期中尚難逆料，因為政治情況的變化仍波雲譎詭，社會價值觀與宗教觀的變遷也需要時間。大方向是確定的，就是朝向法治國家與民主制度來改革，來達到「善治」的目標，作為將來整合入歐盟的前提要件。只是，全球化的速度瞬息萬變，大環境不會給Maghreb太多的猶豫空間，換言之，Maghreb回教的發展機會中充滿了高度的風險。

第二節　發展中國家的地方治理與行政文化

壹、前言

「治理」的議題討論最多的地方是在發展中國家，「治理」概念中的發展政策表現的最突出的地方是在「地方治理」（local governance）這一塊。**「地方治理」的意義**，如果不從學術的或規範的角度來觀察，而**從經驗的和結構的面向來理解的話，它可以理解為：「是部門間的（國家、市場、民間團體）、和府際間的（國家、政府各部門）、以及組織間的各類行動者所組成的一個網絡系統」**。在發展中國家「地方治理」特別注重兩個層面：

1. 所謂的「地方治理」，主要關注的是地方和地區的層面。目前「地方治理」的主題第一個是「分權化的策略」，發展這一個策略來完成地方分權；第二個主題是關切發展的政策，在網絡系統中的行動者想要從政策中發掘機會，來達到操控地方政治的目的。
2. 第二個就是文化層面，因為文化在目標設定過程中是一個重要的前提。因為，有文化的差異和文化的一致、有國家的文化和社會文化、有地區的文化和地方的文化、也有特定功能的組織文化如行政文化或企業文化。在談到結構和制度的問題時，文化的問題常常被忽略，而同時也忽略了它對組織和環境的巨大影響力。所以稱文化因素是組織網絡運作成功的要素，亦不為過。

貳、發展中國家的地方治理

一、從「地方政府」到「地方治理」

發展中國家在推動「地方治理」的時候，會面臨到行政上以及組織文化上的一些問題。首先要碰到的問題是，從傳統的「地方政府」轉變為「地方治理」，是一種政權結構的改變。「地方治理」的結構常常用美國城市自治的模式作範例，透過市經理人來治理市政，就是突破既有官僚體系的模式，結合更多專業人才來進行治理的工作。「地方治理」的結構也類似這樣的做法，將各個部門的執行者整合起來，並且統合運用各部門所提供的資源，由網絡執行者一起合作來操控地方政治，而不是僅限於既有的官僚體系。原來地方上的政治與行政人員只是這個網絡的一部分，居間扮演著推動和催化的角色。

其次要面對的第二個問題是，「地方治理」會帶來許多對應關係的改變。例如：對利害關係人與互動的夥伴的關係，將以契約的關係替代階層化的關係；以競爭來替代管轄關係；從原來單向的隸屬關係轉為互動的合作關係，或共同生產的關係；公民變成顧客，或是共同生產者。[6]以上這一些轉變，將朝向新公共管理的模式來改革。

二、當前實況及分析

依據Willke的看法，工業國家在80年代初期出現了「國家除魅化」的現象，[7]在國家高權之外，更解放了市場經濟、公民社會等其他領域。從近年來「國家除魅化」的現象也在發展中國家逐步形成。這一種現象的產生和「治理」概念的出現，背景非常的相似，「地方治理」的情形更是「國家除魅化」和「治理」的代表。

(一)當前地方治理的實際狀況

「地方治理」的實際狀況，最具體的案例是在西非，因為當地的國家治理在地方與地區不僅是缺席，而且也沒有管轄權限，地方與地區的治理情況是存在的，由傳統地方的領袖和NGO的行動者，在「地方政治的競技場」（local politische Arena）上一起統治地方，[8]所以「地方治理」是以兩種勢力的「雙國

家」在運作。

但是發展中國家也有一些不同的「地方治理」案例，在Simon / Neu的研究調查報告中發現，智利地方上的各省治理，[9]私部門的民間社會被高度的集中化，成為國家的統治工具，在地方的層級上，經濟與政治的關係薄弱缺乏整合，所以幾乎沒有「地方治理」發揮的空間。而馬利（Mali）共和國案例的狀況是，[10]國家強力的介入來防止分權化的運動，干預的力量一直達到地方的最基層，所以人民只能以溫和及迴避的策略，在有限空間中來實施一些「地方治理」。烏干達的情況和馬利類似，政府所宣稱的反集中化的口號，事實上政府不和民間部門合作，地方治理的運作仍為空轉，所以還是一種消極式的中央集權形式繼續存在。而類似的情況也發生在許多非洲的國家，如迦納（Ghana）、多哥（Togo）、尼日（Niger）、奈及利亞（Nigeria）、萬那度（Vanuatu）等。[11]

(二)整體地方治理狀況觀察

整體來說，「地方治理」的情形在每一個國家的情況都略有不同，在非洲的情況比較特殊，因為普遍的都傾向於傳統的結果，而有所謂「再—傳統化」（Retraditionalisierung）的現象。至於扮演「協助、給予」角色的非政府組織NGO，則是普遍的存在。公共政策和公共行政在各個層次的情況都不一致，因為效能水平和操控能力各不相同，而且有中央集權的傾向，有些國家在「地方治理」的部分則是付之闕如，特別是最底層的地方更是缺乏。每一個國家的非政府組織和地方團體，其結構與運作強度也不一樣，有一些是被國家操控或規範，有些則是依賴外國的支持，還不能獨立的運作。市場經濟的第二部門，普遍的都不是強力的政治參與者，所以都還不能具體的被整合入「地方治理」的範疇中。

(三)發展政策的不良狀態

在整體發展政策的評估上，結論是狀況不佳。所以地方治理的參與者及其組織，基本上是不能對國家治理能力和操控能力不足的現象，產生平衡與調節的作用，甚至於地方治理會和不良國家治理產生尖銳的衝突。在這一種情況下，發展政策必須對「治理」的概念與規範，作某種程度的堅持。

(四)建構

發展中國家在地方治理上，需要建構的不是一個階層式的官僚組織，而是需要將提供資源的治理參與者結合起來，這樣才合乎治理的本意。另外，對於所有參與地方治理的參與者，必須要有一套公開的、有民主正當性的機制，這樣的

政治網絡才可以讓治理能夠健全的發展。

因為有上述的狀況，所以這些國家有強烈的改革需求，希望把國家的力量包括進來，這樣可以對窮苦的人民有較大的幫助。

(五)合作

如果要提升治理的效能，就需要在各個有缺陷的參與者間建立協力夥伴關係，截長補短，進行有效的整合，將合作的優勢發揮到最大，而不是在整合中單純的照顧參與者的個別利益。協力夥伴關係可以發揮良好的效果時，會進而促成地方政府的功能改變。而且因為地方治理的需要，就更增強了各方治理參與者的合作與協調。這時候就要更廣泛的開放人民團體的加入，參與治理的運作與執行。地方治理也可以擴大其自治權，讓地方行政有更多的人事權，發揮更多的公共職能。如此一來，治理的結構就會趨於穩固。

綜合上述的狀況後，以**圖14-1**來顯示地方治理網絡的參與者。

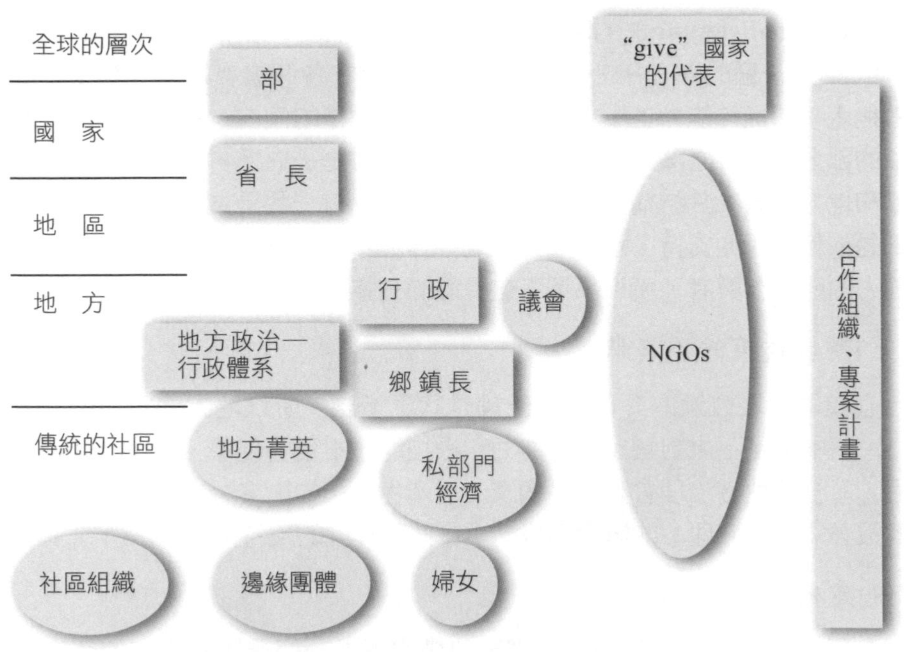

圖14-1 地方治理網絡的參與者

參、地方治理參與者的文化差異

一個組織可以發揮作用，文化在其中扮演一個重要的條件。文化的議題在全球治理的概念中更是重要，因為治理是一種橫跨各種部門、各個國家、各種組織的網絡系統，每一個專案計畫的執行最先接觸到的問題就是文化，治理網絡的高複合性與高複雜度，就是文化多元性與歧義性的呈現，而地方治理更將這一個議題推到迫切的地位，因為，如果不能妥善處理地方、地區的文化，接下來，治理的推動勢必舉步維艱。

文化的議題在地方治理的探討中，會遇到的第一個對象是企業文化，也有稱其為組織文化者。當然，更重要的就是行政文化。在一些地方行政改革的案例中，有一些遭遇到挫折而停擺的改革案，就是忽略了行政文化的要素，使得改革無法繼續往前推進。所以從許多的經驗累積中得知，行政改革成功的核心要件就是行政文化，甚至於有直接稱其為「文化財」，和「錢財」、「社會財」等名詞並稱，認為行政文化是組織改革與組織發展的重要資財。[12]所以UNDP論及治理時就提別提出警語：「要考慮現存的文化DNA」、「要考慮心智模式」（Mental Modell）。[13]

公共行政是地方治理的參與者之一，近年來公部門也提倡企業性精神，行政文化也應該向企業文化來學習，所以兩種文化是否融合或產生影響，則是一個需要觀察的議題。

一、文化差異

發展中國家逐漸注意到組織文化是組織效能的重要因素，所以在討論發展政策的失能情況時，批判的矛頭就指向了行政文化。當地方治理推行之後，行政文化一方面要面對失能責任的指摘，另外一方面還需要面對其它地方治理的參與者的對話、補充與取代，所以文化的問題演變到後來，就變成行政文化必須擴大，成為地方治理所有參與者的組織文化，這時候就有幾個組之間的文化課題要解決：

1.地方治理參與者的各個文化如何彼此相容？
2.對應治理網絡內的合作，組織文化的開放程度應為何？
3.是否可能形成一個網絡文化？
4.各個地方治理文化間可否形成國家治理文化？

上面的第4個問題已經觸及到國家與全球化的層次，也就是地方治理可以將其效果延伸到全球治理的概念，這是最後階段的課題。但是地方治理的開始，必須循序漸進的從第1個問題著手，研究治理參與者各個文化的差異、相容性等問題，解決文化衝突、文化碰撞（Clash of Cultures）的難題，舉例言之，在非洲多哥（Togo）共和國發生一個事件，就是豪雨造成水患淹沒了一個市場，地方的傳統領袖認為是天氣的神祇作了有利人民的事，不必擔心。而地方省長則希望將排水管加以改善。兩種地方治理的參與者有著截然不同的宇宙觀，[14]使得這個事情的處理變的複雜起來。像這樣的案例，在發展中國家經常發生，而且普遍的趨勢繼續朝向著傳統結構那一邊傾斜，對發展政策的推行就極為不利。目前對應傳統文化的策略有許多種，如排除、不加管制的二元制、控制下的二元制、和整合等，其中整合的方法採取和諧的方法，使雙方趨於一致，世界銀行的觀念比較接受這一種處理策略。

二、部門間的文化

地方治理會遇到第一部門的行政文化和第二部門的企業文化，機關和企業有文化的差異，二者間的關係應如何處理？依照前面提到的整合、和諧的觀念來推想，認為這種部門間的關係應該採寬鬆的態度來對應，將其是為企業間的聯盟即可。當然應該協調一致到什麼程度？程度如何確定？這些問題沒有確定的答案。但是可以確定的是：如果合作的密度愈高，就必須要求有更高的相容性。而且不僅止於行政和企業文化的關係，相容性的範圍還得擴大到包括第三部門（如：NGOs、NPOs等）。

三、部門內的文化

在每一個部門的內部也存有文化差異的現象，例如以公部門來說，府際間會有文化的不同，各部會裡也會有文化差異，各機關的公務員在不同的任務、背景、立場之下，機關文化的差異性就很大，所以在公文、對話、會議中就有相左情形。[15]對於這些府際間和部會內的文化差異情形，處理的最佳方法就是予以整合，讓差異的情況在整合中慢慢的透過時間來磨合，而且急切不得。

在社區的部門內文化差異問題也是很大的，例如慈善團體、教會、基督教會、天主教會、佛教團體、義工團體等，在地方治理的總目標下協同合作，其實每一個團體都有自己的組織文化和組織價值觀，能彼此無間的合作，靠的還是整合的工作，求同存異來克服文化差異的問題。

四、不同文化的合作

組織文化的不同是可能存在的，但是不能阻礙合作的進行。地方治理網絡的建立，以及是否有效的運作，必須仰賴各種組織文化間的協調與合作。不同文化間的調適與相容，必須要加以調和使協同一致。

組織文化可以做各種不同的分類，在面對地方治理的時候，文化的網絡合作就非常的重要。文化的結構面，可能呈現的狀態是優點或弱點、內部導向或外部導向、拘謹或彈性、封閉或開放、單一或多元等。文化網絡合作時如果是呈現弱點，就可以得到互補，是外部導向、彈性、開放與多元時，就有較高合作的可能性。

行政文化、企業文化、NGO文化、或社區文化等，在治理網絡下，有一個目標就是建立共同的網絡文化，使參與者有共同的心智合作基礎，這樣才會有成功的互動，並且創造共同政策導向的學習流程。

文化網絡的基礎就是信任，這是合作所必須具備的。有了信任才可能降低互動成本，信託與代理間問題的尖銳性才可能化解。信任之所以重要，是因為在各個部門之間如私部門市場經濟和公部門的規範體系之間，並沒有正式化的制度，只有靠著信任與信賴來發揮功能與強度，而信賴與信任又必須在利益衝突和競爭的條件下形成，有一定的難度，但也是效能和創意的來源。[16]

肆、行政文化改革

在發展中國家的行政改革中，組織文化可以扮演什麼角色呢？在地方治理中組織文化的內容又有什麼影響力呢？這些問題的解答必須進一步的探討組織文化的作用。

組織文化的內容是構成文化類型的要素，不同的地方、地區、國家就有不同的組織文化，例如非洲、拉丁美洲、亞洲的文化就明顯的不同。不同的區別，如果用概括的方法加以區分的話，約可分為三種，即現代的、繞射的和傳統的（如圖14-2）。

一、現代的文化模式——C光譜

圖14-2中兩條斜線區分成三塊光譜，最右邊的C區塊是「現代的」文化模式，包含了官僚理想型和新公共管理兩部分。C光譜中有“give”的國家、發展合作組織、NGO等。

在C光譜中主張，行政文化和組織文化應該做某種調適，來符合新公共管

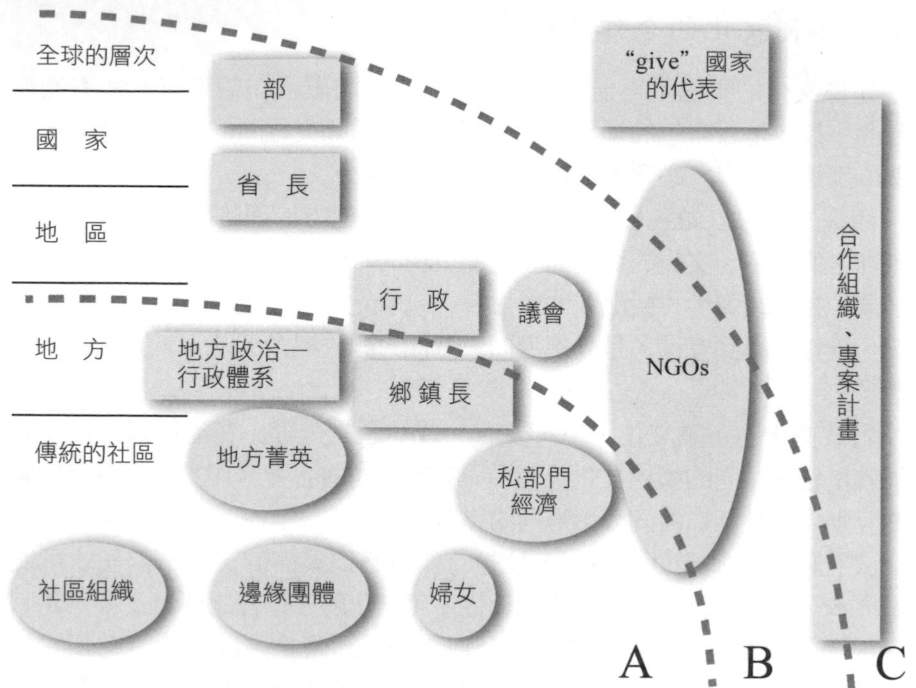

光譜C的部分：現代的（官僚體系和新公共管理）
光譜B的部分：繞射的（prismatisch）（傳統的但是具備官僚形式）
光譜A的部分：傳統的

圖14-2 地方治理網絡的文化分類

理。這一個主張遭遇到一些批評。至於新公共管理或官僚理想型哪一種組織文化較佳，這一個問題不容易有標準的答案。但是可以想見的，官僚理想型的優點，如精確、可預期、規範性、非人稱化等，如果結合新公共管理的優點，如創意、創造性、團隊合作等，就是非常理想的型態。為什麼官僚理想型要結合新公共管理呢？因為新公共管理不主張官僚的行政「高權」（Hoheitlich），而行政高權常常提供官員逾權尋租的機會，貪瀆的行為就在此萌芽，所以「現代的」文化類型會主張官僚理想型結合新公共管理。反過來說，新公共管理需要官僚理想型的內容，因為在發展中國家有所謂的「感情經濟」（Economie of Affection）如非洲，還有人際關係是最優先的價值觀等，這些都需要在公共行政中建立強固的職業倫理，而新公共管理的聘用制、短期制，對於穩定的職業倫理塑造是不利的。

另外，新公共管理的文化是否就能克服貧窮，這一點其實還有很大的疑問，因為新公共管理的背景中有理性選擇的理論背景，然後衍伸至公共選擇理論，它是一種追求個人利益極大化的一種文化，如此一來，是否會讓地方治理最需要的團結與整合原則被忽略掉，或者將重心從公部門轉移到私部門的社區組織，這些都是值得憂慮的地方。所以，新公共管理也需要官僚理想型的文化作為支撐。

二、繞射的官僚——B光譜

繞射（Prismatisch）一詞由Riggs所提出，[17]係指國家行政從初始融為一體，接下來像光線經過三稜鏡分成各種顏色，行政的分殊化稱為繞射。在B光譜內的行政文化，基本上僅具備官僚的形式，而且界定其為負面意義的官僚，如績效失能、遠離民眾、行政與民眾疏離、官樣文章等，這一種光譜的行政文化，在一些發展中國家常常均可見之。[18]

三、傳統的——A光譜

在A光譜中的傳統文化形式，包含了地方與社區兩個層級，且遠比其他較高層級的為多，從地方治理的角度來看，A光譜的傳統文化形式就更值得注意。事實上，這個光譜中的文化形式還稱不上是一種集體的模式，因為生活和行政組織的運作交錯在一起，還沒有形成一個組織文化。

傳統文化形式在地方治理中的地位愈來愈重要，但是傳統文化的力量很大，而且還有「再傳統化」（Re-Traditionalisierung）的趨勢，地方治理面對的挑戰是很艱鉅的。傳統文化要和現代的改革取得協調一致，需要繼續努力。有識者即提出警告——行政改革一定要排除非洲的治理與領導模式，這個警語是從許多慘痛經驗中得到的教訓。[19]

面對傳統的形式有各種的建議作法，例如：將傳統的要素整合入行政文化中；或者透過競爭導向的恩寵制度，加上公共控制與審查制度的作法，會比專制的體系來的好；或是建議用家族結構來接掌公共企業，種種不一而足的建議，都是希望在個人與集體價值，或競爭與結盟之間得到一個平衡，這樣總是可以使得地方治理可以向前邁進。

四、小結

在上述三種光譜的分類後，可以認識發展中國家的文化內容，對於地方治理概念的推動就是一個機會，可以視情況來進行行政改革或分權化，依照不同的文化組合或地方條件來進行適當的配合，而不是像從前直接將官僚體系移植到發展中國家，或是單方面的提供一套想像出來的方案，那樣最後都無法順利的運作。

發展中國家行政文化的改革工作，非常重要的一點是，要將行政和人民密切的連結起來，讓人民參與，而不是一小撮精英組成的小圈圈，以及技術官僚在那裡推動發展。[20]真正的參與式行政才能使人民和政府不是站在對立的兩邊，文化的傳統才有可能和現代行政文化進行和諧的融合，地方的治理才能夠順利的開展，具體言之，就是讓人民認為這是「他們的」行政，以及「他們的」行政文化，[21]行政改革和地方治理就可能成功。

第三節　綜　論

全球化是一股全球性的洪流，帶來成長的契機和巨大的威脅，威脅到民族國家、民族經濟，和所有被解疆域化的各個領域，威脅意味著解構、摧毀、與挑戰。威脅的範疇幾乎無所不包，最直接受到衝擊的是：

1.全球化政治不僅企圖掙脫工會的以及民族國家的束縛，也就是剝奪民族國家政治的權利。
2.全球化致力於剷除國家任務與國家機器，以實現「最小國家」（minimaler Staat）的市場無政府主義。
3.跨國企業在全球化中獲得了新的權力，它們可以將工作位置出口到勞動成本最低廉的地方；它們也可以將產品和服務拆解開來，分別在各地生產以追求最大的利潤；他們在民族國家和生產地之間挑撥離間，玩全球性的殺價，來獲得最低稅率和最有力的基礎結構服務，[22]對「較貴」和「敵視投資」的國家予以懲罰。而以上所有的活動通通沒有經過議會的提案與討論，亦沒有政府的決議，沒有法令的修訂等等，而且完全不需要經過公眾的討論。

在以上所指稱的全球化衝擊下，最後的結果就產生了贏家與輸家。贏家大贏特贏，並且在經濟、政治、社會各領域中獲得了「自我統治」（Eigenregie）[23]的絕對優越地位，民族國家則被打倒在地。輸家必須為流失的工作位置、減少的稅收買單，並且支付所有社會福利和維持民主體制的開銷。輸贏來往之間造成差距拉大、鴻溝加深，造成難以逆轉的困局，於是批判全球化的聲浪不斷高漲。

壹、全球化贏家與輸家的論辯

全球化造成的威脅當中，和人類基本生存最直接相關的部分是收入與社會福利。依照UNDP發展報告的資料來看，全球最富有的30個工業國家（OECD）和最窮的49個發展中國家（包括了非洲和拉丁美洲的國家），人均所得的差距逐年的擴大。產生這個現象的原因是什麼呢？是因為全球化而造成的呢？或者不參與全球化而導致的呢？對於全球化的批判者而言，禍首當然是全球化，而富裕的工業國家都是被告，是全球化的贏家，從自由貿易和全球經濟的聯結網中大量獲利。

然而，**贏家與輸家不等於是工業國家與發展中國家**，[24]全球化造成的衝擊與威脅是全球性的，每一個國家都不能倖免。世界銀行在2000年的實證調查中，否定了發展中國家就是全球化輸家的論點，而且事實剛好相反。從1980年代和1990年代的二十年間數據觀察，能夠整合成功的發展中國家／全球化者，它們的個人平均所得幾乎達到兩倍的成長，和全球化的工業國家情況相同。所得的分配情況也是一樣。相反的，最窮的49個國家則在過去的二十年間情況非常悽慘，它們沒有參與全球化的活動，或者只有非常少的部分，這些國家的個人平均所得顯示的是零成長，甚至於比二十年前更倒退。[25]

世界銀行的報告引起了許多的批評，批評的理由包括分類和方法論的問題、因果的問題等，認為經濟成長的決定性因素包含廣闊，可能是國家內部的改革，也有可能是制度的改善、良好的法律規範、政治的穩定性、市場經濟的發展、宏觀經濟的調控成功等等不一而足，所以全球化可能是果，其他的決定性因素才是原因，世界銀行的報告將因果關係顛倒了。

對於沒有全球化國家的低經濟成長率，新古典經濟學提出了他們的看法。依照新古典主義的觀點，開放市場、參與全球的貿易，可以為國家帶來許多的優點，因為這樣他們比較能接近各種因素的實際價格，帶來經濟的成長率，提升國民平均所得。新古典主義還提出了「路線依賴」的學說，認為國民經濟和路線依賴有密切的關係，也就是說有許多發展中國家被他的各種條件所束縛，例如文化、傳統、制度、甚至於地理位置（如接近赤道），所以市場開放就比較緩慢，甚至於失敗。對於「全球化成熟度不足」的國家，如非洲或南美洲，又被內戰、貪瀆、經濟衰敗所拖累，以致於比二十年前更落後。

全球化的輸家中也包括了工業國家，他們最嚴重的問題就是「工作輸出」（Job Export），因為工廠外移或是外包給國外的工廠，導致於工作機會的外流，此稱之為global outsourcing，外流的工作不是只有藍領的工作機會，其中也

包括了白領的工作機會，如資訊管理、財務分析、電話業務等等不勝枚舉，有稱此現象為「延長的辦公桌」（verlängerte Schreibtische）。[26]工作外移對工業國家最直接的影響，就是失業率的提高。如果工業國家的生產力與競爭力不能維持尖端的水平，失業率還會不斷的提高，製造業也會繼續的崩塌。

對於生產外移的情形，工業國家或許可以自我安慰，認為那些外移的工作技術水平較低，對本國沒有太大的影響。但是失去的工作位置，並不能用社會保障措施來彌補。這一個部分當然不屬於全球治理的任務，而且還是民族國家的政治義務，必須去制定社會政策、勞動政策等，加強國家在教育方面的投資，強化企業的人力資源等。最後的責任還是要由民族國家來承擔。

貳、問題思考與治理方向

在全球化的經濟世界中，有大國與小國的競爭、有企業集團與地方企業的競爭、有強大的貿易聯盟與單一國家的競爭、還有工業國家、發展中國家、轉型國家彼此間相互競爭等。競爭的局面造成了錯綜複雜的互動關係，也產生了彼此相互依存又對抗的危機，以及市場占有率的奪取。在以上高度競爭的背景下，要求全球化的參與國家都能夠獲得平等的機會，有相同的出發點、談判與競爭條件等，事實上在多數的情況下是一種夢想。全球化的問題最主要以及最前端的問題就是世界經濟，在思考這一方面的問題時，全球治理必須提出一些具體的方向，可以解決／或緩解這些困境，當世界經濟因為全球化而陷於激烈的競爭時，全球治理最緊急的任務，就是要去建立一些「公平的」條件出來，讓每一個參與全球化的國家得到良好的發展機會。以下茲就數點分析之如後。

一、保護主義

在世界貿易與談判的領域中，存在著一些貿易大國的農業保護主義，如美國、歐盟與日本，以及加拿大、瑞士等。雖然世界貿易組織（WTO）的會員國，在過去十多年間已經形成了全球化的一個堡壘，堅定的維持全球化貿易的進行。但是碰到這些農業保護主義的強權，WTO也被逼的同意訂定農業「例外規定」。在保護主義之下，對於許多「敏感的」農業產品，可以訂定阻擋性的高關稅、嚴格限制進口額度、直接補貼國內的產品、或出口補助，再加上一些隱藏性的關稅貿易壁壘。在這一些措施採行之下，發展中國家幾乎沒有與其競爭的機會，也沒有管道可以進入市場，更糟糕的一點是，農產品又是這些國家惟一的發展資源。演變到後來，許多的發展中國家對工業國家（OECD）的進口關稅也大

幅提高，而且在第三世界國家內部也產生了各種貿易限制作法，造成「南—南保護主義」（Süd-Süd Protektionismus），就是發展中國家對發展中國家相互實施的保護主義。

反傾銷的條款本來是用來解除貿易限制，但是卻被濫用作為保護主義的工具，並且常常拿來對付發展中國家。後來WTO有了一致的共識與措施，規定反傾銷稅基本上只能用在一個情況，就是國外出口產品的價格政策，會導致國內經濟損害的結果者，可適用之。

全球化的批評者認為現在世界貿易秩序有非常多缺點，都是和WTO有關，所以有一個英國的非政府組織Oxfam International，提出了一個響亮的口號——「讓交易公平」（Make Trade fair！），這是目前所有全球化的批評者都能夠接受的目標。更重要的是，在全球治理的立場來看，治理的政策在這裡應該有更寬廣的作為，來超越那些巨大的經濟貿易壁壘及其行為，將市場開放給所有全球化的參與者，並且透過這個方式來強化世界多邊的貿易體系。

以上針對全球治理政策提出建言與鞭策的話，其實目標並不是沖著WTO而來，真正的對象是針對那些WTO裡面強大的、以及具有影響力的會員國。如果全球治理政策能夠改善目前世界貿易的障礙壁壘，關鍵之所在還繫於那些貿易與談判的貿易強權國家身上。

二、談判

全球化中有一個嚴重的問題，就是發展中國家沒有談判的能力。所以全球治理的一個重要的任務，就是要強化這些國家的談判能力，讓它們有能力來面對那些超國家的機構，如WTO、IMF與世界銀行等。因為這些國家派出來的談判代表，和WTO談判貿易協定、和IMF談判信貸政策，以及和世界銀行談判結構調整政策時，都一再證明了他們在這一方面的能力薄弱，不能夠表達他們國家的特殊問題，也無法爭取他們的特殊需求，原因在他們沒有足夠的人才，貿易代表也沒有足夠的專業知識。再加上發展中國家與超國家機構兩者之間，存有借方與貸方的關係，也就是有發展援助、貸款延期、外債的信用保證等等，使得發展中國家在談判上和意志貫徹上，處於不利的地位。

世界貿易組織和關貿總協的決策中訂有共識原則，每一個會員國有否決權，但是最後工業國家都能夠在「共識」中，來貫徹其所保護的利益，這一個情形一直延續到2003年9月，Cancún的WTO會議中才有了轉變，在一些已開發國家的大國中，如中、巴、印、俄等國參加的G20，組成了一個所謂「第三世界的律師團」，提供巨大的反抗力量，對抗工業國家所倡導的自由貿易與開放的主張。

自此以後，貿易的談判就更加艱困，2007年在多哈回合中所達到的結論，還是有許多的問題。所以全球治理政策中主張的「多邊文化合作」，事實上和理想還有很大的距離。

在1990年代的十年間，國際貨幣基金會（IWF）和世界銀行的信貸給付政策遭遇到許多的批評，因為這個政策係以「華盛頓共識」（Washington Consensus）為原則，在提供信貸的時候，會要求借貸國實施經濟政策的改革，改革的標準是極度的自由化、市場決定等等經濟政策，其中包含了一些重要的元素，如自由化、民營化、解除市場管制、強化私部門等。這一些要求對借貸國而言確實是強人所難，硬拿不合的鞋子，強迫他們穿上，造成了削足適履的結果，這整套的政策與概念就遭來了強烈的批評。因為強烈的批評以及成效不彰的結果，至1999年底WTO的金融機構在大方向上做了一些調整，將他們的主要任務瞄準「對抗貧窮」和「協助經濟成長」這兩大項，並且加強和這些國家的連結，將這些國家納入IWF和世界銀行的發展協助計畫中（如前面各節所述之各項發展計畫），逐步的來建構多邊的合作文化。發展的情形在上述各節中的OECD、SIGMA、Maghreb、發展中國家等，全球治理／善治的概念均落實的在推動中。

三、金融市場全球化

世界經濟全球化以後，金融商品如基金、股票、債券、借貸市場等的自由化，發展的非常快速，接下來就產生了致命的後果。在統計上從80年代以來爆發的金融危機和債務危機，已經囊括了大大小小的國家，到了90年代仍方興未艾，墨西哥、亞洲金融風暴、俄國、土耳其、阿根廷、巴西等，延續至今，金融市場全球化的危機更是排山倒海而來，金融海嘯、次貸風波、歐豬國債高築、調降信評等，區域性或單一國家的金融與債務問題，在在通過全球化而產生了感染效應，進而擴大影響到全球的範圍。

上述所提到的國家金融與債務問題，導致國家的總體經濟受到極大的衝擊，研究的結果都將危機的源頭指向金融市場全球化。因為資金可以在短期內快速的流入與流，就會使原本就已經存在的國家金融問題更形惡化，並且很容易催生金融泡沫，然後隨時都可能產生泡沫化的金融危機，增強貨幣的混亂。對於低開發國家的金融市場或弱勢的金融機構，碰到各種金融風暴的衝擊，都難逃重傷的命運，這就是金融市場開放所必然導致的結果。

有鑑於此，國際貨幣基金會與其他金融機構，就在信用保證和存款保障方面提供更多的協助，來穩定世界的金融體系，並且提供更多的支持力量，來充當國際的金融建構顧問，提供給單一國家協助，改善其國家金融系統的建設，

如金融監督、規範、與制度的建立，來防範資本市場全球化可能帶來的危機。另外一方面還加強全球的合作，由許多國際的集團提供金融基本架構的建設，幫助各國，這些國際集團有「巴塞爾銀行監督委員會」（Baseler Ausschusses für Bankaufsicht）提供的「巴塞爾二號行動」（Basel II-Aktivität），或「財金市場穩定論壇」（Forum für Finanzmarktstabilität）等。[27]這一些集團的努力也逐步的得到一些成果，對於全球財金市場的危機狀況提供了很多協助。

四、小結

從上述金融市場的協助案例可以看見，金融的多邊合作文化有了不少的進步，IMF和世界銀行的政策採取的政策新方向，努力的強化全球金融市場的合作，這些都是進步的表徵。但是不能忘記的是，在許多其他的領域還有非常嚴重的問題，其中最突顯的案例就是世界貿易中的保護主義，以及在互動關係中成為全球化的輸家，以及輸家因而必須面對的難題等。全球治理的目標，就是致力於謀求全球的富有國與貧窮國家之間，能夠達到公平的利益均衡。這一個目標還需要往後繼續的努力。

參、全球治理的展望

一、從全球化開始

前面所提到世界銀行的報告，在方法論上遭遇到外界不少的批評，但是沒有新的實證研究報告提出來前，世銀的結論仍然是不能動搖的。也就是說，全球化是有必要的，世界各國都應該參與全球化的過程，因為全球化對經濟成長和對抗貧窮是有激勵的效果。

對那些還沒有／或只有低度全球化的國家，他們很希望瞭解的問題則是：全球治理的政策可以提供他們什麼幫助？讓這一些國家能夠具備「全球化的成熟度」？這個問題的答案也很明確，就是——要加強全球的合作與諮商的協助，來改善各國相關制度的配套，確保全球化參與國家總體經濟的穩定性。

全球治理要克服面對的難題，首先必須克服國家本身各種政策上的問題，並且打破自我約束、自我羈絆的各種內部的藩籬障礙，這個前提要求確實有相當的難度，但是非全球化的國家必須願意解決所有內政上的問題，它才能順利的融入全球化的運動，並且讓全球治理的行動來協助它的發展。這也就是前面提到「世界經濟的全球化」就是「多邊合作文化」的意思所在，必須當事國有合作的意願與努力，全球治理才有發揮其影響力的空間。

世界貿易和全球資金流動是全球化最核心的動力，這股動力催生了經濟的、社會的、文化的，以及政治的全球化。全球化的超國家、解疆域、解社會的力量強大無比而且無遠弗屆，對國家、地區、地方造成巨大的衝擊，接著製造了無數的全球化問題。全球化的問題除了要靠超國家的組織或機構來解決，更重要的還是需要民族國家／單一國家來處理。這個情境下的解決方案，國家的做法勢必和過去的傳統有所不同，這時候「治理」的概念就出現了。

二、「治理」衍義

從上述各節對治理的討論中知道，截至目前為止治理的概念還沒有統一的解釋，但是被廣泛的使用而且不會困擾。這就表示了治理的概念有多重的意涵，而且還在持續的發展中。

從OECD和世界銀行的定義中，治理的概念大約包括了幾個面向，約如下：

(一)治理是對績效體系的一種支持

績效體系包括了所有的機制與制度，可以解決整個社會的問題，進行資源的分配，確保人民的生存機會、權利和義務。其意義的演進在不同時期約為：

1.在50年代到70年代之間，是「制度建構期」（Institution Buildung），新的國家組織和專案組織一一建構完成，可以針對社會問題進行技術的、有效的管理。

2.到了80年代，則進入「制度發展期」（Institution Development），就是對現有的組織給予支持和協助，以提升其效能，提高組織解決問題的能力。

3.80年代中期開始對組織的角色有所質疑，認為國家在發展過程中應該扮演恰當的角色，於是就出現了「善治」的要求。認為制度與組織不僅僅扮演承擔者與行動者的角色，更需要對國家的經濟、行政與政治進行操控，來提高績效體系解決問題的能力。[28]

4.90年代治理的概念更趨於成熟，認為機構與組織應該多樣化，可以提供社會的行動者參與、互動或自主的機會。在國家與非國家的支持網絡中，以任務的達成為目標。這就是提升網絡解決問題的能力，是一種「制度的安排」（institutionelle Arrangement）。[29]

(二)治理是規範政策的總名

從世界銀行對善治的定義中可知，善治／治理的工作範疇與行動對象包括幾項：

1.完成國家的任務及其改革：強化效能、有效的民眾參與、地方利益衝突的管理、公共行政的分權化、對國家、市場與社會的任務重分配、政府的功能改革等。
2.公共行政的效能：透過改革提升行政效能、打擊貪瀆。
3.法律：建立法治性、尊重人權、維護價值體系和法律體系。
4.民主：鼓勵政治參與。
5.支持社會市場經濟。

(三)治理是發展導向下的國家操控能力

治理是強化國家的發展導向，它可以從政策的三個層面來敘述：

1.政策的設計與制定：納入非國家的行動者、具備表決與決策流程、以及流程工具如問卷等、凝聚力的確保。
2.政策執行的組織：建構執行公共政策的組織、活化第三部門、政策合理化的策略。
3.政策的執行：透明、[30]可以接受檢驗的流程與方法，去除官僚的障礙。

三、治理相關名詞

從治理概念衍伸出來的幾個名詞，也是非常重要的，分別為：

(一)都會治理

依照伯明罕大學對**都會治理**（Urban Governance）所下的定義為：「就廣義而言，都會治理包括了NGOs、社區的組織、以及私人的行動者，它可能是中央政府或地方政府。關鍵重點是，在不同的機構間運作，就要考慮是否由正式的政治行政流程來執行，或是透過非正式的互動來達成」。

(二)地方治理

在國家、市場與社區三個部門中，依照比較的結果，如果分權化有較多優點者，就可以採行**地方治理**（Local Governance）。這是一種「制度的安排」與

「制度多元化」的思考與作法。[31]

在推動「地方治理」的時候，會遭遇行政上以及組織文化上的一些挑戰。因為，從傳統的「地方政府」轉變為「地方治理」，是一種政權結構的改變。「地方治理」的結構，是將各個部門的執行者整合起來，並且統合運用各部門所提供的資源，由網絡執行者一起合作來操控地方政治，而不是僅限於既有的官僚體系。原來地方上的政治與行政人員只是這個網絡的一部分，居間扮演著推動和催化的角色。

其次，「地方治理」會帶來許多對應關係的改變。例如：對利害關係人與互動夥伴的關係，將以契約的關係替代階層化的關係；以競爭來替代管轄關係；從原來單向的隸屬關係轉為互動的合作關係，或共同生產的關係；公民變成顧客，或是共同生產者。

四、全球治理

全球化的論述通常有兩條路線，第一條路線是國際組織／或機構，如聯合國、世界銀行、國際貨幣基金會、OECD、SIGMA等，對於全球需要幫助的地區或國家，進行發展合作的計畫，使用的核心概念就是「治理」。第二條論述路線是，一個民族國家踏上全球化的道路後，將面臨機會與風險，機會是民族國家得到跨疆界的發展利基，風險則是全球化帶給民族國家政治的、經濟的、社會的、文化的衝擊。面對全球化的衝擊，因應之道的核心關鍵詞，還是「治理」。所以總結這兩條論述路線可知，**全球化議題的興起，帶動了「治理」概念的形成與發展。其實，這裡所指稱的「治理」，就是「全球治理」**。

「全球治理」是什麼？就概念而言，**「全球治理」是「一種世界性的規範政策」**。「發展政策應該將全球化的過程，引導向社會的以及環保的市場經濟的框架中」。[32]

就內容而言，「全球治理」大約可以理解為：在所有的層面上建立永續的政策流程，改善其能力，其範圍從地方到全球，從計畫到未來的事務領域，如技術、社會安全、永續的環境與資源的經營等。

「全球治理」的概念脫胎於「治理」。如果從「治理」的角度看「全球治理」的話，**「全球治理」的本質就是——國家與國家間、國家與非國家的行動者間的，一種合作關係的安排與處理，然後針對國際的、國家的、次國家的，各種層次的全球性問題，來尋求解決之道**。在這樣一種全球治理結構下的國家扮演什麼角色呢？為了因應全球化的挑戰，民族國家有了一個新的角色，它必須轉變為一個——「現代化的、提供動能的主動國家；並且發揮創造性的、有定向與定位

能力的、控制的功能；對於國家的、地區的、地方的各個層面都有操控與管理的潛能；以及解決問題的能力」。民族國家並不會因為全球化的解疆域化而消滅。相反的，**民族國家的主要角色，在國際政治上仍然是一個主要的行動者，而且在各個不同層面運作時扮演鉸鏈的功能，讓國家的每一個零件部分串聯成一個整體。這一個鉸鏈的功能也發揮在所有的社會行動者之間，以及國家和非國家的行動者間**。

「全球治理」是一種全球性的規範政策，發展政策對這種規範政策的建構幫助很大。透過發展政策的推動，可以將全球化的過程引導至社會的、環保的市場經濟框架中，並且將這些原則推廣到國際上一體通用，ISO14000系列的環保認證標章就是一個很好的例子。一個社會——環保市場經濟導向的規範政策與經濟政策，可以提升各國全球化過程中的競爭利機，同時減少全球化的風險，使全球化的參與國家在社會上與經濟上有良好的發展，也可以讓發展中國家在全球化中抓到良好的機會，加速他們的制度與結構的改良，協助他們克服變革與調整期間的壓力。在世界經濟發展的同時，也可以和人類生存的自然環境取得最大的和諧。

「全球治理」可以透過一些方法來實施其目標，例如訂定國際競爭法、國際爭端解決法、國際稅務體系，或是在貿易和投資方面，導入國際環保標準、社會標準等，都是未來可行的具體道路。

「全球治理」的規範政策必須由世界各國來共同承擔，現在的國際問題，已經不是先進工業國家可以單獨解決，氣候暖化就是一個最好的例子。很多新興國家都被要求，必須分擔全球治理的責任。對新興國家來說，這是一個很大的負擔，因為單單是國內治理就搞不定，遑論參與全球治理。舉例來說，聯合國在巴里島召開全球氣候變遷會議，主辦單位請印尼財政部長穆里亞妮（Sri Mulyani Indrawati）主持其中一場會議，結果部長發現部署對這個議題完全不熟悉。[33]所以，「全球治理」的推行，對發展中國家或新興國家而言，也是一個成長學習的機會與平臺。

「全球治理」的目標在改善世界貿易的基礎條件，去除貿易的障礙，提供諮商與協助，讓全球化的參與國提升其競爭力，強化機構的以及制度的能力，建立有效能的財務行政（如：稅務、關務），穩定貨幣政策機構，在法治國家原則及法治安定性下，落實有效的銀行監督等，這些都是「全球治理」所注重的目標。

五、善治

「治理」概念的興起背景是：自由市場經濟的成就、民主與法治的重要性、各國普遍公共財政的危機、政府與公共行政貪瀆現象的增加及惡化、政府與國家組織的失能、蘇聯的解體、巴爾幹半島以及非洲的種族衝突，既有發展政策的失敗等原因，促使人們開始探討在全球化的背景下，政府應該如何「治理」，才能解決各種紛至沓來的問題與挑戰，「治理」的概念乃於短時間內迅速形成。

「治理」的本意，就是改善制度與機構的效能，如政府、公部門、NGO、非國家組織等，建構民主法治的制度、有政治參與和決策權、推動市場經濟等，是一種方法與途徑，可以提供民族國家、全球地區、國際組織、地方、企業組織等使用者，所以有各種名稱的治理，如Economic Governance、Local Governance、Urban Governance、Coporate Governance、Public Governancve、Global Governance等，讓人眼花撩亂，由此可見「治理」這一個名詞是多麼的受歡迎，可以符合各種場域的需求，所以「**治理」一辭是一個中性的、具備改善能力、提升競爭力的一種途徑**。

但是在1983年世界銀行研究南撒哈拉沙漠的非洲國家時，「治理」這一個概念第一次開始有了「poor不良的、可憐的」、「bad差的、不好的」意思在裡面。當「治理」概念也包含了「poor、bad」意思後，以上「治理」相關的名詞外，就出現了「Good Governance」一詞，來和負面意義的「治理」做一個區隔，「善治」的概念就形成了。

「治理」的本意當然是希望做「良善的治理」，所以在許多的場合中，「治理」和「善治」的內容會有一些重疊之處。為了明確的理解「善治」的概念，玆列舉下列各項「**善治」的檢驗指標**：

1.**尊重人權**；
2.**人民有參與政治的決策權**；
3.**具備法治國家和法律安定性的保障**；
4.**市場經濟導向和社會導向的經濟秩序**；
5.**發展導向的國家作為**。

更進一步依照世界銀行對「善治」的定義，下列的工作範疇必須包括於其中：

1.國家任務的達成及其改革：改革係指針對國家、市場、社會三個部門任務的重分配，及功能改革而言；

2.公共行政效能的顯現：如稅務改革、財政收支改革、公共服務的改革、打擊貪瀆等等作為，必須具體顯現成效。
3.法律：法治國家、法律安定性的具備、尊重人權等；
4.鼓勵政治參與：支持民主制度；
5.鼓勵與支持社會市場經濟。

歸納來說，**世界銀行認為「善治」的內容應該做到**：(1)**公部門的良好管理**；(2)**國家行為與行政作用具備有責性／以及應受課責**；(3)**資訊透明**；(4)**具備發展過程的法律框架**。

「善治」最核心的部分，就是需要好的政府治理。好的政府治理，可以降低交易成本，包括資金、人力、物力、時間的成本。成本越低，效率就越高，同時不確定性就會減少。低成本、高效率、確定性高，是商業經營的必要條件。商業環境好，就能達到經濟永續成長。所以，政府治理越好，就越能做到永續的經濟成長。這是全球化之下各民主國家必須致力達成的目標。

「善治」對全球化和全球治理而言，最重大的貢獻，就是針對參與全球化的國家給予協助的部分，協助發展中國家／新興國家來進行良好的治理。在這裡「善治」的任務是——支持這些國家的行政績效體系，強化他們行政的能力，幫助發展中國家在社會面、經濟面、政治面能獲得大幅的進步。並且透過制度與機構的建立，幫助這些國家的行政，具備發展、發現問題、解決問題的能力。

總結「善治」的概念，它有三個要求：

1.**良好的政府體系**。
2.**良好的政府施政**。
3.**良好的發展導向政策**。

亦即，「善治」就是「治理」所獲得的榮銜（Prädikat / Predicate）。

註　釋

[1]這一些國家的對外貿易總額中，有50%-70%是對歐貿易。

[2]與突尼西亞簽的協定於1995年3月生效，與莫洛哥簽的協定於2000年3月生效。

[3]請參閱Schäfer, “Bürokratietheorie und Autonomie”, in: Windhoff-Héritier, Verwaltunng und ihre Umwelt, 1987, S.45f.

[4]請參閱Kepel / Gilles / Jihad, “Expansion et déclin de líslamisme”, Gallimard, 2000, S.166f.

[5]請參閱Theres, Jürgen, “Recht und Verwaltung, Unterschätzte Problemfelder einer nachhaltigen Entwicklung”, in E+Z, 1996:3, S.90f.

[6]請參閱Simon, Klaus, “Local Governance nach dem Subsidiarittsprizip in Entwicklungsländern”, in: Bodemer, Klaus(Hrsg.): Subsidiarittsprinzip, Dezentralisierung und local government-Konzep-tionelle Fragen und Fallbeispiele aus drei Kontinenten, Hamburg, 2000.

[7]請參閱Trotha, Trutz von / Rösel, Jakob, “Nous návons besoin dÉtat”, “Dezentralisierung und Demo-kratisierung zwischen neoliber Modernisierungsforderung, Parastaatlichkeit und politischem Diskurs”, in: Rösel / von Trotha, 1999.

[8]請參閱Klute, Georg, “Lokale Akteure des Dezentralisierungsprozesses im Norden von Mali”, in: Rsel / von Trotha, 1999.

[9]請參閱Simon, Klaus / Neu, Bernadette, “Neue Impluse fr die Dezentralisierung in Chile: Machtzuwachs lokaler Aktuere und politische Lernprozesse”, in: Bodemer Klaus(Hrsg.): Subsidiarittsprinzip, Dezentralisierung und local government-Konzeptionelle Fragen und Fallbeispiele aus drei Kontinenten, Hamburg, 2000.

[10]請參閱Steinich, Markus, “Subsidiaritätsfrderung als Beitrag zur Armutsbekämpfung in Entwicklungslndern”, Mnster, 1997.

[11]請參閱Amanor, Kojo / Annan, Joe, “Linkages between Decentralisation and Decentralised Coopera-tion in Ghana”, (ECDPM Discussion Paper9), Maastricht, 1999.

[12]請參閱Portes, Alej / Landolt, Patricia, “Social Capital: Promise and Pitfalls of its Role in Development”, in: Journal of Latin American Studies 32, 2000.

[13]請參閱UNDP, “Factors to Consider in Designing Decentralised Governance Policies and Programmes to Achieve Sustainable People-Centered Development”, New York, 1998.

[14]請參閱Rejine, Miriam / Rouveroy van Nieuwaal, E. Adriaan van, “Illusion of Power. Actors in Search of a Prefectural Arena in Central Togo”, in: Rsel / von Trotha, 1999。

[15]請參閱Rmer-Hillebrecht, Sven, “Verwaltungskultur: ein holisticher Modellentwurf administrativer Lebensstile”, Baden-Baden, 1998.

[16]請參閱Lane, Christel, “Introduction: Theories and Issues in the Study of Trust”, in: dies / Bachmann, Reinhard(Hrsg.): Trust within and between organizations. Conceptual issues and

empirical applications, Oxford, New York,1998.

[17]請參閱Riggs, Fred W., “Administration in developing countries: the theory of prismatic society”, Boston, 1964.

[18]請參閱Fritz, Joachim, “Verwaltungspapier Benin. Das politisch-administrative System der Republik Benin.”, Deutsche Stiftung fr internationale Entwicklung. Reihe Verwaltungspapiere, Bad Honnef, 1998.

[19]請參閱Rosario, Arthur Domingos do / Weimer, Bernhard, “Decentralization and Democratization in Post-War Mozambique; What Role for Traditional African Authories in Local Governmenr Reform. Paper 14th Congress of the International Union of Antropological and Ethnological Sciences”, Williamsburg, Virginia, USA, Maputo, 1998.

[20]請參閱Kiely, Ray, “The crisis of global development”, in: ders. / Marfleet, Phil(Hrsg.): Globalisation and the Third World. London / New York, 1998, p.38.

[21]請參閱Simon, Klaus, “Local Governance und Verwaltungskultur in Entwicklungsländern”, Speyerer Forschungsberichte 219, 2000, S.119.

[22]跨國企業可以在一個國家生產，在另一個國家繳稅，在第三個國家要求它的政府錢改善基礎建設、投資環境與經濟結構。

[23]請參閱孫治本，同前書，頁6。

[24]美國歐巴馬總統徵詢全國產業鉅子，如何拯救美國的失業問題。蘋果電腦的賈伯斯回答：「工作回不來了」。因為這些工作在中國大陸用非常低廉的價格生產，美國不可能這麼低的生產價格，所以工作是回不來了。但是，以iPhone的利潤來說，臺灣賺到0.5%，大陸賺到2%，蘋果賺到58.5%。又以iPad為例，臺灣賺2%，蘋果賺30%。當美國失業率人口高升時，蘋果總裁一年配股達113億6,600萬美元。這就是失業率的真相。

[25]請參閱Dollar, David / Aart Kraay, “Trade, Growth, and Poverty”, Paper der World Bank Development Rearch Group, Washington, D.C., 2001。以及Collier, Paul / David Dollar, “Globalization, Growth, and Poverty”, ed. By The World Bank, Washington, D.C., 2002.

[26]茲以德國為例，從1990至2001年，每一年平均的工作流失達到10萬個工作機會，造成德國2006年有110萬個失業者。

[27]請參閱Stark, Jürgen, “Das internationale Finanzsystem-Widerstandsfähigkeit und Risken”, in: Deusche Bundesbank(Hrsg.), Auszüge aus Presseartikeln, Nr. 46, 27. Okt. 2004, S.3ff.

[28]請參閱Roger, Karsten, “Zusammenfassende Darstellung wesentlicher Ergebnisse der Tagung, in Grosskreutz”, Hamburg: GTZ, 1991, S.243-260.

[29]請參閱Sülzer, Rolf, “Palastorganisation oder Zeltorganisation. Institutionelle Arrangements in der Technischen Zusammenarbeit”, Eschborn: GTZ, 1991。和Reichard, Cristoph, “Organisationslandschaft in der technischen Zusammenarbeit”, Eschborn: GTZ, 1992, S.23.

[30]世界銀行執行董事穆里亞妮（Sri Mulyani Indrawati），在其「檢驗政府施政的三大準則」中談到，「談到治理，一般人會想到法制與效率。但我認為，公平、公正、公開是政府治理最重要的三個元素。用這三個標準去檢視各國，就可發現問題到底在哪理。而政府施政透明化，則是達到公平、公正、公開的必要條件。」，《見天下雜誌》，484期，2011，頁142-143。

[31]請參閱Steinich, Markus / Fritz, Joachim, "Fachliche Leitlinie-Dezentralisierung, Entwurf", Esch-born: GTZ, 2000.

[32]請參閱Gómez, Ricardo, "Globale Strukturpolitik und Entwicklungszusammenarbeit. Die neuen Heraus-forderungen für die Technische Zusammenarbeit", Eschborn, 2000.

[33]請參閱辜樹仁（2011），〈穆里亞尼：檢驗政府施政的三大準則〉，《天下雜誌》，484期。

參考文獻

一、中文部分

《大明會典》第一至五冊，明萬曆十五年司禮監刊本，國風出版社。

〈荀子・君道篇・第十二〉，《百子全書》（第一冊）。臺北：古今。

〈德國地方政府的組織模式與特點〉，《學習時報》。檢索日期：2009.11.30.

《史記・秦本紀五》。

《孟子・萬章下》。

《孟子・盡心下》。

《抱朴子・審舉篇》。

《明史・選舉志》。

《明史・職官志一》。

《明史・職官志二》。

《唐・六典》。

《孫中山選集》，卷四十八。

《荀子・修身》。

《荀子・儒效篇》。

《清朝續文獻通考》，卷九十三。

《雍正硃批諭旨》第二分冊。

《漢書・平帝本記》。

《論語・為政篇》。

《禮記・樂記》。

《魏書・高祖孝文帝紀》。

方東美（1985），第二章〈生命悲刻之二重奏〉、第四章〈哲學三慧〉等，《生生之德》。臺北：黎明。

王雲五（1967），《岫廬八十自述》。臺北：商務。

王繩祖（1980），《歐洲近代史》（二版）。臺北：商務。

白崇亮（2009），「30年功力磨亮眼光：從被人看到會看人」，〈老闆識人學超強人術〉，《快樂工作人雜誌》。

安德森（2011），〈印度金磚蒙塵〉，《天下雜誌》。

朱偉誠（2005），〈潛規則與陰謀論〉，《中國時報》，94.09.07.，A3版。

朱國斌（1999），〈法國行學研究導論〉，《空大行政學報》，第9期，頁173-207。臺北：空大。

朱愛群（1995），《論公共行政職業代間傳承與行政階層化現象》。臺北：三峰。

朱愛群（2012），《公共行政的歷史、本質與發展》。臺北：五南。

江岷欽、劉坤億（1998），〈紐西蘭政府再造之經驗分析：從人力資源觀點論人事制度改革〉，「跨世紀政府再造」研討會。

江明修、江誌貞、陳定銘（1998），〈臺灣行政倫理之初探：臺北市政府政策規劃人員決策價值之質的研究〉，《中國行政評論》，第7卷，第1期。

江明修主持（2000），朱愛群、黃臺生、蔡金火等參與，「公務人員教、考、訓、用配合制度之研究」。臺北：考試院。

江明修主編（2002），《非營利管理》。臺北：智勝。

牟宗三（1987），《政道與治道》。臺北：臺灣學生。

考試院（2011），〈公務人員考績制度改革評論：澄清與釋疑〉，《公務人員考績制度改革疑義補充說明》。臺北：考試院。

考選部（2005），《各國公務人員考試制度比較研究》。臺北：考試院。

行政院人事行政局編（2011），《世界各國及大陸地區人事制度簡介》。臺北：行政院人事行政局。

何順果（2007），《美國歷史十五講》。北京：北京大學。

余英時（1987），〈漢代循吏與傳播〉，於《中國思想傳統的現代詮釋》。臺北：聯經。

吳定（1992），《公共行政論叢》。臺北：天一。

吳定、張潤書、陳德禹、賴維堯等（2006），《行政學》。臺北：空大。

吳思（2010），《潛規則—中國歷史上的進退遊戲》（最新版）。臺北：究竟。

吳椿榮（1995），《應用文》。臺北：嘉陽。

呂育誠、陳恒鈞、許立一譯（2002），Rosenbloom, David H.、Robert S. Kravchuk著，《行政學：管理、政治、法律的觀點》（*Public Administration*）。臺北：學富。

李一冰（1985），《蘇東坡新傳》（上、下）。臺北：聯經。

李永熾譯（1986），金子榮一著，《韋伯的比較社會學》。臺北：水牛。

李軍鵬（2003），《公共行政學》。北京：首都經濟貿易大學。

李華民（1993），《各國人事制度》。臺北：五南。

李鐵（1987），《古代中央與地方的關係》。北京：光明日報。

沈佩君（1986），「倫理學」解釋，於《環華百科全書》（二版）。臺北：環華。

林昭燦（2006），《美國政府與政治新論》。臺中：捷太。

林鍾沂（2003），《行政學》。臺北：三民。

施能傑（1999），《美國政府人事管理》。臺北：商鼎。

胡康大（1997），《英國政府與政治》。臺北：揚智。

夏鎮平譯（2003），Christopher Politt & Geert Bouckaert著，《公共管理改革—比較分析》（*Public Management Reform*）。上海：上海藝文。

孫治本譯（2002），Beck, Ulrich著，《全球化危機》（*Was ist Globalisierung*）。臺北：商務。

秦・商鞅，《商子輯要》，中國子學名著集成編印基金會印行。

高宣揚（2002），《魯曼社會系統理論與現代性》。臺北：五南。

國家政策研究基金會，「遊說法成效不彰可能之法律原因」，http://www.npf.org.tw/post/1/6715。

張世賢、陳恆均（2010），《比較政府》。臺北：五南。

張孟湧，「民主內涵更要打拼—政治獻金法施行現況與成效之評估」，國家政策研究基金會，http://www.npf.org.tw/post/1/6833。

張明貴譯（1995），Elowitz, Larry著，《美國政府與政治》（*Introduction to Government*）。臺北：桂冠。

張金鑑（1981），《中國吏治制度史概要》。臺北：三民。

張晉藩（1988），《中國古代行政管理體制研究》。北京：光明日報。

清・陳孟雷編，〈明倫彙編官常典〉，《古今圖書集成》（65部800卷），第314卷・禮部，第28本。臺北：鼎文。

許南雄（1994），《各國人事制度》。臺北：商鼎。

陳成宏（2011），2011，〈教育行政「潛規則」之理論探討與概念模式建構〉，《當代教育研究季刊》，第19卷，第3期，頁121-159。

陳明傳等著（2006），《警察行政》。臺北：空大。

陳俊明（2008），〈國際透明組織臺灣總會—臺灣透明組織〉，《法務部97年臺灣地區廉政指標民意調查第二次調查報告書》，頁11。

陳清秀（2009），〈廉能政府與公務倫理之探討〉，《文官制度季刊》，第1卷，第1期，頁115-137。

陳淑芳（1988），《西德措施法之研究—兼論我國之情形》，政治大學法律研究所碩士論文。
陳新民（1994），《行政法學總論》（修訂四版）。自行出版。
傅安平（1985），《公共行政之研究》。臺北：中國文化大學。
單昭琪（1997），〈中國人的行政倫理觀〉，《人事管理月刊》。
湯絢章（1964），〈我國行政改革評議〉，《中國行政》，第2期。
辜樹仁（2011），〈檢驗政府施政的三大準則〉，《天下雜誌》，434期。
黃仁宇著（2002），《萬歷十五年》（增訂二版）。臺北：食貨。
黃光國（1980），〈臺灣的社會變遷與倫理重建〉，《中國論讀》。
黃鉦堤（1997），〈德國公共行政科學的學科結構—歷史結構取向的研究〉，《空大行政學報》。臺北：空大。
黃鉦堤（2003），《當代德國政策條控理論—行動理論與系統理論的爭論》。臺北：翰蘆。
黃鉦堤（2007），《政治學方法論與行政分析立場》。臺北：翰蘆。
黃鉦堤（2011），《縣市意象與縣市合併：社會系統理論觀點》。臺北：翰蘆。
黃榮源（2009），《英國政府治理：歷史制度的分析》。臺北：韋伯。
黃臺生（2003），《公共管理—英國文官體制的再造》。臺北：揚智。
楊幼炯（1963），《各國政府與政治》。臺北：中華。
楊百揆（1987），《西方文官系統》。臺北：谷風。
楊樹藩（1982），《中國文官制度史》（上、下）。臺北：黎明。
詹中原（1999），《新公共管理》。臺北：五南。
詹中原譯（2003），《新公共政策》。臺北：華泰。
詹靜芬（2003），「我國公務人員行政倫理困境之研究：以中央行政機關中級主管為研究對象」，政大公行所博士論文。
雷飛龍（1973），〈第七冊 行政學〉，《雲五社會科學大辭典》。臺北，商務。
編輯部（1978），〈美國的成長〉，《世界文明史13》。臺北：地球。
蔡秀娟（2005），《英、美、加高級文官之考選與晉用制度》。臺北：考試院研究發展委員會。
蔡良文（2003），《人事行政學—論現行考銓制度》（第二版）。臺北：五南。
蔡良文（2007），《考銓人事法制專題研究》。臺北：五南。
閔瓊恩（2002），「公共行政學發展趨勢的探討：三種治理模式的互補關係及

其政治理論基礎」，張金鑑教授百齡誕辰紀念會暨學術研討會，政大公企中心。

錢穆（1952），《中國歷代政治得失》。香港：港九各大書局。

錢穆（1989），《國史新論》。臺北：東大。

繆全吉（1978），《行政革新研究專輯》。臺北：聯合報。

鄺士元（1992），《中國經世史稿》。臺北：里仁。

羅志淵（1964），《美國政府及政治》。臺北：正中。

羅志淵（1967），《現代各國政府》。臺北：正中。

羅孟浩（1975），《英國政府及政治》。臺北：正中。

羅香林（1992），《中國通史》（上）。臺北：正中。

羅慎平譯（1999），Andrew Vincent著，《當代意識形態》。臺北：五南。

關中（2010），〈人民真的認為公務員表現好嗎？〉，《遠見雜誌》。

二、外文部分

Aimo, Piero, “L’influence du modÉle napoleonien sur ládmini-stration italienne”, in Bernd Wunder, Bruxelles, 1995。

Allison, Graham T., “Public and Private Management: Are they fundamentally alike in all unimportant respects”, in: Jay M. Shafritz / Albert C. Hyde (Hreg.), “Classics of Public Administration”, Second Edition, Chicago, 1987。

Amanor, Kojo / Annan, Joe, “Linkages between Decentralisation and Decentralised Cooperation in Ghana”, (ECDPM Discussion Paper9), Maastricht, 1999。

Aquin, Thomas V. 《天主教哲學》，於Wilhelm Weber, “Ethik der Arbeit”, Stuttgart, 1975.

Bartelsperger, “Planungsrechtliche Optimierungsgebote”, Deutsches Verwaltungsblatt, 1996, 2.

Baumann, Zygmunt, “Schwache Staaten, Globalisierung und die Spal-tung der Weltgesellschaft”, in Beck, Ulrich(Hrsg.), “Kinder der Frei-heit”, Frankfurt / M, 1997。

Becher, Gerhard, “Industriele Forschungs-und Technologiepolitik in der Bundesrepublik: Instrumente, Wirkungen und Meßmethoden am Beispiel von Fördermaßnahmen zugungten von kleineren und mittleren Unternehmen”, in: Klaus König / Nicolei Dose(Hrsg.), “Instrumente und Formen staatlichen

Handelns", Köln u. a. 1993.

Becker, E., "Verwaltungsaufgaben", in: Morstein-Marx(Hrsg.), Berlin, 1965, S.187-214.

Behnke, Nathalie, "Ethik in Politik und Verwaltung", Baden-Baden, 2004.

Benz, Arthur / Suck, Andrè "Auswirkungen der Verwaltungsmoderni-sierung auf den Natur-schutz", Natur und Landschaft 82 / 8, S.353-357, 2007.

Benz, Arthur, "Der moderne Staat-Grundlagen der politologischen Analyse", München / Wien, 2. Auflage, 2008.

Berkley, George E., "The Craft of Public Administration", Boston, 1975.

Blasche, Ute G., "richtig entscheiden", Haupt Verlag, Bern、Stuttgart, 2006.

Bleicher, L. u. E. Meyer, "Führung in der Unternehmung", Reinbek, Hamburg, 1976.

Bogumil, Jörg & Ebinger, Falk, "Die Große Verwaltungsstruktur-reform in Baden-würtemberg Erste Umsetzungsanalyse und Überle-gungen zur Übertragbarkeit der Ergebnisse auf NRW", Schriftreihe der Stiftung Westfalen-Initiative, Band 9, Ibbenbüren, 2005.

Bogumil, Jörg, & Werner Jann, "Verwaltung und Verwaltungs-Wissenschaft in Deutschland", VS. Verlag, für Sozialwissenschaften, 2. Auflage, Wiesbaden, 2009.

Bossel, Hartmut, "Modellbildung und Simulation", Braunschweig, Vieweg Verlag, 1994.

Brickenkamp, Rolf, "Personalauslese", & Atorf, Walter, "Personal-ausschüsse(Bund, Länder)", in Handwörterbuch des öffentlichen Dienstes Das Personalwesen, Erich Schmidt Verlag, Berlin, 1976.

Brohm, Winfried, "Beschleunigung der Verwaltungsverfahren-Straffung oder konsensuales Verwaltungshandeln", in: Neue Zeitschrift für Verwaltungsrecht, 1991.

Brünner, "Aufgaben der Verwaltung", in Wenger / Brünner / Obern-dorfer(Hrsg.), Grundrißder Verwaltungslehre, 1983.

Budäus / Eichhorn(Hrsg.), "Public Private Partnership-Neue Formen öffentlicher Aufgaben-erfüllung",1997.

Budäus, Dietrich, "Public Management", in: Gabkers Wirtschafts-lexikon. 14., vollständig überarbeitete und erweiterte Aufl.(L-SO), Wiesbaden, 1997, S.3146ff.

Bugdahl, Volker, "Methoden der Entscheidungsfindung", Vogel Buch-verlag Würzburg, 1990.

Bull, P. E. "Wandel und Wachsen der Verwaltungsaufgaben", in: Handbuch der Verwaltung von Becker U. und W. Thieme, Heft 2.1, Köln / B / München, 1974ff.

Bull, Hans-Peter / Mehde, Veith, "Allgemeines Verwaltungsrecht mit Verwaltungslehre", 7. Aufla., Heidelberg, 2005.

Caiden, Gerald E., "Administrative Reform", Chicago: Aldine, 1969.

Caiden, Gerald E., "The Vitality of Administrative Reform", International Review of Administrative Science, Vol.54, 1991.

Campbell, Colin, "Does Reinvention need Reinvention? Lessons from Truncated Managerialism in Britain", in: Governance 4 / 1995, p.479ff.

Cerny, Philip, "Globalization, governance, and complexity", in Aseem Prakash and Jeffrey A. Hart(eds.), "Globalization and Governance", London: Routledge, 1999, p.189.

Chevallier, Jacques & Lochak, Daniele, op. cit., p.17.

Chmielewicz, K., "berlegungen zu einer Betriebswirtschaftslehre der öffentlichen Verwaltung", in: "Zeitschrift für Betriebswirtschaft", 1971, S.583-610.

Clark, D., "The modernization of the French civil service: crisis, change and continuity", Public Administration, 76:1, Spring, pp.97-115, 1998.

Collier, Paul / David Dollar, "Globalization, Growth, and Poverty", ed. by The World Bank, Washington, D. C., 2002.

Cox, R. W., "Global Perestroika", in: R. Milibrand, J. Panitods(Hrsg.), "New World Order?", Socialist Register, 1992.

Cummings, Milton C. Jr. & David Wise, "Democracy Under Pressure", 5th ed., New York: Harcourt Brace Janovich, 2005.

Dammann, Klaus, "Stäbe, Intendantur-und Dacheinheit", Köln, 1969.

Davis, R. C., "The Fundamentals of Top Management", New York, 1951.

Deckert, Klaus, "Organisation organisieren", Deutscher Kommu-nal-Verlag, Bornheim, 1993:18-19.

Derlin, Hans-Ulrich / Löwenhaupt, Stefan, "Verwaltungskontakte und Institutionenvertrauen", in: Hellmut Wollmann u. a.(Hrsg.), "Transformation der politisch-administrativen Strukturen in Ostdeutschland", Opladen, 1997.

Deutscher Bundestag(Hrsg.), “Schlussbericht der Enquete-Kommission, Globalisierung der Weltwirtschaft”, Opladen, 2002.

Dieckmann, Rudolf, “Problemaufrißzur Verselbständigung von Verwaltungsträgern”, in: Wagener, F., “Verselbständigung von Verwaltungsträgern”.

Dollar, David / Aart Kraay, “Trade, Growth, and Poverty”, Paper der World Bank Development Rearch Group, Washington, D. C., 2001.

Dreier, Horst, “Hierarchische Verwaltung im demokratischen Staat. Genese, aktuelle Bedeutung und funktionelle Grenzen eines Bauprinzips der Exekutive”, Tübingen, 1991.

Dreier, Ralf, “Recht-Moral-Ideologie: Studien zur Rechtstheorie”, Frankfurt a. M., 1991.

Duffau, Jean Marie, “Die École Nationale dÁdministration”, in: Zeitschrift für Beamtenrecht, 1994.

Eichhorn, P. / Friedrich, P., “Verwaltungsökonomie I”, Baden-Baden, 1976.

Eichhorn, Peter(Hrg.), “Verwaltungslexikon”, Nomos Verlaggesell-schaft, Baden-Baden, 1985.見“Laufbahnprüfung”, S.572.

Eilsberger, Rupert u. Detlef Leipelt, “Organisationslehre für die Verwaltung”, R. v. Decker's Verlag, G. Schenck, Heidelberg, 1994.

Ellwein, Thomas, “Einführung in die Regierungs-und Verwaltungs-lehre”, 1966.

Ellwein, Thomas, Konstanz, “Geschichte der öffentlichen Verwal-tung”, in: König u. a., “Öffentliche Verwaltung in der Bundesrepub-lick Deutschland”, Nomos Verlagegesellschaft, Baden-Baden, 1981.

Fehrenbach, Elisabeth, “Der Einflußdes napoleonischen Frankreich auf das Rechts- und Verwaltungssystem Deutschlands”, in: Armgard von Reden-Dohna(Hrsg.), “Deutschland und Italien in Zeitalter Napoleons”, Wiesbaden, 1979.

Fichte, J. G., “System der Sittenlehre nach den Prinzipien Prinzipien der Wissenschafts-lehre”, 1978.

Fijalkowski, Jürgen, “Herrschaft”, in “Evangelisches Staatslexi-kon”, 1975.

Fisch, Rudolf, “Organisationskultur von Behörden”, in: Klaus König(Hrsg.), Deutsche Verwaltung an der Wende zum 21. Jahrhundert, Baden-Baden, 2002.

Fischer, G. / Rieker, J. / Risch, S, “Auf der Couch”, In: manager magazin 6 / 1994.

Forsthoff, E. “Die Verwaltung als Leistungsträger”, Stuttgart und Berlin, 1938.

Forsthoff, Ernst, “Verwaltungsorganisation”, in: Die Verwaltung, Heft 13, hrsg. Von Friedrich Giese, Braunschweig o., 1971.

Frederickson, H. C., “Toward a New Public Administration”, in Frank Marini ed., Toward a New Public Administration: The Minno-wbrook Perspektive, New York: Chandler Publixhing Company, 1971. 1980, “New Public Administration”, Tuscaloosa, Alabama: University of Alabama Press.

Fritz, Joachim, “Verwaltungspapier Benin. Das politisch-admini-strative System der Republik Benin.”, Deutsche Stiftung für inter-nationale Entwicklung. Reihe Verwaltungspapiere, Bad Honnef, 1998.

Gaentsch, Günter, “Aufgaben der öffentlichen Verwaltung-Bestand-aufnahme und Kritik”, Speyerer Forschungsberichte, 113, 3., Auflag, April 1995.

Gaugler, Eduard, u. a., “Erprobung neuer Beurteilungsverfahren”, Baden-Baden, 1978.

Gawthrop, Louis C., “Public Service and Democracy: Ethical Impe-ratives for the 21st Century”, New York, u. a., 1998.

Giddens, Anthony, “Jenseits von Links und Rechts”, Frankfurt / M, 1997.

Gilhuis, Piet u. a., “Netotiated Decision-Making in the Shadow of the Law”, in: Boudewijn de Waard, Negotiated Decision-Making, Den Haag, 2000.

Glasl, Friedrich, “Verwaltungsreform durch Organisationsentwick-lung”, Verlag Paul Haupt, Bern und Stuttgart, 1983.

G'omez, Ricardo, “Globale Strukturpolitik und Entwicklungszusam-menarbeit. Die neuen Herausforderungen für die Technische Zusam-menarbeit”, Eschborn, 2000.

Gore, A., “Businesslike government: lessons learned from America’s best companies”, Washington, DC, National Performance Review, 1997.

Graicunas, V. A., “Relationship in Organizations”, in: Persons on the Science of Administration, hrsg. V. L. Gulick u. L. F. Urwick, New York, 1937, S.181-187.

Grand, Julian Le / Bartlet, Wil, “Quasi-Markets and Social Policy”, Hound Mills u. a. 1993.

Greve, Carsten / Jensen, Lotte, “Central Government reforms and best pratice: The Case of Denmark”, in: Werner Jann / Christoph Reichard(Hrsg.), Central State Government reform: An International Survey, Washington, D. C., 2000; Greve, Carsten, “Exploring Contracts as Reinvented Institutions in the Danish Public

Sector", in: Public Administration, 2000, S153.

Gordenker, L. and Weiss, T. G., "Pluralizing Global Gevernance: Analytical Approaches and Dimensions", in T. G. Weiss and L. Gordenker(eds.), "NGOs, the UN, and Global Governance", CO: Lynne Rienner.

Gore, A., "Businesslike government: lessons learned from America's best companies", Washington, D. C., National Performance Review, 1997.

Gunlicks, Arthur B., "Plebiszitäre Demokratie in den USA", in: Arthur Benz u. a., Institutionenwandel in Regierung und Verwaltung, Berlin, 2004.

Häberle, Perter, "Verfassungsprizipien im Verwaltungsverfahrens-gesetz", in: Walter Schmitt Glaeser (Hrsg.), Verwaltungsverfahren, Stuttgart, u. a., 1977。

Hartmann, Jörgen, "Stolz auf öffentliche Verwaltung?", in: Der Öffentliche Dienst, 2002.

Heppe / Becker, E., "Zweckvorstellungen und Organisationsformen", in: Morstein Marx(Hrsg), Verwaltung. Eine einführende Darstellung, 1965.

Hoffmann-Riem, Wolfgang, "Verwaltungsverfahren und Verwaltungs-gessetz", in: Wolfgang Hoffmann-Riem / Eberhard Schmidt-Aßmann(Hrsg.), Verwaltungsverfahren und Verwaltungsverfahrensgesetz, Baden-Baden, 2002.

Hom, Peter W. u. a., "Ternover of Personnel", in: Jack Robin(Hrsg.), Handbook of Public Administration, New York u. a. 1995, p.531ff.

Honegger, Jürgen / Vettiger, Hans, "Ganzheitliches Management in der Praxis", Versus Verlag, Zürich, 2003.

http://magnet.undp.org/cdrb/training, 24.05.2000.

http://www.un.org/esa/governance/africa.htm, 7.12.2000.

Hubatsch, Walther, "Die Stein-Hardenbergschen Reform", Darmstadt, 1977。

Huntinton, Samuel P., "The Clash of Civilizations and the Remaking of World Order", New York, 1996.

Institut für Theorie des Staates und des Rechts der Akademie der Wissenschaften der DDR(Hrsg.), Marxistisch-leninis-tische Staats-und Rechtstheorie, 2. Aufl., Berlin(Ost), 1975; ferner Glaeßner, Gert-Joachim, Herrschaft durch Kader: Leitung der Gesellschaft und Kaderpolitik in der DDR, Opladen, 1977.

Internationale Bank für Wiederaufbau und Entwicklung / Weltbank, "Der Staat in einer sich ändernden Welt", Entwicklungsbericht, Bonn.

Irvin, Ren´ee A. / Stansbury, John, "Citizen Participation in Decision: Is it Worth the

Effort?”, in: Public Administration Review, 2004.

Israel, A., “The Changing Role of the State: Institutional Dimensions, PPR Working Papers, WPS 459”, The World Bank, Washington D. C., 1990.

Jann, Werner, “Staatliche Programme und Verwaltungs-kultur: Bekämpfung des Drogenmissbrauchs und der Jugend-arbeitslosigkeit in Schweden, Großbritannien und der Bundes-republik Deutschland im Vergleich”, Opladen, 1983.

Jann, Werner, “Public Management Reform in Germany: A Revolution without a Theory?”, in: W. J. M. Kickert(ed.), Public Management and Administrative Reform in Western Europe. Cheltenham, uk: Edward Elgar, 83-102, 1997.

Jann, Werner, “Verwaltungskulturen im internationalen Vergleich-Ein Überblick über den Stand der empirischen Forschung”, in: Die Verwaltung, 2000, S.347ff.

Jann, Werner, “Neues Steuerungsmodell”, in Blanke, Bernhard, “Handbuch zur Verwaltungsreform”, VS. Verlag für Sozialwissen-schaften, 2005.

Jellinek, Georg, “Staatslehre”, 3. Auflage, Siebenter Neudruck, Darmstadt, 1960.

Kaufmann, Franz-Xaver(Hrsg.), “Bürgernähe Sozialpolitik. Planung, Organisation und Vermittlung sozialer Leistungen auf lokaler Ebene”, Frankfurt / New York, 1979.

Kepel / Gilles / Jihad, “Expansion et dÉclin de l´islamisme”, Gallimard, 2000.

Kernaghan, Kennth, u. a., “The New Public Organization”, Toronto, 2000.

Kernaghan, Kenneth, “Editorial Statement, Symposium on Pride and Performance in Public Service”, in: International Review of Admini-strative Science, 2001.

Kettle, Donald, “Reinventng Government? Appraising the National Performance Review”, A Report of the Brookings Institutions Center for Public Management, Washington D. C., 1994.

KGSt-Berichte Nr. 21 / 1974, Nr. 25 / 1976。

KGST, “Verwaltungsorganisation der Gemeinden”, Köln, 1979.

Kiely, Ray, “The crisis of global development”, in: ders. / Marfleet, Phil(Hrsg.): Globalisation and the Third World. London / New York, 1998.

Klein, R. and Lewis, J., “Advice and Dissent in British Government: The Case of the Special Advisers”, Policy and Politics, 1977.

Klie, Thomas, Maier, Konrad, Meysen, Thomas, “Verwaltungswissen-schaft. Eine Einführung für sozialer Berufe”, Lambertus Verlag, 1999, Freiburg.

Klute, Georg, "Lokale Akteure des Dezentralisierungsprozesses im Norden von Mali", in: Rösel / von Trotha, 1999.

König, Klaus, u. a., "Zur Entwicklungspolitischen Zusam-menarbeit mit der lateiamerikanischen Steuerverwaltung", in: Verwaltungsarchiv, 1981, S.316ff.

König, Klaus, Jans Joachim von Oertzen & Frido Wagener, "Öffentliche Verwaltung in der Bundesrepublik Deutschland", Nomos Verlaggesellschaft, Baden-Baden, 1981.

König, Klaus, "Öffentliche Verwaltung als soziales System", in: Andereas Remer(Hrsg.), Verwaltungsführung, Beiträge zur Organisation, Kooperation und Personalarbeit in der öffentlichen Verwaltung, Berlin / New York, 1982, S.3ff.

König, Klaus, "Zum Konzept der EntwicklungsVerwal-tung", in: ders.(Hrsg.), Öffentliche Verwaltung und Ent- wicklungspolitik, Baden-Baden, 1986.

König, Klaus, "Räumliche Plaunungen in der Ökonomisierung und Managerialisierung der öffentlichen Verwaltung", unveröffentlichte Manuskript.

König, Klaus, "Unternehmerisches oder executives Management-die Perspektive der klassischen öffentlichen Verwaltung", in: Verwal-tungsarchiv Heft 1 / 1996.

König, Klaus / Siedentopf, Heirich, "Öffentliche Verwaltung in Deutschland", Nomos, Baden-Baden, 1996 / 1997.

König, Klaus, "Modernisierung von Staat und Verwaltung", Nomos Verlagsgesellschaft, Baden-Baden, 1997.

König, Klaus, "Verwaltungsstaat im Übergang. Transformation, Entwic klung, Modernisierung", Baden-Baden, 1999.

König, Klaus, "Zur Typologie öffentlicher Verwaltung", in: Carl-Eugen Eberle u.a.(Hrsg.), Der Wandel des Staats vor den Herausforderungen der Gegenwart, München, 2002, S.696ff.

König, Klaus, & Reichard, Christoph, "Theoretische Aspekte einer managerialistischen Verwaltungskultur", Speyerer Forschungsberichte 254, 2007.

König, Klaus, "Moderne öffentliche Verwaltung", Dumcker & Hum-blot, Berlin, 2008.

König, Michael, "Kodifikationen des Landesorganisationsrecht", Baden-Baden, 2000.

König, Klaus / Adam, Markus, (Hrsg.), "Governance als Entwick-lungspolitischer Ansatz", Speyerer Forschungsberichte 219, 2000.

Kraske, Jochen / Becker, William H. / Diamond, William / Galambos, Louis, "Bankers with a Mission. The Presidents of the World Bank", 1946-91, Oxford, 1996, p.56.

Kronenberg, Philip S., "Public Administration and the Defense Department: Examination of a Prototype", in Gary L. Warmsley, et al., eds., Refounding Public Administration, New burry Park, California: Sage, 1990.

Kruse, Olaf, "Public Private Partnership in der kommunalen Gebäu-dewirtschaft", 1.Auflage, Marburg, Tectum Verlag, 2001.

Lamb, Geoffrey / Kallab, V., "Military Expenditure and Economic Development: A Symposium on Research Issues", World Bank Discu-ssion Paper No.185, Washington, D. C., 1994, p.2.

Lane, Christel, "Introduction: Theories and Issues in the Study of Trust", in: dies / Bachmann, Reinhard (Hrsg.): Trust within and between organizations. Conceptual issues and empirical applications, Oxford, New York,1998.

Lepper, Manfred, "Innerer Aufbau der Verwaltungsbehörden", in König, Klaus, Jans Joachim von Oertzen & Frido Wagener, "Öffentliche Verwaltung in der Bundesrepublik Deutschland", Nomos Verlaggesellschaft, Baden-Baden, 1981.

Lietz, Kai-Jürgen, "Das Entscheider Buch", Carl Hanser Verlag, München, 2007.

Littmann, Konrad, "Zunehmende Staatstätigkeit und wirtschaftliche Entwicklung", Köln, Opladen, 1957.

Loschelder, Wolfgang, "Weisungshierarchie und persönliche Verant-wortung in der Exekutive", in: Josef Isensee / Paul Kirchhof(Hrsg.), Handbuch des Staatsrechts, Bd. III, Heidelberg, 1988, §68, Rn. 3.

Lüder, Klaus / Lothar Streitferdt, "Modelldenken im öffentlichen Management", Speyerer Forschungsberichte 254, 2007.

Mäding, Erhard, "Aufgaben der öffentlichen Verwaltung", Die Ver-waltung, 1973, S.257-282.

March, James G. / Simon, Herbert A., "Organisation", New York u. a. 1958.

Marcuse, H., "Über die philosophischen Grundlagen des Wirtschafts-wissenschaftlichen Arbeitsbegriffs", in: Kultur und Gesellschaft, Frankfurt a. M. 1968，Bd.2.

Martin, Daniel W., "DÉj a Vu: French Autecedents of American Public Administration", in Public Administration Review, Vol, 47, 1987, No.4.

Mayntz, R. / Scharpf, F. "Planungsorganisation: Die Diskussion um die Reform von Regierung und Verwaltung des Bundes", München, 1973。

Mayntz, Renate, "Gesetzgebung und Bürokratisierung: Wissenschaft-liche Auswertung der Anhörung zu den Ursachen einer Bürokrati-sierung in der öffentlichen Verwaltung", Bonn: Bundesminister des Innern, Köln, 1980.

Maynz, Renate, "Soziologie der öffentlichen Verwaltung", Müller Verlag, Heidelberg, 1985.

Messner, D., "Die Netzwerkgesellschaft. Wirtschaftliche Entwicklung und internationale Wettwerbsfähigkeit als Probleme gesellschaftlicher Steuerung", Köln.

McKevitt, David / Allan Lawton(Hrsg.), " Public Sector Mana-gement-Theory, Critique and Pratice", London u. a. 1994; Norman Flynn, "Public Sector Management", Second Edition, New York, u.a., 1993.

Mintzberg, H., "The Structuring of Organizations. A Analysis of the Research", Englewood Cliffs, N. J., 1979.

National Academy of Public Administration(Hrsg.), "A Government to Trust and Respect", Washington, D. C., 2002.

Nowotny, E., "Dritter Sektor, öffentlich Hand und Gemeinwirtschaft, Arbeitshefte Wirtschaftsuniversität Wien Reihe Volkswirtschaft, Working Paper 41", 1996.

OECD, "The Annual Report of the OECD: Report by the Secre-tary-General", 1992, Paris, 1993.

OECD, "Governance in Transition: Public Management Reforms in OECD Countries", Paris, 1995.。

OECD, "The Annual Report of the OECD: Report by the Secretary-General", 1995, Paris, 1996.

OECD / SIGMA, "Preparing Public Administrations for the European Administrative Space", SIGMAPapers Nr. 23, CCNM / SIGMA / PUMA(98)39, Paris, 1998。

OECD / SIGMA, "Sustainable Institutions for European Union Member-ship", SIGMAPapers Nr.26, CCNM / SIGMA / PUMMA(98)57, Paris, 1998.

OECD, "Resolution of the Council Concerning the Mandate of the Public Management Committee", adopted by the Council at its 964th session on 9

December 1999, (C99)175 / Final.

"Open Letter to Federal Employees from President Bill Cliton an Vice President Al Gore" , 22. November 1995.

Peters, Hans, "öffentlichen und Staatliche Mugabe" , Festschrift für Nipperdey, 1965, Die, S.877ff.

Pierre, J., "Bureaucracy in the modern state: an intro-duction to comparative public administra tion, Aldershot, Edward Elgard, 1995.

Pondy, L. R., "The role of Metaphors and Myths in Organization and in the Facilitation of Change" , in L. R. Pondy, P. J. Frost, G. Morgen, & T. C. Dandridge(eds.), Organizational Symbolism. Greenwich, CT: JAI Press, 1983.

Portes, Alej / Landolt, Patricia, "Social Capital: Promise and Pitfalls of its Role in Develop-ment" , in: Journal of Latin American Studies 32, 2000.

Public Management Forum, 3 / 1999。

Püttner, Günther, "Verwaltungslehre" , 4.Auflage,Verlag C. H. Beck, München, 2007.

Raadschelders, Jos C. N. / Van der Meer, Frits M., "Between restora-tion and conxolidation: The Napoleonic model of administration in the Netherlands 1795-1990" , in Bernd Wunder(Hrsg.), Les influnces du "modÉle " napoleonien dádministration sur lórganisation admini-strative des autres pays, Bruxelles, 1995.

Rainermann, H., "Programmbudgets in Regierung und Verwaltung-Möglichkeiten und Grenzen von Planungs-und Entscheidungssys-temen" , Baden-Baden, 1975.

Raphael, Lutz, "Recht und Ordnung: Herrschaft durch Verwaltung im 19. Jahrhundert" , Frankfurt a.M., 2000.

Rawls, John "Eine Theorie der Gerechtigkeit" , erste Auflage 1975, Suhrkamp Verlag, Frankfurt.

Reichard, Christoph, "Betriebswirtschaftslehre der öffentlichen Verwal-tung " , 2. Aufl., Berlin / New York,1987.

Reichard, Cristoph, "Organisationslandschaft in der technischen Zusam-menarbeit" , Eschborn: GTZ, 1992.

ReichsforstGesetz 1852-RFG, Reichsgesetzblatt, 250 / 1852, §4.

Rejine, Miriam / Rouveroy van Nieuwaal, E. Adriaan van, "Illusion of Power. Actors in Search of a Prefectural Arena in Central Togo" , in: Rösel / von Trotha, 1999.

Renadé, Wendy, "The theory and practice of managed competition in the National Health Service", in: Public Administration 1995.

Richard J. Stillman II, "The American Bureaucracy", 1987.

Ridley, Fredrick, "Die Wiederfindung des Staates-Rein-venting Britisch Government", in: Die Öffentliche Verwal-tung, 1995.

Riggs, Fred W., "Administration in developing countries: the theory of prismatic society", Boston, 1964.

Ringland, Gill, "Scenario Planning", Chichester, Wiley, 1998.

Röber, Manfred, "ber einige Missverständnisse in der verwaltungs-wissenschaftlichen Modernisierungsdebatte: Ein Zwischenruf", in: Christoph Reichard / Helmut Wollmann(Hrsg.), Kommunalverwaltung im Modernisierungsschub? Basel u. a. 1996, S.103ff.

Römer-Hillebrecht, Sven, "Verwaltungskultur: ein holisticher Mo-dellentwurf administrativer Lebensstile", Baden-Baden, 1998.

Roger, Karsten, "Zusammenfassende Darstellung wesentlicher Ergeb-nisse der Tagung, in Grosskreutz", Hamburg: GTZ, 1991.

Rohr, John A., "Ethics in Public Administration", in: Naomi B. Lynn / Aaron Wildavsky(Hrsg.), Public Administration, Chatham N.J., 1990, S.97ff.

Rosario, Arthur Domingos do / Weimer, Bernhard, "Decentralization and Democratization in Post-War Mozambique; What Role for Traditional African Authories in Local Governmenr Reform. Paper 14th Congress of the International Union of Antropological and Ethnological Sciences", Williams-burg, Virginia, USA, Maputo, 1998.

Rose, Richard, "On the Priorities of Government: A Developmental Analysis of Public Policies", in：European Journal of Political Research, 1975.

Rosenau, J. N., "Governance, Order and Change in World Politics", in Rosenau and Ernst-Otto Czempiel(eds.), "Governance Without Government: Order and Change in World Politics", NY: Cambridge University Press, 1992.

Rürup, Bert / Körner, Heiko, "Finanzwissenschaft", Düsseldorf, 1981.

Salamon, Lester M. & Anheier, Helmut "Dritter Sektor und Zivilgesellschaft-Globale Entwicklungen, in Strachwitz(Hrsg.) Dritter Sektor-Dritte Kraft. Versuch einer Standortbestimmung" (1998) 13.

Savas, E. S., "Privatization and Public-Private Partnership", New York: Chalham

House, P.246, 2000.

Schäfer, "Bürokratietheorie und Autonomie" , in: Windhoff-H´eritier, Verwaltunng und ihre Umwelt, 1987.

Schanz, Günther, "Organisationsgestaltung" , Verlag Franz Vahlen, Mnchen, 1982.

Schauer, Reinbert, "Handlungsmaßstäbe der Verwaltung" , in Wen-ger / Brünner / Oberndorfer(Hrsg), Grundriß der Verwaltungslehre, 1983.

Schmidt-Aßmann, Eberhart, "Der Verfahrensgedanke in der Dogmatik des öffentlichen Rechts" , in: Peter Lerche u. a., Verfahren als staats-und verwaltungsrechtliche Kategorie, Heidelberg, 1984.

Schmidt-Aßmann, Eberhard, "Das allgemeine Verwaltunsrecht als Ord-nungsidee" , 2.Aufl., Berlin, u. a., 2006.

Schneider, P., "Kriterien der Subordinationsspanne" , Berlin, 1972.

Schroeder, "Das Gemeinschaftsrechtssytem. Eine Untersuchung zu den rechtsdogmatischen rechtstheoretischen und verfassungsrechtlichen Grundlagen des Systemdenkens in Europäischen Gemeinschafts-recht" , 2002.

Schröter, E. & Wollmann, H., "Public sector reforms in Germany: whence and where? A case of ambivalence" , Administrative Studies / Hallinnon Tutkim is, 3, 1997, pp.184-200.

Schröter, Eckard, "Demokratietheoretische Kritik des öffentlichen Managerialismus" , Speyerer Forschungsberichte 254, Speyer, 2007.

Schupper, Gunnar Folke, "Zur Rolle des Rechts bei der Staats-und Verwaltungsreform" , in Handbuch zur Verwaltungsreform, Blanke, Bernhard, VS Verlag für Sozialwissenschaften, 2005, Wiesbaden.

Shihata, Ibrahim F. I., "The World Bank in a Changing World. Selected Essays" , Dordrect, Boston, London, 1991.

Siedentopf, Heinlich(Hrsg.), " Bewertungssysteme für den öffentlichen Dienst" , Baden-Baden, 1978.

Siedentopf, H., "Regierungsführung und Ressortführung in Frankreich" , Speyer, 1970. Schimanke, D. "Assistenzeinheiten der politischen Leitung im Ministerien" , Verwaltungsarchiv 73, 1982.

Siepmann, Heirich und Ursula, "Verwaltungsorganisation" , Deu-tscher Gemeindeverlag, Verlag W. Kohlhammer, 2. Auflage, Köln, 1984.

Simon, Herbert, "Rationality as a Process and as a Product of Thought" , in:

American Economic Association Review, 1978.

Simon, K., “Kommunalverwaltung und Selbsthilfe in der Dritten Welt-Zur Kooperation zwischen Kommunen und Selbsthilfeorgani- sation”, in: Simon, K. / Stockmayer, A. / Fuhr, H.(Hrsg.) “Subsidia-lität in der Entwicklungszusammenarbeit-Dezentralisierung und Ver-waltungsreformen zwischen Strukturanpassung und Selbsthilfe”, Baden-Baden, 1993.

Simon, Klaus, “Local Governance nach dem Subsidiaritätsprizip in Entwicklungsländern”, in: Bodemer, Klaus (Hrsg.): Subsidiaritäts-prinzip, Dezentralisierung und local government-Konzeptionelle Fragen und Fallbeispiele aus drei Kontinenten, Hamburg, 2000.

Simon, Klaus / Neu, Bernadette, “Neue Impluse für die Dezentrali-sierung in Chile: Machtzu wachs lokaler Aktuere und politische Lernprozesse”, in: Bodemer Klaus(Hrsg.): Subsidiaritätsprinzip, Dezentralisierung und local government-Konzeptionelle Fragen und Fallbeispiele aus drei Kontinenten, Hamburg, 2000.

Simon, Klaus, “Local Governance und Verwaltungskultur in Entwick-lungsländern”, Speyerer Forschungsberichte 219, 2000.

Smith, Adam, “Der Wohlstand der Nation. Eine Untersuchung seiner Natur und seiner Ursachen”, Aus dem Englischen übertragen und mit einer Würdigung von H. C. Recktenwald, München, 1974.

Sommermann, Karl-Peter, “Die deutsche Verwaltungsgerichtsbar-keit”, Speyerer Forschungsberichte 106, Speyer, 1991.

Staerkle, Robert, “Stabsstellen”, in Handwörterbuch der Organisation, Hrsg. E. Grochla, C. E. Poeschel Verlag, Stuttgart, 1980.

Stark, Jürgen, “Das internationale Finanzsystem-Widerstands-fähigkeit und Risken”, in: Deusche Bundesbank(Hrsg.), Auszüge aus Presse-artikeln, Nr. 46, 27. Okt. 2004.

Stein, Lorenz von, “Gesellschaftslehre”, 1856.

Steinich, Markus, “Subsidiaritätsförderung als Beitrag zur Armutsbe-kämpfung in Entwicklungsländern”, Münster, 1997.

Steinich, Markus / Fritz, Joachim, “Fachliche Leitlinie-Dezentrali-sierung, Entwurf”, Eschborn: GTZ, 2000.

Steinich, Markus, “Governance als Ansatz der GTZ”, Speyerer Arbeitsberichte219, 2005.

Stiglitz, Joseph E., “Neue Gedanken zum Thema Staat und Entwick-lung”, in: World Bank / Deutsche Stiftung für internationale Ent-wicklung(Hrsg.), Bericht Internationaler Round Table “Der leis-tungsfähige Staat”, Berlin, 1998, S.44ff. (54f.).

Stiglitz, Josepf E., “Staat und Entwicklung-Das neue Denken. Die Überwindung des Konzepts vom minimalistischen Staat”, in: Entwick-lung und Zusammenarbeit, 1998, S.101ff.(104).

Stillmann, Richard J., “Preface to Public Administration: A Search for Themes and Direction”, New York, 1991.

Stockmayer, Albrecht, “Governance Outreach in the OECD”, Speyerer Forschungsberichte 219, 2000.

Stolleis, Michael, “Verwaltungslehre und Verwaltungswissenschaft 1803-1866”, in: Jererich, Kurt G. A. (Hrsg.): “Deutsche Verwal-tungsgeschichte”: Band 2: Vom Reichsdeputationshauptschluß bis zur Auf-lösung des Deutschen Bundes, Stuttgart, 1983.

Sülzer, Rolf, “Palastorganisation oder Zeltorganisation. Institutionelle Arrangements in der Technischen Zusammenarbeit”, Eschborn: GTZ, 1991.

S'ykora, Even, “Zásady modernen Personalma nagementu platíiprove ejnou správu”, in Ve ejná Správa, 48 / 1999.

Thieme, Werner, “Verwaltungslehre”, 1977, Rz197.

Thieme, Werner, “Die Verwaltungswissenschaft in der Bundesrepublik Deutschland, Die Entwicklung der Verwaltungswissenschaft”, in: Kaiser, Joseph H.(Hrsg.), Verwaltung und Verwaltungswissenschaften in der Bundesrepublik Deutschland, Baden-Baden, 1983.

Thieme, Werner, “Verwaltungslehre”, 4. Auflage., Köln, 1984.

Tilley, Ian, “Managing the Internal Market”, London, 1993.

Theobald, Christian, “The World Bank: Good Governance and the New Institutional Economics”, in: Law and State, 1999, Vol.59 / 60, S.17ff.

Theobald, Christian, “Zehn Eckpunkte zu Good Governance”, Speyer, 2000.

Theres, Jürgen, “Recht und Verwaltung, Unterschätzte Problemfelder einer nachhaltigen Entwicklung”, in E+Z, 1996:3.

Thomas-Tual, Béatrice, “Le Code deóntologie de la Police nationale: Un texte passé inaper u”, in: Revue du Droit public, 1991.

Thränhardt, Dietrich, “Funktionsreform. Zielperspektiven und Pro-bleme einer Verwaltungsreform” , Meisenheim am Glarn, 1978.

Transparency International, Annual Report, 2009.

Troeltsch, Ernst, “Inneweltliche Askese” , and M. Weber, “Die Protestantische Ethik und der Geist des Kapitalismus” .

Trotha, Trutz von / Rösel, Jakob, “Nous návons besoin dÉtat” , “De-zentralisierung und Demo-kratisierung zwischen neoliber Modernisie-rungsforderung, Parastaatlichkeit und politischem Diskurs” , in: Rösel / von Trotha, 1999。

Ule, Carl Hermann / Laubinger, Hans-Werner, “Verwaltungsverfahrens-recht” , 4. Aufl., Köln, u. a., 1995.

Ulrich Hans / Probst, Gilbert J. B., “Anleitung zum ganzheitlichen Denken und Handeln” , Bern, Haupt, 1988.

UNDP, “Public Sector Management, Governance, and Sustainable Human Development. A discussion paper, Management Development and Governance Division” , UNDP, New York, 1995.

UNDP / BMZ, “The UNDP Role in Decentralisation & Local Gover-nance. A Joint UNDP-Government of Germany Evaluation” , UNDP Evaluation Office, New York, 2000.

UNDP, “Governance for sustainable human development. A UNDP policy document” , New York, 1997a.

UNDP, “Reconceptualizing Governance.Discussion paper 2, Management Development and Governance Division” , New York, 1997b.

UNDP, “Capacity Assessment and Development. In a Systems and Strategic Management Context. Technical Advisory” , Paper No.3, Management Development and Governance Division, UNDP, New York, 1998.

UNDP, “UNDP and Governance. Experiences and Lessons Learned. Management Development and Governance Division, Lessons-Learned Series” , No.1, New York, 1998.

UNDP, “Factors to Consider in Designing Decentralised Governance Policies and Programmes to Achieve Sustainable People-Centered Development” , New York, 1998.

Verwaltungsreform G 2001, BGBI I 2002 / 65.

Vester, Frederic, “Unsere Welt-ein vernetztes System” , München, dtv, 1983, I.

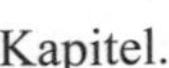

Kapitel.

Von Arnim, Hans Herbert / Lüder, Klaus(Hrsg.), “Wirtschaftlichkeit in Staat und Verwaltung”, Schriftreihe der Hochschule Speyer, Bd.111, 1993.

von Bandemer, Stephan & Hilbert, Josef, “Vom expandierenden zum aktivierenden Staat”, in Blanke, Bernhard, “Handbuch zur Verwal-tungsreform”, VS Verlag, 2005, Wiesbaden.

von Mutius, Albert, “Verqaltungsaufbau”, in Verwaltungslexikon，Nomos Verlagsgesellschaft, 1985, Baden Baden.

Wack, Pierre, “Senarien: Unbekannte Gewässer voraus-Ein manage-mentorientiertes Planungsinstrument für eine ungewisse Zukunft”, in: Harvard Manager, Heft 2 / 1986.

Wahls, Rainer, “Die bürokratischen Kosten des Rechts-und Sozial-staats”, Die Verwaltung, 1980.

Warmsley, Gary L. / James F.Wolf(Hrsg.), “Refounding Democratic Public Administration. Modern Paradoxes, Post-modern Challenges ”, Thousand Oaks u.a., 1996.

Weber, Max, “Wirtschaft und Gesellschaft, 1. Halbband, J. C. B. Mohr, Tübingen, 1976.

Weltbank, Sub-Saharan Africa. “From crisis to sustainable grows”. A long-termed perspection study, Washington, D. C., 1989.

Wimmer, Norbert, “Dynamische Verwaltungslehre”, 2. Aufl., Springer-Verlag, Wien, 2010.

Williams, David / Young, Tom, “Governance, the World Bank and Liberal Theory”, in: Political Studies, 1994, XLII.

Wilkins, A. L. & W. G. Ouchi, “Efficient culture: Exploring the Relationship Between Culture and Organizational Performance”, Administrative Science Quarterly, vol.28, No.3, 468-481, 1983, September.

Wilwerth, Claude, “Les influences du modÉle napoleonien sur lórganisation administrative de la Belgique” in: Bernd Wunder(Hrsg.), Les influnces du “modÉle” napoleonien dádministration surlórgani-sation asministrative des autres pays, Bruxelles, 1995.

Wimmer, Nobert, “Dznamische Verwaltunglehre”, Springer Verlag, Wien, New York, 2010.

Wittkämper, Gerhard W., "Funktionale Verwaltungsreform" , Bonn, 1978.

Wolter, Udo, "Freiherr vom Stein und Graf Montgelas ; Zwei Modelle der gemeindlichen Verwaltungsreform am Beginn des 19. Jahrhun-derts" , in: Bayerische Verwaltungsblätter, 1993.

World Bank, "Governance and Development" , Washington, D.C., 1992.

World Bank, "Sub-Saharan Africa. From Crisis to Sustainable Growth. A Long-Term Perspective Study" , Washington, D.C., 1989.

World Bank, "Adjustment in Africa, Reform, Results and the Road Ahead" , A World Bank Policy Research Report, Washington, D. C., 1994, S.4, 8.

World Bank, "Governance. The world Bank's Experience" , Washington, D. C., 1994, p.XV.

World Bank, "The State in a Changing World" , World Development Report, 1997.

Worthy, J. C., "Organizational Structure and Employee Morale" , in: American Sociological Review, 1950, S.169-179.

Wunder, Bernd, "Línfluence du modÉle napolÉonien surlÁdmini-stration allemande" , Bruxelles, 1995。

Würtenberber, "Rechtliche Optimierungsgebote oder Rahmensetzung für das Verwaltuns-handeln?" , Veröffentlichungen der Vereinigung der Deutschen Staatsrechtslehrer, 58, 1999。

Young, O. R., "International Governance: Protecting the Enviroment in a Stateless Society" , NY: Cornell University Press, 1994.

Ziller, Jacques, "Der öffentliche Dienst in Frankreich" , in: Zeitschrift für Beamtenrecht, 1997.

OECD / SIGMA, "Central Bank Audit Practices" , SIGMAPapers Nr.24, CCNM / SIGMA / PUMA(98)41, Paris, 1998.

Linblom, Charles E., "The Policy-Making Process" , 2.Aufl., Englewood Cliffs 1980, S.81, 100.

OECD / SIGMA(Hrsg.), "Effects of European Union Acession" , Part 2: External Audit, SIGMAPapers Nr.20, OECD / GD(97)164, Paris, 1997。

Bericht der Aufgabenreformkommission, A II., 6; abrufbar unter http://www.konvent,gv.at/K/DE/Grund-K-00045/imfname-047585.pdf.

Fayol, H., "Administration Industrielle et Générale" , Paris, 1916.

Müller, W. R. u. W. Hill, "Die situative Führung" , in: DBW, 37, Jg. 1977, S.353-

377.

Emerson, H. “The Twelve Principles of Efficiency”, New York, 1913.

Marx-Engels-Gesamtausgabe, III 1.Auflag, 1932.

Mooney, J. D. “The Principles of Organization”, New York, 1947.

Meyer, Paul, “Die Verwaltungsorganisation”, 1962, S.38.

Becker, B. “Verwaltungslehre”, Percha, 1989.

OECD, “The Annual Report of the OECD”, 1993: Report by the Secretary-General, Paris, 1994.

Luhmann, Niklas, “Organisation und Entscheidung”, Opladen, 2000.

OECD 2000, “Trust in Government: Ethics Measures in OECD Countries”, Paris: OECD.

Obermann / Scharmer / Soukup, ÖHW 1993, 183; Mayer, DÖV 2001, 111.

國家圖書館出版品預行編目資料

行政學 ／ 朱愛群 著. -- 初版. --
新北市 ： 揚智文化, 2012. 09
面 ； 公分.
ISBN 978-986-298-056-9（平裝）

1. 行政學

572 101015513

行政學—海洋法系、大陸法系與中華法系國家行政之通觀

著　　者／朱愛群
出 版 者／揚智文化事業股份有限公司
發 行 人／葉忠賢
總 編 輯／閻富萍
編　　輯／宋宏錢
登 記 證／局版北市業字第 1117 號
地　　址／新北市深坑區北深路三段 260 號 8 樓
電　　話／(02)8662-6826 (02)8662-6810
傳　　真／(02)2664-7633
E-mail ／service@ycrc.com.tw
印　　刷／鼎易印刷事業股份有限公司
ISBN ／978-986-298-056-9
初版一刷／2012 年 09 月
定　　價／新台幣 650 元